# 楮墨芸香

## 國家珍貴古籍特展圖録（二〇一〇）

國家圖書館
國家古籍保護中心 編

國家圖書館出版社

# 編委會名單

# 鳴　謝

（按漢語拼音順序排列）

安徽省博物館
澳門中央圖書館
北京大學圖書館
北京師範大學圖書館
北京市文物局圖書資料中心
成都杜甫草堂博物館
大連圖書館
東北師範大學圖書館
敦煌市博物館
敦煌研究院
佛山市圖書館
福建省圖書館
復旦大學圖書館
甘肅省博物館
甘肅省圖書館
故宫博物院
廣東省立中山圖書館
廣西壯族自治區少數民族古籍整理出版規劃領導小組辦公室
黔南布依族苗族自治州圖書館
貴州省畢節地區彝文文獻翻譯研究中心
貴州省荔波縣檔案館
貴州省三都水族自治縣檔案館
國家圖書館
河南省圖書館
華東師範大學圖書館
華南師範大學圖書館
吉林大學圖書館
吉林省社會科學院圖書館
吉林省圖書館
江蘇省常熟市圖書館
江蘇省如皋市圖書館
江西省樂平市圖書館
江西省圖書館
景德鎮市圖書館
遼寧省圖書館
柳州市博物館
遼寧省旅順博物館
洛陽市晁會元
巴彥淖爾市圖書館
南京博物院
南京市博物館
南京圖書館
南開大學圖書館
寧波市天一閣博物館
寧夏文物考古研究所
青海省地方誌編纂委員會辦公室謝佐
清華大學圖書館
山東大學圖書館
山東省博物館
山東省圖書館
山西博物院
陝西省考古研究院
陝西省圖書館
上海圖書館
紹興圖書館
盛華堂
石家莊市趙俊傑
首都圖書館
四川大學圖書館
四川省圖書館
四川師範大學圖書館
蘇州博物館
蘇州大學圖書館
蘇州圖書館
唐山市豐潤區文物管理所
天津博物館
天津圖書館
吐魯番博物館
無錫市圖書館
武漢大學圖書館
西安博物院
西北大學圖書館
西北民族大學圖書館
西北師範大學圖書館
西藏博物館
西藏藏醫學院圖書館
西泠印社
廈門市圖書館
新疆維吾爾自治區少數民族古籍整理出版規劃領導小組辦公室
新疆維吾爾自治區圖書館
伊犁哈薩克自治州文物局
徐州市圖書館
煙臺圖書館
元雨軒
雲南大學圖書館
楚雄彝族文化研究院
雲南省少數民族古籍整理出版規劃辦公室
雲南省玉龍納西族自治縣圖書館
雲南省圖書館
浙江大學圖書館
浙江省瑞安市文物館
浙江圖書館
鄭州大學圖書館
中共中央黨校圖書館
中國民族圖書館
中國社會科學院歷史研究所圖書館
中國文化遺産研究院
中央民族大學少數民族古籍研究所
中國中醫科學院圖書館
淄博市蒲松齡紀念館

# 目　錄

# 楮墨芸香　萬古流傳

周和平

2007年1月國務院辦公廳頒發《關於進一步加強古籍保護工作的意見》（國辦發［2007］6號，以下簡稱《意見》）以來，廣大古籍工作者在《意見》精神鼓舞下，以前所未有的工作熱情，忘我工作。古籍保護工作已經在全國各古籍收藏單位全面鋪開——古籍保護工作體系的完善、古籍普查登記、國家珍貴古籍名錄和全國古籍重點保護單位的申報評審公佈、《中華古籍總目》分省卷的編製、庫房的改造、在職人員培訓、學歷教育的促進、標準規範的建立、實驗研究的開展、數字化的推進、珍貴古籍的影印出版等等，工作逐項落實，目標陸續實現。

作爲古籍普查的抓手，文化部協同全國古籍保護工作部際聯席會議成員單位共同推進《國家珍貴古籍名錄》和“全國古籍重點保護單位”的申報評審公佈，經過三批評審，有9859部古籍入選《國家珍貴古籍名錄》，150家古籍收藏單位成爲全國古籍重點保護單位。

在申報評審過程中，我們欣喜地看到一批原來未見於著錄的珍貴古籍，讓我們對摸清家底的意義有了更加深刻的理解和更充足的信心。我們更高興地看到通過全國古籍重點保護單位的申報，一些藏書單位下大氣力改善收藏環境，使古籍書庫更加標準化、規範化，讓古籍有了更加理想的棲身之地。評審工作對古籍保護的作用已初步顯現。

一年中，爲使珍貴古籍安全傳承，發揮各單位古籍修復專業技術人員的作用，避免由於技術手段使用不當造成的破壞性修復。經過評審，文化部命名了首批12家國家級修復中心，承擔國家珍貴古籍的修復以及常年培訓修復人員的任務。文獻修復師的資格認證制度也已開始實施。

一年中，文化部在充分調研的基礎上，和部際聯席會議成員單位一起啓動了“西藏古籍保護工作”，全面啓動了西藏的古籍普查和人員培養等一系列工作，並希望以此帶動少數民族文字文獻的全面保護研究。

一年中，在劉延東同志等党和國家領導人的親切關懷下，國家古籍保護中心根據文化部的安排還對“古籍基本叢書”、“中華醫藏”等重大項目進行調研、論證，使古籍保護工作更加全面。

一年中，《中華古籍總目》分省卷的編纂工作全面啓動，已經有11家省中心和3家藏書單位與國家中心簽約，開始了分省卷或分卷的編纂。

三年中，國家古籍保護中心主辦了55期在職培訓，全國各個系統1056家收藏單位的3200餘人次，通過培訓受益，一支古籍工作的人才隊伍初步建立起來。通過與北京大學等高校合作開設古籍鑒定與保護研究生課程，通過對南京地區修復教育的調研，形成古籍保護教學基地、實踐基地良性循環的人才培養模式呼之欲出，爲人才的雙向選擇打下了基礎。這一切標誌着國家珍貴古籍保護的機制已經初步建立，對古籍的分層管理和保護已開始實施。目前正在開展的古籍人員的職業化建設，實施古籍修復人員文獻修復師職業資格認證制度，也將極大地促進行業發展。

三年的投入，國家古籍保護中心的國家級古籍保護實驗室已經初具規模，一些針對紙質文獻的研究正在開展，通過研究水平的提高、研究成果的出現和推廣，中國古籍保護科學化的程度將得到提升。從經驗到科學，將實現幾代古籍保護工作者的光榮與夢想。

在古籍原生性保護的同時，中華古籍保護計劃加大力度進行古籍的再生性保護，促進珍貴古籍的合理利用。

2002年由政府投資開展的中華再造善本工程，至2007年已經完成了唐宋金元時期的善本古籍的複製，使得758種珍善孤本走出深宮，化身千百，傳承利用，普惠學界和社會公衆，又以替代品的方式減少了原件的流通使用，保護了古籍原件，被稱爲古籍再生性保護的典範。2008年9月，中華再造善本的續編工作啓動，初步選目爲580種，已經完成百餘種製作。國家圖書館等單位組織進行的其他古籍影印、古籍數字化、古籍縮微複製作，爲古籍再生性保護的一部分也在深入開展。古籍保護將使古籍保存、保護、利用互爲補充，實現社會效益的最大化。

與此同時，古籍保護相關制度的制定、古籍相關規範的研發作爲古籍工作制度化、規範化的前提正在加緊進行。有黨和政府的支持，有全國古籍同道的努力，使實現對古籍的全方位保護成爲可能並逐步實現，這是古籍工作者多年的期盼，也是踐行十七大精神最好的行動。

中華古籍作爲人類文化的瑰寶，值得我們今天的文化工作者付出一生的努力來保護她，隨着中華古籍保護計劃的深入開展，相信會有更多的成果呈獻給世人，這些成果將告慰爲古籍傳承付出血汗甚至生命的先賢，也必將惠及中華民族的子孫萬代。是爲序。

2010年5月

# 前　言

書籍是人類文明重要的載體，是人類進步的階梯。中華古籍是中華民族創造的重要文明成果，傳承著中華五千年的悠久歷史，堪稱人類文明的瑰寶。提高古籍保護事業的水平，是更好地傳承並弘揚中華民族傳統文化的需要，更是歷史賦予我們這一代人的光榮使命。中華古籍保護計劃啓動以來，在黨和政府的領導和關懷下，我國古籍保護工作在短短3年多的時間裏得到前所未有的發展：古籍普查工作在全國範圍內有序展開，舉辦各類培訓班50餘期，命名了首批國家級修復中心，開始實施文獻修復師資格認證制度，啓動了“西藏古籍保護工作”，《中華古籍總目》分省卷的編纂工作穩步推進，國家級古籍保護實驗室也已初具規模。

建立《國家珍貴古籍名録》是逐步形成完善的古籍保護制度的重要措施之一。2008年和2009年，國務院先後頒佈首批和第二批《國家珍貴古籍名録》及“全國古籍重點保護單位”，6870種古籍入選《名録》，113家單位入選“重點單位”。由文化部主辦、國家圖書館（國家古籍保護中心）承辦的首屆與第二屆“國家珍貴古籍特展”，分别於2008年6月14日、2009年6月13日在國家圖書館開幕，展覽入選《名録》的珍貴古籍。這兩次展覽以其規模大、展品精受到業界和廣大讀者的歡迎，參觀人數衆多，引起强烈的社會反響。

2010年，文化部繼續組織第三批《名録》的申報工作。全國古籍收藏單位踴躍參與，408家公共圖書館、黨政機關、高等院校、社科院、博物館、檔案館、文物局、民委古籍辦、寺院、研究院、書店和個人總計申報古籍12259部。經專家評審，有239家單位和個人的2989部古籍入選第三批《名録》。

在第五個“文化遺産日”到來之際，文化部決定在國家圖書館舉辦第三届“國家珍貴古籍特展”。本次展覽延續前兩届“特展”的形式，從入選第三批《名録》的珍貴古籍中精選出300餘種，面向大衆展出。展覽分魏晉南北朝隋唐五代時期文獻、宋元善本、明清善本、明清稿抄本、佛教典籍、輿圖、拓本與鈐印本、少數民族文字文獻、西文善本等單元。

下面，我們選擇各類展品中的精華，略作介紹：

## 一、魏晉南北朝隋唐五代時期文獻

魏晉南北朝隋唐五代時期被稱爲中國古代書籍史的寫本時代。在這一時期，文獻主要以寫本的形式流傳。第三批《國家珍貴古籍名録》共入選寫本時代文獻101種，本次展覽精選了20餘種展出。

唐寫本《大般涅槃經卷第五》，單紙最長者達143厘米，是我國古代造紙技藝的傑作。敦煌市博物館藏唐咸亨三年（672）寫本《妙法蓮華經卷第六》，書法端莊圓潤，裝幀精美，爲初唐宮廷寫經的代表作。歸義軍時期寫本《金剛般若波羅蜜經並序》係血書，敦煌遺書中血書僅存數件，唯有此件保存完整，文物價值較高。

藏外文獻、疑僞經則因其文獻價值而備受重視。南北朝寫本《大乘五門十地實相論》、唐會昌六年（846）寫本《大乘百法明門論開宗義記手記》、《華嚴略疏卷一》、《妙法蓮華經玄贊卷第四》等，均未爲歷代大藏經所收錄。後周顯德五年（958）寫本《南宗最上頓教大乘摩訶般若波羅蜜經》，是《壇經》的早期傳本，具有很高的研究價值。北魏興安三年（454）寫本《大慈如來十月廿四告疏》、歸義軍時期寫本《佛說無量大慈教經》等疑僞經，反映了佛教的中國化及其與本土信仰的結合。

收錄的道教文獻也都以文獻價值著稱：唐寫本《王玄覽道德經義論難》，《正統道藏》未收，其所設論題及應答技巧均針對佛教而言，是佛道交涉史的珍貴資料；《洞真上清諸經摘抄》，係摘抄早期上清派經書中詩歌頌章及有關經文雜湊而成，內容豐富，佚文可資校勘。

世俗文獻主要有四部典籍與官文書，數量雖不多，但具有較高學術價值。唐寫本《孝經鄭氏解・卿大夫章》，出土於和田地區，反映了唐初西域地區流行儒家經注的情況。

## 二、宋元善本

入選第三批《名録》的宋元善本共275種，不乏善本佳槧。如宋內府寫本《仙源類譜》、《宗藩慶系録》是目前所見最早的皇室宗譜，開本闊大，裝潢典雅，書法工整，盡顯皇家氣象。宋刻本《三蘇先生大全集》爲宋眉山刻小字本，密行小字，字體瘦勁秀麗。南宋蜀刻大字本《蘇文忠公文集》爲現存東坡集的最早刻本，版式疏朗，字體仿顔，端莊大氣。宋刻本《後村居士集》與五十卷本不同，若干卷內容更爲豐富詳盡，爲傳世孤本。宋慶元三年（1197）書隱齋刻本《新刊國朝二百家名賢文粹》爲宋文淵藪，所收宋代蜀地名賢佚文甚多，刊刻精美。據考，此慶元書隱齋本爲是書流傳至今僅存之本，宋代以後未見翻刻。宋刻《唐僧弘秀集》據其行款版式當爲南宋陳解元書籍鋪刻本，舊藏陶正祥五柳居，後贈予黄丕烈，又迭經汪士鐘、李盛鐸等名家收藏，洵屬珍貴。

元秦昇家塾刻本《化書》在元代既已罕見，堪稱孤本秘笈。元泰定元年（1324）西湖書院刻元明遞修本《文獻通考》，開本疏朗，刻印精美，是元代書院刻書代表之作。元天曆二年（1329）崇化余志安勤有堂刻《四書通》爲元刻佳善之本，亦是元代建陽坊刻名槧。建安余氏刻書精良，在建陽坊刻中聲譽較高，常常承攬官方刻書。此書即是官方交付刻印之書，曾爲明末毛氏汲古閣、清代瞿氏鐵琴銅劍樓遞藏，至爲珍貴。元刻明修本《新入諸儒議論杜氏通典詳節》雖爲殘卷，但元刻小字本傳世甚少，彌足珍貴。元後至元六年（1340）劉氏日新堂刻元虞集《伯生詩續編》，刀法流麗，字仿松雪體，手書上版，婉秀有致，風格獨特，爲虞氏詩集最古之本。日新堂是元代建陽地區著名的書坊，刻印了較多的經部文獻和詩文集，多有牌記或刻書題識。日新堂主人劉錦文，既是書商，也是博學的文人，刻書品質較高，屬建刻中的精本。元至正三年（1343）刻本《冷齋夜話》爲宋代著名詩僧惠洪雜記禪林遺聞佚事之作，刊刻精美，傳本罕見，書中有“東宮書府”等印，曾爲明代宮廷藏書，流傳至今，實屬難得。再如元代建陽坊刻《新編紅白蜘蛛小說》殘葉，爲元代小說話本之僅存者。儘管僅殘存一葉，藉此可以窺見元刻小說話本之一斑。

## 三、明清善本

明清兩朝經濟發達，出版業繁榮，且距今較近，故而存留古籍數量龐大。本次展覽展示的明清善本基本涵蓋這一時期的各種版本類型，反映出該時期的版本特點。

明代内府刻書開本宏大，行格疏朗，令人賞心悦目。景泰七年（1456）内府刻《飲膳正要》、嘉靖六年（1527）司禮監刻《大學衍義》可見一斑。藩府刻書也是明代官刻本中的一大特色，嘉靖十四年（1535）楚藩刻《劉氏二書》字體端莊，紙墨精良，可視爲明代藩府刻書的精品。清代内府刻書以武英殿爲主，軟體寫刻，清秀俊雅，《九家集注杜詩》即爲其代表。劉弘毅的慎獨齋是明中葉福建建陽著名書坊，所刊諸書往往校勘精審、刻印精細，《十七史詳節》爲其白眉。

明清時期活字印刷技術得以廣泛應用，明代以銅版活字爲主，清代以木活字爲主。活字本是此次明清善本展覽的一大特色，明弘治十一年（1498）華氏會通館《會通館集九經韻覽》，弘治十五年（1502）華珵《渭南文集》，正德八年（1513）華堅蘭雪堂《白氏長慶集》、正德十一年（1516）《春秋繁露》，弘治十六年（1503）金蘭館《西菴集》，都出自當時銅版活字印刷名家之手，爲研究者耳熟能詳。《毛詩》兼銅活字與藍印，更是稀見。這些活字本存世孤罕，歷代藏家將其與宋元善本等同看待。

此外，還有不少頗具特色的明清善本值得關注。比如：明弘治十七年（1504）莊槩、吴晟刻本《歐陽行周文集》是公文紙印，世不多見；明嘉靖七年（1528）蔣暘刻本《至大重修宣和博古圖録》上鈐有明潞王印鑒，形制頗爲罕見；清初刻本《水滸葉子》鐫刻精美，畫像逼真，爲明清版畫的傑作；明崇禎二年（1629）武林超性堂刻本《天主聖教聖人行實》爲意大利高一志所著，是研究明末中西文化交流的難得史料；《西清古鑑》出版於清乾隆十六年（1751），時間雖晚，但是銅版印本，傳世不多。

## 四、明清稿抄本

稿本是書籍写作的最初形態，爲諸本之祖，出於著者之手，無傳抄、翻刻之誤，最爲可信。就其形成過程而言，可分爲初稿、修改稿與定稿；就其是否爲著者手筆，則可分爲著者親筆的手稿本和非親筆的謄抄稿本。稿中勾乙增删之處可見著者著述、治學的歷程，反映著者的學術思想，稿本上的友朋批校可以彰顯當時學人團體治學的趨向與異同，彌足珍貴。此外，稿本與其刻本的關係也爲版本學家所重視，未刊稿本及與刻本不同的稿本有更高的文獻價值。

本次展覽的手稿本較多，且多爲名家名著，如豐坊（1492–1563?)《南禺書畫目》，因其所藏書畫均已散佚，賴此書後人纔得以知其收藏的大概；文震孟（1574–1636）《文文肅公日記》記録其自高中魁元到罷官回鄉間的宦海沉浮，是晚明珍貴史料；瞿式耜（1590–1650）《明瞿忠宣公文稿》，昭顯其不屈的氣節，爲千古所重；又如惠棟（1697–1758）《周易本義辨證》、梁同書（1723–1815）《碑版異文録》、翁方綱（1733–1818）《四庫全書提要稿不分卷》、鈕樹玉（1760–1827）《段氏説文注訂》、吴式芬（1796–1856）《待访碑目》均爲乾嘉時代重要學術著作；再如蒲松齡（1640–1715）《聊齋志異》、《聊齋文集》、《擬表九篇》三種手稿會聚一堂，可謂書林盛事。本次展出謄抄稿本且有著者批注者，可見其治學的過程及友朋間的商榷，亦屬難得，如毛晉（1599–1659）《汲古閣集》爲付刻之稿，版式與刻本相同；郝懿行（1757–1825）《爾雅義疏》爲其一生精力所萃之作；吴榮光（1773–1843）《歷代名人年譜》保留了體例變化的痕跡；劉喜海（1793–1853）《金石苑》仔細摹繪金石碑版；杨保彝（1852–1910）《海源閣書目》爲未刊稿本；孫詒讓《墨子閒詁》（1848–1908）乃《墨子》校勘集大成之作。

抄本是稿本或印本的傳抄本。若原本亡佚，則賴抄本保存原書內容，若抄本出於不同版本系統，則有重要的校勘價值。抄本傳世數量較刊本爲少，出於名家抄寫、校訂的精抄本則更爲珍貴。此次展覽有明胡廣等輯《書傳大全》，出自明代内府；《視草餘錄》記載明代首輔楊廷和勸諫正德皇帝以及議論時政的文章，謝肇淛（1567–1624）小草齋所抄；明抄本《玉臺新詠》、《書上人集》分别出自明末清初藏書家馮舒（1593–1645）、馮班（1602–1671）兄弟之手；錢大昕（1728–1804）潛研堂抄本《中興館閣錄》及《續錄》，是詳述南宋國家藏書制度的重要典籍；清抄《東萊先生詩集》原爲殘本，傅增湘（1872–1949）、張宗祥（1882–1965）以日本内閣文庫所藏影宋刻本和宋慶元二年（1196）刻本校補爲足本，提升了版本價值。藏書家遇到珍貴古籍，令抄手依原樣摹寫，力求與原書不差絲毫，這樣抄寫出來的書籍，稱影抄本。本次展出明影抄宋紹興（1131–1162）淮南路轉運司刻本《史記》及清初毛氏汲古閣影宋抄本《剪綃集》兩種。另外，彩繪本爲本次展覽添加了豐富的色彩，如明成化（1465–1487）彩繪本《宣和牌譜》、清道光（1821–1850）繪本《河工器具圖説》、清彩繪抄本《人體經穴臓腑圖》。

## 五、佛教典籍

佛教典籍由於其特殊的文物價值和文獻價值，在前兩次國家珍貴古籍評審和特展中，備受專業人士和觀衆的高度重視。第三批《國家珍貴古籍名錄》佛教典籍的評審，在繼續保持高標準嚴格篩選的基礎上，又評選出48种珍貴佛教典籍入選名錄，本次展出20餘種。

唐山市豐潤區文管所所藏的《金剛般若波羅蜜經》、《大方廣佛花嚴經八十卷》、《妙法蓮華經八卷》、《佛說阿彌陀經一卷》、《大乘本生心地觀經八卷》、《佛說大乘聖無量壽決定光明王如來陀羅尼經》、《佛頂心觀世音經三卷》、《梵本諸經咒》、《諸佛菩薩名集》等9部遼刻佛經，係1987年修復豐潤縣天宫寺塔時所得，其中帶有千字文編號的3件被視爲遼刻小字藏本，極大地豐富了學術界對11世紀我國北方地區刻書刻經的認識。

蘇州博物館所藏的《金剛般若波羅蜜經一卷》、《妙法蓮華經七卷》、《金光明經四卷》、《佛說阿彌陁經一卷》、《大隋求陁羅尼神咒等經咒》、《佛說天地八陽經一卷》六部北宋寫本和刻本佛經，係1978年維修蘇州瑞光寺塔時發現，大部分有明確抄寫年款或雕版題記，時間在太祖端拱年間至真宗天禧年間，爲研究北宋初期江南地區雕版印刷技術和造紙技術的發展，提供了重要實物證據。

北京緣督室藏五代宋初北方地區刻本《妙法蓮華經卷二》，版刻風格古樸，許多字體保留了唐代寫經的風格，顯示了佛典從唐五代寫本階段向北宋初年刻本階段的轉變，具有重要標本意義。此件與第一批《名錄》收入的山西高平市文博館藏《妙法蓮華經卷六》字體、紙張、雕印風格相同，可以定爲同版。

此外，北宋寫本“金粟山大藏經”、“崑山縣景德寺大藏經”、賈官人經書鋪所刻《法華經》、宋轉運司刻《華嚴疏》、元西夏遺民李惠月施泥金寫本《華嚴經》、洪武十二年（1379）刻本《重廣水陸法施無遮大齋儀》等，都有着重要的文物、文獻價值。

## 六、輿圖

輿地圖是描繪一定地理範圍内的自然或人文特徵的圖畫資料，簡稱“輿圖”或“地圖”。中國的地圖發展源遠流長，然保存不易，傳至今日者爲數不多。宋元地圖固屬珍稀，明、清以來手繪或木刻的政區圖、邊界圖、山川圖、水利圖和道里圖等也極具研究價值。

本次展覽選取的明代及清中期以前地圖是其中的佼佼者。明清兩朝既是我國輿圖編纂史中承前啓後的關鍵階段，也是中西輿圖交流史上的重要時期。16世紀，地圖集的出現標誌着地圖編纂學進入一個新的發展階段。明嘉靖年間，羅洪先在總結前人地圖編纂原理和技術的基礎上，採用畫方分幅法，以圖集形式，編製了《廣輿圖》。這是中國現藏最早的一部綜合性地圖集，堪稱中國地圖學史上的佳作。因爲採用圖集形式，使用方便，易於保存，因而多次翻刻。明、清以來傳統地圖多據之編繪。圖中首次表示山、河、路界、府、州、縣、驛等特徵的統一圖例符號也爲後人繼承和發揚廣大。明代萬曆年間彩繪本《江西全省圖説》採用中國古代傳統形象畫法，精細地繪出江西省各府、縣境內山嶺、河流、湖泊、樹木、城池、房屋等要素。除贛縣圖外，每圖均附圖説。各圖及圖説均按“一圖一説”的順序合裱爲對折的冊頁。圖説首用三詞分別概括當地交通情況、城市繁榮程度及當地百姓民風，隨後圖説約百餘字，分別介紹該地歷史沿革、地理特徵、百姓民風等情況，各有側重。

在古代中西關係史上，利瑪竇（Matteo Ricci,1552–1610）是最爲重要的人物之一。他在許多方面對東西方之間的文化交流作出了卓越貢獻，其中他繪製的世界地圖在當時流傳甚廣，強烈衝擊中國人傳統的天下觀。從1584年到1603年，利瑪竇在中國繪製了多種世界地圖，其中最爲重要的是《坤輿萬國全圖》和《兩儀玄覽圖》。《坤輿萬國全圖》最初是在1602年由李之藻以木版刻印，由六條屏幅組成。迄今所知，現存李之藻原版《坤輿萬國全圖》共有7件，都保存在國外。還有一些彩色摹繪本，其主要特徵就是圖上有各種動物及船隻。國家圖書館藏《坤輿萬國全圖》，僅其中一幅，所繪範圍包括大明、朝鮮、日本、呂宋和大爪哇等國家和地區，圖中有利瑪竇序以及海船、魚、象等圖像。

利瑪竇介紹的西方世界地圖和地圖製作技術得到萬曆皇帝的重視，從此新的製圖方法開始在中國傳播。利瑪竇對中國科技文化影響最大的是繪製世界地圖和測量經緯度。1684–1719年間，中國大陸測算經緯度630個點，奠定了中國近代地圖測繪的基礎。在此基礎上測繪完成的《皇輿全覽圖》是我國首次全國性的實測地圖，開創了我國實測經緯度地圖的先河，對近代中國地圖的發展具有重要的意義。

清乾隆年間彩繪的《避暑山莊全圖》、《五臺山聖境圖》和《西湖行宫圖》等勝跡圖，無不畫工精細，技藝高超，色彩絢麗，圖像逼真，縮全貌於眼前，存舊制至今朝，其蘊涵的藝術與史料等價值歷久彌高。

## 七、拓本與鈐印本

我國石刻歷史悠久，品種繁多，數量巨大，内容宏富，爲政治、經濟、軍事、歷史、宗教、農業、醫學、藝術、建築、天文地理以及水文水利等學科的研究保存了豐富可靠的資料，構成了簡帛與紙本文獻之外的第三大門類——石刻文獻。

第三批《名録》共入選碑帖拓本9種，均是歷經成百上千年的磨難而流傳於今的頂級珍品。包括宋拓本《絳帖》、《靈巖寺宋賢題詩題名集拓》、《晉唐小楷四種》、《十七帖》四種，明拓本《史晨前後碑》、《禮器碑》、肅府本《淳化閣帖》、水前本《瘞鶴銘》四種，清道光年間（1821–1850）初拓本《董美人墓誌》一種。明拓《史晨前後碑》和肅府本《淳化閣帖》就是其中的代表。

《史晨碑》又稱《漢史晨碑奏銘》，包括前後兩碑，同刻於一塊石碑的陰陽兩面，前碑全稱《漢魯相史晨奏祀孔子廟碑》，刻於東漢建寧二年(166)三月，十七行，行三十六字；後碑全稱《漢魯相史晨饗孔廟碑》，刻於建寧元年(165)四月，十四行，行三十六字。碑今存山東省曲阜市孔廟。《史晨碑》是漢碑裏的名品，隸書中的典範，結體方整，端莊典雅，影響深遠，其拓本爲歷代學書者所珍愛。此本經清顧曾壽、吳雲、趙烈文遞藏，“春秋行禮”之“秋”字未損，“出王家穀”的“家”字未損、“穀”字尚可見，爲《史晨碑》傳世最早拓本之一。有趙烈文題簽，顧曾壽、吳雲、趙烈文題跋，是不可多得的佳拓。

《淳化閣帖》是北宋淳化三年（992）太宗趙炅命王著甄選秘閣所藏歷代名人法書摹刻的一部十卷叢帖，刻於河南開封宋內府，是存世最早的叢帖。明洪武二十五年(1392)明太祖朱元璋冊封其第十四皇子在甘肅就藩，史稱肅王，並賜宋本《淳化閣帖》一部，作爲傳代之寶秘藏肅王內府。萬曆四十三年(1615)肅憲王朱紳堯令姑蘇金石摹刻家溫如玉、張應召師徒二人將祖傳宋本《淳化閣帖》摹刻上石,前後歷時 7 年，世稱“肅王府本”《閣帖》，亦稱“遵訓閣帖”或“蘭州本”《閣帖》，是現存時代較早、摹刻較精，而又保存完好的一部法帖原石。清倪蘇門《古今書論》云：“淳化帖在明朝，惟肅王府翻刻石最妙，謂之肅本。”此本爲明萬曆年間初拓本，其拓印精緻、字體傳神，逼近祖帖，且保存完整，品相完好，存世極少。

鈐印即蓋印，後人將一人或多人所刻所用所藏的各種印章鈐印彙集成冊，是謂印譜，亦稱印存、印集、印舉。印之有譜大多認爲起源於宋代官府輯的《宣和印譜》，此譜今已失傳，現存最早的當推明隆慶年間（1567–1572）顧從德所輯的《集古印譜》六卷，它爲後來印譜的編製體例、用箋規格、釋文考證諸方面奠定了基礎。清代著名印譜有汪啓淑《飛鴻堂印譜》、陳介祺《十鐘山房印舉》等。印即圖章、印信，是璽、印、章、記等之統稱。璽印之說，古已有之。據記載，昔黄帝得龍圖，中有璽章；湯克夏，取璽書置座右。《周禮》曰：“貨賄用璽節。”“璽節”，鄭玄謂即印章，此爲璽印之始。

印章也是書法藝術與雕刻技術的完美結合。由於印章多爲篆書，因此，從某種意義上說，印章的演變史就是篆書的演變史。製作印章的初衷是象徵國家權力，證明個人身份、地位。後來，特別是到了清代，在這塊方寸之地上除了印信的功能外，又賦予它許多新的內涵。如家訓、格言、箴銘、警句、詩詞、古今人名等。讀之，可以啓迪智慧，陶冶情操，增長知識。

印譜不但具有較高的藝術價值，還具有重要的學術價值，它爲歷史地理、職官制度、古文字及藝術史研究提供了寶貴資料。從中我們不但可以看到千姿百態的篆書書法藝術和眾多的名人邊款題跋，而且還能領略到巧奪天工的鐫刻技藝。

第三批《名錄》收入鈐印本古籍12種，這次展出其中的代表作《宣和集古印史》和《學山堂印譜》。《宣和集古印史》共8冊，按時代排列歷代官私印信1573品，每品皆有釋文。《學山堂印譜》爲“三堂（賴古堂、飛鴻堂、學山堂）”印譜之一，係張灝“遍取古今人微言雋句”，遍邀當世名手刻製而成，原印精拓，殷朱濃墨，神采煥然。

### 八、少數民族文字文獻

少數民族文獻作爲記錄和傳承民族傳統文化的重要載體，是中華文化遺產寶庫中的瑰寶，具有重要的文物、文獻、文字價值。國務院公佈的第三批《國家珍貴古籍名錄》中，入選的少數民族文字古籍共246部，涉及13個文種，具有文種多、時代早、內容廣泛、形式多樣等特點，充分體現了民族文字古文獻的豐富多彩。

此次展出的9世紀中葉寫本《粟特文書信》，1981年吐魯番柏孜克里克千佛洞出土，由9張紙粘貼連接而成，存粟特文長達135行，接縫處鈐有朱色印簽，中間有彩繪插圖一幅。粟特文也是本次名錄的新增文種。敦煌藏經洞出土的9至10世紀寫本《般若波羅蜜多十萬頌第二卷第九、十品》，有抄經、校經人題名。初校者昂楚，即吐蕃贊普可黎可足王妃貝吉昂楚，她與其師吐蕃教相貝吉雲丹長期駐錫吐蕃統治下的敦煌，組織佛經的翻譯、抄寫。2006年發現於西藏山南蚌巴齊古塔寶瓶內的9至10世紀寫本《苯教藏醫集》，雖僅存13葉，但文獻、文物價值極高。西夏刻本《番漢合時掌中珠》是骨勒茂才所撰的西夏文—漢文雙解詞語集，將常用詞語以天、地、人分部，每部又分上、中、下三篇，每一詞語皆有西夏文及相應的漢文、西夏文爲漢文注音、漢文爲西夏文注音四項。目前國内僅存一面。蒙古文《寶星陀羅尼經》爲清康熙四年（1665）刻本，是國家圖書館所藏最早的有確切年款的清代刻本，傳世孤罕。滿文《大清會典》一百六十二卷爲清康熙二十九年（1690）内府刻本，裝幀精美，開本較大，彰顯皇家風範。記載清代典章制度的官修典籍，爲清會典中年代最早者。清抄本滿文《勸善經》從錫伯族民間徵集而得，對研究清代漢文化在錫伯族民間的傳播具有重要意義。清抄本《祭神送理多面偶經 》是國家圖書館抗戰時期徵集的西南文獻之一，前半部分東巴文、哥巴文混合使用，後半部所用哥巴文具有藝術特色。在東巴文經書中屬較早者，頗爲珍貴。《御製滿漢西番合璧大藏全咒》多爲四體合璧本，此次展出的清乾隆三十八年（1773）刻本爲滿漢藏三體合璧， 甚為稀見。

**九、西文善本**

在繼承優秀傳統文化的同時，瞭解、尊重其他民族的文明和文化，共同創造美好的未來，是我們的歷史使命。早期傳入中國並留存至今的西文善本，見證了中西文化交流的歷史進程，成爲具有獨特意義的文化遺産。第三批《名錄》的“其他文字珍貴古籍名錄”部類，收錄了兩種西文善本。葡萄牙神父撰寫的“天主版”類傳教書籍《金言集》，是日本第一批採用西方活字印刷術印製的書籍之一，爲世界孤本，極其珍貴。拉丁文《節本托勒密天文學大成》爲搖籃本，至爲珍貴。

本次“特展”，得到全國圖書館界、博物館界以及部分私人古籍收藏家的大力支持，各單位在很短的時間内，完成審批手續、出借館藏珍貴善本，並採取多種措施，護送展品安全抵達展覽場所。文化部領導高度重視此次展覽，協調展覽相關事宜，並進行具體指導。國家古籍保護中心辦公室提供了第三批《國家珍貴古籍名錄》、各館申報資料和全國古籍保護工作成就，還發函各館借調文獻，接待各館來京人員，開展宣傳工作，解決展覽過程中遇到的問題。國家圖書館古籍館與國家古籍保護中心辦公室共同完成展陳大綱，遴選展品，編製目錄，撰寫提要等文稿，編纂圖錄，製作展板、展簽，接收文獻，佈設展覽，並承擔展覽期間的講解、接待等工作。國家圖書館出版社在很短的時間内，完成《國家珍貴古籍特展圖錄（2010）》的出版工作。其他相關單位也密切配合，全力支持，保證了展覽的成功舉辦。各界人士的通力協作與熱情支持，是中華古籍保護計劃得以順利推進的保證，也是古籍保護工作能有所成就的基礎。我們相信，在全社會的支持之下，我國古籍保護事業必將取得更大的成就。

編　者

2010年5月

# 魏晉南北朝隋唐五代時期文獻

魏晉至五代被稱為中國書籍史的“寫本時代”，其時造紙術已發展成熟，雕版印刷尚未廣泛流行，書籍多以寫本形式傳播。這一時期流傳下來的文書典籍主要有敦煌遺書、吐魯番文書、西域文書等出土文獻及少量傳世文獻，文物、文獻價值均極為突出，彌足珍貴。各類典籍較後世傳本更多地保留了文獻原貌，官私文書是中古史研究無可代替的第一手材料，古佚書籍更為學術研究帶來了眾多新資料與新問題，數量巨大的佛經則是佛教興盛的寫照。第三批“國家珍貴古籍名錄”入選魏晉南北朝隋唐五代時期寫本文獻101種。其中大部分為佛教、道教文獻，不乏宏篇巨帙，藏外佛教文獻、疑偽經則因其文獻價值備受重視；世俗文獻主要有四部典籍與官文書，數量雖不多，但學術價值極高。本次展覽精選了20餘件寫本時代文獻，力圖多角度、全方位地展示寫本書籍的面貌。

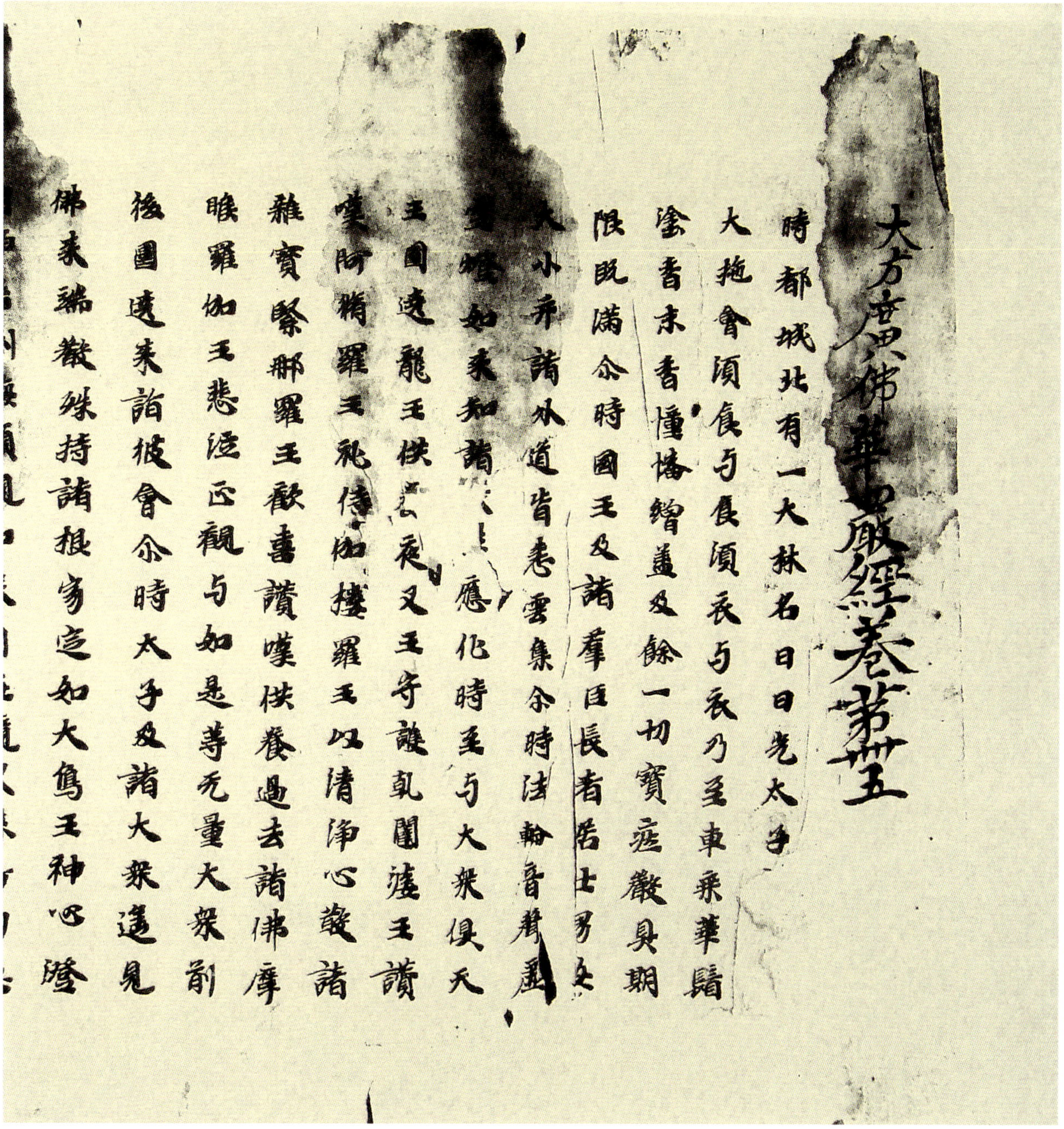

**大方廣佛華嚴經卷第四十五**　（東晉）釋佛陀跋陀羅譯　南北朝寫本

首殘尾全，黄麻紙抄寫，書風古樸，為典型的南北朝寫經。晉譯《華嚴經》有五十卷本、六十卷本兩個版本系統，本件屬五十卷本系統。

敦煌市博物館　名録06883

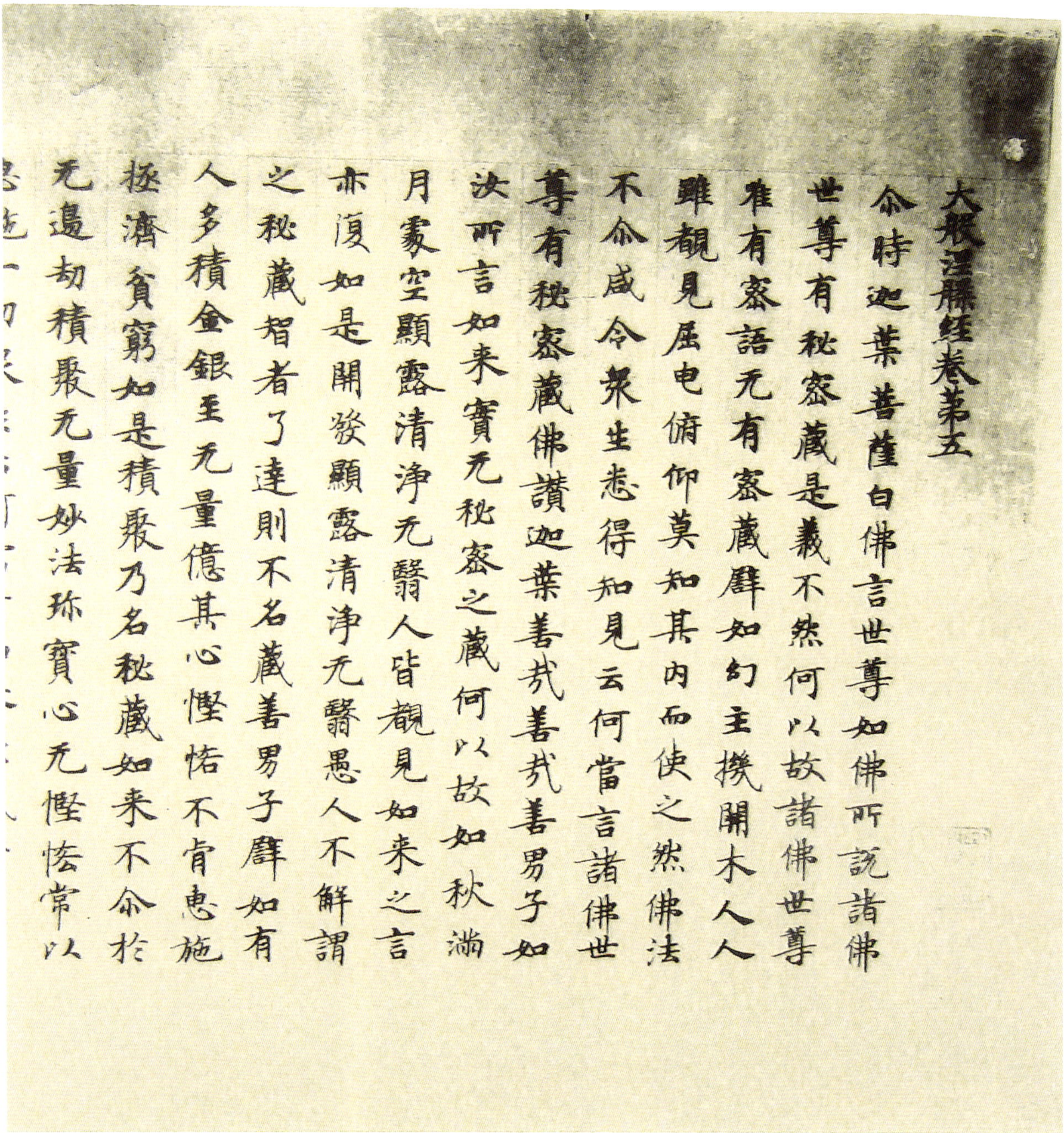
大般涅槃經卷第五
尓時迦葉菩薩白佛言世尊如佛所說諸佛
世尊有秘密藏是義不然何以故諸佛世尊
唯有密語无有密藏譬如幻主機關木人人
雖覩見屈申俯仰莫知其内而使之然佛法
不尓咸令衆生悉得知見云何當言諸佛世
尊有秘密藏佛讚迦葉善哉善哉善男子如
汝所言如来實无秘密之藏何以故如秋滿
月處空顯露清淨无翳人皆覩見如来之言
亦復如是開發顯露清淨无翳愚人不解謂
之秘藏智者了達則不名藏善男子譬如有
人多積金銀至无量億其心慳悋不肯惠施
拯濟貧窮如是積聚乃名秘藏如来不尓於
无邊劫積聚无量妙法珍寶心无慳悋常以

**大般涅槃經卷第五**　（北涼）釋曇無讖譯　唐寫本

首全尾殘。卷首有竹篾天竿，繫有五色絲帶。硬黄紙抄寫，單紙最長者達143厘米，反映了我國古代高超的造紙技藝。

敦煌市博物館　名錄06888

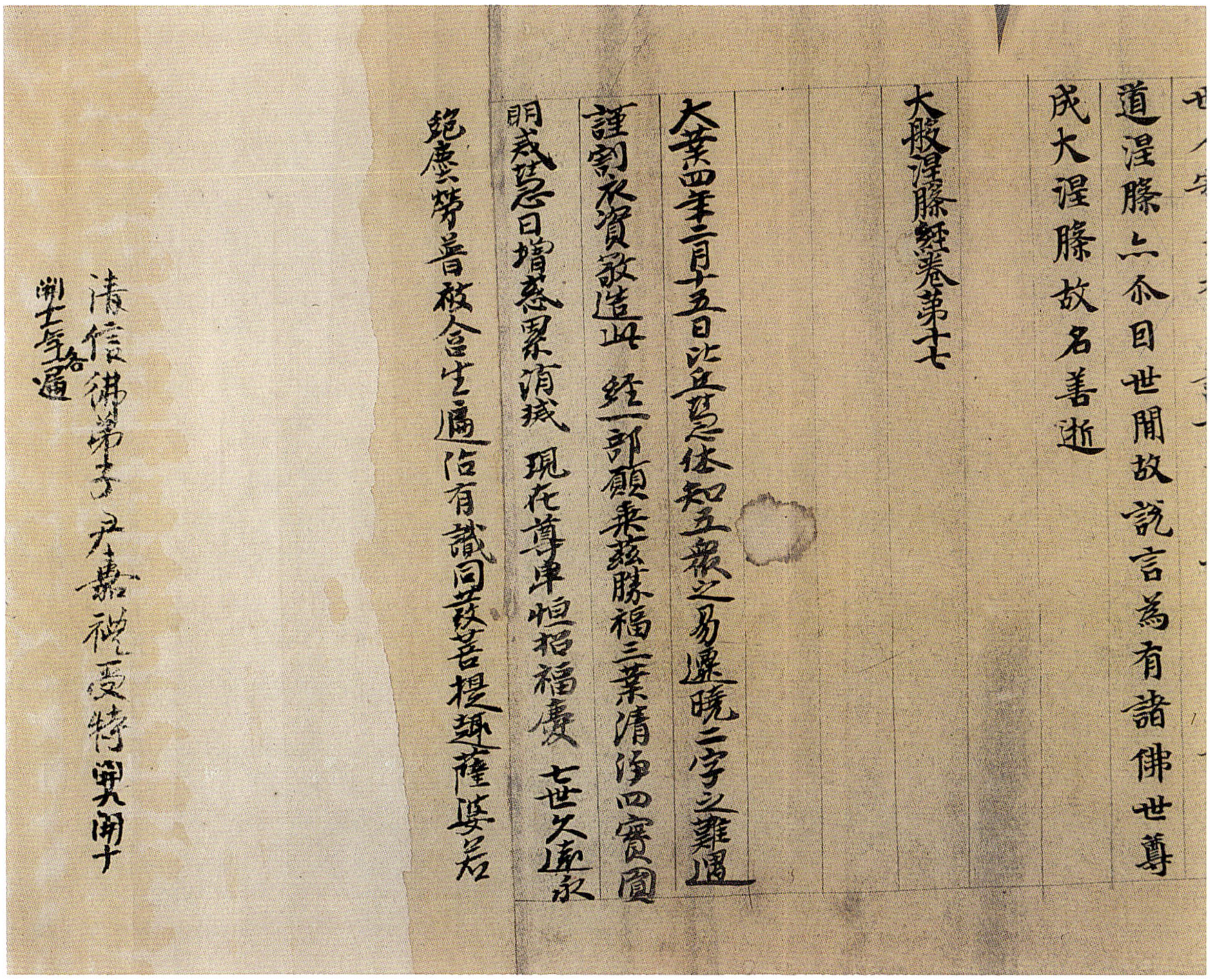


**大般涅槃經卷第十七** （北涼）釋曇無讖譯　隋大業四年（608）寫本

書法精美，紙墨考究，保存較好。首尾完整，有軸，卷尾有題記二則。周叔弢舊藏。

天津博物館　名錄06892

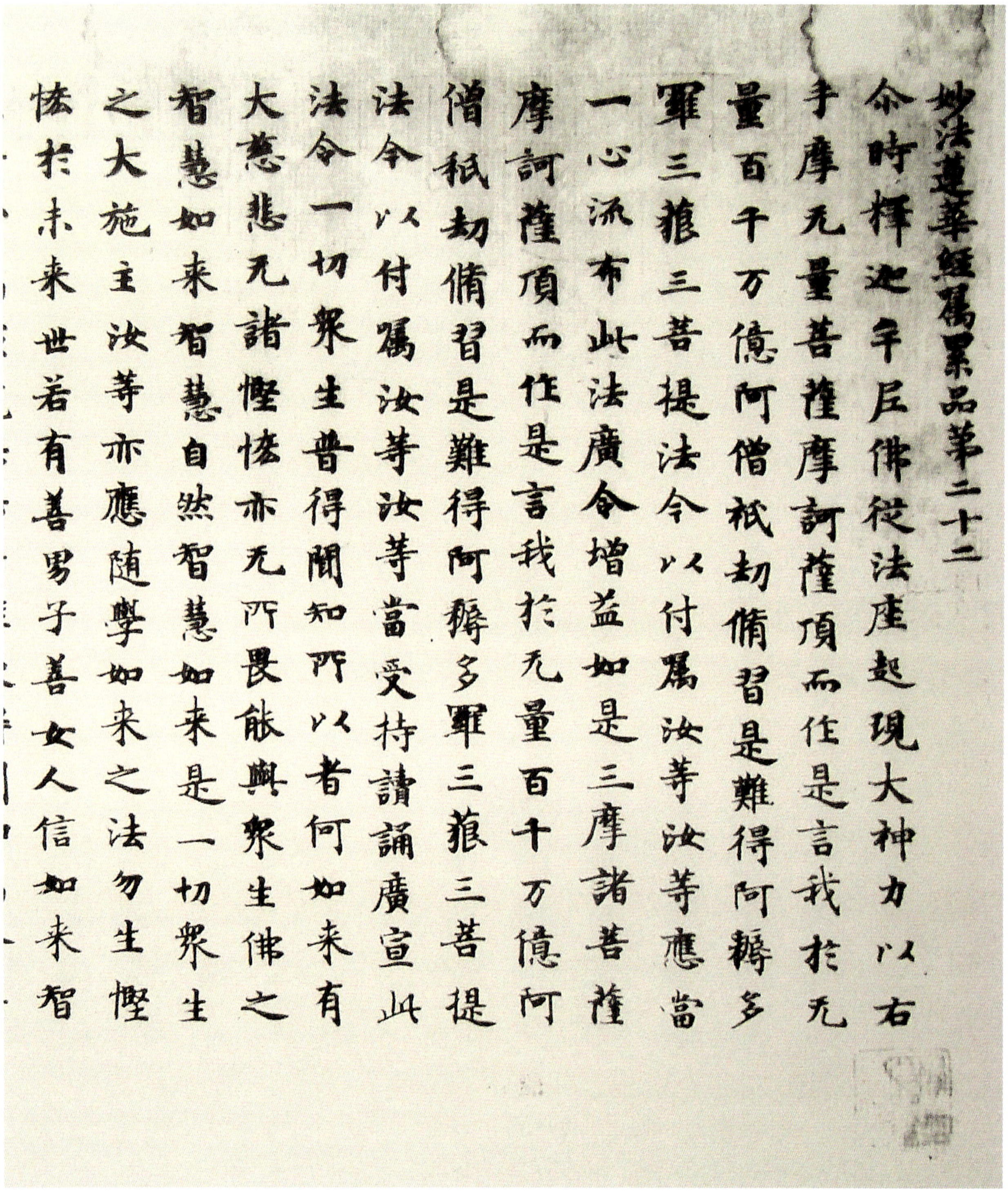
妙法蓮華經囑累品第二十二
尒時釋迦牟尼佛從法座起現大神力以右
手摩无量菩薩摩訶薩頂而作是言我於无
量百千万億阿僧祇劫脩習是難得阿耨多
羅三藐三菩提法今以付囑汝等汝等應當
一心流布此法廣令增益如是三摩諸菩薩
摩訶薩頂而作是言我於无量百千万億阿
僧祇劫脩習是難得阿耨多羅三藐三菩提
法今以付囑汝等汝等當受持讀誦廣宣此
法令一切衆生普得聞知所以者何如來有
大慈悲无諸慳悋亦无所畏能與衆生佛之
智慧如來智慧自然智慧如來是一切衆生
之大施主汝等亦應隨學如來之法勿生慳
悋於未來世若有善男子善女人信如來智

**妙法蓮華經卷第六**　（後秦）釋鳩摩羅什譯　唐咸亨三年（672）寫本

首尾俱全，經黃紙抄寫，書法端莊圓潤，裝幀精美，為初唐宮廷寫經的代表作。

敦煌市博物館　名錄06896

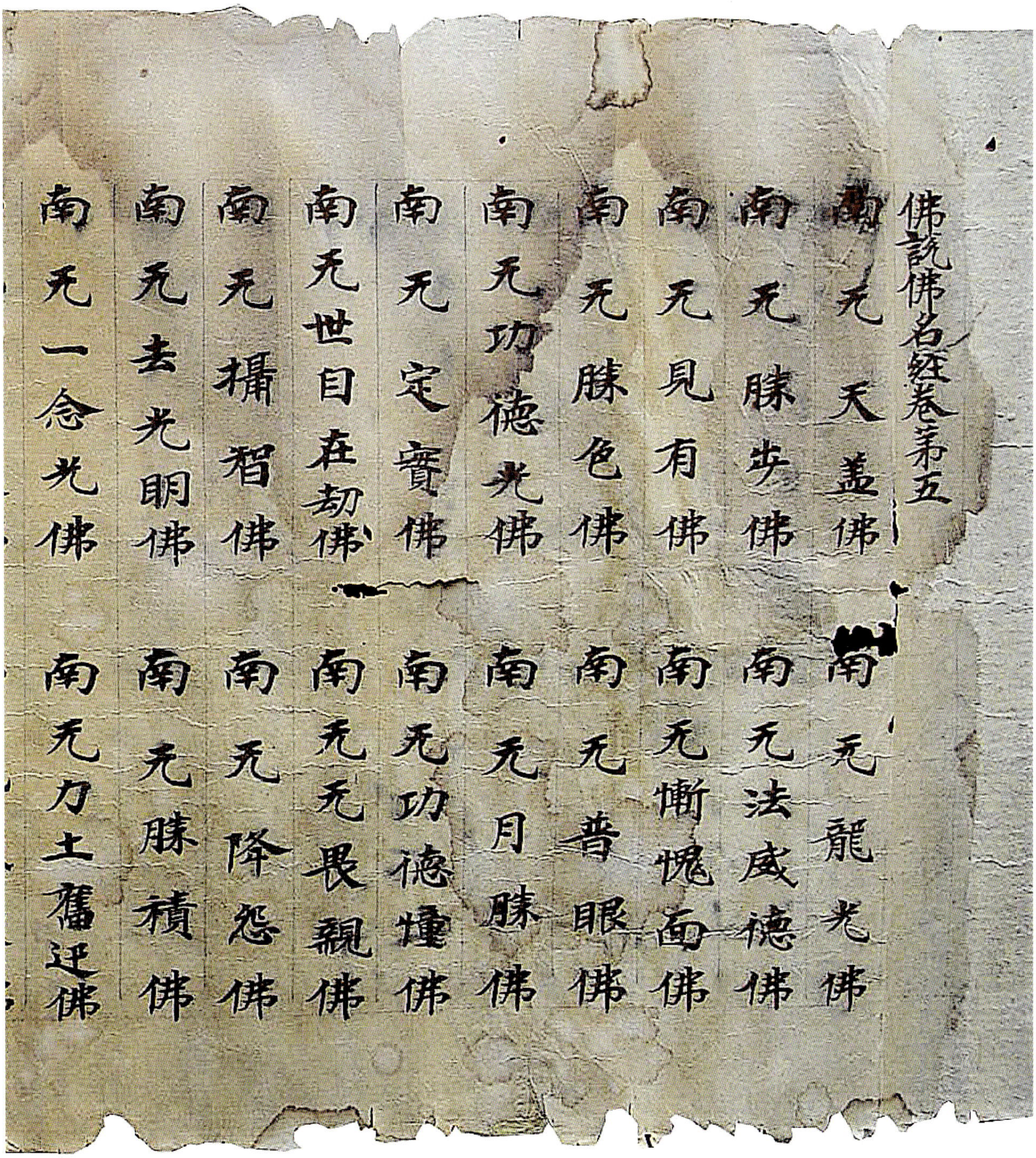

**佛名經卷第五**　（北魏）釋菩提流支譯　南北朝寫本

5-6世紀寫本，品相上佳，保存較完整。長度將近12米，存562行，有很高的文物及文獻價值。

山東省博物館　名錄06907

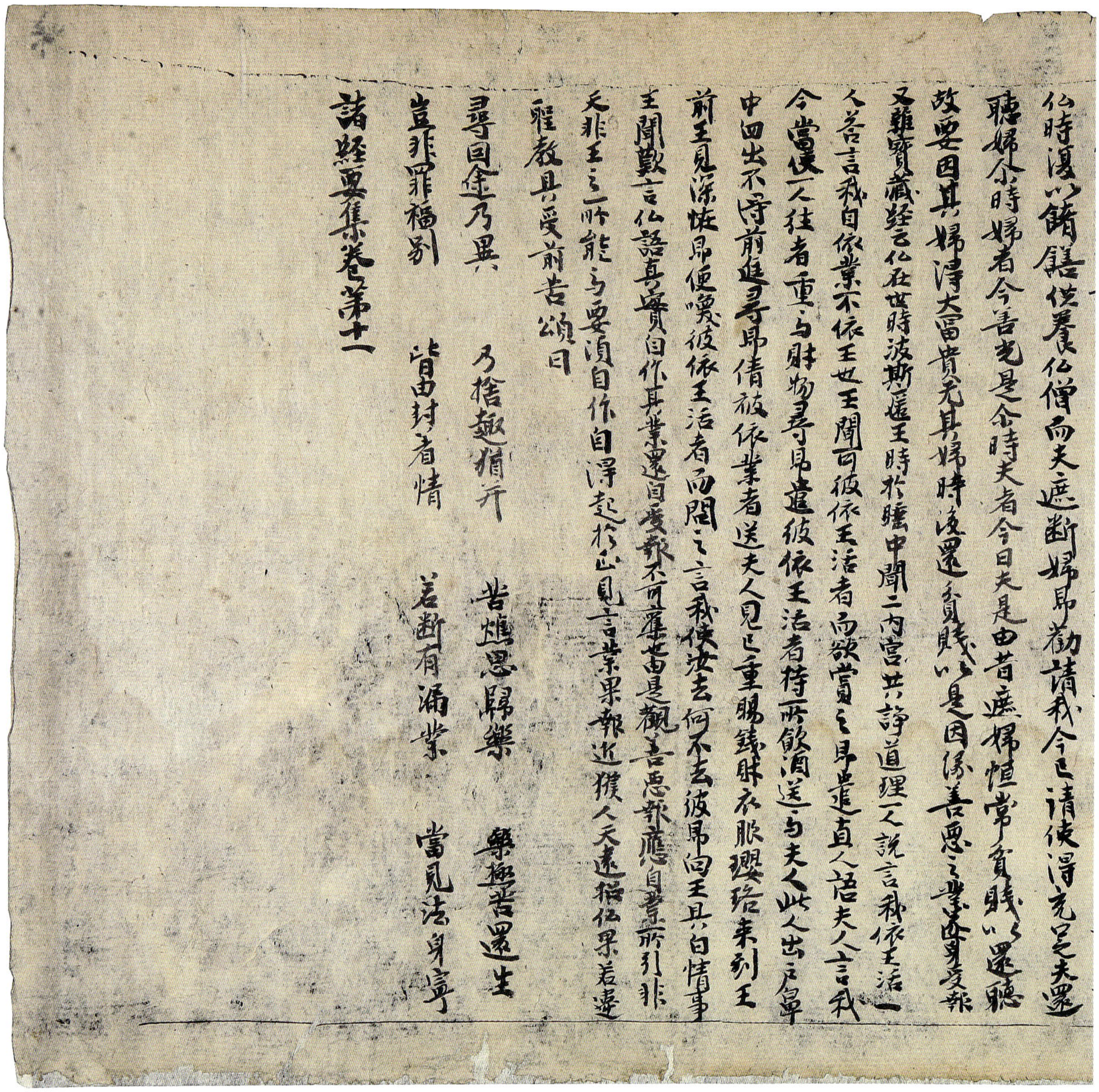
仏時復以餚饍供養仏僧而夫遮斷婦即勸請我今已請使得充足夫還
聽婦尒時婦者今善光是尒時夫者今日夫是由昔遮婦恒常貧賤以還聽
故要因其婦得大富貴光其婦時後還貧賤以是因緣善惡之業終身受報
又雜寶藏經云仏在世時波斯匿王時於臆中聞二内宮共諍道理一人説言我依王活
一人答言我自依業不依王也王聞忿彼依王活者而欲賞之即遣直人語夫人言我
今當使一人往者重之與財物尋即遣彼依王活者持所飲酒送之與夫人此人出戸鼻
中血出不得前進尋即倩彼依業者送夫人見已重賜錢財衣服瓔珞來到王
前王見深怪即便喚彼依王活者而問之言我使汝去何不去彼即向王具白情事
王聞歎言仏語真實自作其業還自受報不可羅也由是觀善惡報應自業所引非
天非王之所能之要須自作自得起於正見言業果報近獲人天遠招仏果善逆
雅教具受前吉頌曰
尋因途乃異　乃捨趣猶升　苦憶思歸樂　樂極苦還生
豈非罪福別　皆由封着情　若斷有漏業　當見法身寧
諸經要集卷第十一

**諸經要集**　（唐）釋道世集　**金剛般若波羅蜜經並序**　（後秦）釋鳩摩羅什譯　歸義軍時期寫本

《諸經要集》又稱《善惡業報論》，係據大小乘諸經律論，取其要目，集錄要義，分類纂輯而成。《金剛經》係血書而成，文物價值較高。

國家圖書館　名錄06910

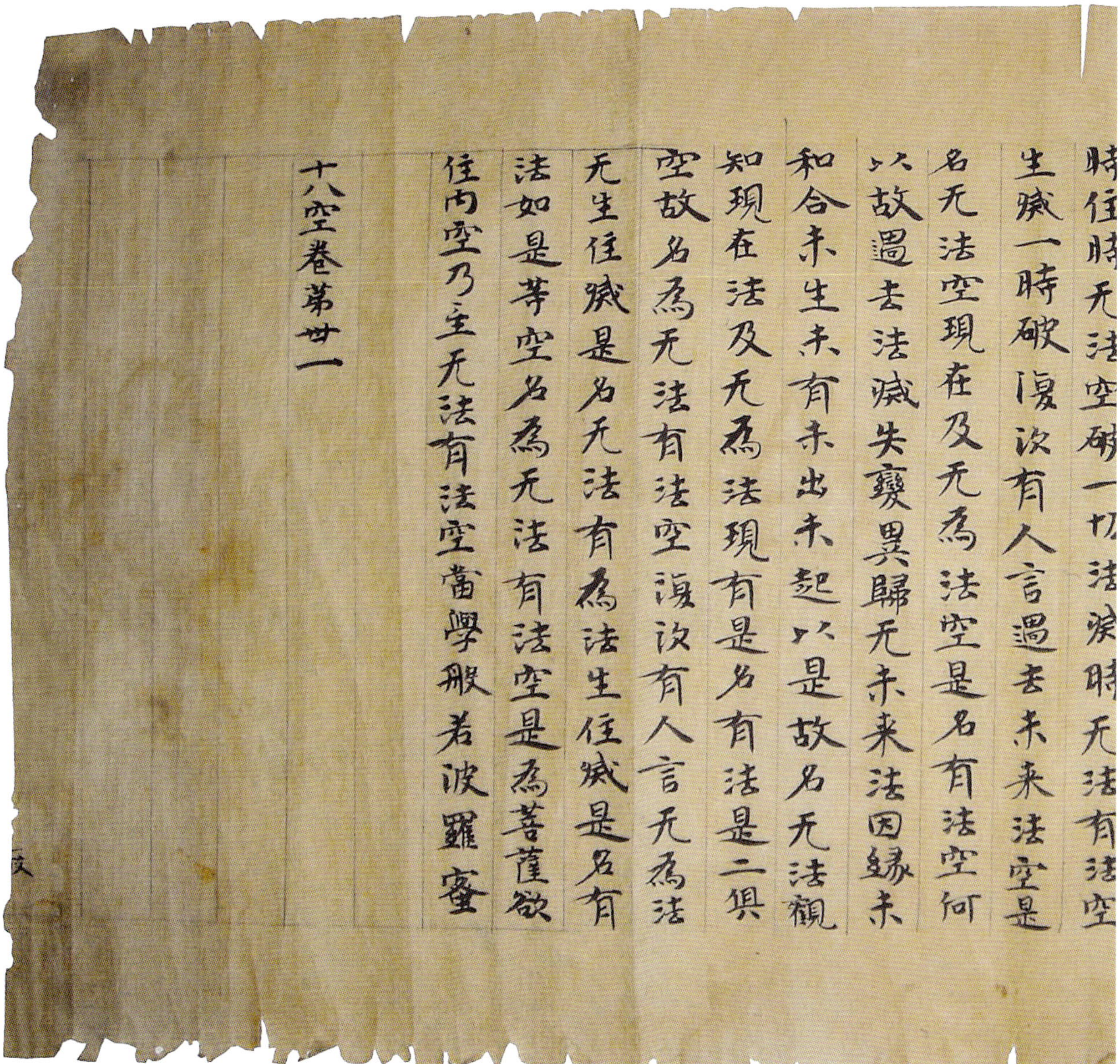

時住時无法空破一切法滅時无法有法空
生滅一時破復次有人言過去未來法空是
名无法空現在及无為法空是名有法空何
以故過去法滅失變異歸无未來法因緣未
和合未生未有未出未起以是故名无法觀
知現在法及无為法現有是名有法是二俱
空故名為无法有法空復次有人言无為法
无生住滅是名无法有為法生住滅是名有
法如是等空名為无法有法空是為菩薩欲
住内空乃至无法有法空當學般若波羅蜜
十八空卷第卅一

**大智度論卷三十一**　（後秦）釋鳩摩羅什譯　南北朝寫本

卷長10米有餘，尾有校勘題記，卷首有黃賓虹鈐印。

盛華堂　名錄06917

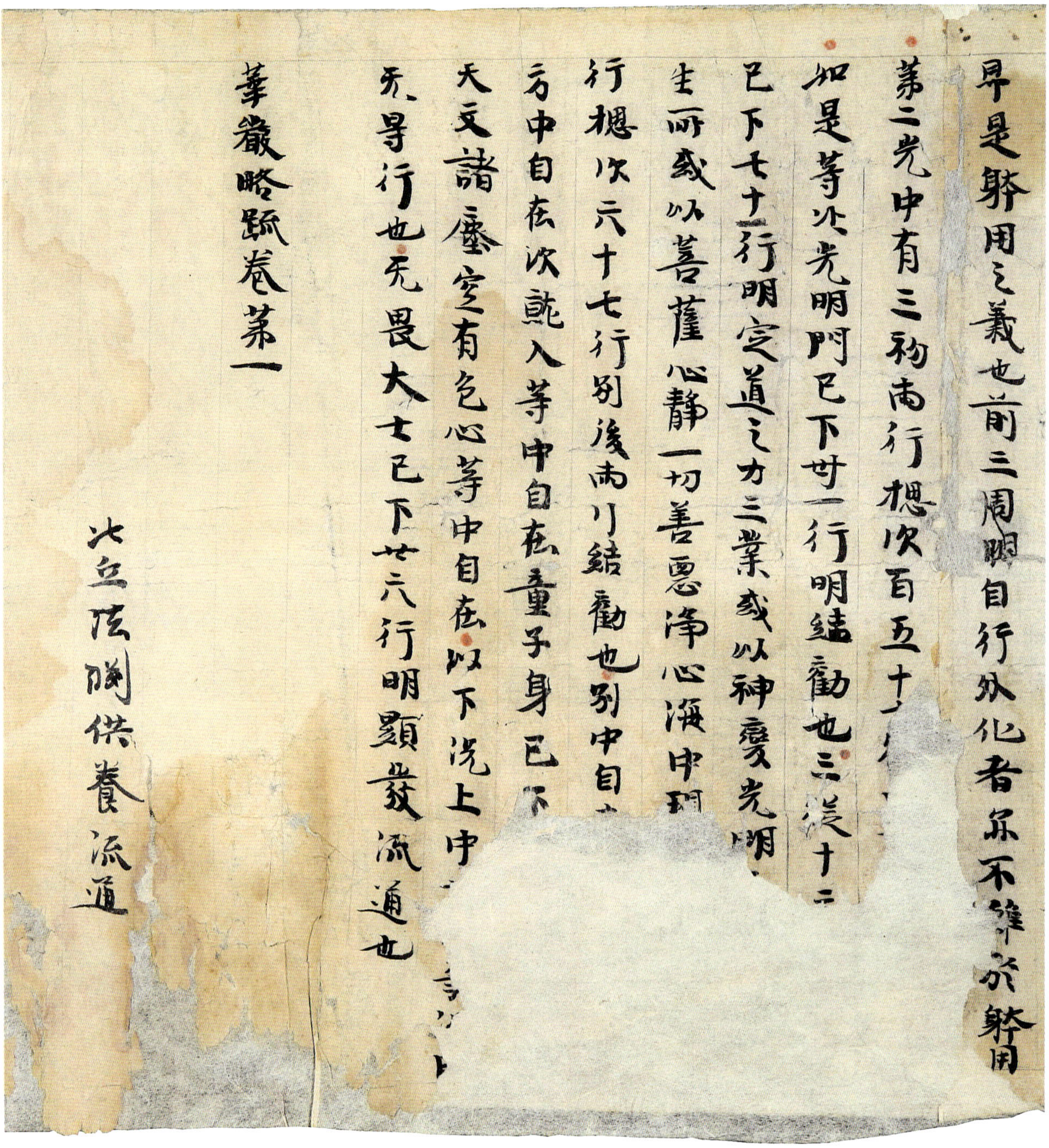

㝵是餘用之義也前三周明自行外化者尔不離於餘用
第二光中有三初兩行摠次百五十……
如是等次光明門已下廿一行明結勸也三從是十二……
已下七十一行明定道之力三業或以神變光明……
生所或以菩薩心靜一切善惡淨心海中……
行摠次六十七行别後兩行結勸也别中自……
方中自在次跏入等中自在童子身已下……
天支諸塵空有色心等中自在以下况上中……
无㝵行也无畏大士已下廿六行明顯發流通也
華嚴略疏卷第一
比丘法暢供養流通

**華嚴略疏卷一**　佚名撰　南北朝寫本

晉譯《華嚴經》的注疏，文字提綱挈領。歷代大藏經未收，敦煌遺書中僅存兩號。全卷長逾9米，保存相對完整，文獻、文物價值極高。

國家圖書館　名錄06925

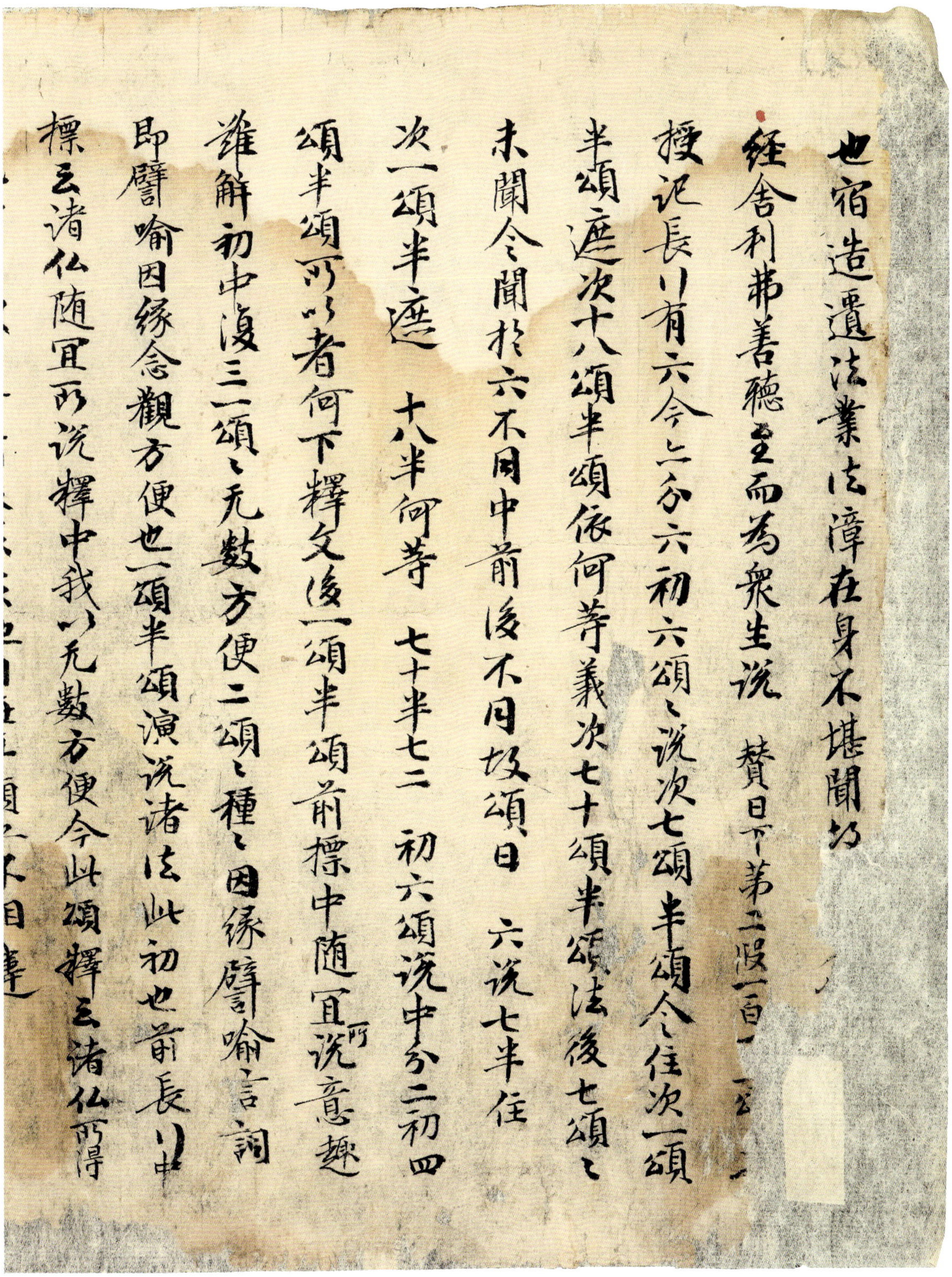
也宿造遺法業法障在身不堪聞妙
經舍利弗善聽至而為衆生說　贊曰下第二段一百一
授記長行有六今亦分六初六頌亦說次七頌半頌今亦住次一頌
半頌遮次十八頌半頌依何等義次七十頌半頌法後七頌亦
未聞今聞於六不同中前後不同故頌曰　六說七半住
次一頌半遮　十八半何等　七十半七二　初六頌說中分二初四
頌半頌所以者何下釋文後一頌半頌前標中隨宜所說意趣
難解初中復三一頌亦無數方便二頌亦種種因緣譬喻言詞
即譬喻因緣念觀方便也一頌半頌演說諸法此初也前長行中
標云諸仏隨宜所說釋中我以無數方便今此頌釋云諸仏所得

**妙法蓮華經玄贊卷第四**　（唐）釋窺基撰　唐寫本

《妙法蓮華經》的注疏，歷代評價很高，歷代大藏經未收。全卷長逾13米，存文714行，保存文字量較大，文物、文獻價值很高。

國家圖書館　名錄06929

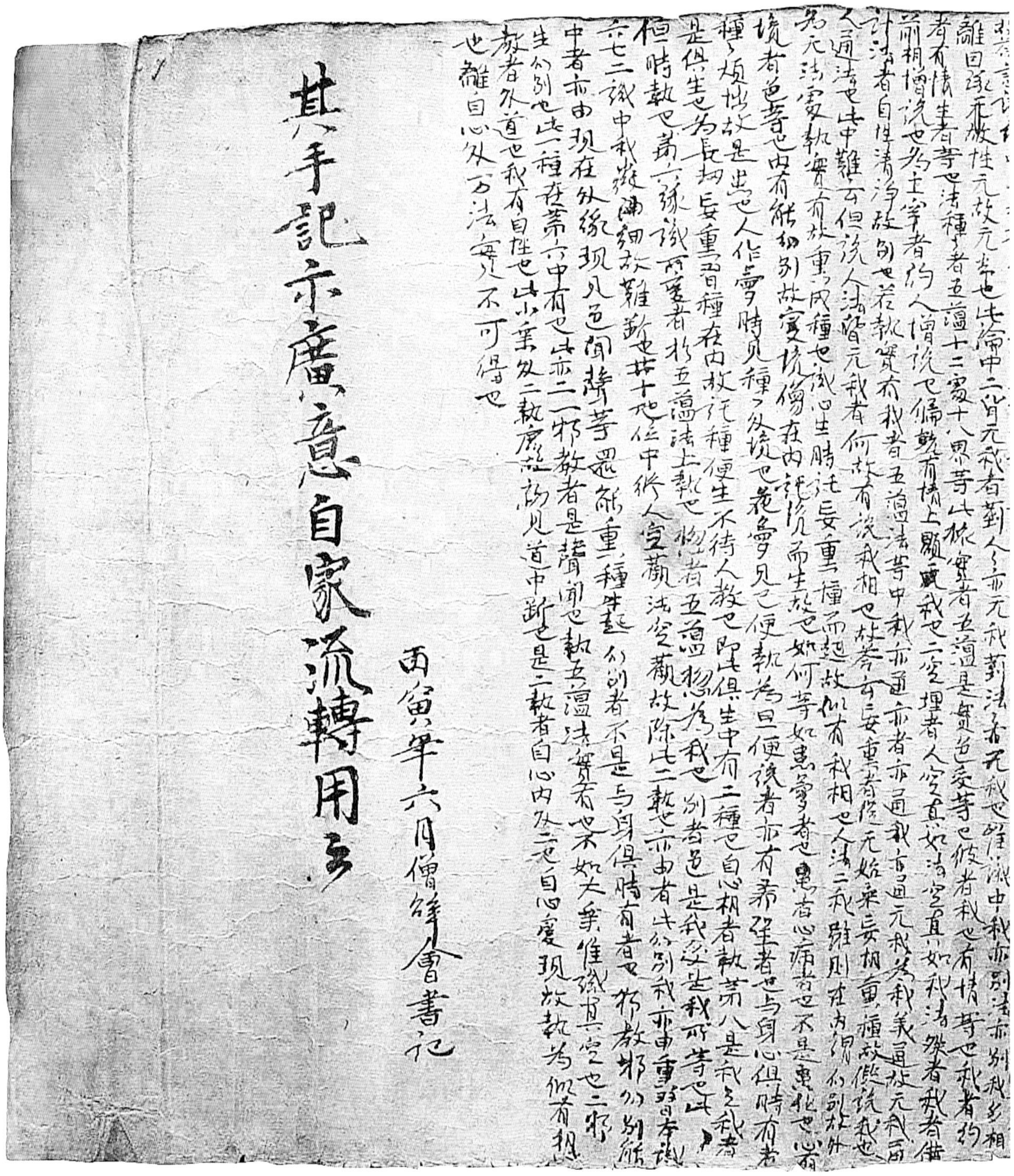

**大乘百法明門論開宗義記手記**　唐會昌六年（846）寫本　**天復甲子新婦染患施捨文**　唐天復甲子（904）寫本　**都僧統賢照都僧錄談廣等上僕射狀稿**　歸義軍時期寫本

通卷包括三件不同時期抄寫的文獻，有紀年題記，文獻價值較高。

山東省博物館　名錄06944

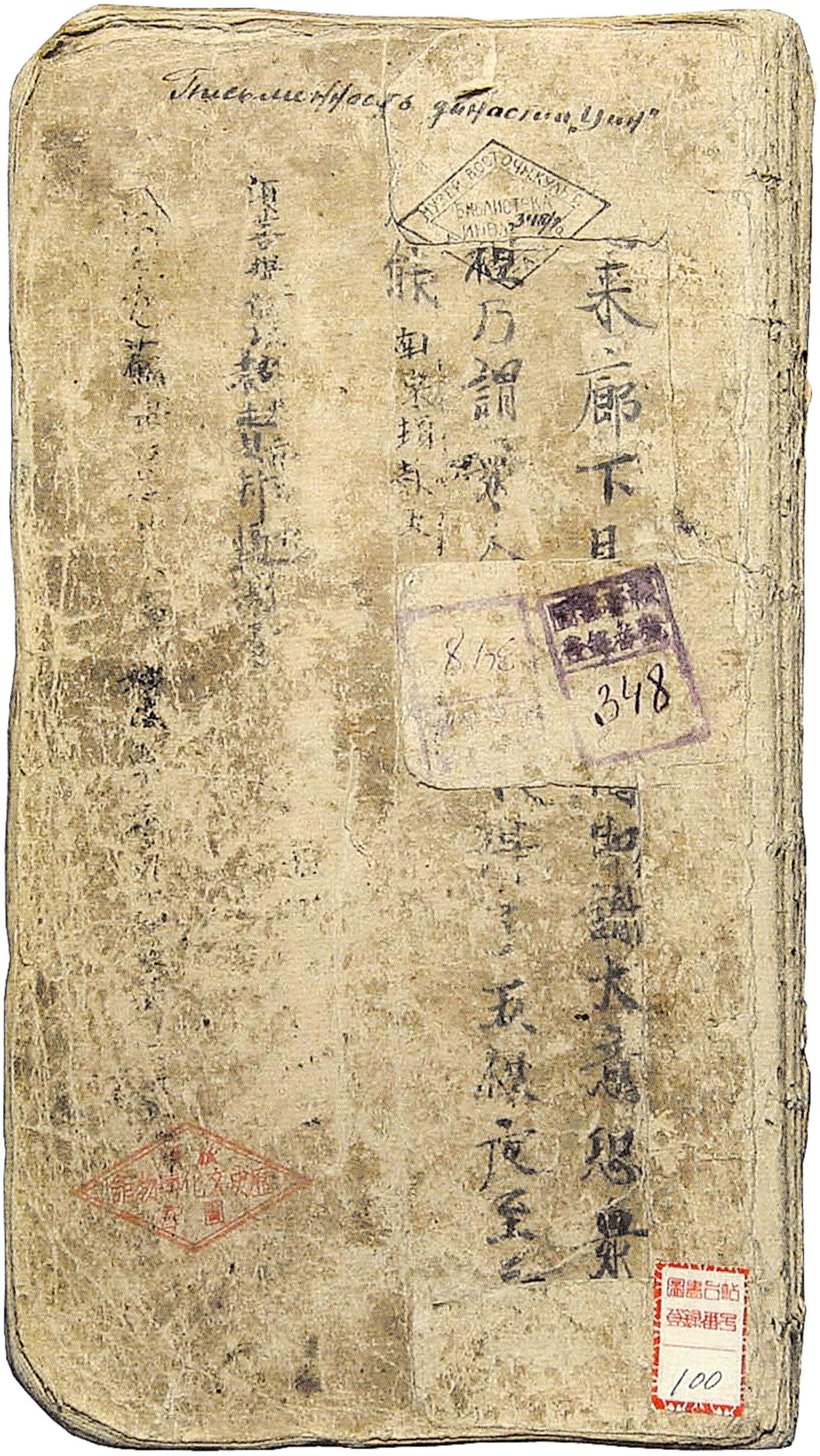

**南宗最上頓教大乘摩訶般若波羅蜜經**　（唐）釋惠能述（唐）釋法海等輯　後周顯德五年（958）寫本

縫繢裝。文獻較為完整，對《壇經》的校勘、研究有重要意義。

遼寧省旅順博物館　名錄06947

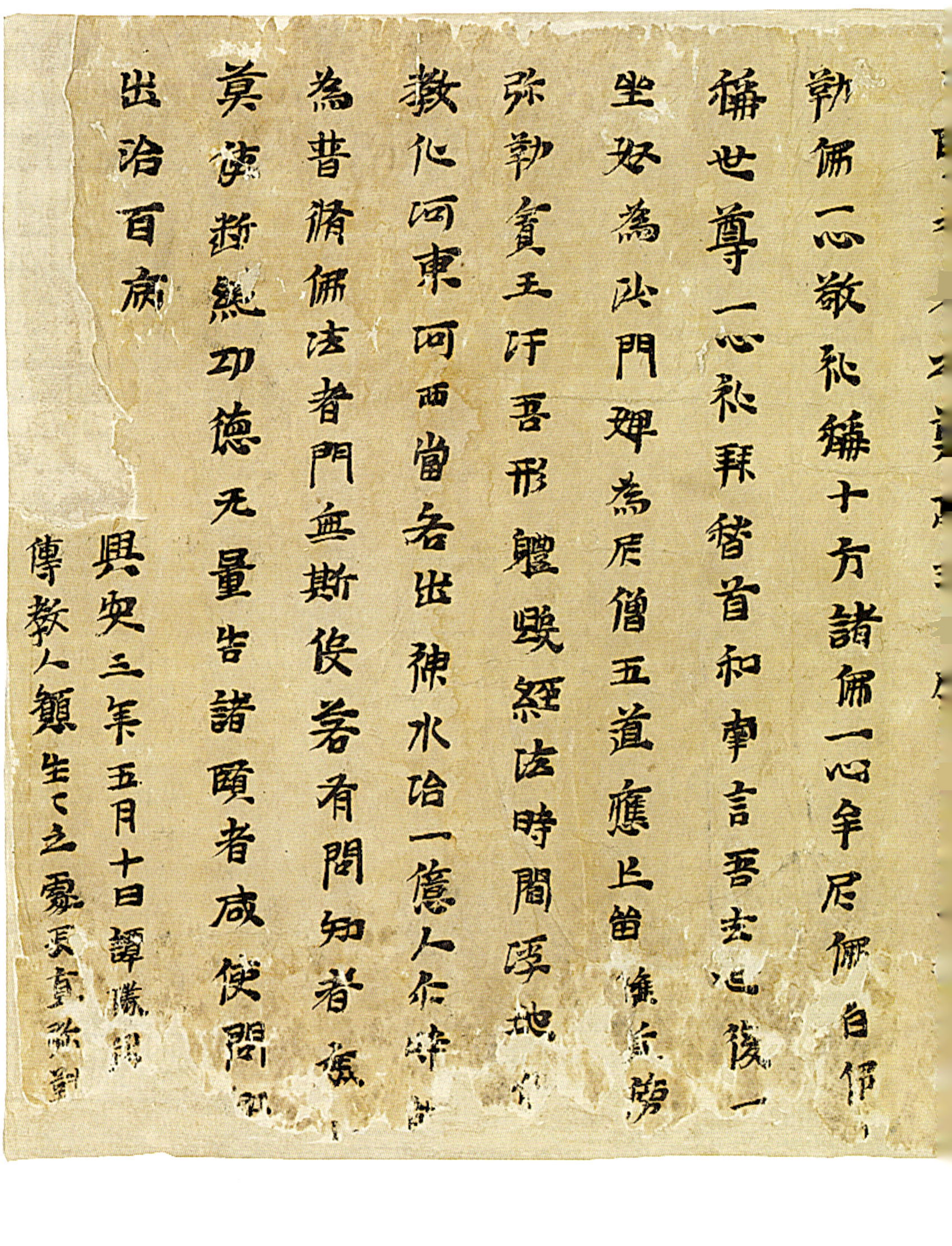

**大慈如來十月廿四日告疏**　北魏興安三年（454）寫本

敦煌土地廟文書。民間傳帖。基本保存完整。是研究佛教與民間信仰的珍貴文獻。

敦煌研究院　名錄06948

大慈如来十月廿四日　告疏

告閻浮地内諸衆人民長男女

九年頭應著句蘭加沙濟渡

散住高縄銀坐从等人民盡是吾弟子

衣服四月八日常出教化諸衆生患難

布施一讓愛我者盡聽見吾功德福

是歎若得吾書隱而不傳者死入地獄

[illegible]

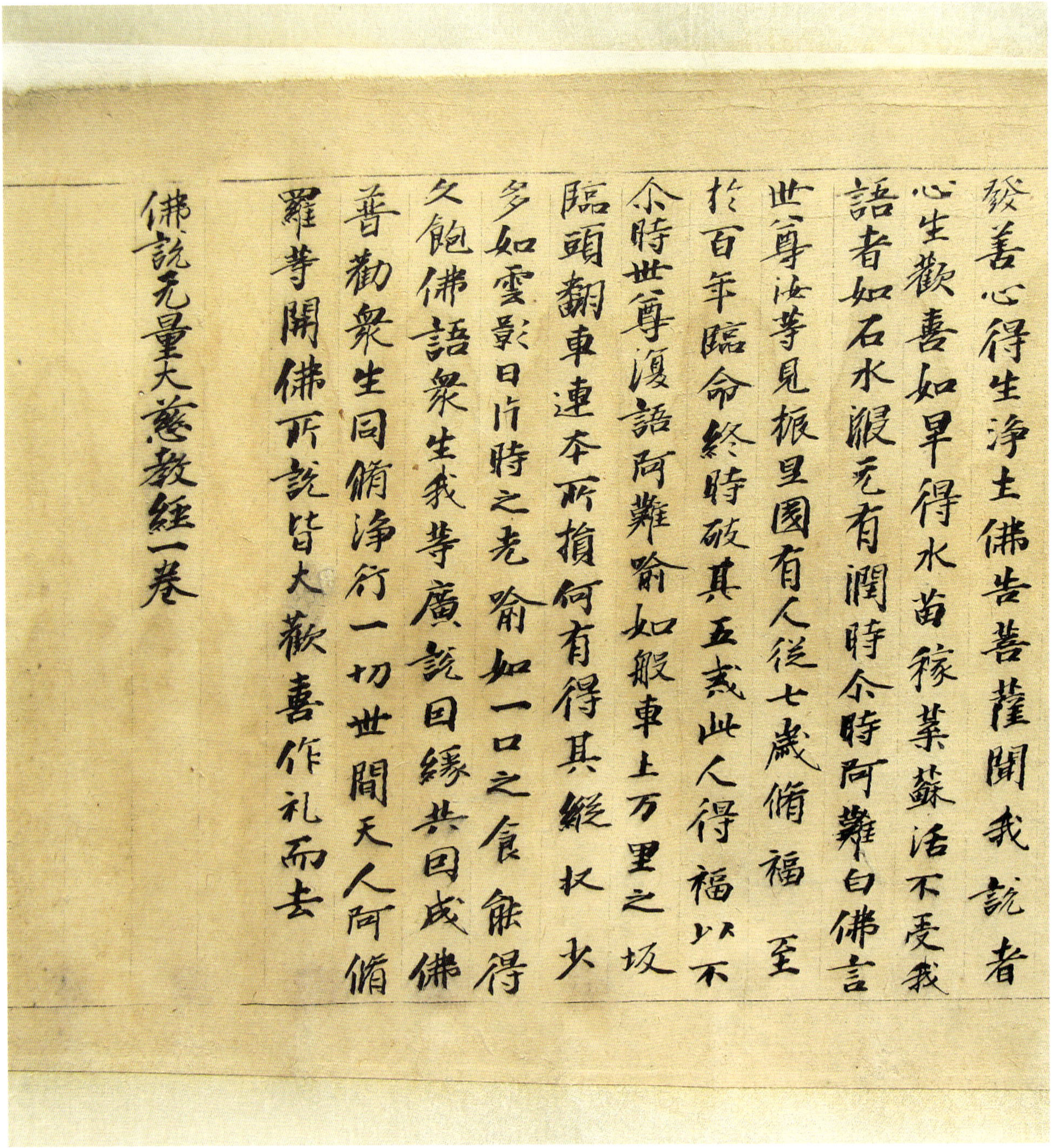
發善心得生淨土佛告菩薩聞我說者
心生歡喜如旱得水苗稼蘇活不受我
語者如石水浸无有潤時尒時阿難白佛言
世尊汝等見振旦國有人從七歲脩福至
於百年臨命終時破其五戒此人得福以不
尒時世尊復語阿難喻如般車上万里之坂
臨頭翻車連本所損何有得其縱杈少
多如雲影日片時之光喻如一口之食飢得
久飽佛語衆生我等廣說因緣共因成佛
普勸衆生同脩淨行一切世間天人阿脩
羅等聞佛所說皆大歡喜作礼而去
佛說无量大慈教經一卷

**佛說無量大慈教經** 歸義軍時期寫本

疑僞經，僅敦煌遺書中存有十餘號。首缺尾全，有較高文獻價值。

甘肅省圖書館 名錄06950

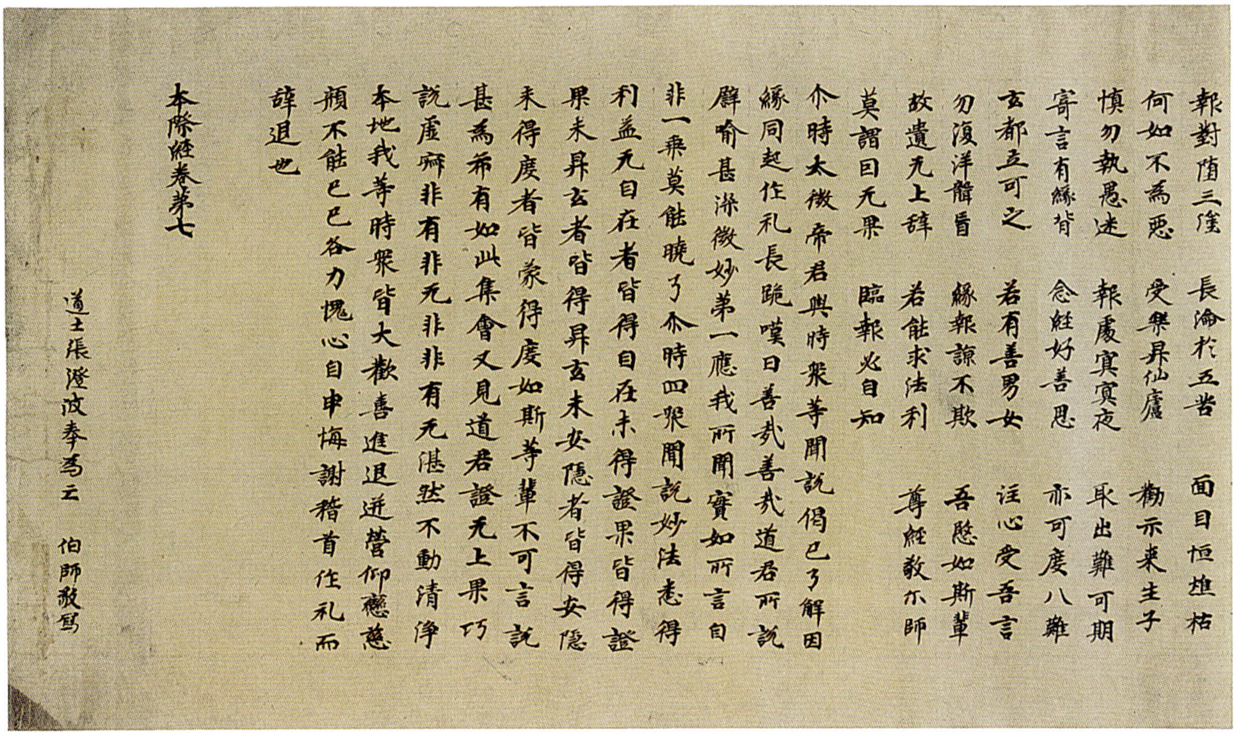
報對隨三塗　長淪於五苦　面目恒燋枯
何如不爲惡　受樂昇仙處　勸示來生子
慎勿執愚迷　報處冥冥夜　取出難可期
寄言有緣皆　念經好善思　亦可度八難
玄都立可之　若有善男女　注心受吾言
勿復洋辭旨　緣報諒不欺　吾愍如斯輩
故遺无上辭　若能求法利　尊經教尒師
莫謂曰无果　臨報必自知
尒時太微帝君與時衆等聞說偈已了解因
緣同起作礼長跪嘆曰善哉善哉道君所說
譬喻甚深微妙第一應我所聞實如所言自
非一乘莫能曉了尒時四衆聞說妙法悉得
利益无自在者皆得自在未得證果皆得證
果未昇玄者皆得昇玄未安隱者皆得安隱
未得度者皆蒙得度如斯等輩不可言說
甚爲希有如此集會又見道君證无上果巧
說虛寂非有非无非非有无湛然不動清淨
本地我等時衆皆大歡喜進退逆營仰戀慈
顔不能已已各力愧心自申悔謝稽首作礼而
辭退也
本際經卷第七
道士張澄波奉爲云　伯師敬寫

**太玄真一本際經卷第七**　唐寫本

道教文獻。書寫規整，墨色均匀。首缺尾全，有題記。周叔弢舊藏。

天津博物館　名錄06963

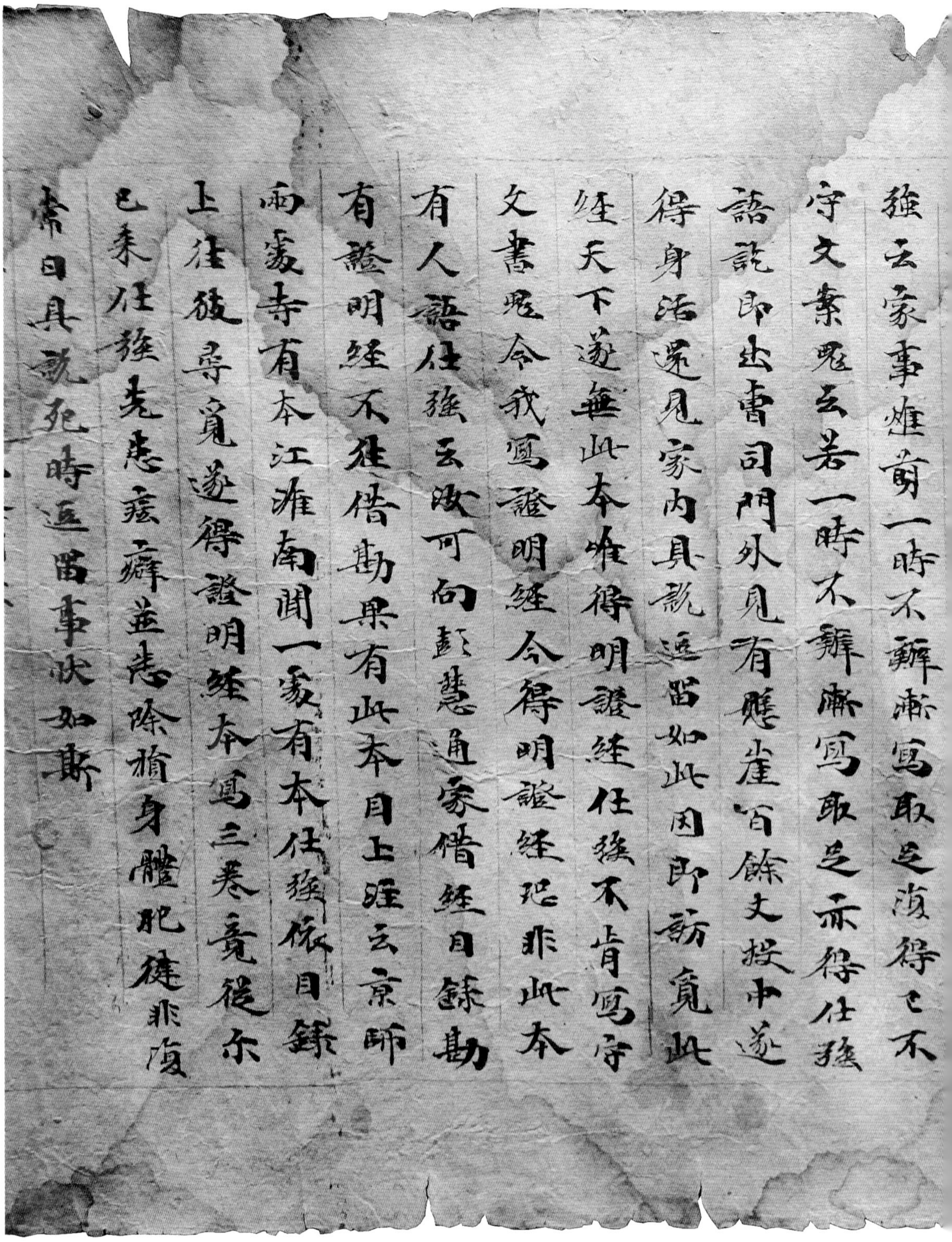
強云家事雖繁一時不辦辦寫取足復得亡不
守文案思云若一時不辦辦寫取足亦得仕強
語訖即出曹司門外見有𩦎崖百餘丈投中遂
得身活還見家內具說逗留如此因即訪覓此
經天下遂無此本唯得明證經仕強不肯寫守
文書思今我寫證明經今得明證經恐非此本
有人語仕強云汝可向彭慧通家借經目錄勘
有證明經不從借勘果有此本目上注云京師
兩處寺有本江淮南闕一處有本仕強依目錄
上往彼尋覓遂得證明經本寫三卷竟從尔
已來仕強先患瘡癬並悉除損身體肥健非復
常日具說死時逗留事狀如斯

**黃仕強傳　普賢菩薩說證明經　證香火本因經**　歸義軍時期寫本

《黃仕強傳》為敦煌遺書中人冥故事的代表作之一，敦煌遺書中存9件，均抄寫在《普賢菩薩說證明經》之前，係佛教輔教書。《普賢菩薩說證明經》、《證香火本因經》為中國人假託佛說所撰經典。

山東省博物館　名錄06956

六步仕强語守文案鬼云仕强父母死来得卅
許日欲請相見須得已不守文案鬼語仕强云
若得卅許日曹司不在此今覓相見事不可得
君須出去仕强行入得十步許守文案鬼喚
仕强任汝有錢不乞我少多亦汝長命法仕
强云無有多錢有卌餘文恐畏短少守文案
鬼云亦是何必須多汝還家訪覓證明經
寫三卷得壽一百卅歲仕强云家内燋煎不
得三卷仕强身是衛士一弟從安州公廨本錢
一弟須向嶺南逃走若遣寫取三卷恐不能辦

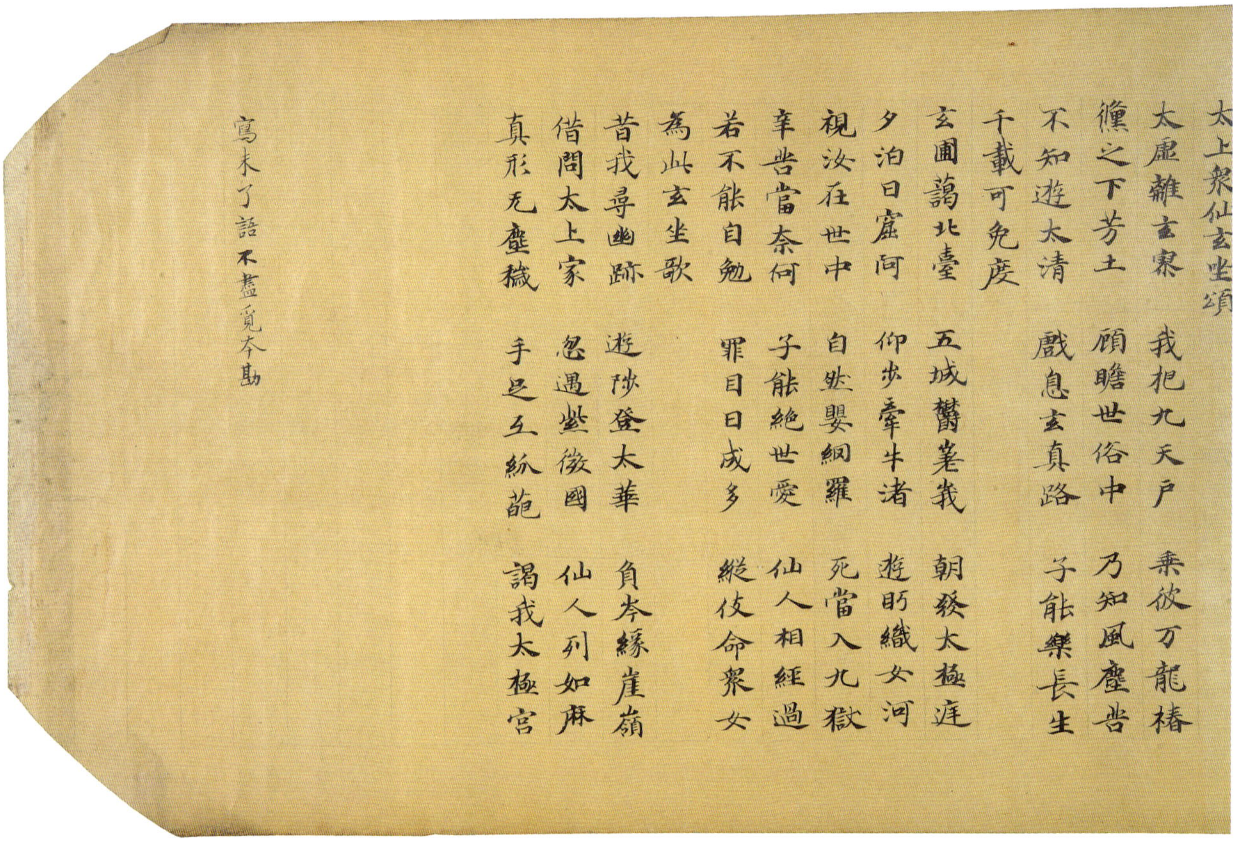
太上衆仙玄堂頌
太虛離玄衆　我把九天戶　乗彼万龍椿
德之下芳土　頋瞻世俗中　乃知風塵苦
不知遊太清　戲息玄真路　子能樂長生
千載可免度
玄圃譪北臺　五城鬱崔嵬　朝發太極庭
夕泊日窟阿　仰步牽牛渚　遊盼織女河
視汝在世中　自然嬰網羅　死當入九獄
辛苦當奈何　子能絶世愛　仙人相經過
若不能自勉　罪目日成多　縱汝命衆女
為此玄堂歌
昔我尋幽跡　遊陟登太華　負岑緣崖嶺
借問太上家　忽遇紫微國　仙人列如麻
真形无塵穢　手足五紡葩　謁我太極宮
寫未了語不盡覓本勘

**洞真上清諸經摘抄**　佚名　唐寫本

摘抄早期上清派數種經書中詩歌頌章及有關經文。内容豐富多樣，有可資校勘的佚文。

國家圖書館　名録06965

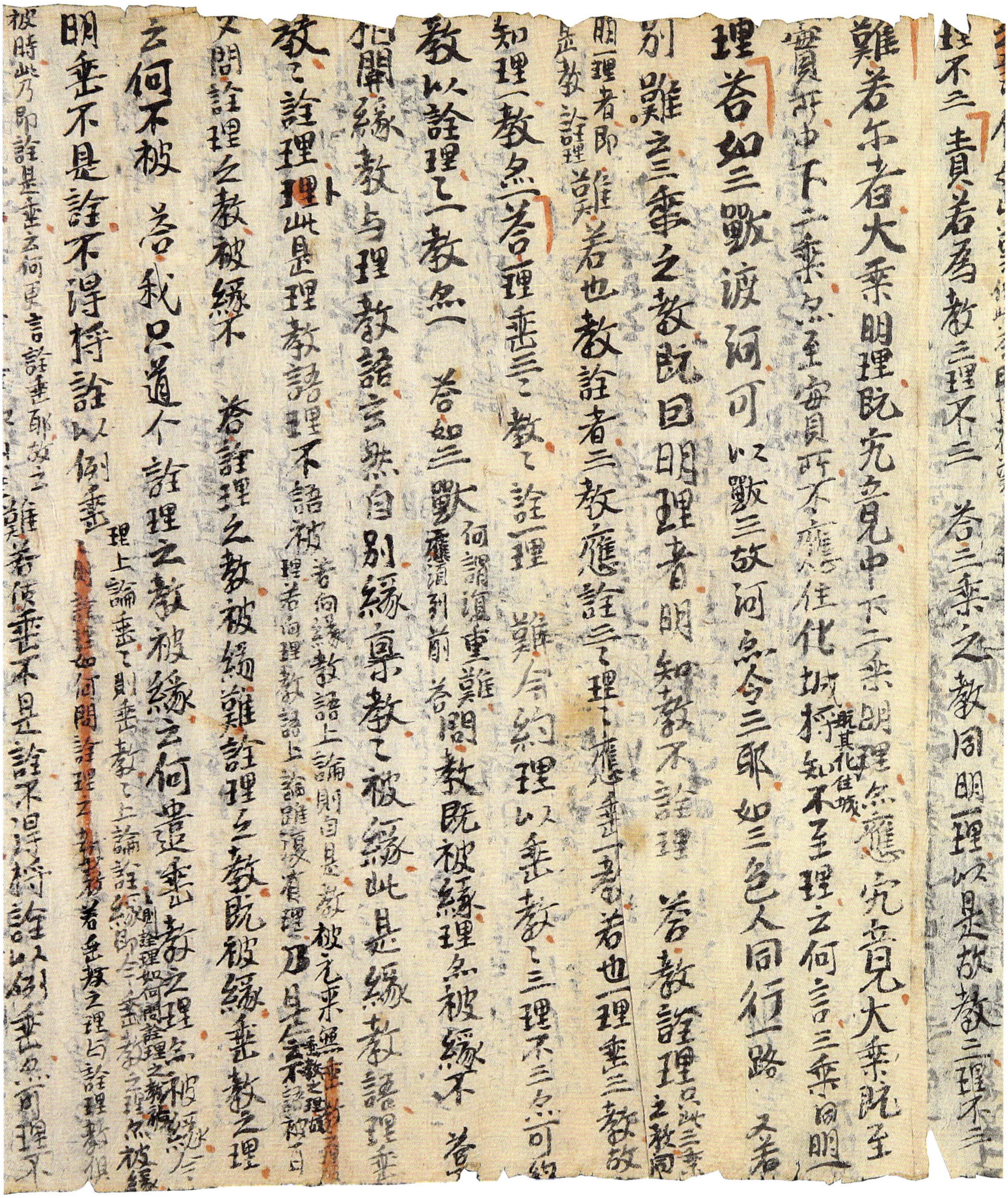

**王玄覽道德經義論難**　（唐）王玄覽撰　唐寫本　**齋儀**　吐蕃統治敦煌時期寫本

王玄覽為唐高宗時蜀中道士。所設論題及應答技巧均針對佛教而言，是研究佛道交涉史的珍貴資料。《正統道藏》未收。《齋儀》為敦煌地區流傳的各種齋儀號頭。有折疊欄。

國家圖書館　名錄06966

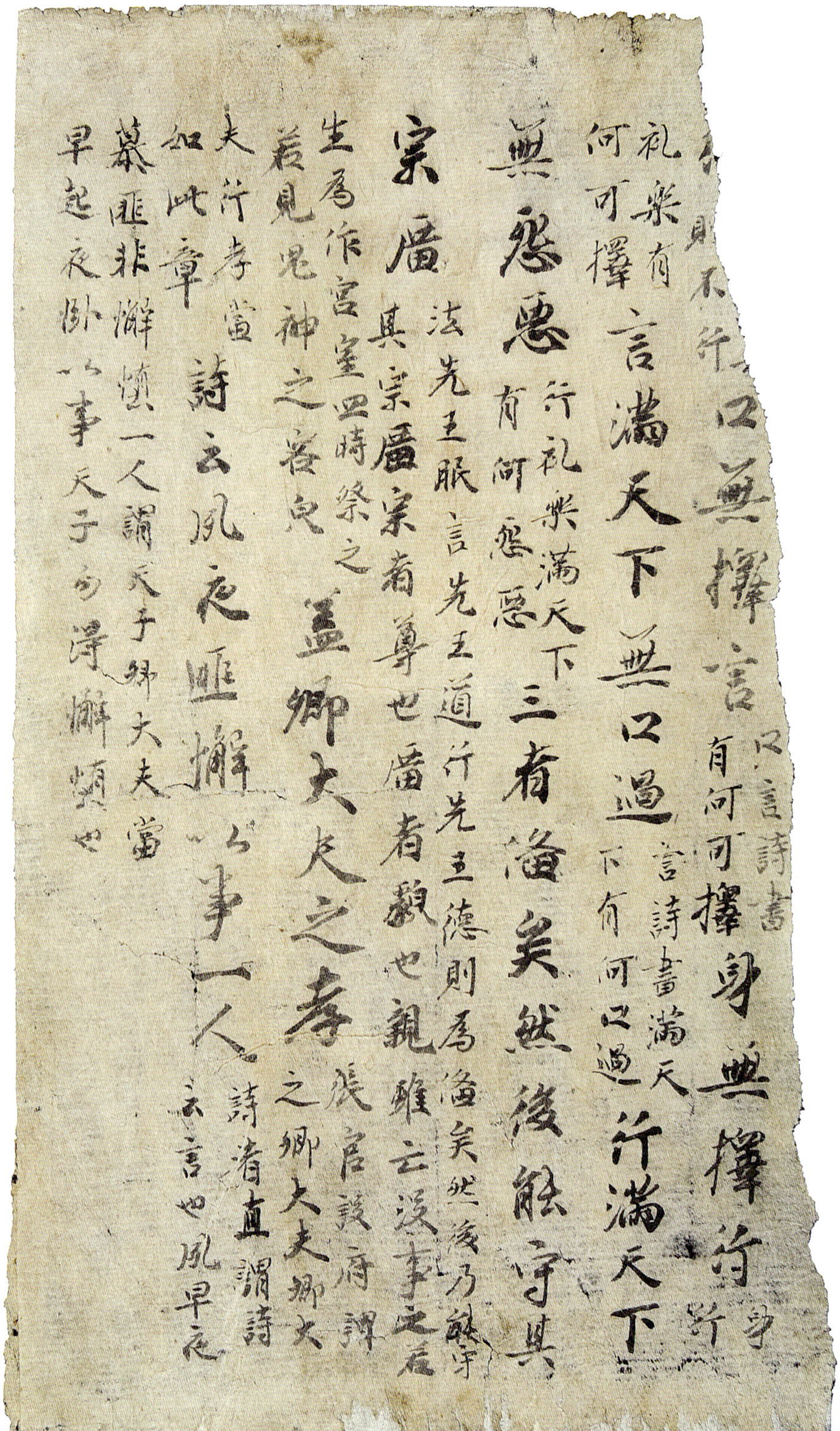

**孝經鄭氏解·卿大夫章**　（漢）鄭玄注　唐寫本

和田地區出土。唐初西域地區流行鄭注《孝經》的明證，對教育史與西域歷史文化研究有較高價值。鄭注自宋末亡佚後，僅敦煌藏經洞及新疆有殘卷出土，彌足珍貴。

國家圖書館　名錄06967

# 宋元善本

入選第二批《國家珍貴古籍名錄》的宋元善本274種，其中不乏善本佳槧。宋內府寫本《仙源類譜》、《宗藩慶系錄》爲趙宋皇室宗譜之雙璧。宋眉山刻小字本《三蘇先生大全集》、南宋蜀刻大字本《蘇文忠公文集》爲宋刻上品。鐵琴銅劍樓舊藏宋刻《後村居士集》與五十卷本有異，爲傳世孤本。宋慶元三年（1197）書隱齋刻本《新刊國朝二百家名賢文粹》爲蜀刻小字本，清內閣大庫舊藏。宋刻《唐僧弘秀集》流傳極罕。蒙古刻本《尚書注疏》稀如星鳳。

元秦昇家塾刻本《化書》，刊刻精美。明葉盛菉竹堂舊藏元泰定元年（1324）西湖書院刻元明遞修本《文獻通考》是元代書院刻書代表之作。元至正三年（1343）刻本《冷齋夜話》傳本罕見，明宮廷舊藏。元詹氏進德書堂刻本《大廣益會玉篇》向爲藏家所重。元刻本《詩人玉屑》爲傳世最早版本，海內孤帙。再如元代建陽坊刻《新編紅白蜘蛛小說》雖殘存一葉，然爲元代小說話本之罕見者，藉此可窺元刻小說話本之一斑，是小說資料的一大發現。

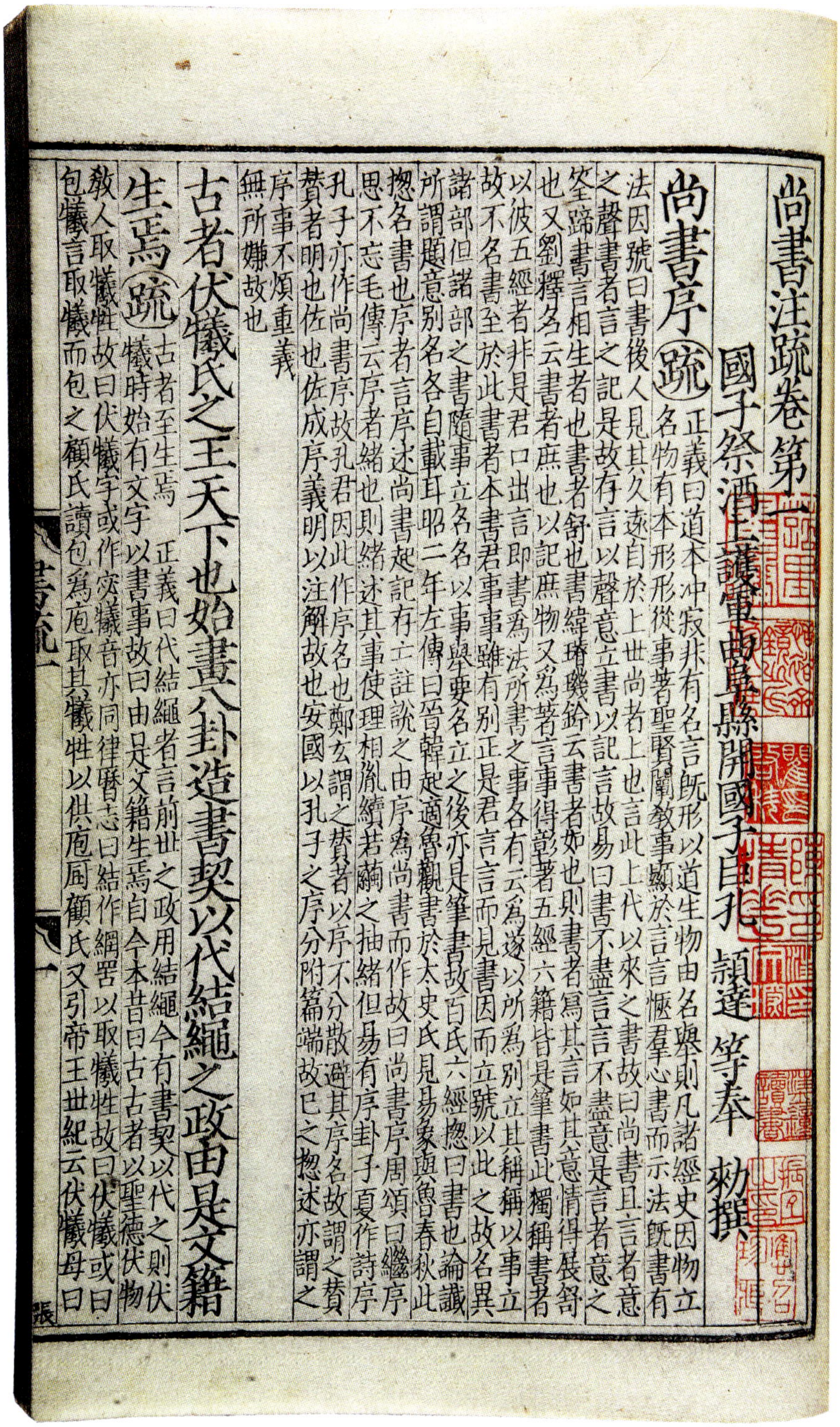
尚書注疏卷第一
國子祭酒上護軍曲阜縣開國子臣孔穎達等奉　勑撰
尚書序（疏）正義曰道本冲寂非有名言既形以道生物由名舉則凡諸經史因物立
名物有本形形從事著聖賢闡教事顯於言言愜羣心書而示法既書有
法因號曰書後人見其久遠自於上世尚者上也言此上代以來之書故曰尚書且言者意
之聲書者言之記是故存言以聲意立書以記言故易曰書不盡言言不盡意是言者意之
筌蹄書言相生者也書者舒也書緯璿璣鈐云書者如也則書者寫其言如其意情得展舒
也又劉熈釋名云書者庶也以記庶物又為著言事得彰著五經六籍皆是筆書此獨稱書者
以彼五經者非是君口出言即書為法所書之事各有云為遂以所為別立其稱稱以事立
故不名書至於此書者本書君事事雖有別正是君言言而見書因而立號以此之故名異
諸部但諸部之書隨事立名名以事舉要名立之後亦是筆書故百氏六經揔曰書也論識
所謂題意別名各自載耳昭二年左傳曰晉韓起適魯觀書於太史氏見易象與魯春秋此
揔名書也序者言序述尚書起記存亡註說之由序為尚書而作故曰尚書序周頌曰繼序
思不忘毛傳云序者緒也則緒述其事使理相胤續若繭之抽緒但易有序卦子夏作詩序
孔子亦作尚書序故孔君因此作序名也鄭玄謂之贊者以序不分散避其序名故謂之贊
贊者明也佐也佐成序義明以注解故也安國以孔子之序分附篇端故已之揔述亦謂之
序事不煩重義
無所嫌故也
古者伏犧氏之王天下也始畫八卦造書契以代結繩之政由是文籍
生焉（疏）古者至生焉　正義曰代結繩者言前世之政用結繩今有書契以代之則伏
犧時始有文字以書事故曰由是文籍生焉自今本昔曰古古者以聖德伏物
教人取犧牲故曰伏犧字或作宓犧音亦同律曆志曰結作網罟以取犧牲故曰伏犧或曰
包犧言取犧而包之顧氏讀包為庖取其犧牲以供庖廚顧氏又引帝王世紀云伏犧母曰
尚書疏一　一　張

**尚書注疏二十卷**　題（漢）孔安國傳　（唐）孔穎達疏　（唐）陸德明釋文　**新雕尚書纂圖一卷**　蒙古（1234–1270）刻本（卷三至六配清影蒙古抄本）

刊印精美，傳世極罕。清季振宜、汪士鐘、鐵琴銅劍樓，民國陳清華等遞藏。

國家圖書館　名錄06974

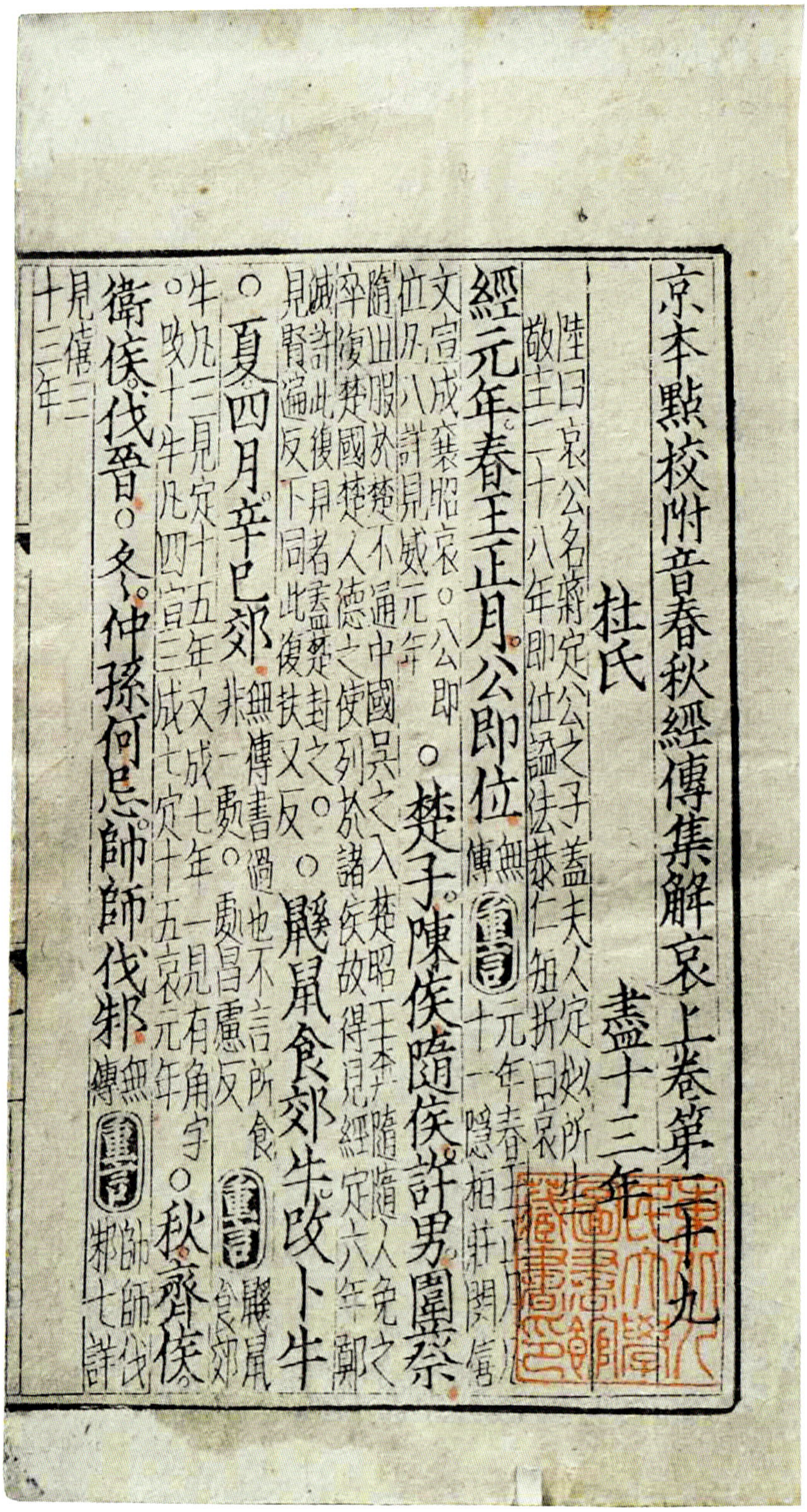
京本點校附音春秋經傳集解哀上卷第二十九
杜氏 盡十三年
陸曰哀公名蔣定公之子蓋夫人定姒所生敬王二十八年即位謚法恭仁短折曰哀
經元年春王正月公即位無傳 重言 元年春王正月十一 隱 桓 莊 閔 僖
文宣成襄昭哀○八公即位凡八書見威元年
○楚子陳侯隨侯許男圍蔡隨出服於楚不通中國吳之入楚昭王奔隨隨人免之卒復楚國楚人德之使列於諸侯故得見經定六年鄭滅許此復見者蓋楚封之○見賢遍反下同此復扶又反
○鼷鼠食郊牛改卜牛
○夏四月辛巳郊無傳書過也不言所食非一處○處昌慮反 重言 鼷鼠食郊牛凡二見定十五年又成七年一見有角字
○改卜牛凡四宣三成七定十五哀元年
○秋齊侯衛侯伐晉○冬仲孫何忌帥師伐邾無傳 重言 帥師伐邾七許見僖二十三年

**京本點校附音春秋經傳集解三十卷**　（晉）杜預撰　（唐）陸德明釋

文　宋刻本　存一卷

南宋刻巾箱本，刻印精良。

吉林大學圖書館　名錄06995

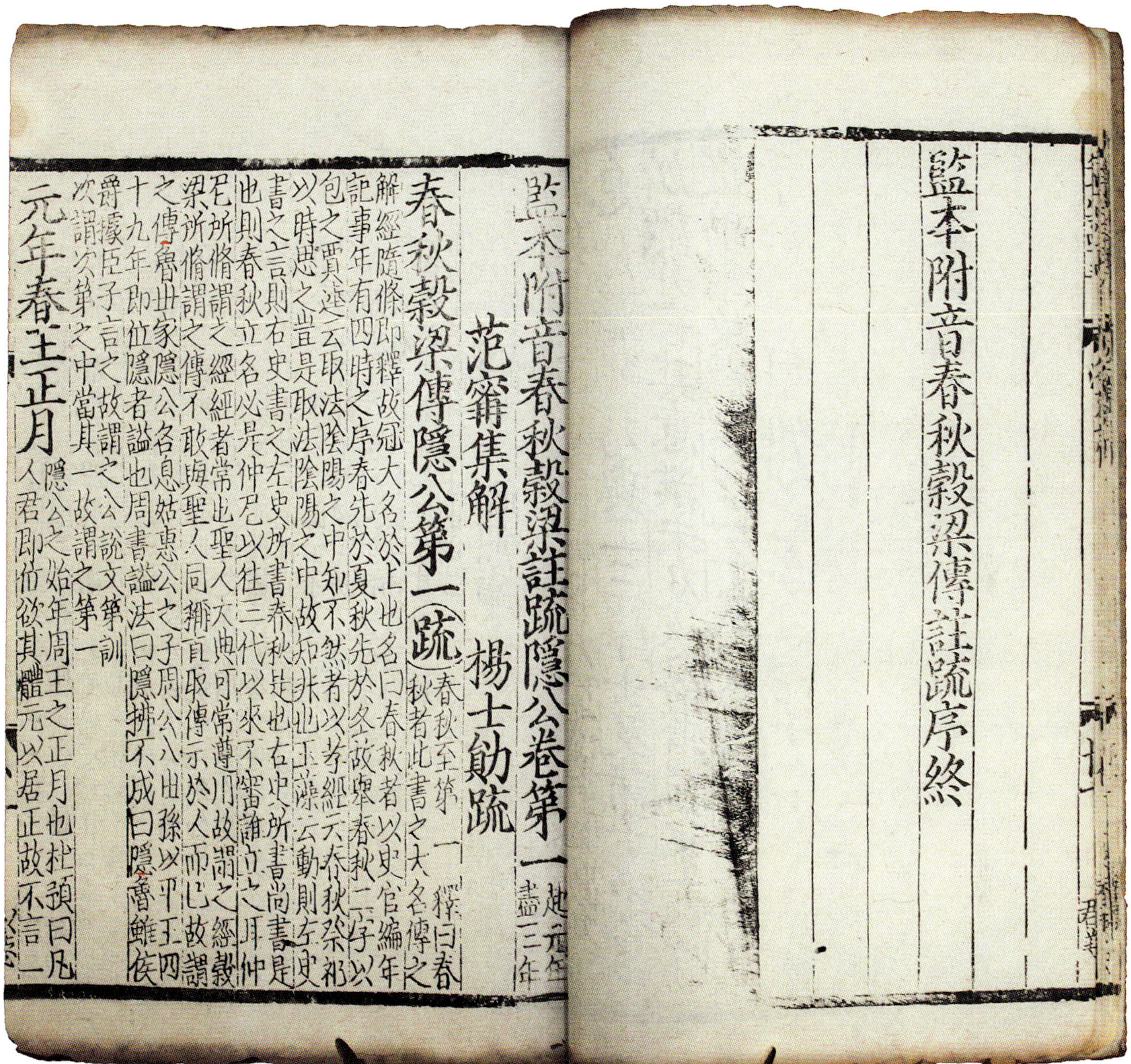

**監本附音春秋穀梁傳注疏二十卷**　（晋）范甯集解　（唐）楊士勳疏　（唐）陸德明釋文　元刻明修本

此書名曰“監本”，實爲坊刻，蓋仿宋版《監本附音穀梁傳》之例。版刻精美，具有重要版本價值。

江西省樂平市圖書館　名録07001

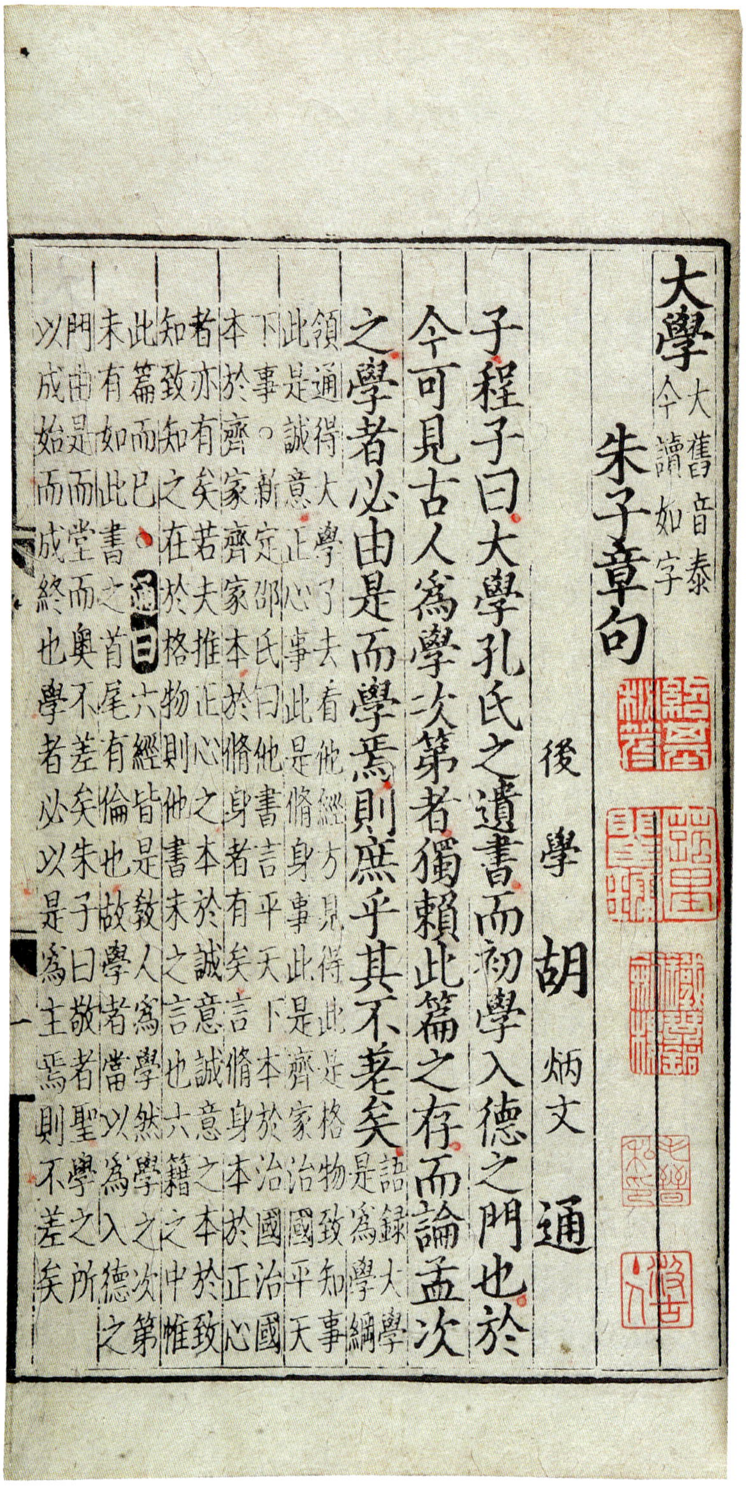
大學大舊音泰今讀如字　朱子章句
後學胡炳文通
子程子曰大學孔氏之遺書而初學入德之門也於
今可見古人爲學次第者獨賴此篇之存而論孟次
之學者必由是而學焉則庶乎其不差矣語錄大學是爲學綱
領通得大學了去看他經方見得此是格物致知事
此是誠意正心事此是脩身事此是齊家治國平天
下事○新定邵氏曰他書言平天下本於治國治國
本於齊家齊家本於脩身者有矣言脩身本於正心
者亦有矣若夫推正心之本於誠意誠意之本於致
知致知之在於格物則他書未之言也六籍之中惟
此篇而已○通曰六經皆是教人爲學然學之次第
未有如此書之首尾有倫也故學者當以爲入德之
門由是而堂而奥不差矣朱子曰敬者聖學之所
以成始而成終也學者必以是爲主焉則不差矣

**四書通二十六卷**　（元）胡炳文撰　元天曆二年（1329）崇化余志安勤有堂刻本

元刻佳善之本。經毛氏汲古閣、黄丕烈士禮居、瞿氏鐵琴銅劍樓遞藏，至爲珍貴。

國家圖書館　名録07007

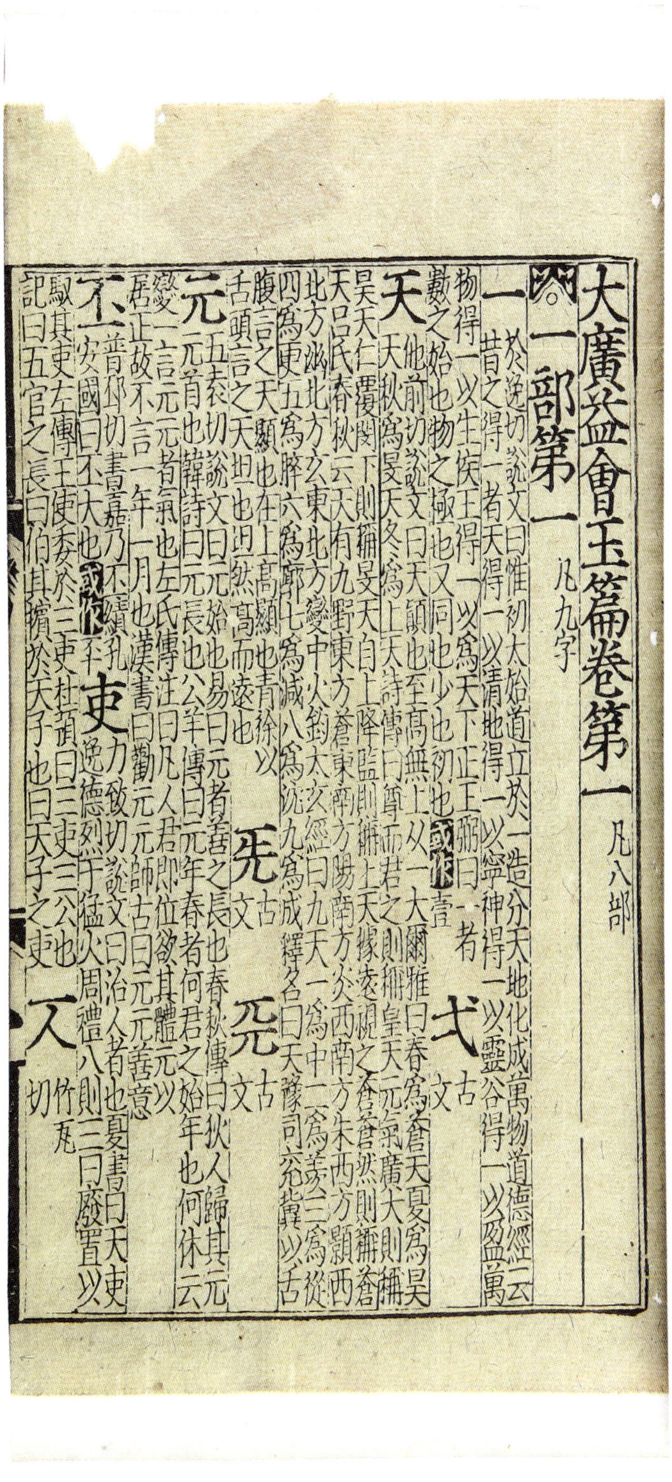

大廣益會玉篇卷第一　凡八部

一部第一　凡九字

一　於逸切說文曰惟初太始道立於一造分天地化成萬物道德經云昔之得一者天得一以清地得一以寧神得一以靈谷得一以盈萬物得一以生侯王得一以爲天下正王弼曰一者數之始也物之極也又同也少也初也或作壹　弌古文

天　他前切說文曰天顛也至高無上从一大爾雅曰春爲蒼天夏爲昊天秋爲旻天冬爲上天詩傳曰尊而君之則稱皇天元氣廣大則稱昊天仁覆閔下則稱旻天自上降監則稱上天據遠視之蒼蒼然則稱蒼天呂氏春秋云天有九野東方蒼天東南方陽天南方炎天西南方朱天西方顥天西北方幽天北方玄天東北方變天中央鈞天太玄經曰九天一爲中天二爲羨天三爲從天四爲更天五爲睟天六爲郭天七爲咸天八爲沈天九爲成天釋名曰天豫司兖冀以舌腹言之天顯也在上高顯也青徐以舌頭言之天坦也坦然高而遠也　兲古文　兲古文

元　五袁切說文曰元始也易曰元者善之長也春秋傳曰狄人歸其元元首也韓詩曰元長也公羊傳曰元年春者何君之始年也何休云變一言元元者氣也左氏傳注曰凡人君即位欲其體元以居正故不言一年一月也漢書曰勸元元師古曰元元善意

丕　普邳切書言嘉乃丕績孔安國曰丕大也或作平

吏　力致切說文曰治人者也夏書曰天吏逸德烈于猛火周禮八則三曰廢置以馭其吏左傳王使委於三吏杜預曰三吏三公也記曰五官之長曰伯其擯於天子也曰天子之吏

天　竹兲切

**大廣益會玉篇三十卷**　（南朝梁）顧野王撰（唐）孫強增字（宋）陳彭年等重修　**玉篇廣韻指南一卷**　元詹氏進德書堂刻本　袁芳瑛跋　董文渙 于騰題款

此本校勘精良，較他本爲善。清許乃普舊藏，名家題跋、題款。

國家圖書館　名録07009

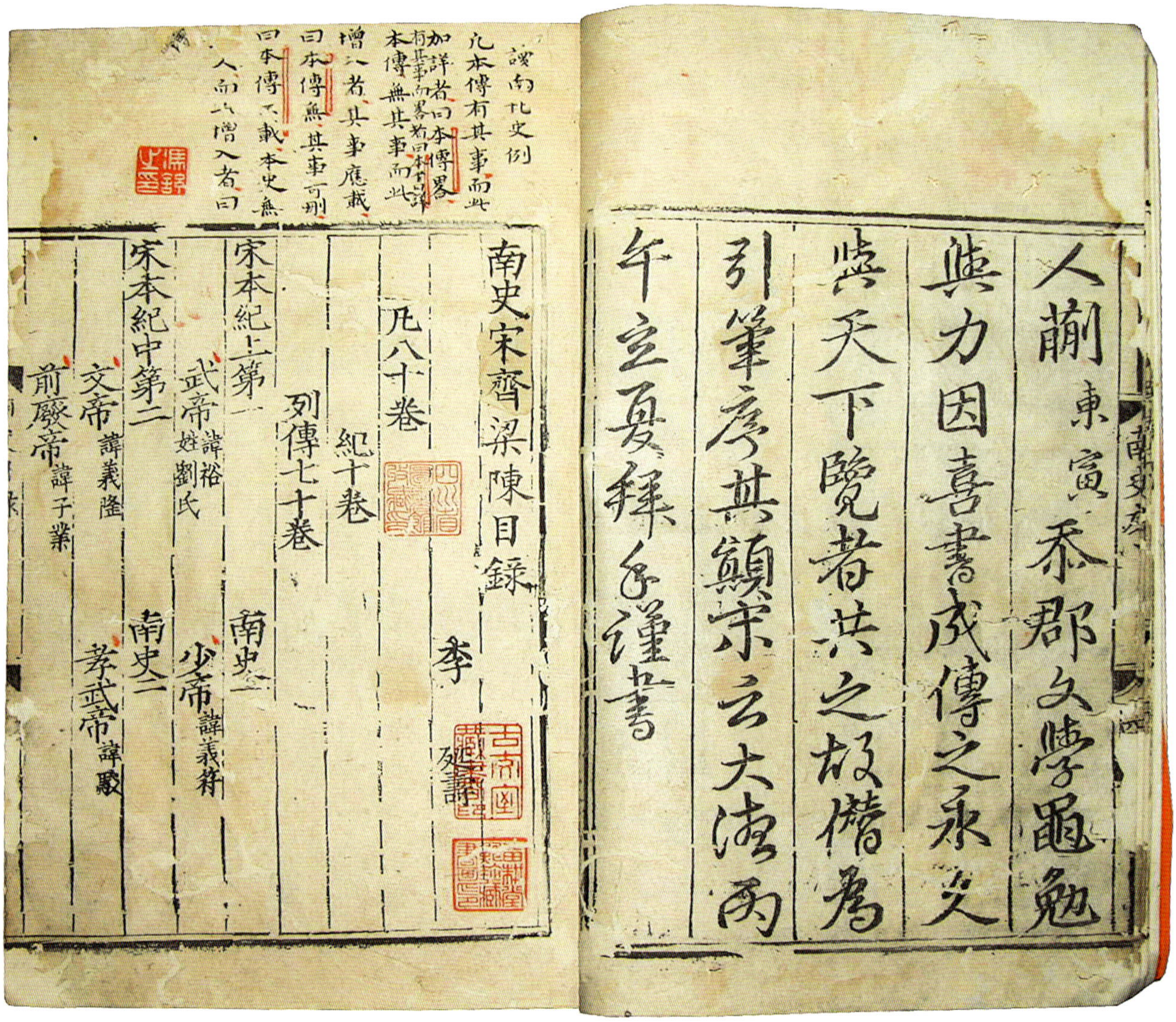

**南史八十卷**　（唐）李延壽撰　元大德十年（1306）刻本　馮舒批

《南史》傳世之宋刻本皆爲殘本，此元本爲現存最早之完帙。有清初常熟馮舒批點。

四川省圖書館　名錄07024

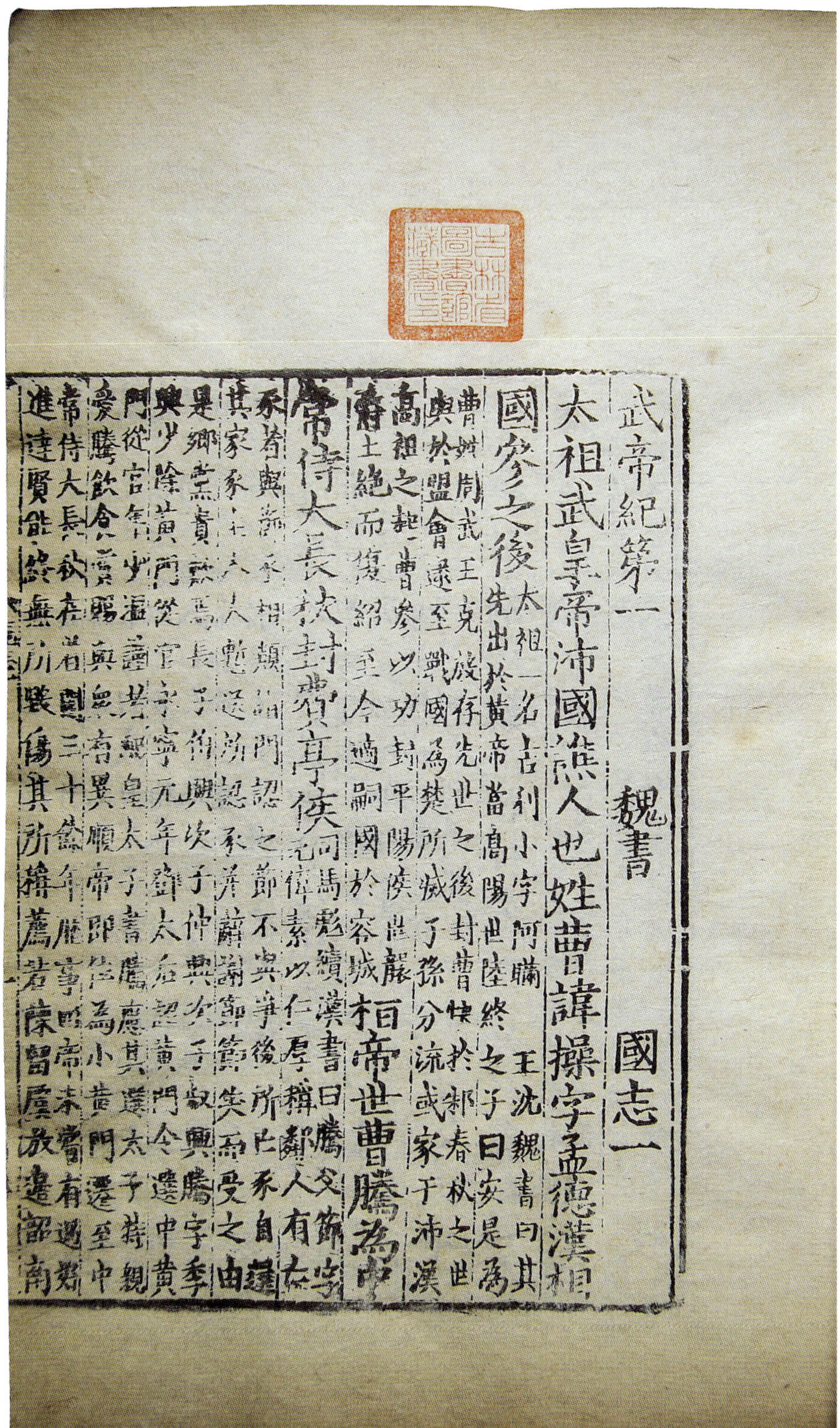
武帝紀第一　魏書　國志一
太祖武皇帝沛國譙人也姓曹諱操字孟德漢相
國參之後太祖一名吉利小字阿瞞王沈魏書曰其先出於黃帝當高陽世陸終之子曰安是為
曹姓周武王克殷存先世之後封曹俠於邾春秋之世與於盟會逮至戰國為楚所滅子孫分流或家于沛漢
高祖之起曹參以功封平陽侯世襲
爵土絕而復紹至今適嗣國於容城桓帝世曹騰為中
常侍大長秋封費亭侯司馬彪續漢書曰騰父節字元偉素以仁厚稱鄰人有亡
豕者與節豕相類詣門認之節不與爭後所亡豕自還
其家豕主人大慙送所認豕并辭謝節節笑而受之由
是鄉黨貴歎焉長子伯興次子仲興次子叔興騰字季
興少除黃門從官永寧元年鄧太后詔黃門令選中黃
門從官年少溫謹者配皇太子書騰應其選太子特親
愛騰飲食賞賜與眾有異順帝即位為小黃門遷至中
常侍大長秋在省闥三十餘年歷事四帝未嘗有過好
進達賢能終無所毀傷其所稱薦若陳留虞放邊韶南

**三國志六十五卷**　（晉）陳壽撰（南朝宋）裴松之注　宋衢州州學刻元明遞修本

此書版片經宋、元、明三朝修補，具有重要版本價值。

吉林省圖書館　名錄07037

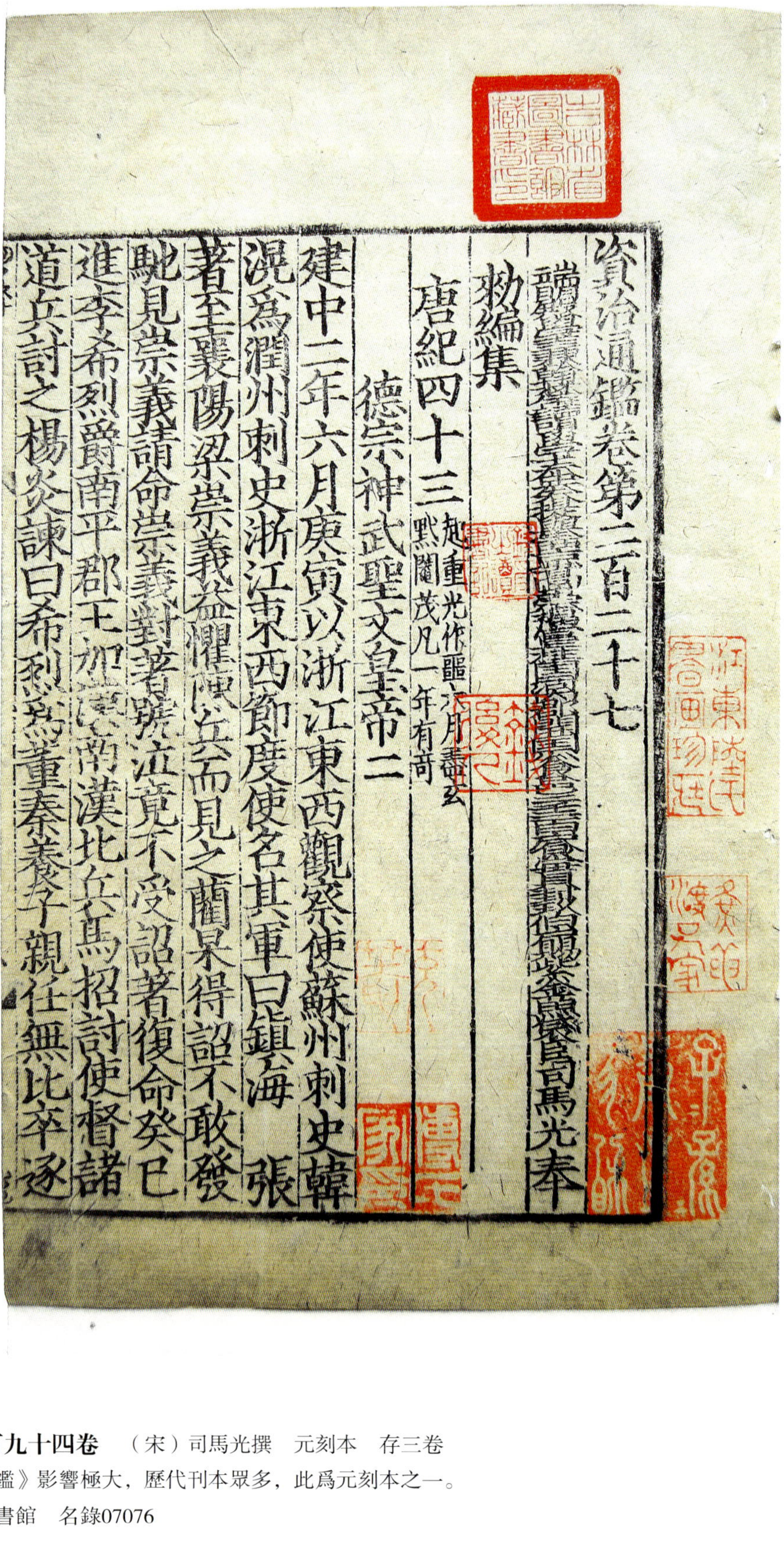

**資治通鑑二百九十四卷**　（宋）司馬光撰　元刻本　存三卷

《資治通鑑》影響極大，歷代刊本衆多，此爲元刻本之一。

吉林省圖書館　名録07076

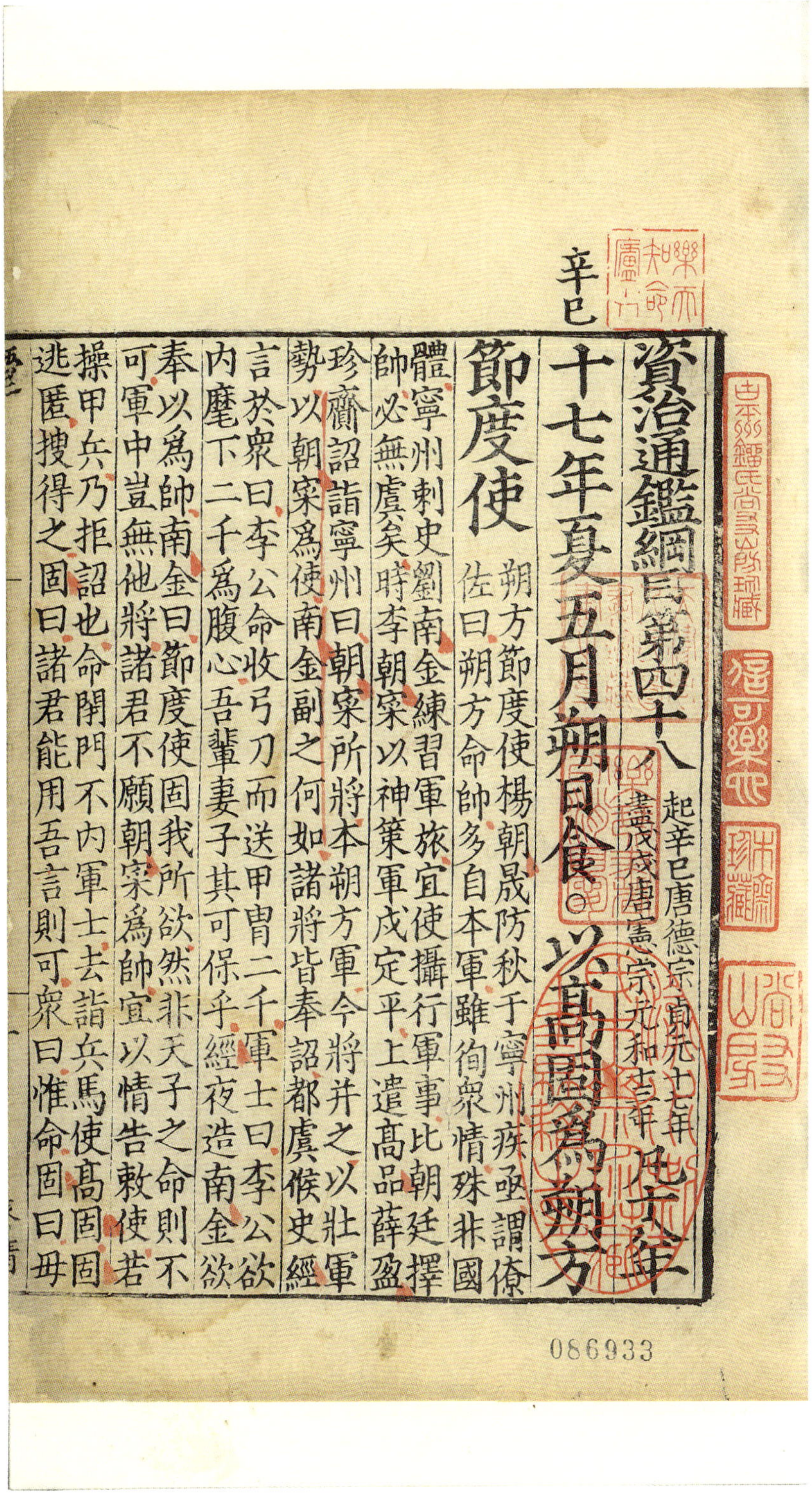

**資治通鑑綱目五十九卷**　（宋）朱熹撰　宋嘉定十四年（1221）江西刻本　存一卷

此爲《資治通鑑綱目》傳世較早版本。鈐有“渝水劉氏木齋所藏書籍之印”等。

天津圖書館　名録07089

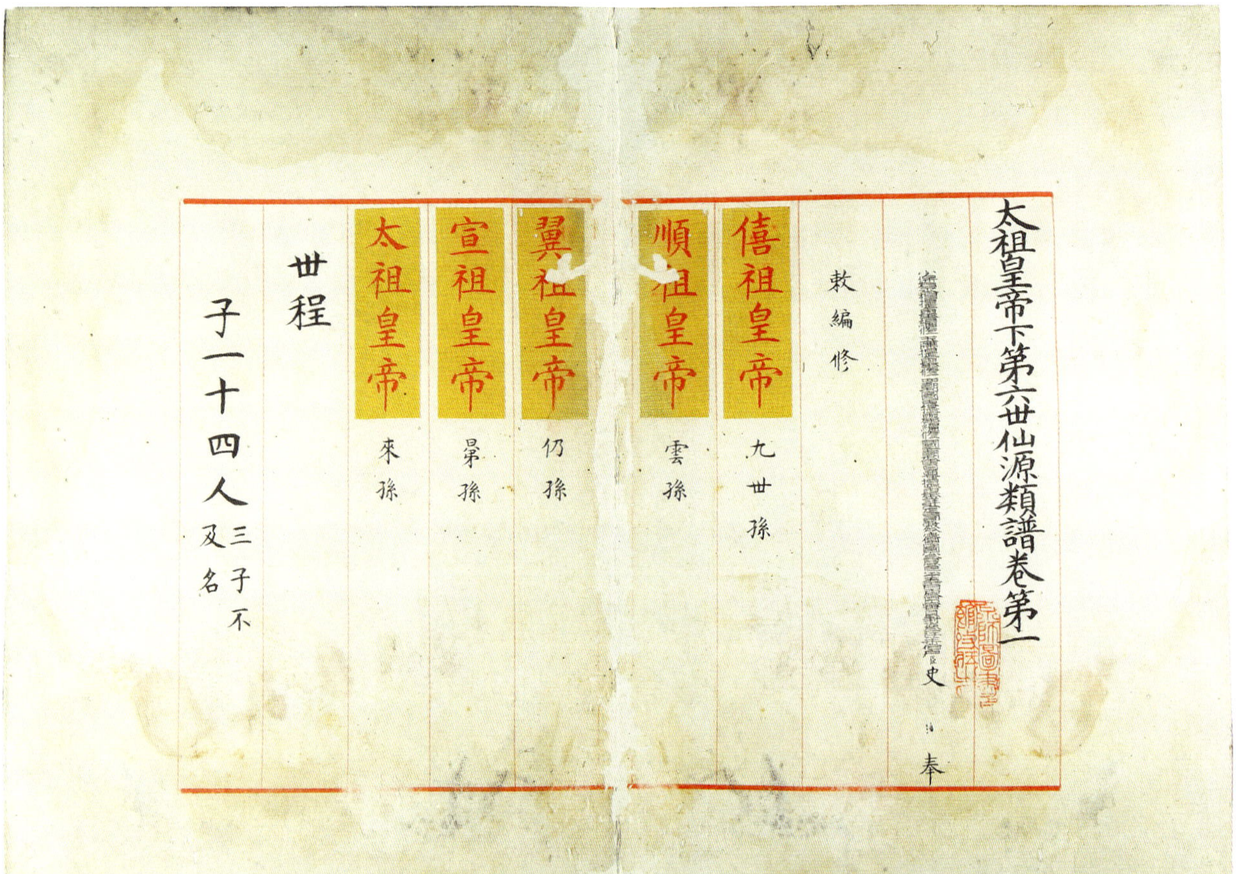


**仙源類譜□□卷**　（宋）史浩　史彌遠編修　宋淳熙五年（1178）嘉定六年（1213）内府寫本　存三十卷

宋五種皇族譜牒之一，也是目前所見最早的皇室宗譜。傳世孤本，裝潢典雅華貴，書法工整優美，盡顯皇家氣象。

國家圖書館　名錄07104

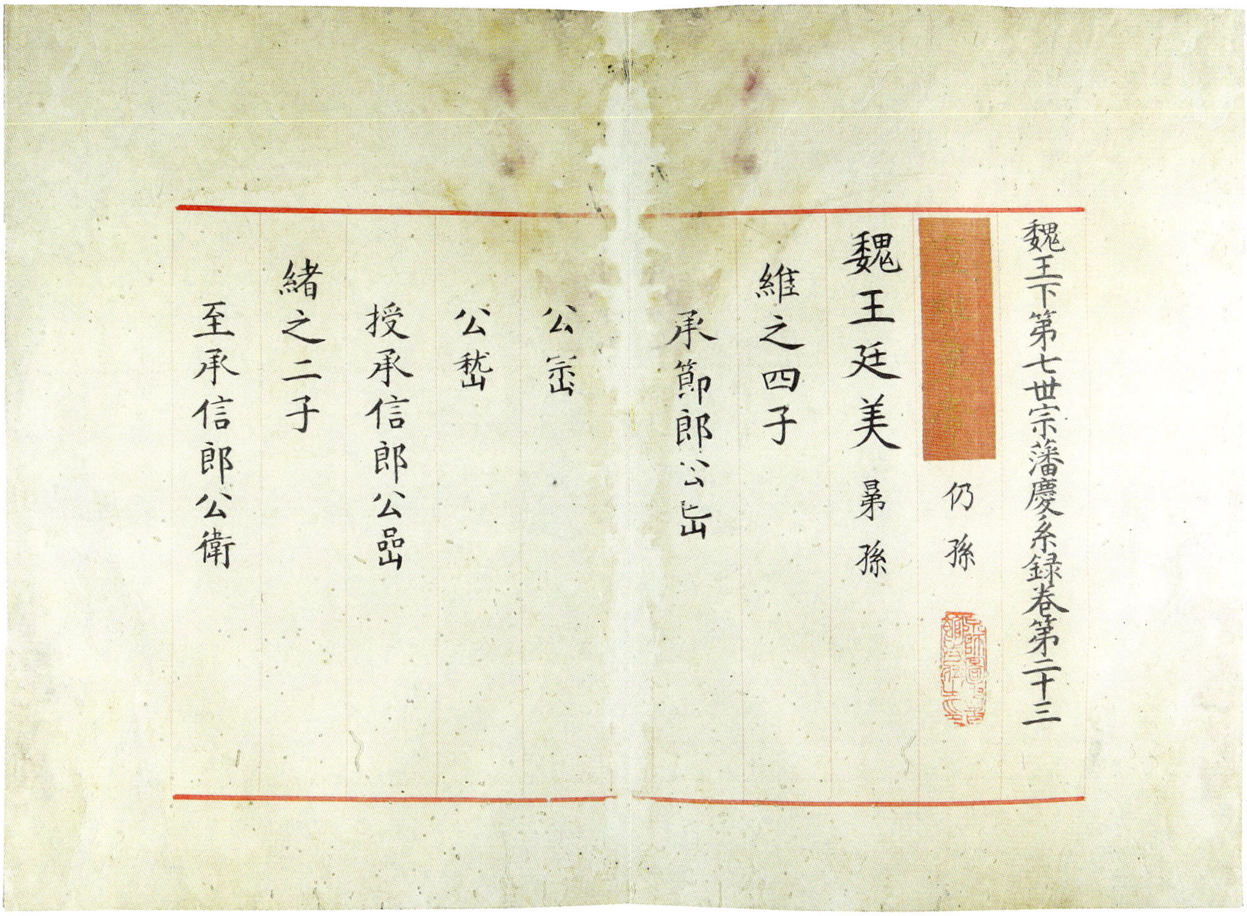
魏王下第七世宗藩慶系録卷第二十三
仍孫
魏王廷美 晜孫
維之四子
承節郎公岦
公峦
公嶅
授承信郎公嵒
緒之二子
至承信郎公衛

**宗藩慶系錄□□卷**　（宋）葉衡　王淮　史彌遠編修　宋淳熙元年（1174）淳熙十三年（1186）嘉定十三年（1220）內府寫本　存二十二卷

宋五種皇族譜牒之一，傳世孤本，與《仙源類譜》並稱“雙璧”。開本闊大，裝潢典雅。

國家圖書館　名錄07105

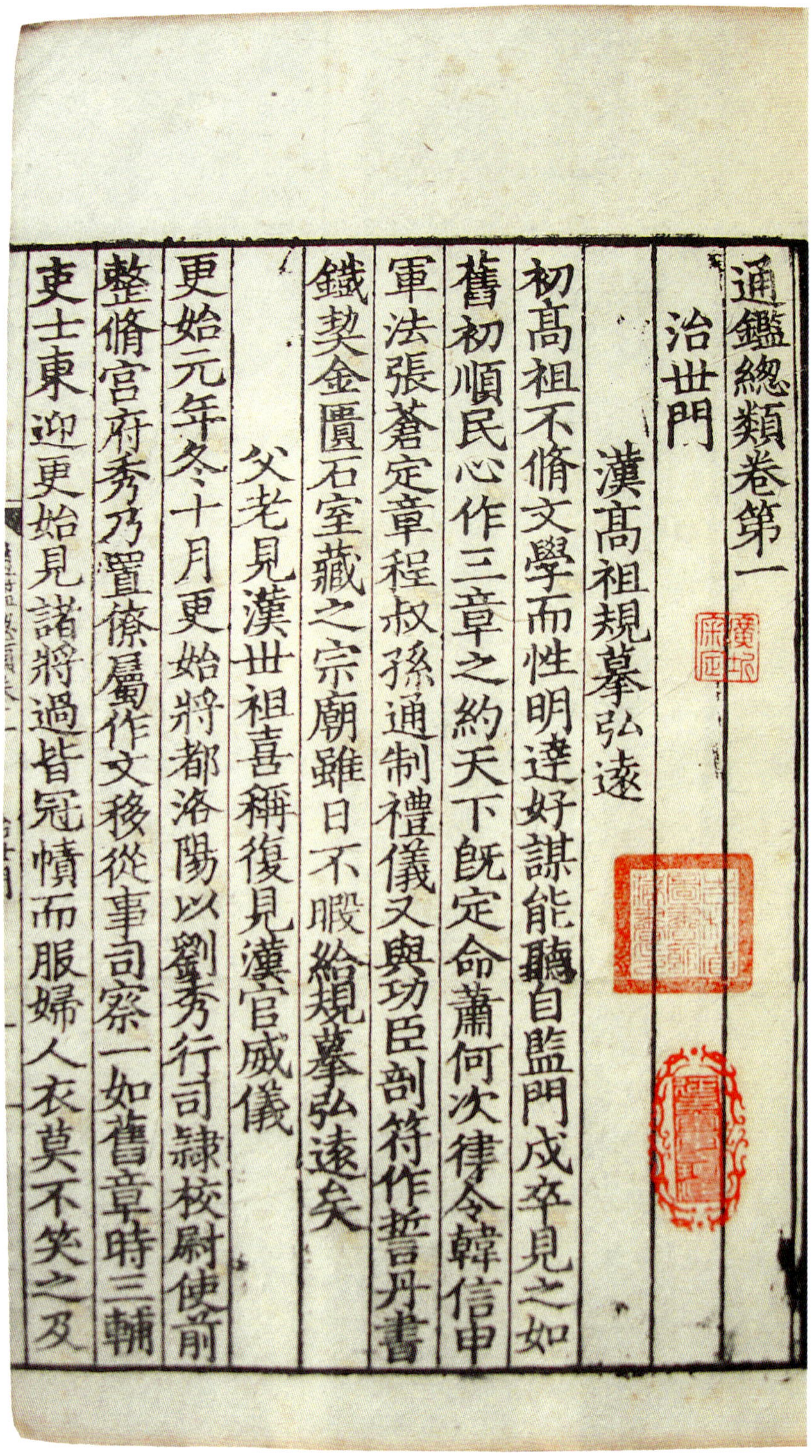
通鑑總類卷第一
治世門
漢高祖規摹弘遠
初高祖不脩文學而性明達好謀能聽自監門戍卒見之如
舊初順民心作三章之約天下既定命蕭何次律令韓信申
軍法張蒼定章程叔孫通制禮儀又與功臣剖符作誓丹書
鐵契金匱石室藏之宗廟雖日不暇給規摹弘遠矣
父老見漢世祖喜稱復見漢官威儀
更始元年冬十月更始將都洛陽以劉秀行司隸校尉使前
整脩官府秀乃置僚屬作文移從事司察一如舊章時三輔
吏士東迎更始見諸將過皆冠幘而服婦人衣莫不笑之及

**通鑑總類二十卷**　（宋）沈樞輯　元至正二十三年（1363）吳郡庠刻本

仿《册府元龜》體例，分二百七十一門，每門以事標題，略依時代先後爲序，亦採司馬光議論附之。此爲傳世較早版本。顧廣圻審定，張敦仁、天津延古堂李氏遞藏。

吉林省圖書館　名錄07106

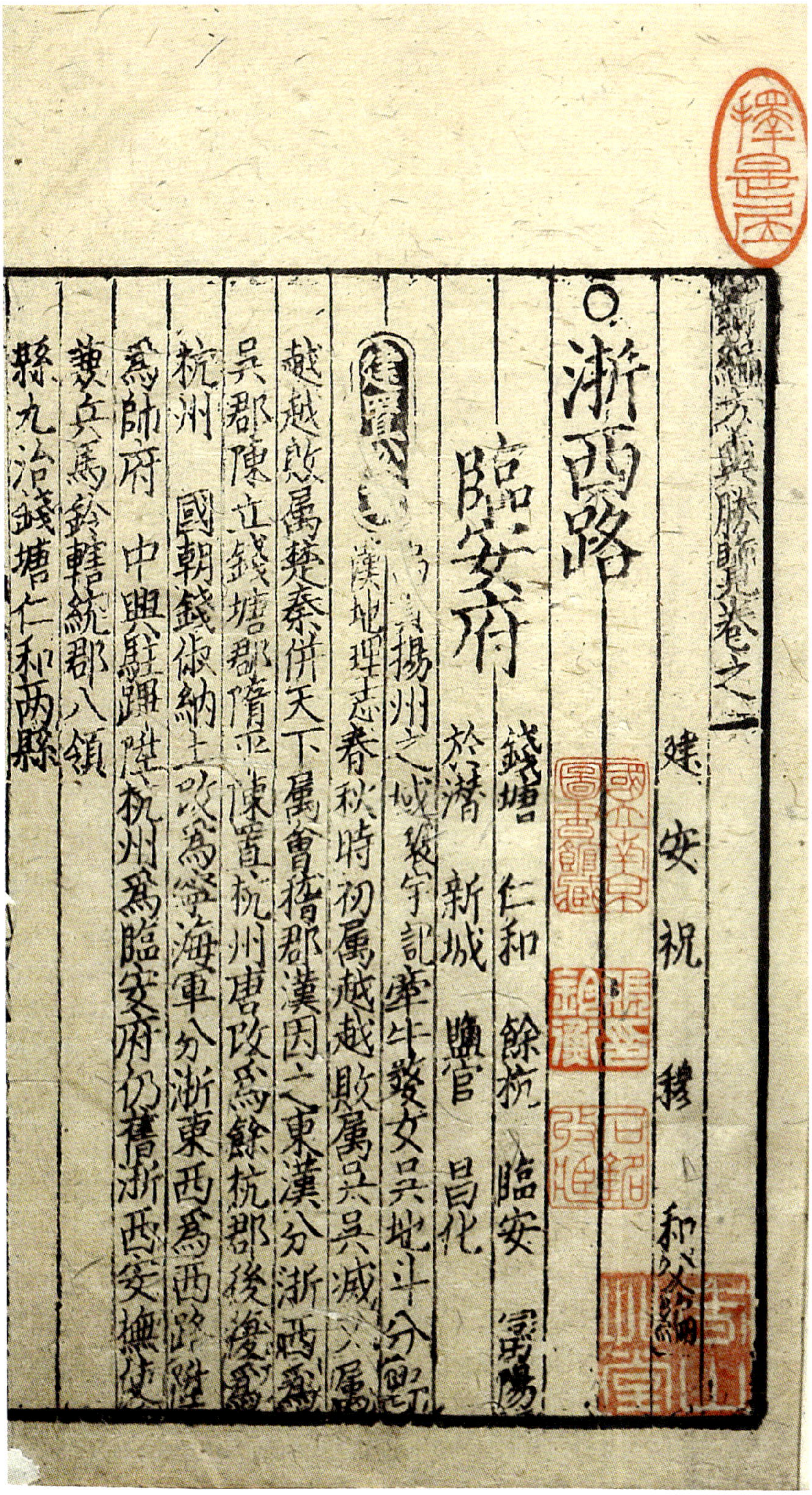

**新編方輿勝覽七十卷**　（宋）祝穆輯　元刻本

南宋後期地理總志，記錄南宋所轄十七路地域山川名勝。名爲地記，實爲類書。張鈞衡適園舊藏。

南京圖書館　名錄07110

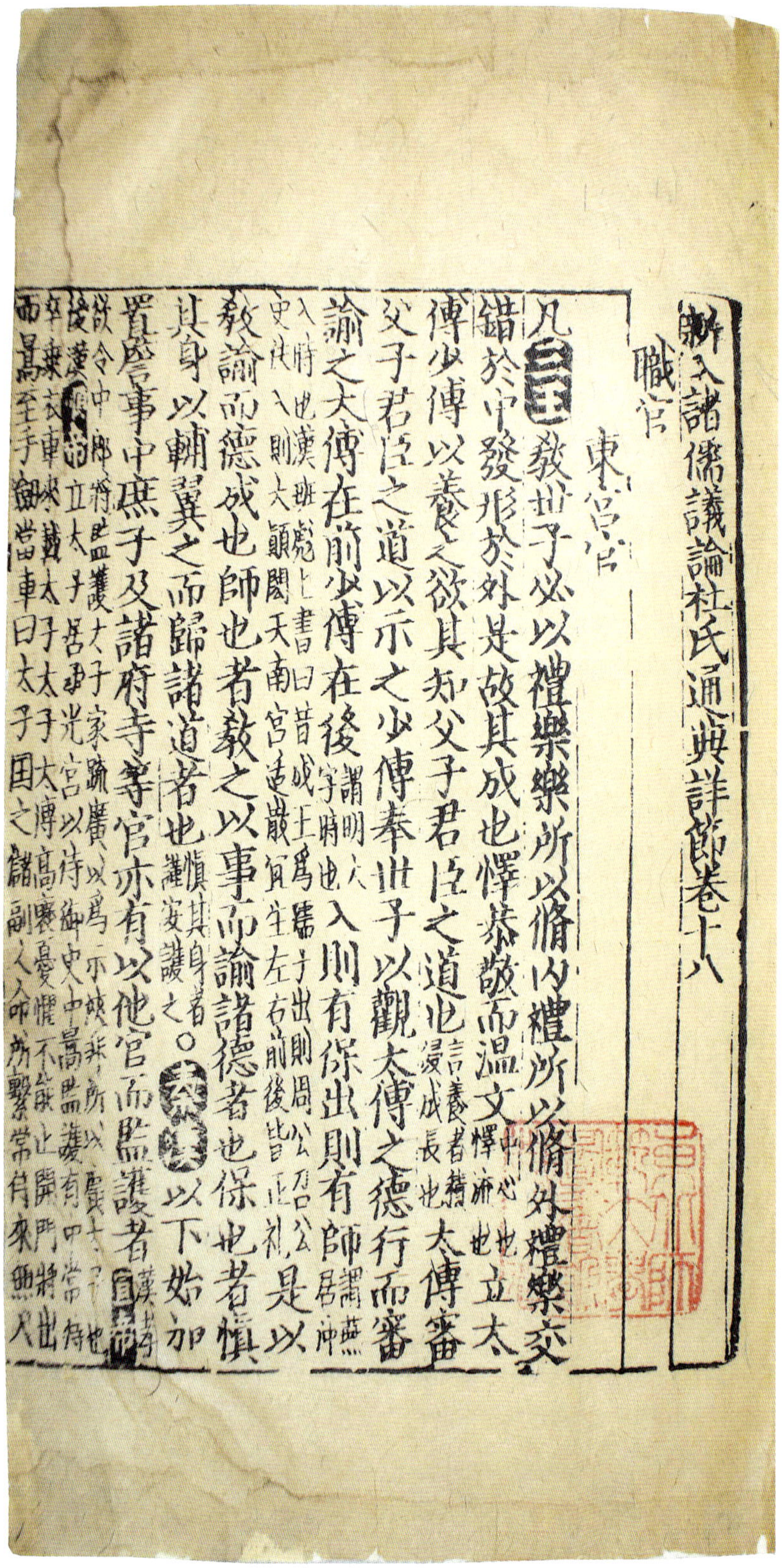
新入諸儒議論杜氏通典詳節卷十八

職官

東宮官

凡三王教世子必以禮樂樂所以脩内禮所以脩外禮樂交錯於中發形於外是故其成也懌恭敬而温文懌悦也立太傅少傅以養之欲其知父子君臣之道也言養者積浸成長也太傅審父子君臣之道以示之少傅奉世子以觀太傅之德行而審諭之太傅在前少傅在後謂明入字時也入則有保出則有師謂燕居入時也漢班彪上書曰昔成王爲孺子出則周公召公史佚入則大顛閎夭南宮适散宜生左右前後皆正人是以教諭而德成也師也者教之以事而諭諸德者也保也者慎其身以輔翼之而歸諸道者也慎其身者謹安護之○秦漢以下始加置詹事中庶子及諸府寺等官亦有以他官而監護者漢時故令中郎將監護太子家疏廣以爲不䫉非所以廣太子也後漢立太子居承光宮以侍御史中高監護有中常侍也

平東哀車太子太傅高褒憂懼不敢止闕門將出西曷至乎御當車曰太子國之儲副人命所繫常有來無人

**新入諸儒議論杜氏通典詳節四十二卷**　元刻明修本　存三卷

雖爲殘卷，然元刻小字本傳世甚少，彌足珍貴。

東北師範大學圖書館　名錄07113

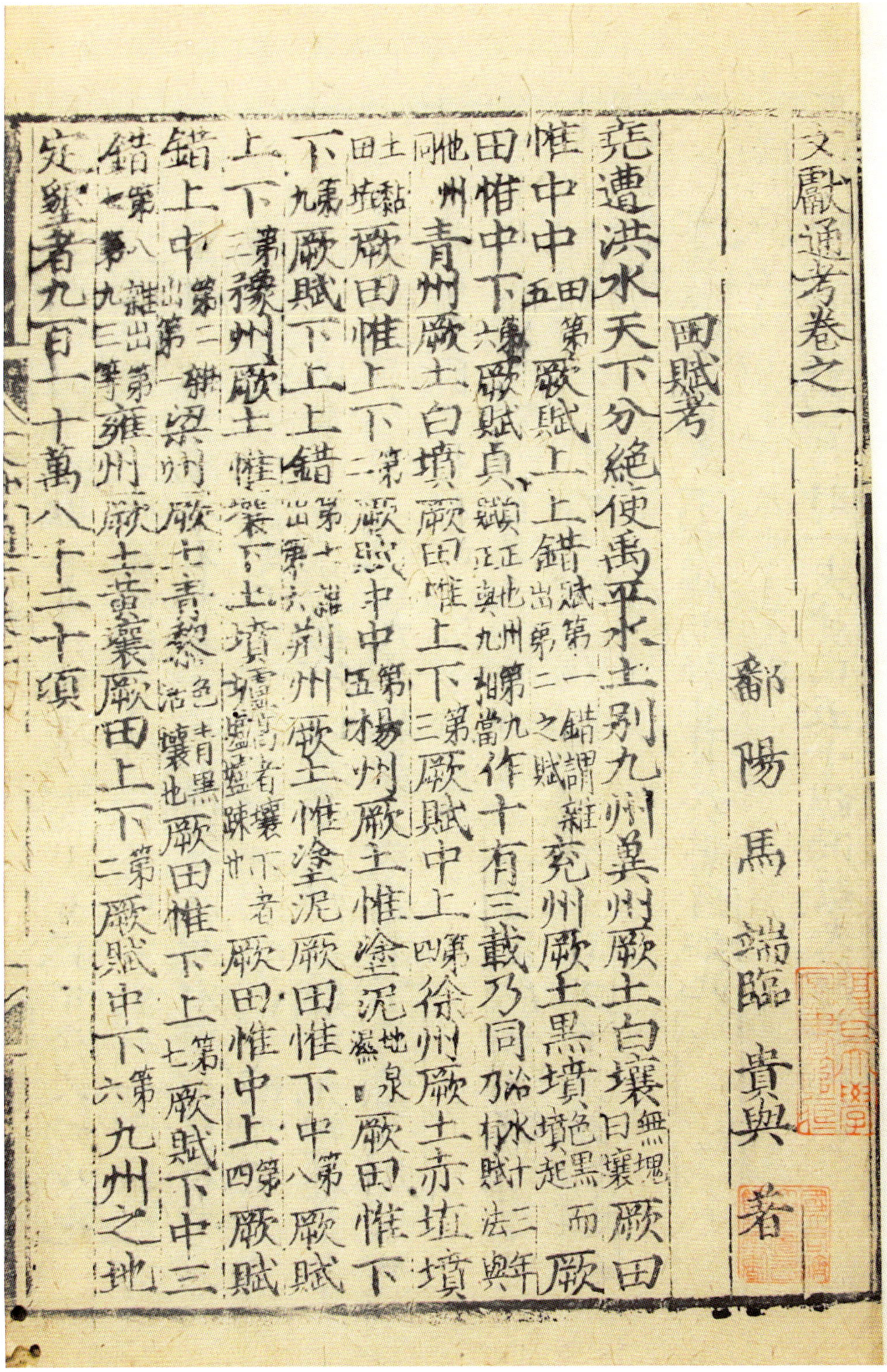
文獻通考卷之一

鄱陽馬端臨貴與著

田賦考

堯遭洪水天下分絶使禹平水土別九州冀州厥土白壤無塊曰壤厥田惟中中田第五厥賦上上錯賦第一錯謂雜出第二之賦兗州厥土黑墳色黑而墳起厥田惟中下第六厥賦貞正也州第九賦正與九相當作十有三載乃同治水十三年乃有賦法與他州同青州厥土白墳厥田惟上下第三厥賦中上第四徐州厥土赤埴墳土黏曰埴厥田惟上中第二厥賦中中第五揚州厥土惟塗泥泉濕也厥田惟下下第九厥賦下上上錯第七出第六雜荊州厥土惟塗泥厥田惟下中第八厥賦上下第三豫州厥土惟壤下土墳壚高者壤下者壚壚疏也厥田惟中上第四厥賦錯上中第二雜出第一梁州厥土青黎色青黑沃壤也厥田惟下上第七厥賦下中三錯第八雜出第七第九三等雍州厥土黃壤厥田上上第一厥賦中下第六九州之地定墾者九百一十萬八千二十頃

**文獻通考三百四十八卷**　（元）馬端臨撰　元泰定元年（1324）西湖書院刻元明遞修本

書內有若干葉以明成化間（1465–1487）公文紙刷印。明葉盛菉竹堂舊藏。

復旦大學圖書館　名錄07114

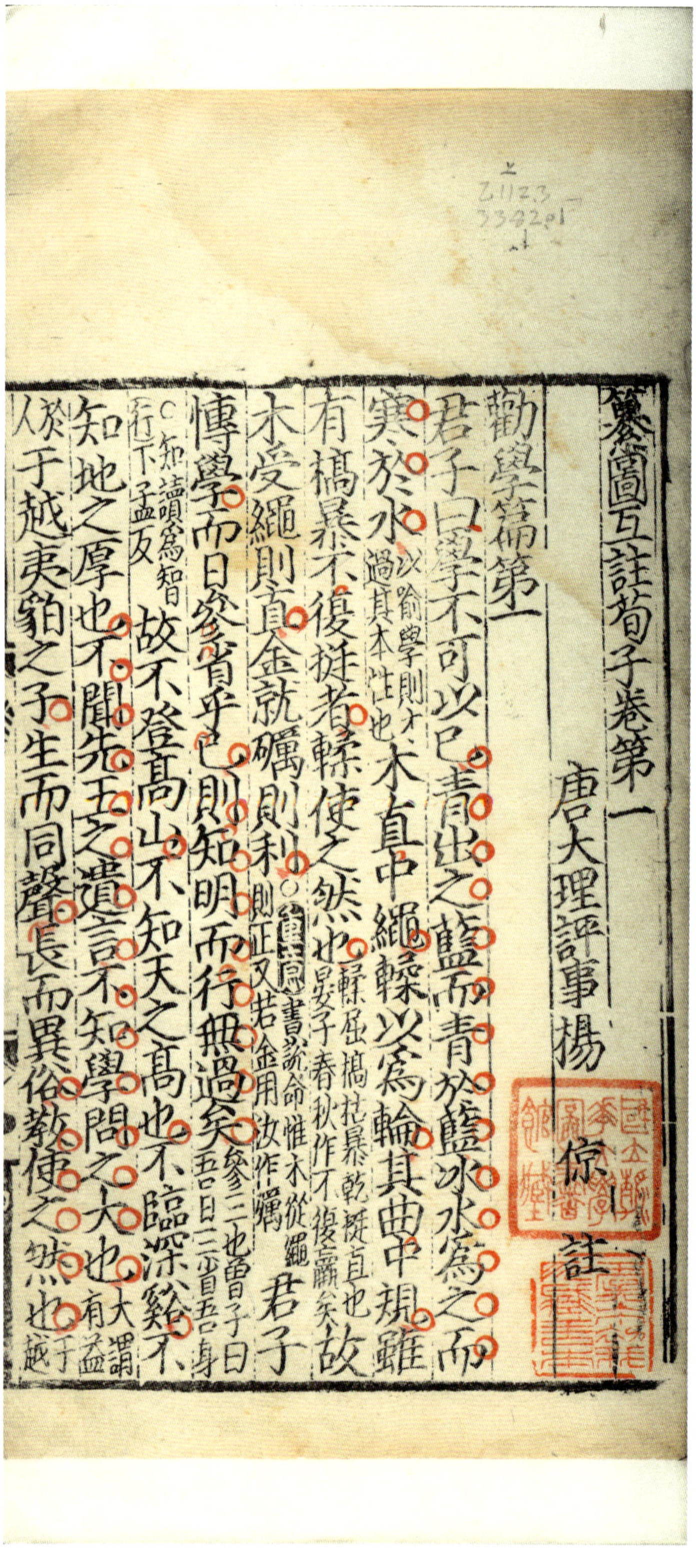
纂圖互註荀子卷第一
唐大理評事楊倞註
勸學篇第一
君子曰學不可以已青出之藍而青於藍冰水爲之而寒於水以喻學則才過其本性也木直中繩輮以爲輪其曲中規雖有槁暴不復挺者輮使之然也輮屈槁枯暴乾挺直也晏子春秋作不復贏矣故木受繩則直金就礪則利○纂圖音書說命惟木從繩則正又若金用汝作礪君子博學而日參省乎己則知明而行無過矣參三也曾子曰吾日三省吾身○知讀爲智行下孟反故不登高山不知天之高也不臨深谿不知地之厚也不聞先王之遺言不知學問之大也大謂有益於人于越夷貉之子生而同聲長而異俗教使之然也越

**纂圖互注荀子二十卷**　（唐）楊倞注　元刻明修本　翁同龢 楊沂孫題識

元刻《六子》本之一，迭經馮子容、丁祖蔭收藏。

清華大學圖書館　名錄07124

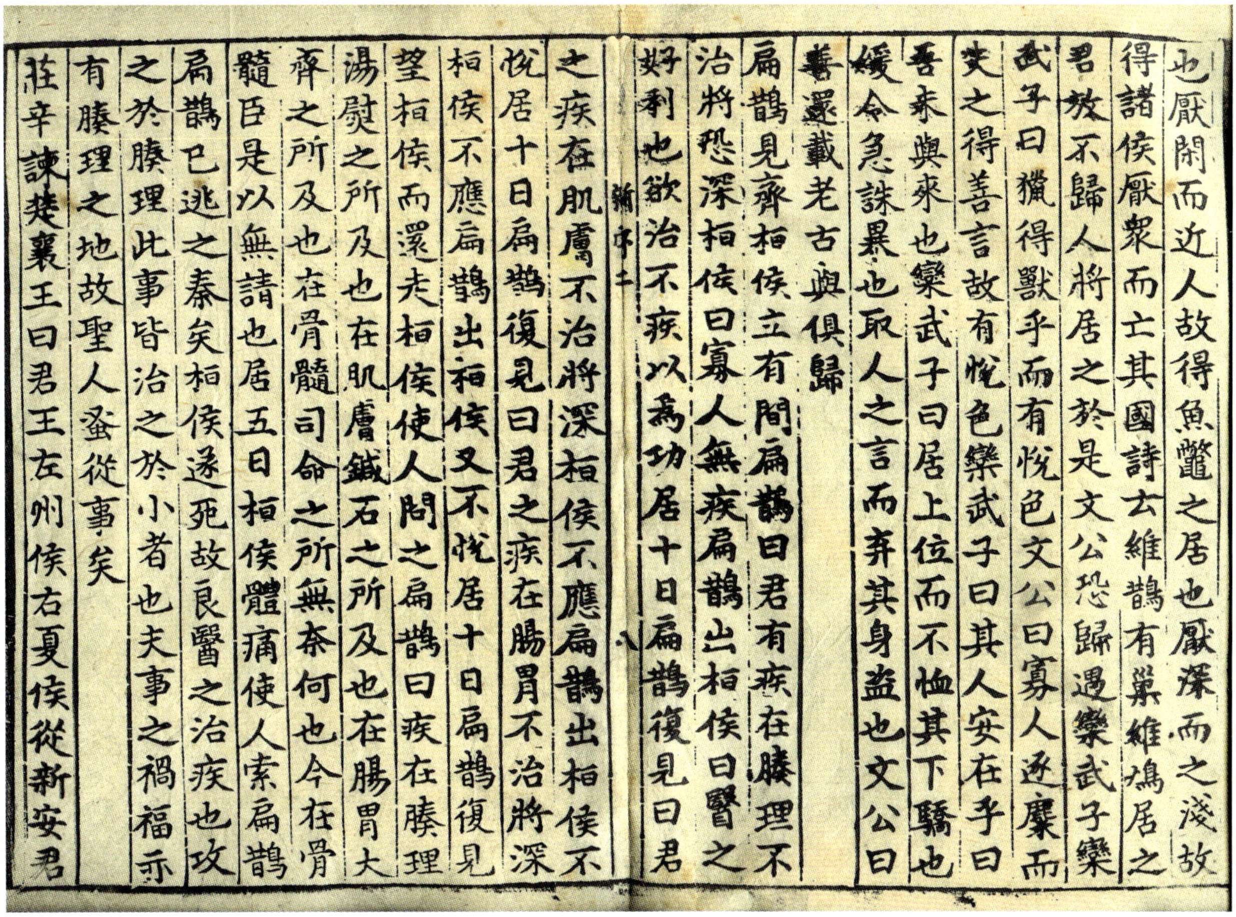

**新序十卷** （漢）劉向撰 宋刻本 存二卷

宋刻本存世極罕，此本保存了宋代蝴蝶裝原貌，具很高版本、文獻價值。李盛鐸舊藏。

北京大學圖書館 名錄07125

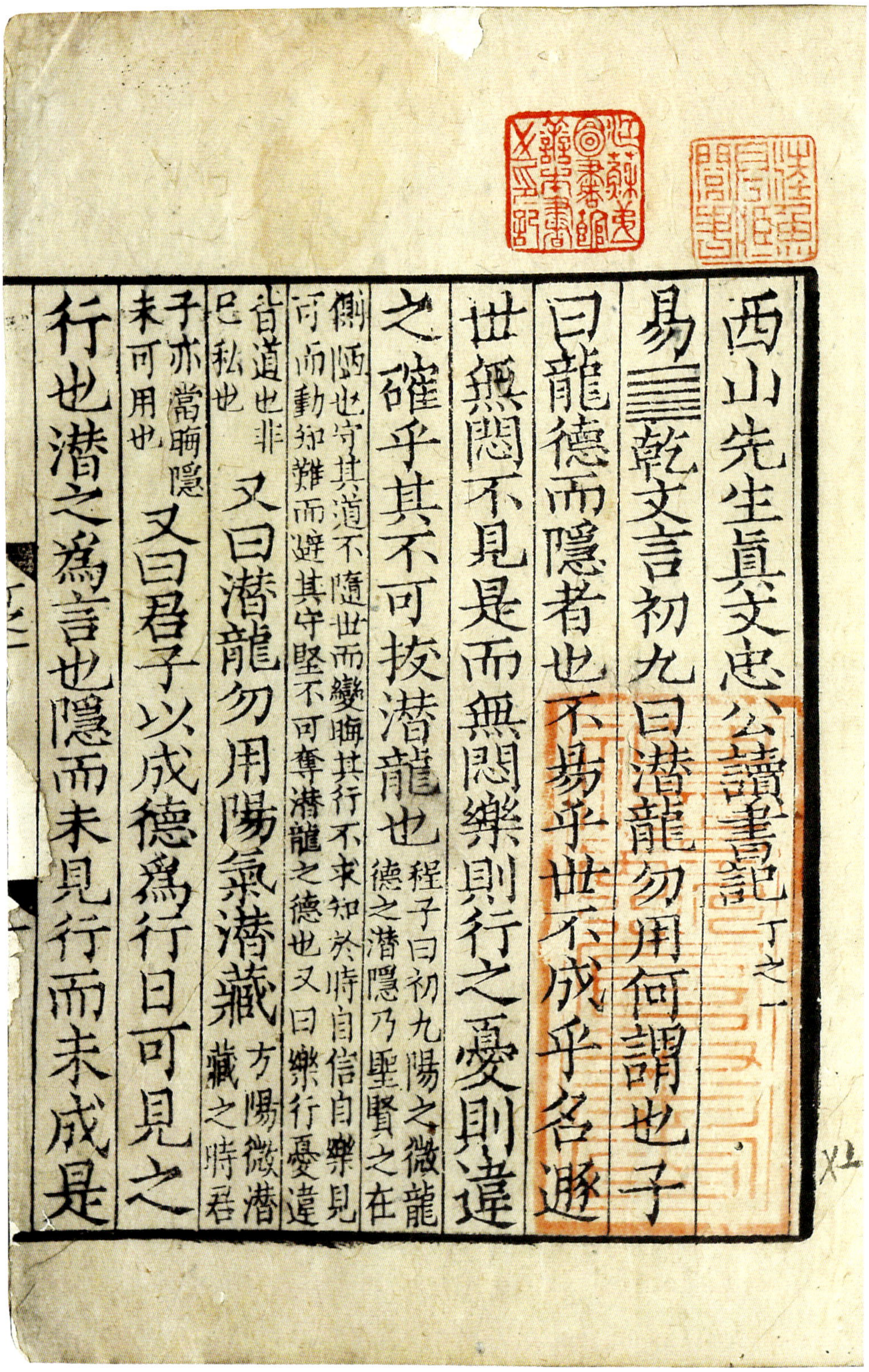
西山先生眞文忠公讀書記　丁之一
易䷀乾文言初九曰潛龍勿用何謂也子
曰龍德而隱者也不易乎世不成乎名遯
世無悶不見是而無悶樂則行之憂則違
之確乎其不可拔潛龍也程子曰初九陽之微龍德之潛隱乃聖賢之在
側陋也守其道不隨世而變晦其行不求知於時自信自樂見可而動知難而避其守堅不可奪潛龍之德也又曰樂行憂違
皆道也非已私也又曰潛龍勿用陽氣潛藏方陽微潛藏之時君
子亦當晦隱未可用也又曰君子以成德爲行日可見之
行也潛之爲言也隱而未見行而未成是

**西山先生真文忠公讀書記丁集二卷**　（宋）真德秀撰　宋福州學官刻本　丁丙跋　存一卷

此宋代官刻本，雖爲殘帙，亦足珍貴。

南京圖書館　名錄07132

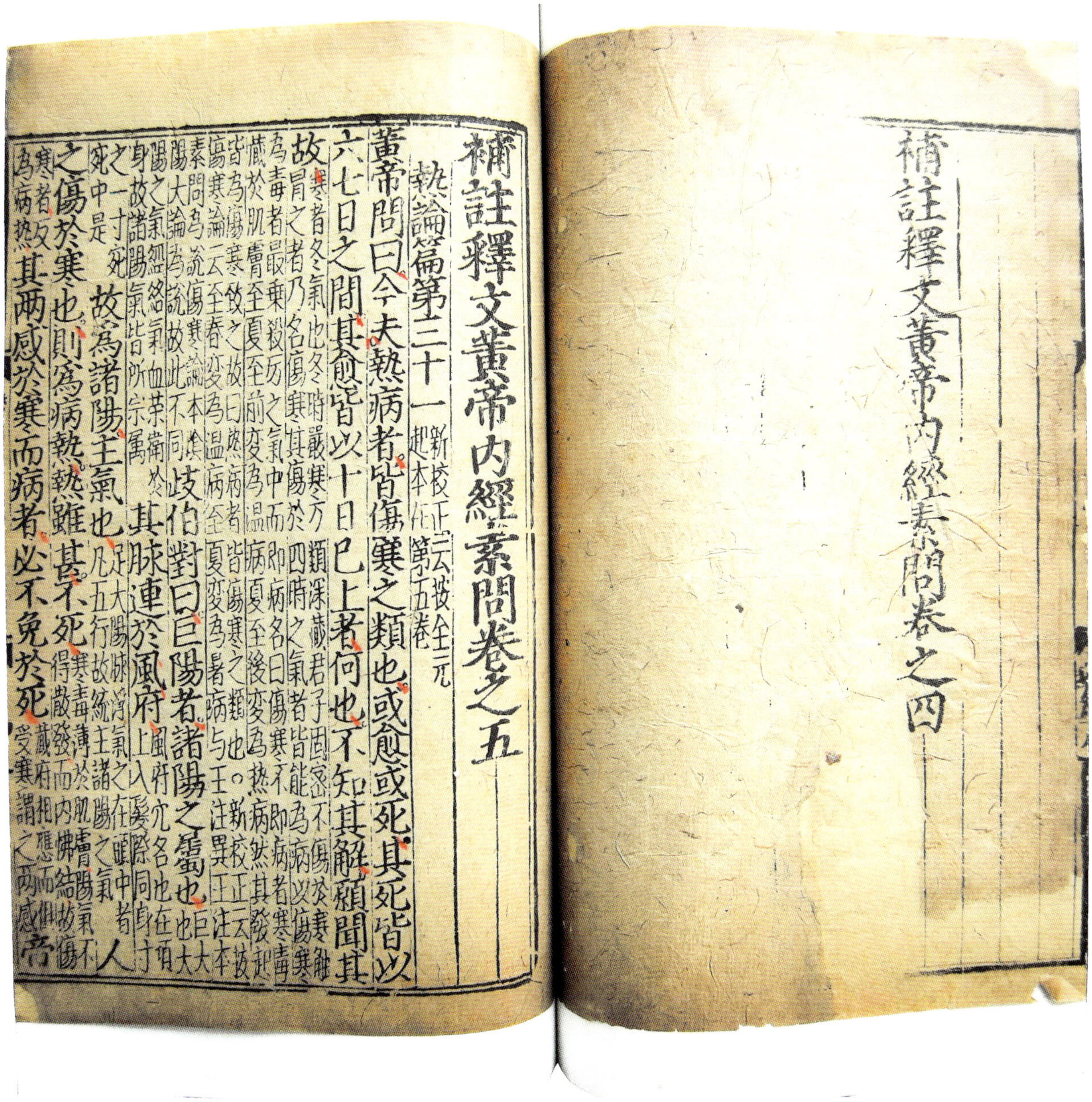

補註釋文黃帝内經素問卷之五
熱論篇第三十一
黄帝問曰今夫熱病者皆傷寒之類也或愈或死其死皆以六七日之間其愈皆以十日已上者何也不知其解願聞其故
岐伯對曰巨陽者諸陽之屬也其脈連於風府故為諸陽主氣也人之傷於寒也則為病熱熱雖甚不死其兩感於寒而病者必不免於死

補註釋文黃帝内經素問卷之四

**新刊補注釋文黄帝内經素問十二卷**　（唐）王冰注（宋）林億等校正（宋）孫兆改誤　元後至元五年（1339）胡氏古林書堂刻本　存六卷

**新刊黄帝内經靈樞十二卷**　元後至元五年（1339）胡氏古林書堂刻六年（1340）印本　存六卷

《黄帝内經》分爲《素問》與《靈樞》兩部分。胡氏古林書堂刻《靈樞》是現存最早版本。

吉林省圖書館　名錄07136、07137

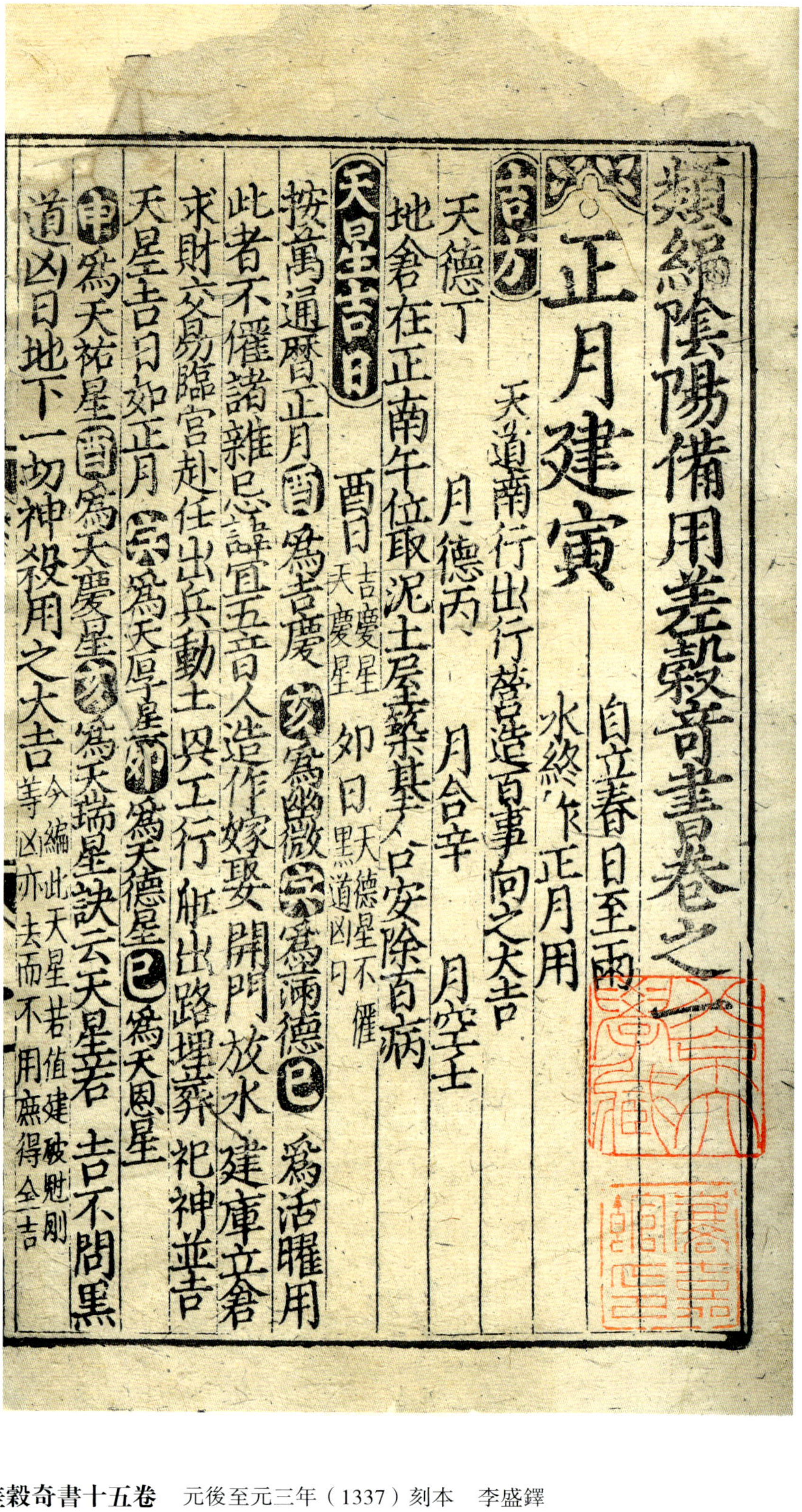

類編陰陽備用差轂奇書卷之一

正月建寅 自立春日至雨水終乃正月用

天道南行出行營造百事向之大吉

吉方 天德丁 月德丙 月合辛 月空壬

地倉在正南午位取泥土塗竈其人宅安除百病

天星吉日 酉日吉慶星天慶星 如日天德星不罹黑道凶日

按萬通曆正月酉為吉慶亥為幽微寅為滿德巳為活曜用

此者不罹諸雜忌諱宜五音人造作嫁娶開門放水建庫立倉

求財交易臨官赴任出兵動土興工行船出路埋葬祀神並吉

天星吉日如正月寅為天厚星卯為天德星巳為天恩星

申為天祐星酉為天慶星亥為天瑞星訣云天星若吉不問黑

道凶日地下一切神殺用之大吉 今編此天星若值建破魁剛等凶亦去而不用庶得全吉

**類編陰陽備用差穀奇書十五卷**　元後至元三年（1337）刻本　李盛鐸跋　存六卷

書中有鐘形牌記，內刻“至元三年丁丑仲秋校正足本鼎新刊行”。李氏木犀軒舊藏。

北京大學圖書館　名錄07140

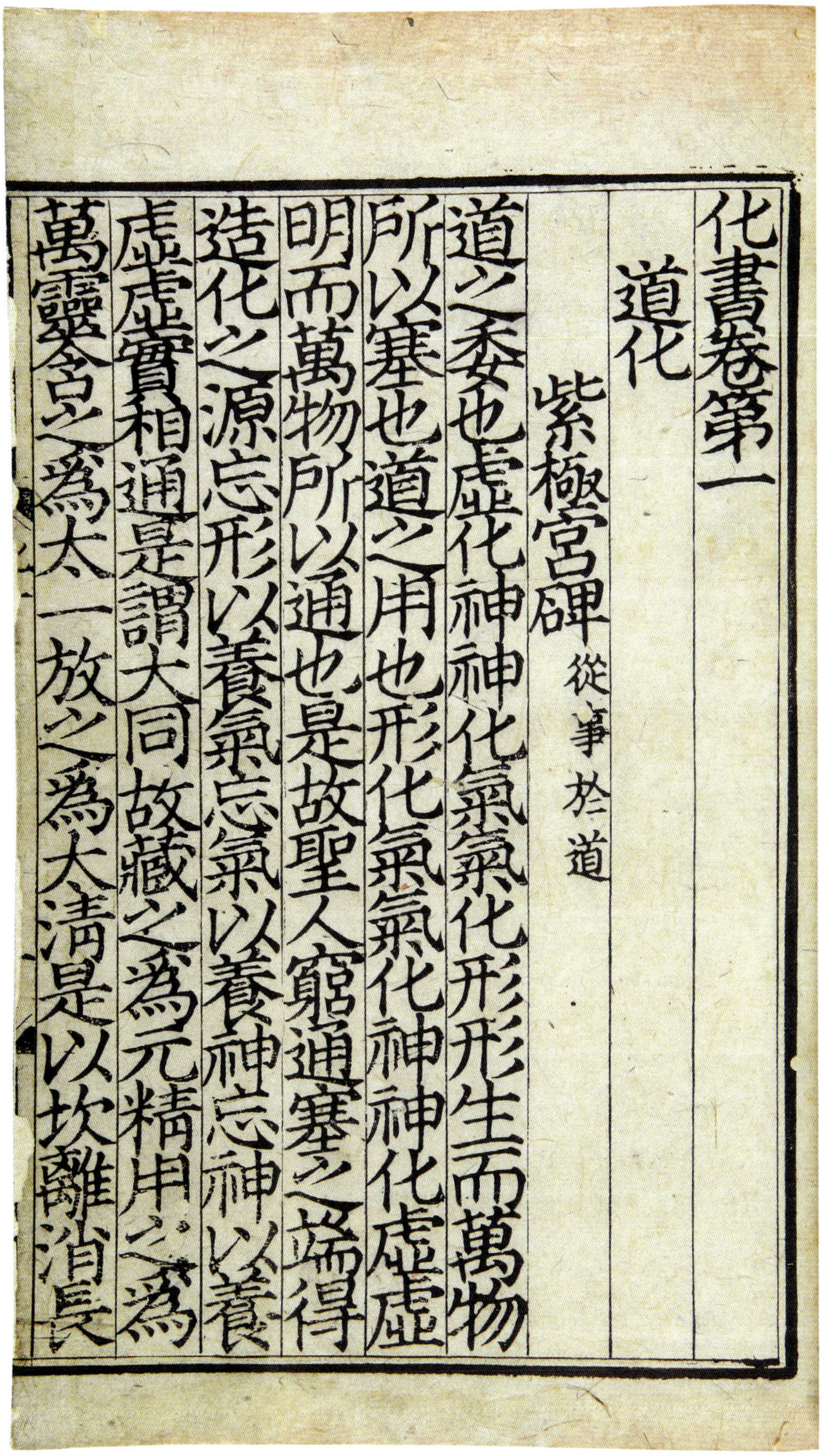
化書卷第一

道化

紫極宮碑　從事於道

道之委也虛化神神化氣氣化形形生而萬物所以塞也道之用也形化氣氣化神神化虛虛明而萬物所以通也是故聖人窮通塞之端得造化之源忘形以養氣忘氣以養神忘神以養虛虛實相通是謂大同故藏之爲元精用之爲萬靈含之爲太一放之爲太清是以坎離消長

**化書六卷**　（五代）譚峭撰　元秦昇家塾刻本

五代時道士譚峭著成於終南山，大旨出於黄老而附合於儒言，文筆簡勁奥質。元代流傳已罕。朱震、趙元方舊藏。

國家圖書館　名録07146

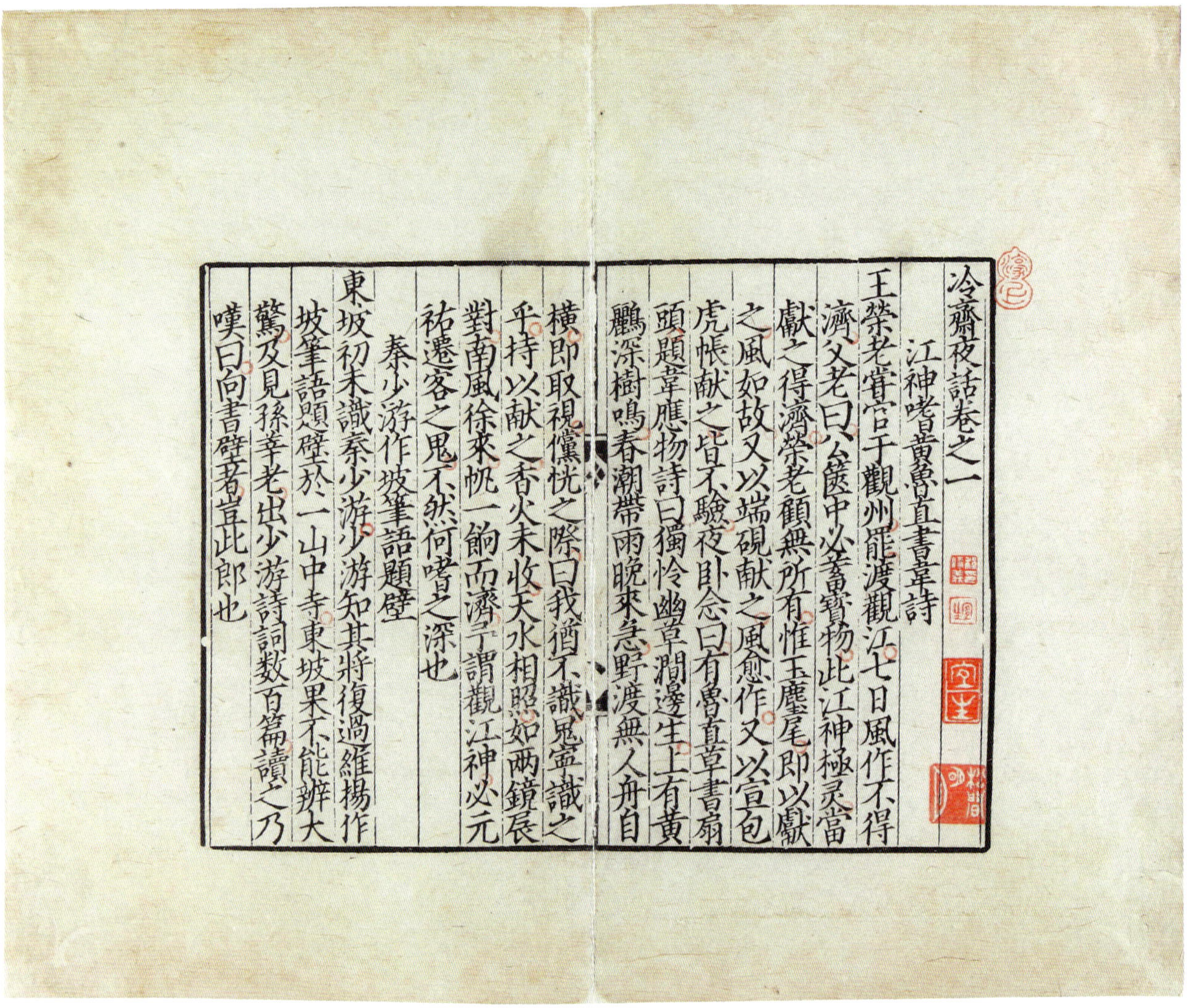

冷齋夜話卷之一

江神嗜黄魯直書韋詩

王榮老嘗官于觀州罷渡觀江七日風作不得濟父老曰公篋中必蓄寶物此江神極灵當獻之得濟榮老顧無所有惟玉麈尾即以獻之風如故又以端硯献之風愈作又以宣包虎帳献之皆不驗夜卧念曰有魯直草書扇頭題韋應物詩曰獨怜幽草澗邊生上有黄鸝深樹鳴春潮帶雨晚来急野渡無人舟自横即取視儻恍之際曰我猶不識鬼寍識之乎持以献之香火未收天水相照如兩鏡展對南風徐来帆一餉而濟予謂觀江神必元祐遷客之鬼不然何嗜之深也

秦少游作坡筆語題壁

東坡初未識秦少游少游知其將復過維揚作坡筆語題壁於一山中寺東坡果不能辨大驚及見孫莘老出少游詩詞數百篇讀之乃嘆曰向書壁者豈此郎也

**冷齋夜話十卷**　（宋）釋惠洪撰　元至正三年（1343）刻本　存八卷

宋詩僧惠洪雜記禪林遺聞佚事之作。刊刻精美，流傳絕少，明宮舊藏，極可珍視。

國家圖書館　名錄07147

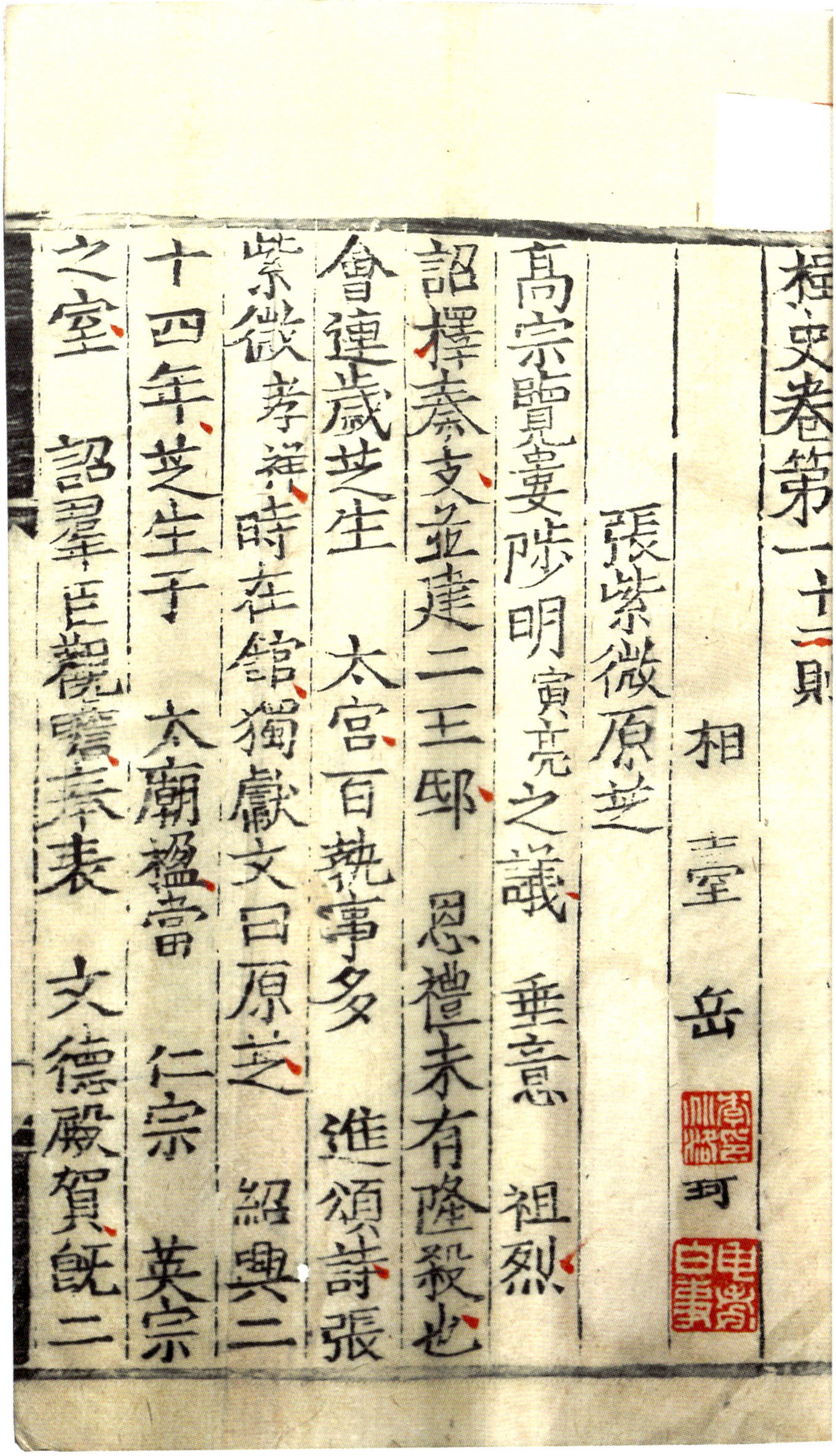
桯史卷第一　十二則
相臺岳珂
張紫微原芝
高宗覽婁陟明寅亮之議　垂意　祖烈
詔擇秦支並建二王邸　恩禮未有隆殺也
會連歲芝生　太宮百執事多　進頌詩張
紫微孝祥時在館獨獻文曰原芝之　紹興二
十四年芝生于　太廟楹當　仁宗　英宗
之室　詔羣臣觀瞻奉表　文德殿賀既二

**桯史十五卷**　（宋）岳珂撰　宋刻元明遞修本　鮑廷博校　沈樹鏞 沈曾植跋

記敍兩宋朝野見聞之筆記，所記諸事或爲作者親歷，或爲父兄口述，大抵信實有據，可補史傳之闕遺。此本爲現存較早版本之一。

南京圖書館　名錄07148

**太學新增合璧聯珠萬卷菁華前集六十卷**　（宋）李昭玘輯　**後集八十卷**　（宋）李似之輯　宋刻本　存二卷

私人所纂類書，保留了大量宋代文獻。原書一百四十卷，現存一百十九卷，大部藏山東省圖書館，一卷藏國家圖書館，此二卷可補上述兩館之闕。海內孤本，清宫天禄琳琅舊藏。

北京市文物局圖書資料中心　名録07150

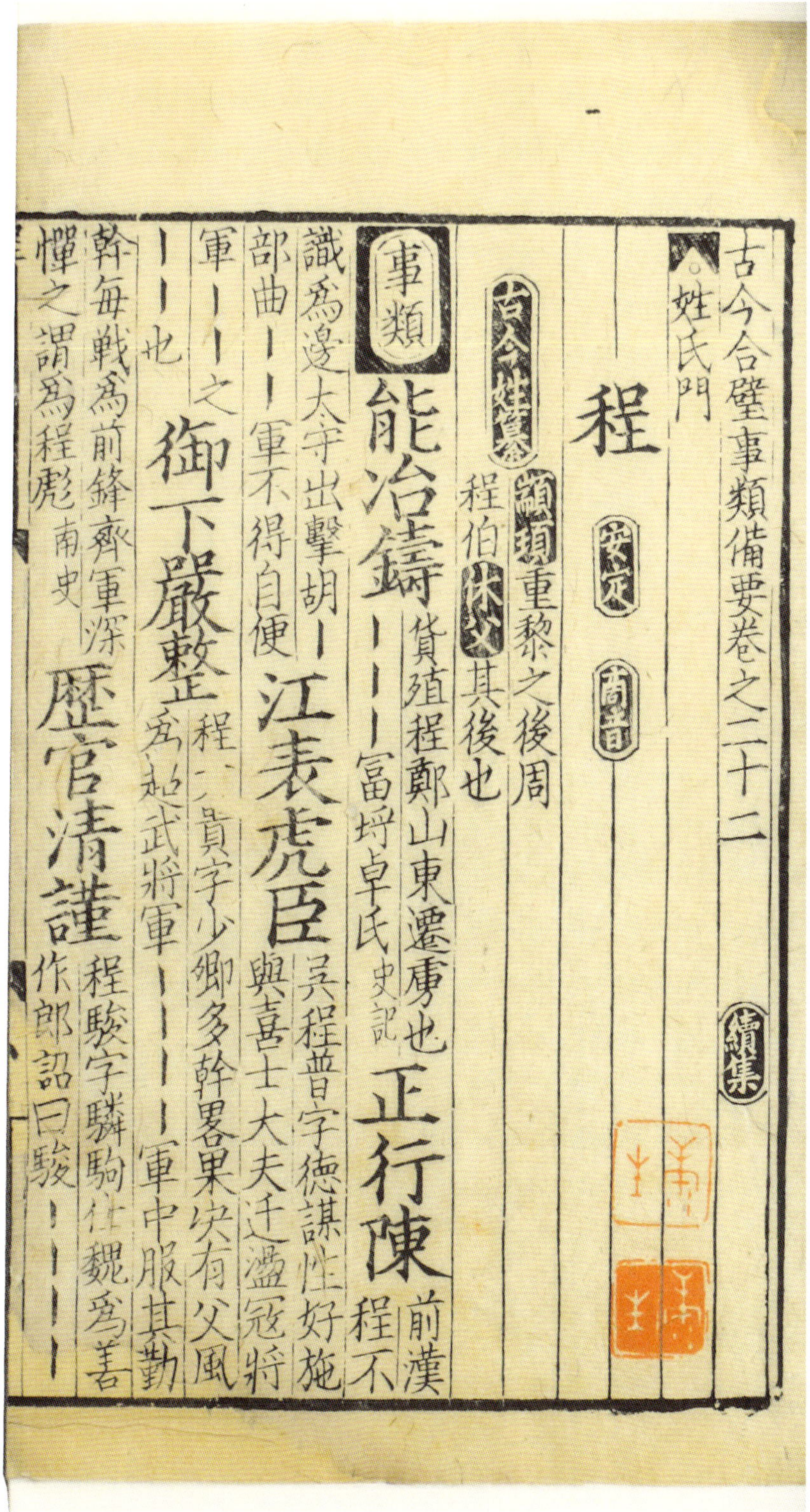
古今合璧事類備要卷之二十二　續集
姓氏門
程　安定　商音
古今姓纂　顓頊重黎之後周
程伯休父其後也
事類　能冶鑄　貨殖程鄭山東遷虜也　正行陳　前漢
｜｜｜富埒卓氏史記　程不
識爲邊太守出擊胡｜｜　江表虎臣　吳程普字德謀性好施
部曲｜｜軍不得自便　與喜士大夫迁盪寇將
軍｜｜之　御下嚴整　程｜貴字少卿多幹畧果决有父風
｜｜也　爲超武將軍｜｜｜軍中服其勤
幹每戰爲前鋒齊軍深　歷官清謹　程駿字驎駒仕魏爲著
憚之謂爲程彪南史　作郎詔曰駿｜｜｜

**古今合璧事類備要前集六十九卷後集八十一卷續集五十六卷別集九十四卷外集六十六卷**　（宋）謝維新輯　宋刻本　存九卷

南宋類書，明以前流傳絕少。雖爲殘本，然版本、文獻價值頗高。

北京市文物局圖書資料中心　名錄07152

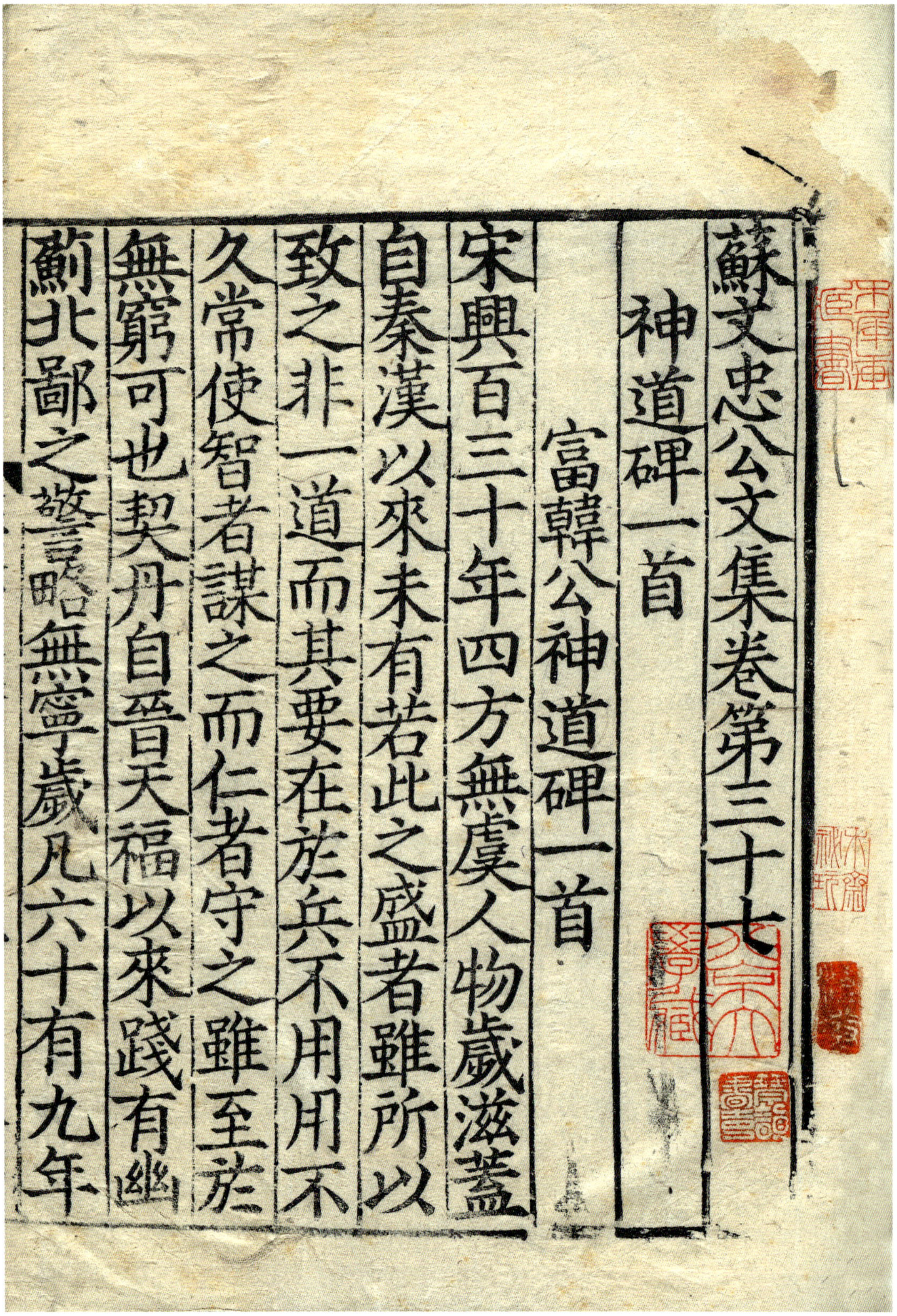
蘇文忠公文集卷第三十七
神道碑一首
富韓公神道碑一首
宋興百三十年四方無虞人物歲滋蓋
自秦漢以來未有若此之盛者雖所以
致之非一道而其要在於兵不用用不
久常使智者謀之而仁者守之雖至於
無窮可也契丹自晉天福以來踐有幽
薊北鄙之警略無寧歲凡六十有九年

**蘇文忠公文集四十卷**　（宋）蘇軾撰　南宋蜀刻大字本　存三卷

此爲現存東坡集的最早刻本，版式疏朗，字體仿顏，屬宋刻上品。

北京大學圖書館　名錄07216

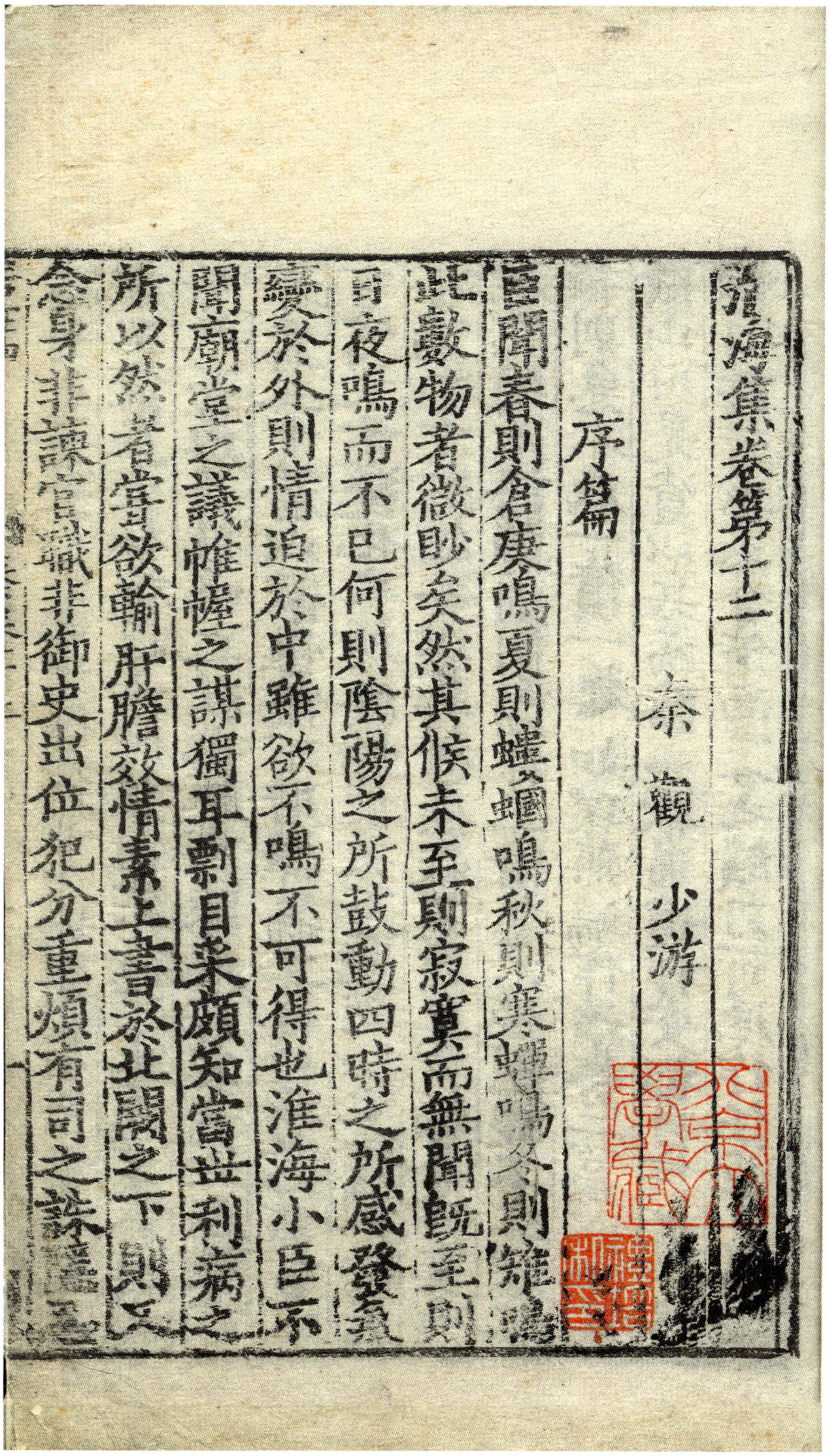

**淮海集四十卷**　（宋）秦觀撰　宋乾道九年（1173）高郵軍學刻紹熙三年（1192）謝雩重修本　黃丕烈跋　存十四卷

此爲宋刻《淮海集》重要版本。王禮培舊藏。

北京大學圖書館　名錄07219

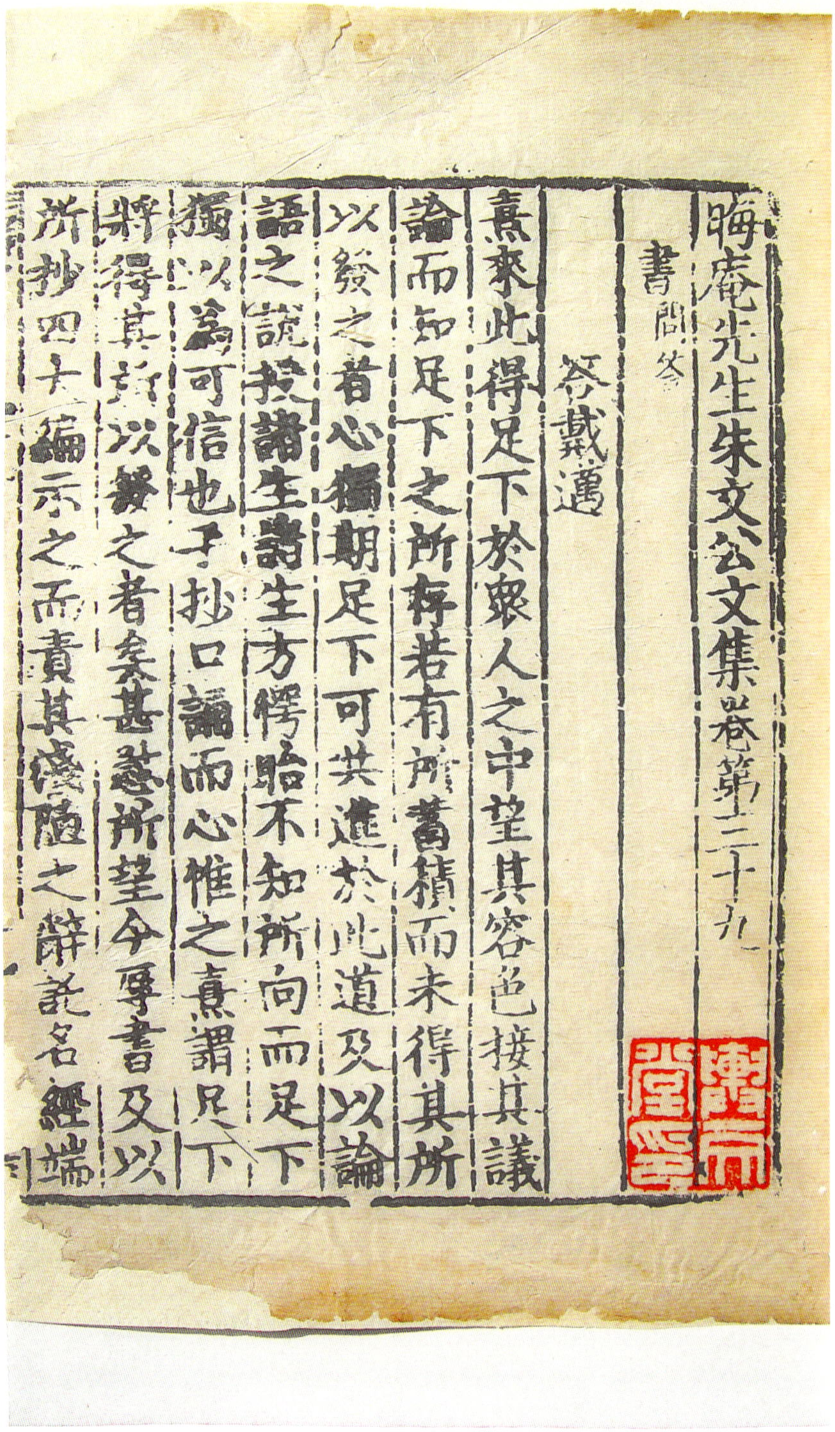


**晦庵先生朱文公文集一百卷目錄二卷續集十一卷別集十卷**　（宋）

朱熹撰　宋咸淳元年（1265）建安書院刻宋元明遞修本　存四卷

現存朱子文集的最早版本。

石家莊市趙俊傑　名錄07221

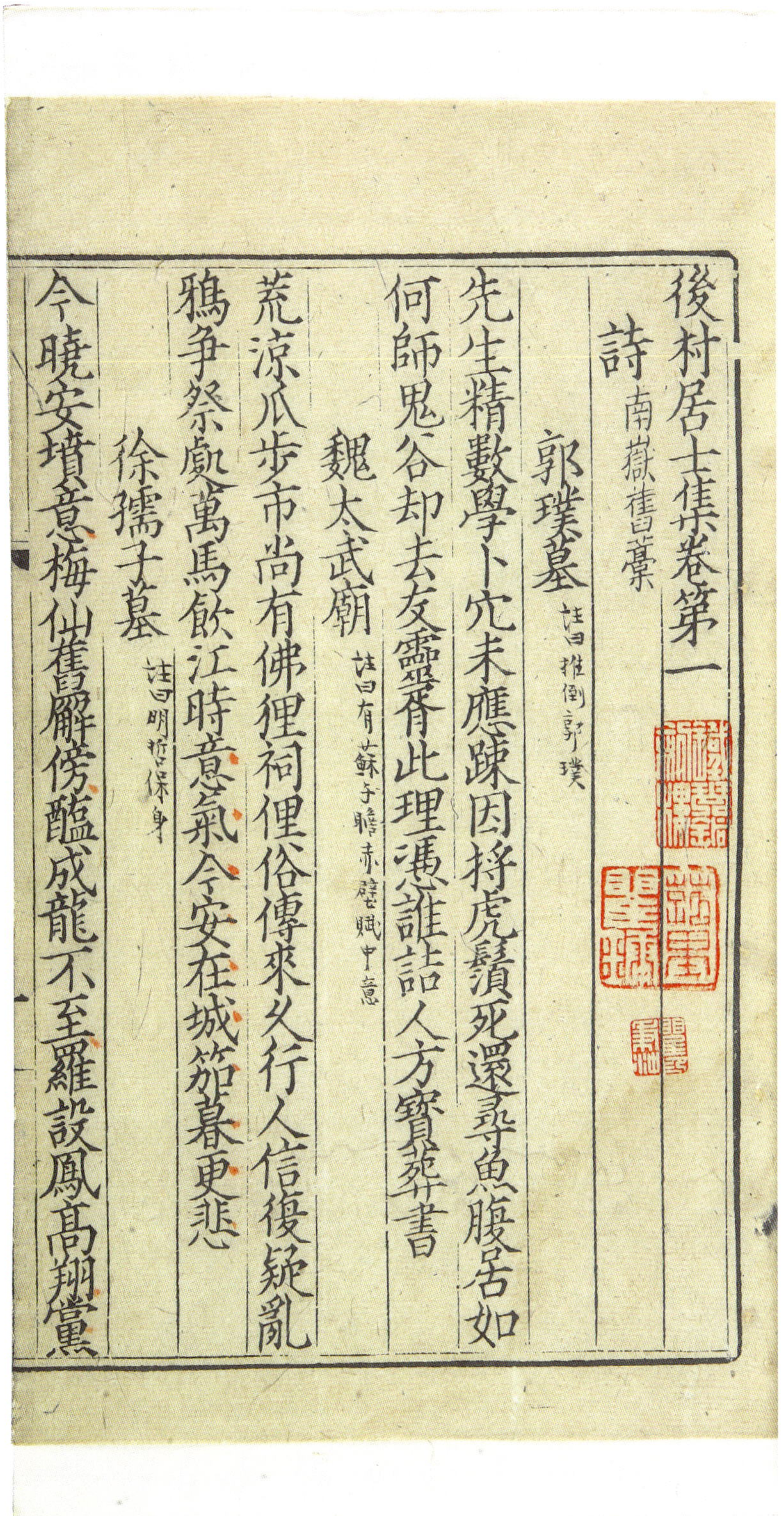
後村居士集卷第一
詩　南嶽舊藁
郭璞墓　注曰推倒郭璞
先生精數學卜穴未應踈因捋虎鬚死還尋魚腹居如
何師鬼谷却去友靈胥此理憑誰詰人方寶葬書
魏太武廟　注曰有蘇子瞻赤壁賦中意
荒涼瓜步市尚有佛貍祠俚俗傳來久行人信復疑亂
鴉爭祭餕萬馬飲江時意氣今安在城笳暮更悲
徐孺子墓　注曰明哲保身
今曉安墳意梅仙舊解傍臨成龍不至羅設鳳高翔黨

**後村居士集五十卷目録二卷**　（宋）劉克莊撰　宋刻本　存四十卷

此本與五十卷本有異，爲傳世孤本，版本與文獻價值極高。鐵琴銅劍樓舊藏。

國家圖書館　名録07225

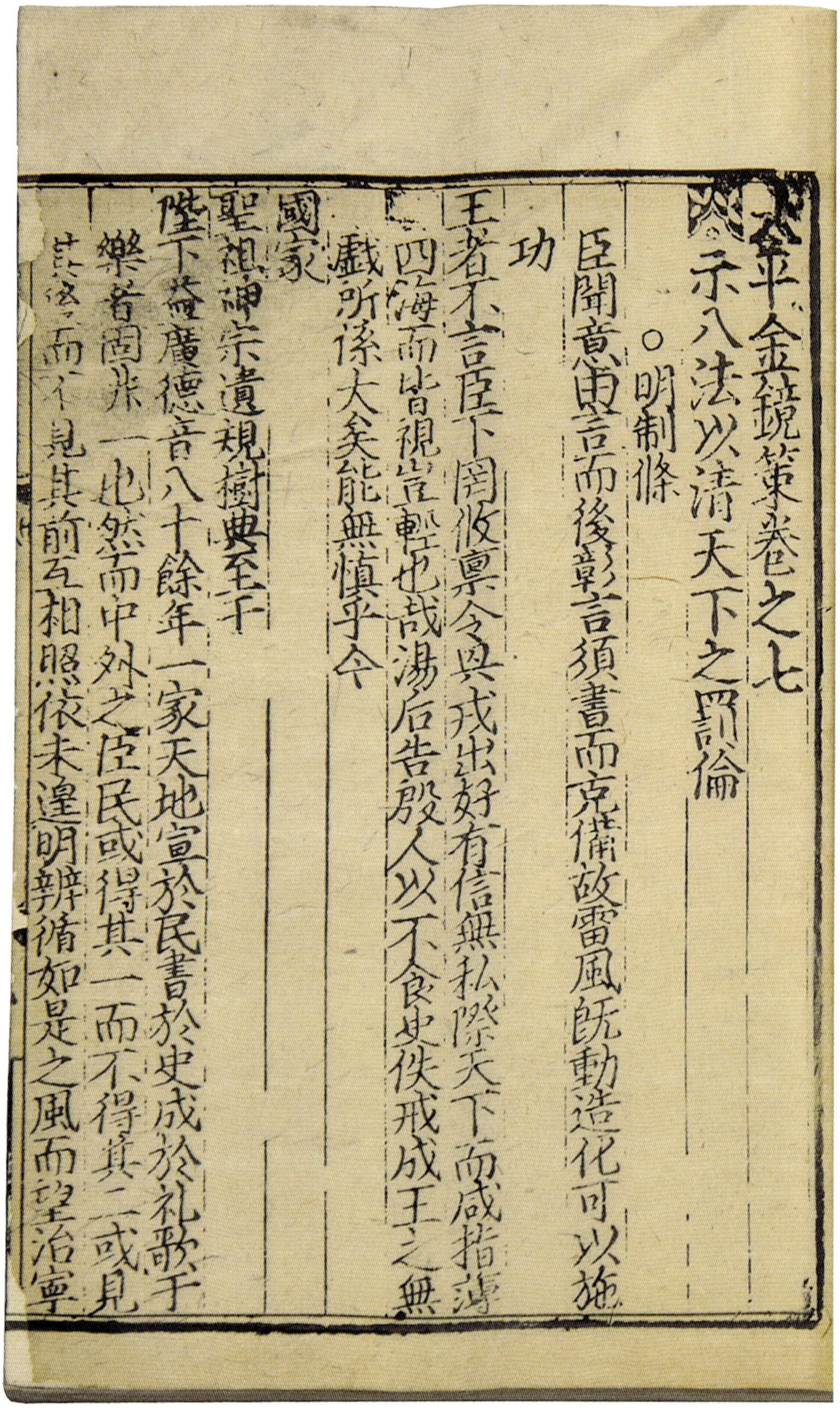
太平金鏡策卷之七
示八法以清天下之彝倫
○明制條
臣聞意由言而後彰言須書而克備故雷風既動造化可以施
功
王者不言臣下罔攸稟令與戎出好有信無私際天下而咸指薄
四海而皆視豈輕也哉湯后告殷人以不食史佚戒成王之無
戲所係大矣能無慎乎今
國家
聖祖神宗遺規舊典至于
陛下益廣德音八十餘年一家天地宣於民書於史成於禮歌于
樂皆因出一也然而中外之臣民或得其一而不得其二或見
其後而不見其前互相照依未遑明辨循如是之風而望治寧

**太平金鏡策八卷**　（元）趙天麟撰　元刻本　存二卷

元世祖至元（1271–1294）末，東平布衣趙天麟上書建言，前後纍計數萬言，編爲此書。此本印刷精良。鈐"徐潛之印"。

遼寧省旅順博物館　名錄07227

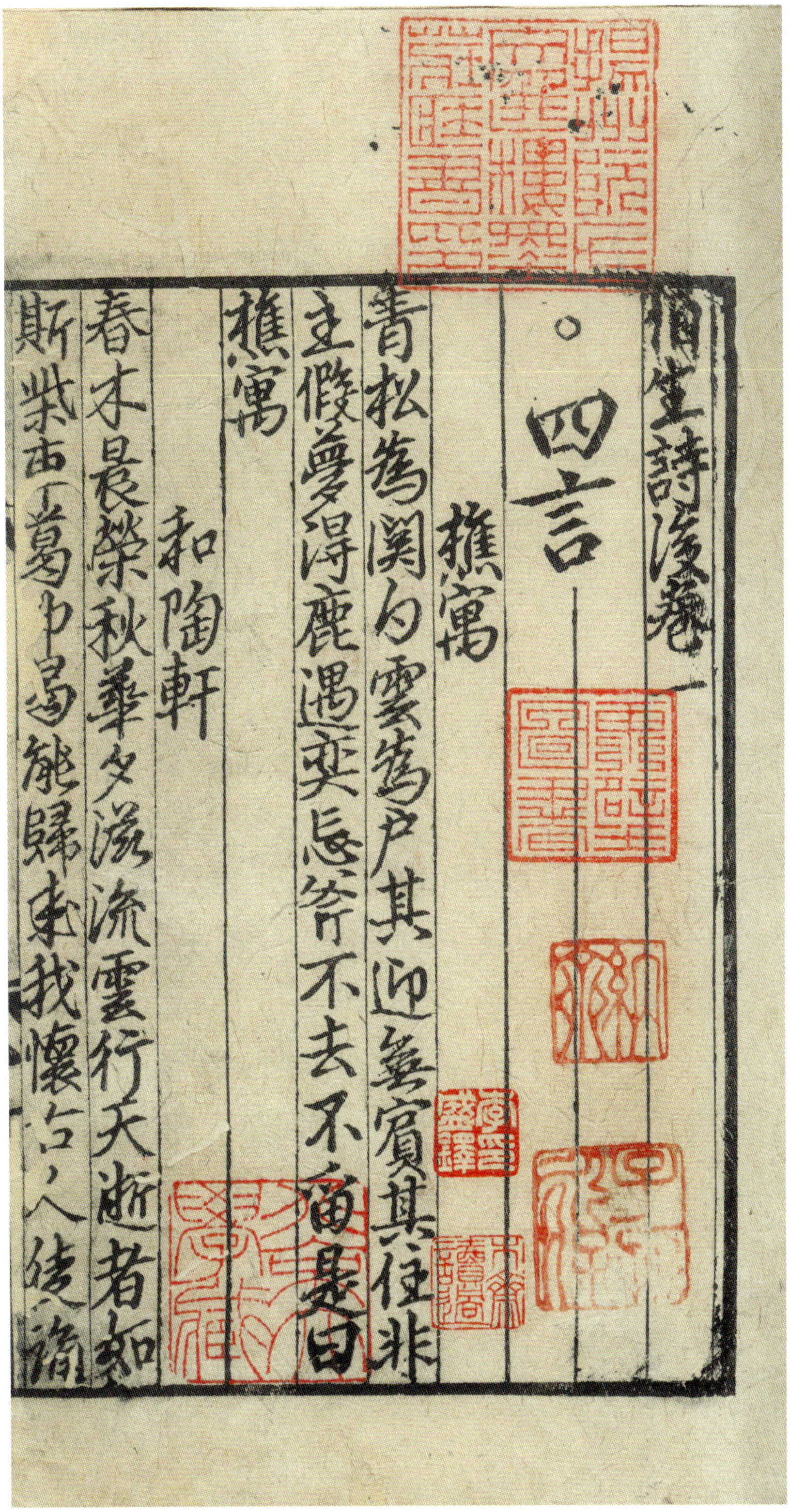

**伯生詩續編三卷**　（元）虞集撰　**題葉氏四愛堂詩一卷**　（元）虞集吴全节等撰　元後至元六年（1340）劉氏日新堂刻本　有抄配

此爲虞集詩文集早期刊本。手寫上版，刻字流麗，阮元、黄丕烈、李盛鐸舊藏。

北京大學圖書館　名録07228

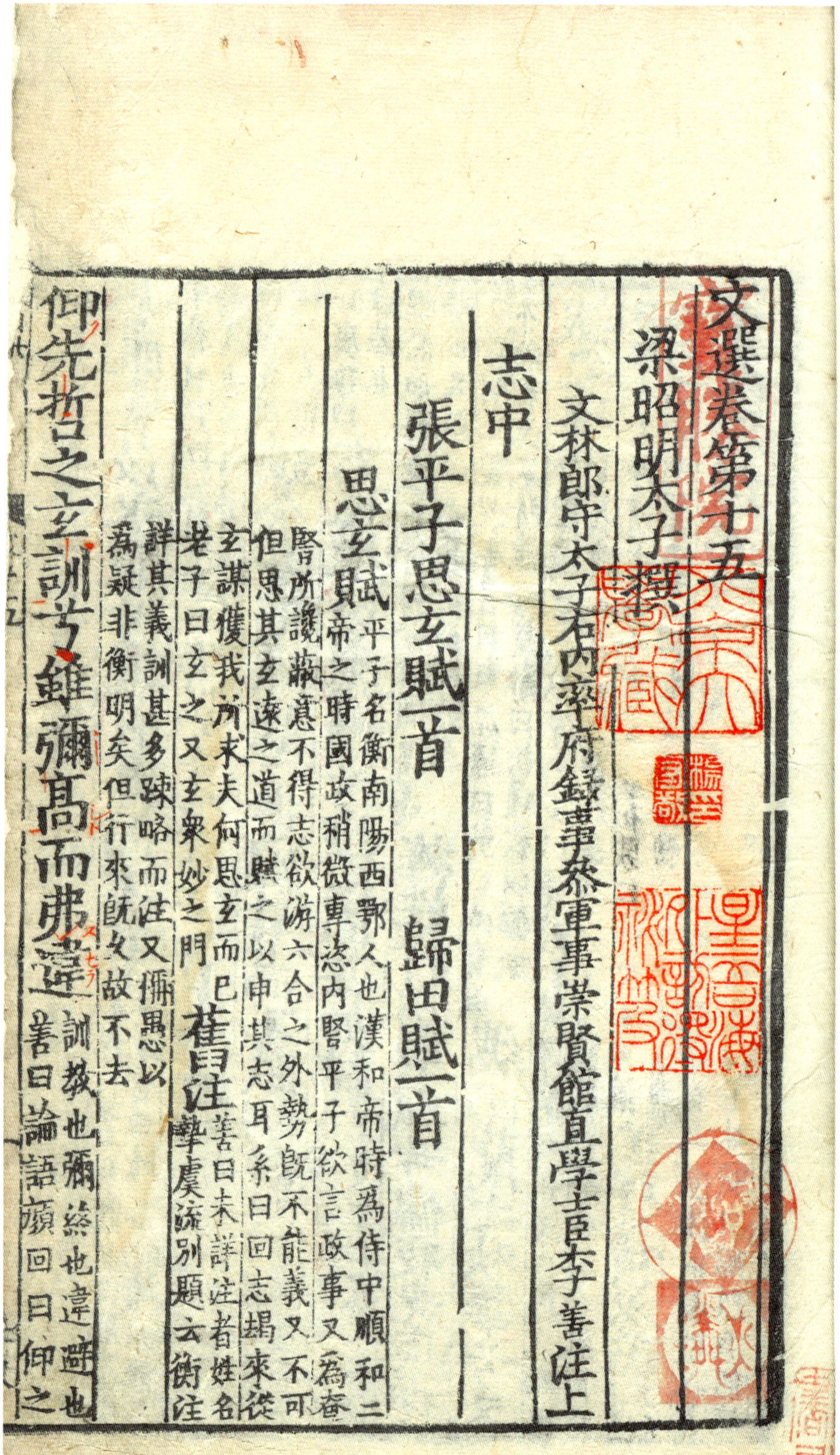
文選卷第十五
梁昭明太子撰
文林郎守太子右內率府錄事參軍事崇賢館直學士臣李善注上
志中
張平子思玄賦一首　歸田賦一首
思玄賦　平子名衡南陽西鄂人也漢和帝時爲侍中順和二帝之時國政稍微專恣內豎平子欲言政事又爲奄豎所讒蔽意不得志欲游六合之外勢既不能義又不可但思其玄遠之道而賦之以申其志耳系曰回志朅來從玄諆獲我所求夫何思玄而已老子曰玄之又玄衆妙之門　舊注　善曰未詳注者姓名摯虞流別題云衡注詳其義訓甚多疎略而注又偁愚以爲疑非衡明矣但行來既久故不去
仰先哲之玄訓兮雖彌高而弗違　訓教也彌終也違避也　善曰論語顏回曰仰之

**文選六十卷**　（梁）蕭統輯（唐）李善注　宋淳熙八年（1181）池陽郡齋刻遞修本　存四十八卷

版刻精良，字體雋秀。舊藏日本寶勝院，清末楊守敬自日本購回，轉歸李盛鐸。

北京大學圖書館　名錄07229

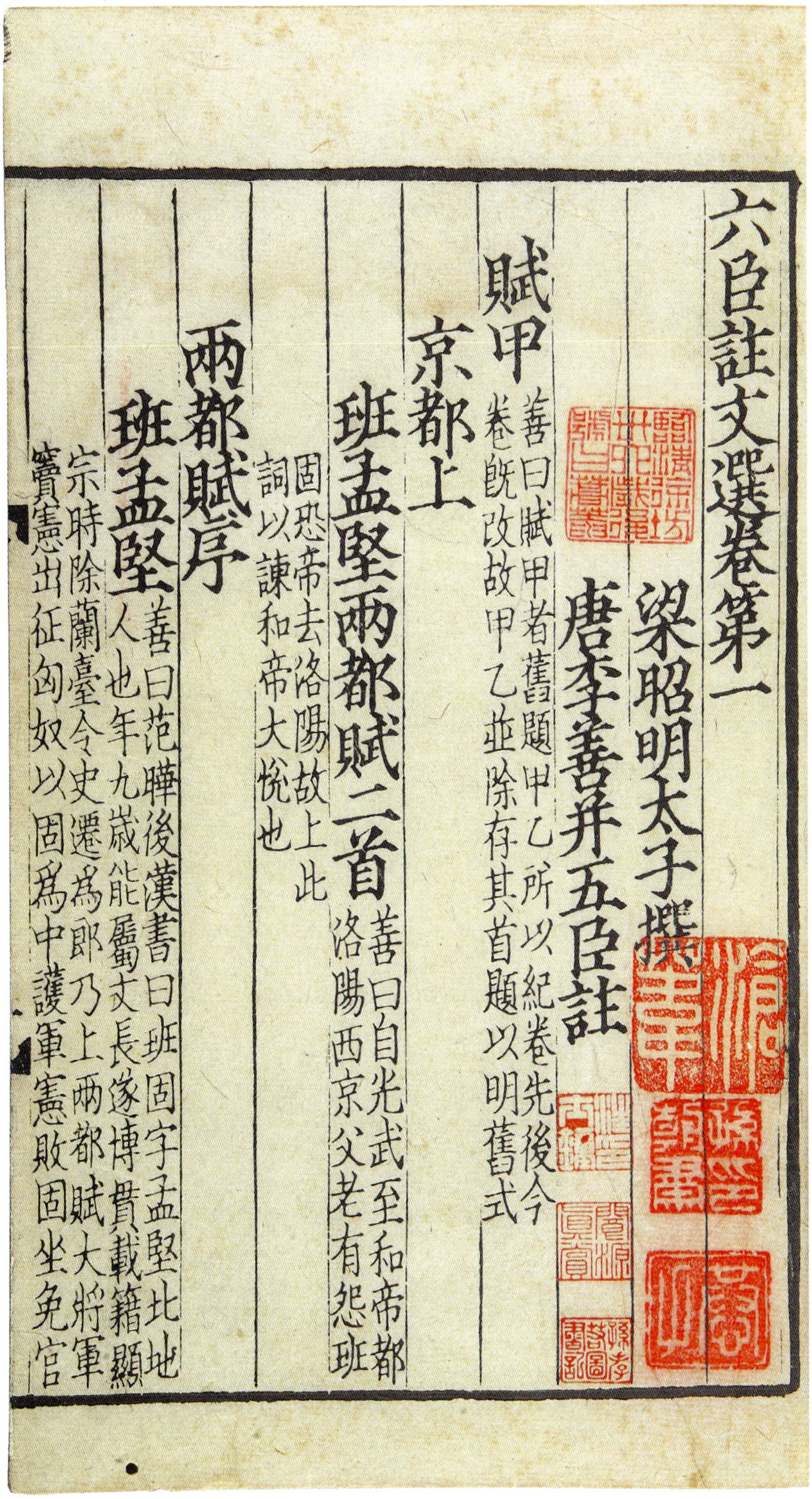
六臣註文選卷第一
梁昭明太子撰
唐李善并五臣註
賦甲 善曰賦甲者舊題甲乙所以紀卷先後今卷既改故甲乙並除存其首題以明舊式
京都上
班孟堅兩都賦二首 善曰自光武至和帝都洛陽西京父老有怨班固恐帝去洛陽故上此詞以諫和帝大悅也
兩都賦序
班孟堅 善曰范曄後漢書曰班固字孟堅北地人也年九歲能屬文長遂博貫載籍顯宗時除蘭臺令史遷爲郎乃上兩都賦大將軍竇憲出征匈奴以固爲中護軍憲敗固坐免官

**六臣注文選六十卷**　（梁）蕭統輯　（唐）李善 呂延濟 劉良 張銑 呂向 李周翰注　宋刻本

紙如玉版，墨光如漆，初印精善。迭經明陳淳、孫朝肅、孫孝若，清季振宜、汪士鐘及民國徐坊、傅增湘收藏，流傳有緒。

國家圖書館　名録07230

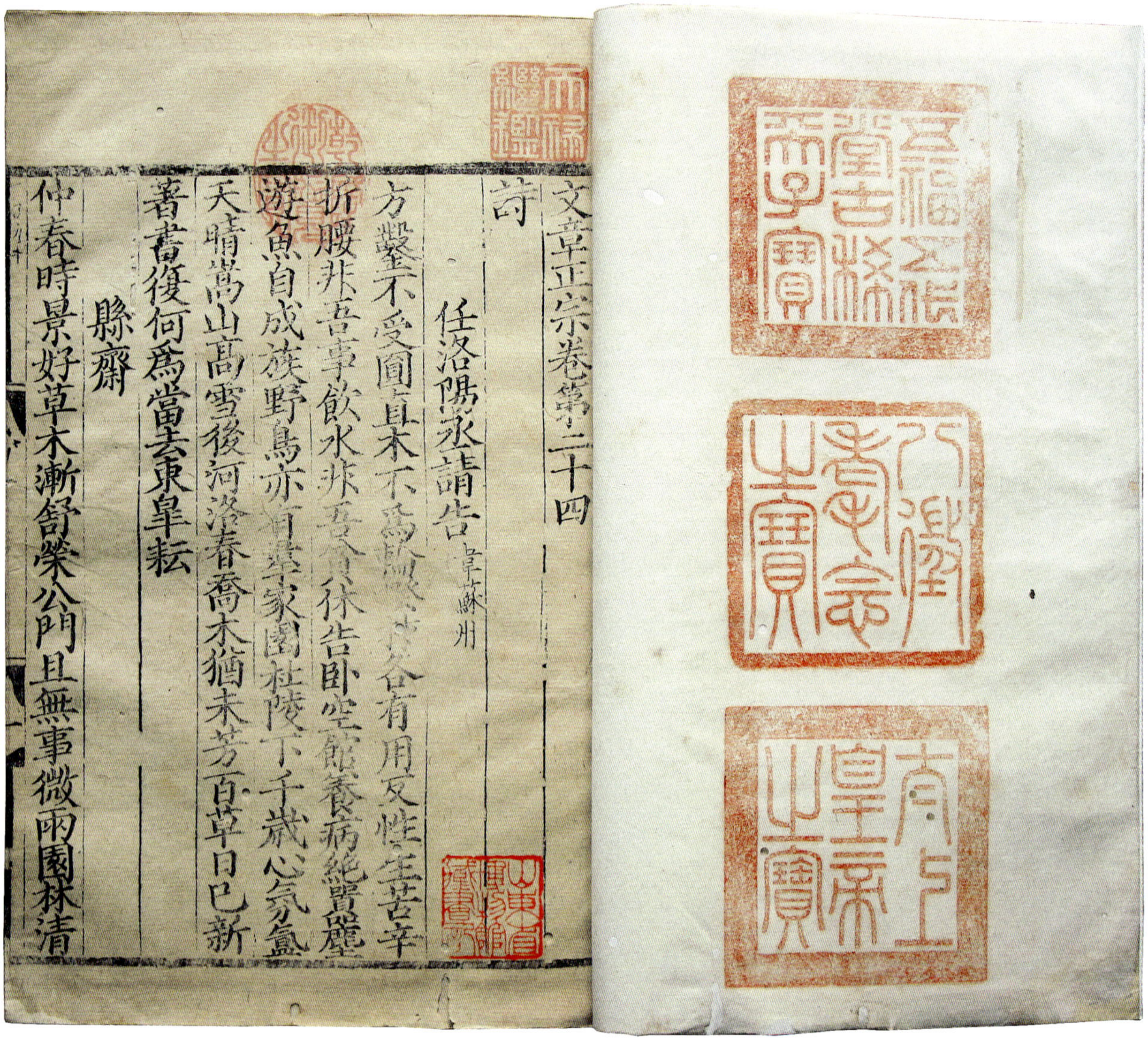

**文章正宗二十四卷**　（宋）真德秀輯　元至正元年（1341）高仲文刻明修本　存二十二卷

此書分《辭命》、《議論》、《叙事》、《詩賦》四目，去取甚嚴。寬行大字，刀法整肅，刻手印工皆精好。清初季振宜舊藏，後歸清宮天祿琳琅。

山東省博物館　名錄07234

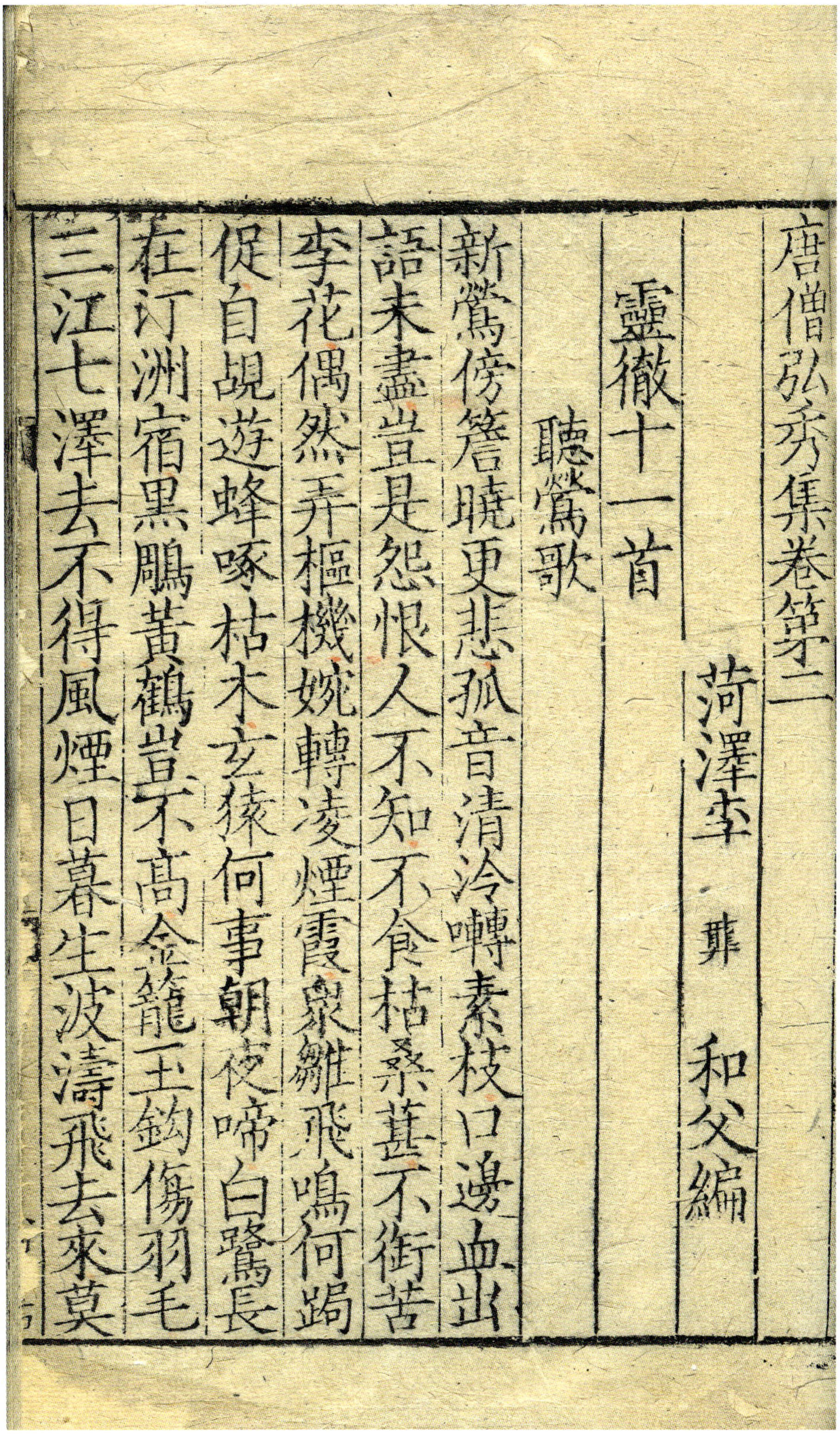
唐僧弘秀集卷第二

菏澤李　龏　和父編

靈徹十一首

聽鶯歌

新鶯傍簷曉更悲孤音清泠囀素枝口邊血出語未盡豈是怨恨人不知不食枯桑葚不銜苦李花偶然弄樞機婉轉凌煙霞泉雛飛鳴何跼促自覘遊蜂啄枯木玄猿何事朝夜啼白鷺長在汀洲宿黑鵰黄鶴豈不高金籠玉鈎傷羽毛三江七澤去不得風煙日暮生波濤飛去來莫

**唐僧弘秀集十卷**　（宋）李龏輯　宋刻本　黄丕烈 袁克文 李盛鐸 傅增湘跋

存八卷

此書選輯唐代皎然等詩僧52人500首詩。宋本傳世稀少，舊藏清陶正祥五柳居，後贈與黄丕烈，迭經汪士鐘、李盛鐸收藏，流傳有緒。

北京大學圖書館　名録07236

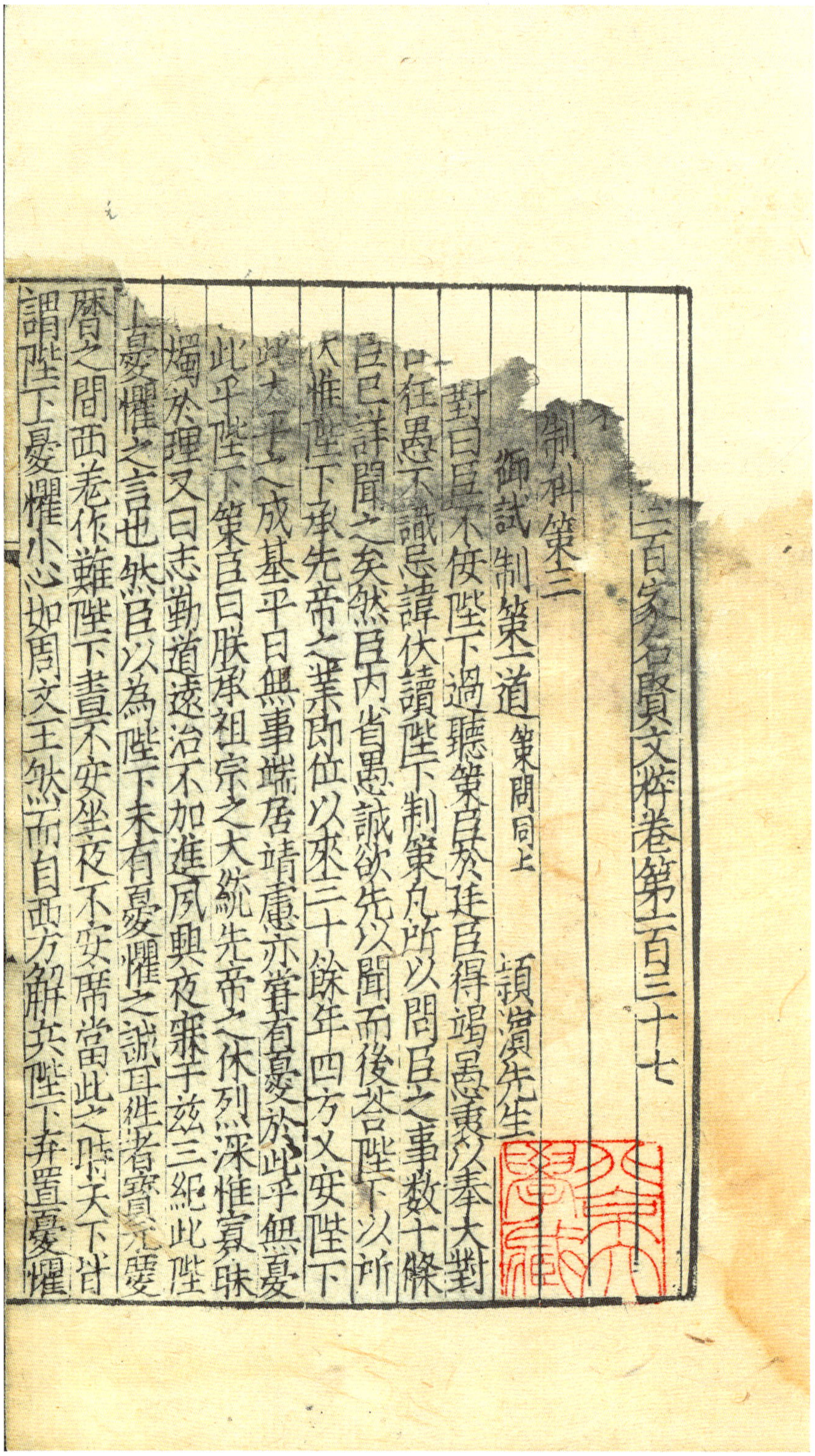
二百家名賢文粹卷第一百三十七

制科策三

御試制策一道　策問同上　　頴濵先生

對曰臣不佞陛下過聽策臣於廷臣得竭愚衷以奉大對臣狂愚不識忌諱伏讀陛下制策凡所以問臣之事數十條臣已詳聞之矣然臣内省愚誠欲先以聞而後荅陛下以所伏惟陛下承先帝之業即位以來三十餘年四方又安陛下此太平之成基平日無事端居靖處亦嘗有憂於此乎無憂此乎陛下策臣曰朕承祖宗之大統先帝之休烈深惟寡昧燭於理又曰志勤道遠治不加進夙興夜寐于兹三紀此陛上憂懼之言也然臣以為陛下未有憂懼之誠耳徃者寶元慶曆之間西羌作難陛下晝不安坐夜不安席當此之時天下皆謂陛下憂懼小心如周文王然而自西方解兵陛下弃置憂懼

**新刊國朝二百家名賢文粹三百卷**　宋慶元三年（1197）書隱齋刻本

存六卷

宋蜀刻小字本，後代未見翻刻。書隱齋乃眉山書坊主人齋名，刻工王朝是南宋中期眉山地區雕版名匠。舊藏元代高郵甓社書院。

北京大學圖書館　名録07237

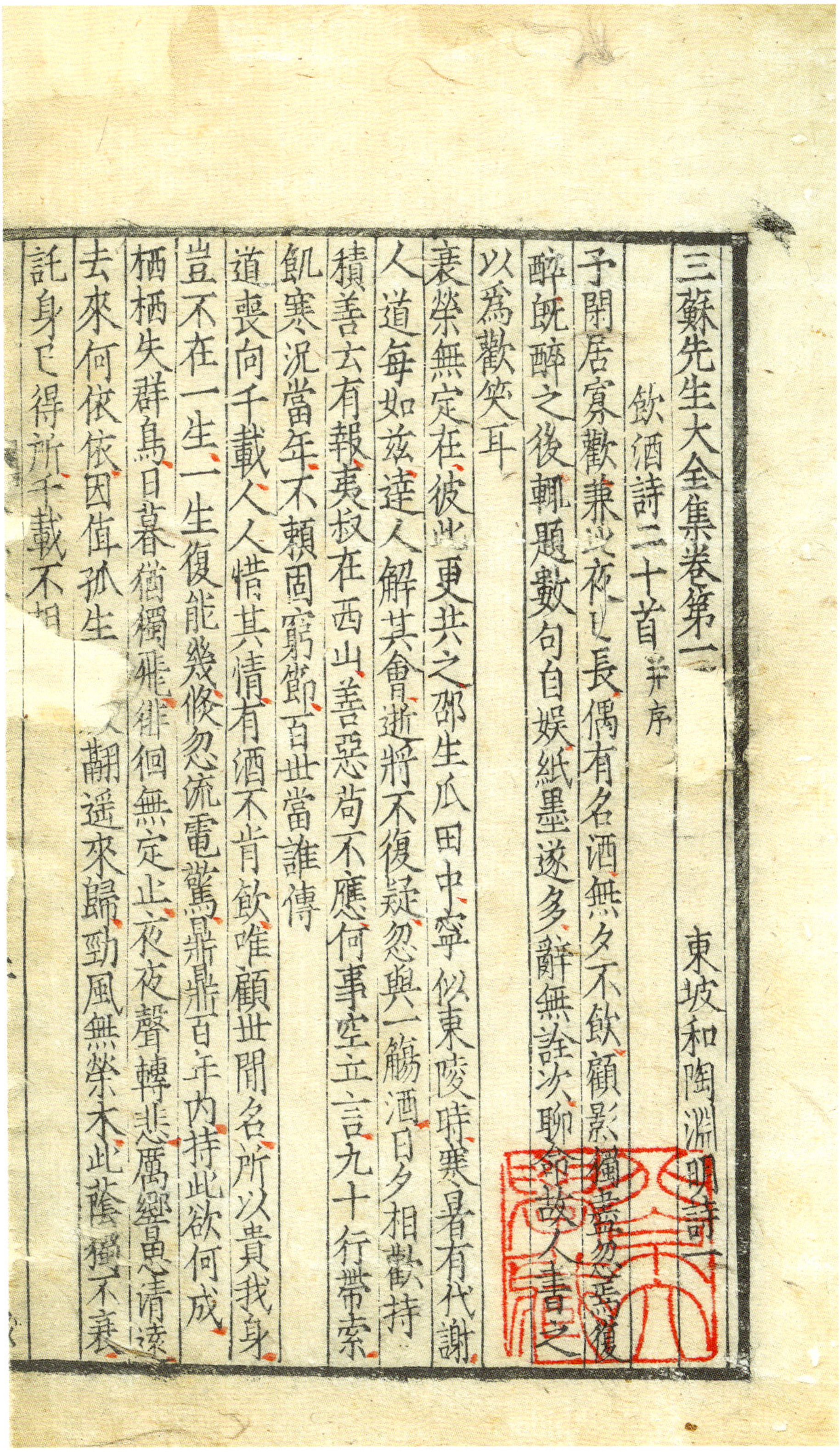


**三蘇先生大全集□□□卷**　（宋）蘇洵　蘇軾　蘇轍撰　宋刻本　存四卷

宋眉山刻密行小字本，字體瘦勁秀麗，堪稱宋刻上品。

北京大學圖書館　名錄07243

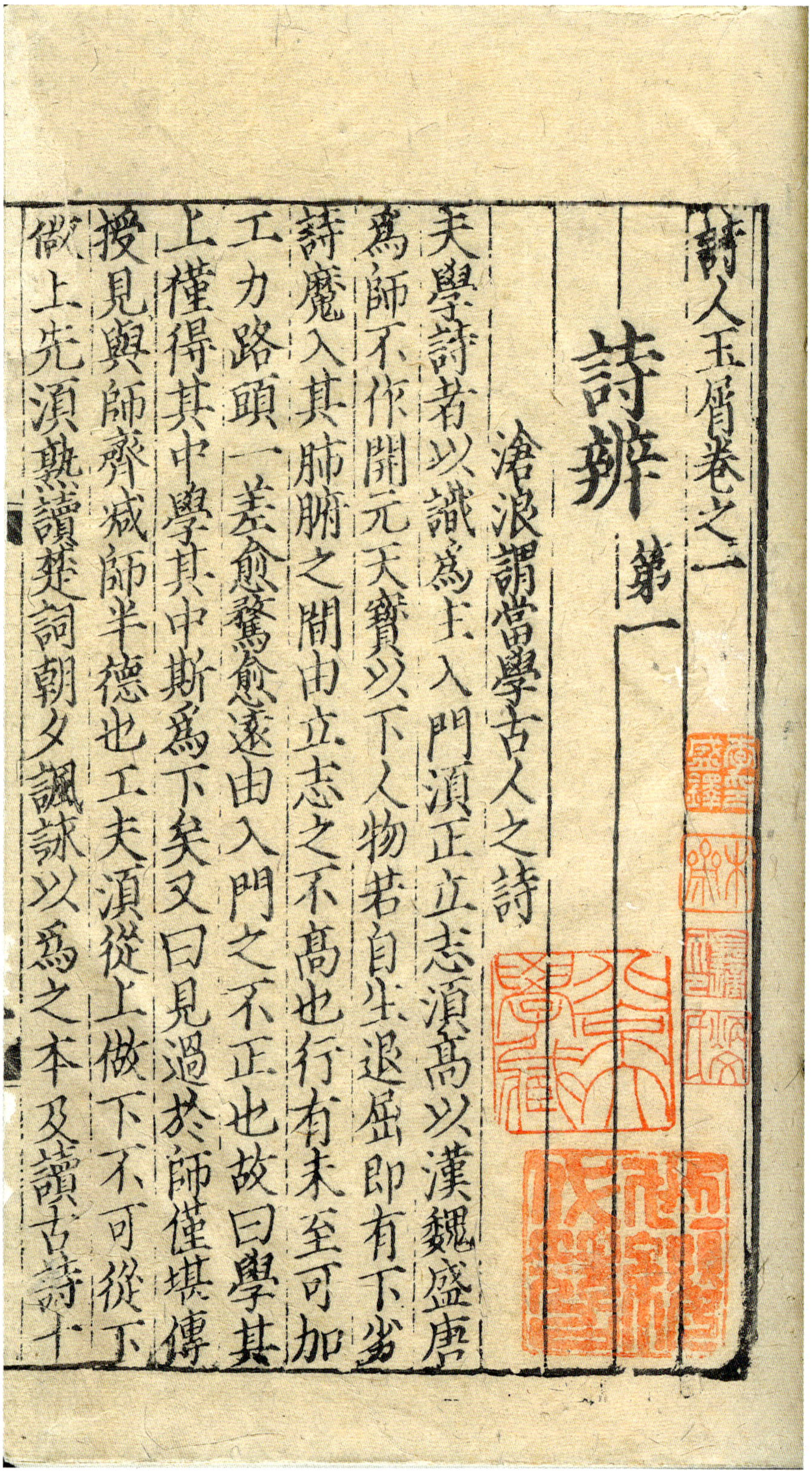

詩人玉屑卷之一

詩辨第一

滄浪謂當學古人之詩

夫學詩者以識爲主入門須正立志須高以漢魏盛唐爲師不作開元天寶以下人物若自生退屈即有下劣詩魔入其肺腑之間由立志之不高也行有未至可加工力路頭一差愈騖愈遠由入門之不正也故曰學其上僅得其中學其中斯爲下矣又曰見過於師僅堪傳授見與師齊減師半德也工夫須從上做下不可從下做上先須熟讀楚詞朝夕諷詠以爲之本及讀古詩十

**詩人玉屑二十卷**　（宋）魏慶之輯　元刻本　存十七卷

著名詩歌評論集，成書於宋淳祐年間（1241–1252）。此爲傳世最早版本，海內孤帙。

北京大學圖書館　名錄07244

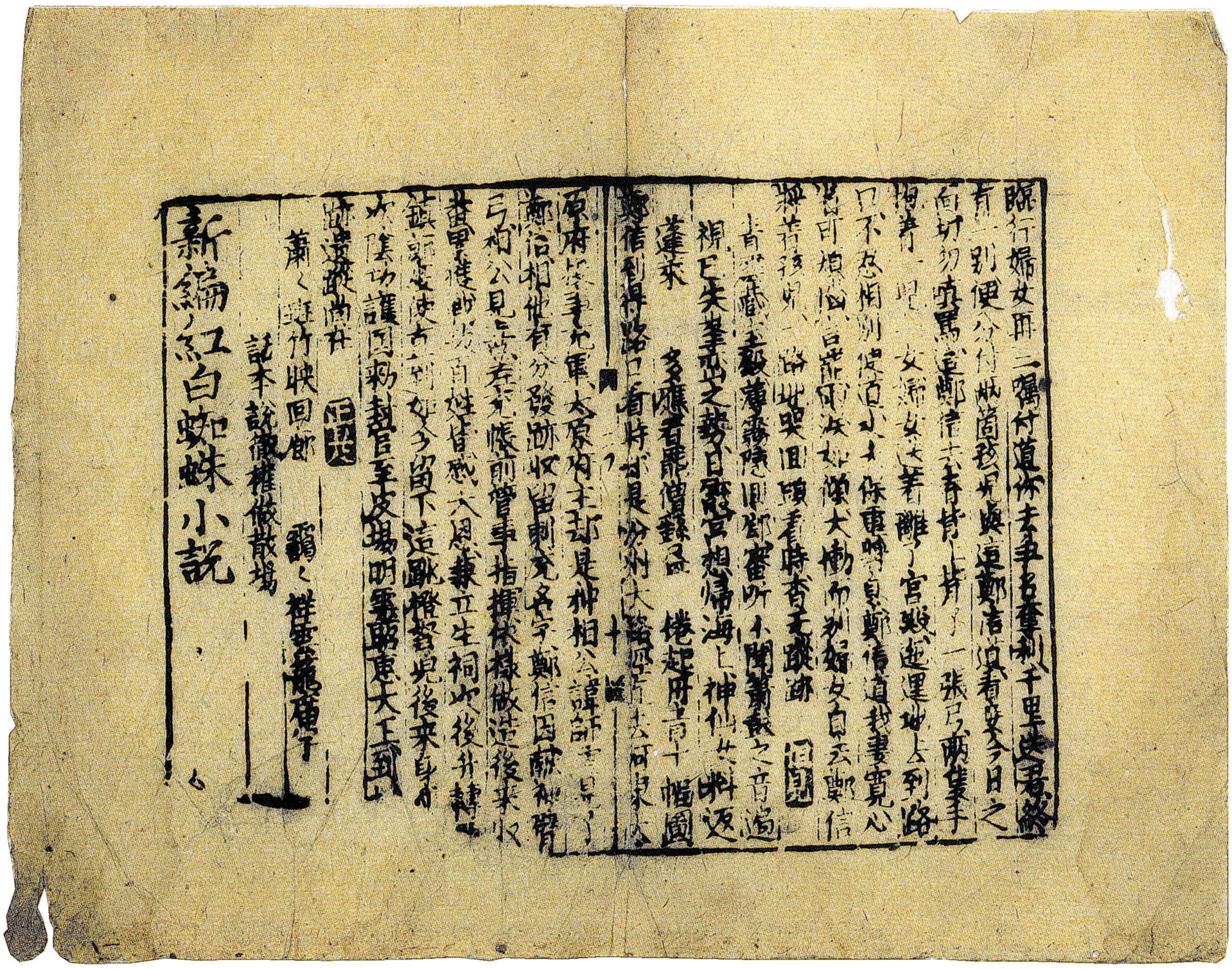

新編紅白蜘蛛小說

**新編紅白蜘蛛小說□卷**　元刻本　存一葉

元代建陽坊刻。雖殘存一葉，然爲元代小說話本之罕見者，藉此可窺元刻小說話本之一斑，是小說資料的一大發現。

西安博物院　名錄07245

# 明清善本

明初刻書風格承元之餘緒，黑口趙字；中期復古盛行，多翻宋本，白口方字仿宋；後期白口長字有諱。內府、藩府爲明官刻之翹楚，刊印俱精，家刻、坊刻中亦不乏善本佳槧。活字印刷成就斐然，會通館、蘭雪堂、金蘭館等銅活字本存世較少。套版技術得到發展，烏程閔、凌二氏所刊套印本最爲著名。

清代內府刻書以武英殿爲主，多軟體寫刻，清秀俊雅；銅版印本世不多見，十分難得。乾隆年間開館編纂《四庫全書》，與此相關的四庫進呈本、底本等，歷經兵燹，留存無幾，洵可寶貴。

明山
瀑布
雪竇奇勝甲東南山
爲古德成道之地
祖傳不立文字以見
道豈藉筆墨以盡山
蓋欲因圖以見山因
山以參道勿作名山
之夢矜來高士之遊
云爾
弘光乙酉春日陸介
祉寫并識

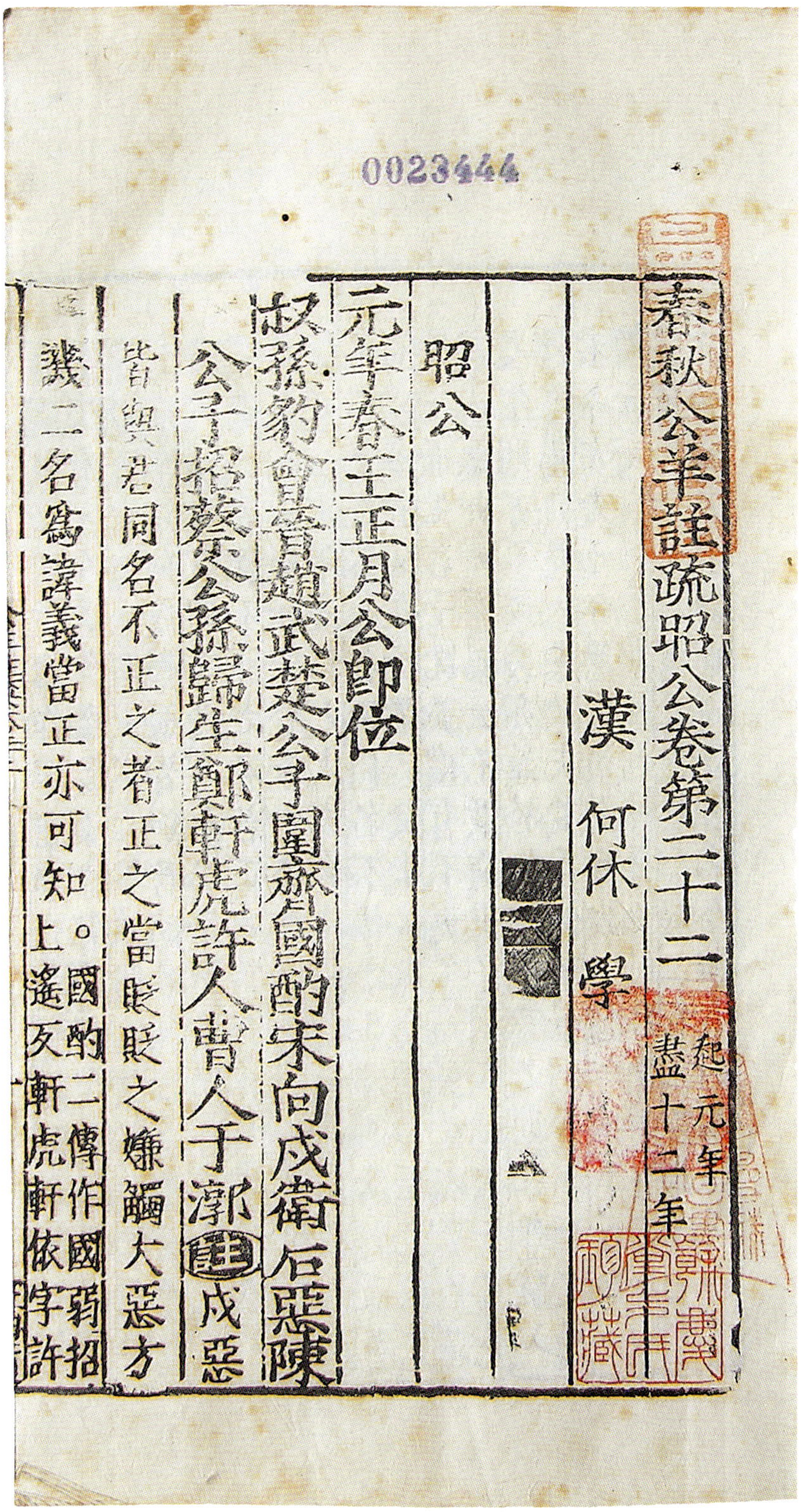

0023444

春秋公羊註疏昭公卷第二十二 起元年盡十二年

漢 何休 學

昭公

元年春王正月公即位

叔孫豹會晉趙武楚公子圍齊國酌宋向戌衛石惡陳公子招蔡公孫歸生鄭軒虎許人曹人于漷（注）戌惡皆與君同名不正之者正之當貶貶之嫌觸大惡方譏二名爲諱義當正亦可知。國酌二傳作國弱招上遙反軒虎軒依字許

**十三經注疏三百三十五卷**　明嘉靖（1522–1566）李元陽刻南明隆武二年（1646）重修本

明嘉靖間，李元陽依宋本於閩中首次匯刻《十三經注疏》。其版後歸南京國子監，謂之南監本，後輾轉傳雕，錯訛甚多。

西北大學圖書館　名錄07256

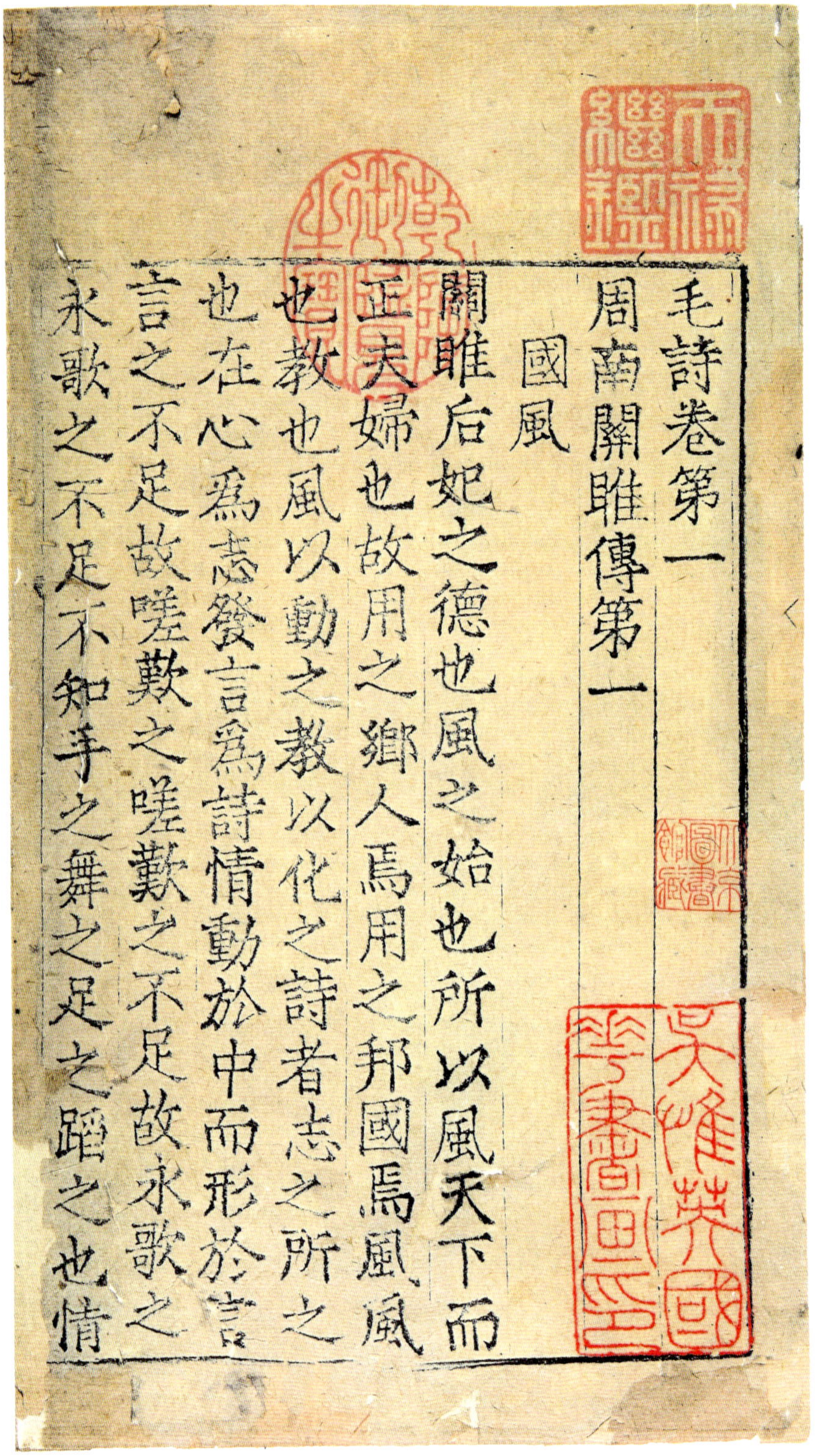
毛詩卷第一
周南關雎傳第一
國風
關雎后妃之德也風之始也所以風天下而
正夫婦也故用之鄉人焉用之邦國焉風風
也教也風以動之教以化之詩者志之所之
也在心爲志發言爲詩情動於中而形於言
言之不足故嗟歎之嗟歎之不足故永歌之
永歌之不足不知手之舞之足之蹈之也情

**毛詩四卷**　明銅活字藍印本　存二卷

雖爲殘本，傳世孤罕。

國家圖書館　名錄07289

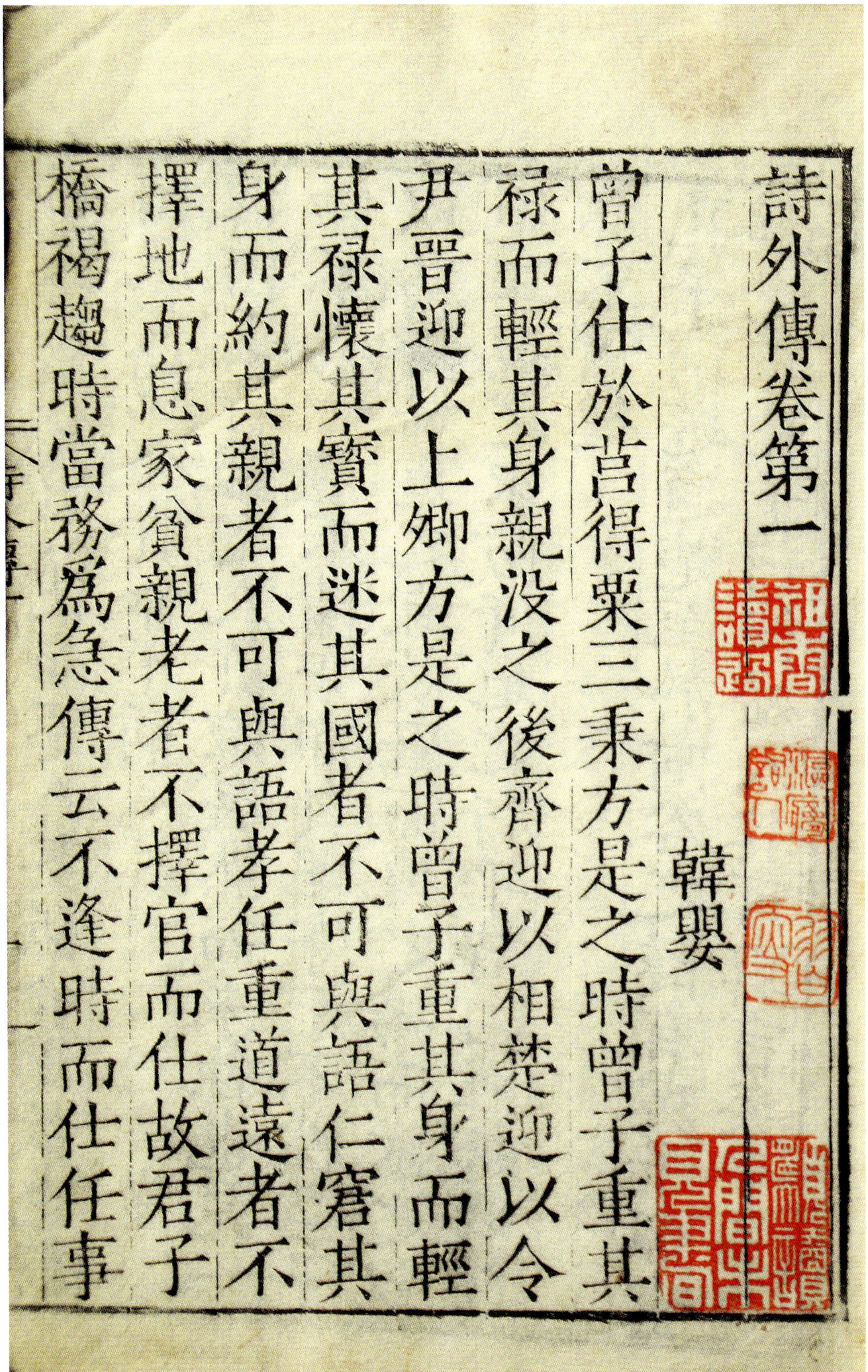
詩外傳卷第一

韓嬰

曾子仕於莒得粟三秉方是之時曾子重其祿而輕其身親沒之後齊迎以相楚迎以令尹晉迎以上卿方是之時曾子重其身而輕其祿懷其寶而迷其國者不可與語仁窘其身而約其親者不可與語孝任重道遠者不擇地而息家貧親老者不擇官而仕故君子橋褐趨時當務爲急傳云不逢時而仕任事

**詩外傳十卷**　（漢）韓嬰撰　明嘉靖（1522–1566）吳郡沈辨之野竹齋刻本

明中期刻書精品，校勘精審，迭經顧祖禹、鄧邦述等名家收藏。

元雨軒　名錄07305

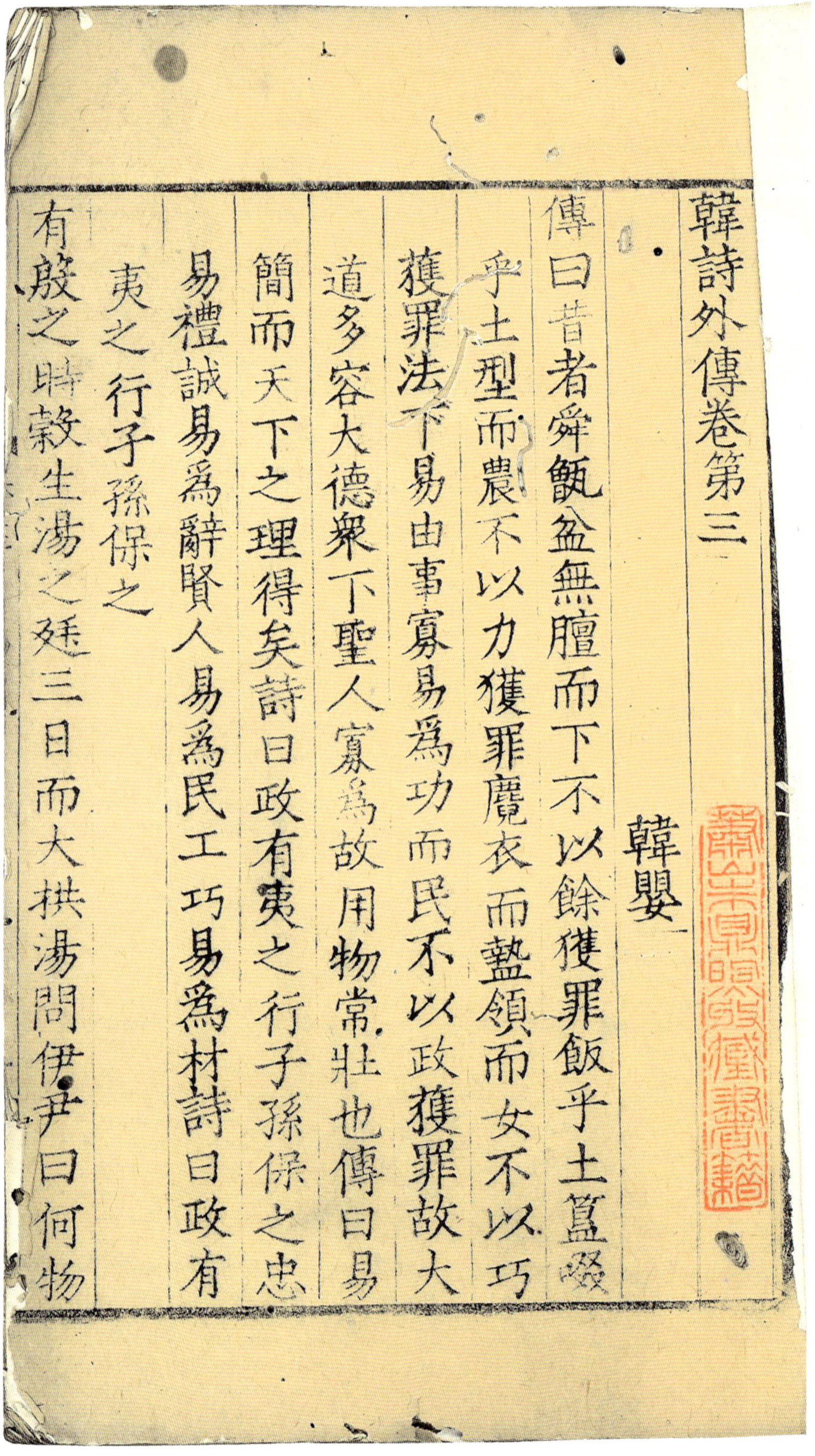
韓詩外傳卷第三

韓嬰

傳曰昔者舜甑盆無膻而下不以餘獲罪飯乎土簋啜乎土型而農不以力獲罪麑衣而盬領而女不以巧獲罪法下易由事寡易爲功而民不以政獲罪故大道多容大德衆下聖人寡爲故用物常壯也傳曰易簡而天下之理得矣詩曰政有夷之行子孫保之忠易禮誠易爲辭賢人易爲民工巧易爲材詩曰政有夷之行子孫保之

有殷之時穀生湯之廷三日而大拱湯問伊尹曰何物

**韓詩外傳十卷** （漢）韓嬰撰　明銅活字印本　存二卷

海內孤本，印刷精美。雖爲殘帙，彌足珍貴。

天一閣博物館　名録07309

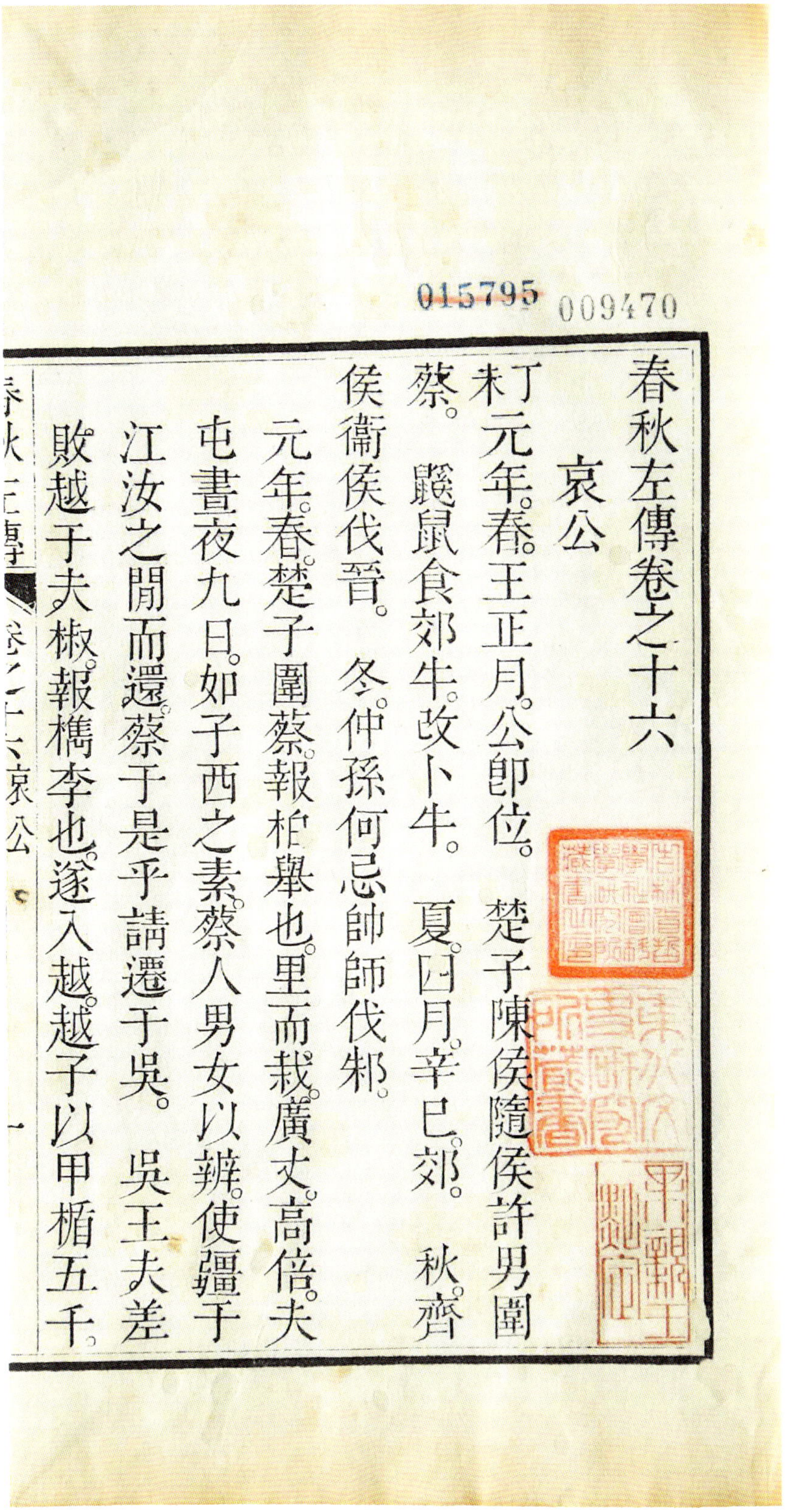


春秋左傳卷之十六

哀公

丁未元年。春。王正月。公卽位。 楚子陳侯隨侯許男圍蔡。 鼷鼠食郊牛。改卜牛。 夏四月。辛巳。郊。 秋。齊侯衛侯伐晉。 冬。仲孫何忌帥師伐邾。

元年。春。楚子圍蔡。報柏舉也。里而栽。廣丈。高倍。夫屯晝夜九日。如子西之素。蔡人男女以辨。使疆于江汝之閒而還。蔡于是乎請遷于吳。 吳王夫差敗越于夫椒。報檇李也。遂入越。越子以甲楯五千。



**春秋左傳十七卷** 清雍正十三年（1735）果親王府刻四色套印本

刻印精美，傳本稀少。紙白如玉，墨黑似漆，洵爲清代套印本之上駟。

吉林省社會科學院圖書館 名錄07369

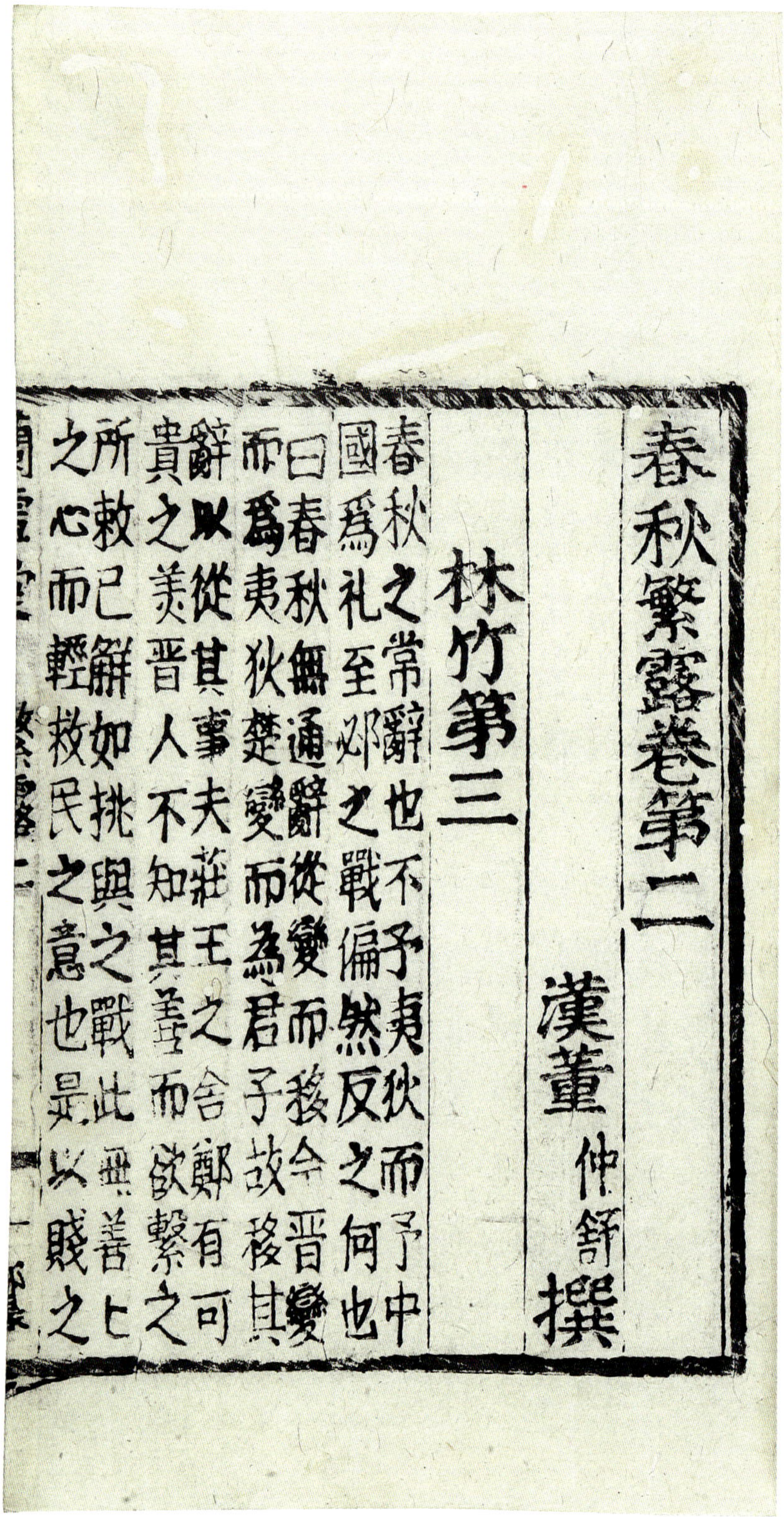
春秋繁露卷第二
漢董仲舒撰
林竹第三
春秋之常辭也不予夷狄而予中國爲礼至邲之戰偏然反之何也曰春秋無通辭從變而移今晉變而爲夷狄楚變而爲君子故移其辭以從其事夫莊王之舍鄭有可貴之美晉人不知其善而欲擊之所救已解如挑與之戰此無善善之心而輕救民之意也是以賤之

**春秋繁露十七卷**　（漢）董仲舒撰　明正德十一年（1516）錫山華堅蘭雪堂銅活字印本

此爲現存較早的銅活字印本。

國家圖書館　名錄07387

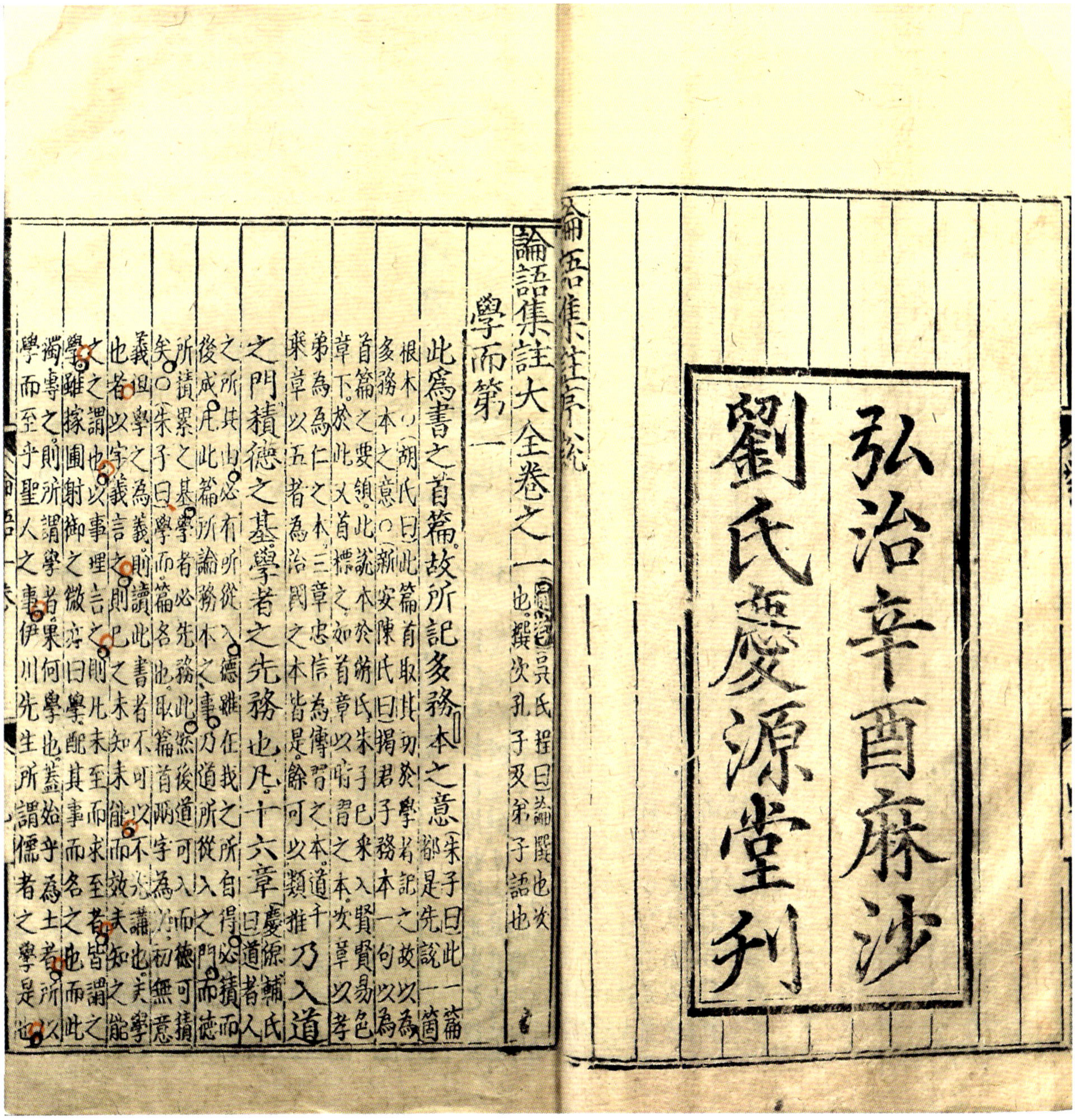

弘治辛酉麻沙
劉氏慶源堂刊

論語集註大全卷之一 吳氏程曰論語也次 也撰次孔子及弟子語也

學而第一

此爲書之首篇。故所記多務本之意 朱子曰此一篇 都是先說一箇
根本○胡氏曰此篇首取其切於學者記之故以爲
多務本之意○新安陳氏曰揭君子務本一句以爲
首篇之要領此說本於游氏朱子已來入賢賢易色
章下於此又首標之如首章以學習之本次章以孝
弟爲爲仁之本三章忠信爲傳習之本道千
乘章以五者爲治國之本皆是餘可以類推 乃入道
之門積德之基學者之先務也凡十六章 慶源輔氏 曰道者人
之所共由必有所從入德雖在我之所自得必積而
後成凡此篇所論務本之事乃道所從入之門而德
所積累之基學者必先務此然後道可入而德可積
矣○朱子曰學而篇名也取篇首兩字爲篇初無意
義但學之爲義則讀此書者不可以不講也夫學
也者以字義言之則已之未知未能而效夫知之能
之謂也以事理言之則凡未至而求至者皆謂之
學雖稼圃射御之微亦曰學配其事而名之也而此
獨專之則所謂學者果何學也蓋始乎爲士者所以
學而至乎聖人之事伊川先生所謂儒者之學是也

**四書集注大全四十三卷** （明）胡廣等輯　明弘治十四年（1501）劉氏慶源書堂刻本

坊刻本，爲“四書學”集大成之作。

南京圖書館　名錄07408

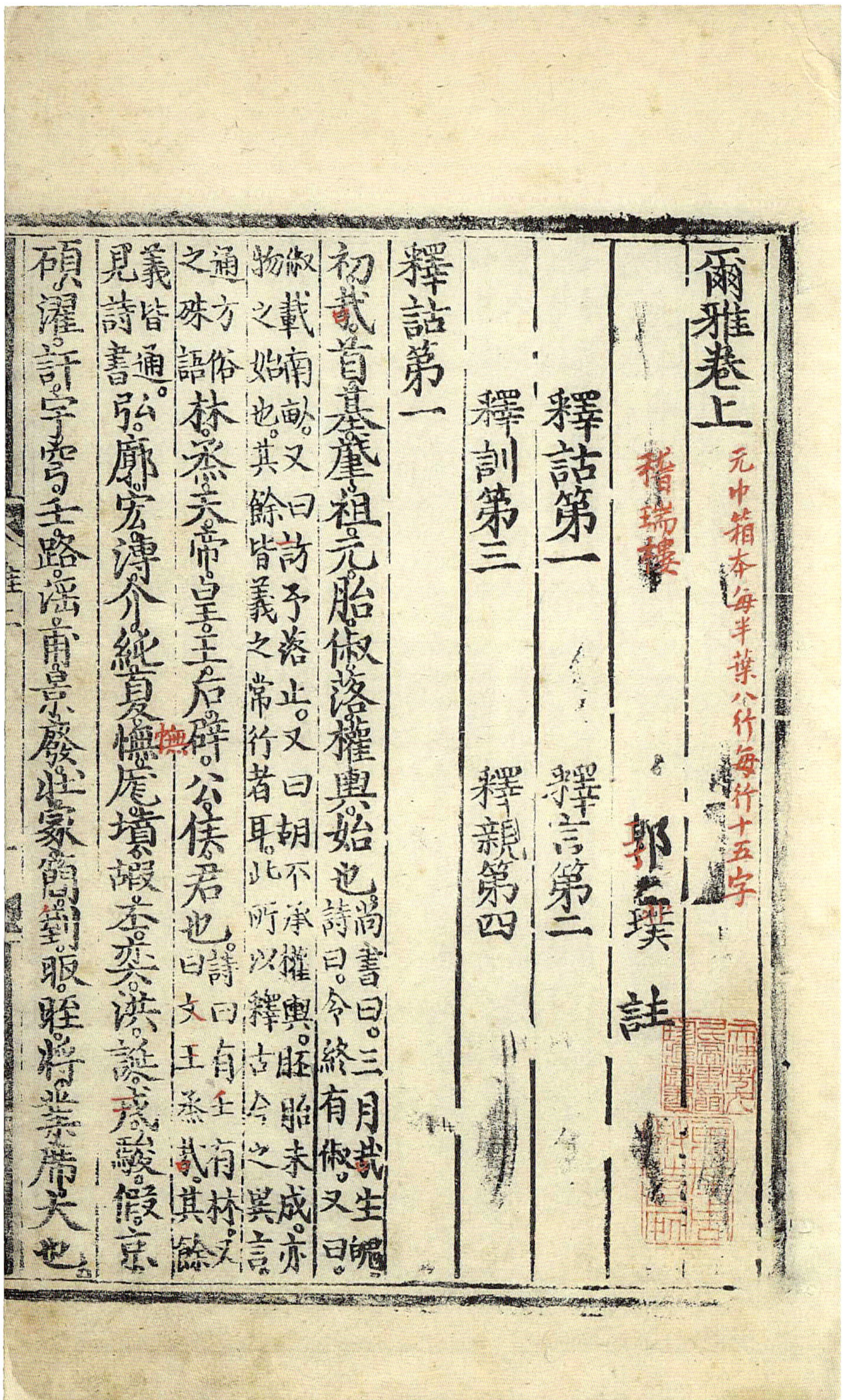

**爾雅三卷音釋三卷**　（晉）郭璞注　明景泰七年（1456）馬諒刻本

周叔弢校並跋

我國最早的一部辭典和訓詁學專著。明早期版本，傳世較少。

天津圖書館　名錄07424

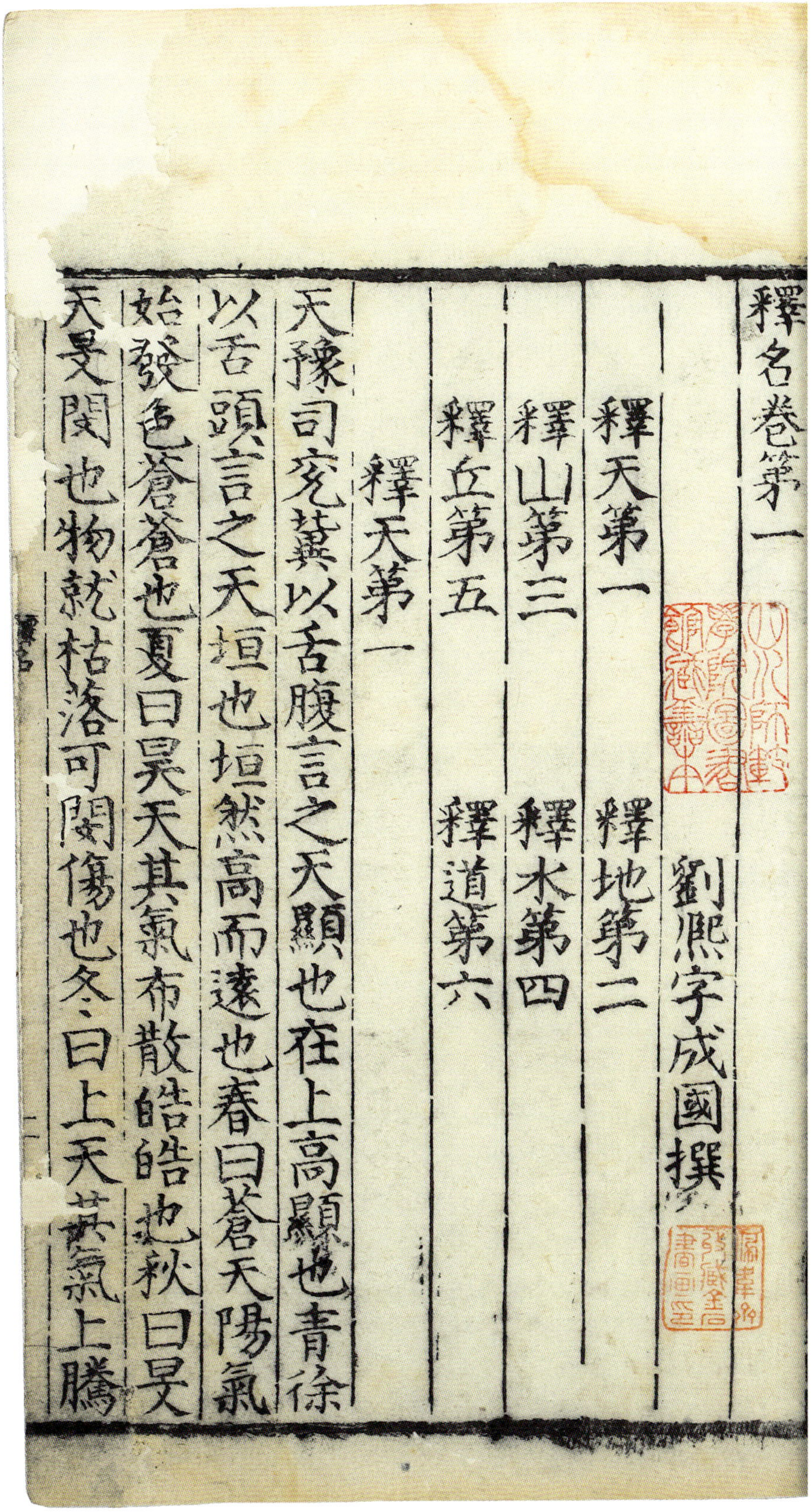

釋名卷第一

劉熙字成國撰

釋天第一　釋地第二

釋山第三　釋水第四

釋丘第五　釋道第六

釋天第一

天豫司兖冀以舌腹言之天顯也在上高顯也青徐以舌頭言之天坦也坦然高而遠也春曰蒼天陽氣始發色蒼蒼也夏曰昊天其氣布散皓皓也秋曰旻天旻閔也物就枯落可閔傷也冬曰上天其氣上騰

**釋名八卷**　（漢）劉熙撰　明刻本　王韜跋

專門探求事物名源的訓詁著作，對研究中國文化史有一定價值。

四川師範大學圖書館　名録07428

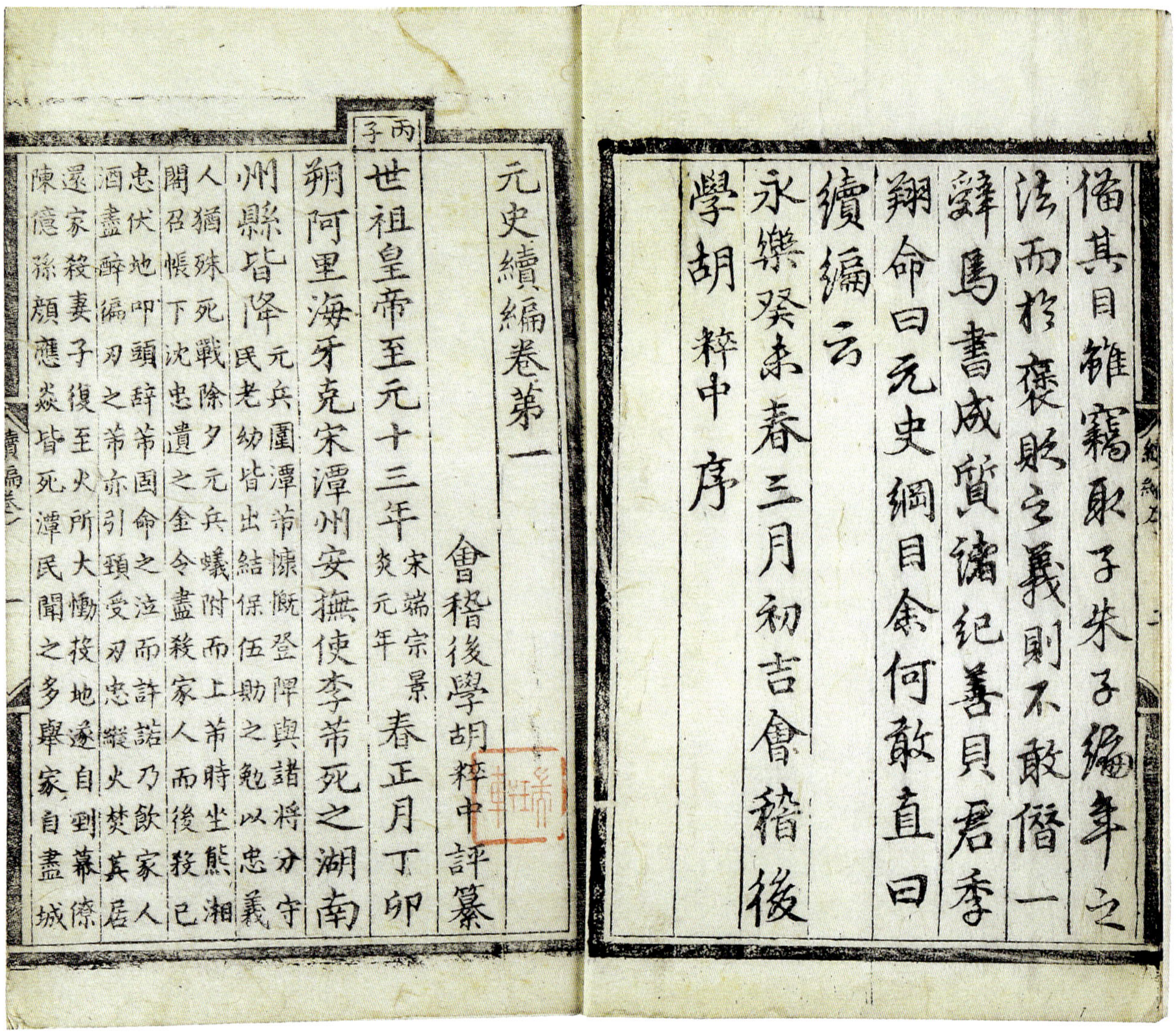

**元史續編十六卷**　（明）胡粹中撰　明永樂（1403–1424）刻本　鄧邦述跋

明早期刻本，版面匀整，墨色濃鬱，紙張瑩潔，有名家題跋。

國家圖書館　名錄07708

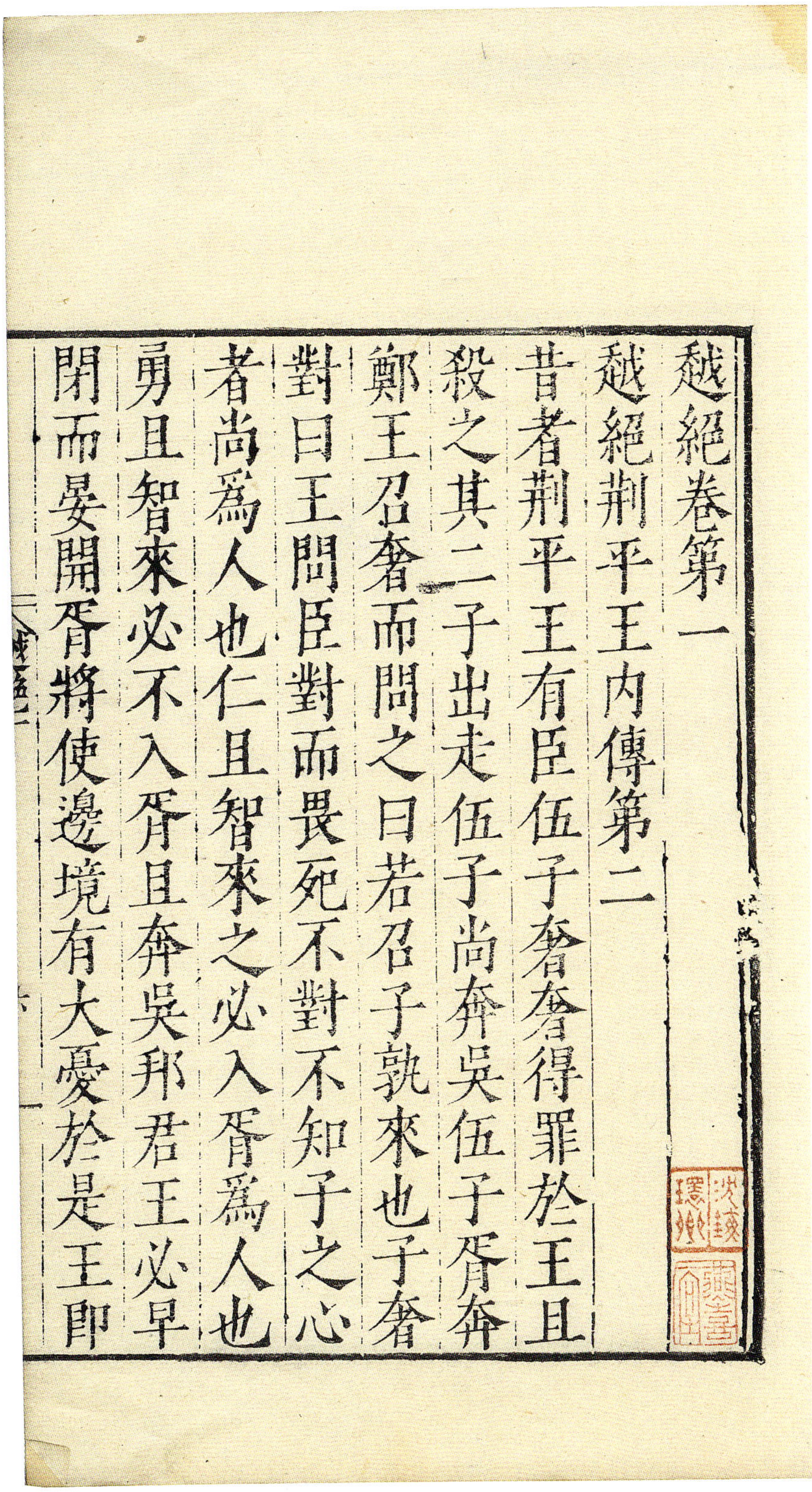

越絶卷第一

越絶荆平王内傳第二

昔者荆平王有臣伍子奢奢得罪於王且殺之其二子出走伍子尚奔吴伍子胥奔鄭王召奢而問之曰若召子孰來也子奢對曰王問臣對而畏死不對不知子之心者尚爲人也仁且智來之必入胥爲人也勇且智來必不入胥且奔吴邦君王必早閉而晏開胥將使邊境有大憂於是王即

**越絶書十五卷**　（漢）袁康撰　明嘉靖三十三年（1554）張佳胤雙柏堂刻本　龔自珍跋

此本校勘精審，今通行本即據此本點校。

國家圖書館　名録07752

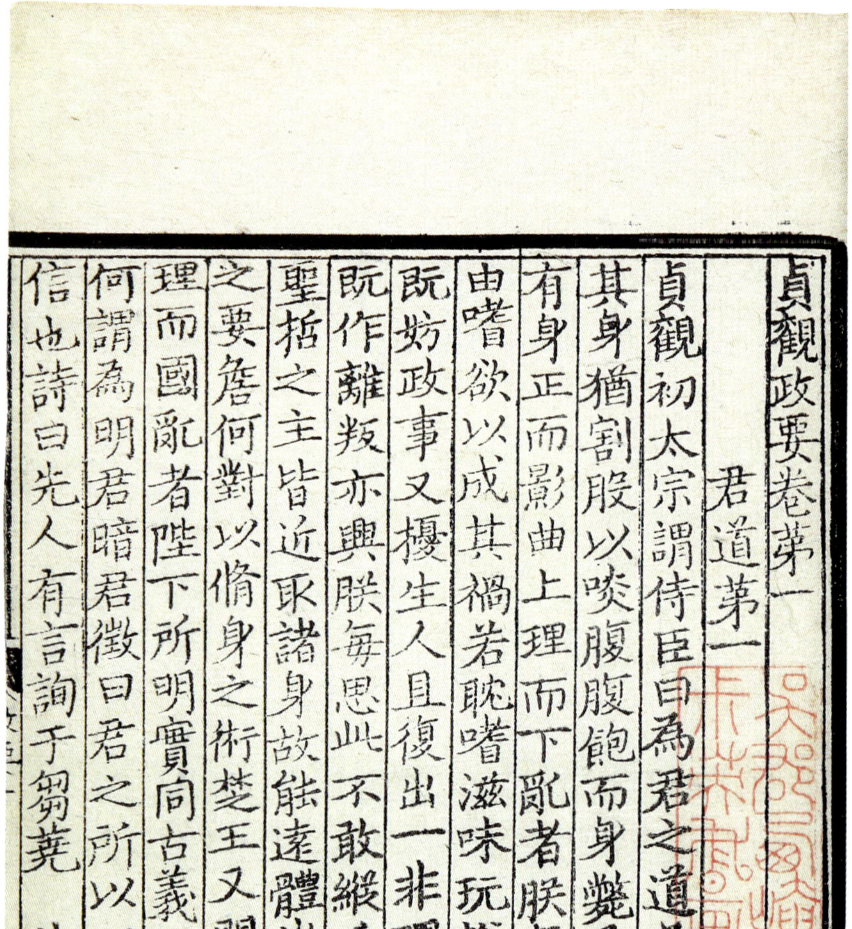
貞觀政要卷第一
君道第一　　史臣吳兢撰
貞觀初太宗謂侍臣曰為君之道必須先存百姓若損百姓奉其身猶割股以啖腹腹飽而身斃若安天下必須先正其身未有身正而影曲上理而下亂者朕每思傷其身者不在外物皆由嗜欲以成其禍若耽嗜滋味玩悅聲色所欲既多所損亦大既妨政事又擾生人且復出一非理之言萬姓為之解體怨讟既作離叛亦興朕每思此不敢縱逸諫議大夫魏徵對曰古者聖哲之主皆近取諸身故能遠體諸物昔楚聘詹何問其理國之要詹何對以脩身之術楚王又問理國何如詹何曰未聞身理而國亂者陛下所明實同古義○貞觀二年太宗問魏徵曰何謂為明君暗君徵曰君之所以明者兼聽也其所以暗者偏信也詩曰先人有言詢于芻蕘　昔堯舜之世闢四門明四目

**貞觀政要十卷**　（唐）吳兢撰　明洪武三年（1370）王氏勤有堂刻本

目前所知明坊刻本中最早刊本。存世寥寥，彌足珍貴。

國家圖書館　名錄07753

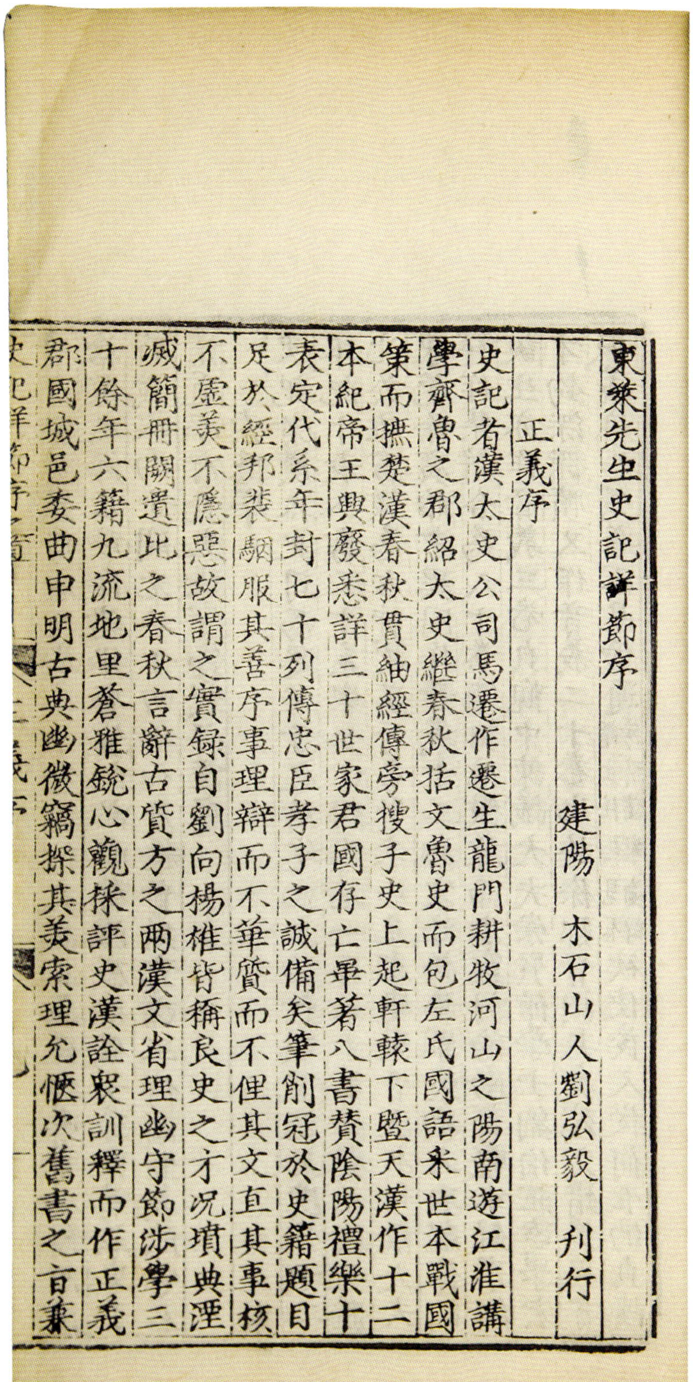

**十七史詳節二百七十四卷**　（宋）呂祖謙輯　明正德十三年（1518）建陽劉弘毅慎獨齋刻本

慎獨齋爲明中葉福建建陽名坊。此本注釋詳盡，刻印較精。

中共中央黨校圖書館　名錄07920

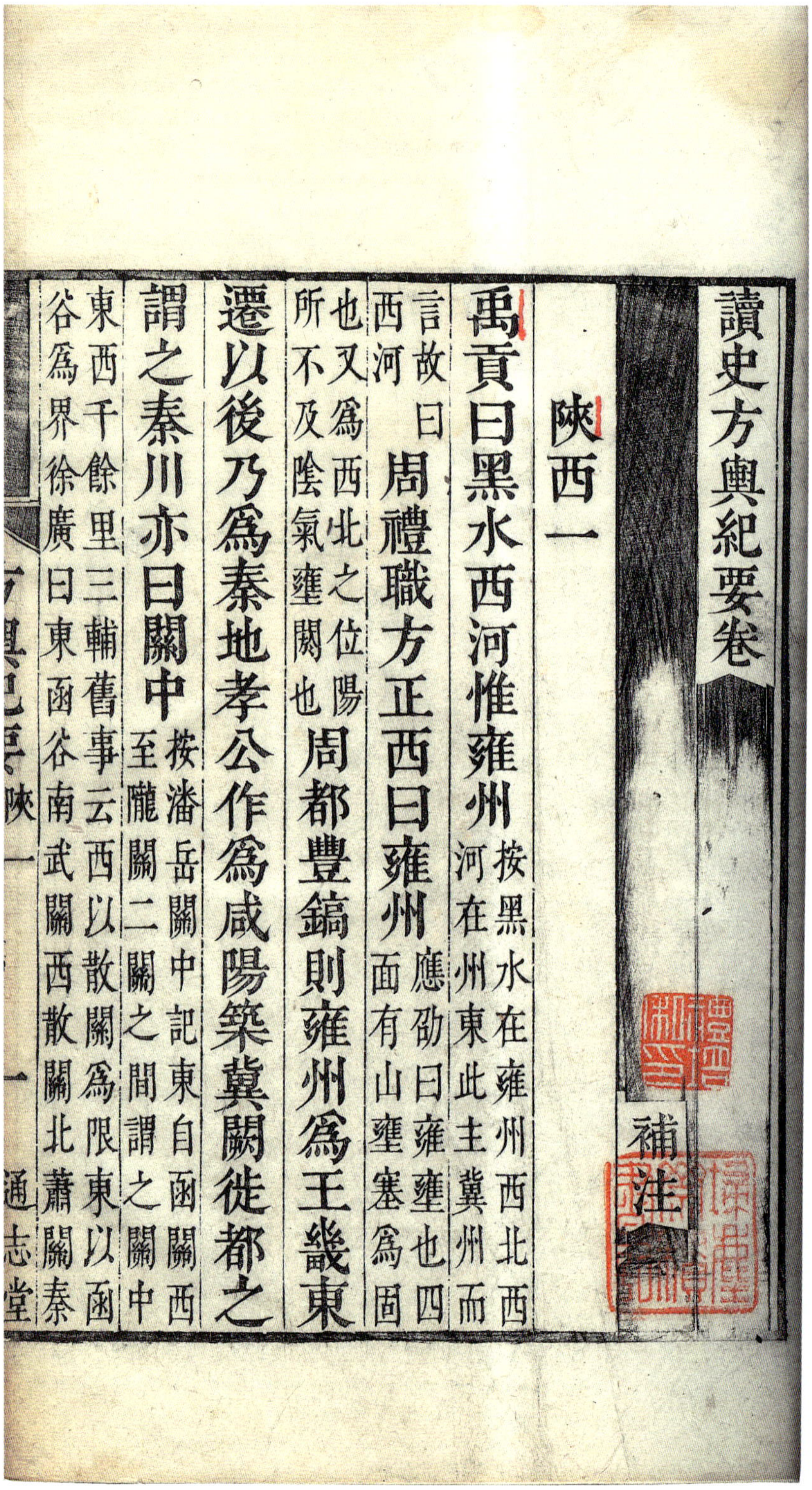

讀史方輿紀要卷　補注

陝西一

禹貢曰黑水西河惟雍州按黑水在雍州西北西河在州東此主冀州而言故曰西河周禮職方正西曰雍州應劭曰雍壅也四面有山壅塞爲固也又爲西北之位陽所不及陰氣壅閼也周都豐鎬則雍州爲王畿東遷以後乃爲秦地孝公作爲咸陽築冀闕徙都之謂之秦川亦曰關中按潘岳關中記東自函關西至隴關二關之間謂之關中東西千餘里三輔舊事云西以散關爲限東以函谷爲界徐廣曰東函谷南武關西散關北蕭關秦

陝一　一　通志堂

**讀史方輿紀要一百三十卷**　（清）顧祖禹撰　清康熙（1662–1722）通志堂刻本

通志堂試印樣本，《增訂四庫簡明目錄標注》著錄"有通志堂本，似未完而刻甚精，僅見陝西一省"。海內孤本。

武漢大學圖書館　名錄07954

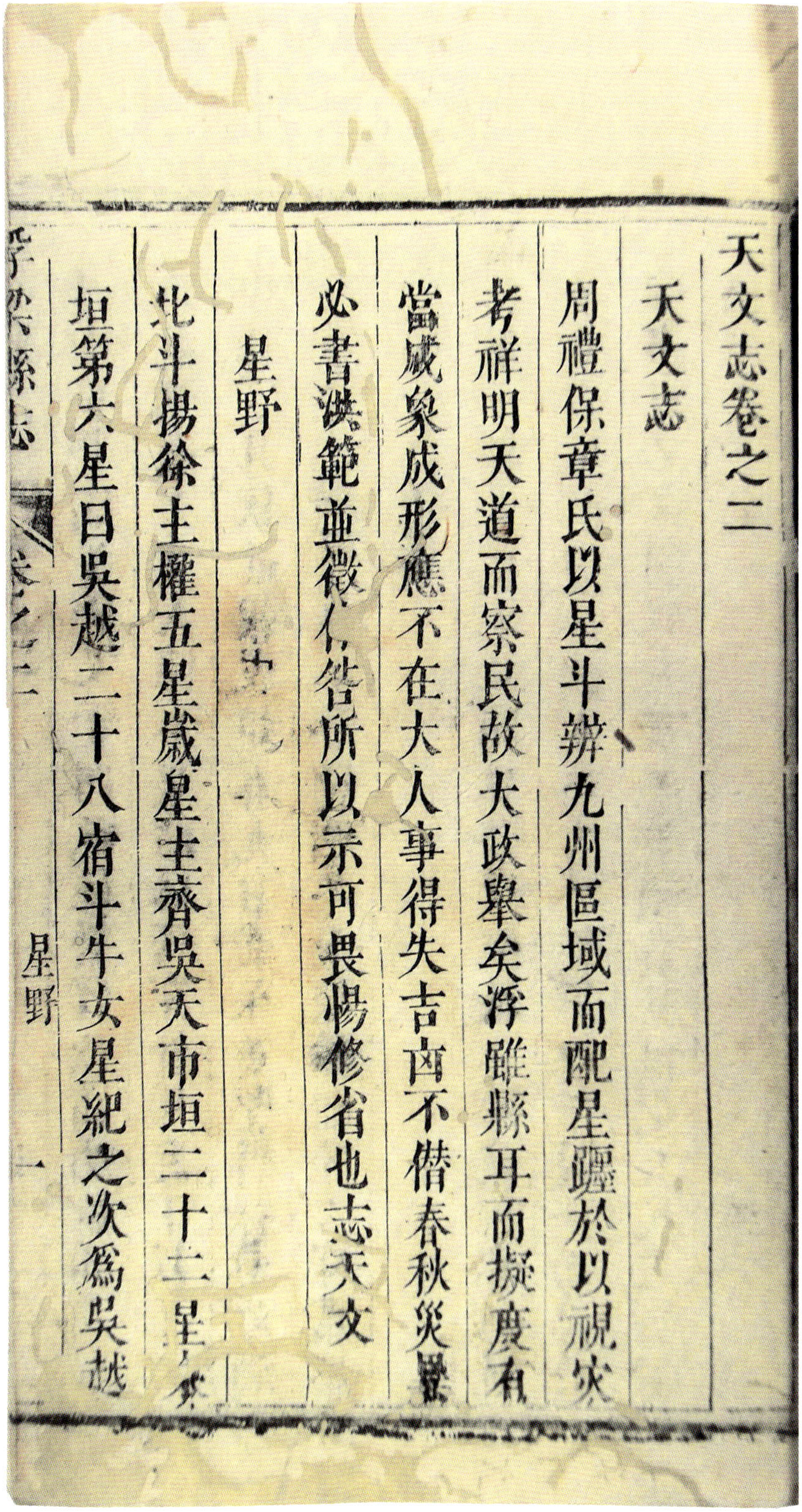
天文志卷之二

天文志

周禮保章氏以星斗辨九州區域而配星躔於以視災考祥明天道而察民故大政舉矣浮雖縣耳而擬度有當歲象成形應不在大人事得失吉凶不借春秋災異必書洪範並徵休咎所以示可畏惕修省也志天文

星野

北斗揚徐主權五星歲星主齊吳天市垣二十二星[illegible]垣第六星曰吳越二十八宿斗牛女星紀之次爲吳越

浮梁縣志　卷之二　星野　一

**［康熙］浮梁縣志九卷**　（清）陳淯修　（清）鄧㸌　周之文纂　清康熙二十一年（1682）刻本

現存最早關於景德鎮的志書，存世孤本，具有重要文獻價值。

景德鎮市圖書館　名錄08018

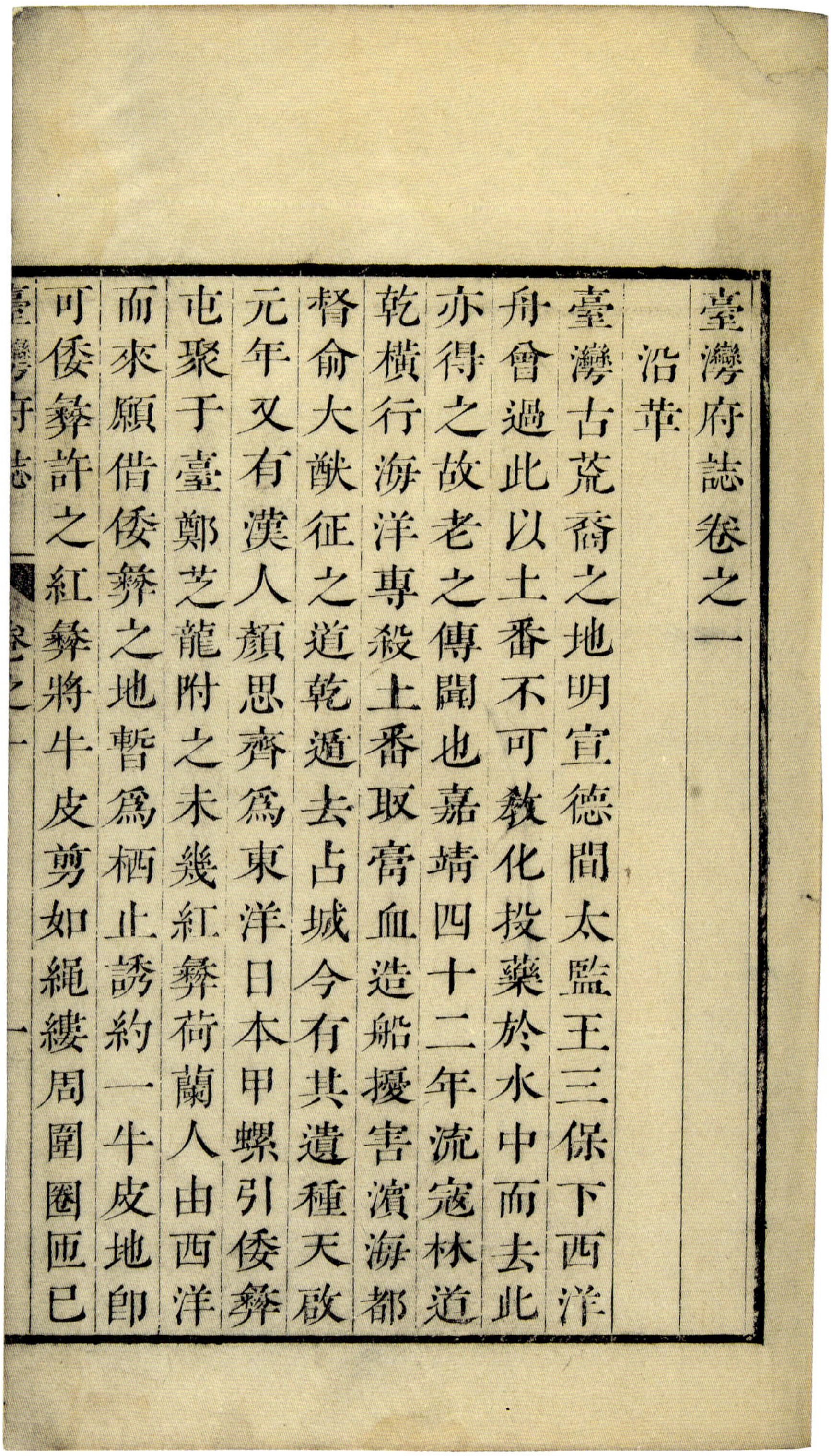
臺灣府誌卷之一

沿革

臺灣古荒裔之地明宣德間太監王三保下西洋舟曾過此以土番不可教化投藥於水中而去此亦得之故老之傳聞也嘉靖四十二年流寇林道乾橫行海洋專殺土番取膏血造船擾害濱海都督俞大猷征之道乾遁去占城今有其遺種天啟元年又有漢人顏思齊爲東洋日本甲螺引倭彝屯聚于臺鄭芝龍附之未幾紅彝荷蘭人由西洋而來願借倭彝之地暫爲栖止誘約一牛皮地即可倭彝許之紅彝將牛皮剪如繩縷周圍圈匝已

臺灣府志　卷之一　一

**臺灣府志十卷**　（清）蔣毓英纂修　清康熙二十四年（1685）刻本

此志爲康熙二十三年設置臺灣府後第一部府志，上世紀50年代上海圖書館從造紙廠廢紙中搶救而得，今爲孤本僅存。

上海圖書館　名錄08023

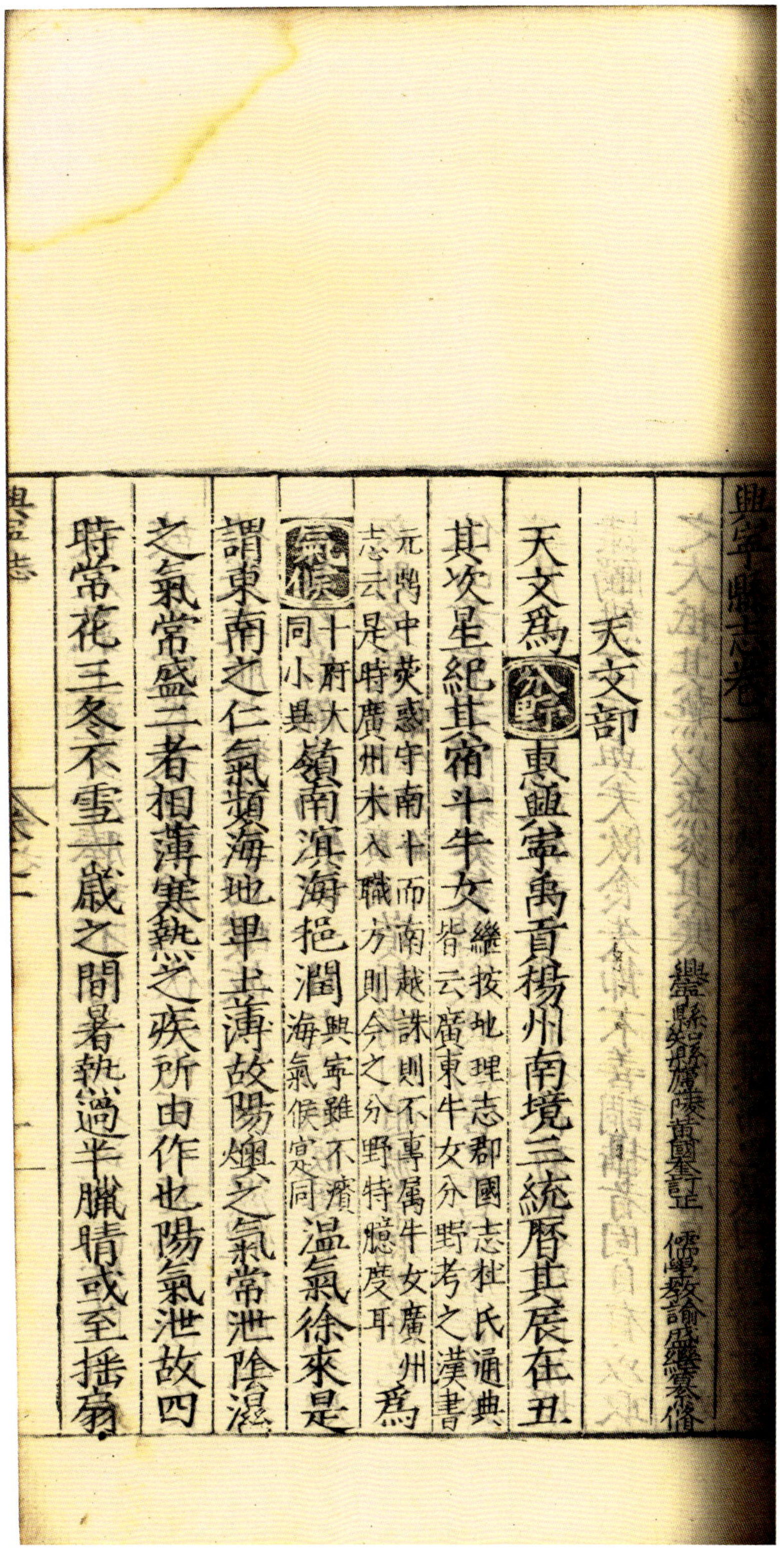

興寧縣志卷一

興縣知縣廬陵黃國奎訂正　儒學教諭盛繼纂修

天文部

天文爲分野　東粤寧爲貢揚州南境三統曆其辰在丑

其次星紀其宿斗牛女繼按地理志郡國志杜氏通典皆云廣東牛女分野考之漢書

元鼎中熒惑守南斗而南越誅則不專屬牛女廣州志云是時廣州未入職方則今之分野特臆度耳爲

氣候　十府大同小異嶺南濱海挹潤興寧雖不濱海氣候寔同溫氣徐來是

謂東南之仁氣頻海地卑土薄故陽燠之氣常泄陰濕

之氣常盛二者相薄寒熱之疾所由作也陽氣泄故四

時常花三冬不雪一歲之間暑熱過半臘晴或至揺扇

興寧志　卷之一

**［嘉靖］興寧縣志四卷**　（明）黃國奎　盛繼纂修　明嘉靖（1522–1566）刻藍印本

卷帙完整，品相完好，傳世孤罕。

天一閣博物館　名錄08028

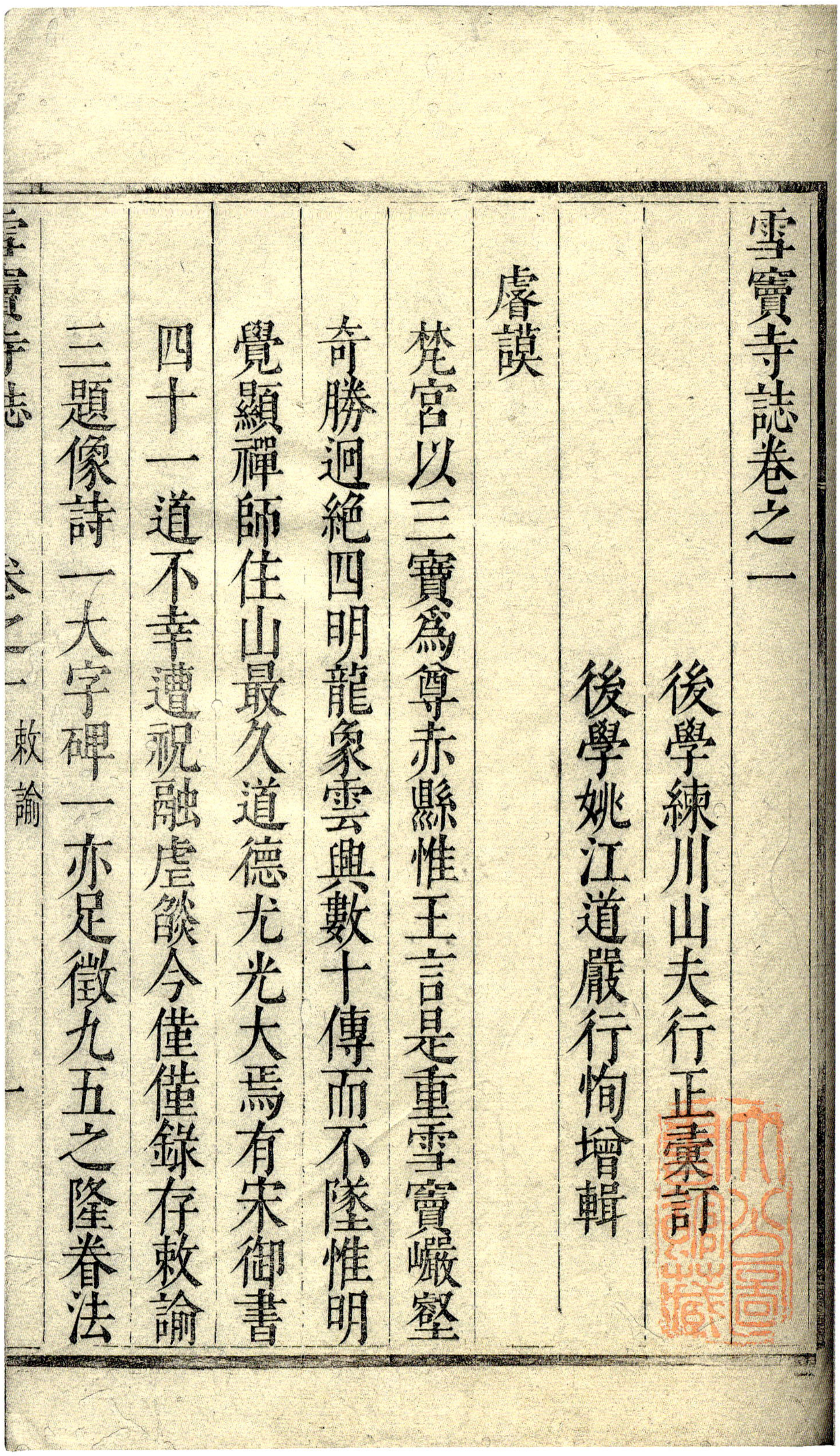
雪竇寺誌卷之一

後學練川山夫行正彙訂

後學姚江道巖行恂增輯

睿謨

梵宮以三寶爲尊赤縣惟王言是重雪竇巖壑奇勝迥絶四明龍象雲興數十傳而不墜惟明覺顯禪師住山最久道德尤光大焉有宋御書四十一道不幸遭祝融虐燄今僅僅錄存敕諭三題像詩一大字碑一亦足徵九五之隆眷法

雪竇寺志　卷之一　敕諭　一

**雪竇寺志十卷**　（清）釋行正輯　（清）釋行恂增輯　清初刻本　存四卷

是書爲初印本，雖非全帙，亦可寶貴。

無錫市圖書館　名錄08078

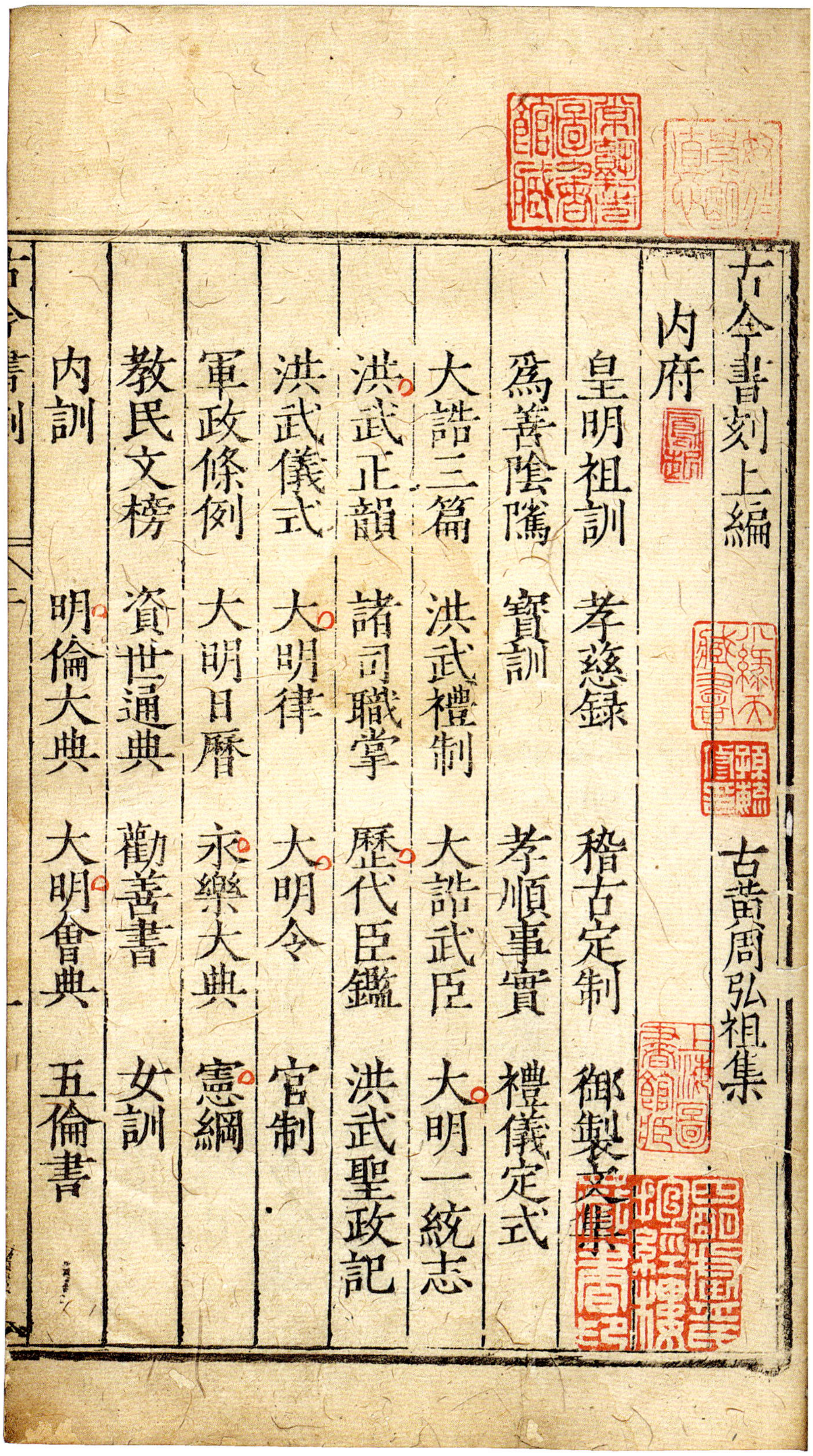
古今書刻上編　古黄周弘祖集
内府
皇明祖訓　孝慈録　稽古定制　御製文集
爲善陰隲　寳訓　孝順事實　禮儀定式
大誥三篇　洪武禮制　大誥武臣　大明一統志
洪武正韻　諸司職掌　歷代臣鑑　洪武聖政記
洪武儀式　大明律　大明令　官制
軍政條例　大明日曆　永樂大典　憲綱
教民文榜　資世通典　勸善書　女訓
内訓　明倫大典　大明會典　五倫書

**古今書刻二卷**　（明）周弘祖撰　明刻本

該書著録明代刊刻的圖書和明及其以前的石刻，是我國第一部按地域著録文獻的專題書目。此爲存世最早的印本。

江蘇省常熟市圖書館　名録08144

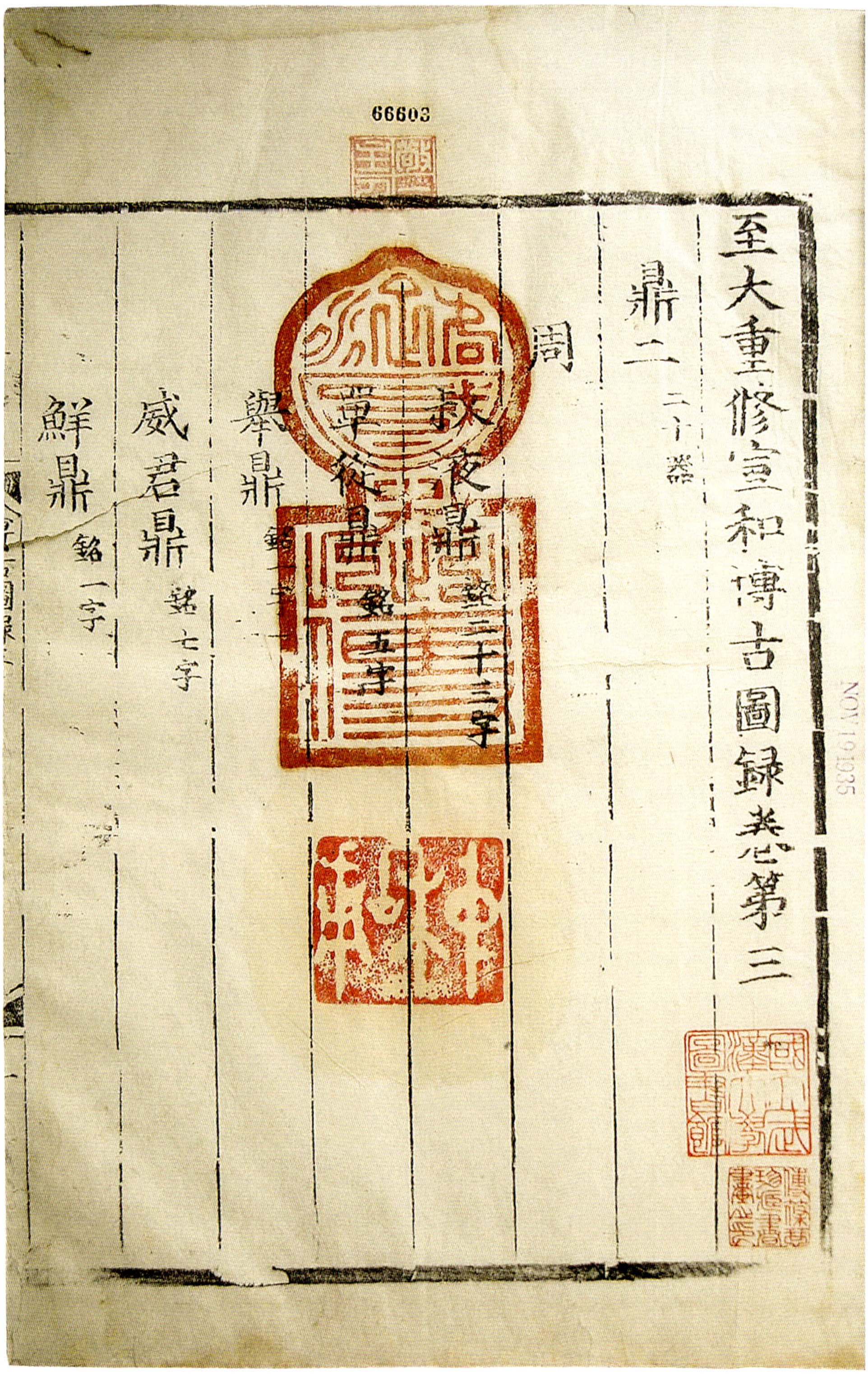

**至大重修宣和博古圖錄三十卷**　（宋）王黼等撰　明嘉靖七年（1528）蔣暘刻本

是書收錄各類古器物，考訂精審。此據元至大本覆刻。鈐有明潞王印鑒，頗爲罕見。

武漢大學圖書館　名錄08158

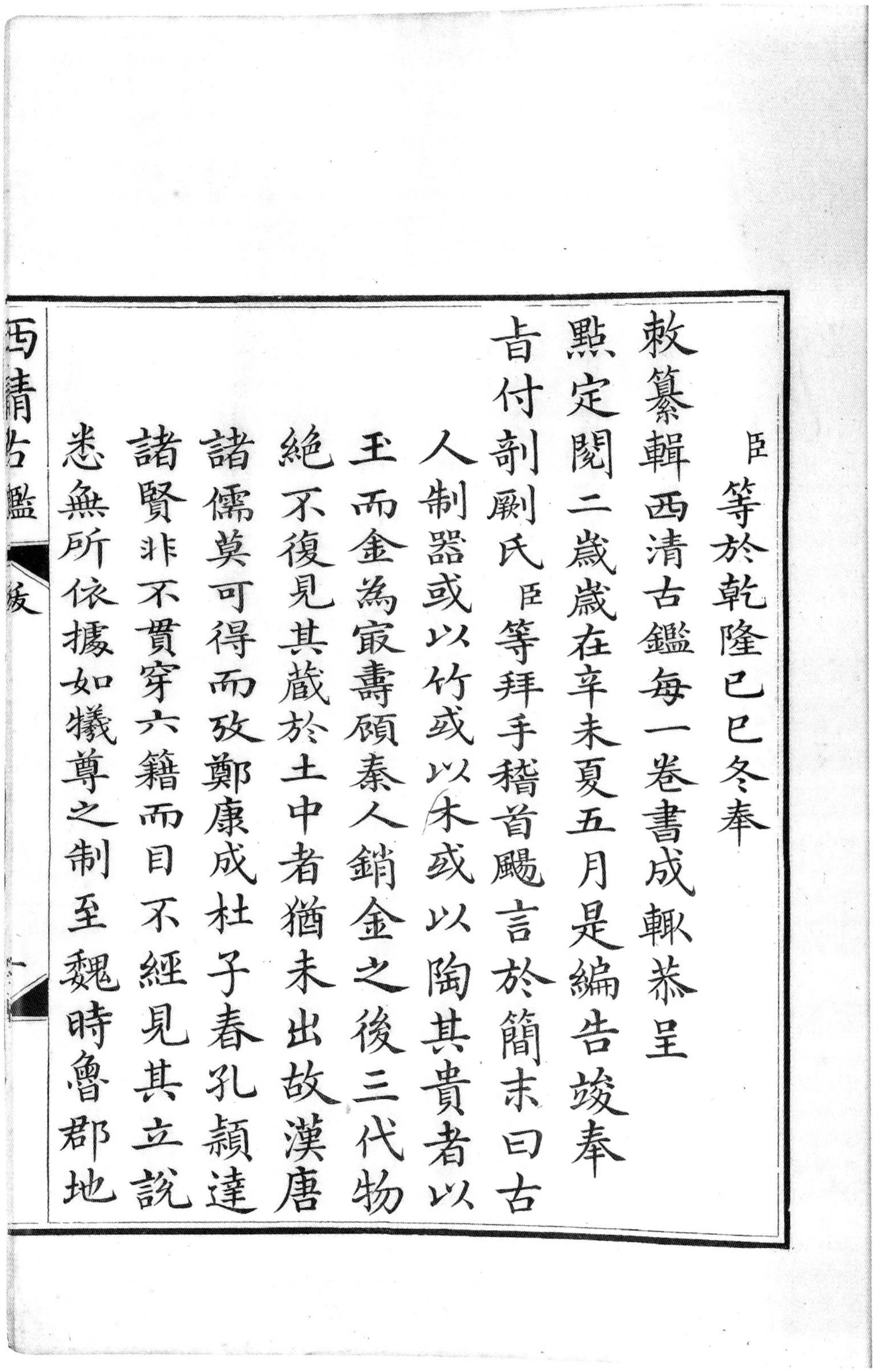
西清古鑑　跋

臣等於乾隆已巳冬奉
敕纂輯西清古鑑每一卷書成輙恭呈
點定閱二歲歲在辛未夏五月是編告竣奉
旨付剞劂氏臣等拜手稽首颺言於簡末曰古
人制器或以竹或以木或以陶其貴者以
玉而金為冣壽頎秦人銷金之後三代物
絕不復見其藏於土中者猶未出故漢唐
諸儒莫可得而攷鄭康成杜子春孔穎達
諸賢非不貫穿六籍而目不經見其立說
悉無所依據如犧尊之制至魏時魯郡地

**西清古鑑四十卷錢錄十六卷**　（清）梁詩正　蔣溥等纂修　清乾隆十六年（1751）武英殿銅版印本

是書著錄清代宮廷所藏商至唐古銅器及歷代錢幣。內府銅版印本，世不多見。

南京圖書館　名錄08161

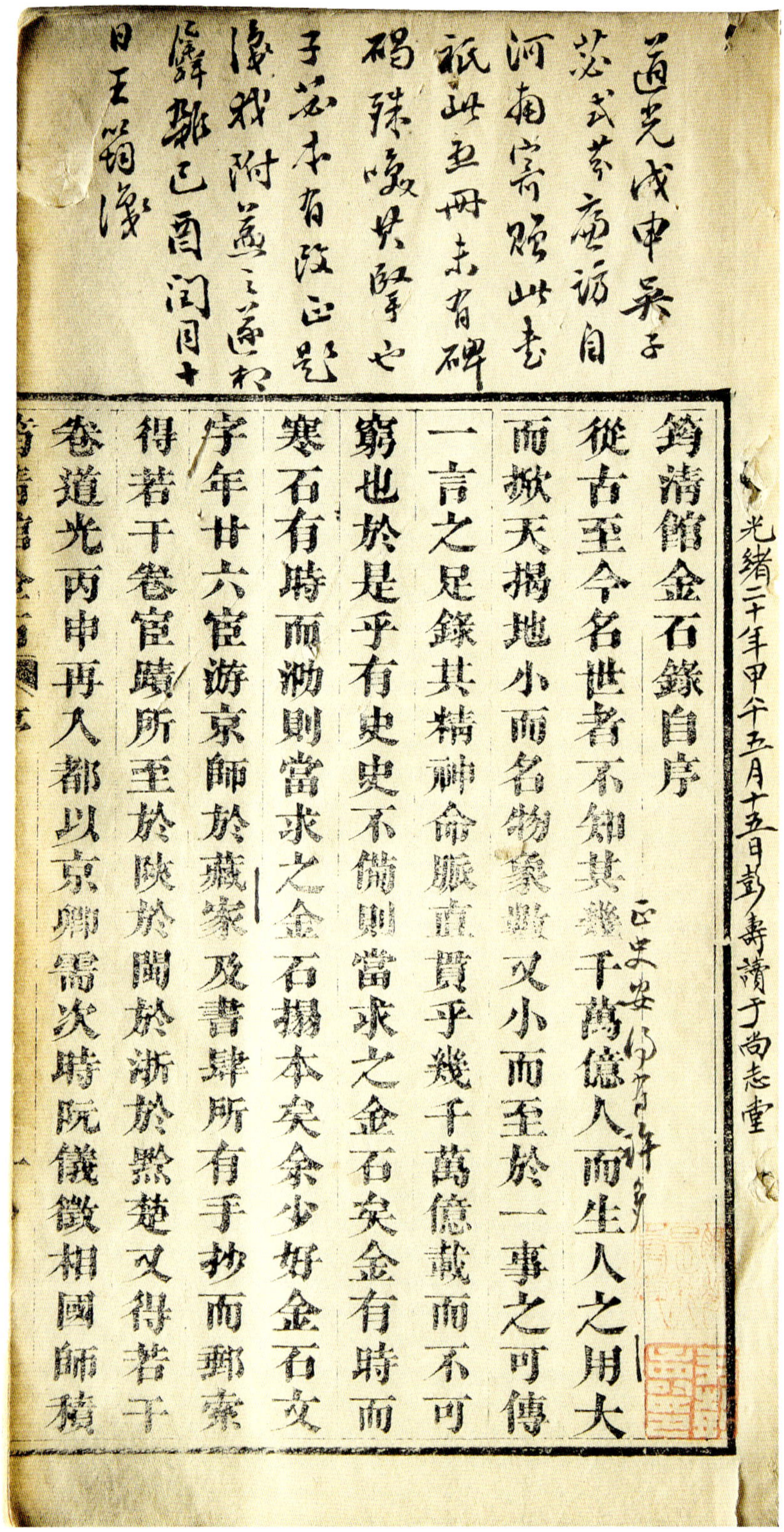

**筠清館金石文字五卷** （清）吳榮光撰　清道光二十二年（1842）吳氏筠清館刻本　王筠 吳式芬批校　尹彭壽跋

吳榮光（1773–1843），室名筠清館，廣東南海人。嘉慶四年（1799）進士，歷官湖南巡撫、湖廣總督等。酷嗜金石，精於鑒賞。

山東省圖書館　名錄08163

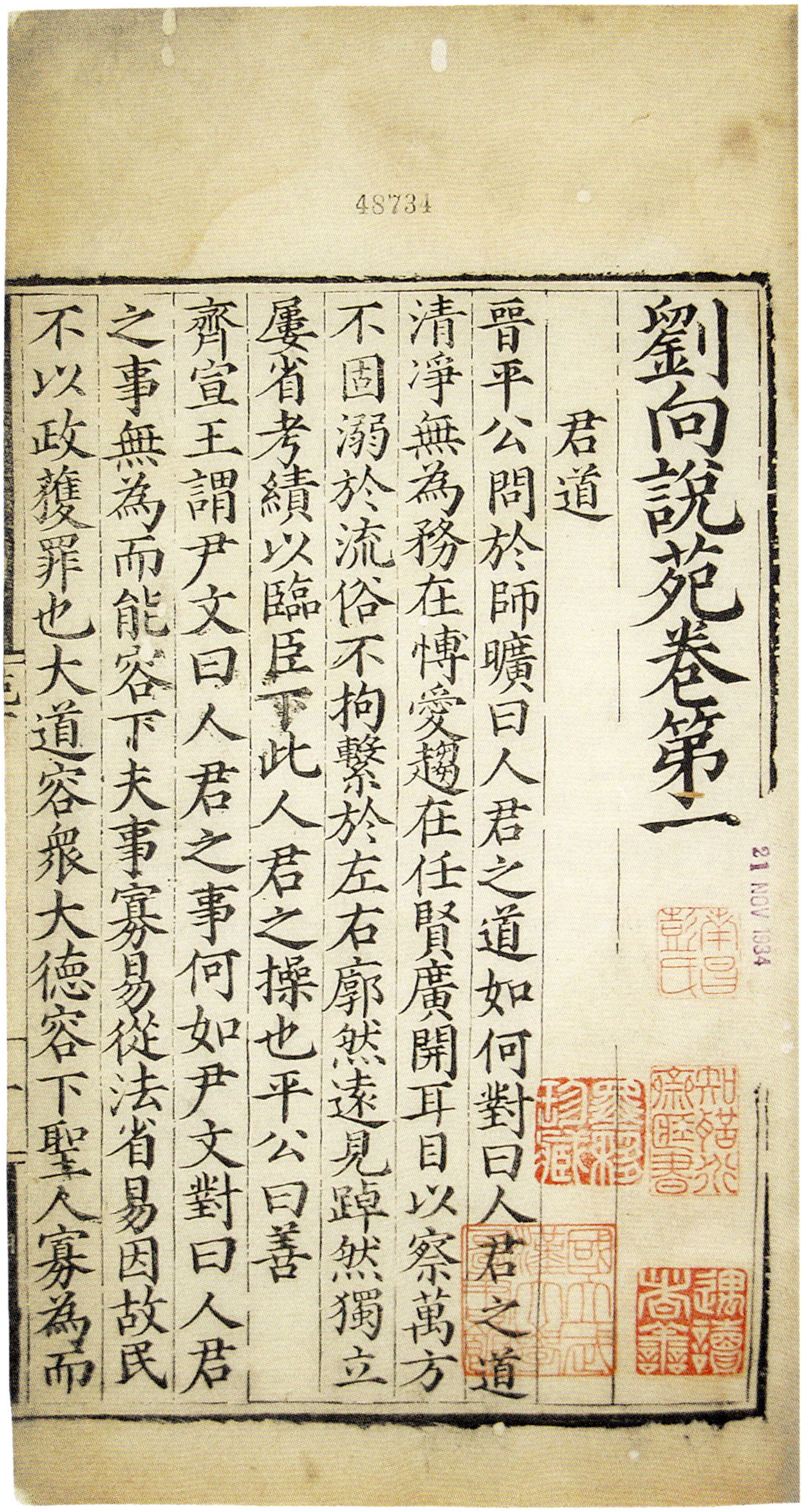
48734

劉向説苑卷第一

君道

晉平公問於師曠曰人君之道如何對曰人君之道
清淨無為務在博愛趨在任賢廣開耳目以察萬方
不固溺於流俗不拘繫於左右廓然遠見踔然獨立
屢省考績以臨臣下此人君之操也平公曰善
齊宣王謂尹文曰人君之事何如尹文對曰人君
之事無為而能容下夫事寡易從法省易因故民
不以政獲罪也大道容衆大德容下聖人寡為而

21 NOV 1934

**劉氏二書三十卷**　（漢）劉向撰　明嘉靖十四年（1535）楚藩崇本書院刻本　存《説苑》二十卷

明代藩府刻書之精品，字體美觀，紙墨精良。

武漢大學圖書館　名錄08227

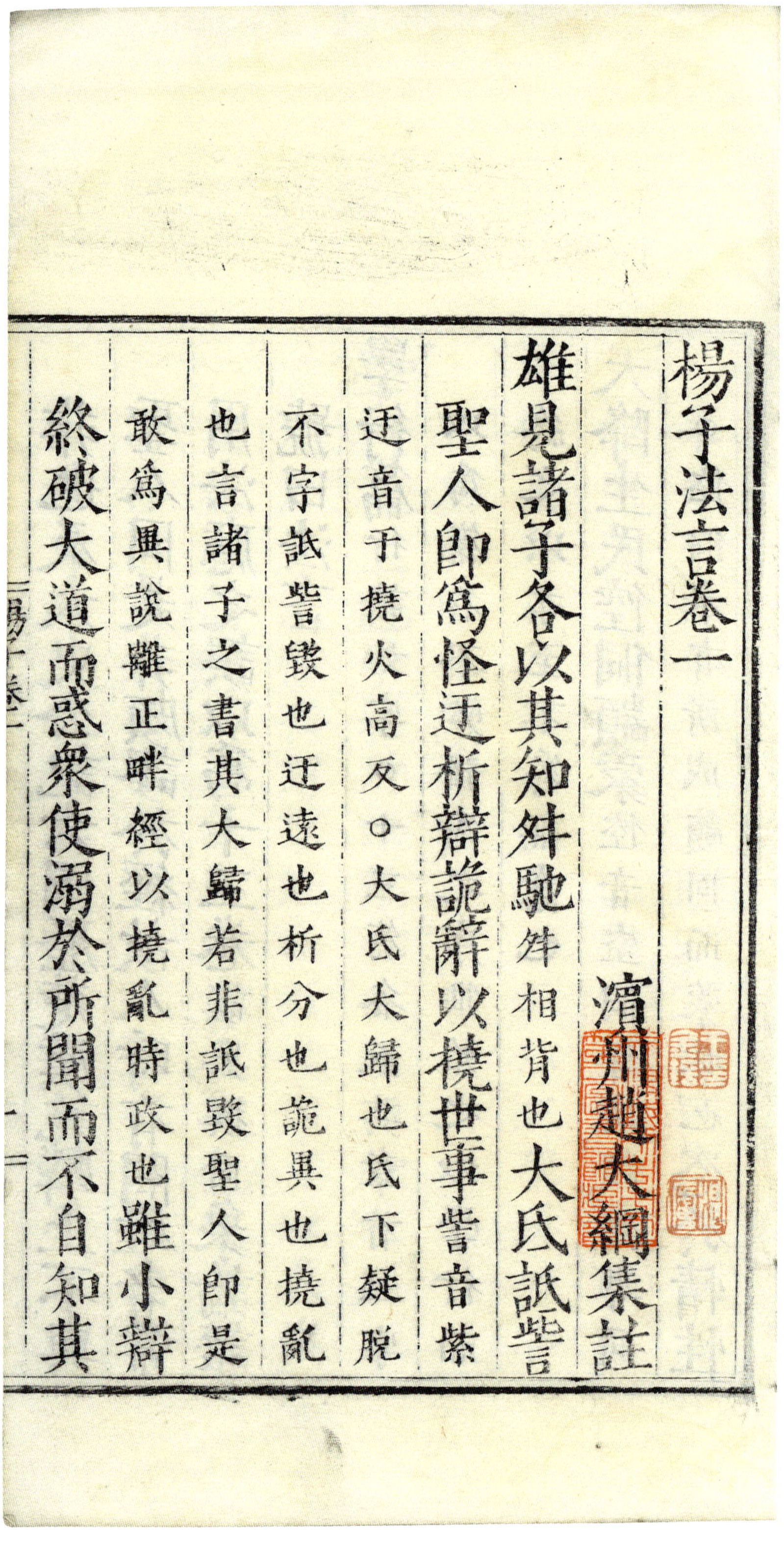
揚子法言卷一
濱州趙大綱集註
雄見諸子各以其知舛馳舛相背也大氐詆訾
聖人卽爲怪迂析辯詭辭以撓世事訾音紫
迂音于撓火高反○大氐大歸也氐下疑脫
不字詆訾毁也迂遠也析分也詭異也撓亂
也言諸子之書其大歸若非詆毁聖人卽是
敢爲異說離正畔經以撓亂時政也雖小辯
終破大道而惑衆使溺於所聞而不自知其

**揚子法言十卷**　（漢）揚雄撰　（明）趙大綱集注　明隆慶二年（1568）崔近思刻本

天津圖書館　名錄08243

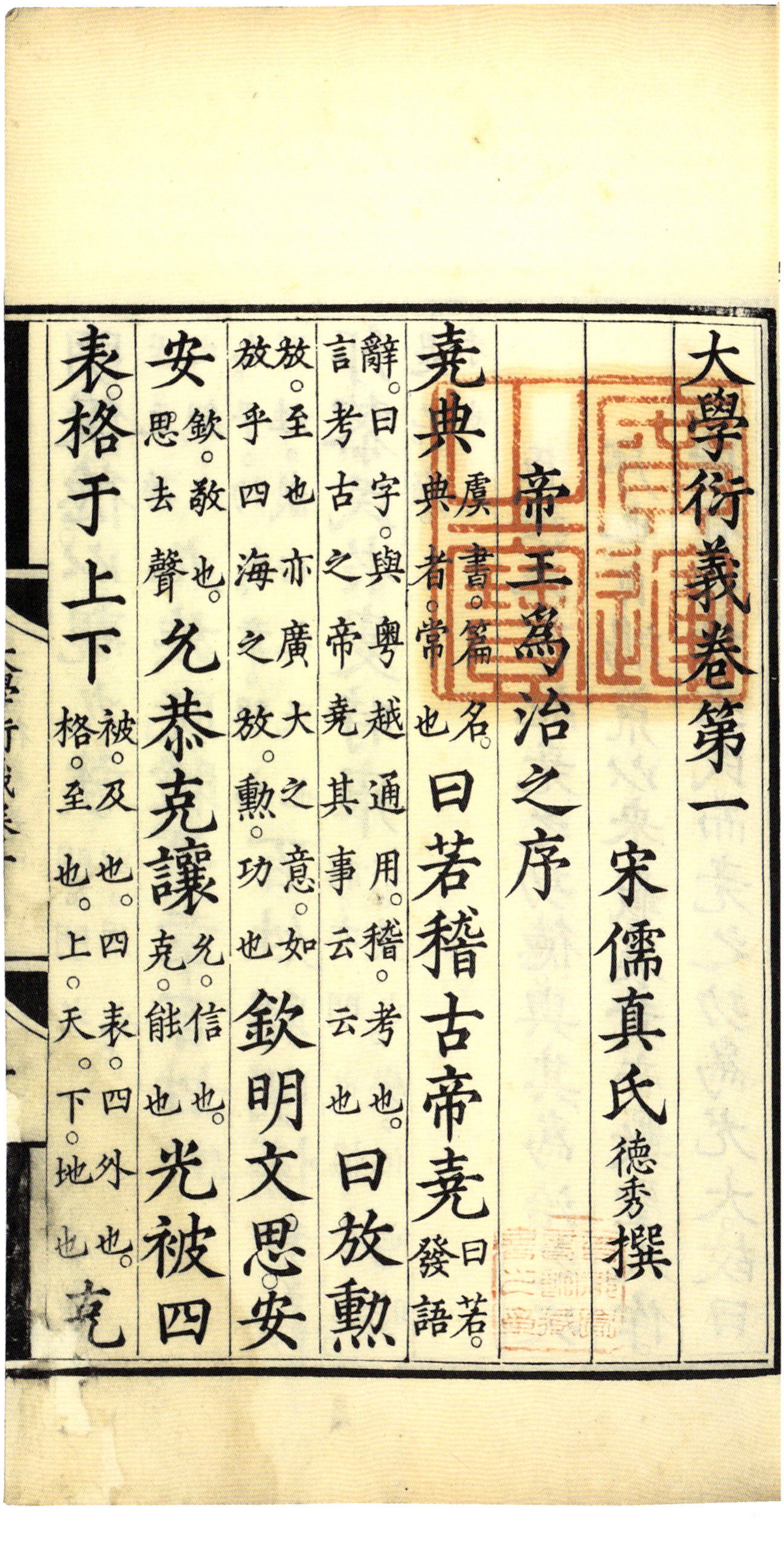
大學衍義卷第一

宋儒真氏德秀撰

帝王爲治之序

堯典虞書篇名。典者常也。曰若稽古帝堯曰若發語辭。曰字與粵越通用。稽。考也。言考古之帝堯其事云云也。曰放勳放。至也。亦廣大之意。如放乎四海之放。勳。功也。欽明文思安安欽。敬也。思去聲。允恭克讓允。信也。克。能也。光被四表格于上下被。及也。四表。四外也。格。至也。上。天。下。地也。堯

**大學衍義四十三卷** （宋）真德秀撰　明嘉靖六年（1527）司禮監刻本

明代内府刻本，鈐“欽文之璽”、“廣運之寶”印。

首都圖書館　名録08278

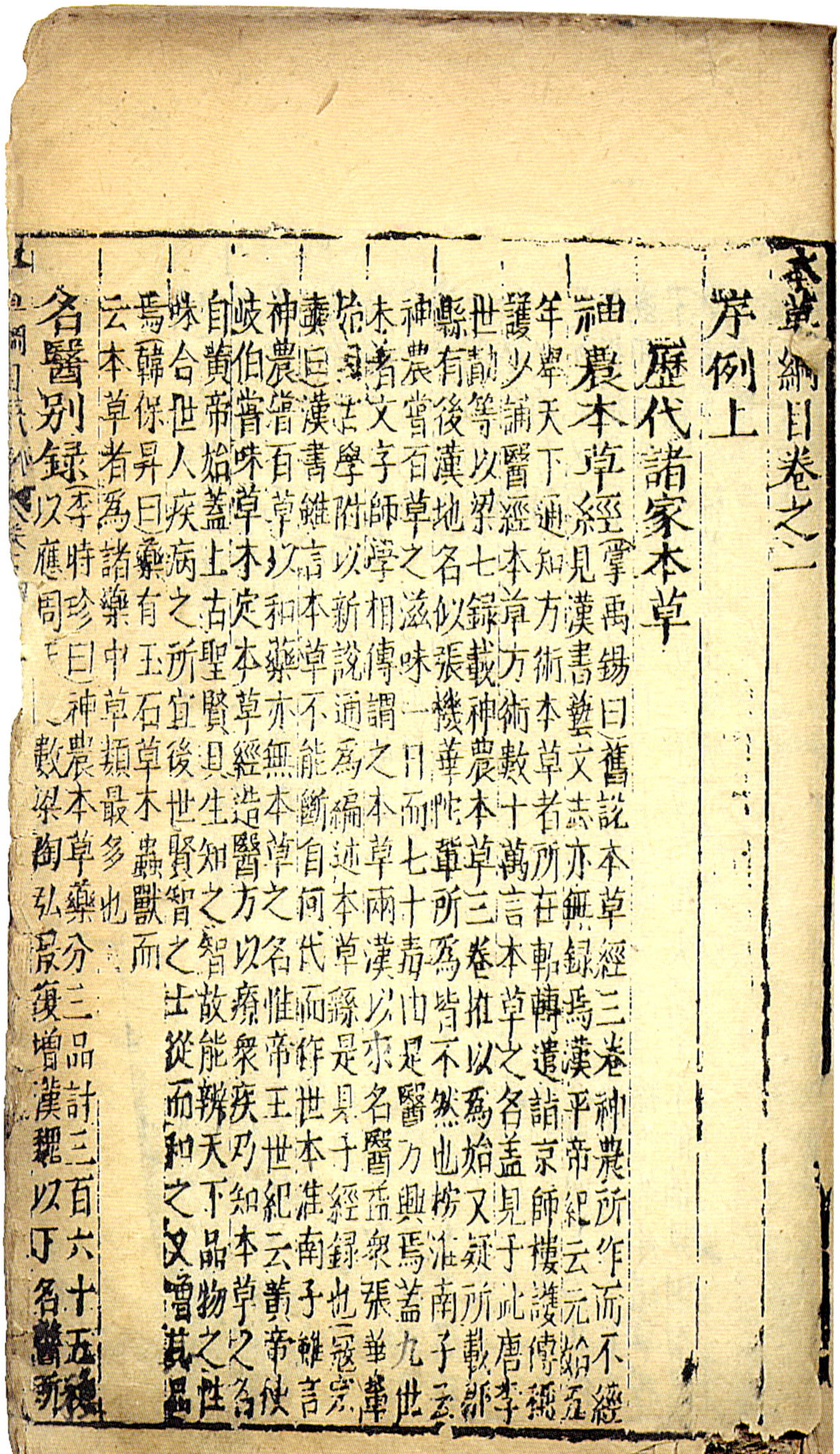
本草綱目卷之一

序例上

歷代諸家本草

神農本草經 掌禹錫曰舊說本草經三卷神農所作而不經見漢書藝文志亦無録焉漢平帝紀云元始五年舉天下通知方術本草者所在軺傳遣詣京師樓護少誦醫經本草方術數十萬言本草之名蓋見于此唐李世勣等以梁七録載神農本草三卷推以爲始又疑所載郡縣有後漢地名似張機華佗輩所爲皆不然也按淮南子云神農嘗百草之滋味一日而七十毒由是醫方興焉蓋九世本草者文字師學相傳謂之本草兩漢以來名醫益衆張華輩始因古學附以新說通爲編述本草繇是見于經録也寇宗奭曰漢書雖言本草不能斷自何代而作世本淮南子雖言神農嘗百草以和藥亦無本草之名惟帝王世紀云黄帝使岐伯嘗味草木定本草經造醫方以療衆疾乃知本草之名自黄帝始蓋上古聖賢具生知之智故能辨天下品物之性味合世人疾病之所宜後世賢智之士從而和之又增其品焉韓保昇曰藥有玉石草木蟲獸而云本草者爲諸藥中草類最多也

名醫別録 李時珍曰神農本草藥分三品計三百六十五種以應周天之數梁陶弘景復增漢魏以下名醫所

**本草綱目五十二卷圖二卷** （明）李時珍撰　明萬曆二十一年（1593）

金陵胡承龍刻明重修本

此雖爲重修本，但保留金陵本之原貌，頗可珍貴。

洛陽市晁會元　名録08384

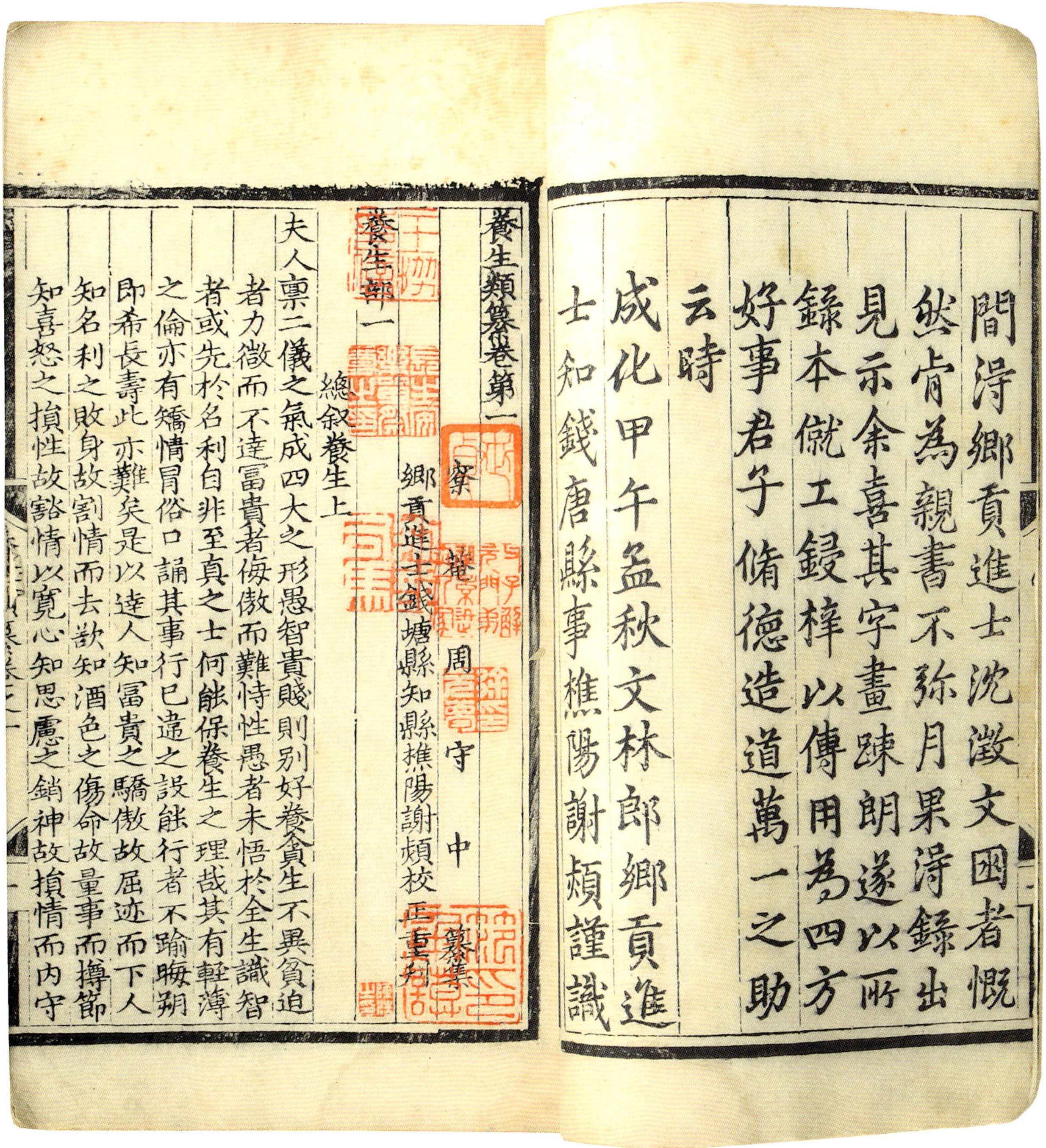

**養生類纂二十二卷**　（宋）周守中撰　明成化十年（1474）刻本　存九卷

是書爲明晉藩舊藏，後歸魯藩，又經王世貞、范承謨、徐元夢、翁方綱等遞藏。

巴彥淖爾市圖書館　名録08415

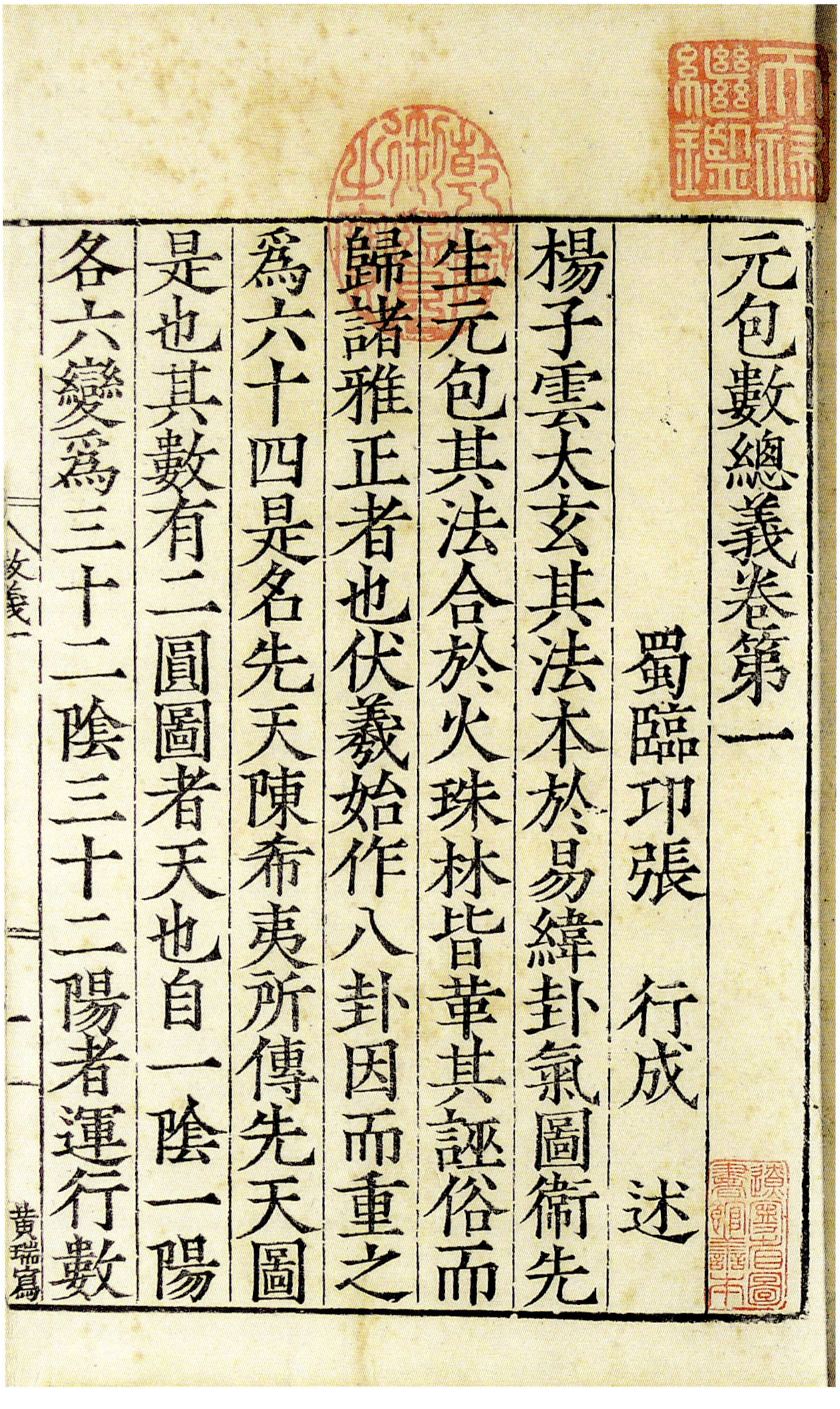
元包數總義卷第一
蜀臨邛張　行成　述
楊子雲太玄其法本於易緯卦氣圖衛先
生元包其法合於火珠林皆革其誣俗而
歸諸雅正者也伏羲始作八卦因而重之
爲六十四是名先天陳希夷所傳先天圖
是也其數有二圓圖者天也自一陰一陽
各六變爲三十二陰三十二陽者運行數
數義一
黃瑞寫

**元包經傳五卷**　（北周）衛元嵩撰　（唐）蘇源明傳　（唐）李江注

**元包數總義二卷**　（宋）張行成撰　明刻本

此本刊印俱佳，天祿琳琅舊藏。

遼寧省圖書館　名錄08430

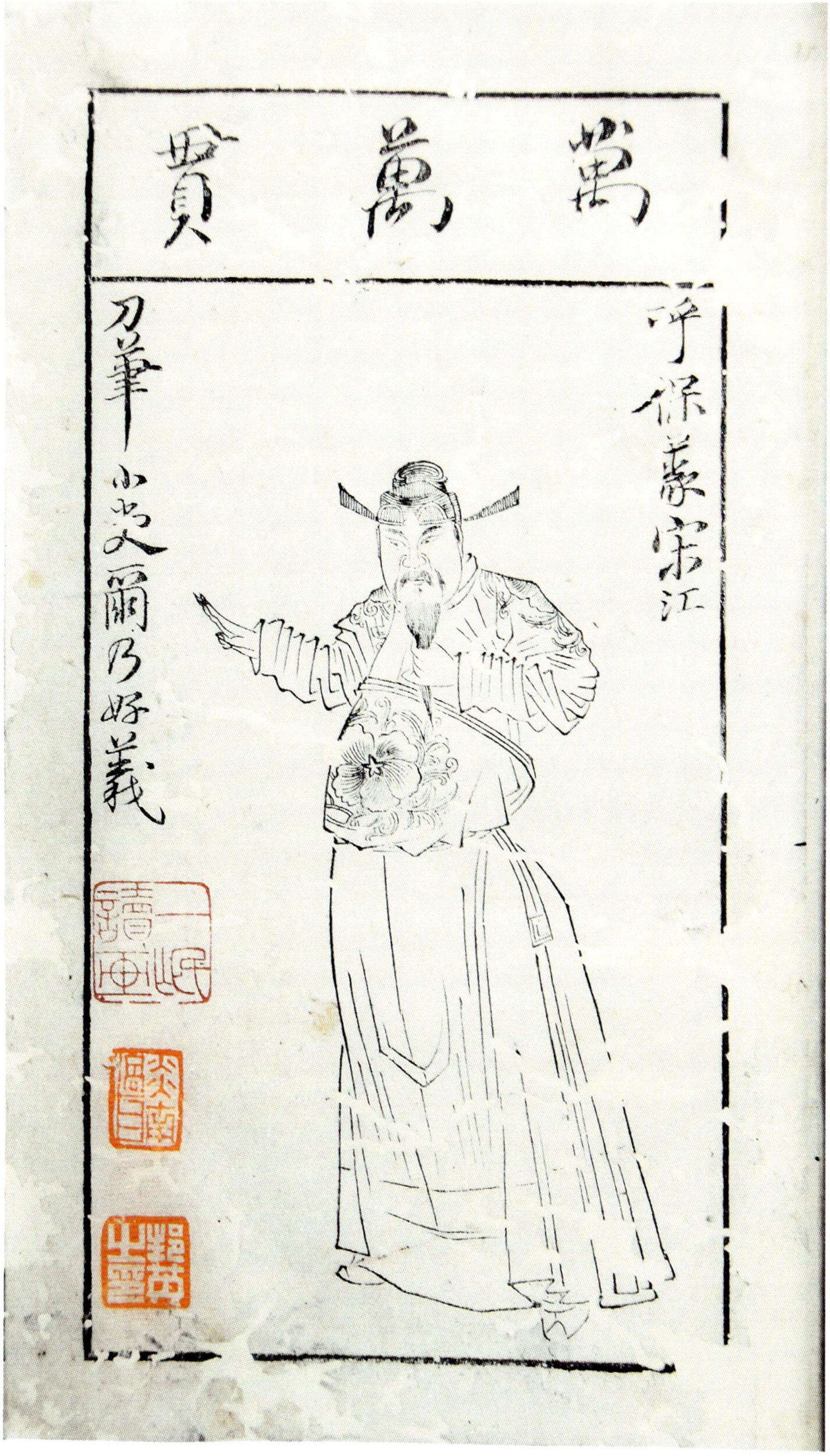


**水滸葉子不分卷**　（明）陳洪綬繪　清初刻本　盧子樞　賴少其　王貴忱跋

版畫精美，栩栩如生，至可寶貴。

四川省圖書館　名錄08460

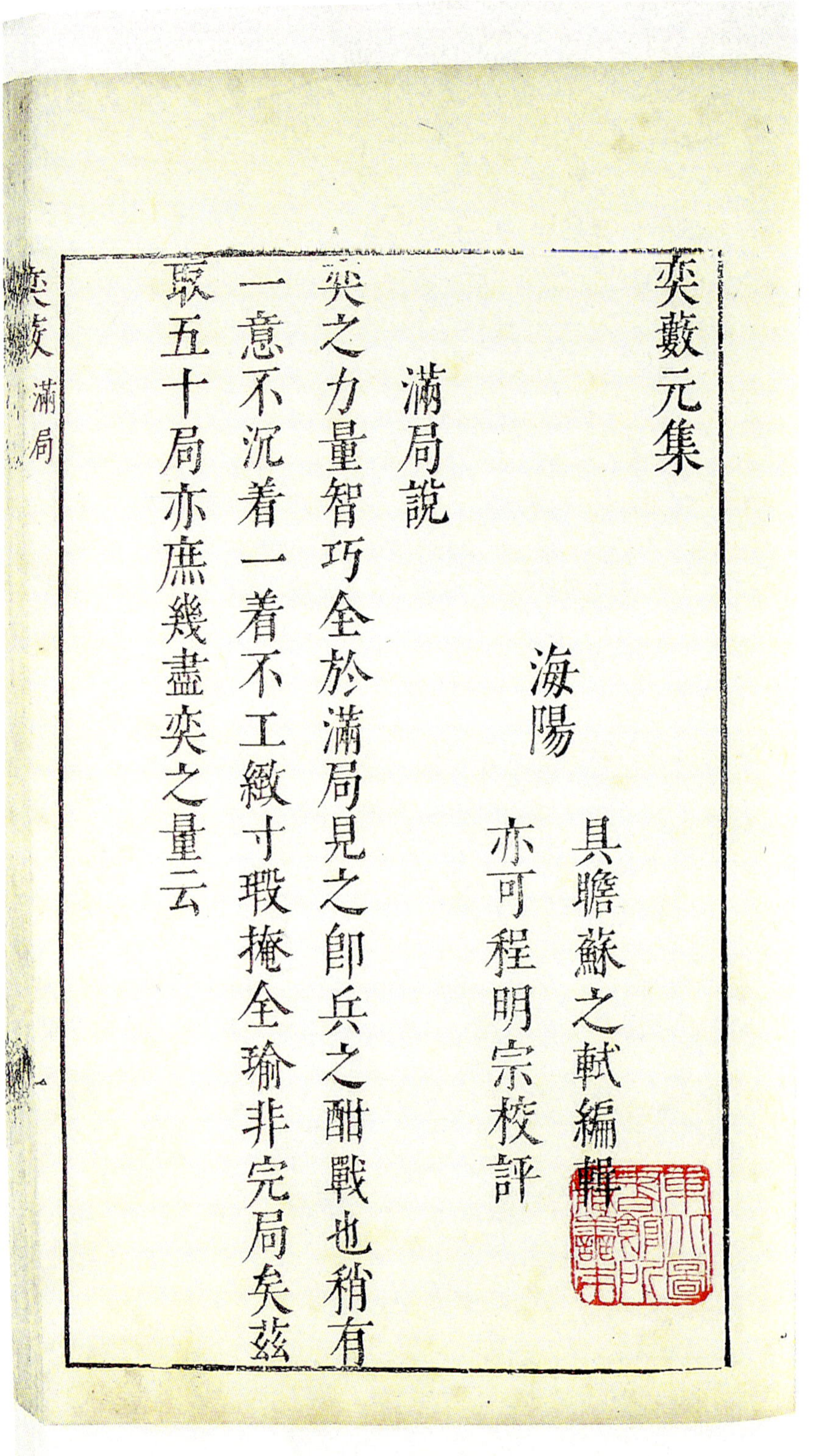
奕藪元集
海陽　具瞻蘇之軾編輯
亦可程明宗校評
滿局說
奕之力量智巧全於滿局見之卽兵之酣戰也稍有一意不沉着一着不工緻寸瑕掩全瑜非完局矣玆裒五十局亦庶幾盡奕之量云
奕藪　滿局

**奕藪四卷棋經注一卷**　（明）蘇之軾撰　明天啓二年（1622）自刻三色套印本

蘇之軾爲明代圍棋國手。後來棋譜皆從此脫胎。

遼寧省圖書館　名錄08478

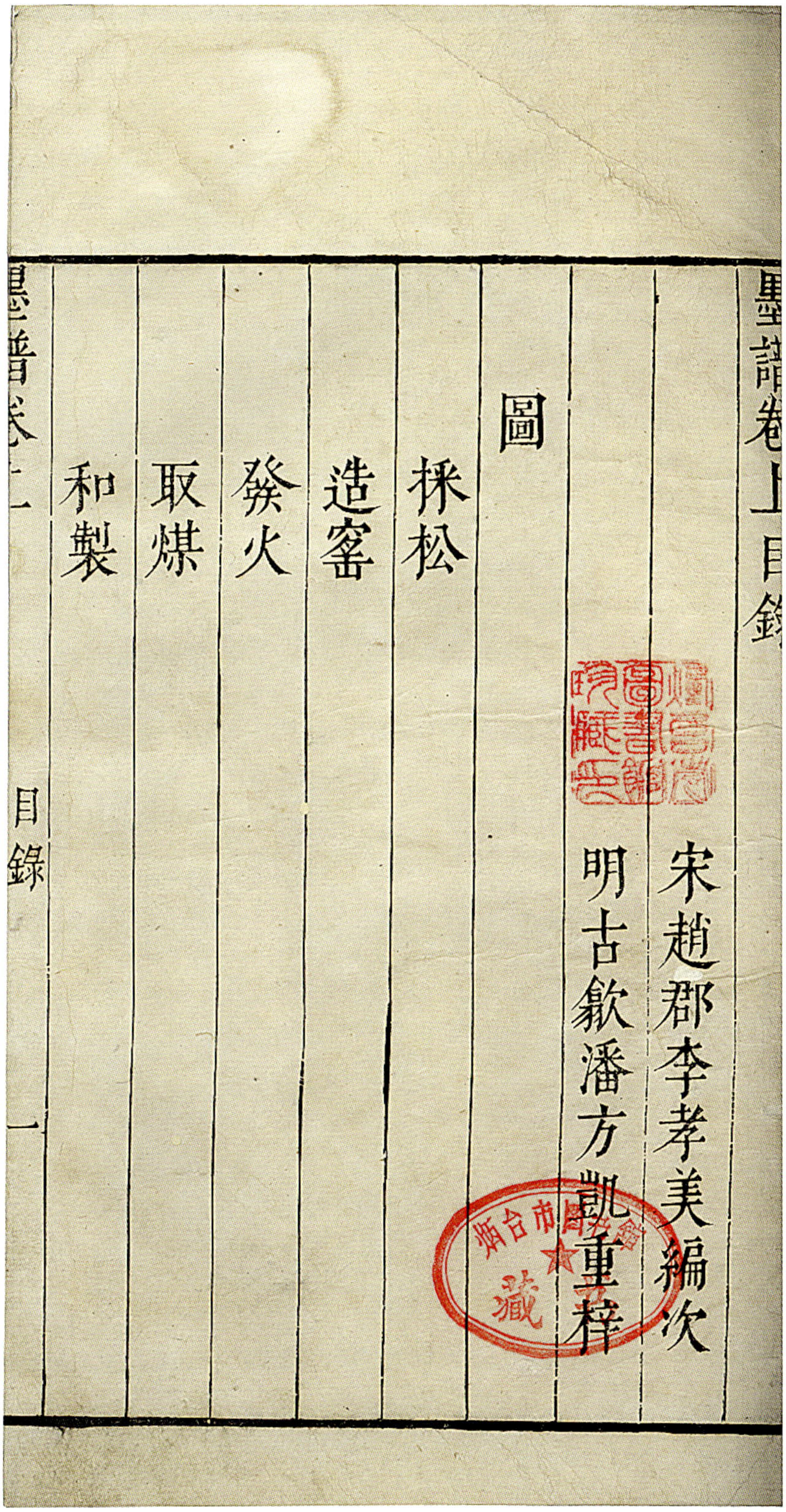

**墨譜三卷**　（宋）李孝美編次　明潘方凱刻本

亦稱《墨苑》、《墨譜法式》，由明萬曆間製墨名家潘方凱刊刻，對後世製墨具有重要影響。

山東省煙臺圖書館　名錄08481

**飲膳正要三卷**　（元）忽思慧撰　明景泰七年（1456）內府刻後印本

我國第一部營養學專著。趙體大字，傳本較少。

西北師範大學圖書館　名錄08484

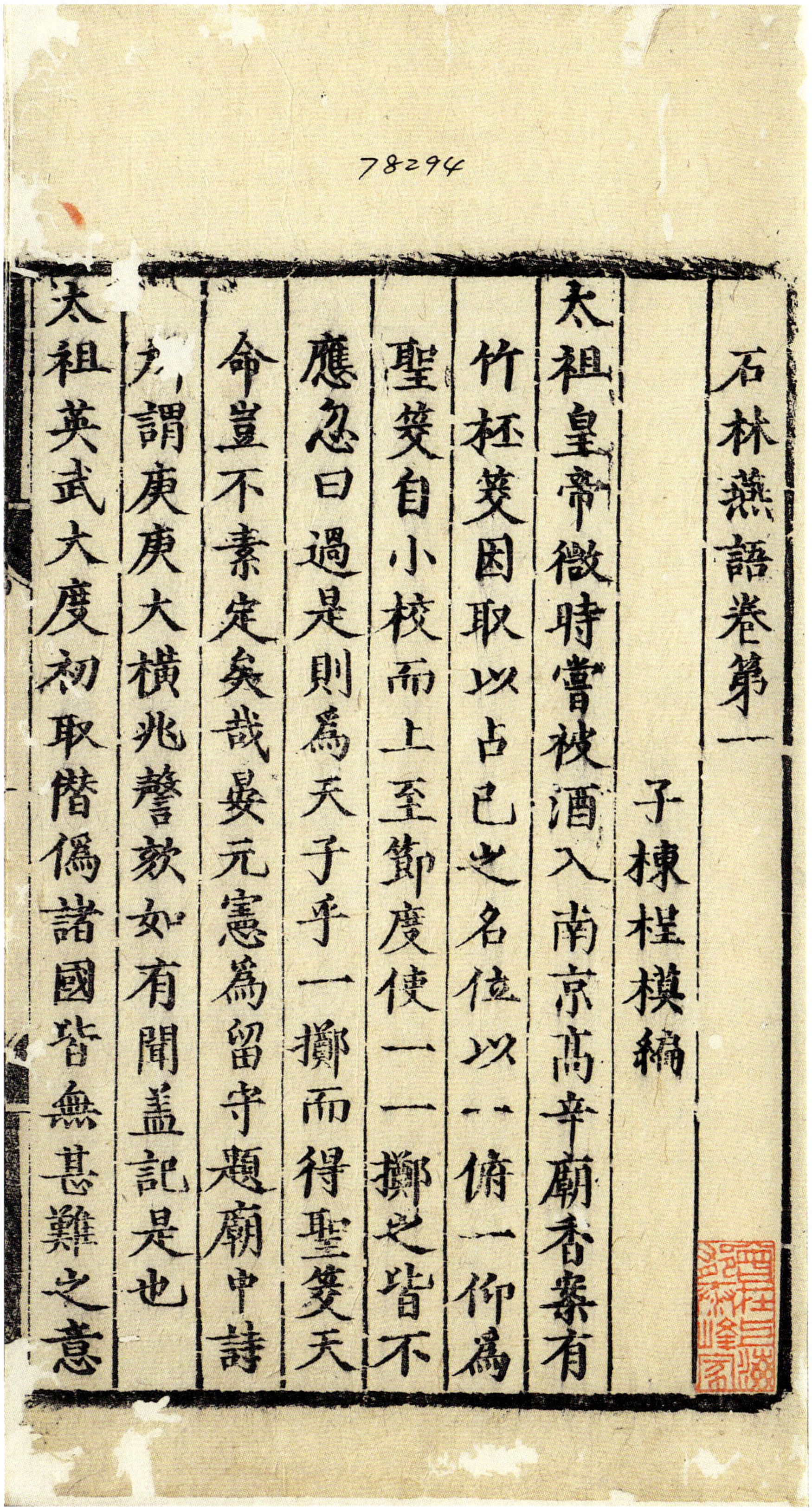
78294

石林燕語卷第一

子棟桯模編

太祖皇帝微時嘗被酒入南京高辛廟香案有竹杯珓因取以占己之名位以一俯一仰爲聖筊自小校而上至節度使一一擲之皆不應忽曰過是則爲天子乎一擲而得聖筊天命豈不素定矣哉晏元憲爲留守題廟中詩所謂庚庚大横兆謦欬如有聞蓋記是也

太祖英武大度初取僭僞諸國皆無甚難之意

**石林燕語十卷**　（宋）葉夢得撰　明正德元年（1506）楊武刻本

華南師範大學圖書館　名錄08498

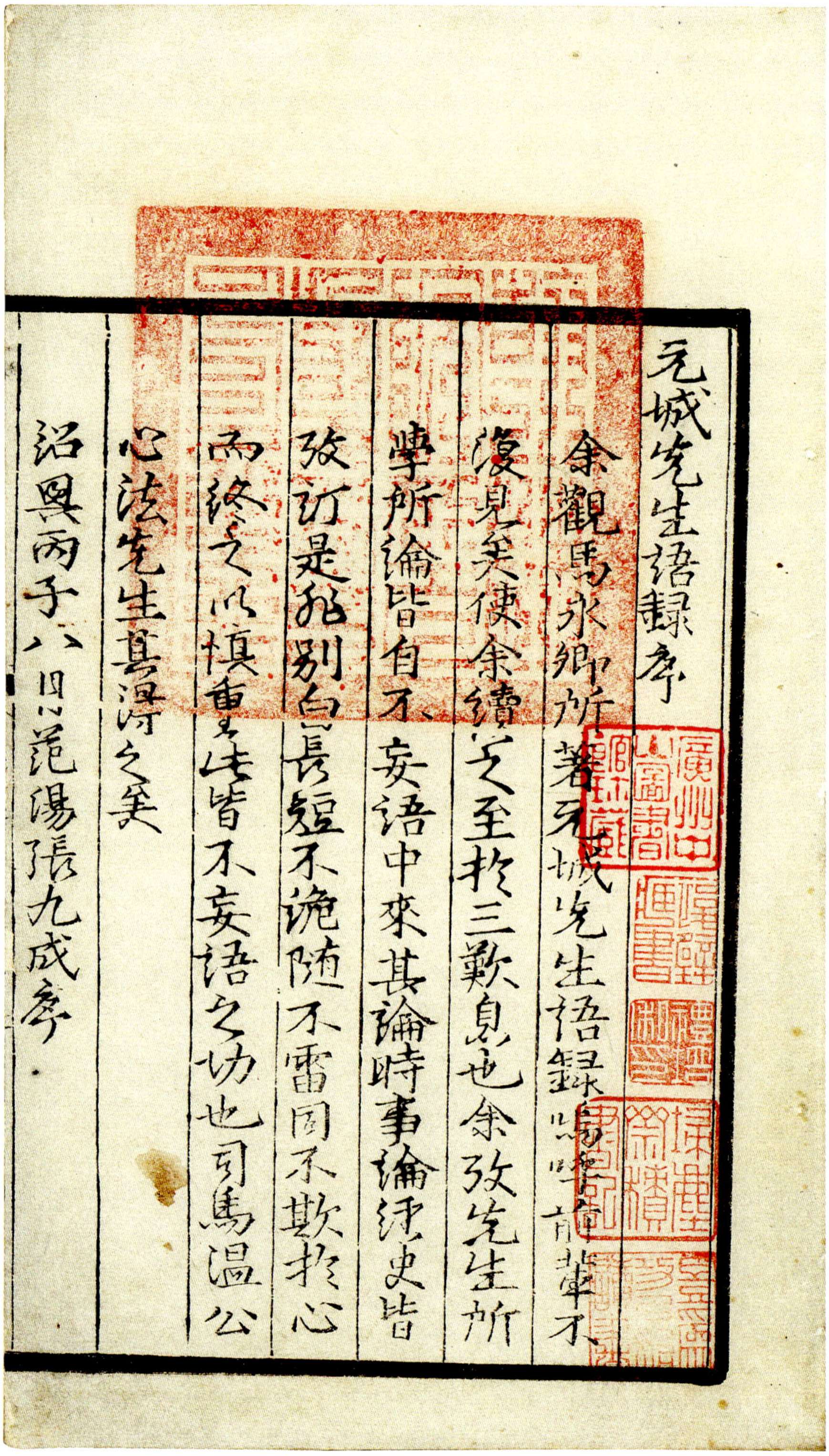


**元城語録解三卷附行録解一卷**　（宋）馬永卿編　（明）王崇慶解　明刻本

劉安世（1048–1125），學者稱元城先生。安世之學出司馬光，故書中多有光之遺説。

廣東省立中山圖書館　名録08501

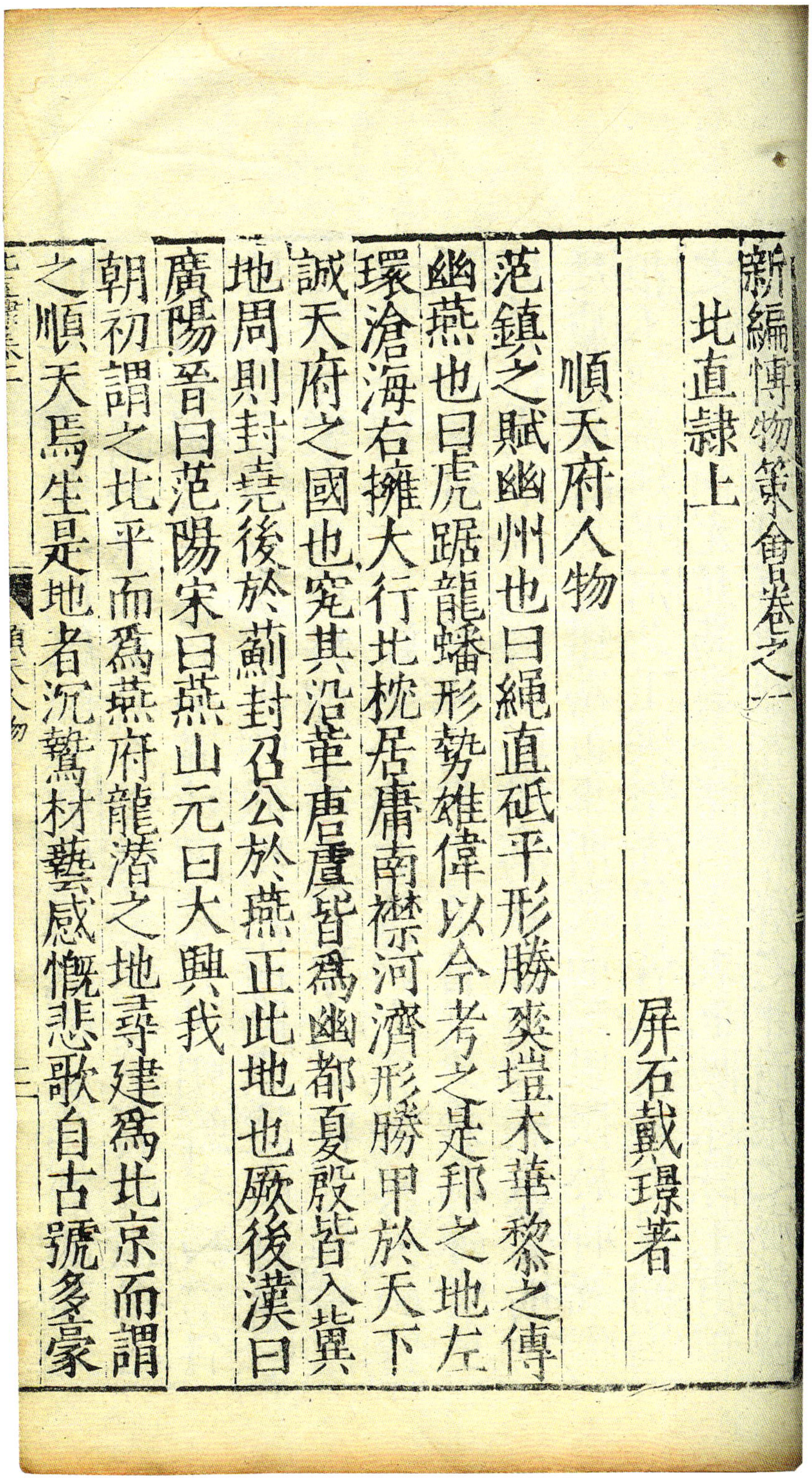
新編博物策會卷之一

北直隷上

屏石戴璟著

順天府人物

范鎮之賦幽州也曰繩直砥平形勝爽塏太華黎之傳幽燕也曰虎踞龍蟠形勢雄偉以今考之是邦之地左環滄海右擁大行北枕居庸南襟河濟形勝甲於天下誠天府之國也究其沿革唐虞皆爲幽都夏殷皆入冀地周則封堯後於薊封召公於燕正此地也厥後漢曰廣陽晉曰范陽宋曰燕山元曰大興我

朝初謂之北平而爲燕府龍潛之地尋建爲北京而謂之順天焉生是地者沉鷙材藝感慨悲歌自古號多豪

北直隷卷之一　順天人物　二

**新編博物策會十七卷**　（明）戴璟撰　明嘉靖十七年（1538）李復初、高鳳鳴刻本

是書按區域輯錄古今人物，刻印精美，字體方整，曾經諸多名家收藏。

北京師範大學圖書館　名録08618

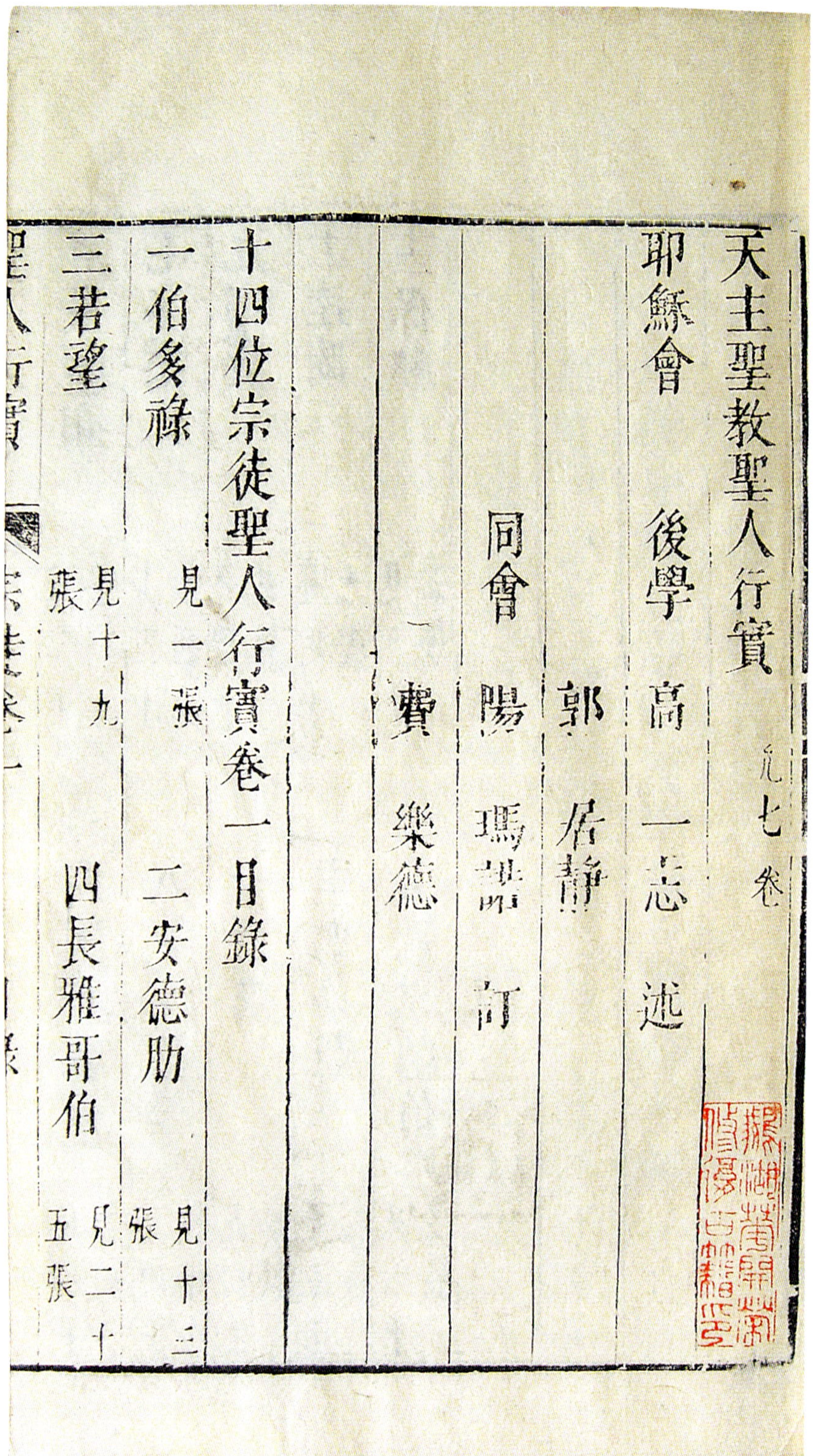
天主聖教聖人行實　凡七卷

耶穌會　後學　高一志　述

郭居靜

同會　陽瑪諾　訂

費樂德

十四位宗徒聖人行實卷一目錄

一伯多祿　見一張　二安德肋　見十三張

三若望　見十九張　四長雅哥伯　見二十五張

聖人行實　宗徒卷一　目錄

**天主聖教聖人行實七卷**　（意大利）高一志撰　明崇禎二年（1629）武林超性堂刻本

高一志（1566–1640）爲意大利耶穌會來華傳教士。是書分爲宗徒列傳、教宗列傳、致命聖人列傳、聖婦列傳，記述中西信徒。存世孤本。

蘇州圖書館　名錄08640

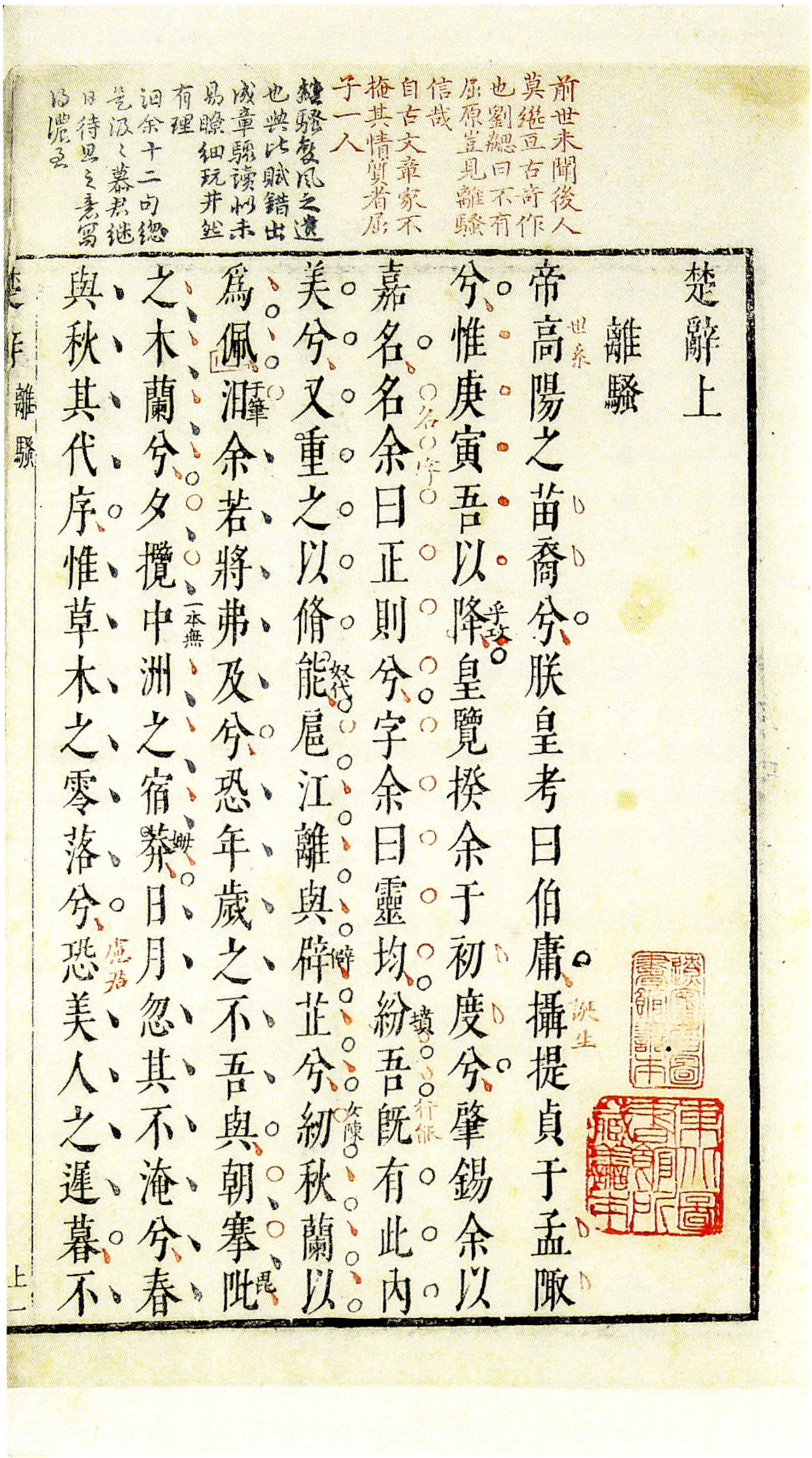

前世未聞後人莫繼亘古奇作也劉勰曰不有屈原豈見離騷信哉

自古文章家不掩其情質者屈子一人

離騷發風之遺也興比賦錯出成章驟讀似未易曉細玩井然有理

汩余十二句總是汲汲慕君繼日待旦之意寫得濃至

楚辭上

離騷

帝高陽之苗裔兮朕皇考曰伯庸攝提貞于孟陬兮惟庚寅吾以降皇覽揆余于初度兮肇錫余以嘉名名余曰正則兮字余曰靈均紛吾既有此內美兮又重之以脩能扈江離與辟芷兮紉秋蘭以為佩汨余若將弗及兮恐年歲之不吾與朝搴阰之木蘭兮夕攬中洲之宿莽日月忽其不淹兮春與秋其代序惟草木之零落兮恐美人之遲暮不

楚辭 離騷 上一

**楚辭二卷**　（楚）屈原　宋玉　（漢）賈誼等撰　明萬曆四十八年（1620）閔齊伋刻三色套印本

此即世傳之“三色閔本”，刻印較精。

遼寧省圖書館　名錄08650

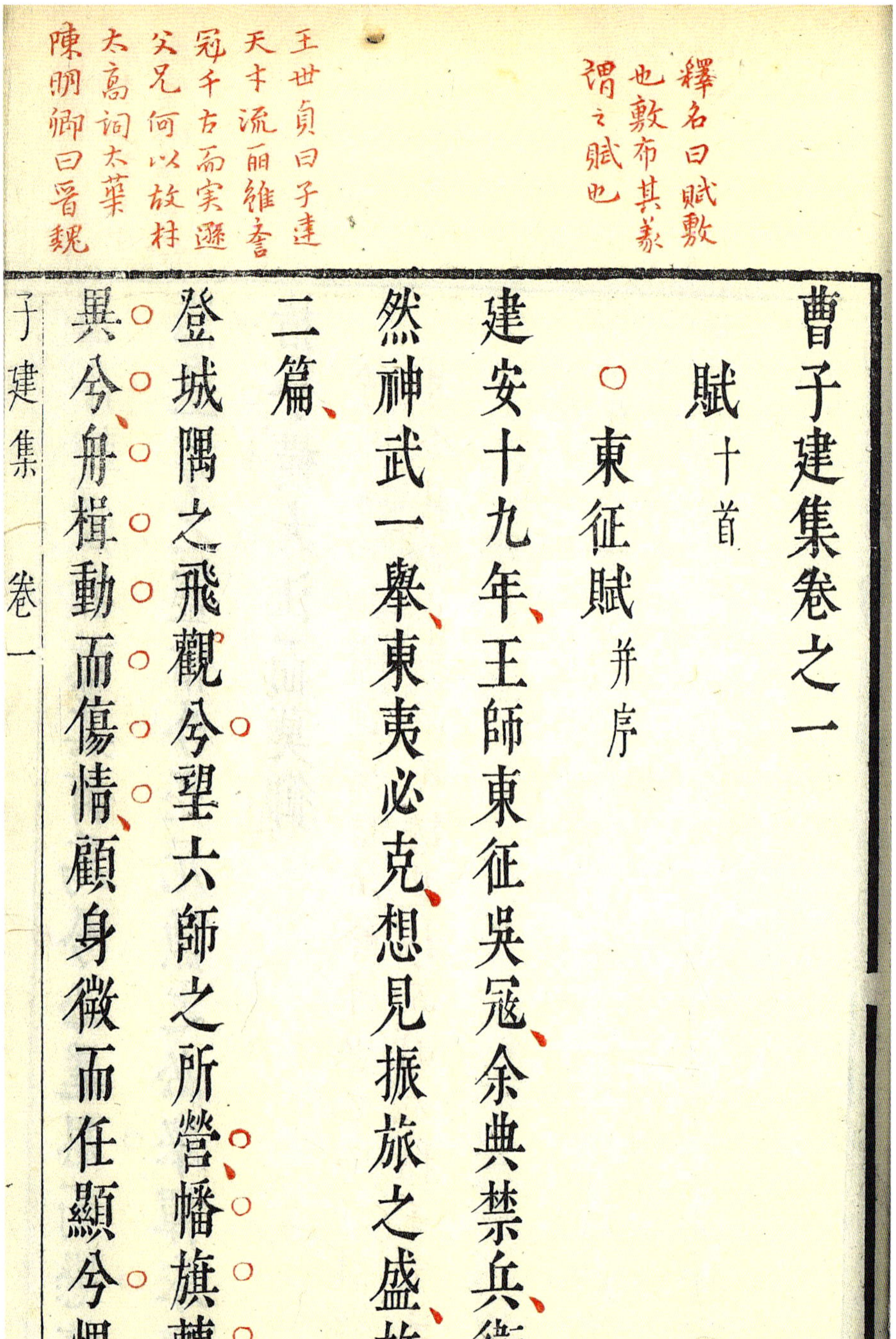
釋名曰賦敷也敷布其義謂之賦也

王世貞曰子建天才流麗雖譽冠千古而實遜父兄何以故材太高詞太華

陳明卿曰晉魏

曹子建集卷之一

賦十首

○東征賦并序

建安十九年王師東征吳寇余典禁兵衛宮省然神武一舉東夷必克想見振旅之盛故作賦二篇

登城隅之飛觀兮望六師之所營幡旗轉而心異兮舟楫動而傷情顧身微而任顯兮愧任重

子建集　卷一　一

**曹子建集十卷**　（魏）曹植撰　明凌性德刻朱墨套印本

此本鐫刻較精。

故宫博物院　名錄08671

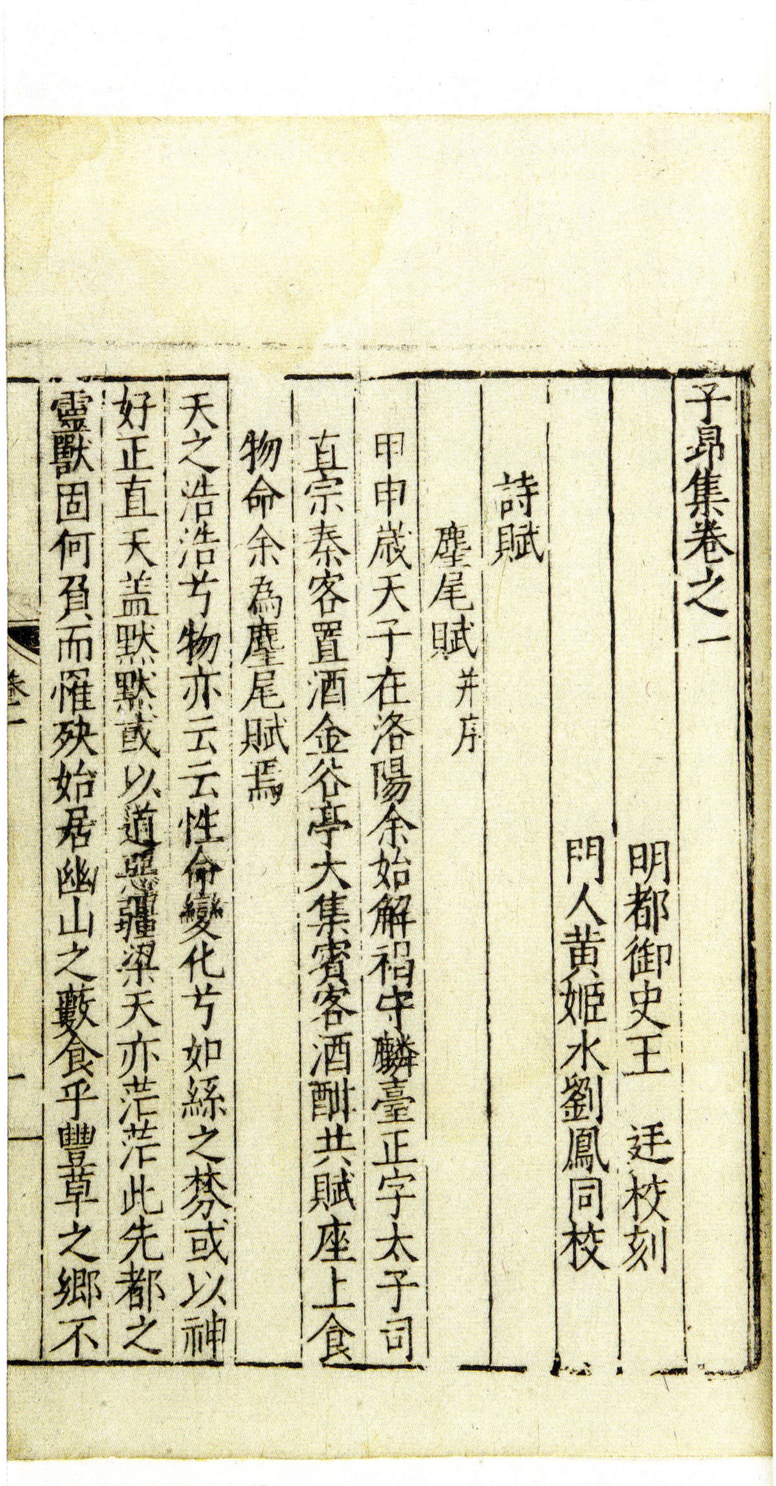
子昂集卷之一
明都御史王　廷校刻
門人黄姬水劉鳳同校
詩賦
麈尾賦并序
甲申歲天子在洛陽余始解褐守麟臺正字太子司
直宗秦客置酒金谷亭大集賓客酒酣共賦座上食
物命余為麈尾賦焉
天之浩浩兮物亦云云性命變化兮如絲之棼或以神
好正直天蓋默默或以道惡彊梁天亦茫茫此先都之
靈獸固何負而罹殃始居幽山之藪食乎豐草之鄉不
卷一　一

**子昂集十卷**　（唐）陳子昂撰　明嘉靖四十四年（1565）王廷刻本　黄丕烈校並跋

此本存世不多。

國家圖書館　名錄08683

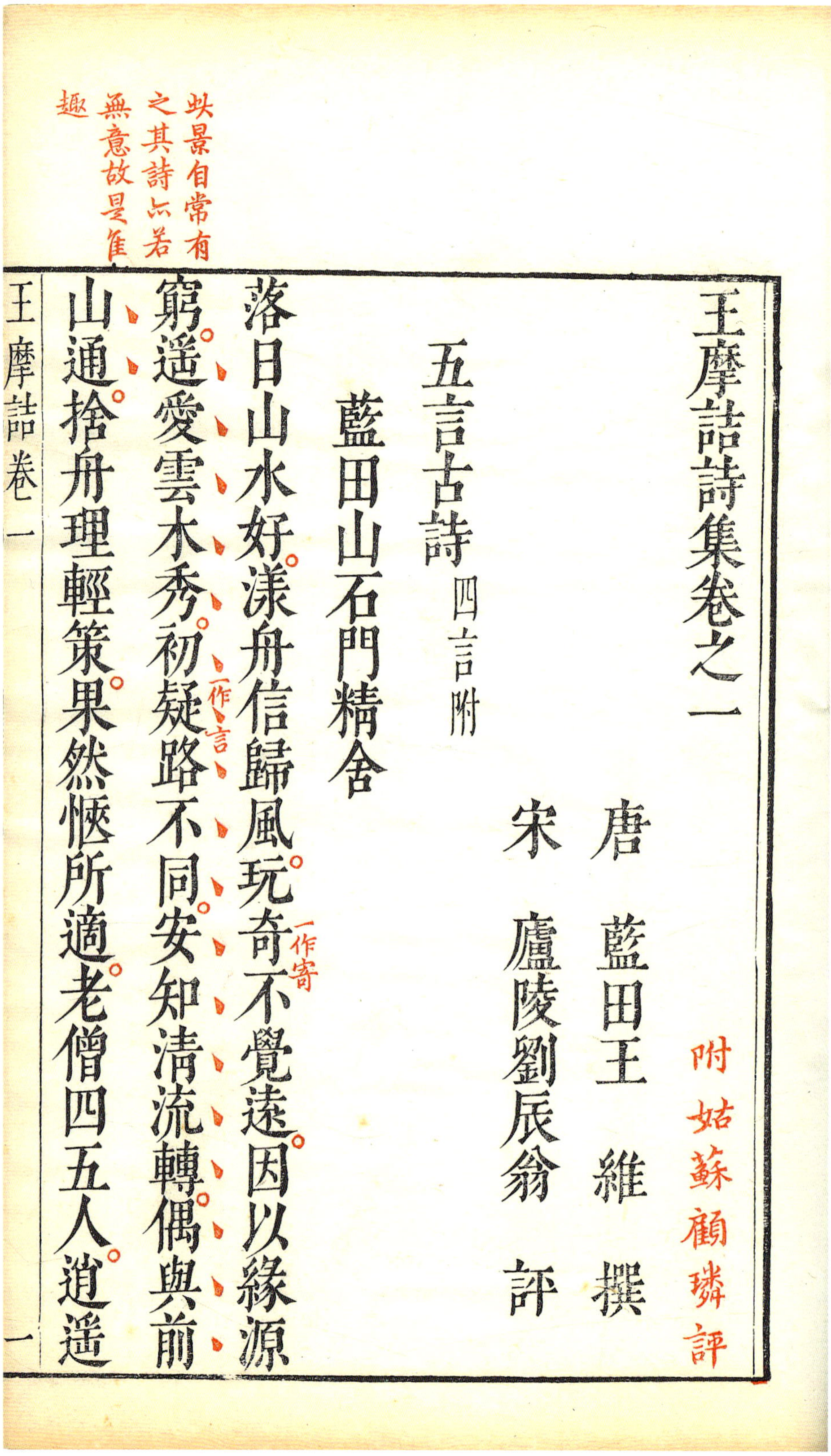
附姑蘇顧璘評

王摩詰詩集卷之一

唐　藍田王　維　撰

宋　廬陵劉辰翁　評

五言古詩　四言附

藍田山石門精舍

落日山水好漾舟信歸風玩（一作寄）奇不覺遠因以緣源窮遥愛雲木秀初（一作言）疑路不同安知清流轉偶與前山通捨舟理輕策果然愜所適老僧四五人逍遥

此景自常有之其詩亦若無意故是雋趣

王摩詰卷一　一

**王摩詰詩集七卷**　（唐）王維撰　（宋）劉辰翁評　明凌濛初刻朱墨套印本

此爲明吴興凌濛初刊《盛唐四名家集》本，朱墨套印，色調燦然。

故宫博物院　名録08686

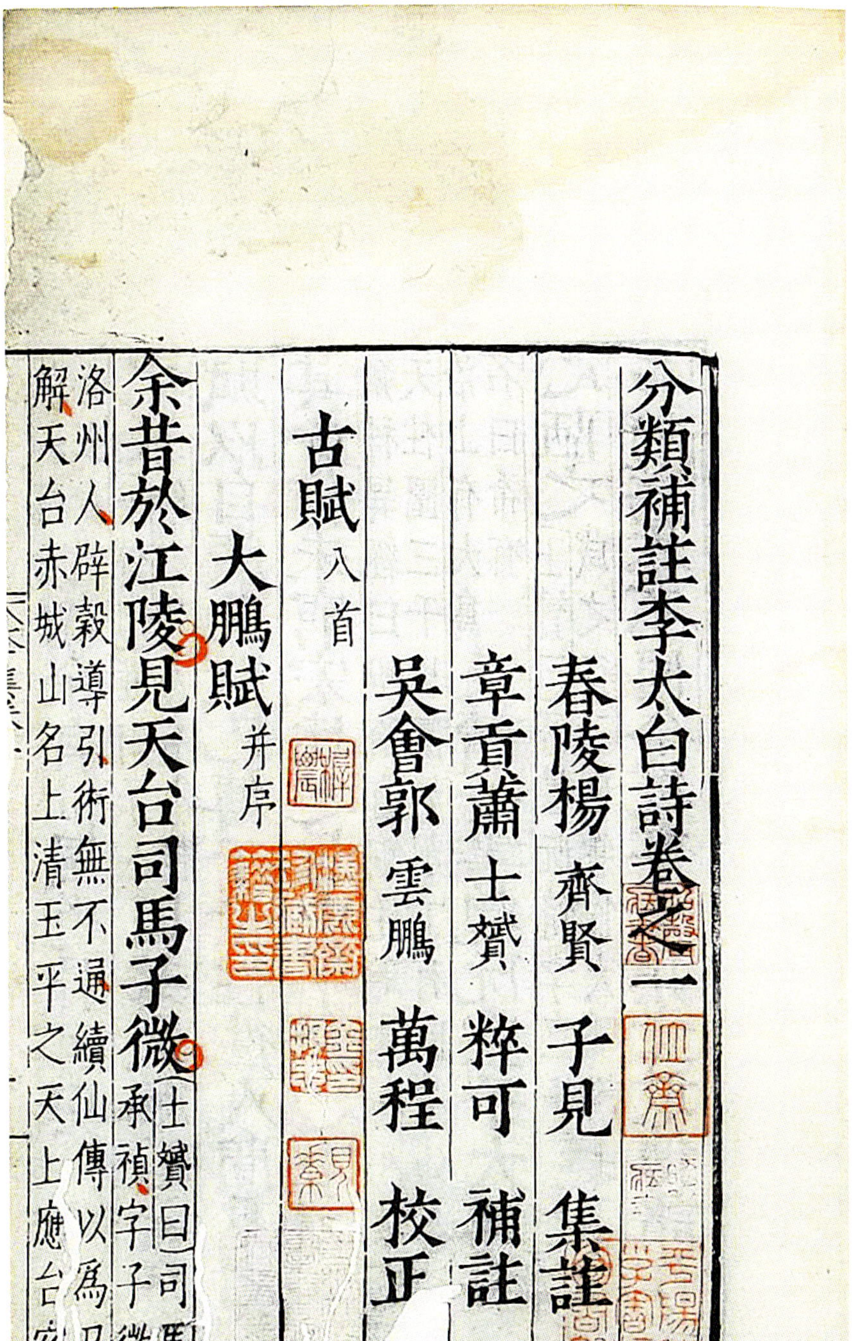


**分類補注李太白詩二十五卷**（唐）李白撰（宋）楊齊賢集注（元）蕭士贇補注　**分類編次李太白文五卷**（唐）李白撰　明嘉靖二十二年（1543）郭雲鵬寶善堂刻本

此書採摭精詳，次序整密，開本宏闊，鐫刻精雅。

吉林大學圖書館　名錄08700

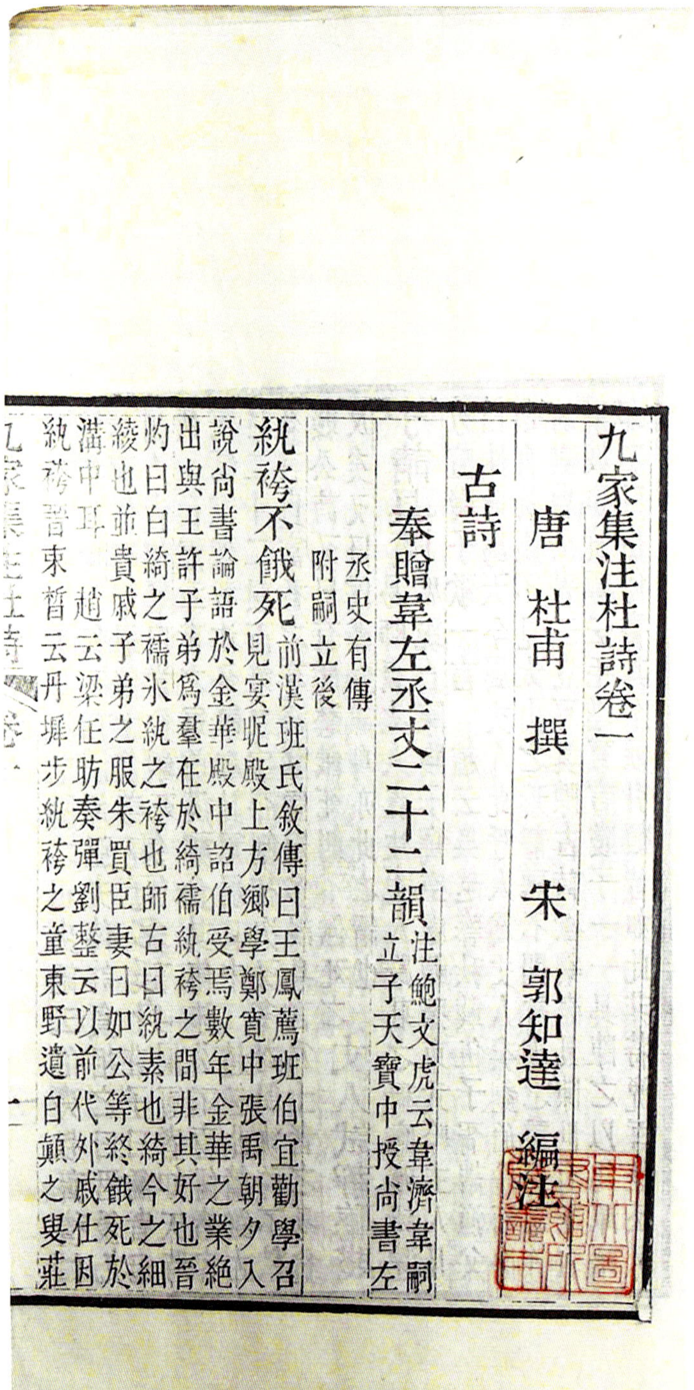
九家集注杜詩卷一

唐　杜甫　撰　　宋　郭知達　編注

古詩

奉贈韋左丞丈二十二韻 注鮑文虎云韋濟韋嗣立子天寶中授尚書左丞史有傳附嗣立後

紈袴不餓死 前漢班氏敘傳曰王鳳薦班伯宜勸學召見宴昵殿上方鄉學鄭寬中張禹朝夕入說尚書論語於金華殿中詔伯受焉數年金華之業絶出與王許子弟爲羣在於綺襦紈袴之間非其好也晉灼曰白綺之襦氷紈之袴也師古曰紈素也綺今之細綾也並貴戚子弟之服朱買臣妻曰如公等終餓死於溝中耳 趙云梁任昉奏彈劉整云以前代外戚仕因紈袴晉束晳云丹墀步紈袴之童東野遺白顛之叟莊

九家集注杜詩卷一　一

**九家集注杜詩三十六卷**　（唐）杜甫撰　清乾隆（1736–1795）武英殿刻本

是書彙集有王洙、宋祁、王安石、黄庭堅、薛夢符、杜田、鮑彪、師尹、趙彦材九家之注。

遼寧省圖書館　名錄08730

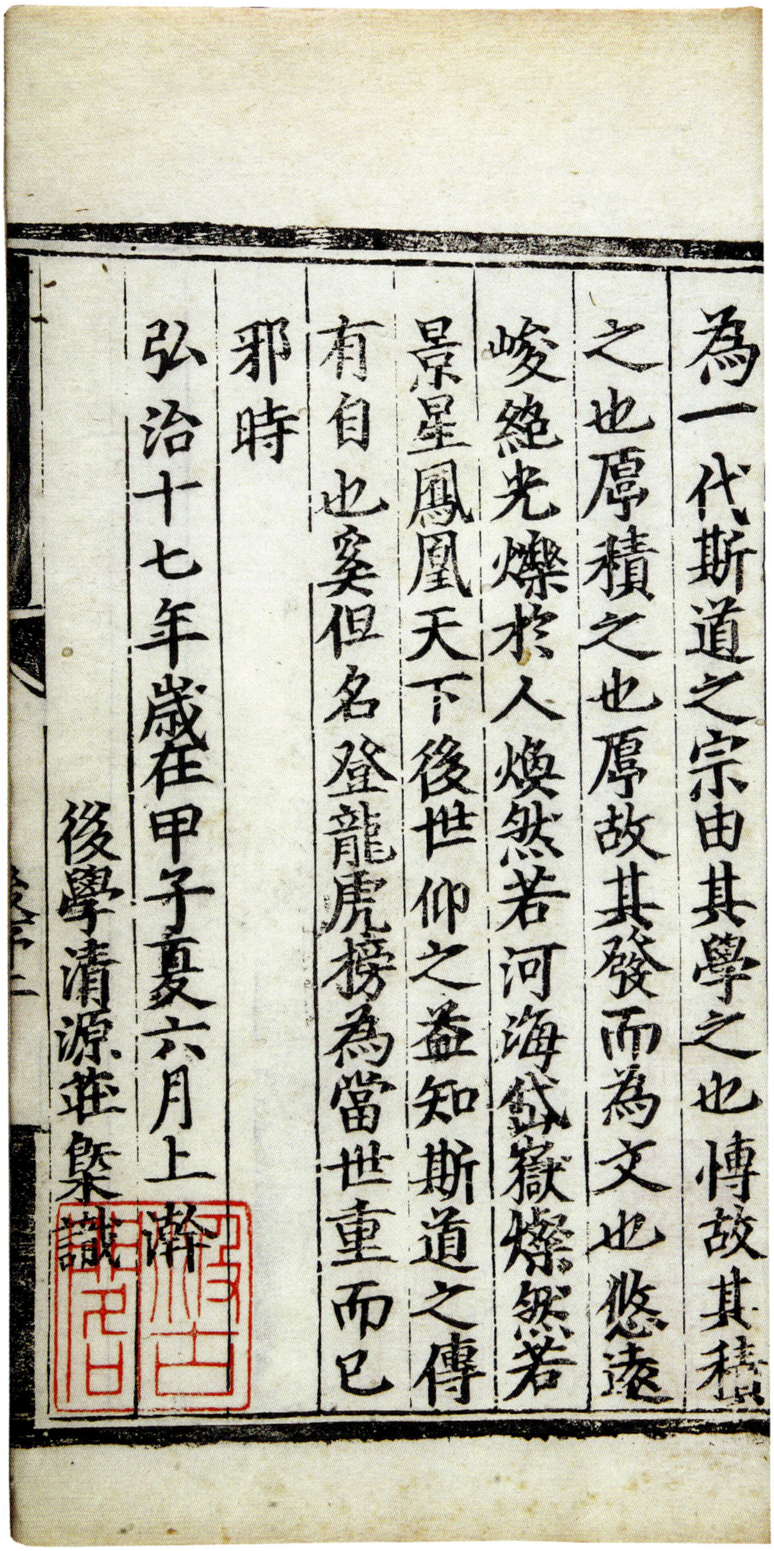


**歐陽行周文集十卷**　（唐）歐陽詹撰　明弘治十七年（1504）莊槩、吳晟刻公文紙印本　劉喜海跋

明代公文紙印本，傳世稀少，洵可珍貴。

國家圖書館　名錄08751

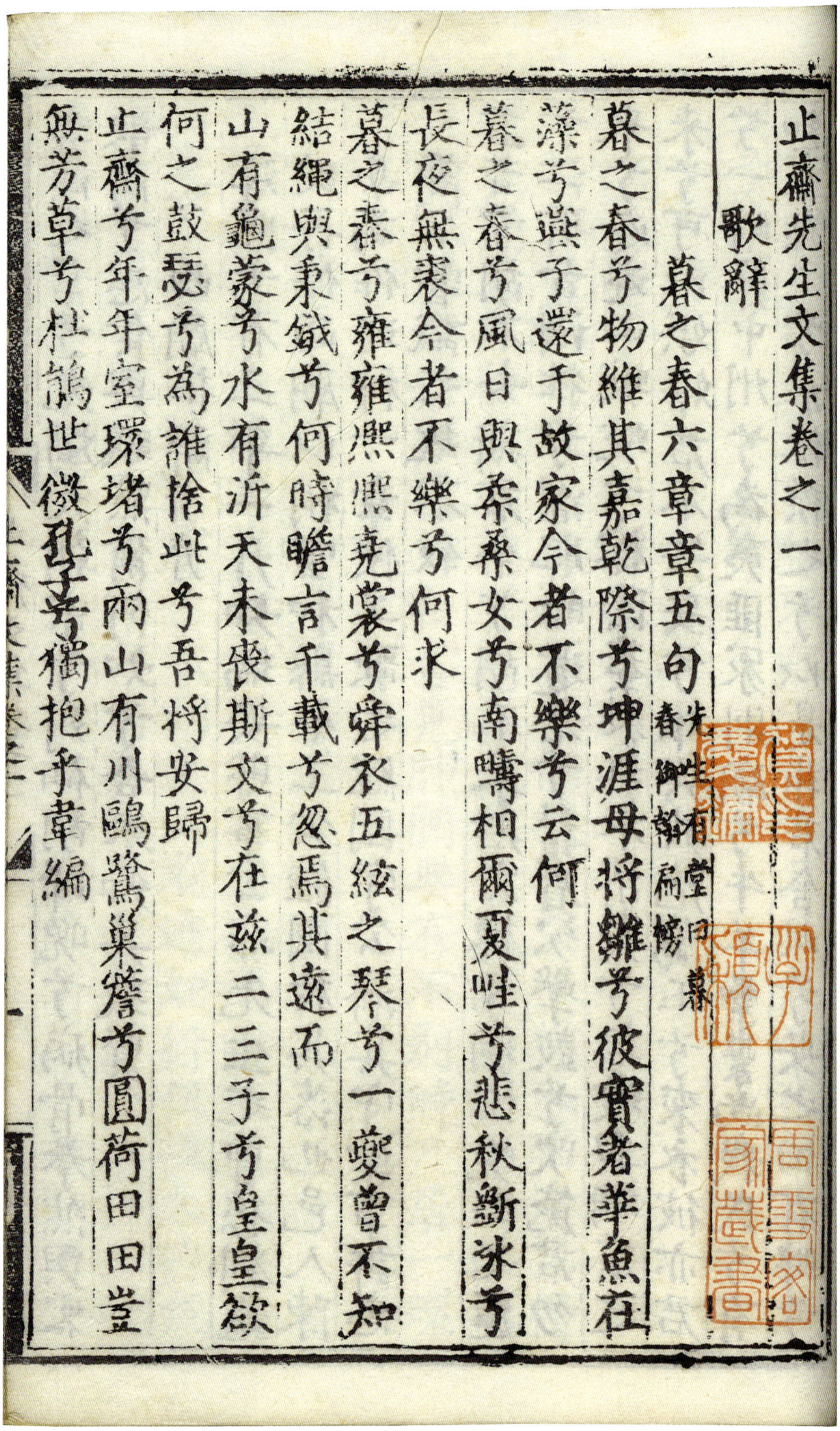

止齋先生文集卷之一
歌辭
暮之春六章章五句先生有堂曰暮春御翰扇榜
暮之春兮物維其嘉乾際兮坤涯母將離兮彼實者華魚在藻兮與子還于故家今者不樂兮云何
暮之春兮風日與柔桑女兮南疇相爾夏哇兮悲秋斲冰兮長夜無裘今者不樂兮何求
暮之春兮雍雍熙熙堯裳兮舜衣五絃之琴兮一夔曾不知結繩與秉鉞兮何時瞻言千載兮忽焉其遠而
山有龜蒙兮水有沂天未喪斯文兮在茲二三子兮皇皇欲何之鼓瑟兮為誰捨此兮吾將安歸
止齋兮年年室環堵兮兩山有川鷗鷺巢簷兮圓荷田田豈無芳草兮杜鵑世微孔子兮獨抱乎韋編

**止齋先生文集五十二卷** （宋）陳傅良撰 **附錄一卷** 明正德元年（1506）林長繁刻本

是書傳本較少，爲今存版本最早者。

天津圖書館　名錄08923

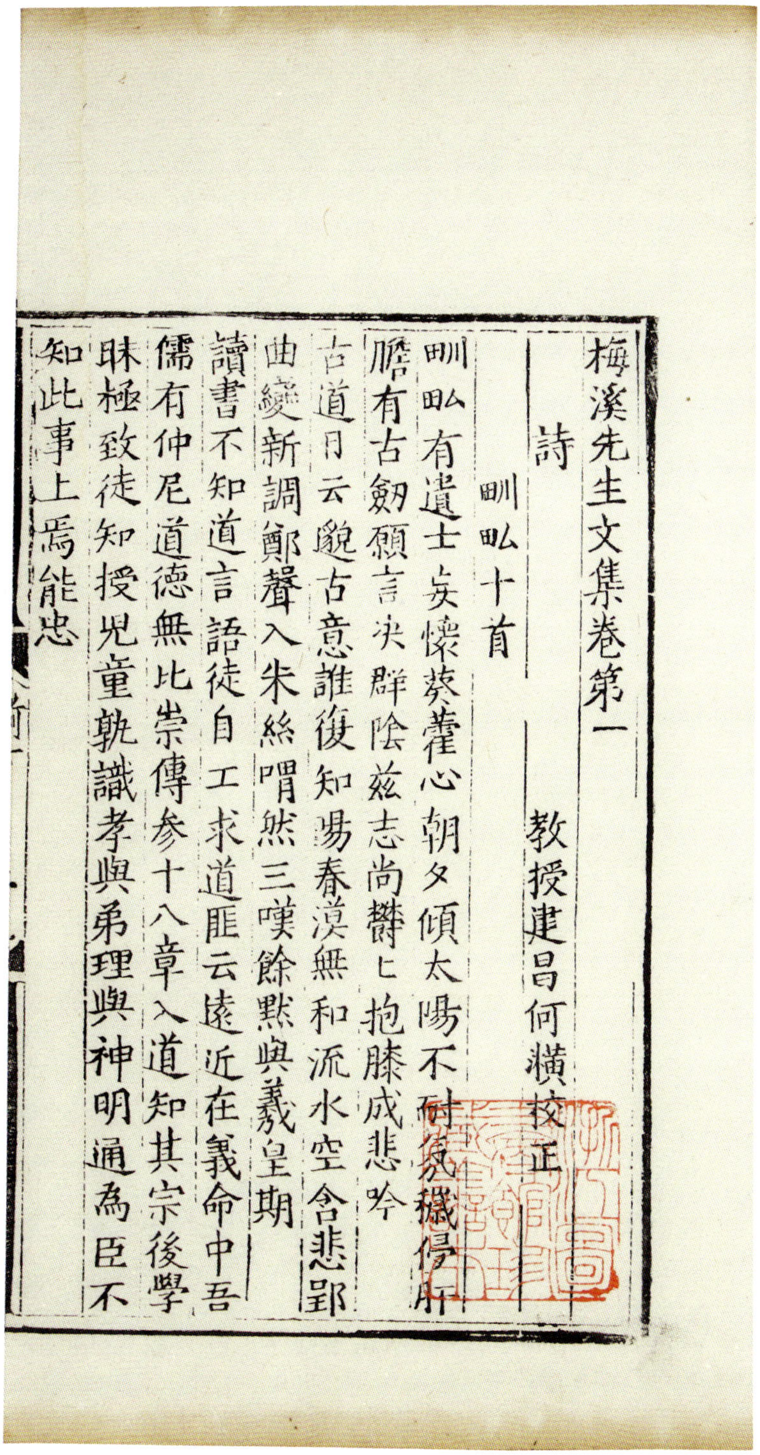
梅溪先生文集卷第一

詩　　教授建昌何潢校正

甽畒十首

甽畒有遺士矣懷葵藿心朝夕傾太陽不耐氛穢侵肝
膽有古劒頹言决群陰茲志尚欝〻抱膝成悲吟
古道日云邈古意誰復知暘春漠無和流水空含悲郢
曲變新調鄭聲入朱絲喟然三嘆餘黙與羲皇期
讀書不知道言語徒自工求道匪云遠近在彝命中吾
儒有仲尼道德無比崇傳參十八章入道知其宗後學
昧極致徒知授兒童孰識孝與弟理與神明通為臣不
知此事上焉能忠

**梅溪先生廷試策一卷奏議四卷文集二十卷後集二十九卷附錄一卷**

（宋）王十朋撰　（明）何潢校　明正統五年（1440）劉謙、何潢刻天順六年（1462）重修本

正統本據宋江陵本刊印，此重修本内容與正統本基本相同，然增補序跋，且多有俗字。

浙江圖書館　名録08929

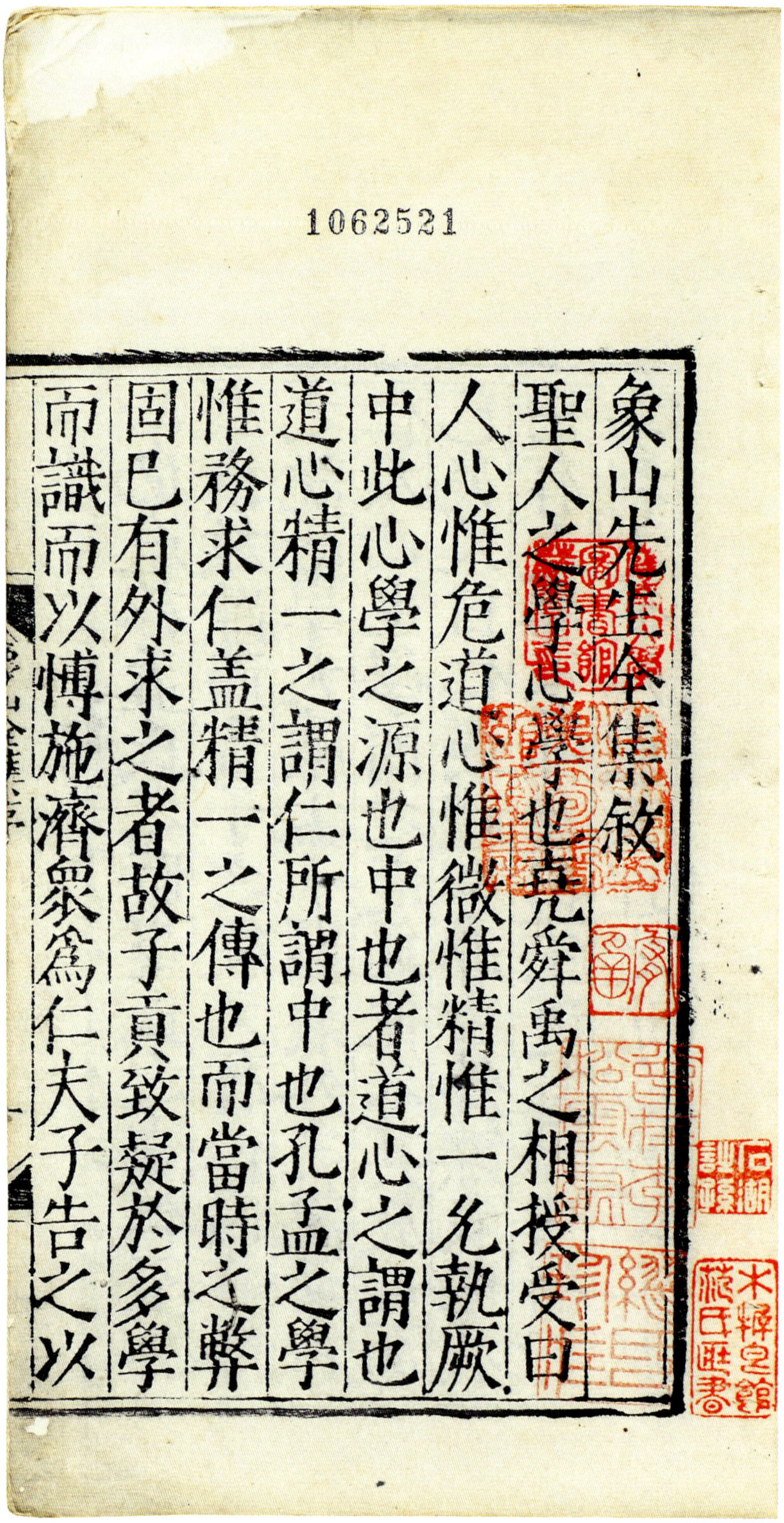
1062521

象山先生全集敘
聖人之學心學也堯舜禹之相授受曰
人心惟危道心惟微惟精惟一允執厥
中此心學之源也中也者道心之謂也
道心精一之謂仁所謂中也孔孟之學
惟務求仁蓋精一之傳也而當時之弊
固已有外求之者故子貢致疑於多學
而識而以博施濟衆爲仁夫子告之以

**象山先生全集三十六卷**　（宋）陸九淵撰　明嘉靖十四年（1535）戚賢荆門刻三十一年（1552）魏希相補刻本

此本較爲稀見。

雲南大學圖書館　名録08933

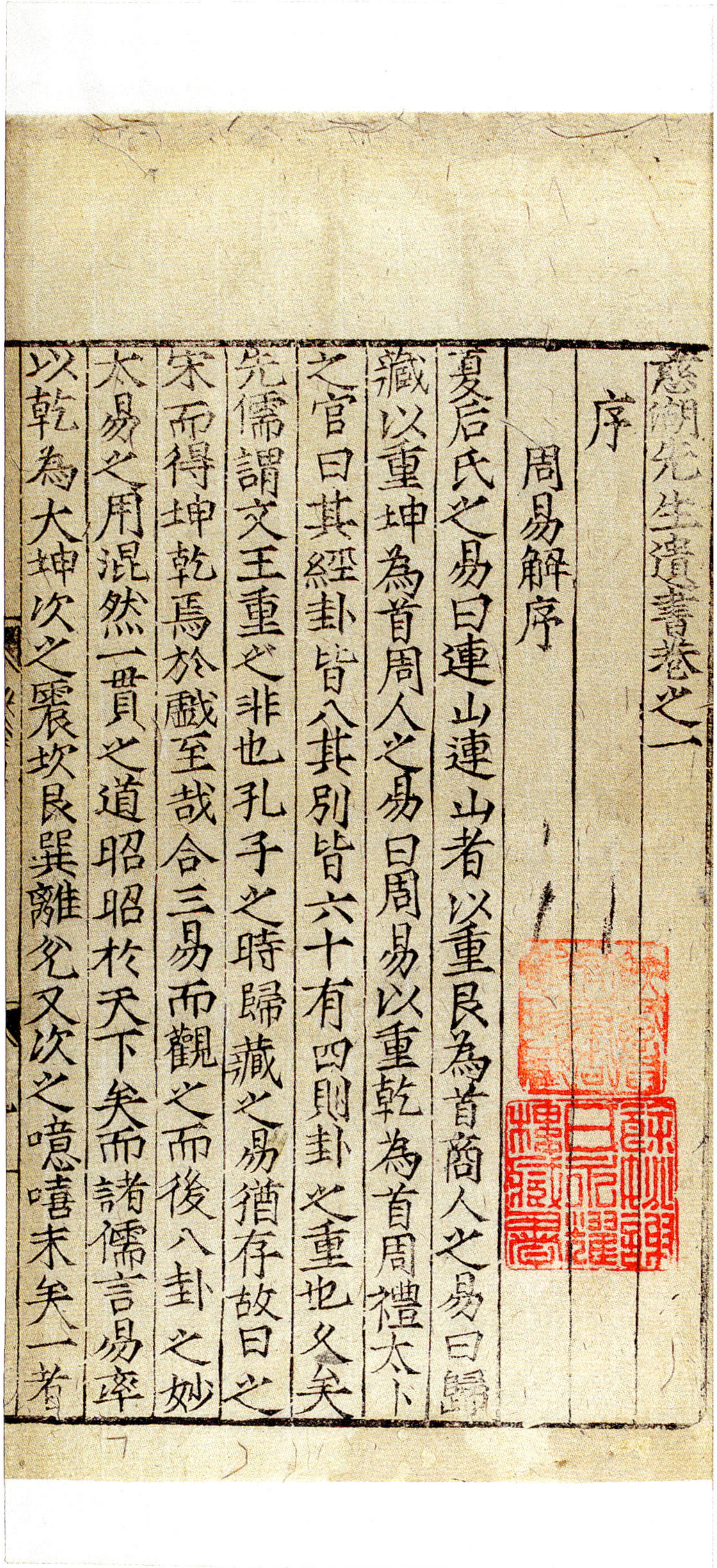

慈湖先生遺書卷之一

序

周易解序

夏后氏之易曰連山連山者以重艮為首商人之易曰歸藏以重坤為首周人之易曰周易以重乾為首周禮太卜之官曰其經卦皆八其別皆六十有四則卦之重也久矣先儒謂文王重之非也孔子之時歸藏之易猶存故曰之宋而得坤乾焉於戲至哉合三易而觀之而後八卦之妙大易之用混然一貫之道昭昭於天下矣而諸儒言易率以乾為大坤次之震坎艮巽離兌又次之噫嘻末矣一者

**慈湖先生遺書二十卷**　（宋）楊簡撰　明嘉靖四年（1525）秦鉞刻本

明人秦鉞（1482–1540）一生刻書不少，此爲早期刊本。

陕西省圖書館　名錄08936

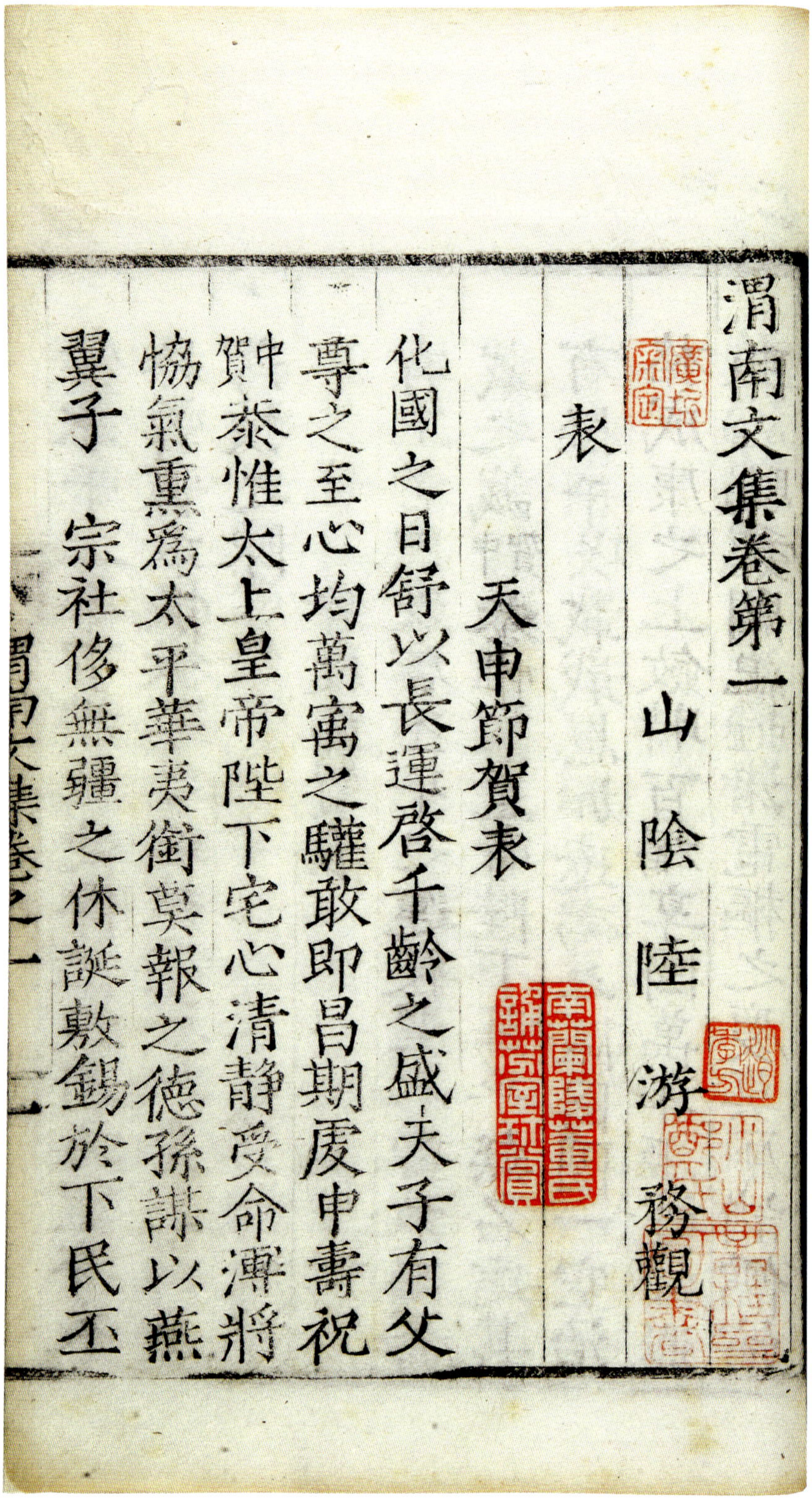
渭南文集卷第一

山陰陸游務觀

表

天申節賀表

化國之日舒以長運啓千齡之盛夫子有父尊之至心均萬㝢之驩敢即昌期虔申壽祝中賀恭惟太上皇帝陛下宅心清靜受命溥將協氣熏爲太平華夷銜莫報之德孫謀以燕翼子 宗社侈無疆之休誕敷錫於下民丕

渭南文集卷之一 二

**渭南文集五十卷**　（宋）陸游撰　明弘治十五年（1502）華珵銅活字印本

錫山華珵爲明代出版家，此本存世頗罕。

國家圖書館　名錄08939

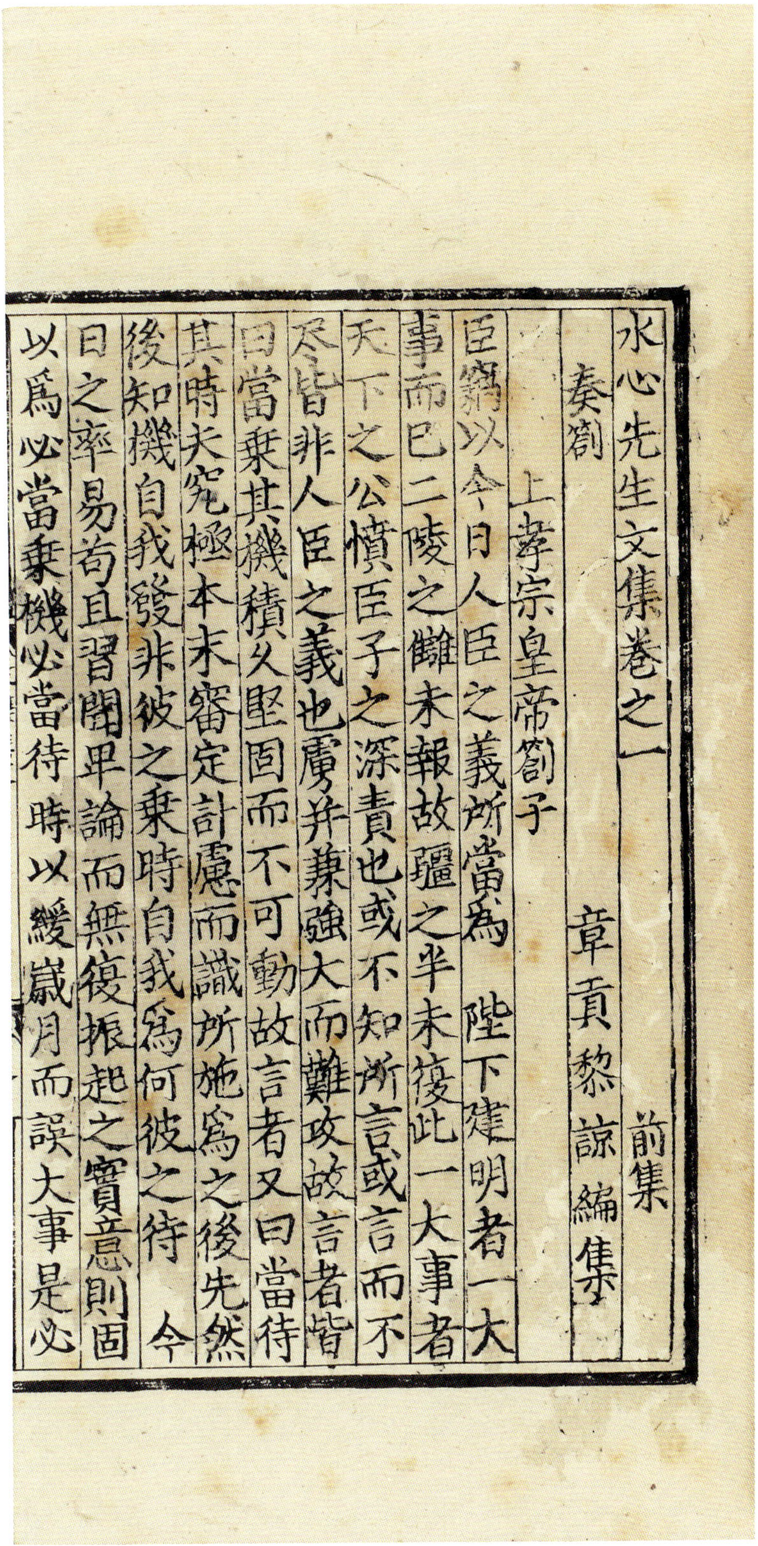
水心先生文集卷之一　　前集
奏劄　　章貢黎諒編集
上孝宗皇帝劄子
臣竊以今日人臣之義所當爲　陛下建明者一大
事而已二陵之讎未報故疆之半未復此一大事者
天下之公憤臣子之深責也或不知所言或言而不
盡皆非人臣之義也虜并兼強大而難攻故言者皆
曰當乘其機積久堅固而不可動故言者又曰當待
其時夫究極本末審定計慮而識所施爲之後先然
後知機自我發非彼之乘時自我爲何彼之待　今
日之率易苟且習聞卑論而無復振起之實意則固
以爲必當乘機必當待時以緩歲月而誤大事是必

**水心先生文集二十九卷**　（宋）葉適撰　明正統十三年（1448）黎諒刻本

此係明早期刻本，傳世較少。

雲南大學圖書館　名錄08943

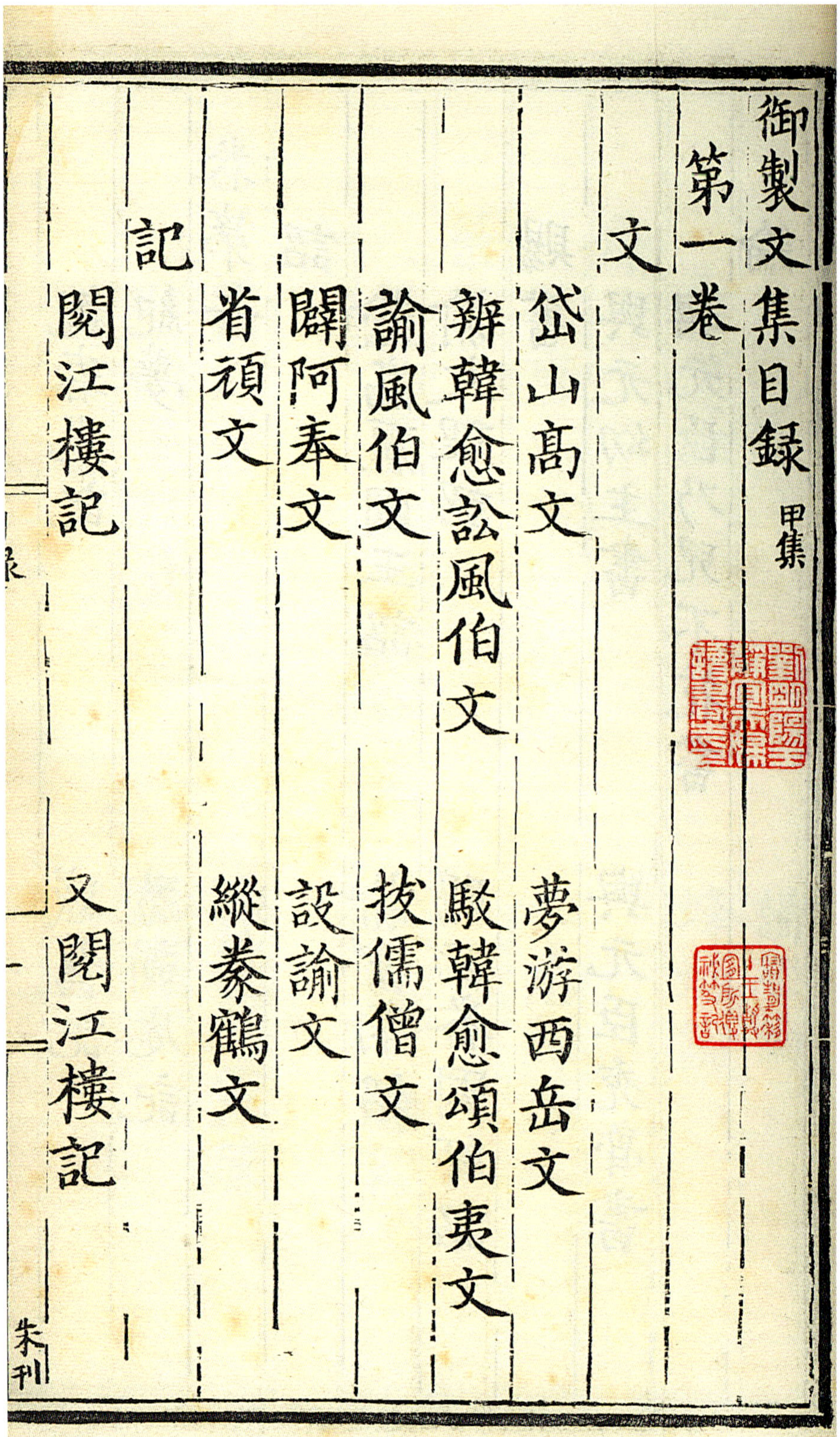
御製文集目録　甲集

第一卷

文

岱山高文　夢游西岳文

辨韓愈訟風伯文　駁韓愈頌伯夷文

諭風伯文　拔儒僧文

闢阿奉文　設諭文

省頑文　縱豢鶴文

記

閱江樓記　又閱江樓記

朱刊

**御製文集四集三十卷**　（明）太祖朱元璋撰　明初刻本

鐫刻甚精，筆劃清晰。

南開大學圖書館　名録09008

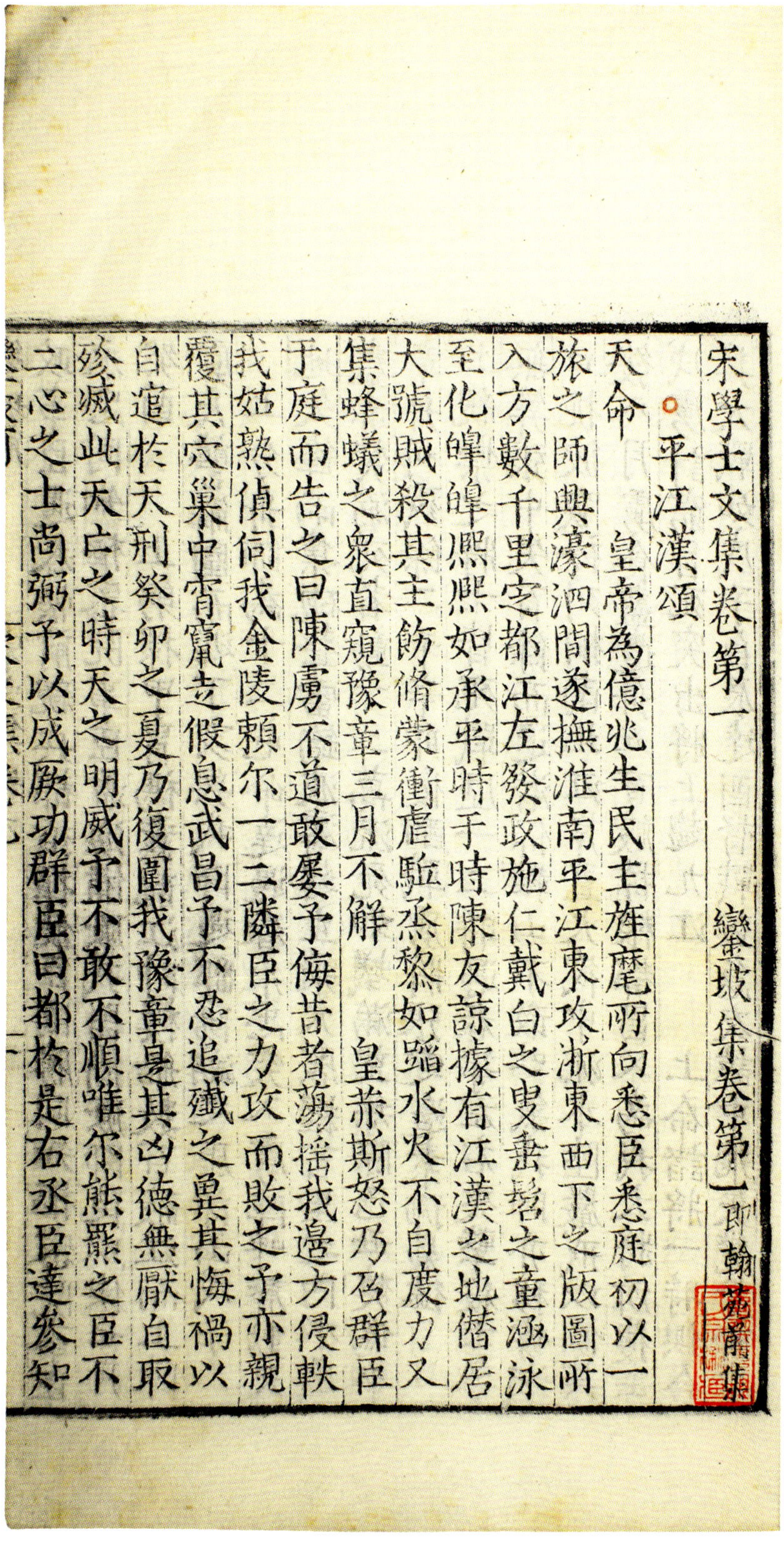
宋學士文集卷第一　鑾坡集卷第一　即翰苑前集
○平江漢頌
天命　皇帝為億兆生民主旌麾所向悉臣悉庭初以一
旅之師興濠泗間遂撫淮南平江東攻浙東西下之版圖所
入方數千里定都江左發政施仁戴白之叟垂髫之童涵泳
至化皥皥熙熙如承平時于時陳友諒據有江漢之地僭居
大號賊殺其主飭脩蒙衝虐駈烝黎如蹈水火不自度力又
集蜂蟻之衆直窺豫章三月不解　皇恭斯怒乃召群臣
于庭而告之曰陳虜不道敢屢予侮昔者蕩搖我邊方侵軼
我姑熟偵伺我金陵賴尔一二隣臣之力攻而敗之予亦親
覆其穴巢中宵竄去假息武昌予不忍追殲之冀其悔禍以
自逭於天刑癸卯之夏乃復圍我豫章是其凶德無厭自取
殄滅此天亡之時天之明威予不敢不順唯尔熊羆之臣不
二心之士尚弼予以成厥功群臣曰都於是右丞臣達參知

**宋學士文集七十五卷**　（明）宋濂撰　明正德九年（1514）張縉刻本

雕刻精良，版式寬大，紙墨俱佳。

東北師範大學圖書館　名錄09013

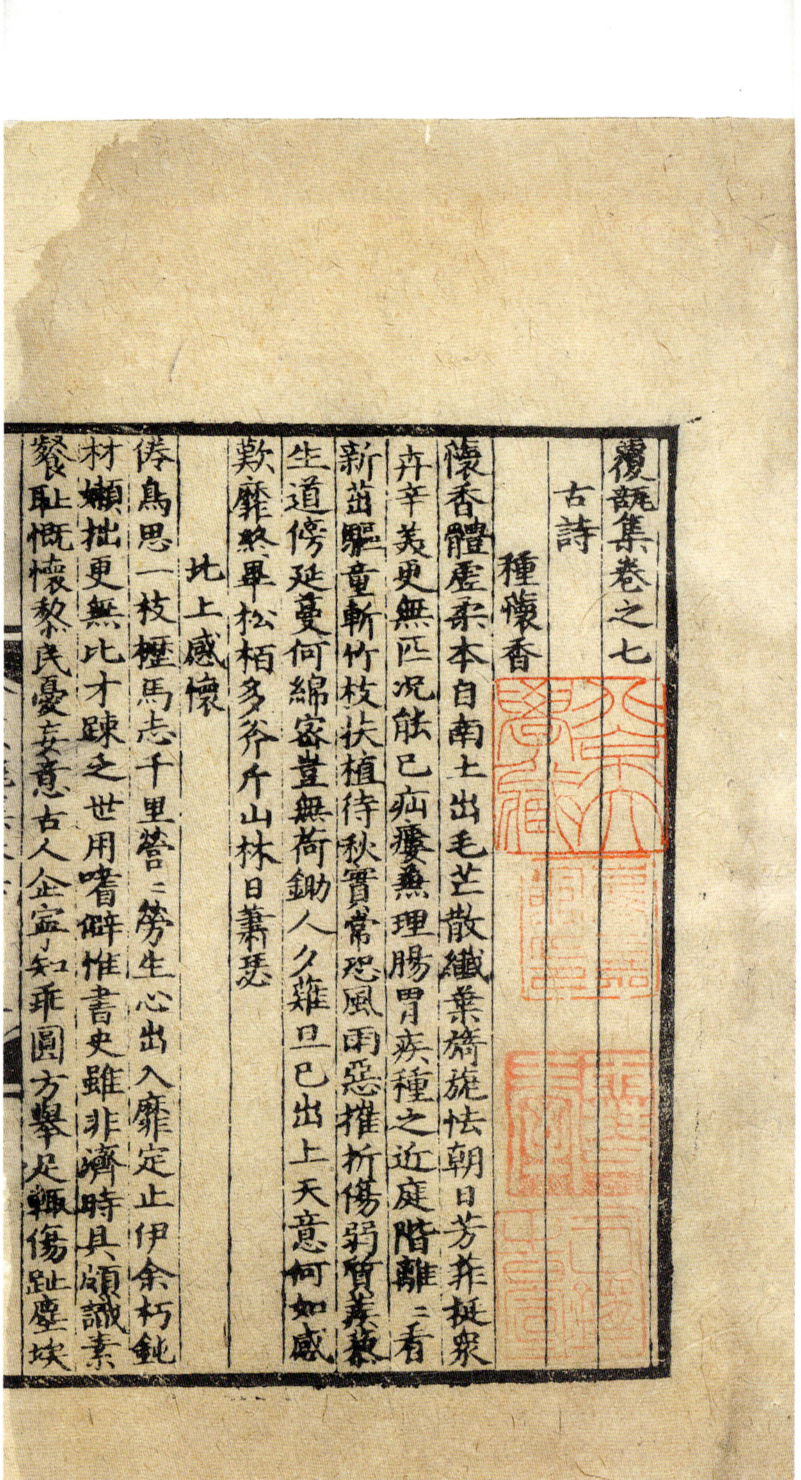

覆瓿集卷之七

古詩

種蘹香

蘹香體虛柔本自南土出毛芒散纖葉旖旎怯朝日芳菲挺衆卉辛美更無匹况能已疝瘕燕理腸胃疾種之近庭階離〻看新茁軀童斬竹枝扶植待秋實常恐風雨惡摧折傷弱質蕤蕤生道傍延蔓何綿密豈無荷鋤人夕雞旦已出上天意何如感歎靡終畢松柏多斧斤山林日蕭瑟

北上感懷

倦鳥思一枝櫪馬志千里營〻勞生心出入靡定止伊余朽鈍材嬾拙更無比才疎乏世用嗜僻惟書史雖非濟時具頗識素餐恥慨懷黎民憂妄意古人企寧知乖圓方舉足輒傷趾塵坱

**覆瓿集二十卷**　（明）劉基撰　明初刻本　李盛鐸題記　存十三卷

此爲國内所見存世最早之版本，密行細字，筆緻婉秀，雕工精雅，存世絶少。

北京大學圖書館　名録09020

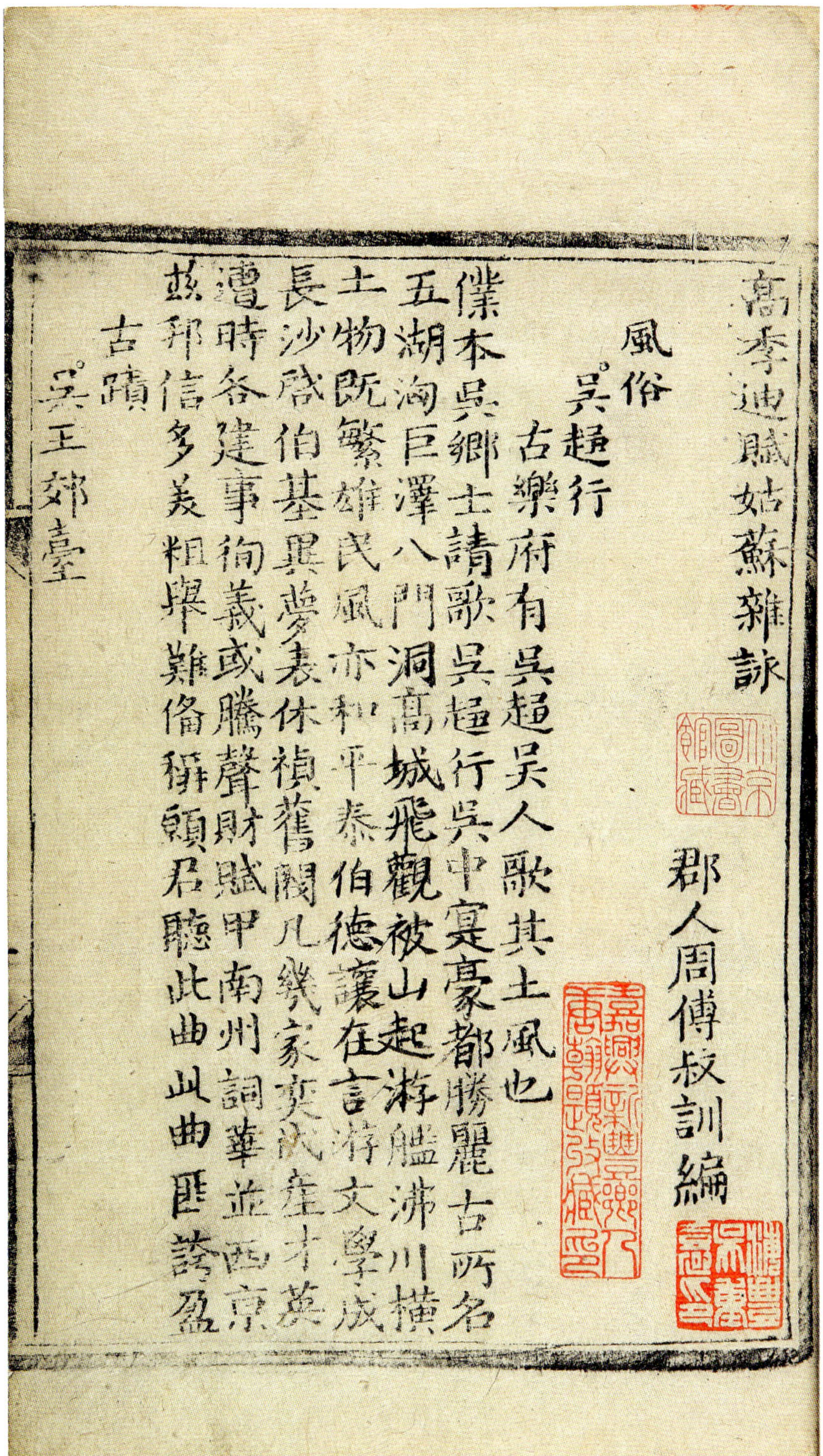

高季迪賦姑蘇雜詠

郡人周傅叔訓編

風俗

吳趨行

古樂府有吳趨吳人歌其土風也

僕本吳鄉士請歌吳趨行吳中實豪都勝麗古所名
五湖洶巨澤八門洞高城飛觀被山起游艦沸川横
土物既繁雄民風亦和平泰伯德讓在言游文學成
長沙啓伯基異夢表休禎舊閥凡幾家奕代產才英
遭時各建事徇義或騰聲財賦甲南州詞華並西京
茲邦信多美粗舉難備稱願君聽此曲此曲匪誇盈

古蹟

吳王郊臺

**高季迪賦姑蘇雜詠一卷**　（明）高啓撰　明洪武三十一年（1398）蔡伯庸刻本　唐翰題跋

此爲高啓自訂本，與通行本《大全集》頗有異同，傳世罕見。

國家圖書館　名錄09036

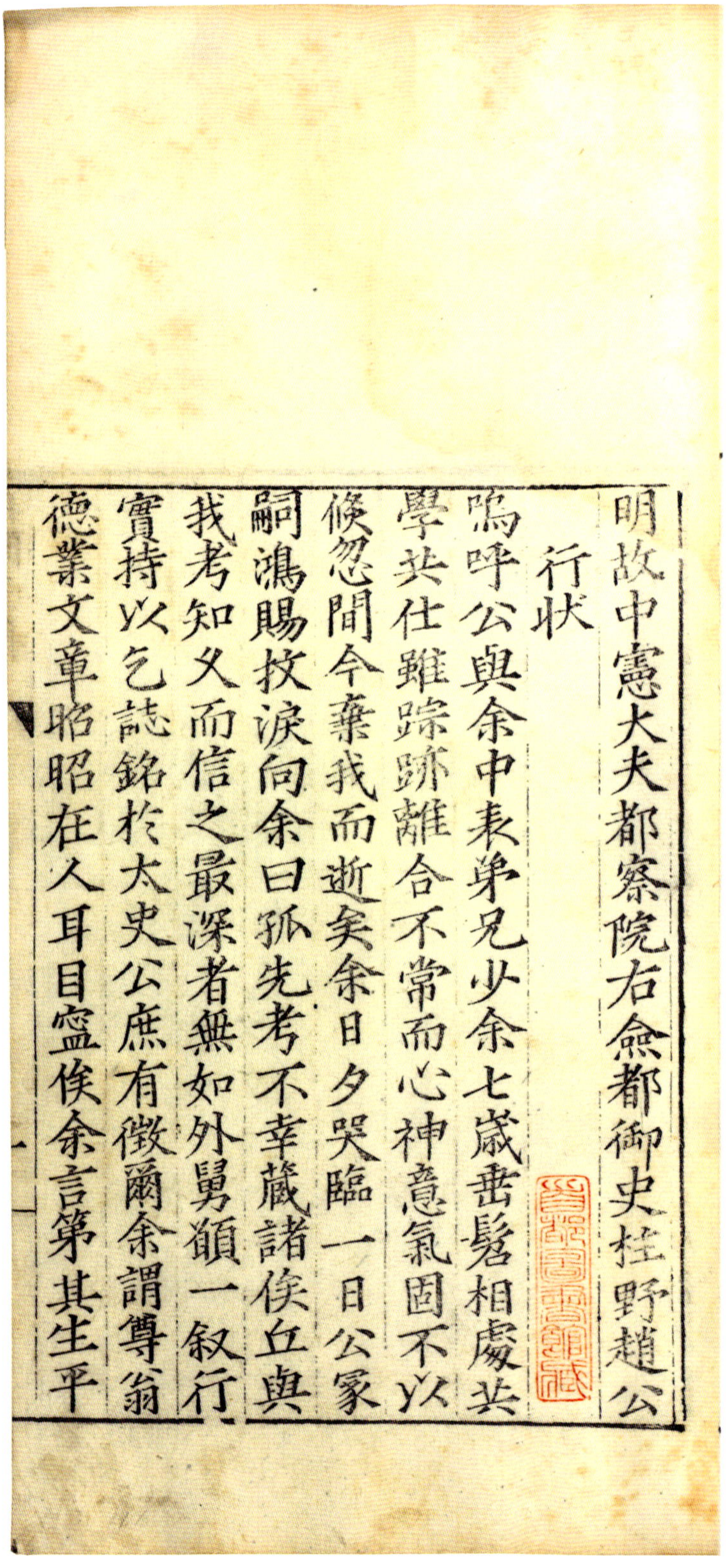
明故中憲大夫都察院右僉都御史柱野趙公
行狀
嗚呼公與余中表弟兄少余七歲垂髫相處共
學共仕雖蹤跡離合不常而心神意氣固不以
倏忽間今棄我而逝矣余日夕哭臨一日公冢
嗣鴻賜抆淚向余曰孤先考不幸藏諸侯丘與
我考知乆而信之最深者無如外舅頠一叙行
實持以乞誌銘於太史公庶有徵爾余謂尊翁
德業文章昭昭在人耳目盍俟余言第其生平

**無聞堂稿十七卷**　（明）趙釴撰　**附録一卷**　明隆慶四年（1570）趙鴻賜玄對樓刻本　紀昀批

趙釴之子鴻賜所刻，刊印精美。

首都圖書館　名録09226

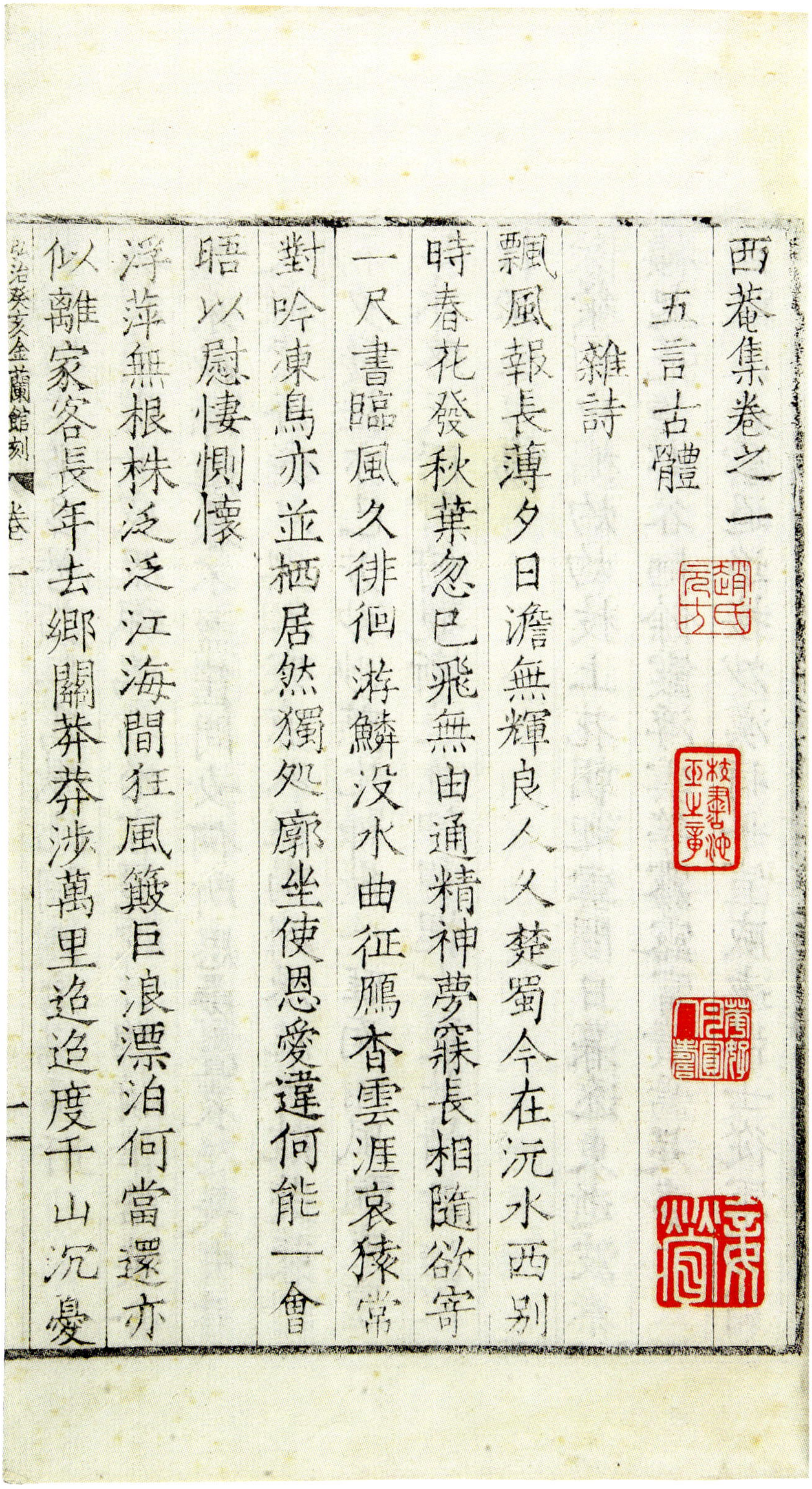
西菴集卷之一
五言古體
雜詩
飄風報長薄夕日澹無輝良人久楚蜀今在沅水西别
時春花發秋葉忽已飛無由通精神夢寐長相隨欲寄
一尺書臨風久徘徊游鱗没水曲征鴈杳雲涯哀猿常
對吟凍鳥亦並棲居然獨処廓坐使恩愛違何能一會
晤以慰悽惻懷
浮萍無根株泛泛江海間狂風簸巨浪漂泊何當還亦
似離家客長年去鄉關莽莽涉萬里迢迢度千山沉憂
弘治癸亥金蘭館刻　卷一　一

**西菴集十卷**　（明）孫蕡撰　明弘治十六年（1503）金蘭館銅活字印本
傅增湘跋

此本存世寥寥，又經名家題跋，洵爲上品。

國家圖書館　名錄09274

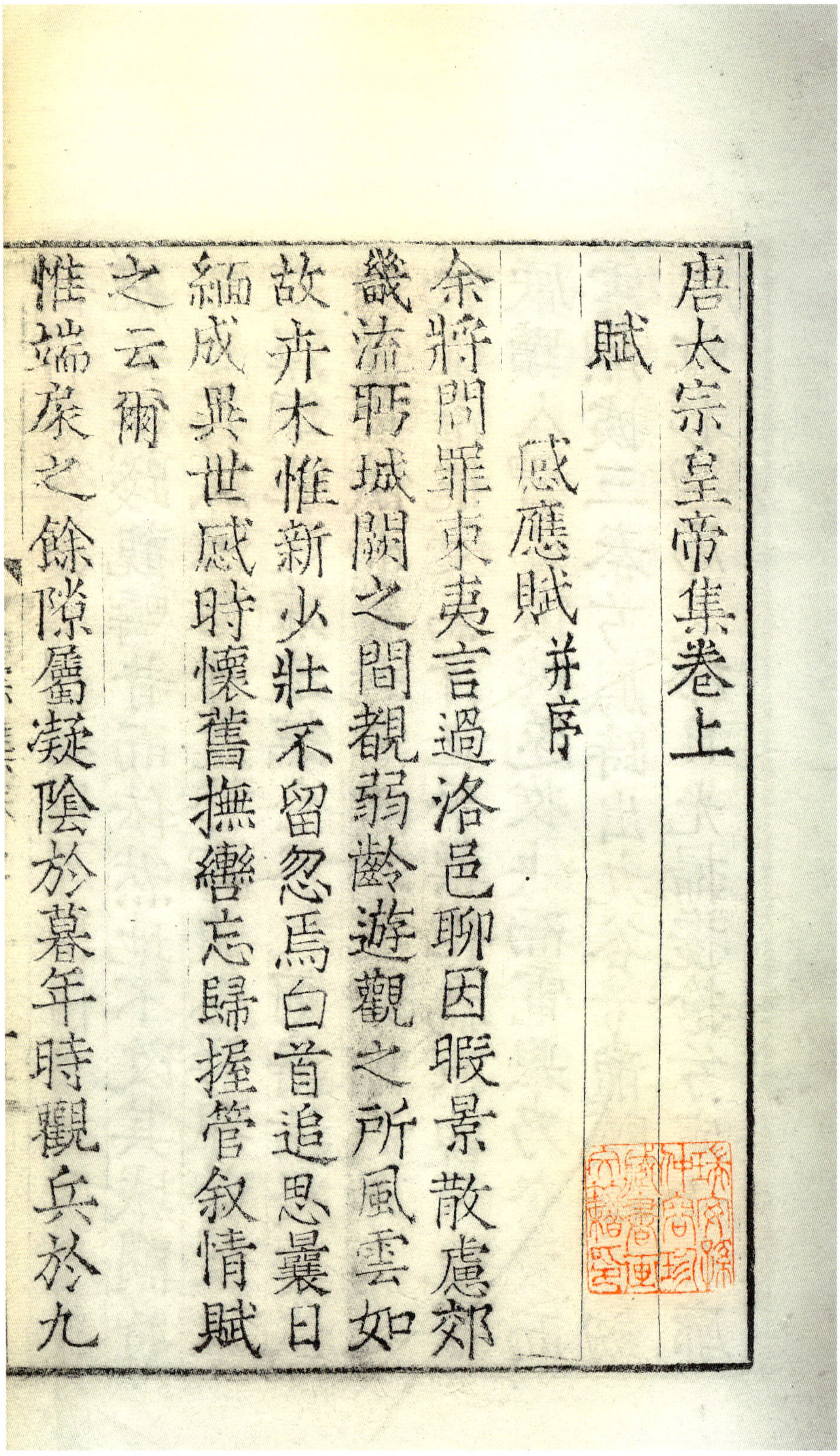
唐太宗皇帝集卷上
賦
感應賦并序
余將問罪東夷言過洛邑聊因暇景散慮郊畿流盼城闕之間覩弱齡遊觀之所風雲如故卉木惟新少壯不留忽焉白首追思曩日緬成異世感時懷舊撫轡忘歸握管叙情賦之云爾
惟端扆之餘隙屬凝陰於暮年時觀兵於九

**唐人集五十種一百五十九卷** 明銅活字印本　存三十八種一百十六卷

現存最早的活字印本唐人詩集叢書，所收《錢考功集》、《李益集》等多無宋元本流傳。

浙江大學圖書館　名錄09359

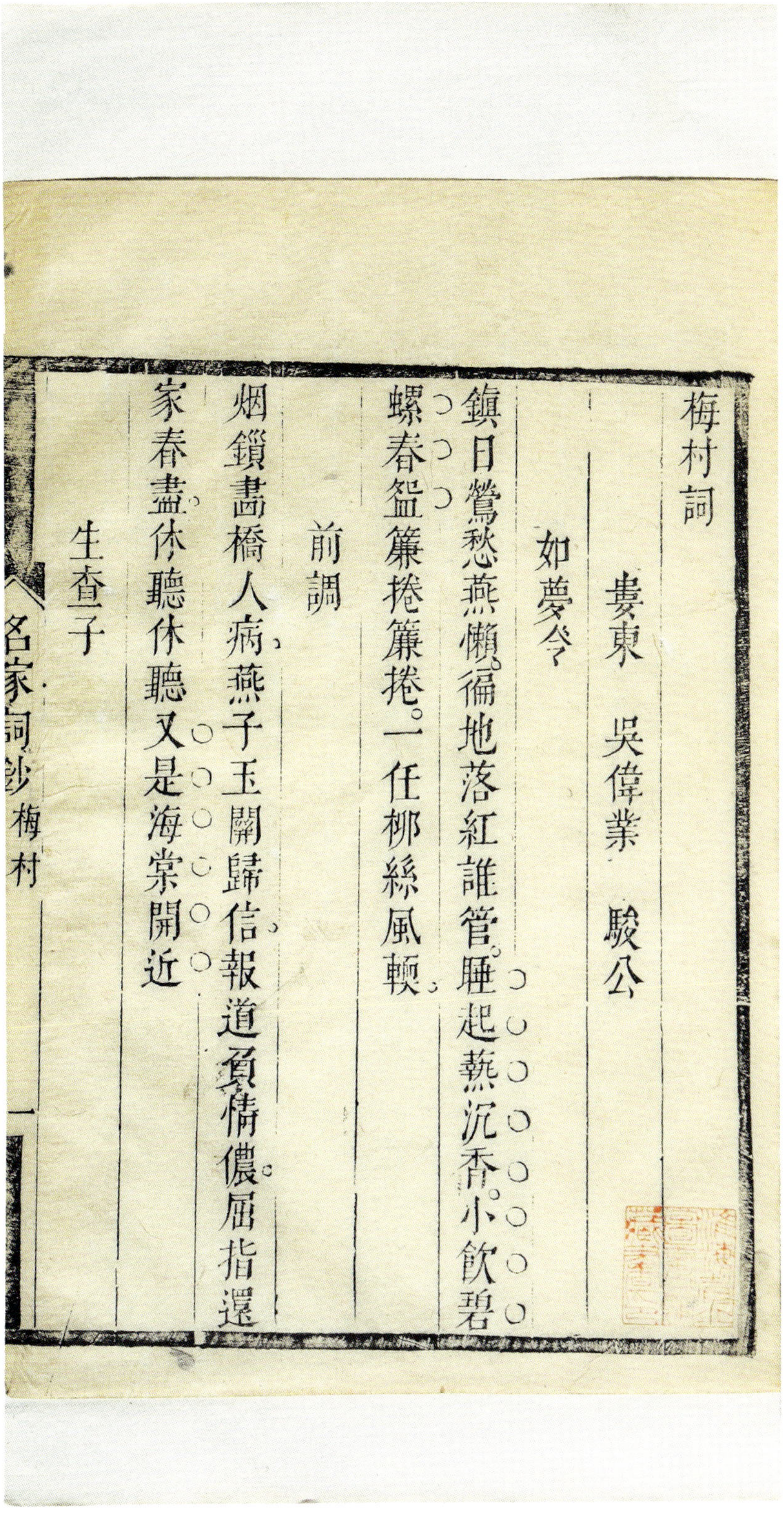
梅村詞
婁東　吳偉業　駿公
如夢令
鎮日鶯愁燕懶徧地落紅誰管睡起爇沉香小飲碧螺春盌簾捲簾捲一任柳絲風輭
前調
烟鎖畫橋人病燕子玉關歸信報道負情儂屈指還家春盡休聽休聽又是海棠開近
生查子
名家詞抄　梅村　一

**百名家詞抄不分卷**　（清）聶先　曾王孫編　清康熙（1662–1722）金閶八詠樓刻本　存七十一家七十一卷

清詞重要典籍。此書保存完整，版刻精美，極爲難得。

徐州市圖書館　名録09546

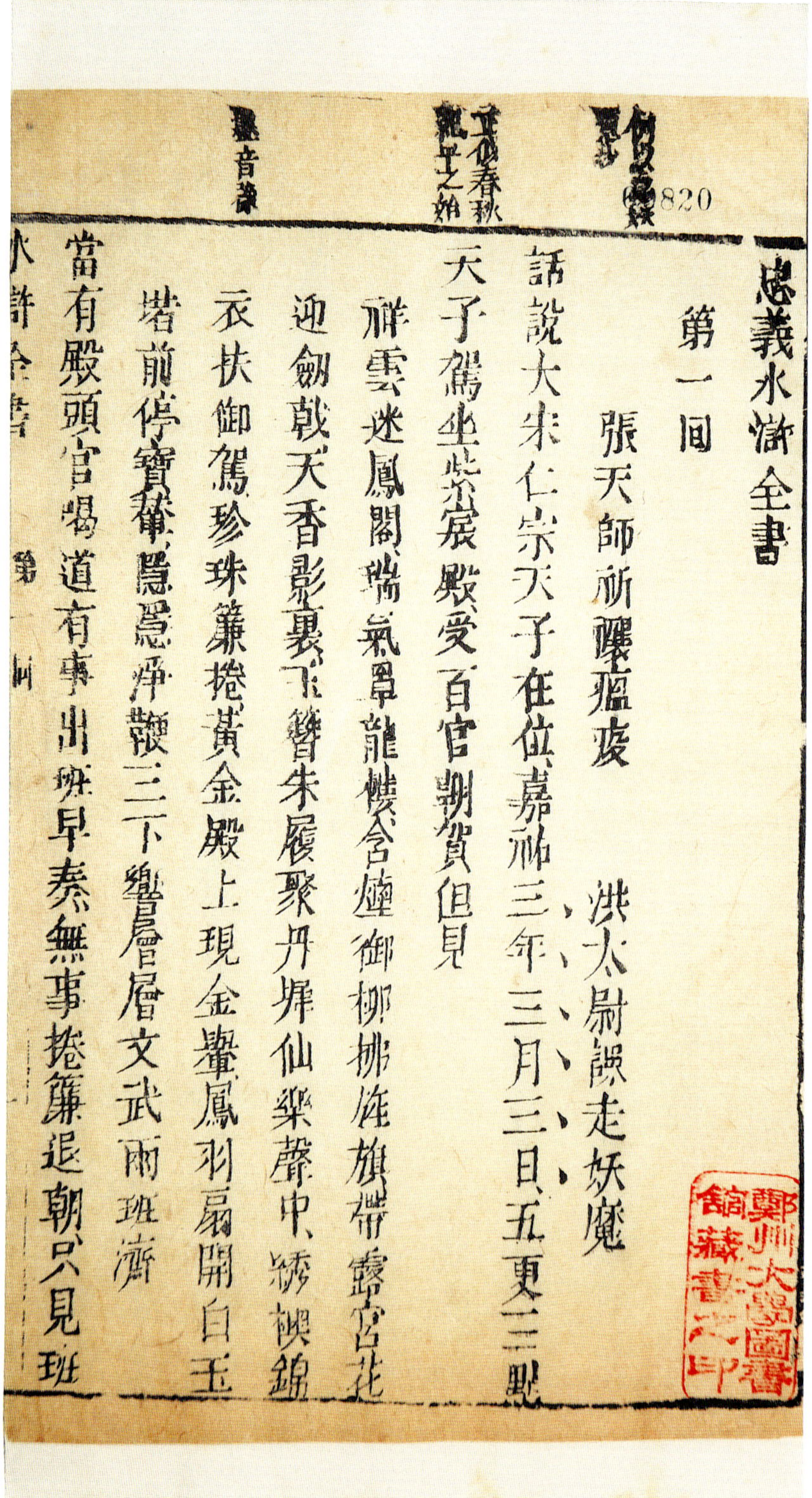

忠義水滸全書

第一回

張天師祈禳瘟疫　洪太尉誤走妖魔

話說大宋仁宗天子在位，嘉祐三年三月三日五更三點，天子駕坐紫宸殿，受百官朝賀。但見：

祥雲迷鳳閣，瑞氣罩龍樓。含煙御柳拂旌旗，帶露宮花迎劍戟。天香影裏，玉簪朱履聚丹墀；仙樂聲中，綉襖錦衣扶御駕。珍珠簾捲，黃金殿上現金轝；鳳羽扇開，白玉堦前停寶輦。隱隱淨鞭三下響，層層文武兩班齊。

當有殿頭官喝道：有事出班早奏，無事捲簾退朝。只見班

水滸全書　第一回



**忠義水滸全書一百二十回**　（元）施耐庵撰　（明）羅本纂修　（明）李贄評　**宣和遺事一卷**　明末郁郁堂刻清修本

此爲《水滸》一百二十回本現存較早的版本，亦爲明刊繁本之代表，在傳世諸版本中，故事情節最完整。

鄭州大學圖書館　名錄09581

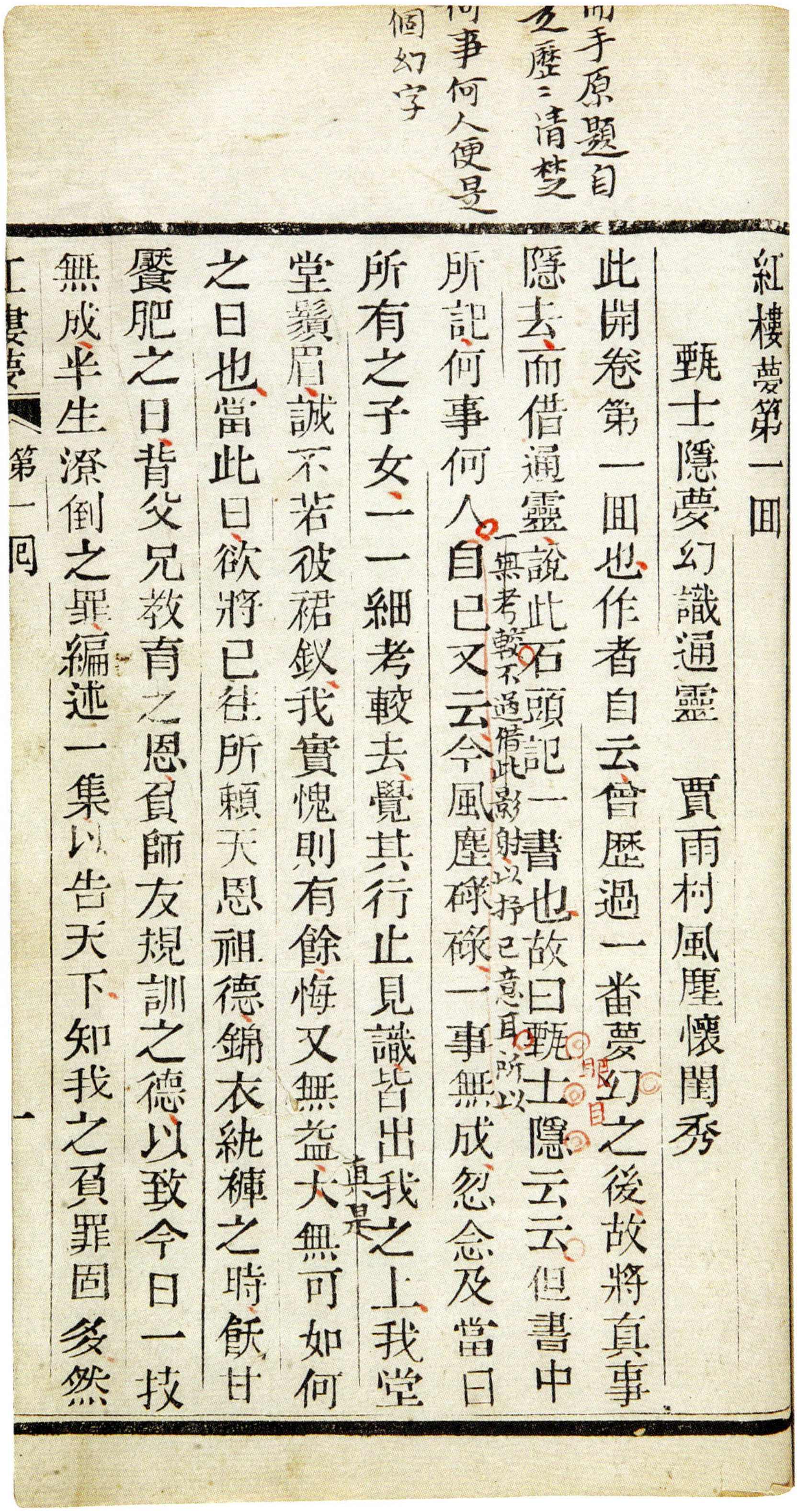


**紅樓夢一百二十回**　（清）曹霑撰　（清）高鶚增訂　清乾隆五十六年（1791）萃文書屋活字印本　張汝執跋　存八十回

程甲本。傳世稀少，雖爲殘本，亦屬珍品。

國家圖書館　名錄09607

陋率意增删而復妄抒鄙見綴
以評語雖蠡測之私殊增顏汗然
自冬徂夏六越月而工始竣亦云
憊矣至管見之遺識仍望質
高明而開盲聾豈敢曰蟪蛄之音
而擅與天籟爭鳴也哉
嘉慶辛酉立夏前一日潞村臞叟張
汝執識

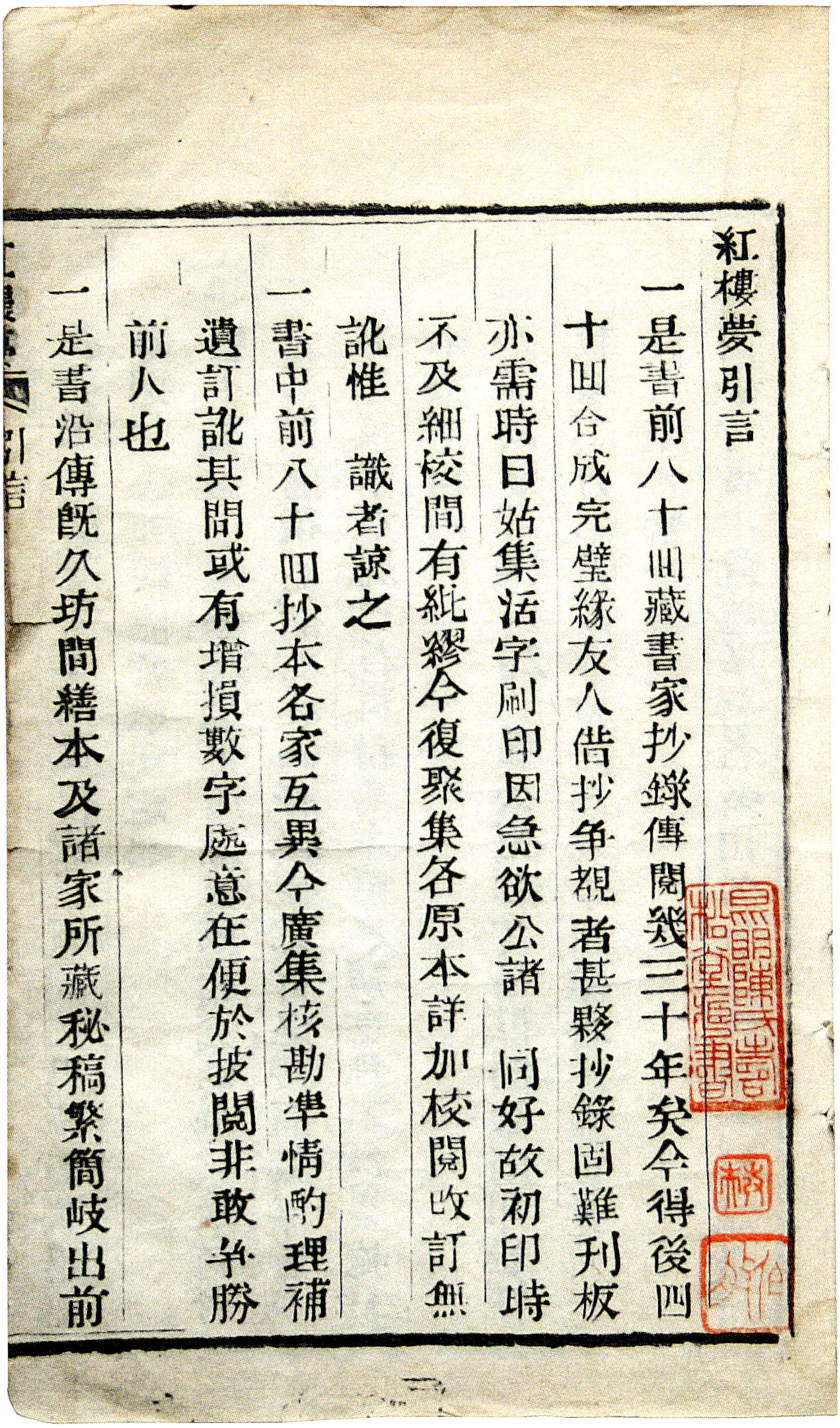
紅樓夢引言

一是書前八十回藏書家抄錄傳閱幾三十年矣今得後四十回合成完璧緣友人借抄爭覩者甚夥抄錄固難刊板亦需時日姑集活字刷印因急欲公諸同好故初印時不及細校間有紕繆今復聚集各原本詳加校閱改訂無訛惟　識者諒之

一書中前八十回抄本各家互異今廣集核勘準情酌理補遺訂訛其間或有增損數字處意在便於披閱非敢爭勝前人也

一是書沿傳既久坊間繕本及諸家所藏秘稿繁簡歧出前

紅樓夢 引言

**紅樓夢一百二十回**　（清）曹霑撰　（清）高鶚增訂　清乾隆五十七年（1792）萃文書屋活字本

程乙本。係在“程甲本”基礎上修訂而成。

雲南省圖書館　名錄09610

紅樓夢第一回

## 甄士隱夢幻識通靈　賈雨村風塵懷閨秀

此開卷第一回也作者自云曾歷過一番夢幻之後故將真事隱去而借通靈說此石頭記一書也故曰甄士隱云云但書中所記何事何人自已又云今風塵碌碌一事無成忽念及當日所有之女子一一細考較去覺其行止見識皆出我之上我堂堂鬚眉誠不若彼裙釵我實愧則有餘悔又無益大無可如何之日也當此日欲將已往所賴天恩祖德錦衣紈袴之時飫甘饜肥之日背父兄教育之恩負師友規訓之德以致今日一技無成半生潦倒之罪編述一集以告天下知我之負罪固多然

# 明清稿抄本

稿本是書籍写作的最初形態，爲諸本之祖，出於著者之手，無傳抄、翻刻之誤，最爲可信。就其形成過程而言，可分爲初稿、修改稿與定稿；就其是否爲著者手筆，則可分爲著者親筆的手稿本和非親筆的謄抄稿本。稿中勾乙增删之處可見著者著述、治學的歷程，反映著者的學術思想，稿本上的友朋批校彰顯當時學人團體治學的趨向與異同，彌足珍貴。此外，稿本與其刻本的關係也爲版本學家所重視，未刊稿本及與刻本不同的稿本有更高的版本和文獻價值。

本次展覽的手稿本多爲名家名著，如瞿式耜《明瞿忠宣公文稿》，昭顯其不屈的氣節；又如惠棟《周易本義辨證》、翁方綱《四庫提要稿》等均爲乾嘉時代學術重要著作；再如蒲松齡《聊齋志異》等三種手稿會聚一堂，可謂書林盛事。謄抄稿本而有著者批注者，亦屬難得，如毛晉《汲古閣集》爲付刻之稿，版式與刻本相同；郝懿行《爾雅義疏》爲其一生精力所萃之作；孫詒讓《墨子閒詁》乃《墨子》校勘集大成之作。

抄本是稿本或印本的傳抄本。若原本亡佚，則賴抄本保存原書内容，若抄本出於不同版本系統，則有重要的校勘價值。抄本傳世數量較刊本爲少，出於名家抄寫、校訂的精抄本則更爲珍貴。藏書家遇到珍貴古籍，令抄手依照底本原樣摹寫，稱影抄本。如清初毛氏汲古閣影宋抄本《剪綃集》。彩繪本爲本次展覽添加了豐富的色彩，如明成化彩繪本《宣和牌譜》、清彩繪抄本《人體經穴臟腑圖》。

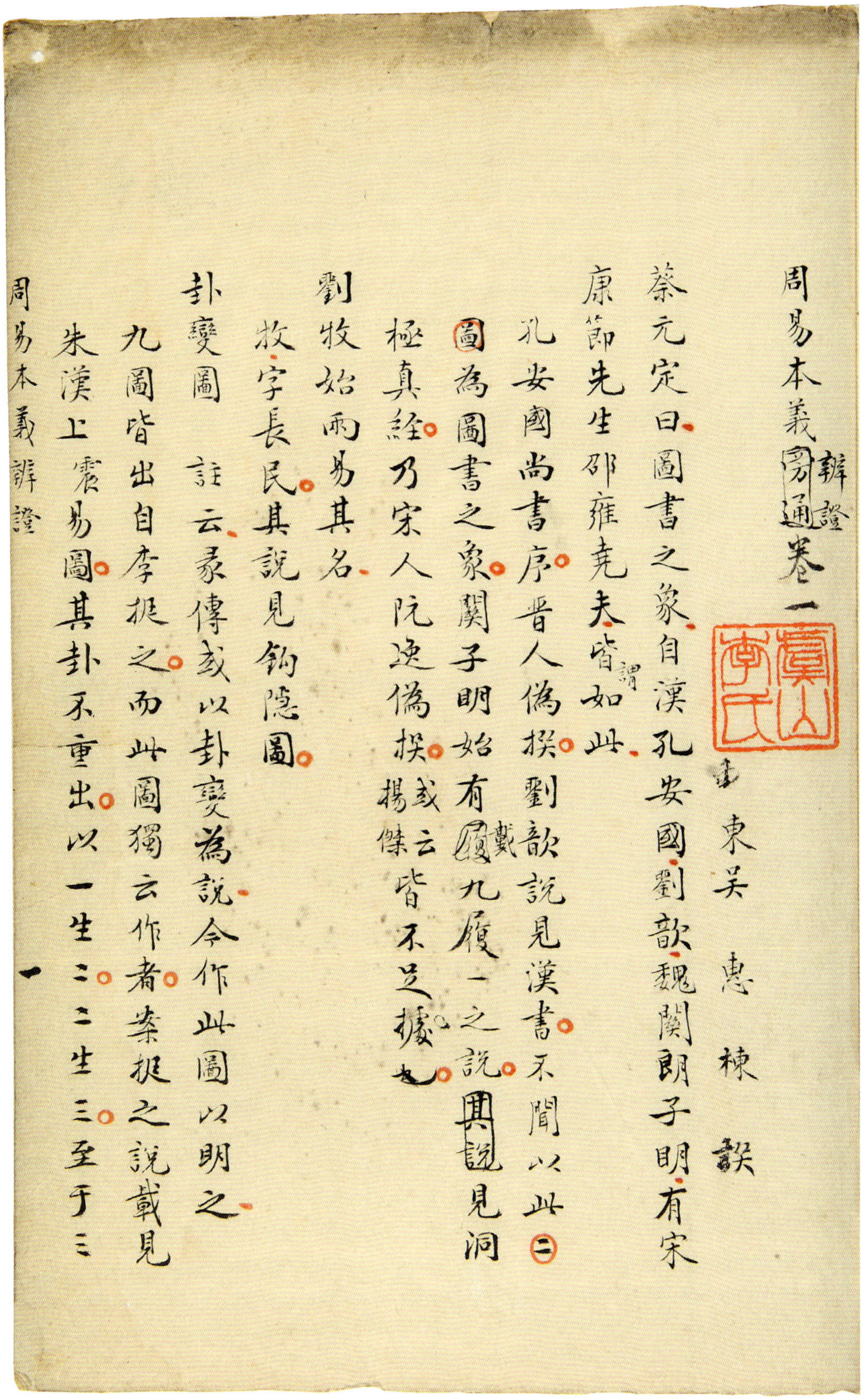
周易本義辨證卷一

東吳　惠　棟　撰

蔡元定曰圖書之象自漢孔安國劉歆魏關朗子明有宋康節先生邵雍堯夫皆謂如此

孔安國尚書序晋人偽撰劉歆說見漢書不聞以此二圖為圖書之象關子明始有戴九履一之說其說見洞極真經乃宋人阮逸偽撰或云揚傑皆不足據也

劉牧始兩易其名

牧字長民其說見鈎隱圖

卦變圖　註云彖傳或以卦變為說今作此圖以明之

九圖皆出自李挺之而此圖獨云作者案挺之說載見朱漢上震易圖其卦不重出以一生二二生三至于三

周易本義辨證　一

**周易本義辨證六卷附錄一卷**　（清）惠棟撰　手稿本　丁祖蔭題識

是書作者修改甚多，謄清稿本據以校改，清乾隆蔣氏省吾堂本接近謄清稿本，三者層遞修改之次序甚明。淑照堂丁氏舊藏，後歸葉景葵。

上海圖書館　名錄07274

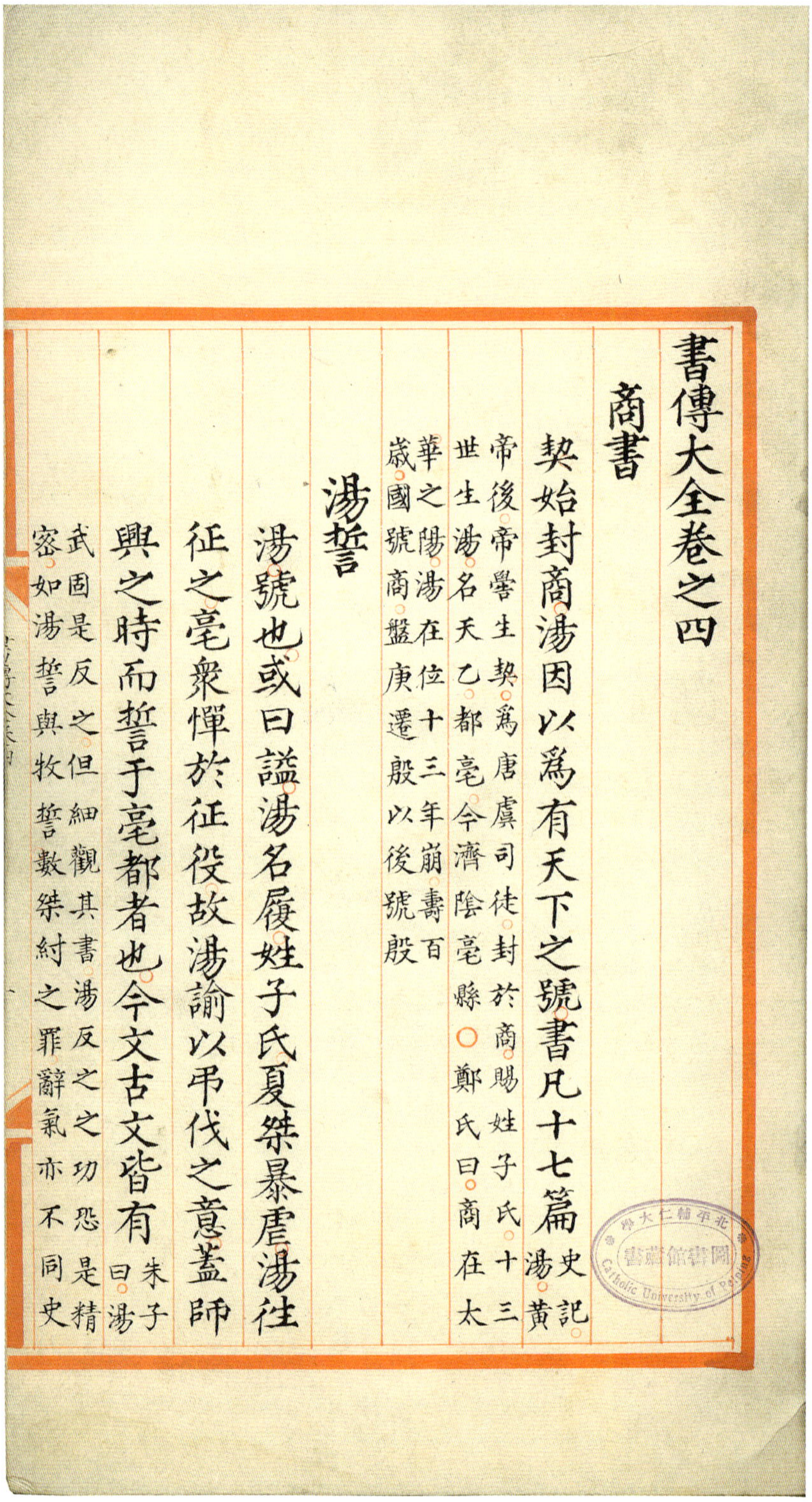
書傳大全卷之四

商書

契始封商湯因以爲有天下之號書凡十七篇史記湯黄帝後帝嚳生契爲唐虞司徒封於商賜姓子氏十三世生湯名天乙都亳今濟陰亳縣○鄭氏曰商在太華之陽湯在位十三年崩壽百歲國號商盤庚遷殷以後號殷

湯誓

湯號也或曰諡湯名履姓子氏夏桀暴虐湯往征之亳衆憚於征役故湯諭以弔伐之意蓋師興之時而誓于亳都者也今文古文皆有朱子曰湯武固是反之但細觀其書湯反之之功恐是精密如湯誓與牧誓數桀紂之罪辭氣亦不同史



**書傳大全十卷**　（明）胡廣等輯　明内府抄本　存二卷

《五經大全》之一。永樂十三年（1415），明成祖命翰林學士胡廣等編纂《五經大全》，作爲欽定教科書，頒行天下。開本宏大，紙墨絕佳，字體端嚴勁秀。

北京師範大學圖書館　名錄07284

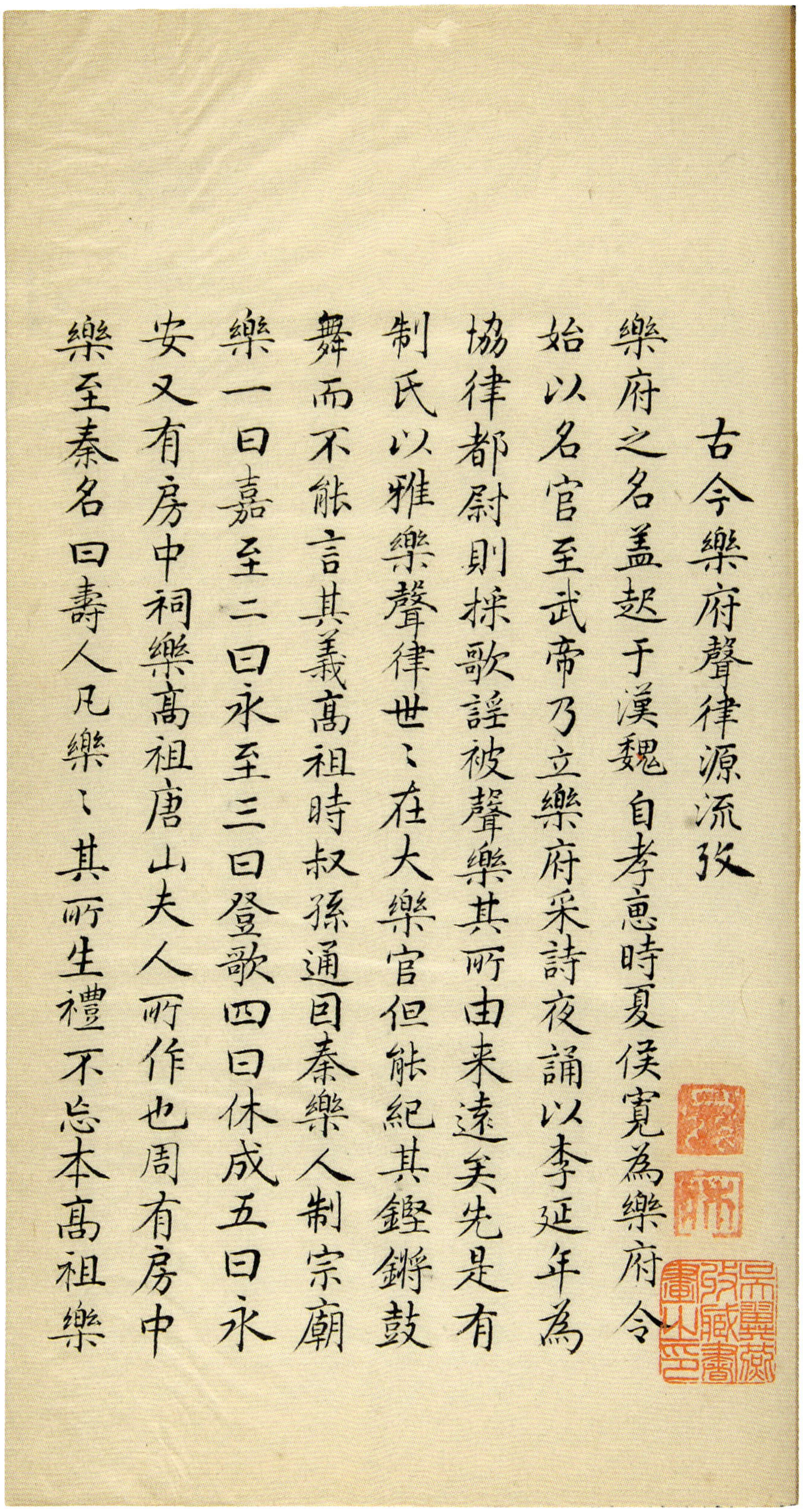
古今樂府聲律源流攷

樂府之名蓋起于漢魏自孝惠時夏侯寛為樂府令始以名官至武帝乃立樂府采詩夜誦以李延年為協律都尉則採歌謠被聲樂其所由来遠矣先是有制氏以雅樂聲律世〻在大樂官但能紀其鏗鏘鼓舞而不能言其義高祖時叔孫通因秦樂人制宗廟樂一曰嘉至二曰永至三曰登歌四曰休成五曰永安又有房中祠樂高祖唐山夫人所作也周有房中樂至秦名曰壽人凡樂〻其所生禮不忘本高祖樂

**古今樂府聲律源流考一卷**　（清）吳騫輯　稿本

未刊稿本，正文中校筆及圈點係作者手跡。

上海圖書館　名錄07365

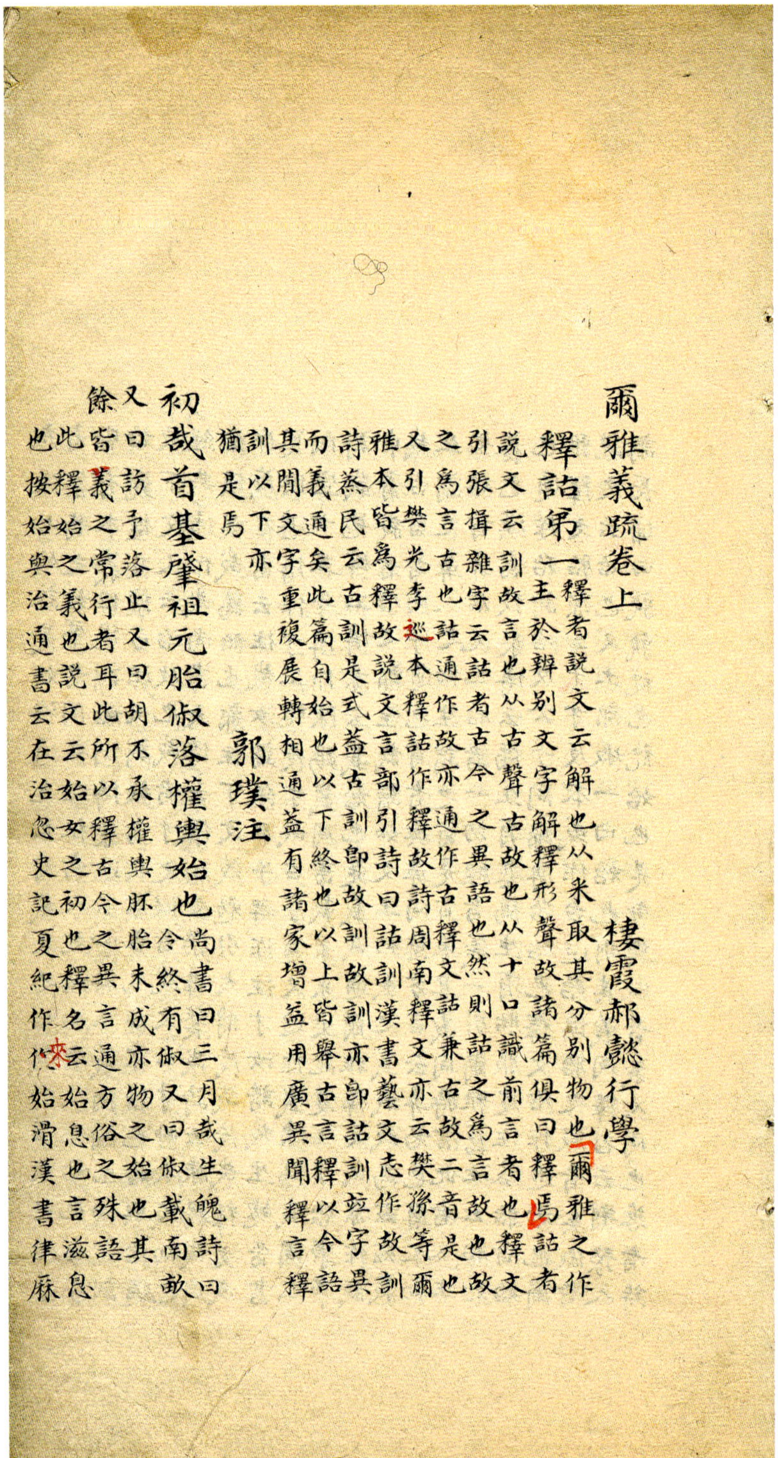
爾雅義疏卷上　棲霞郝懿行學
釋詁弟一
釋者說文云解也从釆取其分別物也爾雅之作主於辨別文字解釋形聲故諸篇俱曰釋焉詁者說文云訓故言也从古聲古故也从十口識前言者也釋文引張揖雜字云詁者古今之異語也然則詁之為言故也故之為言古也詁通作故亦通作古釋文詁兼古故二音是也又引樊光李巡本釋詁作釋故詩周南釋文亦云樊孫等爾雅本皆為釋故說文言部引詩曰詁訓漢書藝文志作故訓詩烝民云古訓是式蓋古訓即故訓故訓亦即詁訓竝字異而義通矣此篇自始也以下終也以上皆舉古言釋以今語其閒文字重複展轉相通蓋有諸家增益用廣異聞釋言釋訓以下亦猶是焉
郭璞注
初哉首基肇祖元胎俶落權輿始也
尚書曰三月哉生魄詩曰令終有俶又曰俶載南畝又曰訪予落止又曰胡不承權輿胎未成亦物之始也其餘皆義之常行者耳此所以釋古今之異言通方俗之殊語
此釋始之義也說文云始女之初也釋名云始息也言滋息也按始與治通書云在治忽史記夏紀作來始滑漢書律麻

**爾雅義疏三卷**　（清）郝懿行撰　稿本　王念孫批注

郝懿行一生心力瘁於《爾雅義疏》，曾數易其稿，直至臨終前纔完成。是書爲清稿本，筆劃舒展流暢，書法水準頗高，並有清代王念孫多處批注，甚爲珍貴。

遼寧省旅順博物館　名錄07427

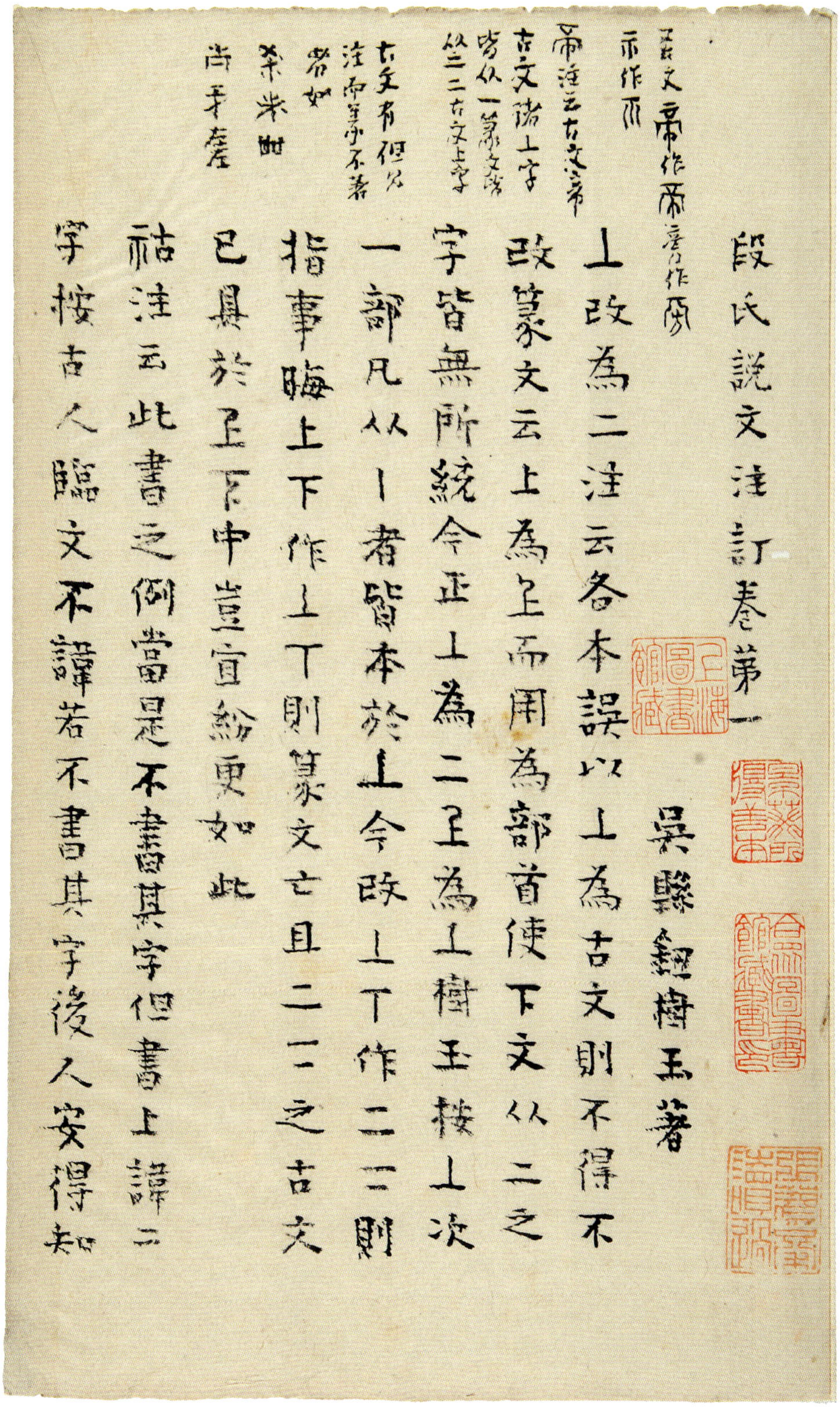
段氏說文注訂卷第一

吳縣鈕樹玉著

丄改爲二注云各本誤以丄爲古文則不得不改篆文云上爲𠄞而用爲部首使下文从二之字皆無所統今正丄爲二𠄞爲丄樹玉按丄次一部凡从丨者皆本於丄今改丄下作二𠄟則指事晦上下作丄丅則篆文亡且二𠄟之古文已具於上下中豈宜紛更如此

詁注云此書之例當是不書其字但書上諱二字按古人臨文不諱若不書其字後人安得知

**段氏説文注訂八卷**　（清）鈕樹玉撰　手稿本

此爲未定稿，刻本於文字有所改動，援引釋例更爲貼切。葉景葵舊藏。

上海圖書館　名錄07438

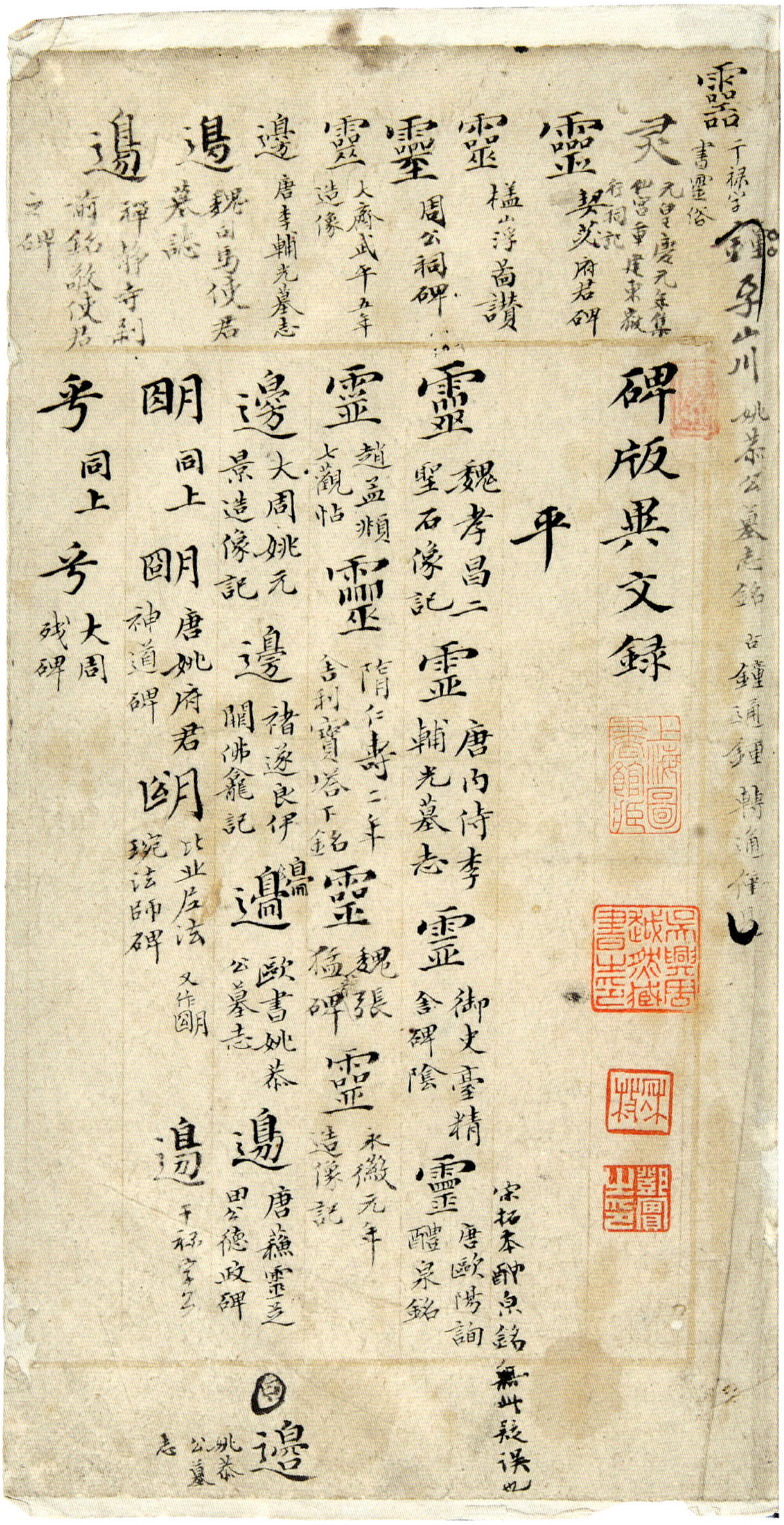

**碑版異文錄一卷**　（清）梁同書撰　手稿本　翁同龢跋

此本以所集碑帖楷字，仿婁機《漢隸字原》之例，標其所出，凡點畫小異者皆著錄，是較早的碑別字字典。蘇去疾、周越然舊藏。

上海圖書館　名錄07452

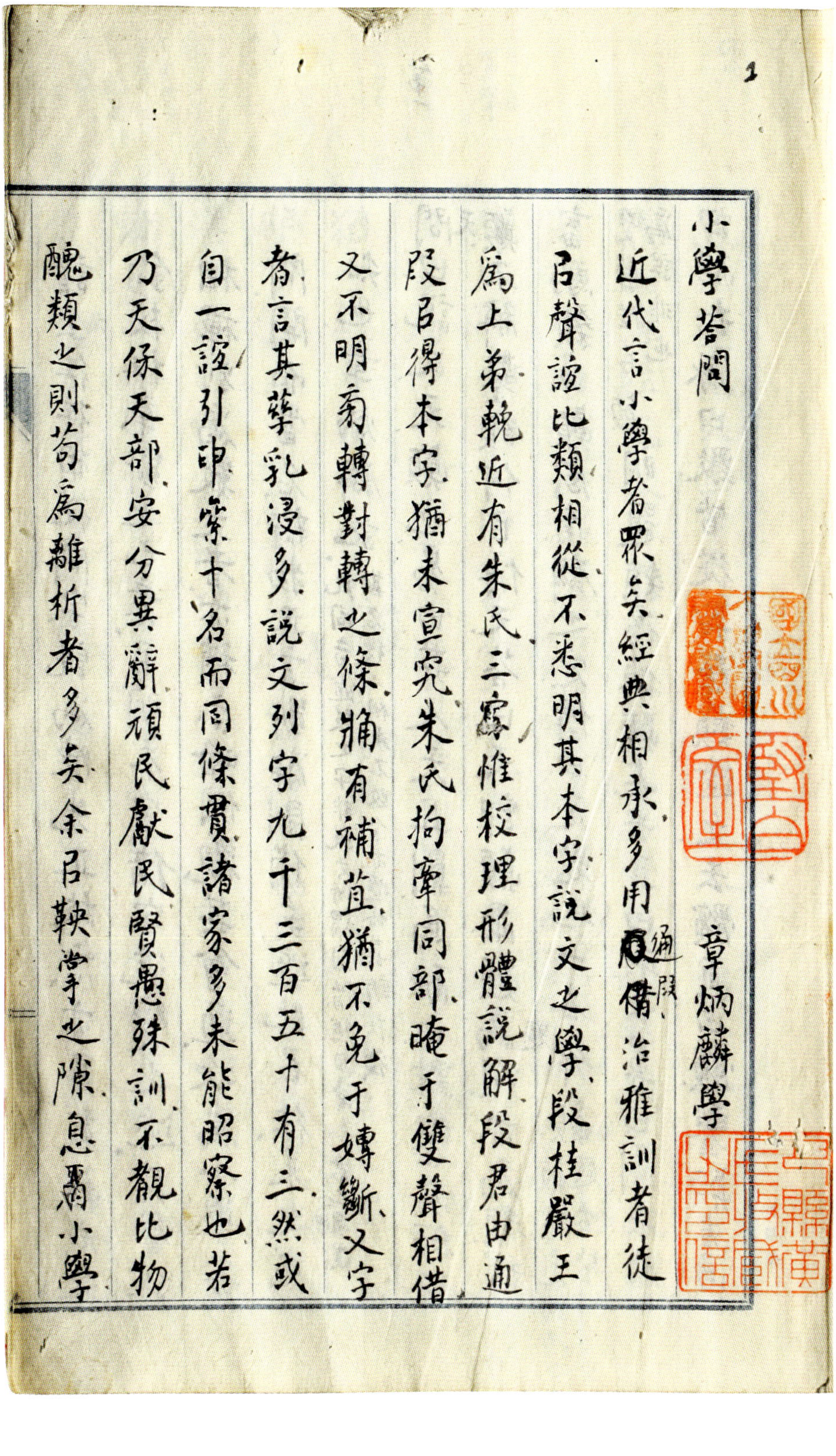
小學荅問　章炳麟學

近代言小學者眾矣經典相承多用通叚借治雅訓者徒㠯聲誼比類相從不悉明其本字說文之學段桂嚴王爲上弟輓近有朱氏三家惟校理形體說解段君由通叚㠯得本字猶未宣究朱氏拘牽同部睎于雙聲相借又不明旁轉對轉之條牖有補苴猶不免于嫥斷又字者言其孳乳浸多說文列字九千三百五十有三然或自一誼引申累十名而同條貫諸家多未能昭察也若乃天保天部安分異辭頑民獻民賢愚殊訓不覩比物醜類之則苟爲離析者多矣余㠯鞅掌之隙息焉小學

**小學答問一卷**　章炳麟撰　稿本

章炳麟治小學的重要著作，彌足珍貴。

四川大學圖書館　名錄07456

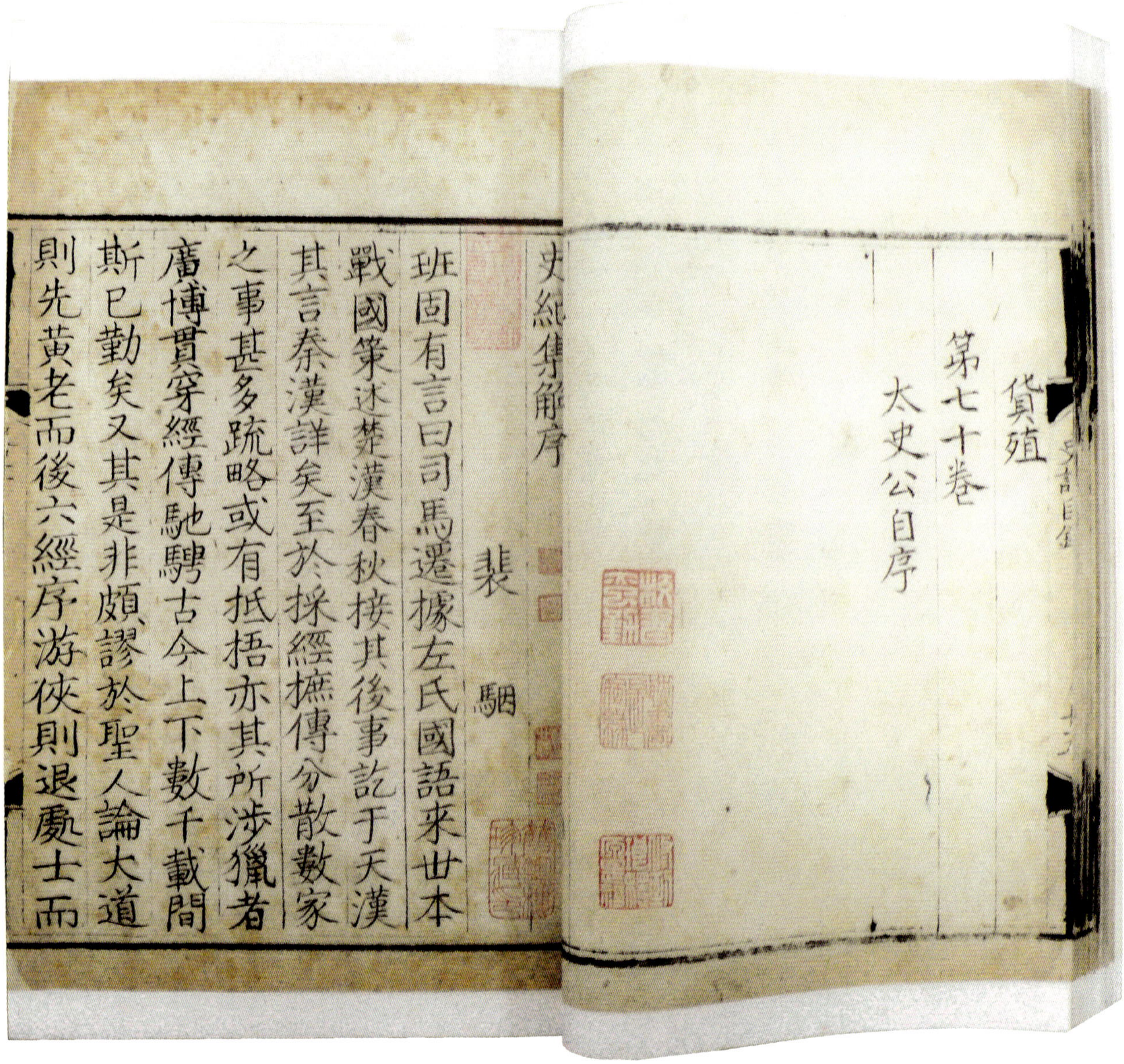

**史記一百三十卷**　（漢）司馬遷撰　（南朝宋）裴駰集解　明影宋抄本
傅增湘跋　存一百九卷

影抄宋紹興淮南路轉運司刻大字本，傅增湘舊藏。

山西博物院　名錄07473

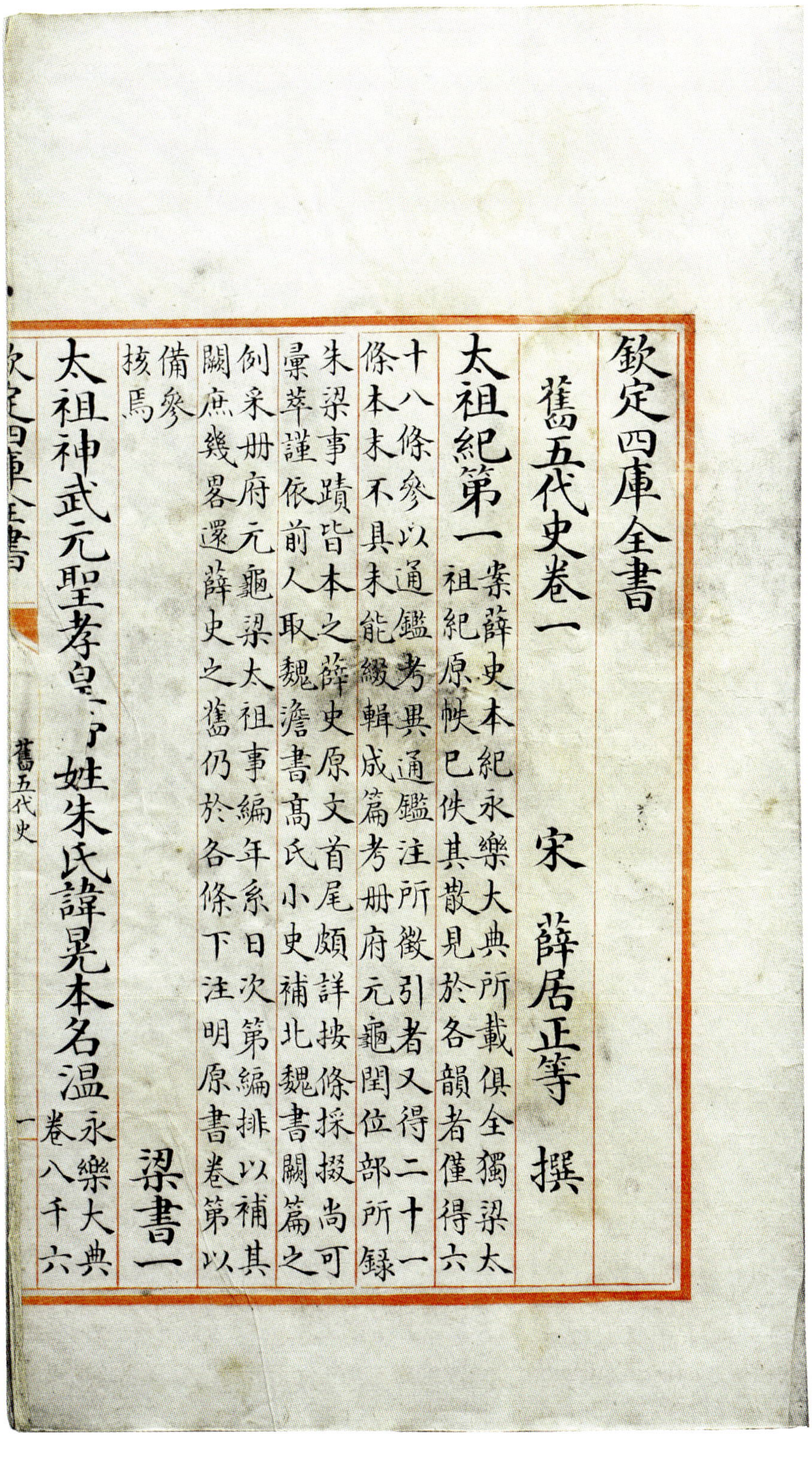
欽定四庫全書

舊五代史卷一　宋　薛居正等　撰

太祖紀第一 案薛史本紀永樂大典所載俱全獨梁太祖紀原帙已佚其散見於各韻者僅得六十八條參以通鑑考異通鑑注所徵引者又得二十一條本末不具未能綴輯成篇考冊府元龜閏位部所録朱梁事蹟皆本之薛史原文首尾頗詳按條採掇尚可彙萃謹依前人取魏澹書高氏小史補北魏書闕篇之例采冊府元龜梁太祖事編年系日次第編排以補其闕庶幾畧還薛史之舊仍於各條下注明原書卷第以備參核焉

梁書一

太祖神武元聖孝皇帝姓朱氏諱晃本名温 永樂大典卷八千六

欽定四庫全書　舊五代史　卷一

**舊五代史一百五十卷目錄二卷**　（宋）薛居正等撰　（清）邵晉涵等輯

清乾隆（1736–1795）翰林院抄本

四庫館臣輯錄自《永樂大典》，補以《冊府元龜》、《資治通鑑考異》諸書引用之文，據原書篇目編排而成。版式宏大，洵可寶貴。

江西省圖書館　名錄07497

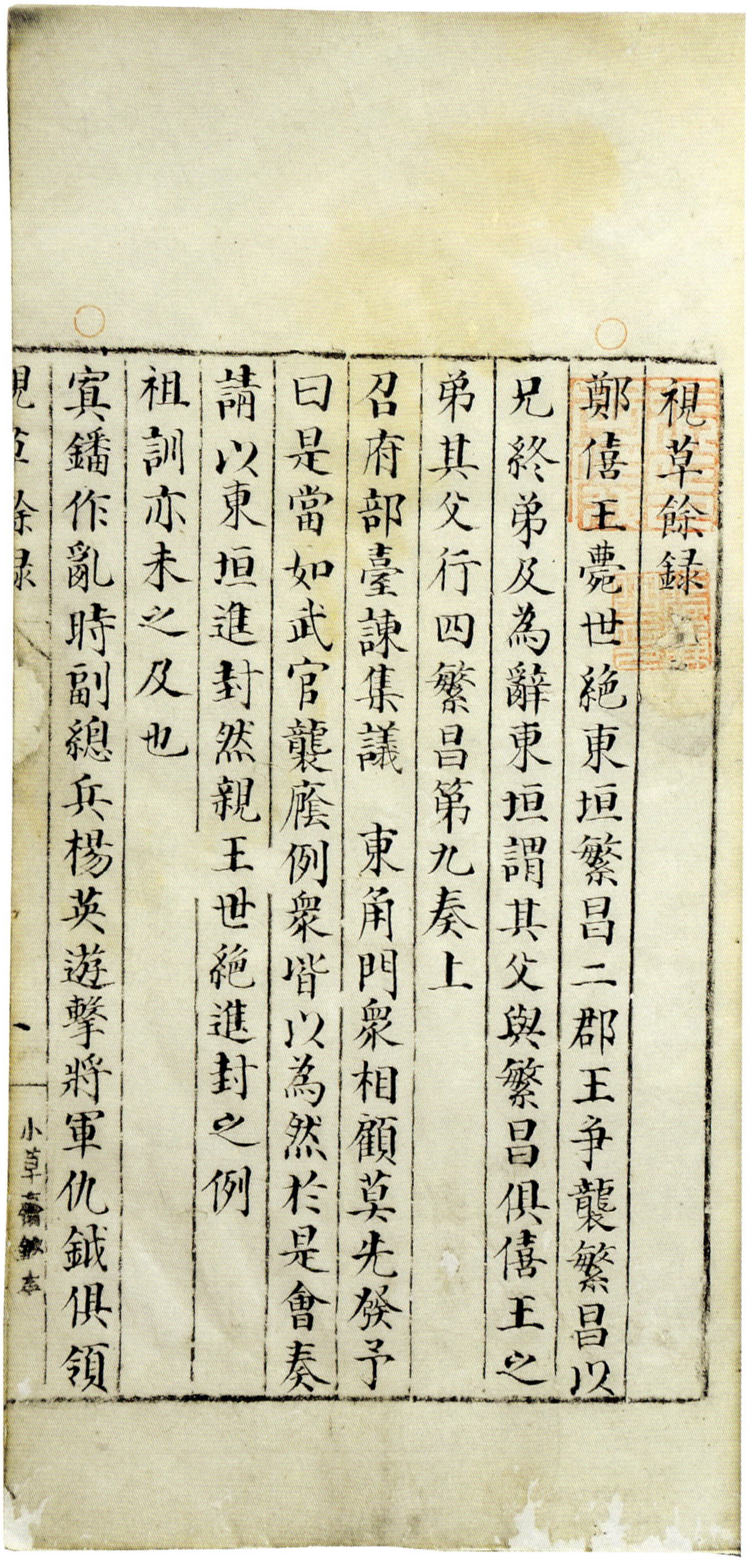
視草餘錄
鄭僖王薨世絕東垣繁昌二郡王爭襲繁昌以
兄終弟及爲辭東垣謂其父與繁昌俱僖王之
弟其父行四繁昌第九奏上
召府部臺諫集議　東角門衆相顧莫先發予
曰是當如武官襲廕例衆皆以爲然於是會奏
請以東垣進封然親王世絕進封之例
祖訓亦未之及也
宸鐇作亂時副總兵楊英遊擊將軍仇鉞俱領

視草餘錄　一　小草齋鈔本

**視草餘錄一卷**　（明）楊廷和撰　明謝氏小草齋抄本

記載明首輔楊廷和勸諫正德皇帝以及議論時政的文章，謝肇淛小草齋所抄。福建蔣氏、沈氏遞藏。

福建省圖書館　名錄07769

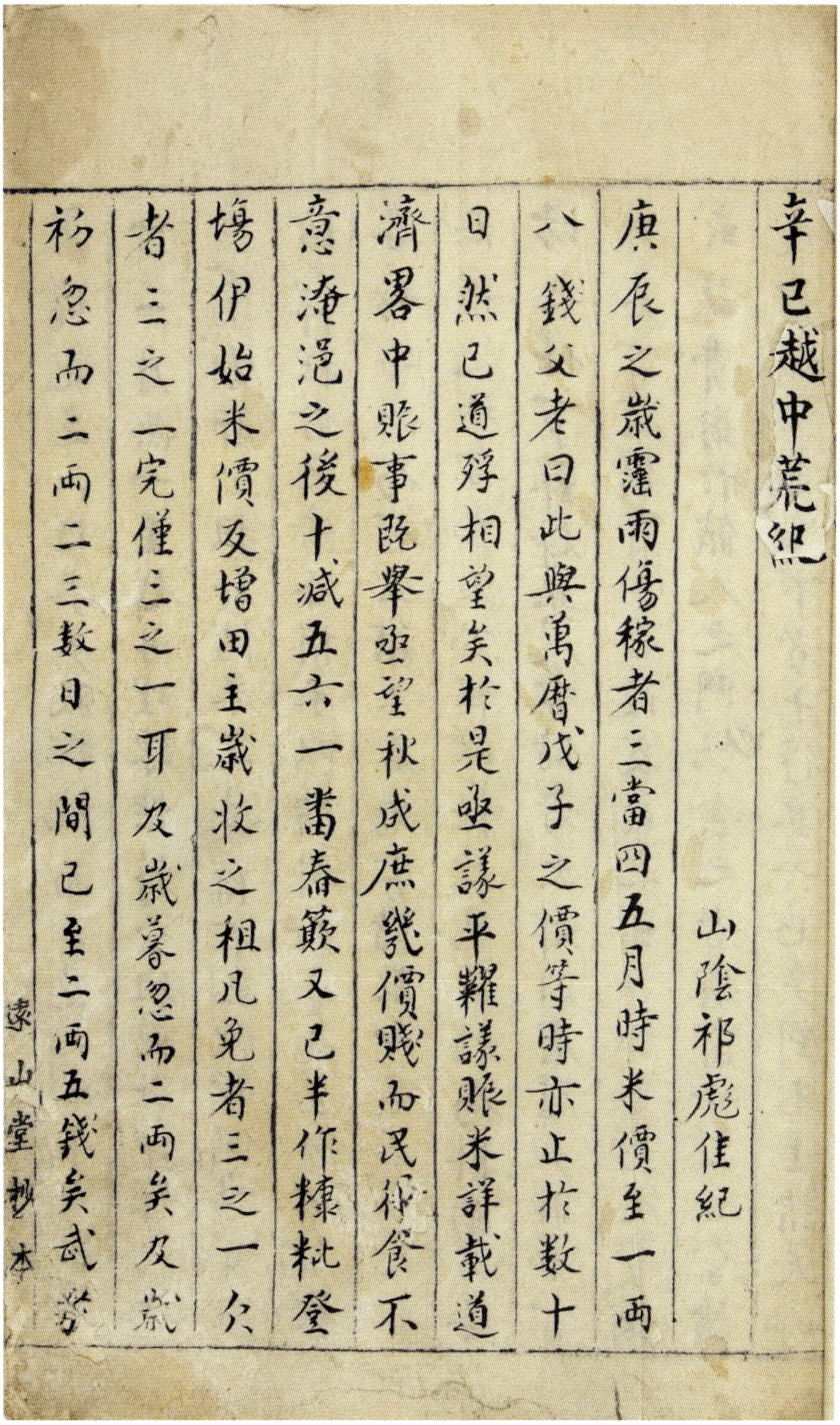

辛巳越中荒紀

山陰祁彪佳紀

庚辰之歲霪雨傷稼者三當四五月時米價至一兩八錢父老曰此與萬曆戊子之價等時亦止於數十日然已道殍相望矣於是亟議平糶議賑米詳載道濟畧中賑事既畢亟望秋成庶幾價賤而民得食不意淹浥之後十減五六一番春爇又已半作糠粃登塲伊始米價反增田主歲收之租凡免者三之一欠者三之一完僅三之一耳及歲暮忽而二兩矣及歲初忽而二兩二三數日之間已至二兩五錢矣試勞

遠山堂抄本

**辛巳越中荒紀一卷附辛巳歲救荒小議一卷**　（明）祁彪佳撰　明祁氏遠山堂抄本

祁彪佳，號遠山堂主人。明代政治家、戲曲理論家。山陰（今浙江紹興）人。著有《遠山堂曲品》等。

浙江圖書館　名錄07775

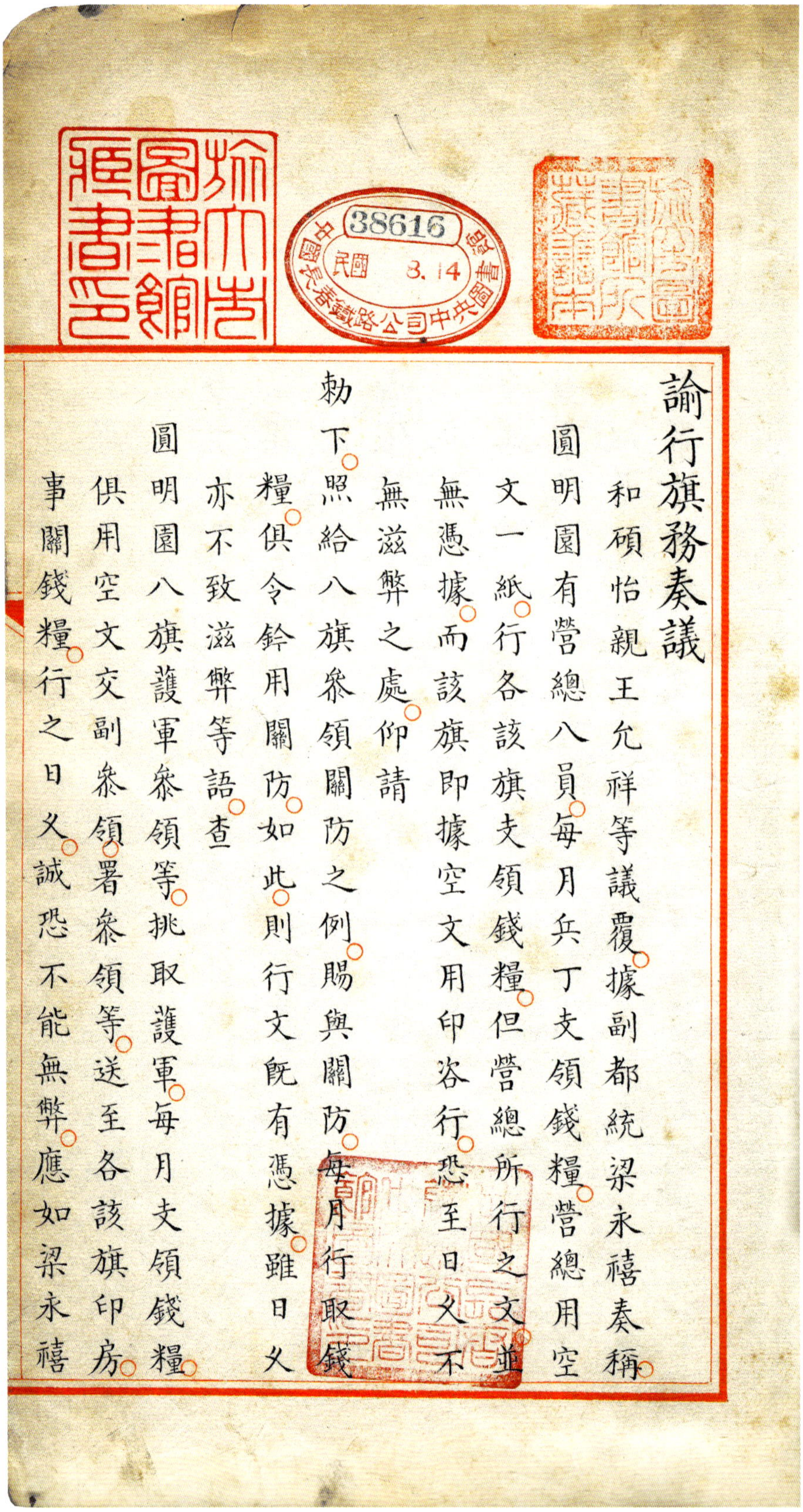
諭行旗務奏議
和碩怡親王允祥等議覆據副都統梁永禧奏稱
圓明園有營總八員每月兵丁支領錢糧營總用空
文一紙行各該旗支領錢糧但營總所行之文並
無憑據而該旗即據空文用印咨行恐至日久不
無滋弊之處仰請
勅下照給八旗叅領關防之例賜與關防每月行取錢
糧俱令鈐用關防如此則行文既有憑據雖日久
亦不致滋弊等語查
圓明園八旗護軍叅領等挑取護軍每月支領錢糧
俱用空文交副叅領署叅領等送至各該旗印房
事關錢糧行之日久誠恐不能無弊應如梁永禧

**諭行旗務奏議不分卷**　（清）允祥等撰　清雍正（1723–1735）内府抄本

繕寫精美，是研究清代八旗制度的重要史料。

大連圖書館　名録07819

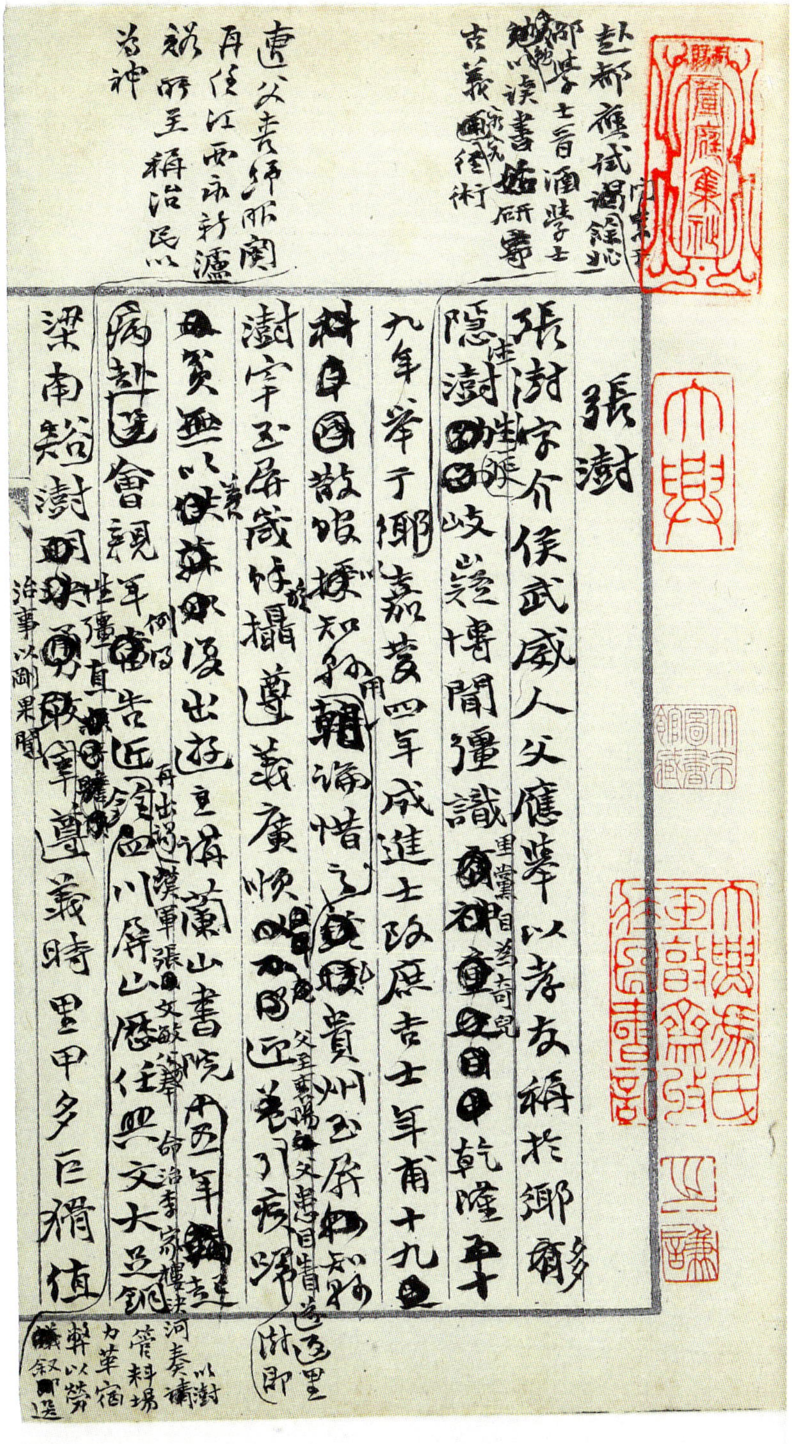

**漢學師承續記不分卷**　（清）趙之謙撰　稿本

此書爲江藩《漢學師承記》的續作，系統、詳細地介紹了漢學人物的生平事蹟和學術成就，是對清代漢學的完整總結。

國家圖書館　名録07849

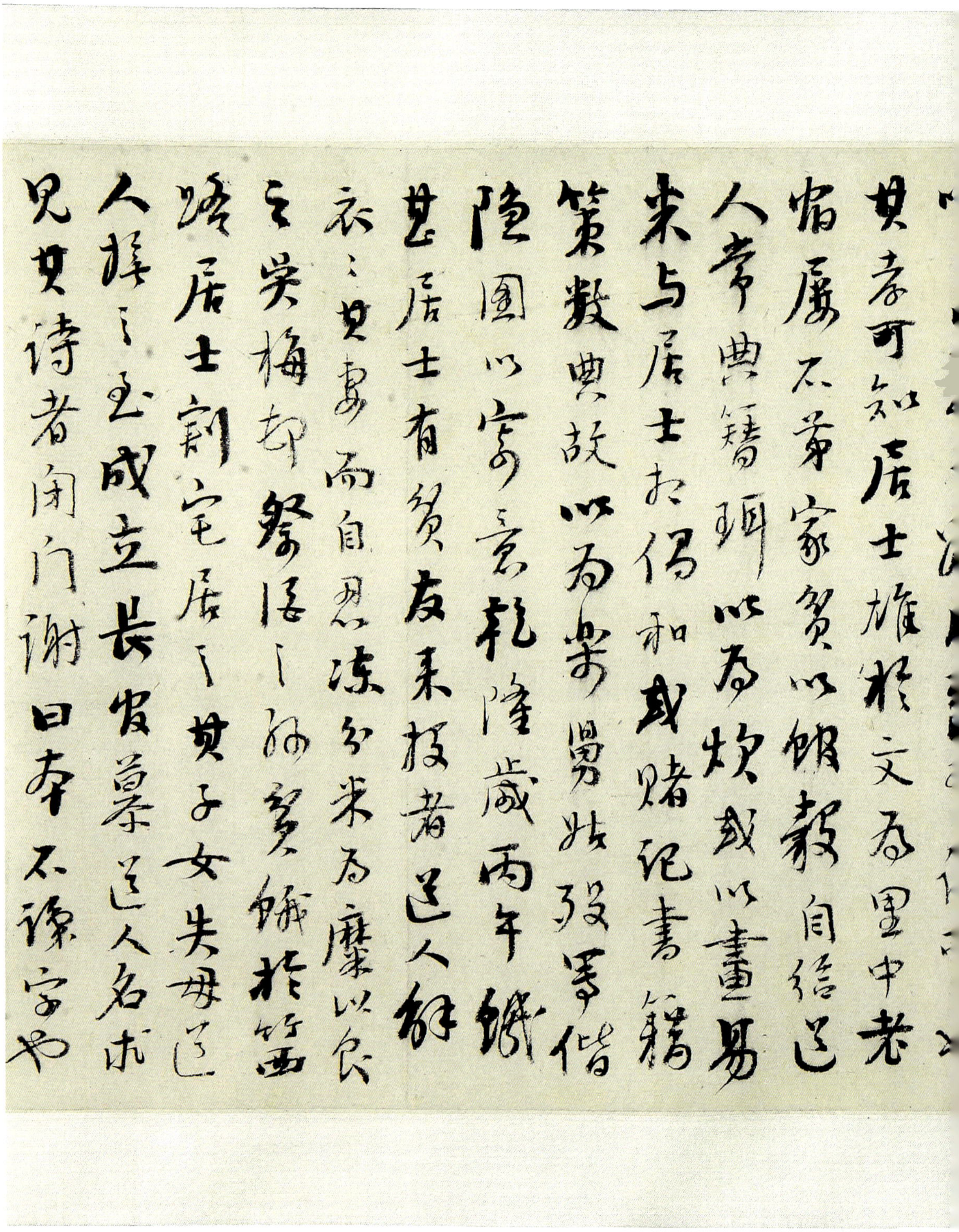

**淨因道人傳一卷**　（清）阮元撰　稿本　孫星衍署首　吳錫麒　唐仲冕　程恩澤贊　屠倬　汪爲霖跋　李葆恂題款

卷軸裝。阮元爲友人黃文暘之妻所作，其文集《揅經室集》中未收錄，有較高文獻價值。

國家圖書館　名錄07863

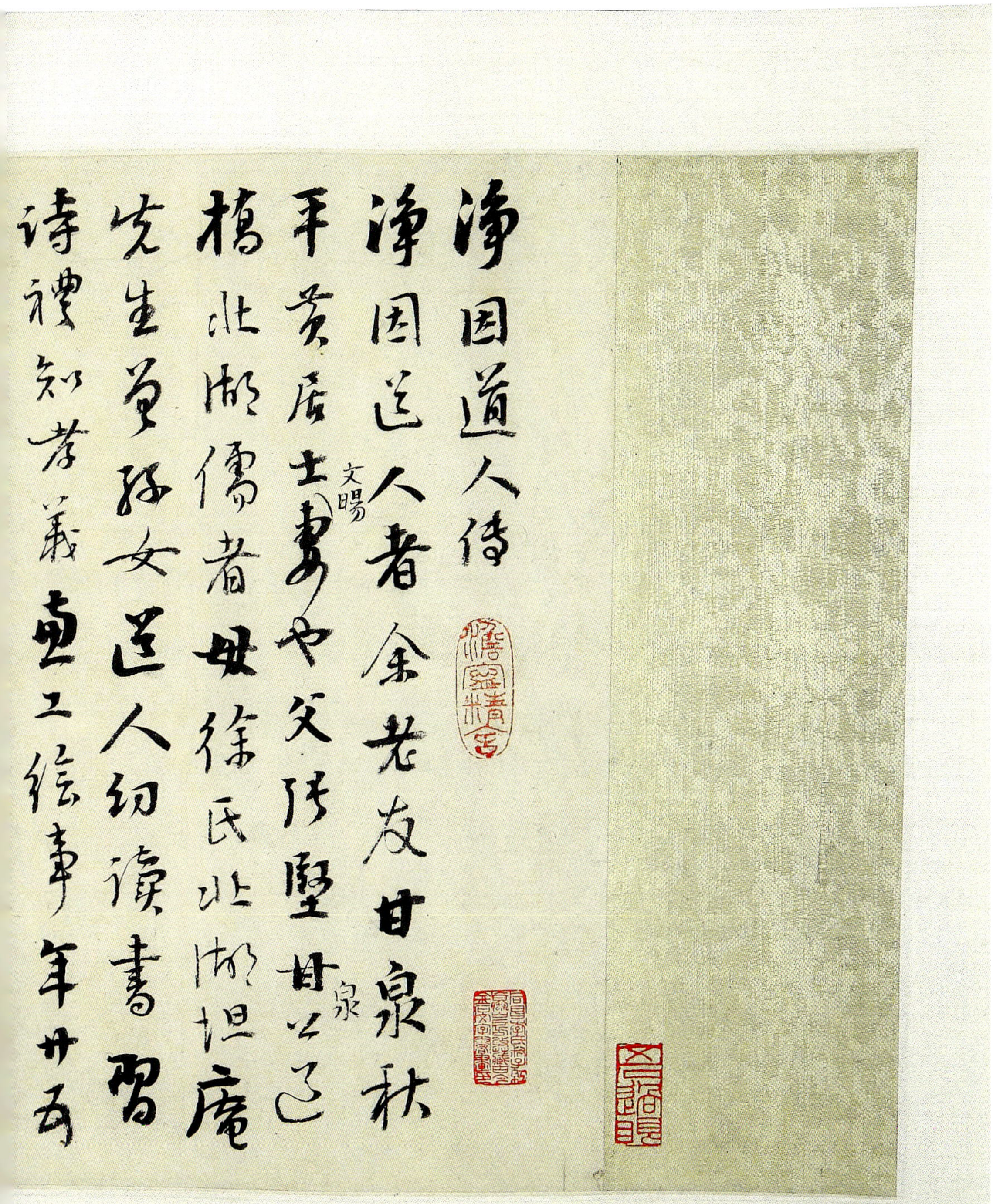
淨因道人傳
淨因道人者余老友甘泉秋
平黄居士文暘妻也父張堅甘泉以已
植北湖儒者母徐氏北湖但庵
先生女道人幼讀書習
詩禮知孝義畫工繪事年卅五

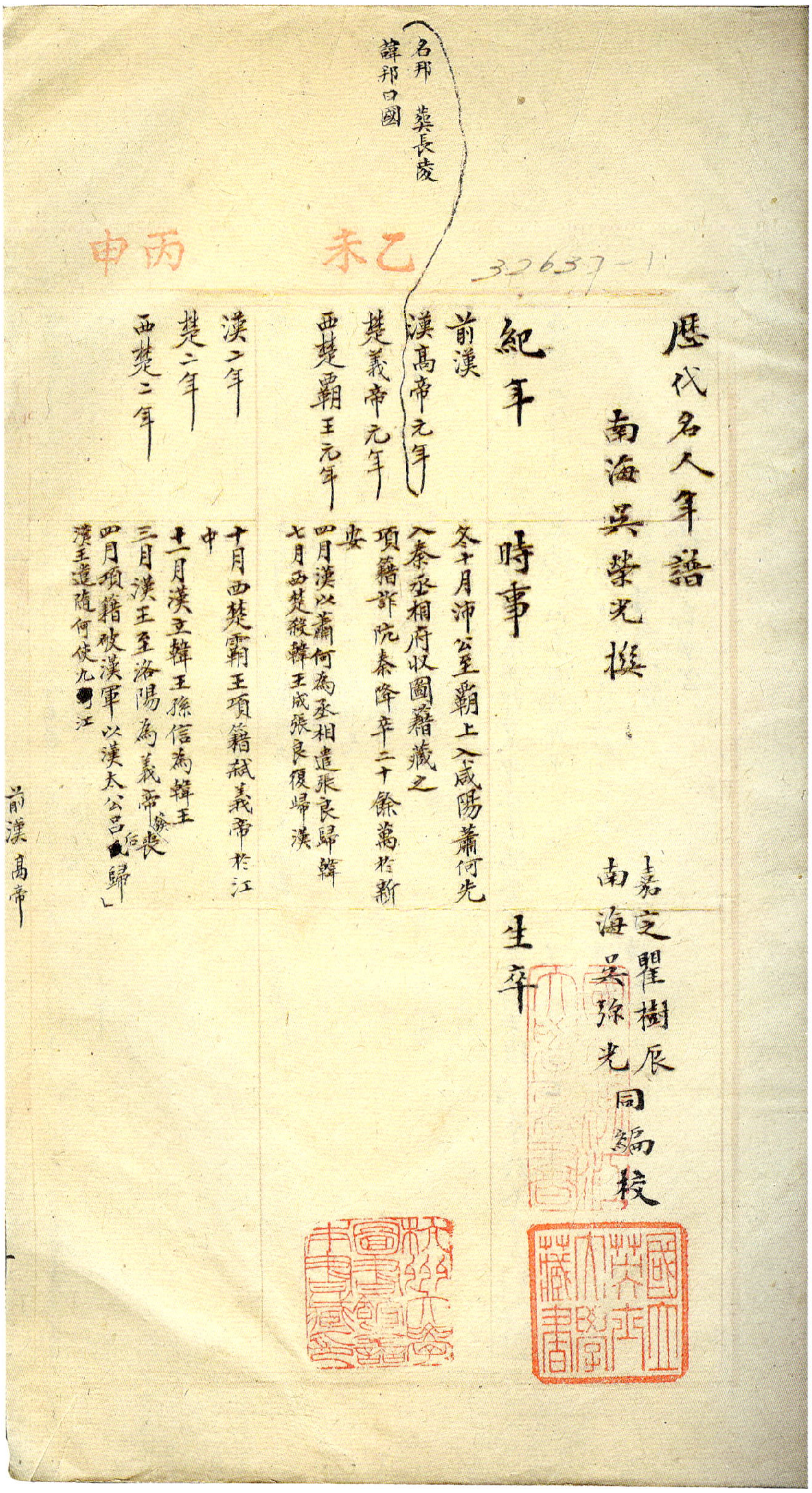

歷代名人年譜

南海吳榮光撰

嘉定瞿樹辰
南海吳弥光同編校

紀年　時事　生卒

名邦　葬長陵
諱邦曰國

前漢

漢高帝元年

冬十月沛公至霸上入咸陽蕭何先入秦丞相府收圖籍藏之

楚義帝元年

項籍詐阬秦降卒二十餘萬於新安

西楚霸王元年

四月漢以蕭何為丞相遣張良歸韓

七月西楚殺韓王成張良復歸漢

漢二年

十月西楚霸王項籍弒義帝於江中

楚二年

十一月漢立韓王孫信為韓王

西楚二年

三月漢王至洛陽為義帝發喪

四月項籍破漢軍以漢太公呂后歸

漢王遣隨何使九江

前漢高帝

**歷代名人年譜不分卷**　（清）吳榮光撰　稿本　姜亮夫題識

是書稿紙版心鐫“筠清館”，吳氏更正體例後再易之稿。

浙江大學圖書館　名錄07864

**四朝恩遇圖不分卷**　（明）毛紀撰　稿本

明毛紀自撰之仕途經歷，全編凡十六目，内附絹面彩圖十六幀，圖文并茂。各公藏目錄未見著錄。

中國社會科學院歷史研究所圖書館　名錄07885

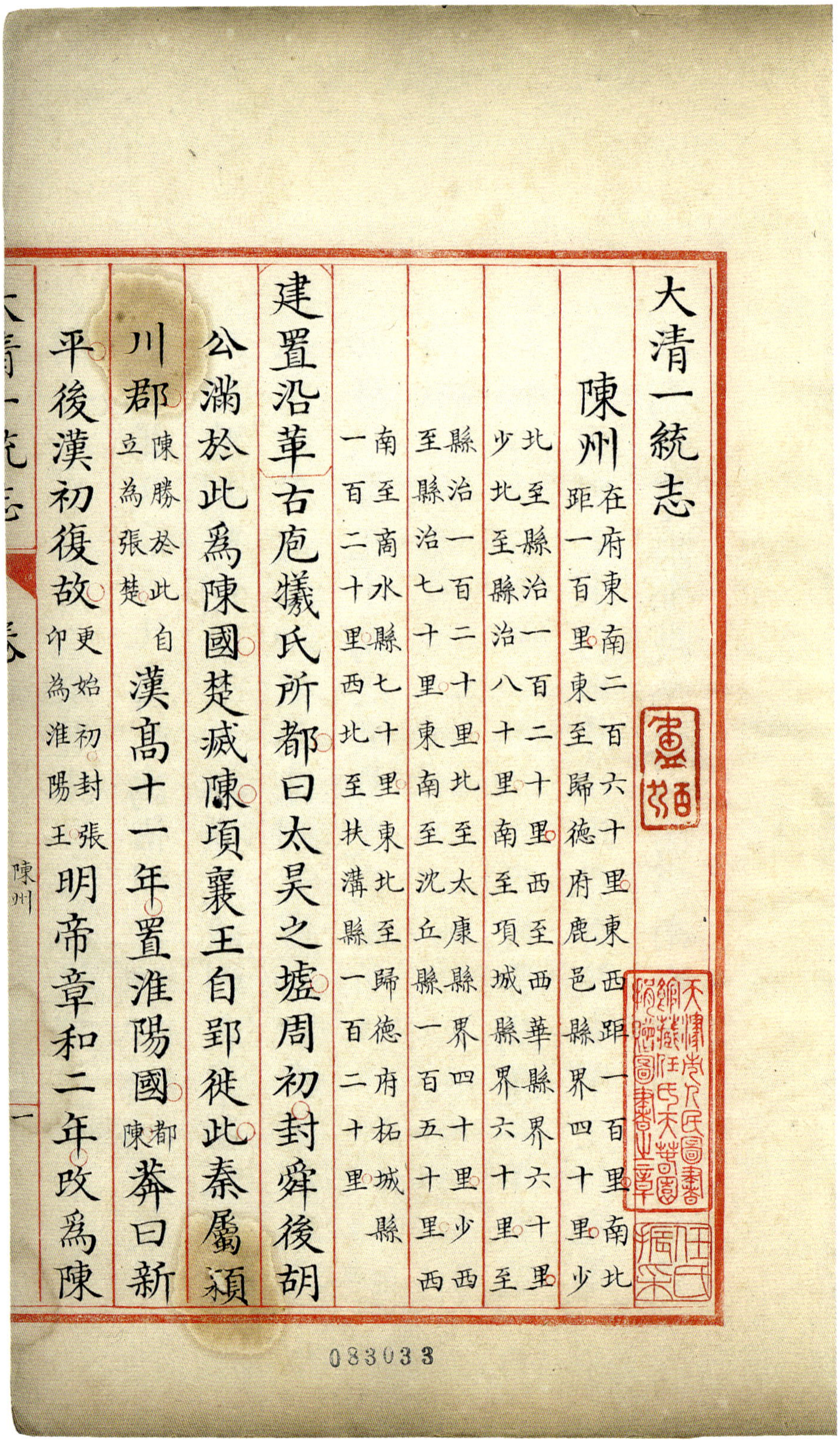
大清一統志
陳州在府東南二百六十里東西距一百里南北距一百里東至歸德府鹿邑縣界四十里少北至縣治一百二十里西至西華縣界六十里少北至縣治八十里南至項城縣界六十里至縣治一百二十里北至太康縣界四十里少西至縣治七十里東南至沈丘縣一百五十里西南至商水縣七十里東北至歸德府柘城縣一百二十里西北至扶溝縣一百二十里
建置沿革古庖犧氏所都曰太昊之墟周初封舜後胡公滿於此爲陳國楚滅陳項襄王自郢徙此秦屬潁川郡陳勝於此自立爲張楚漢高十一年置淮陽國都陳莽曰新平後漢初復故更始初封張卬爲淮陽王明帝章和二年改爲陳
大清一統志 卷 陳州 一
083033

**大清一統志不分卷**　（清）蔣廷錫 王安國等纂修　清康熙（1662–1722）

内府抄本

清代第一部全國地理總志。存世罕見，彌足珍貴。任振采舊藏。

天津圖書館　名錄07951

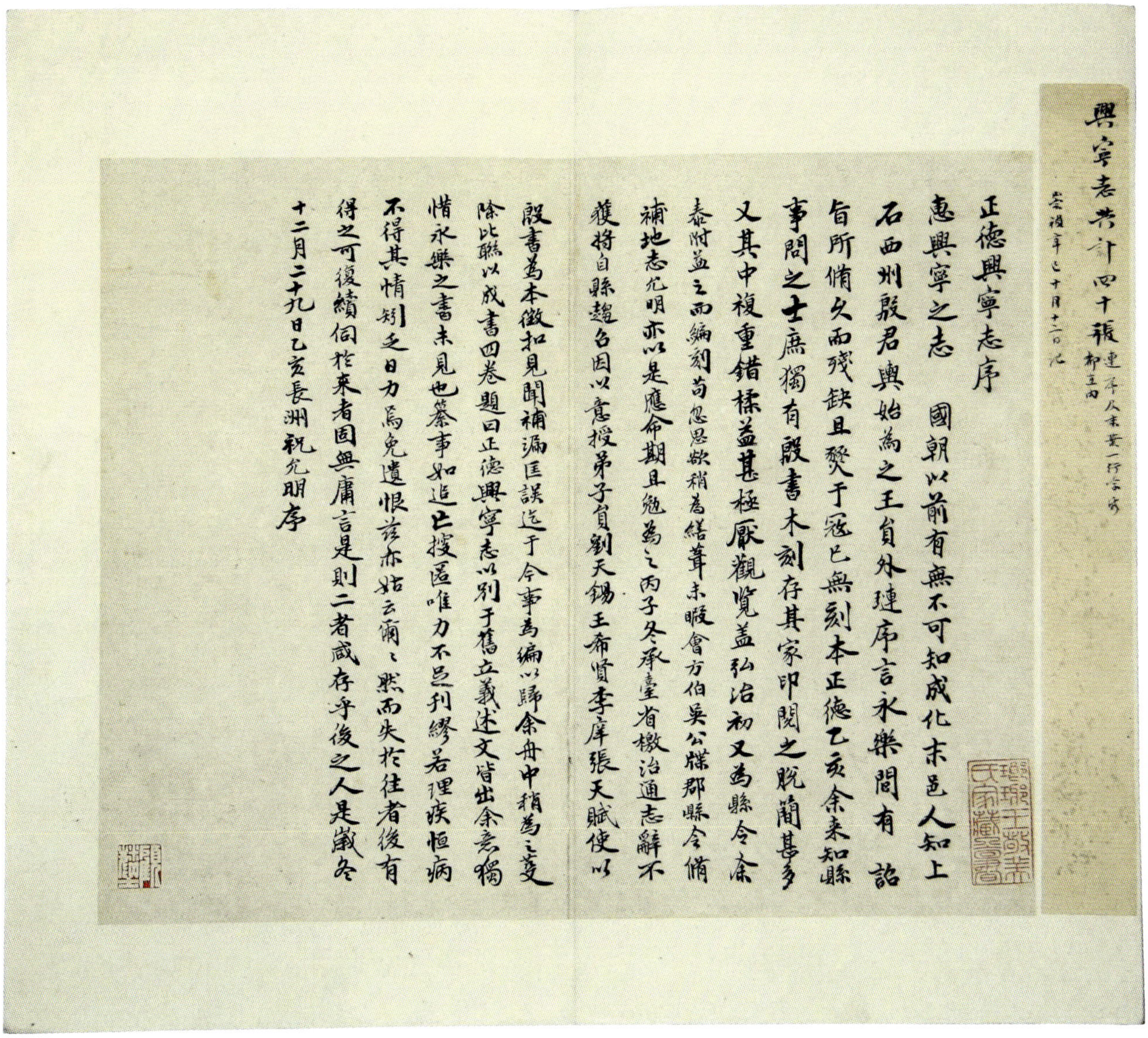

**［正德］興寧志四卷**　（明）祝允明纂修　稿本

現存最早的興寧方志。祝允明，號枝山。工書畫。此書小楷書寫，爲王世懋舊藏，有“琅琊王敬美氏家藏圖書”印，後歸顧氏過雲樓，有“顧麟士”藏章。

蘇州博物館　名録08027

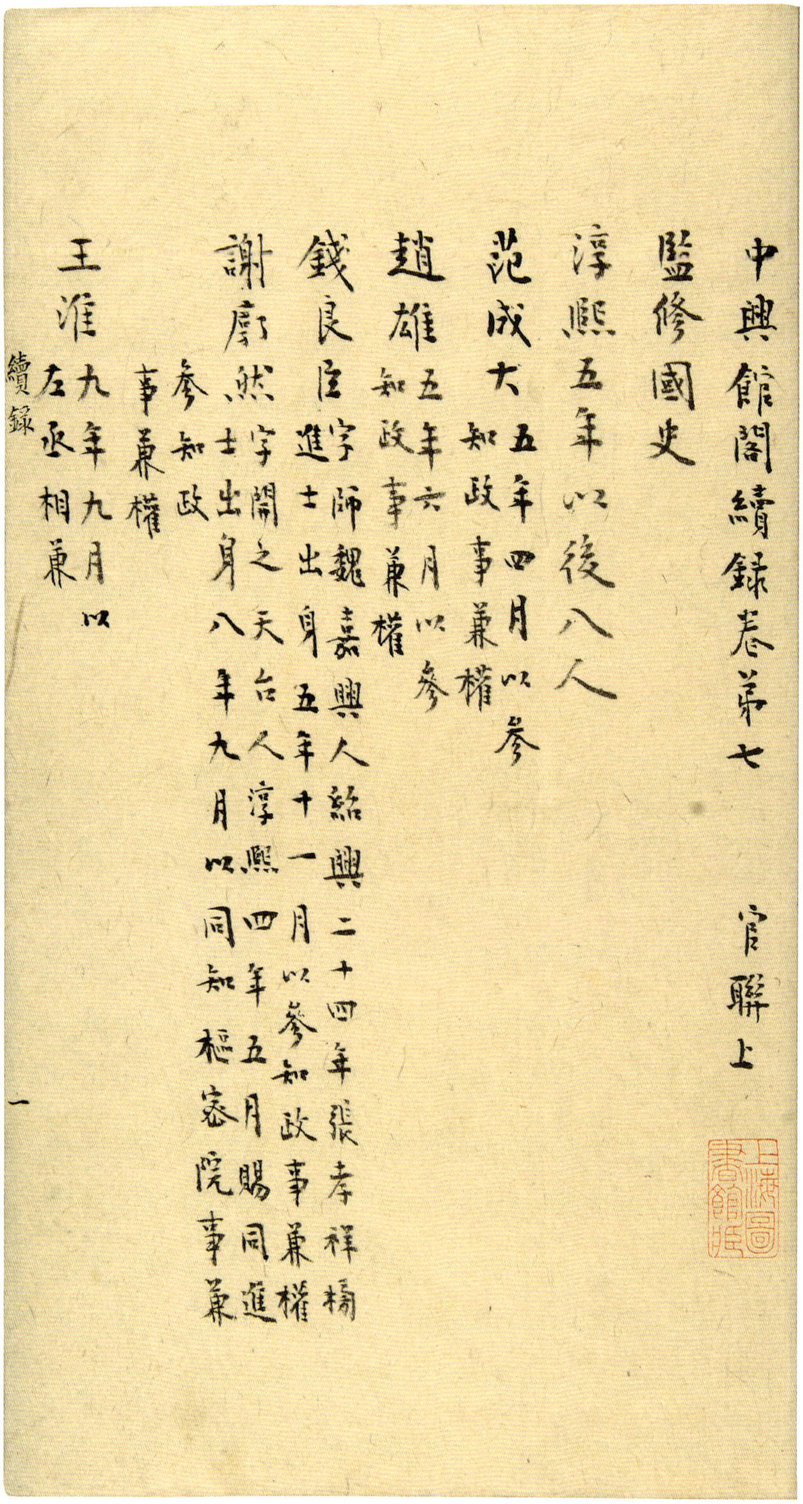
中興館閣續錄卷第七　官聯上

監修國史

淳熙五年以後八人

范成大　五年四月以參知政事兼權

趙雄　五年六月以參知政事兼權

錢良臣　字師魏，嘉興人。紹興二十四年張孝祥榜進士出身。五年十一月以參知政事兼權

謝廓然　字開之，天台人。淳熙四年五月賜同進士出身。八年九月以同知樞密院事兼參知政事兼權

王淮　九年九月以左丞相兼

續錄　一



**中興館閣錄十卷**　（宋）陳騤撰　**續錄十卷**　（宋）佚名撰　清錢氏潛研堂抄本　程祖慶 楊守敬 葉德輝 于省吾 余嘉錫跋　存十八卷

是書久殘，《四庫》館臣曾據《永樂大典》輯補，所缺兩卷爲宋本原缺。《續錄》第七卷、卷八部分文字爲錢大昕手抄。

上海圖書館　名錄08090

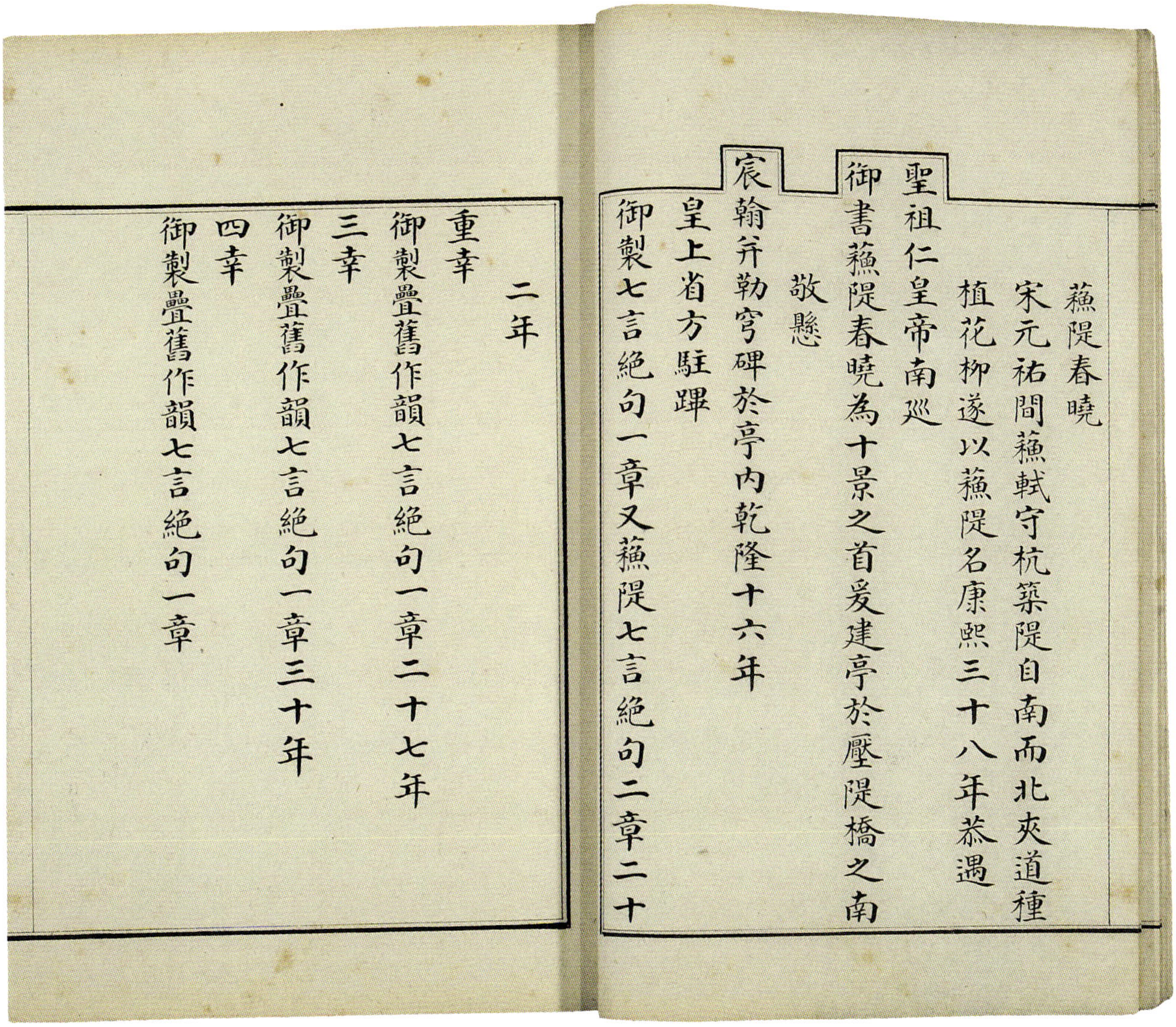
蘇隄春曉
宋元祐間蘇軾守杭築隄自南而北夾道種
植花柳遂以蘇隄名康熙三十八年恭遇
聖祖仁皇帝南巡
御書蘇隄春曉為十景之首爰建亭於壓隄橋之南
敬懸
宸翰并勒穹碑於亭內乾隆十六年
皇上省方駐蹕
御製七言絶句一章又蘇隄七言絶句二章二十
二年
重幸
御製疊舊作韻七言絶句一章二十七年
三幸
御製疊舊作韻七言絶句一章三十年
四幸
御製疊舊作韻七言絶句一章

**幸浙盛典圖說不分卷**　（清）熊學鵬等撰　清乾隆三十年（1765）內府抄本

記清乾隆帝南巡兩浙途經地區的風土人情及名勝等，書中附圖婉麗繁複，而不失明淨挺拔。

南京博物院　名錄08130

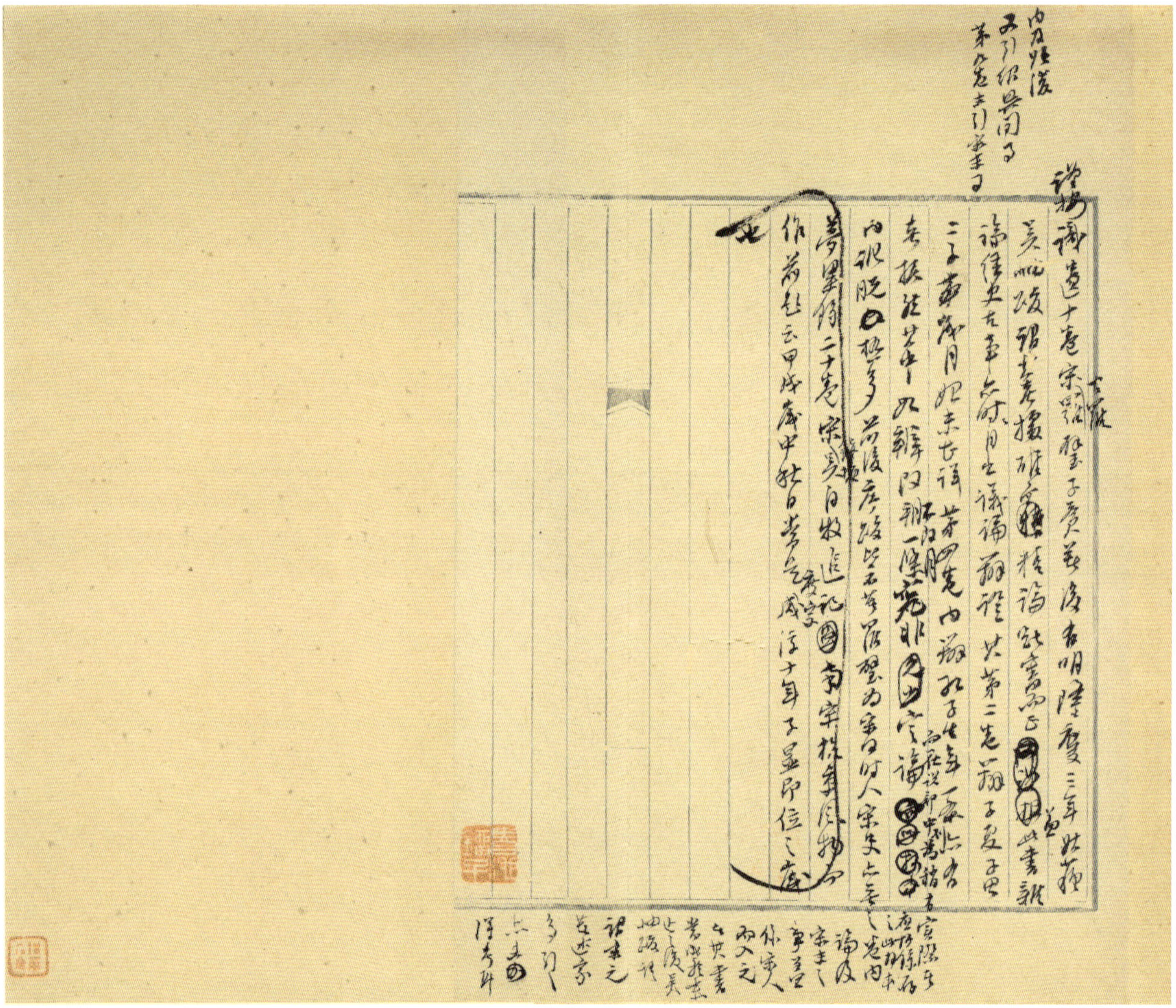

**四庫全書總目提要稿不分卷**　（清）翁方綱纂　手稿本

此書爲翁方綱任四庫全書館纂修官期間所撰札記與提要的手稿，著錄經眼圖書1000餘種，爲現存有關《四庫全書總目》編纂的重要記錄。嘉業堂舊藏，後輾轉歸澳門中央圖書館。

澳門中央圖書館　名錄08139

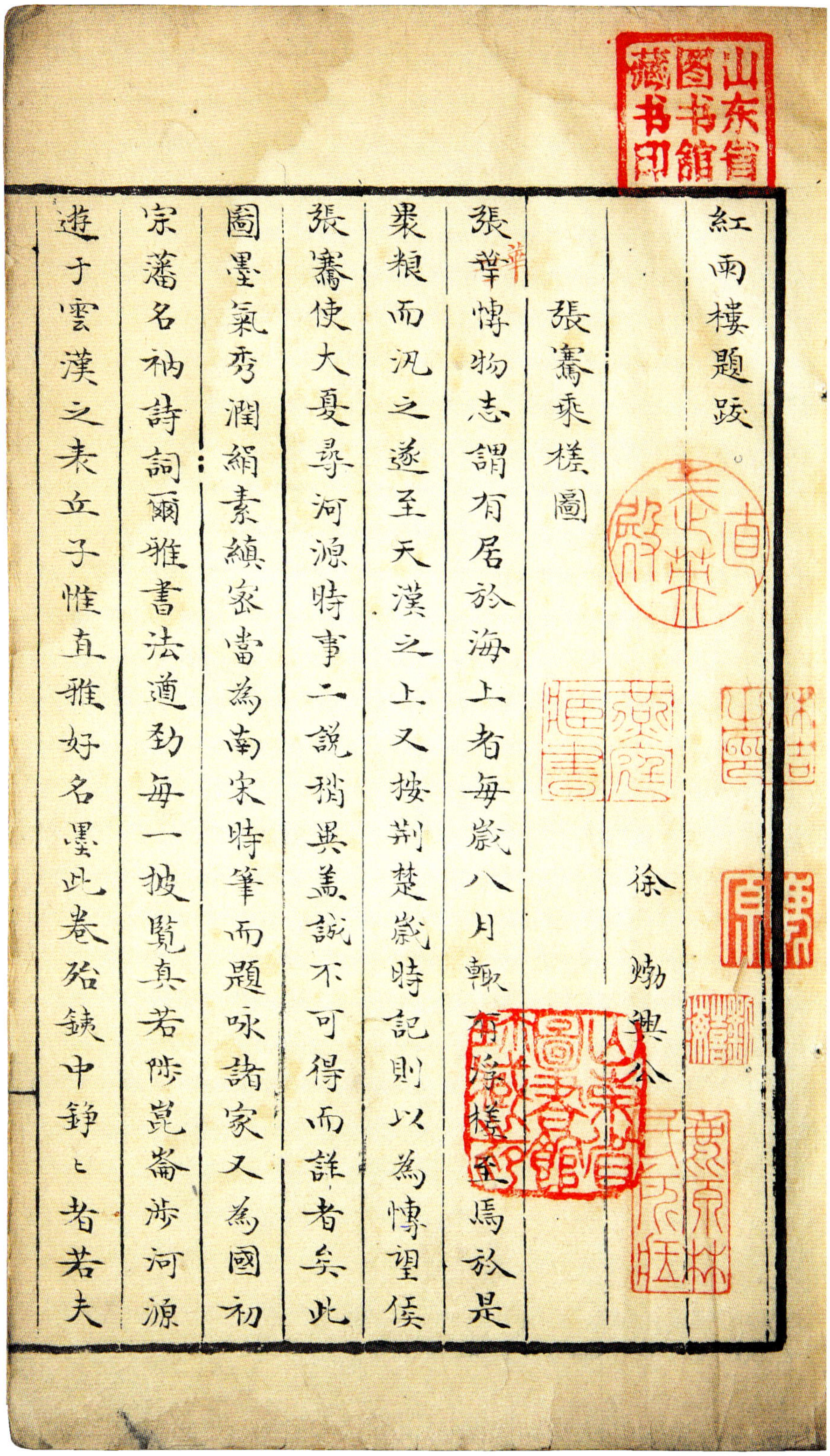


**紅雨樓題跋一卷**　（明）徐𤊹撰　清康熙五十八年（1719）林佶蘭話堂抄本　林佶 劉喜海跋

以“蘭話堂鈔”稿紙抄寫，有林佶、劉喜海手書題跋。

山東省圖書館　名錄08140

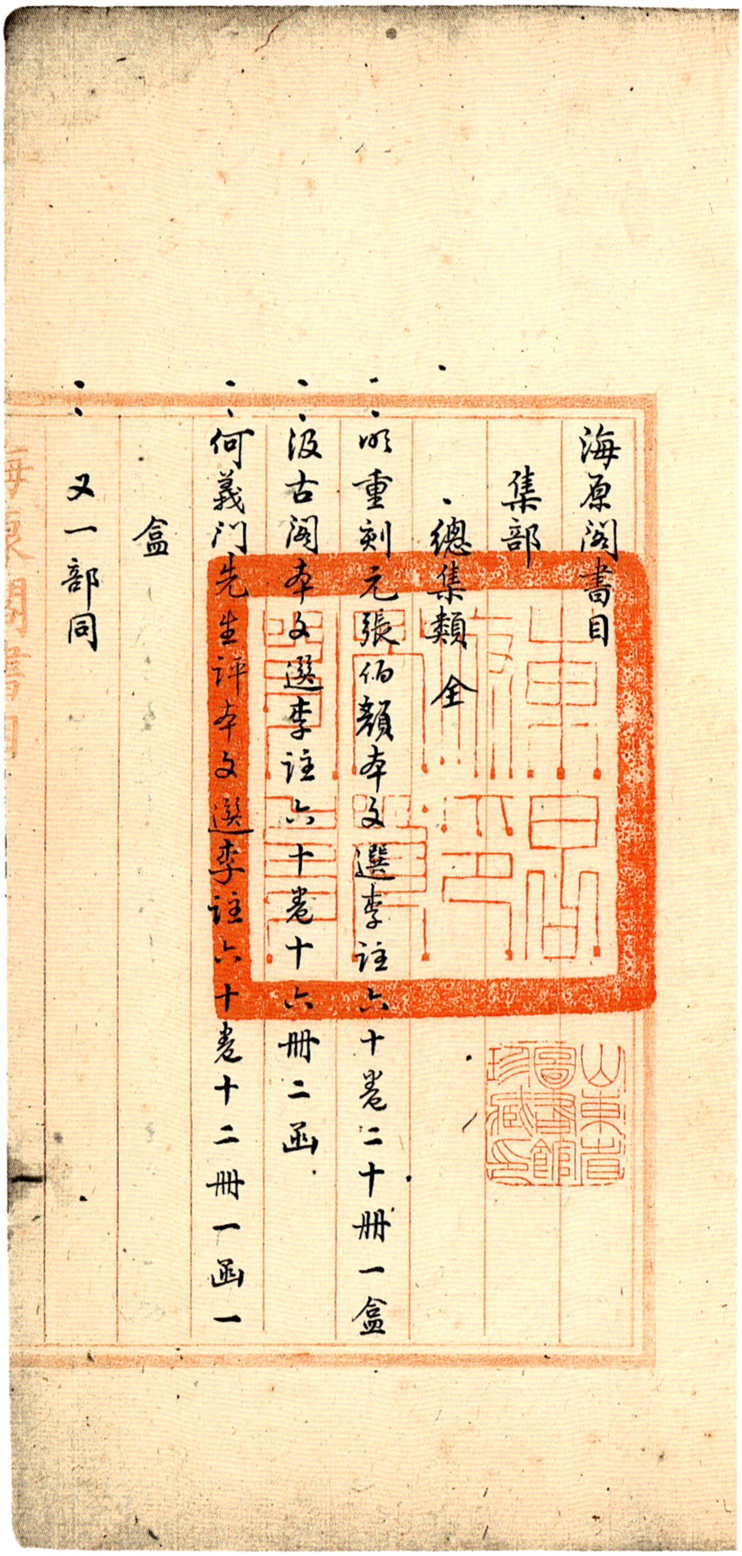

海原閣書目
集部
總集類 全
明重刻元張伯顏本文選李注六十卷二十冊一盒
汲古閣本文選李注六十卷十六冊二函
何義門先生評本文選李注六十卷十二冊一函一
盒
又一部同

**海源閣書目不分卷**　（清）楊保彝撰　稿本

海源閣是清末四大藏書樓之一，楊保彝爲海源閣第三代主人。此書簡要著錄了海源閣所藏的善本古籍3404部。

山東省圖書館　名錄08142

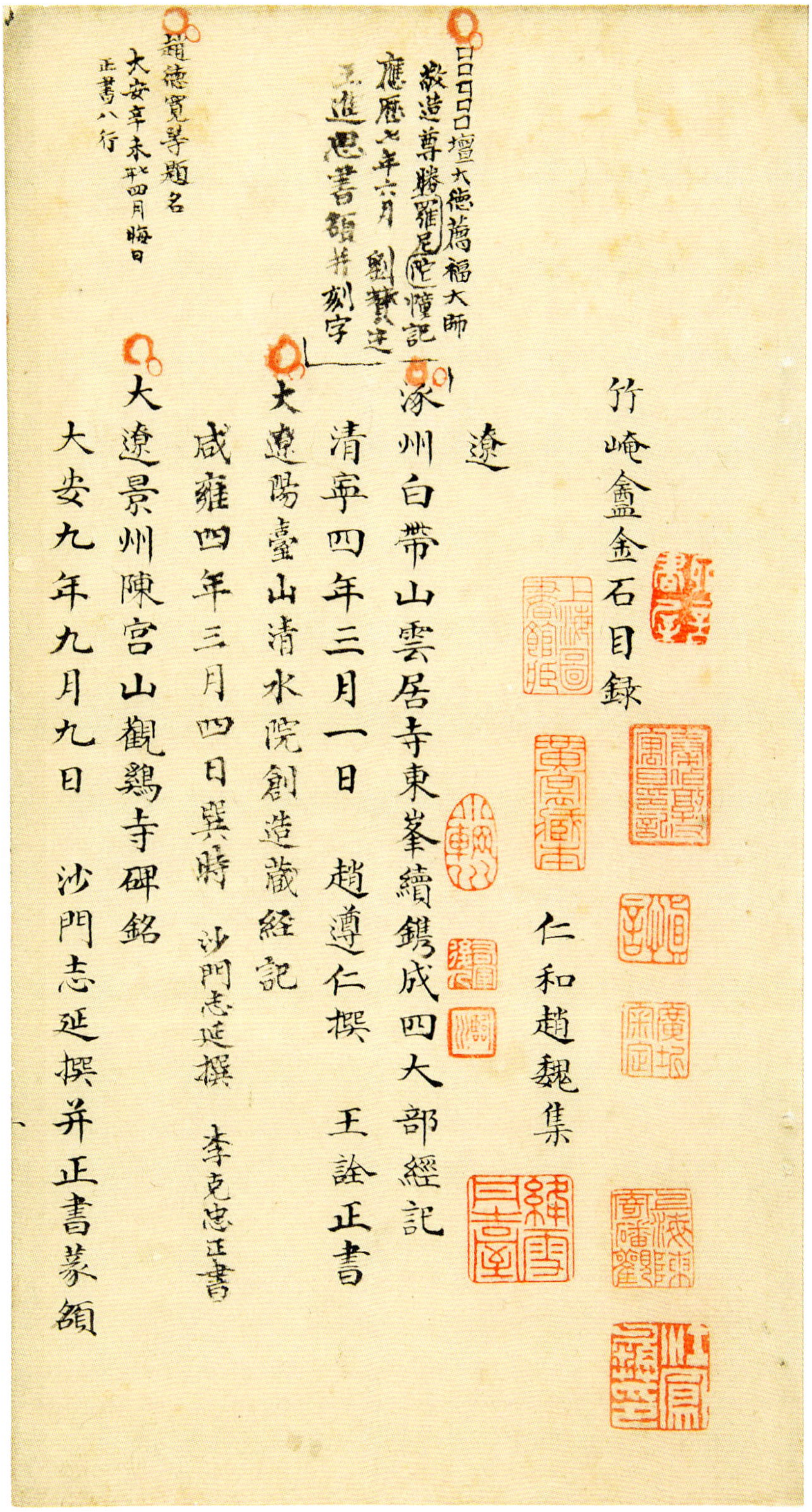

竹崦盦金石目録

仁和趙魏集

遼

涿州白帶山雲居寺東峯續鐫成四大部經記

清寧四年三月一日　趙遵仁撰　王詮正書

□□□□□壇大德薦福大師

敎造尊勝羅尼陀幢記

應歷七年六月　劉贇造

王進思書額并刻字

大遼陽臺山清水院創造藏經記

咸雍四年三月四日巽時　沙門志延撰　李克忠正書

趙德寬等題名

大安辛未年四月晦日

正書八行

大遼景州陳宮山觀鷄寺碑銘

大安九年九月九日　沙門志延撰并正書篆額

**竹崦盦金石目錄不分卷**　（清）趙魏藏並撰　手稿本　江鳳彝校並跋

此稿爲嘉慶七、八年間（1802–1803）編纂，由後續得之拓本如《漢西狹頌》、《唐裴鏡民碑》等皆未入目可證。

上海圖書館　名録08154

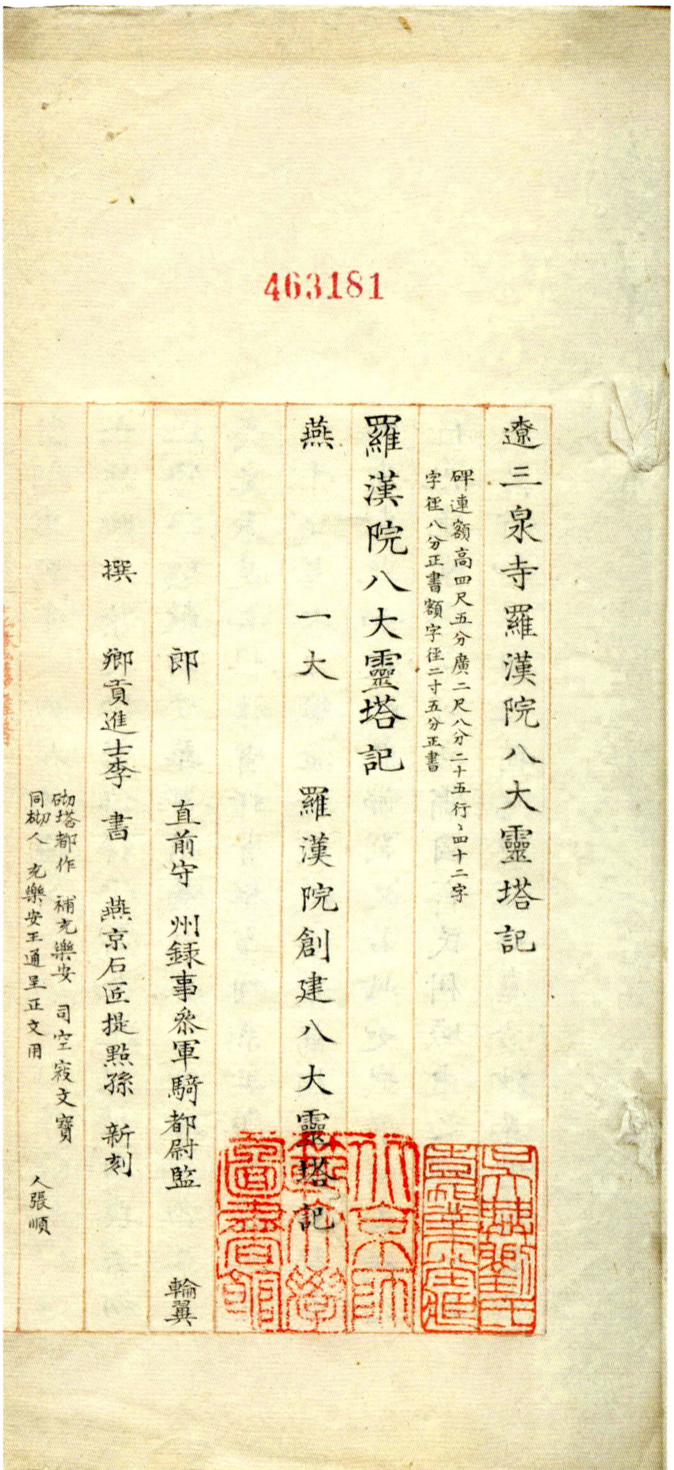
463181

遼三泉寺羅漢院八大靈塔記

碑連額高四尺五分廣二尺八分二十五行行四十二字
字徑八分正書額字徑二寸五分正書

羅漢院八大靈塔記

燕　一大　羅漢院創建八大靈塔記

郎　直前守　州錄事參軍騎都尉監　輪翼

撰　鄉貢進士李　書　燕京石匠提點孫　新刻

砌塔都作　補充樂安　司空寂文寶

同砌人　充樂安王通呈正文用　人張順

**金石苑不分卷**　（清）劉喜海輯　稿本

劉喜海收藏金石拓片甚富，因卷帙浩繁，僅將其中一部分編爲《金石苑》，著錄了西漢至唐宋的碑刻、器物，多繪出縮小的圖形，銘文依原來的款式、書體摹寫，保存碑版原貌。據書衣所題，係道光二十年（1840）裝成。

北京師範大學圖書館　名錄08155

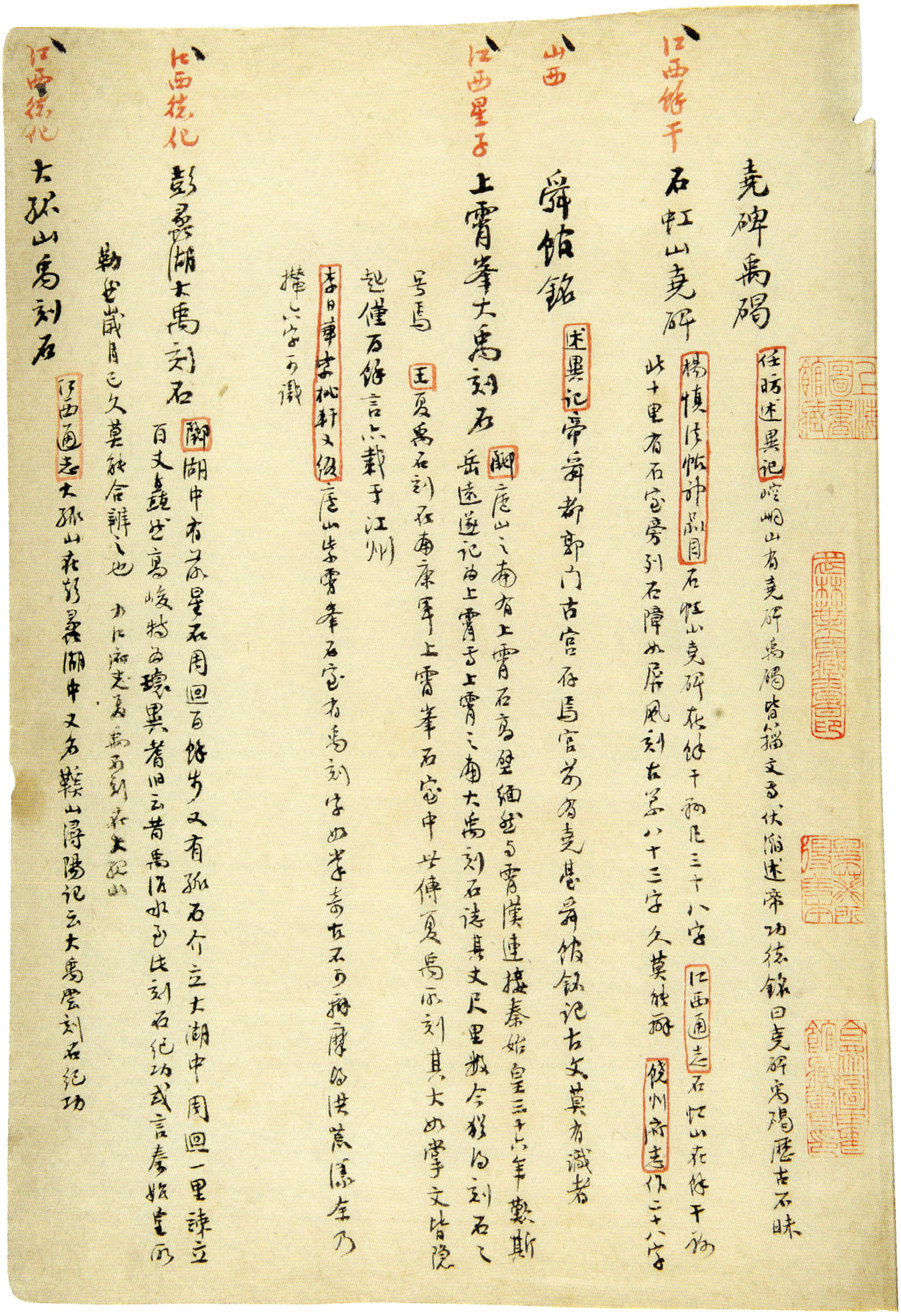

堯碑禹碣

任昉述異記 崆峒山有堯碑禹碣皆籀文焉伏滔述帝功德銘曰堯碑禹碣歷古不昧

江西餘干 石紅山堯碑

楊慎詩話補遺 石紅山堯碑在餘干縣北三十八里有石室旁列石障如屏風刻古篆八十三字久莫能辨 江西通志 石紅山在餘干縣 饒州府志 作二十八字

山西 舜館銘

述異記 帝舜都郡門古宮存焉宮前有堯甚舜館銘記古文莫有識者

江西星子 上霄峯大禹刻石

輿地 廬山之南有上霄石高壁緬然與霄漢連接秦始皇三十六年歎斯岳遠遂記為上霄寺上霄之南大禹刻石誌其丈尺里數今猶為刻石之號焉 王夏禹石刻在南康軍上霄峯石室中世傳夏禹所刻其大如掌文皆隱起僅百餘言亦載于江州

李日華紫桃軒又綴 廬山紫霄峯石室有禹刻字如掌奇古不可辨摹為洪荒遺文乃攜以字可識

江西德化 彭蠡湖大禹刻石

輿地 湖中有落星石周回百餘步又有孤石介立大湖中周回一里竦立百丈矗出高峻特為瓌異耆舊云昔禹治水至此刻石紀功或言秦始皇所勒世歲月已久莫能辨之也

江西德化 大孤山禹刻石

江西通志 大孤山在彭蠡湖中又名鞵山潯陽記云大禹嘗刻石紀功

**待訪碑目不分卷**　（清）吳式芬撰　手稿本　吳重熹題識

此稿收錄元至正年間（1341–1368）以前的歷代碑碣名目，《金石彙目分編》未載，收錄僅見文獻著錄而未見拓本流傳的石刻拓本，故有“待訪”之名。未予付梓，疑是未完之稿。葉景葵舊藏。

上海圖書館　名錄08170

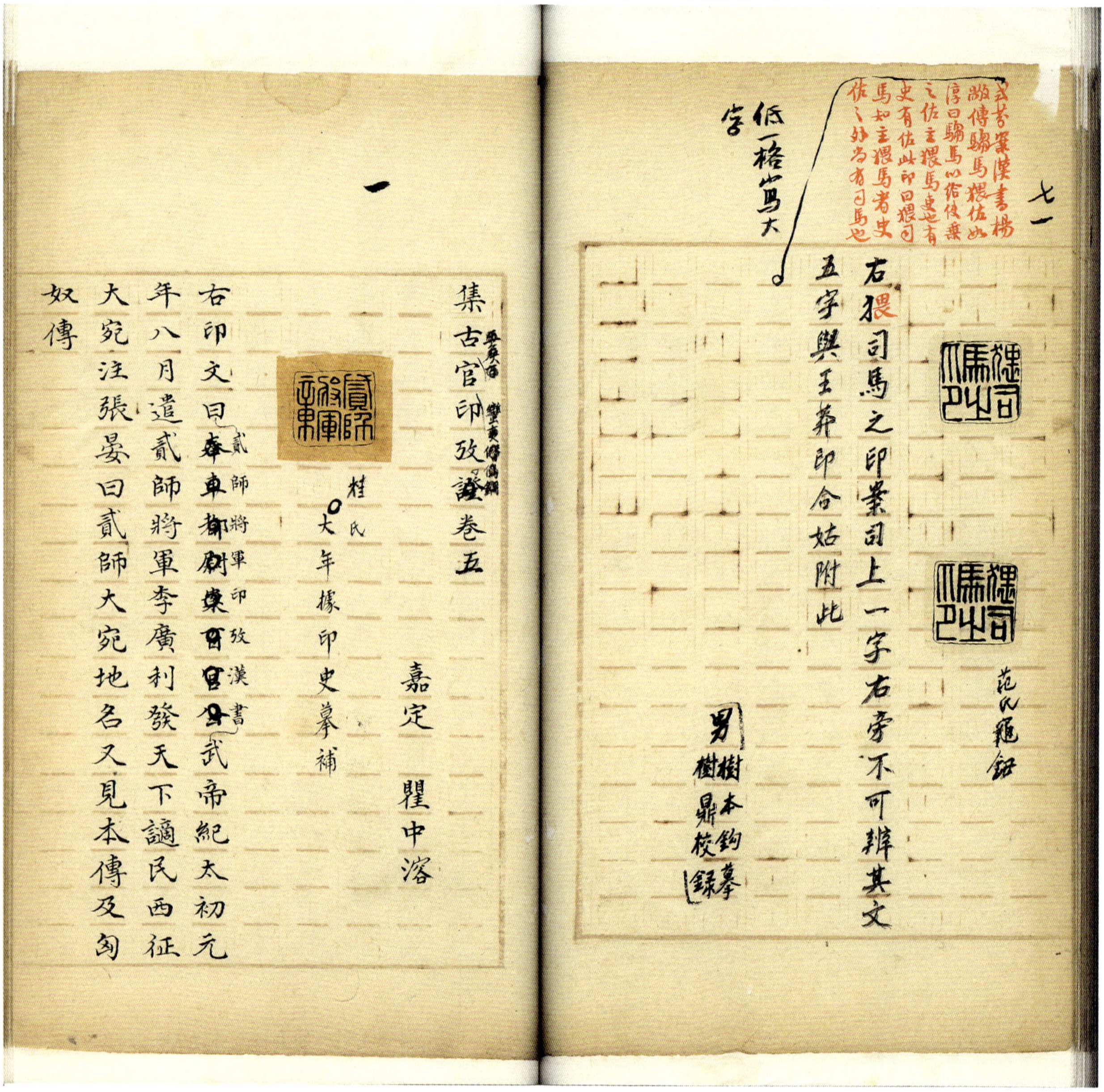

**集古官印考十七卷集古虎符魚符一卷**　（清）瞿中溶撰　稿本　翁大年校并跋　存七卷

瞿中溶，清代學者，精經史、書畫。此書經翁大年摹校，又經吳式芬批注。書品良好，彌足珍貴。

蘇州大學圖書館　名録08175

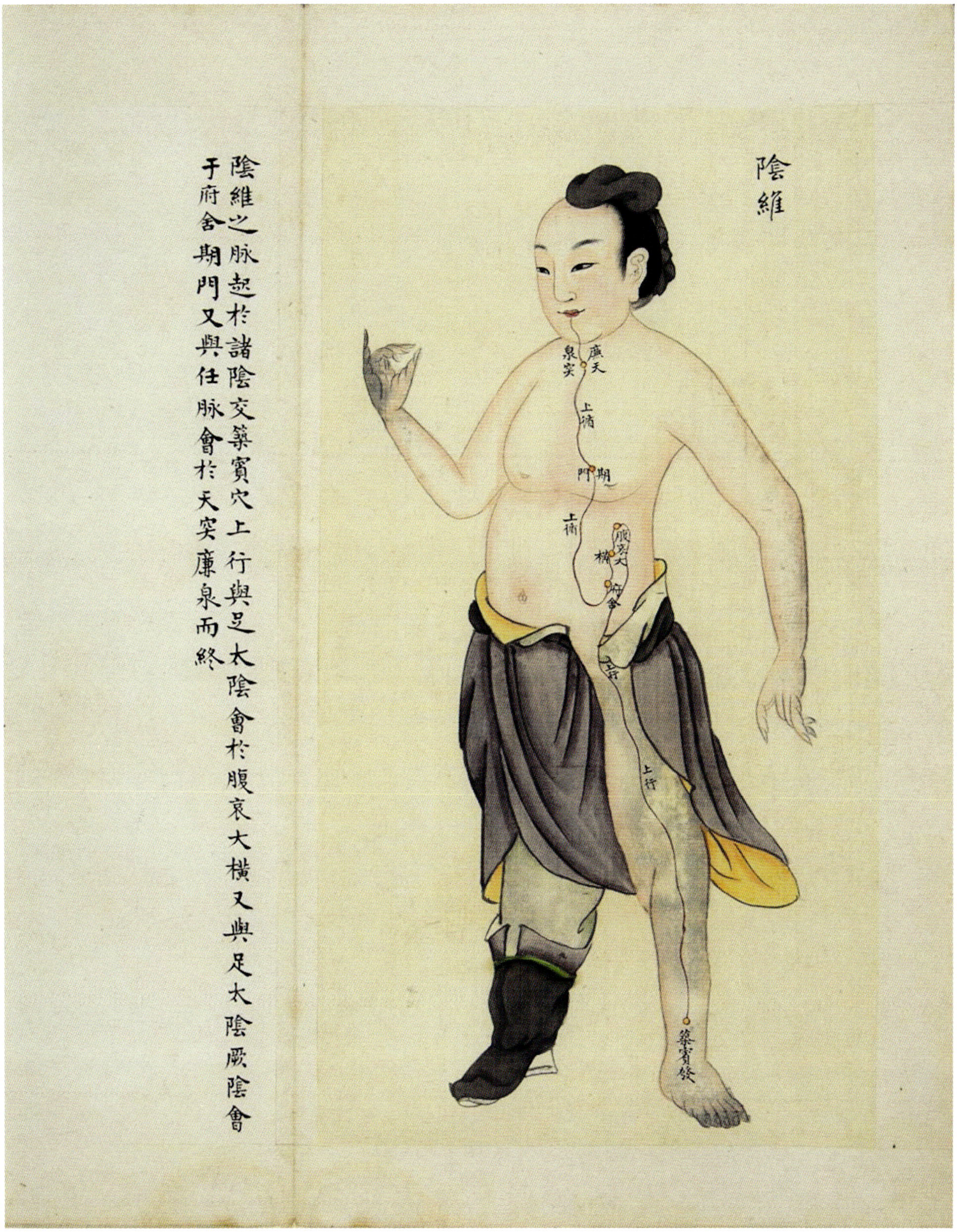


**人體經穴臟腑圖**　清彩繪抄本

此書爲醫家針灸用書，彩繪抄本，十分珍貴。

浙江圖書館　名錄08414

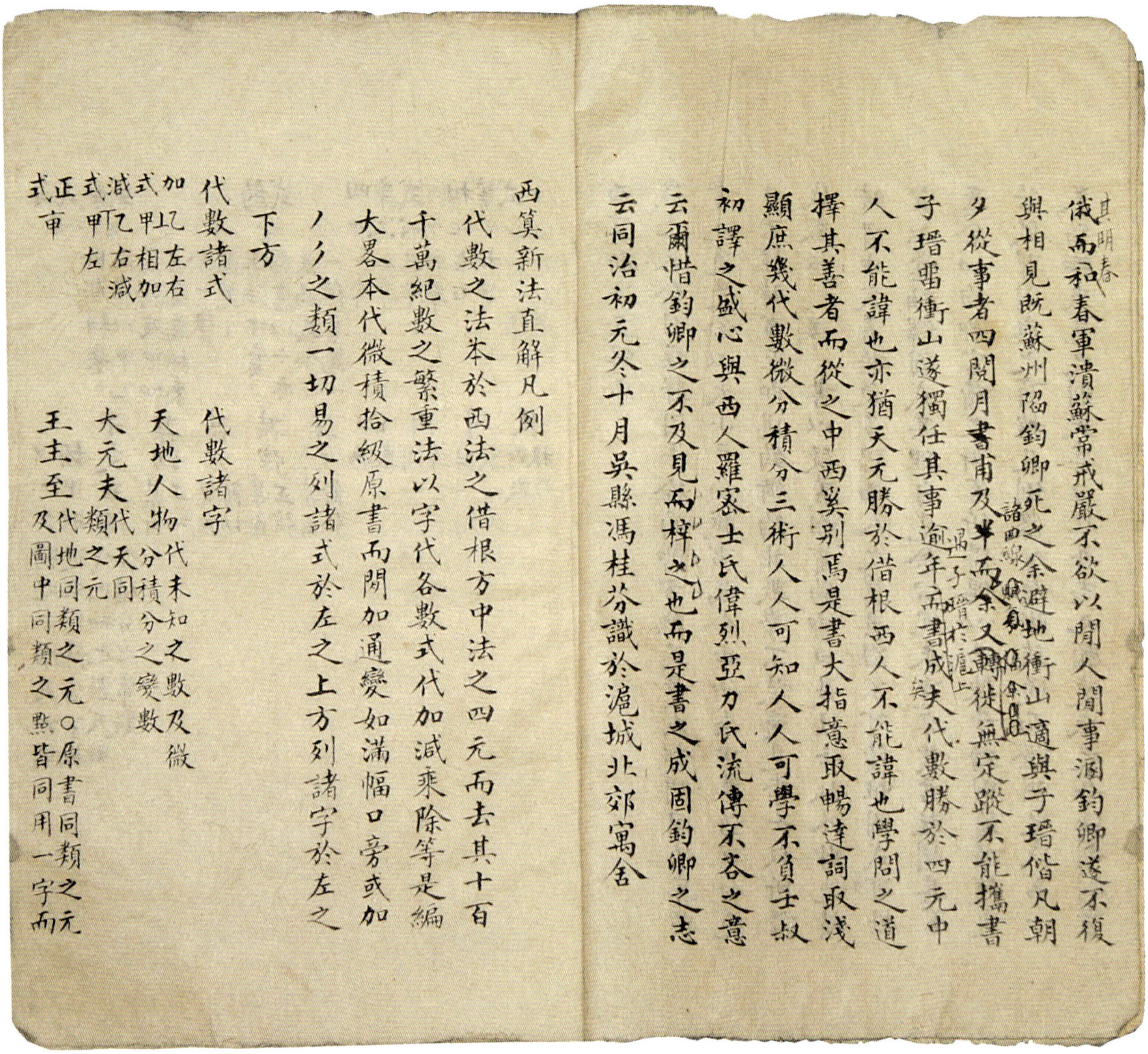


**西算新法直解八卷**　（清）馮桂芬 陳瑒撰　稿本

此書主要闡釋《代微積拾級》和《代數學》中的代數學、解析幾何和微積分知識，具有重要的版本價值。

蘇州博物館　名録08422

珊瑚木難四冊朱性父手藁也朱存理字性父別號野航長洲人少學舉
子業謝去從杜東原遊自少至老未嘗一日忘學聞人有異書必訪求手
自繕錄居於葑門在荻扁王氏家教書嘗与主人晚酌罷主人入內適月
上性父得句云萬事不如杯在手一年幾見月當頭喜極發狂大叫扣扉
呼主人起詠此二句主人亦大擊節取酒更酌興盡而罷明日遍請吳中
善詩者賞之大爲張具留連數日吳中傳爲詩話其韻勝如此今世所傳
有刻本鐵網珊瑚十六卷又有寫本珊瑚木難八卷此本則四冊未分卷
蓋即二書之初藁也今以刻本對之其相同者四十種耳此卅藁內每種
下具記得自某氏大約出於杜東原沈石田黃應龍沈維時王雲松趙思
式諸家所藏而又并記其借錄月日內有辛丑壬寅乙巳丙午戊申壬戌
諸年所記攷性父生於正統九年甲子卒於正德八年癸酉年七十則此
手藁皆成化宏治間所錄也此本後歸於文衡山衡山仲子於甲戌歲裝

**珊瑚木難不分卷** （明）朱存理輯　稿本　王廣　翁方綱　楊繼震跋　顧渚題詩並跋又錄　文徵明　文震孟　呂一經等詩翰

“珊瑚木難”比喻珍貴難得的事物，此書記錄朱存理所見珍稀書畫名跡，備錄其中詩文題跋。成於明成化弘治間，迭經明文徵明、王穉登、王騰程、王廣、顧渚等名家遞藏，流傳有緒。

國家圖書館　名錄08443

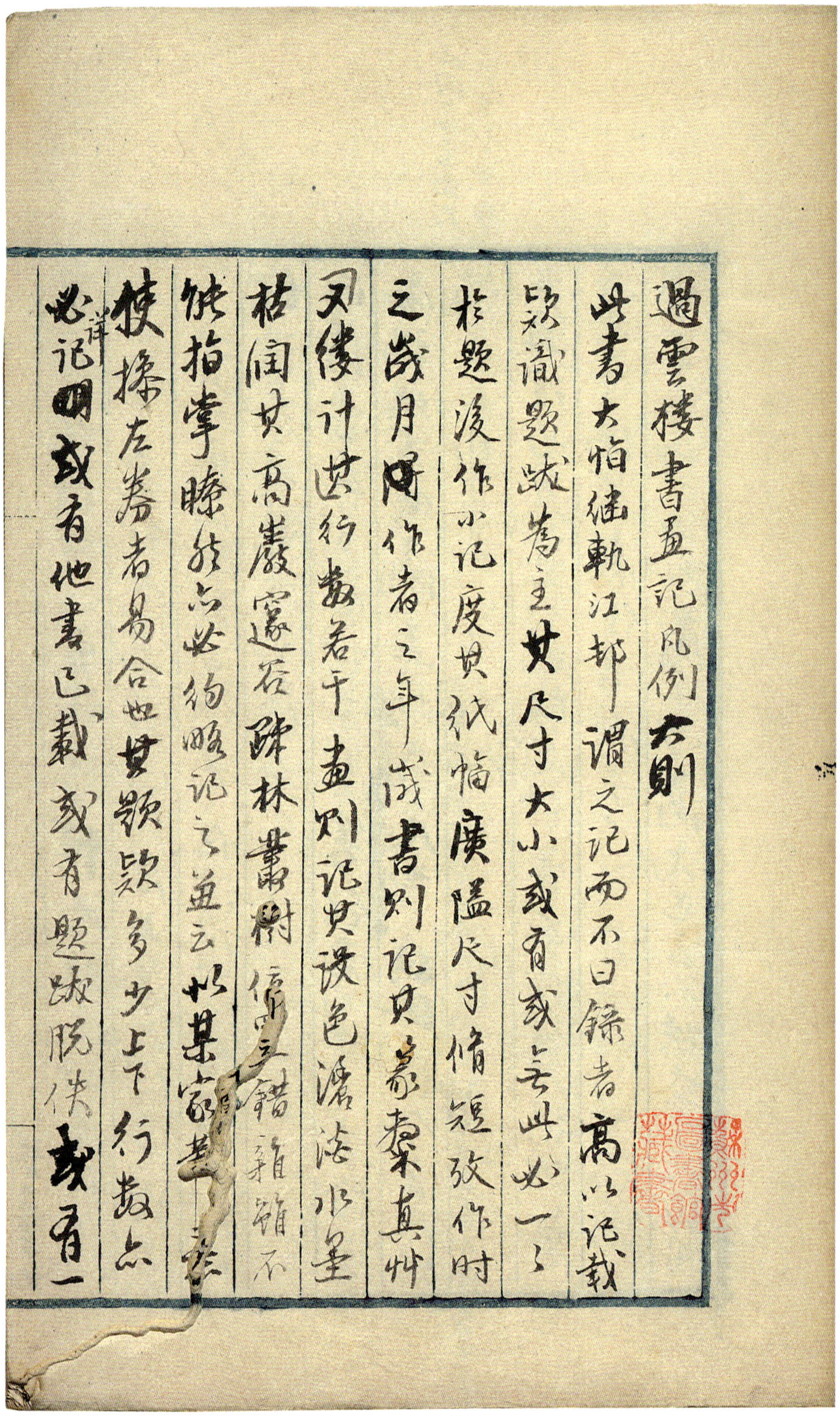

過雲樓書畫記凡例六則

此書大恉繼軌江邨謂之記而不曰錄者 高以記載

款識題跋爲主 其尺寸大小或有或無 此必一一

於題後作小記 度其紙幅廣隘尺寸修短 兹作時

之歲月 則作者之年歲 書則記其篆隸真草

又僂計其行數若干 畫則記其設色淺深水墨

枯潤 其高巖邃谷 踈林叢樹 位置錯雜不

能指掌瞭然 亦必約略記之 並云 如某家某法

披據左卷者 易合也 其題跋多少上下行數亦

必詳記明 或有他書已載 或有題跋脫佚 或有一

**過雲樓書畫記初稿不分卷**　（清）顧文彬撰　稿本

過雲樓爲顧文彬之藏書樓，以藏有宋元以來佳槧名鈔、珍秘善本、書畫精品而名聞遐邇。此本較光緒八年（1882）刻本内容更爲豐富。

江蘇省蘇州圖書館　名錄08446

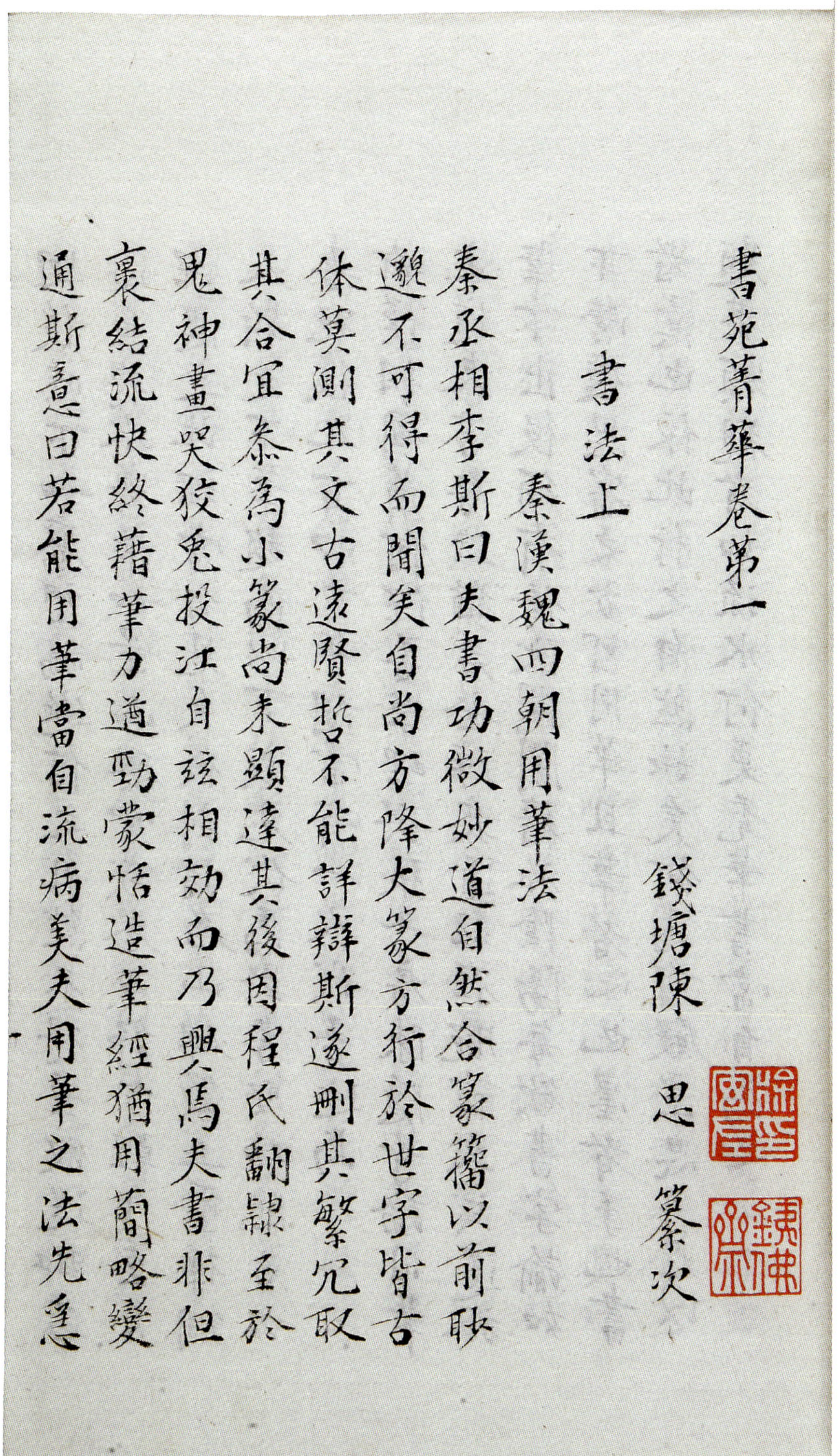

書苑菁華卷第一
錢塘陳　思　纂次
書法上
秦漢魏四朝用筆法
秦丞相李斯曰夫書功微妙道自然合篆籀以前耿
邈不可得而聞矣自尚方降大篆方行於世字皆古
休莫測其文古遠賢哲不能詳辯斯遂刪其繁冗取
其合宜參為小篆尚未顯達其後因程氏翻隸至於
鬼神盡哭狡兔投江自玆相効而乃興焉夫書非但
裹結流快終藉筆力遒勁蒙恬造筆經猶用簡略變
通斯意曰若能用筆當自流病美夫用筆之法先急

**書苑菁華二十卷**　（宋）陳思輯　明萬曆徐玄佐家抄本　徐玄佐　黄丕烈跋

南宋書法理論總集，收錄宋以前書法理論文章160篇，分32類，保存了早期書法史的珍貴資料。

國家圖書館　名錄08452

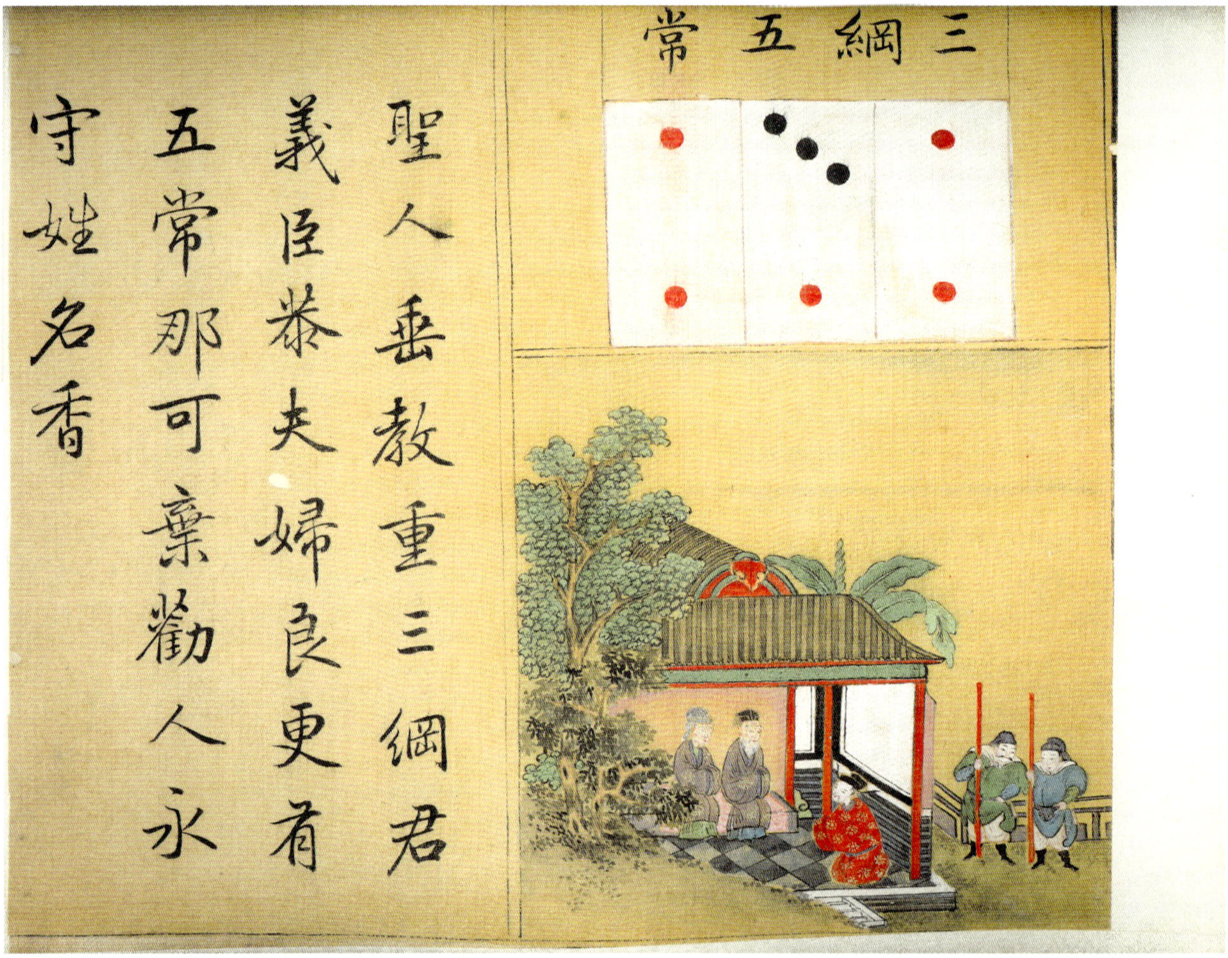


**宣和牌譜不分卷**　明成化彩繪本

經折裝。明人根據宋宣和年間流傳下來的牌戲編成的牌譜。

北京大學圖書館　名錄08479

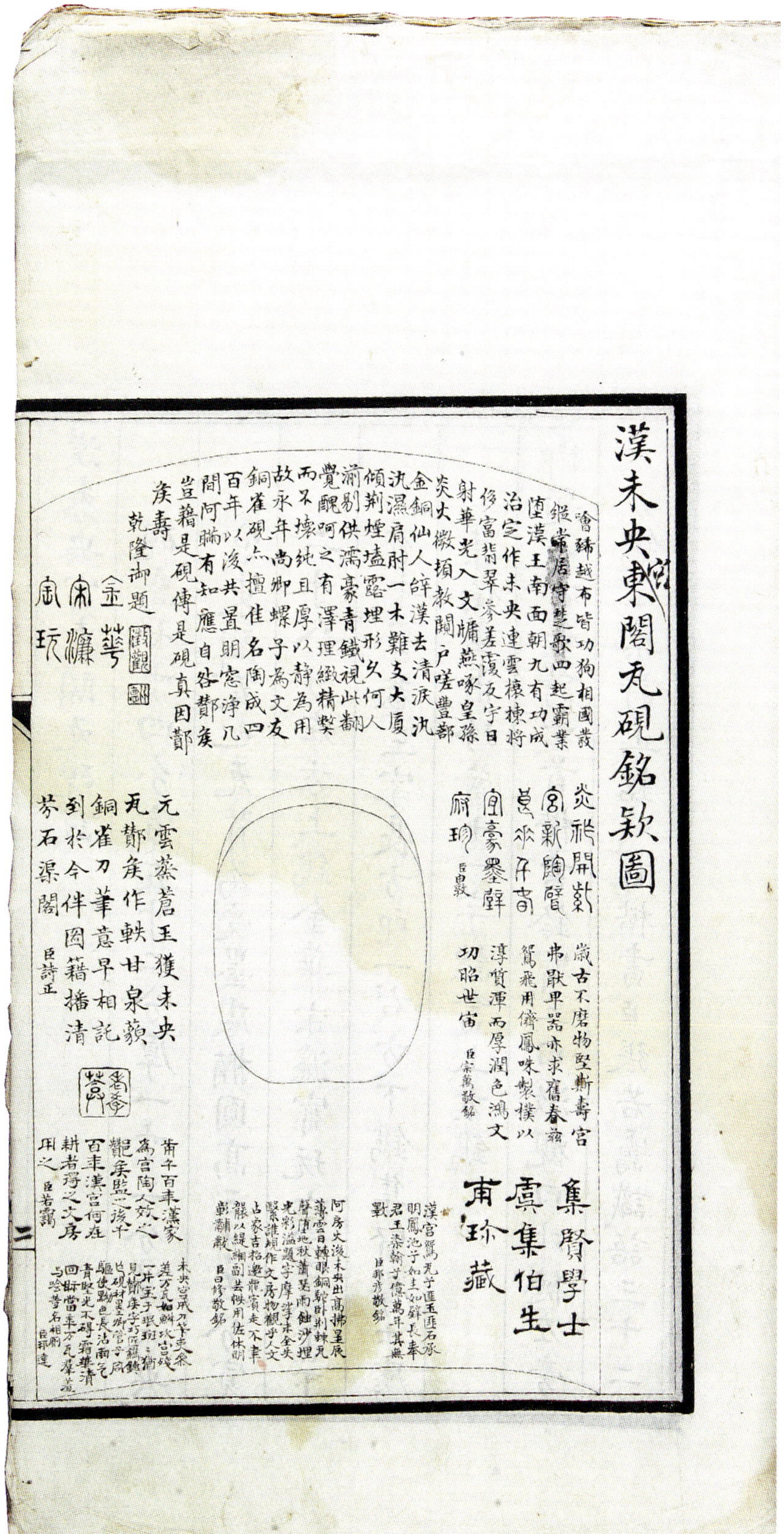
漢未央東閣瓦硯銘欵圖

噲絳越布皆功狗相國蕭
何嘗居守楚歌四起霸業
墮漢王南面朝九有功成
治定作未央連雲榱棟將
侈富翡翠參差霞及宇日
射華光入文牖燕啄皇孫
炎火徽頹教闕戶嗟豐鄗
金銅仙人辭漢去清淚汍
汍濕肩附一木難支大廈
傾荊煙墟露埋形久何人
湔剔供濡毫青鐵視此翻
覺醜呵之有澤理緻精槩
而不壞純且厚以靜為用
故永年尚鄉螺子為文友
銅雀硯亦擅佳名陶成四
百年以後共置明窗淨几
間阿瞞有知應自咎鄴侯
豈藉是硯傳是硯真因鄴
侯壽
乾隆御題

集賢學士
虞集伯生
甫珍藏

元雲蒸蒼玉獲未央
瓦鄴侯作軼甘泉籟
銅雀刀筆意早相記
到於今伴圖籍播清
芬石渠閣 臣詩正

**西清硯譜二十四卷**　清內府抄本［四庫底本］

書中有大量四庫館臣校改鉤乙。

國家圖書館　名錄08480

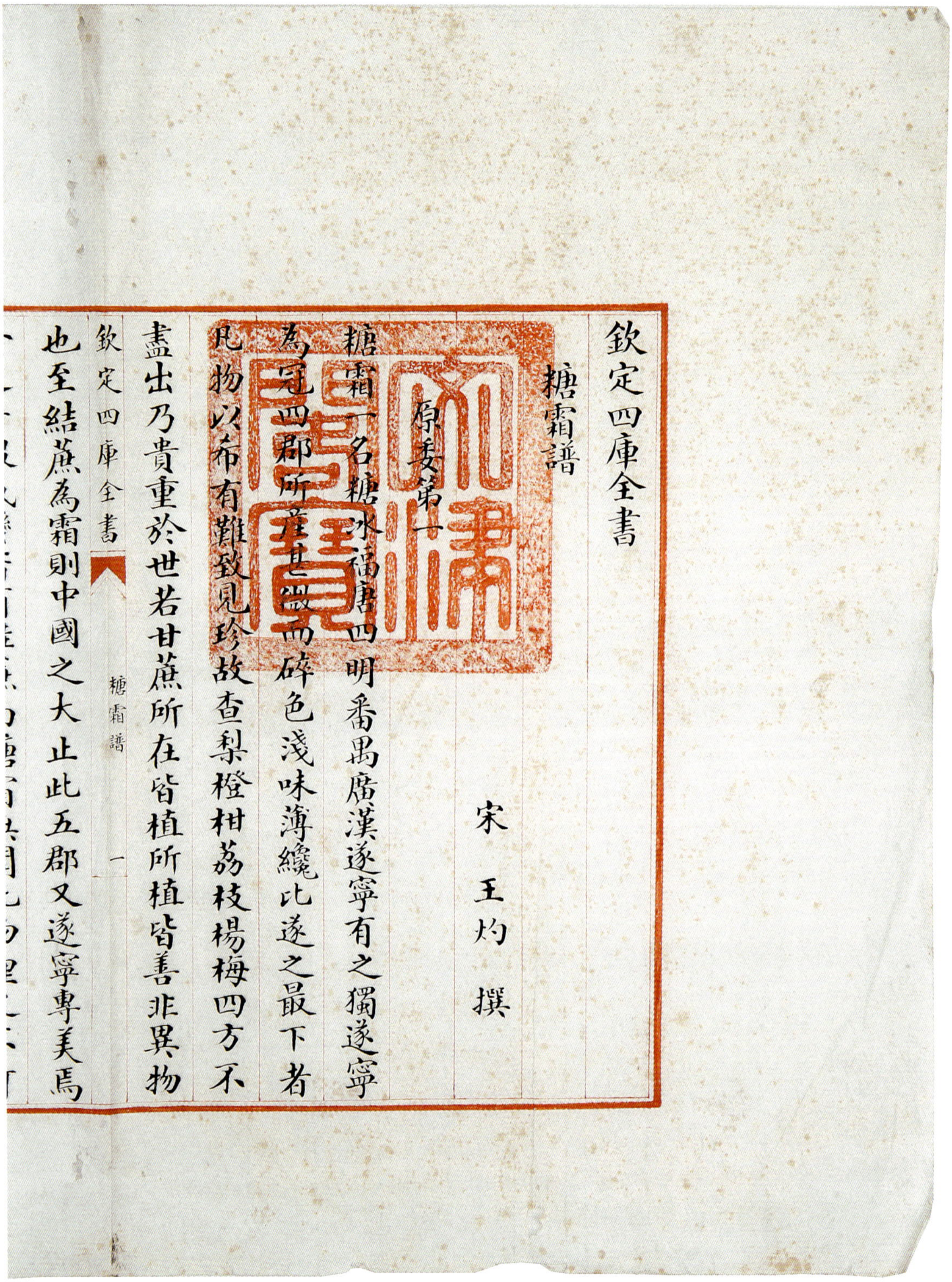

欽定四庫全書

糖霜譜

宋 王灼 撰

原委第一

糖霜一名糖冰福唐四明番禺廣漢遂寧有之獨遂寧為冠四郡所産甚微而碎色淺味薄纔比遂之最下者凡物以希有難致見珍故查梨橙柑荔枝楊梅四方不盡出乃貴重於世若甘蔗所在皆植所植皆善非異物也至結蔗為霜則中國之大止此五郡又遂寧專美焉

欽定四庫全書　糖霜譜　一

**糖霜譜一卷**　（宋）王灼撰　清乾隆（1736–1795）內府寫文津閣《四庫全書》本

是書爲現存最早的一部介紹以甘蔗製糖方法的專著。此爲四庫零帙，鈐有“文津閣寶”、“太上皇帝之寶”、“避暑山莊”等印。

柳州市博物館　名錄08485

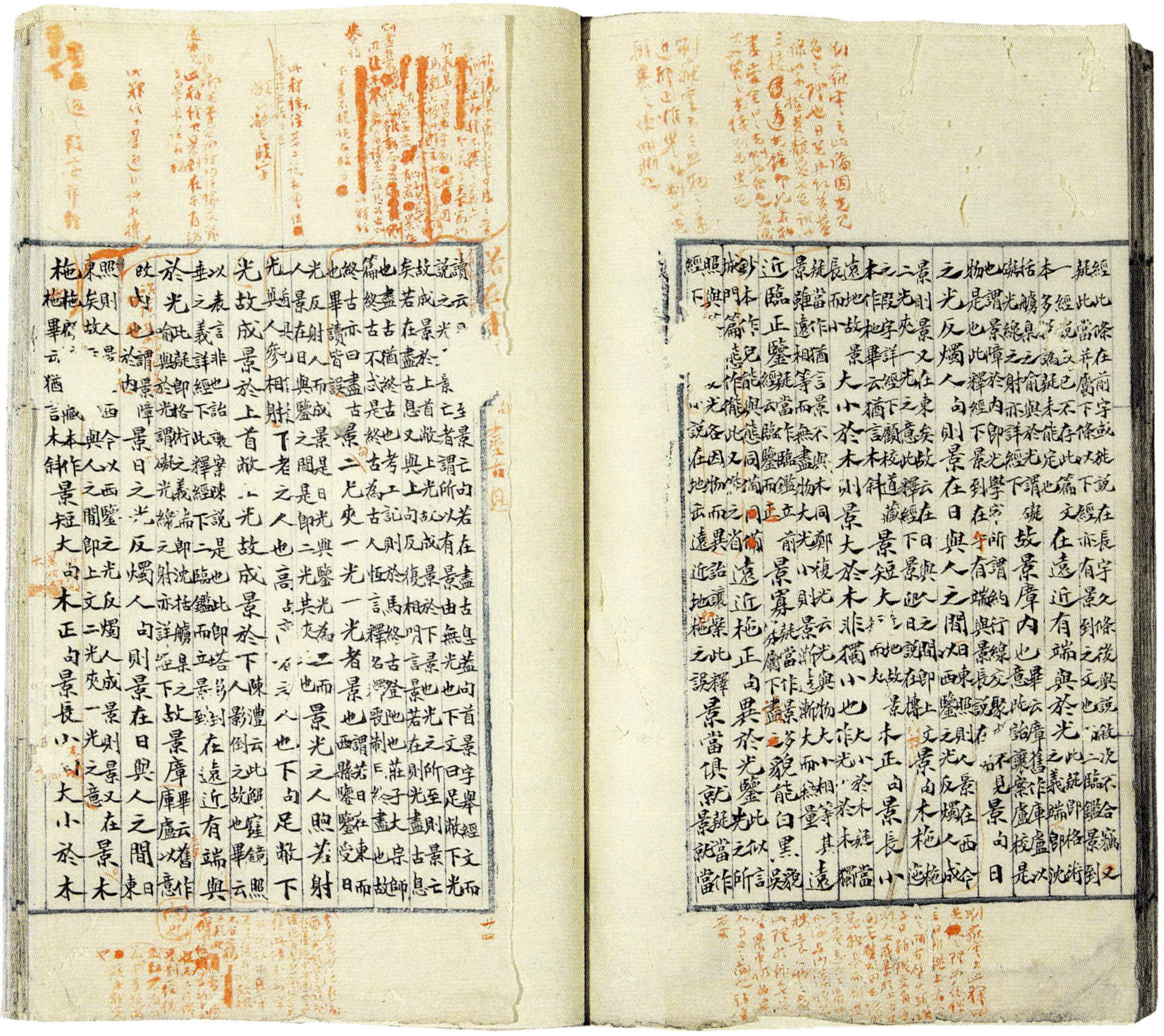

**墨子閒詁十五卷** （清）孫詒讓撰　稿本

集《墨子》校勘大成之作。

浙江省瑞安市文物館　名録08492

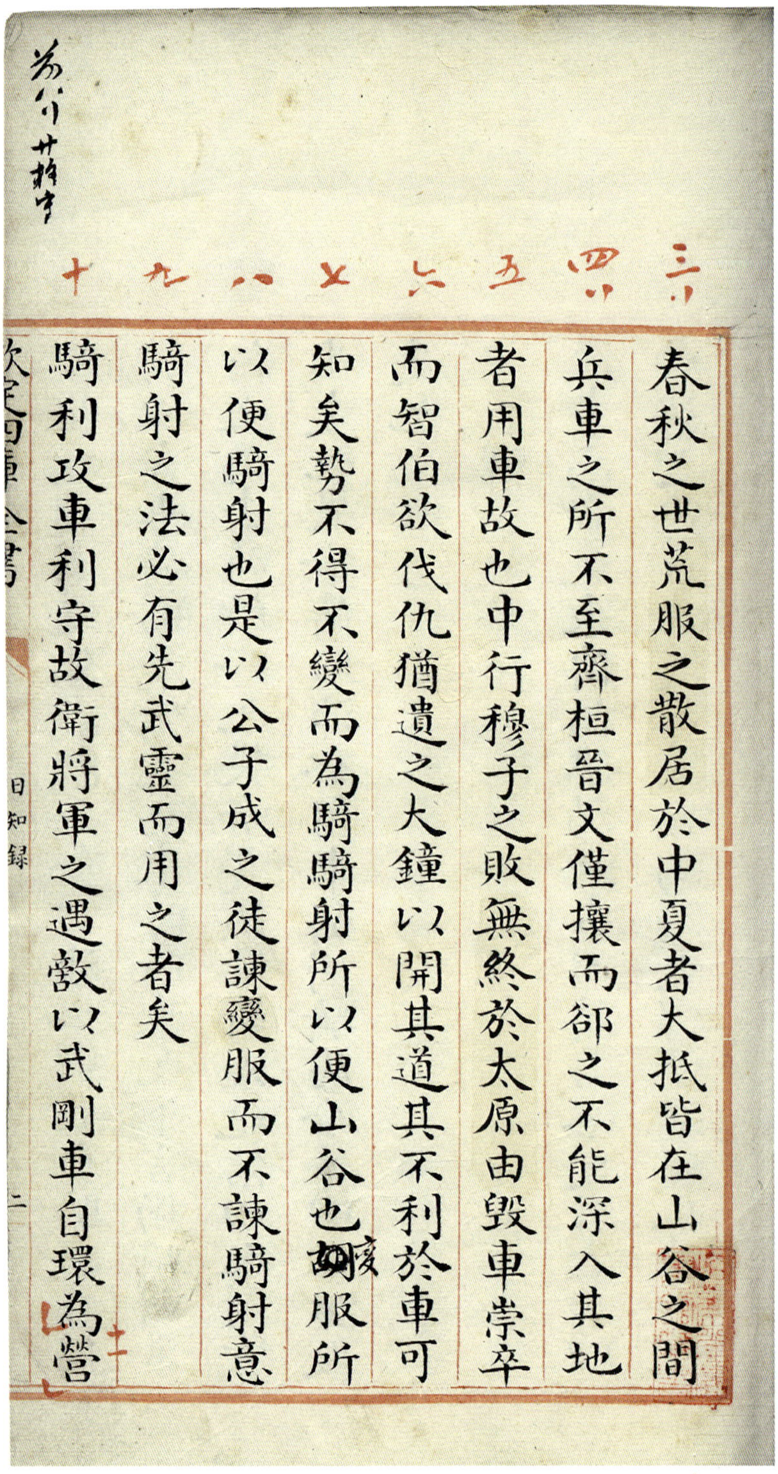
春秋之世荒服之散居於中夏者大抵皆在山谷之間兵車之所不至齊桓晉文僅攘而卻之不能深入其地者用車故也中行穆子之敗無終於太原由毀車崇卒而智伯欲伐仇猶遺之大鐘以開其道其不利於車可知矣勢不得不變而為騎騎射所以便山谷也胡服所以便騎射也是以公子成之徒諫變服而不諫騎射意騎射之法必有先武靈而用之者矣

騎利攻車利守故衛將軍之遇敵以武剛車自環為營

欽定四庫全書　日知錄

**日知錄刪餘稿不分卷**　（清）顧炎武撰　清乾隆（1736–1795）內府寫文淵閣《四庫全書》本

清初著名學者顧炎武的代表作。此刪餘稿總計42葉，應是在乾隆五十二年（1787）的大規模復查中，從已抄繕成書的文淵閣本《四庫全書》中撤換出的散葉，對研究《四庫全書》的編纂以及《日知錄》一書的抽燬和刪改概況頗有參考價值。

河南省圖書館　名錄08528

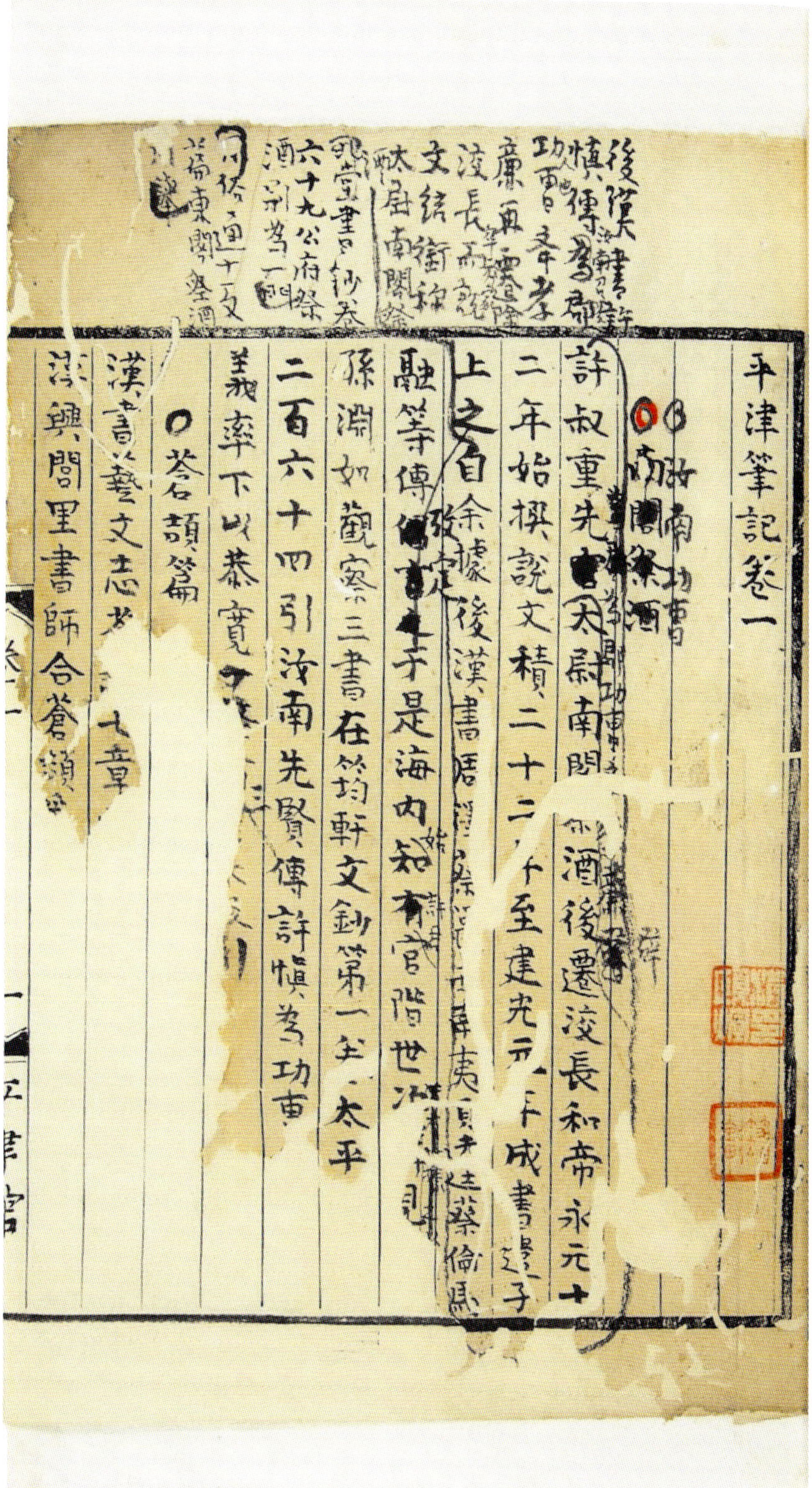

**平津筆記八卷**　（清）洪頤煊撰　稿本

洪頤煊，字旌賢，號筠軒，晚號倦舫老人，浙江臨海人。先後師從阮元、孫星衍，通經博古，收藏甚富，藏書樓名曰“小停雲山館”，畢生著述頗豐。

浙江圖書館　名録08549

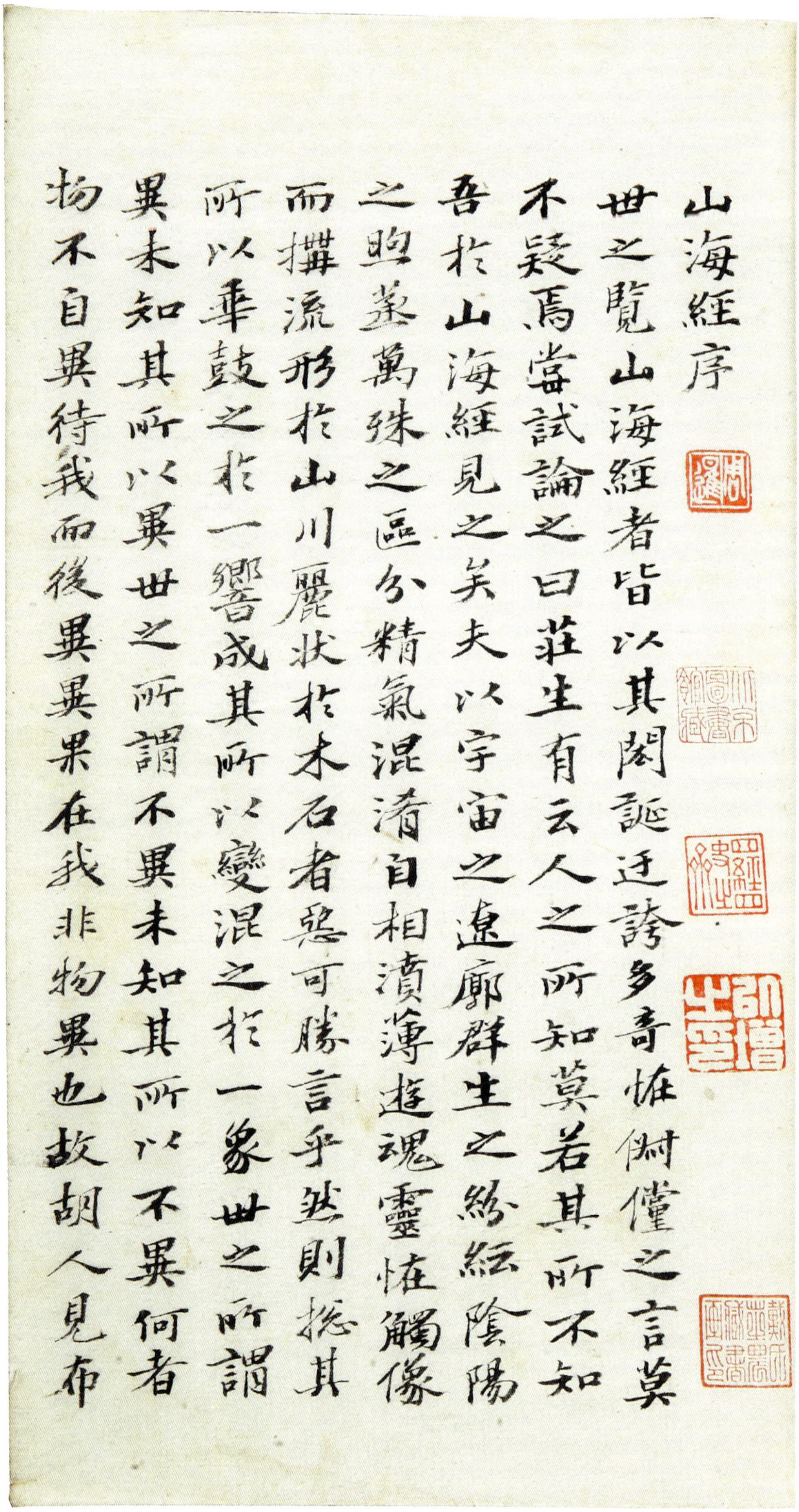

山海經序

世之覽山海經者皆以其閎誕迂誇多奇怪俶儻之言莫不疑焉嘗試論之曰莊生有云人之所知莫若其所不知吾於山海經見之矣夫以宇宙之寥廓群生之紛紜陰陽之煦蒸萬殊之區分精氣混淆自相濆薄遊魂靈怪觸像而構流形於山川麗狀於木石者惡可勝言乎然則總其所以乘鼓之於一響成其所以變混之於一象世之所謂異未知其所以異世之所謂不異未知其所以不異何者物不自異待我而後異異果在我非物異也故胡人見布

**山海經十八卷**　（晉）郭璞傳　明成化元年（1465）吳寬抄本　吳寬跋

吳寬，明成化八年（1472）狀元，著名學者、書法家、藏書家。本書從內廷傳抄，書法精整，具有重要文獻和藝術價值。

國家圖書館　名錄08568

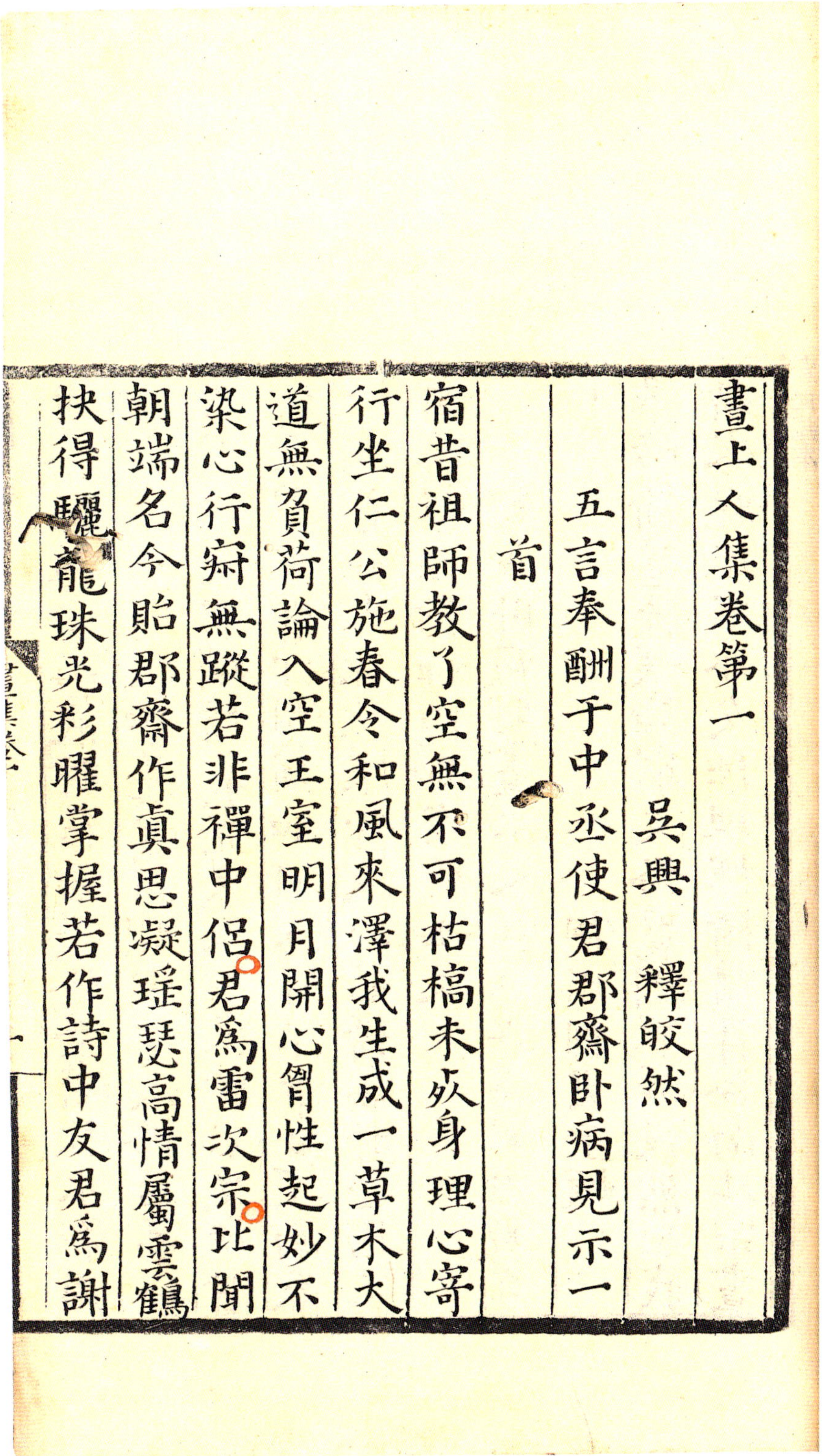
晝上人集卷第一
吳興 釋皎然
五言奉酬于中丞使君郡齋卧病見示一
首
宿昔祖師教了空無不可枯槁未死身理心寄
行坐仁公施春令和風來澤我生成一草木大
道無負荷論入空王室明月開心胷性起妙不
染心行寂無蹤若非禪中侶君爲雷次宗比聞
朝端名今貽郡齋作眞思凝瑶瑟高情屬雲鶴
扶得驪龍珠光彩耀掌握若作詩中友君爲謝
晝集卷一 一

**晝上人集十卷** （唐）釋皎然撰　明馮舒家抄本

明末清初常熟藏書家馮舒根據宋本校抄而成，流傳有緒，卷帙完整，具有重要的版本價值。

浙江省寧波市天一閣博物館　名錄08741

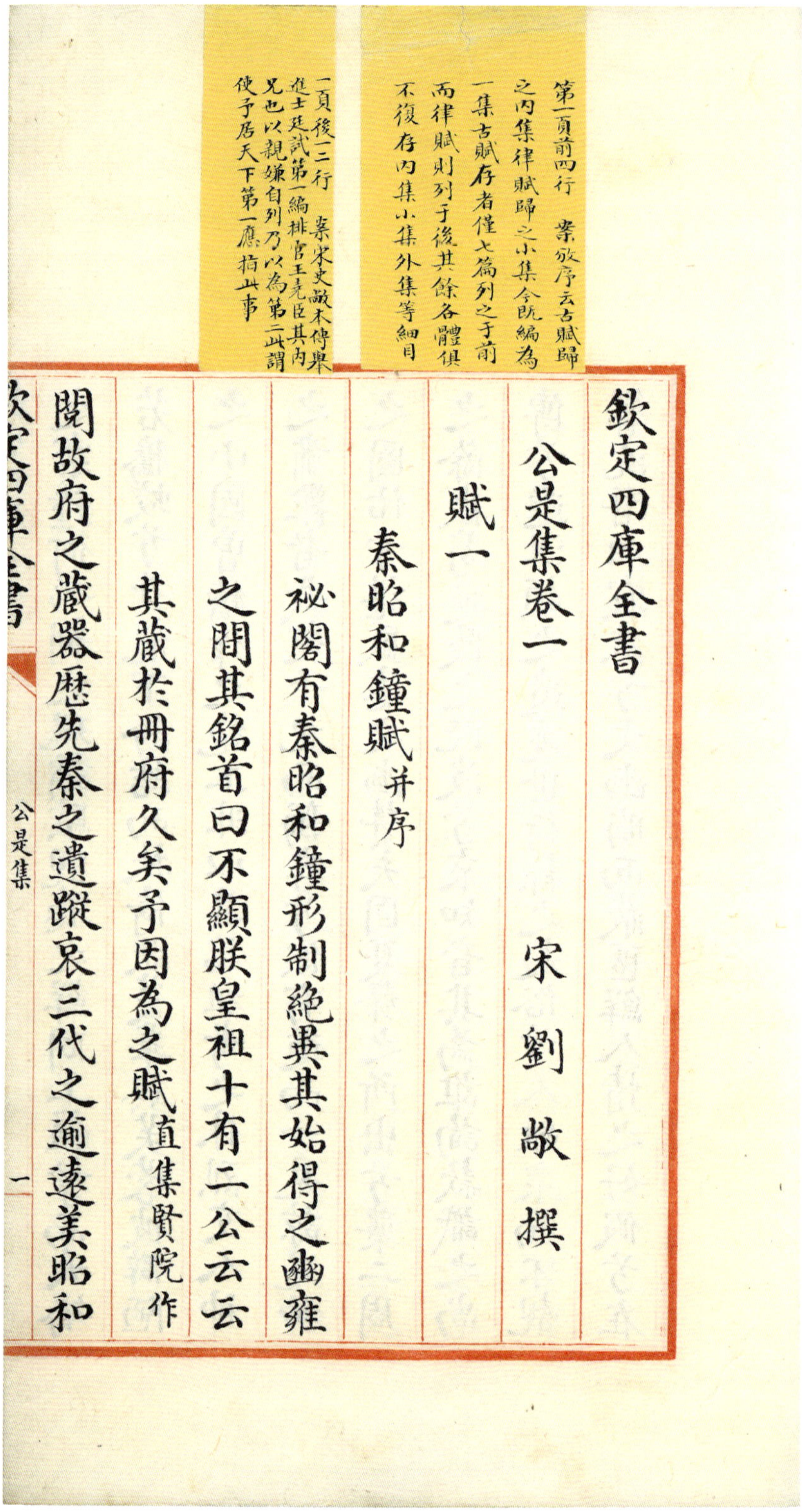
第一頁前四行　案敞序云古賦歸之內集律賦歸之小集今既編為一集古賦存者僅七篇列之于前而律賦則列于後其餘各體俱不復存內集小集外集等細目

一頁後一二行　案宋史敞本傳舉進士廷試第一編排官王堯臣其內兄也以親嫌自列乃以為第二此謂使予居天下第一應指此事

欽定四庫全書

公是集卷一　　宋　劉敞　撰

賦一

秦昭和鐘賦并序

祕閣有秦昭和鐘形制絶異其始得之幽雍之閒其銘首曰不顯朕皇祖十有二公云云其藏於冊府久矣予因為之賦直集賢院作

閱故府之藏器歷先秦之遺蹤哀三代之逈遠美昭和

欽定四庫全書　　公是集　　一

**公是集五十四卷**　（宋）劉敞撰　清四庫全書館抄本

是書輯自《永樂大典》，內有大量館臣批校簽語。

天津圖書館　名録08831

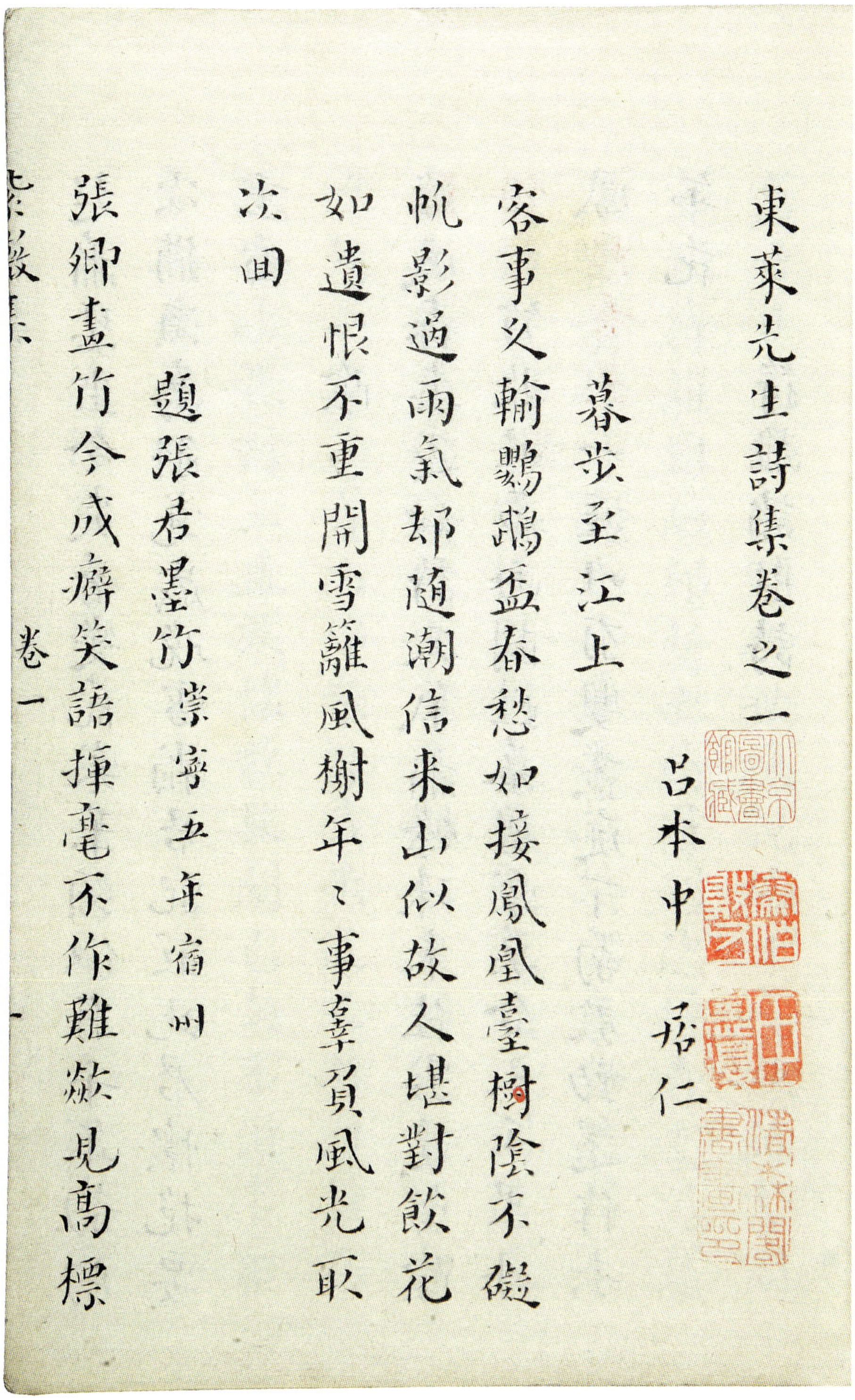
東萊先生詩集卷之一
呂本中　居仁
暮步至江上
客事久輸鸚鵡盃春愁如接鳳凰臺樹陰不礙
帆影過雨氣却隨潮信来山似故人堪對飲花
如遺恨不重開雪籬風榭年々事辜負風光取
次回
題張君墨竹崇寧五年宿州
張卿畫竹今成癖笑語揮毫不作難欻見高標
紫微集　卷一　一

**東萊先生詩集二十卷**　（宋）呂本中撰　清呂留良家抄本　傅增湘　張宗祥校並跋

此集僅存其詩，文已散佚。傅增湘、張宗祥以日本内閣文庫所藏影宋刻本和宋慶元二年刻本校勘，補爲足本。因其爲呂留良家抄本，經清代文字獄流傳至今，殊爲不易。

國家圖書館　名錄08907

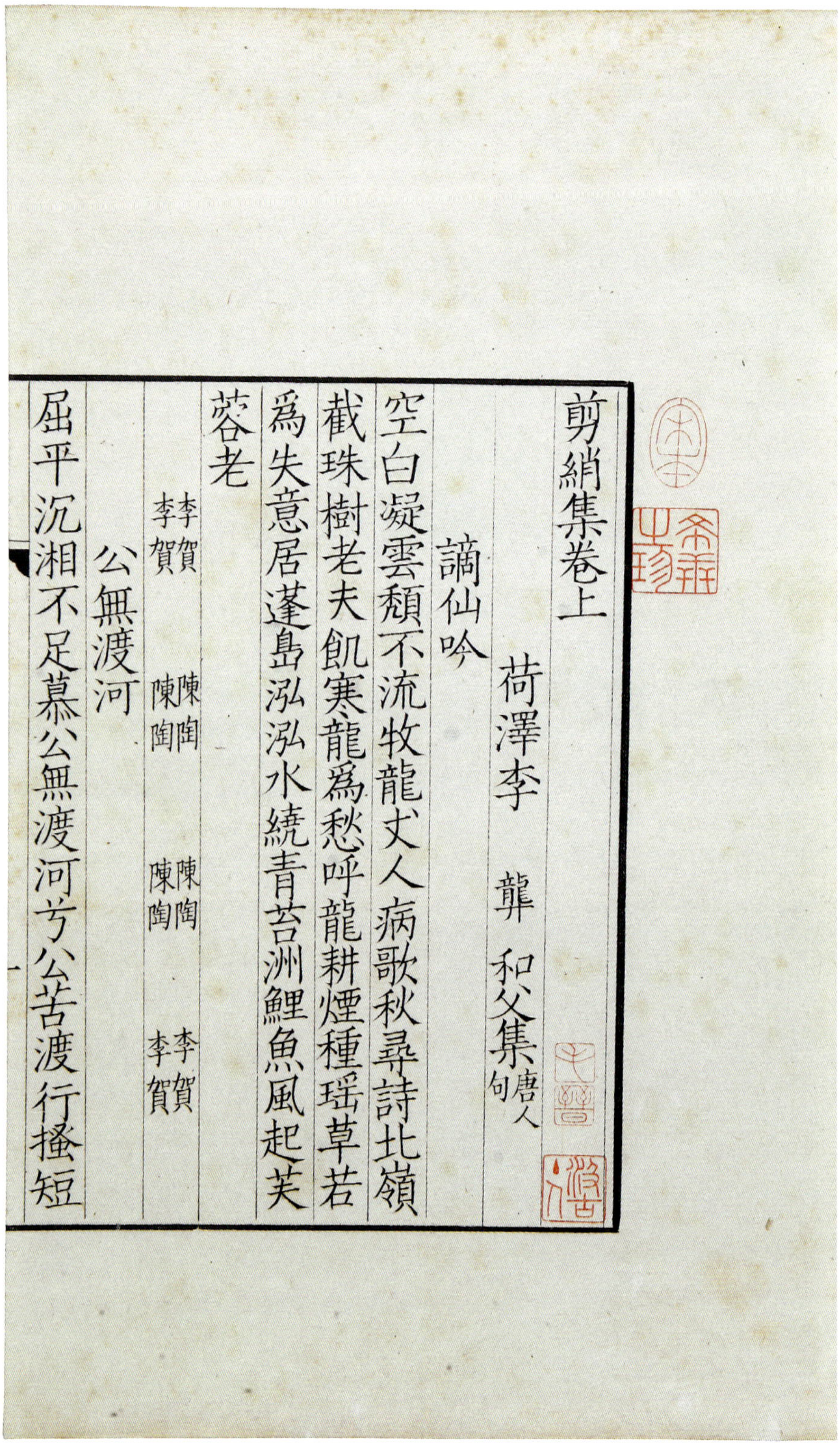
剪綃集卷上
荷澤李　龏　和父集唐人句
謫仙吟
空白凝雲頽不流牧龍丈人病歌秋尋詩北嶺
截珠樹老夫飢寒龍爲愁呼龍耕煙種瑶草若
爲失意居蓬島泓泓水繞青苔洲鯉魚風起芙
蓉老
李賀　陳陶　陳陶　李賀
李賀　陳陶　陳陶　李賀
公無渡河
屈平沉湘不足慕公無渡河兮公苦渡行搔短

**剪綃集二卷**　（宋）李龏撰　清初毛氏汲古閣影宋抄本

清初毛氏汲古閣影抄南宋陳宅書籍鋪刻本，抄寫精美，紙佳墨妙。宋刻已佚，文獻價值極爲珍貴。翁同龢舊藏。

國家圖書館　名録08948

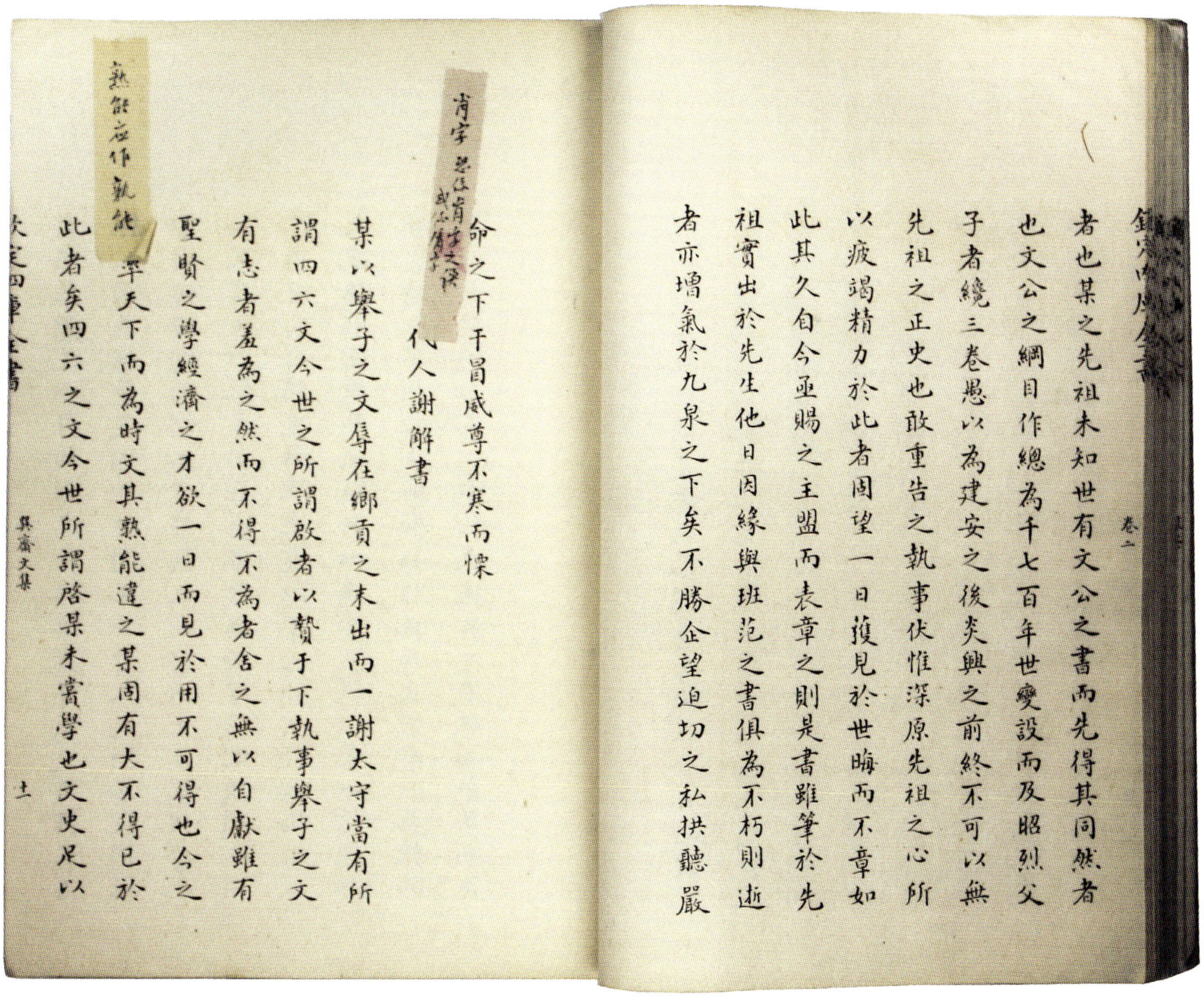

**巽齋文集二十七卷**　（宋）歐陽守道撰　清乾隆（1736–1795）四庫全書館抄本

版式寬大，字體工整，書内別有館臣校勘批注條簽。

江西省圖書館　名録08956

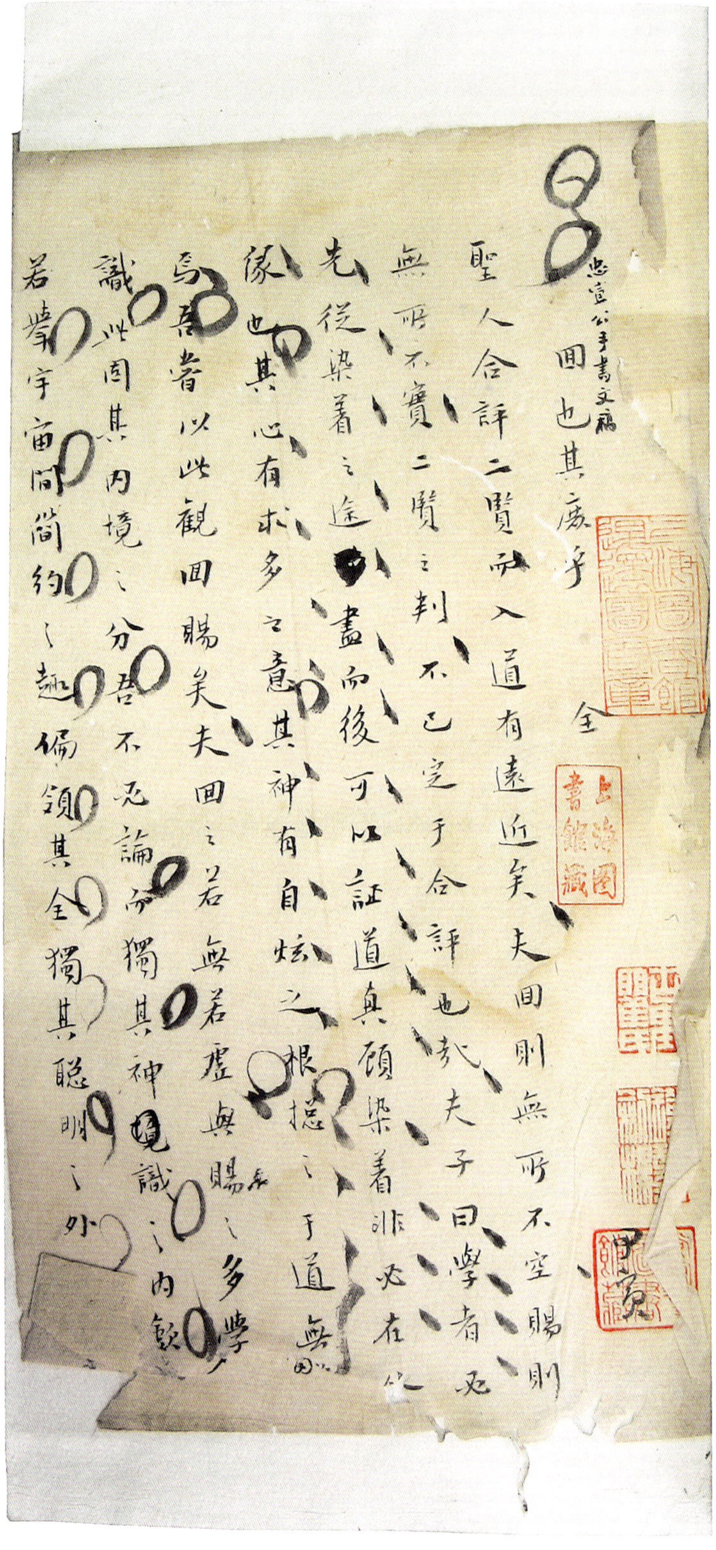

**明瞿忠宣公文稿不分卷**　（明）瞿式耜撰　手稿本

瞿式耜，明末詩人。崇禎朝（1628–1644）官户科給事中，明亡後擁立桂王朱由榔，參加抗清活動，順治四年（1647）被捕，英勇就義。

江蘇省常熟市圖書館　名錄09260

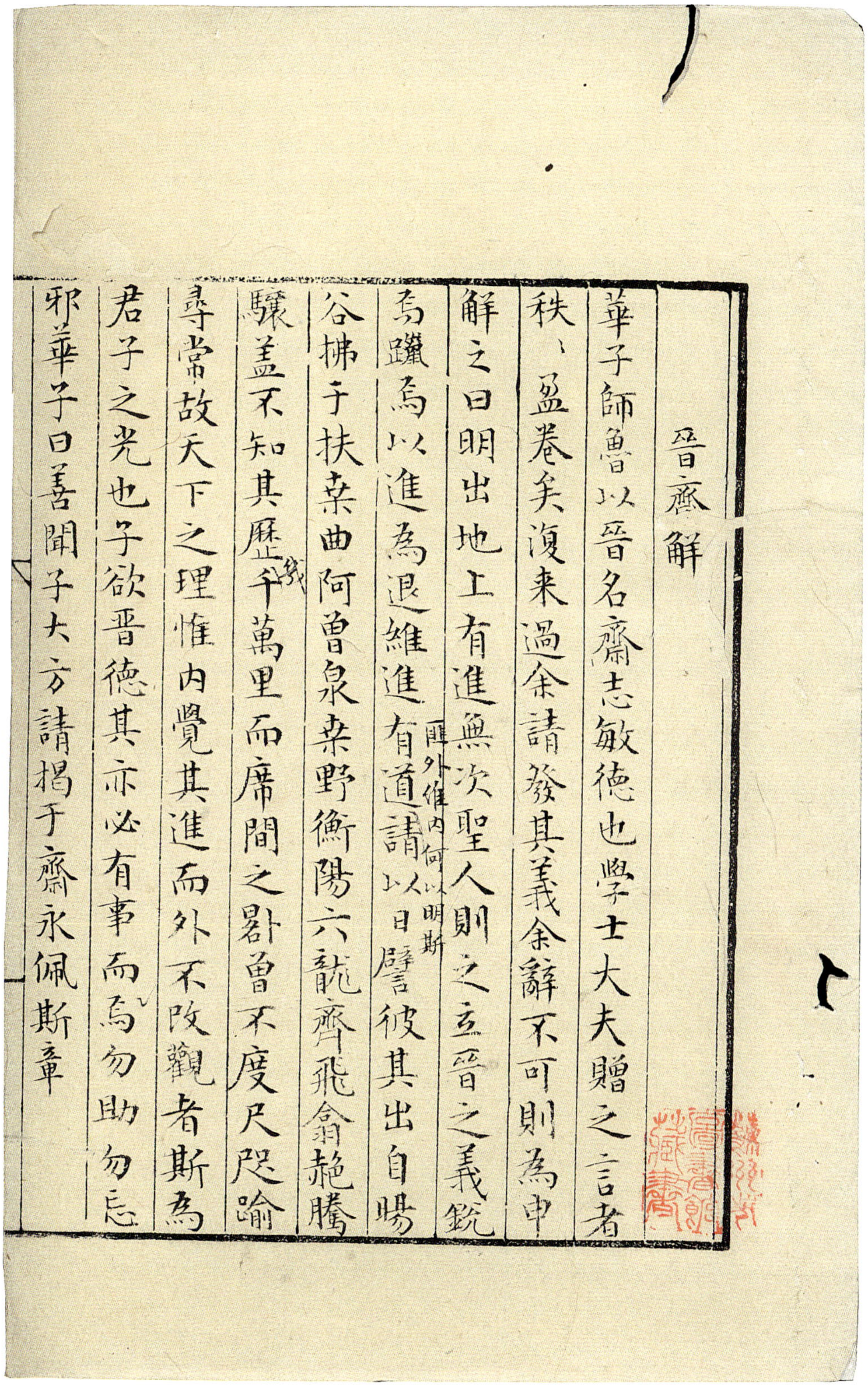
晉齋解

華子師魯以晉名齋志敏德也學士大夫贈之言者秩秩盈卷矣復來過余請發其義余辭不可則為申解之曰明出地上有進無次聖人則之立晉之義銳焉躐焉以進為退維進有道（匪外惟內何以明斯）請以日譬彼其出自暘谷拂于扶桑曲阿曾泉桑野衡陽六龍齊飛翕艴騰驤蓋不知其歷乎〔幾〕萬里而席間之晷曾不度尺咫喻尋常故天下之理惟內覺其進而外不改觀者斯為君子之光也子欲晉德其亦必有事而焉勿助勿忘邪華子曰善聞子大方請揭于齋永佩斯章

**陸師道詩不分卷**　（明）陸師道撰　稿本

陸師道，文徵明高足，詩文書畫直追乃師。陸師道詩未見刻本，由此稿本可見其詩書雙絕。

江蘇省蘇州圖書館　名錄09276

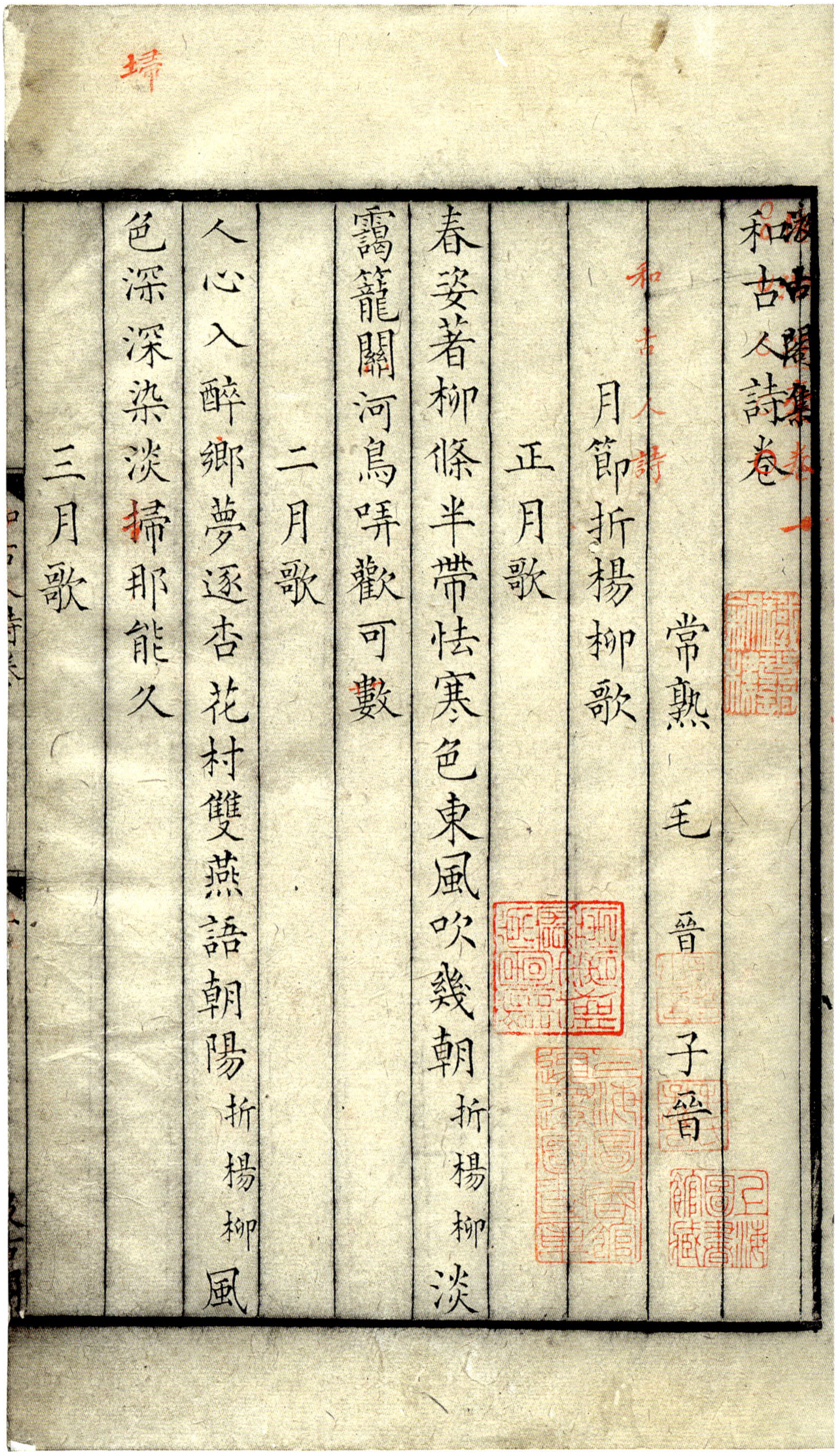
和古人詩卷
常熟　毛　晉　子晉
和古人詩
月節折楊柳歌
正月歌
春姿著柳條半帶怯寒色東風吹幾朝　折楊柳　淡
靄籠關河鳥哢歡可數
二月歌
人心入醉鄉夢逐杏花村雙燕語朝陽　折楊柳　風
色深深染淡掃那能久
三月歌

**汲古閣集四卷**　（明）毛晉撰　稿本　王振聲校並跋

此爲謄清稿本，具有較高的史料價值。瞿氏鐵琴銅劍樓舊藏。

江蘇省常熟市圖書館　名錄09271

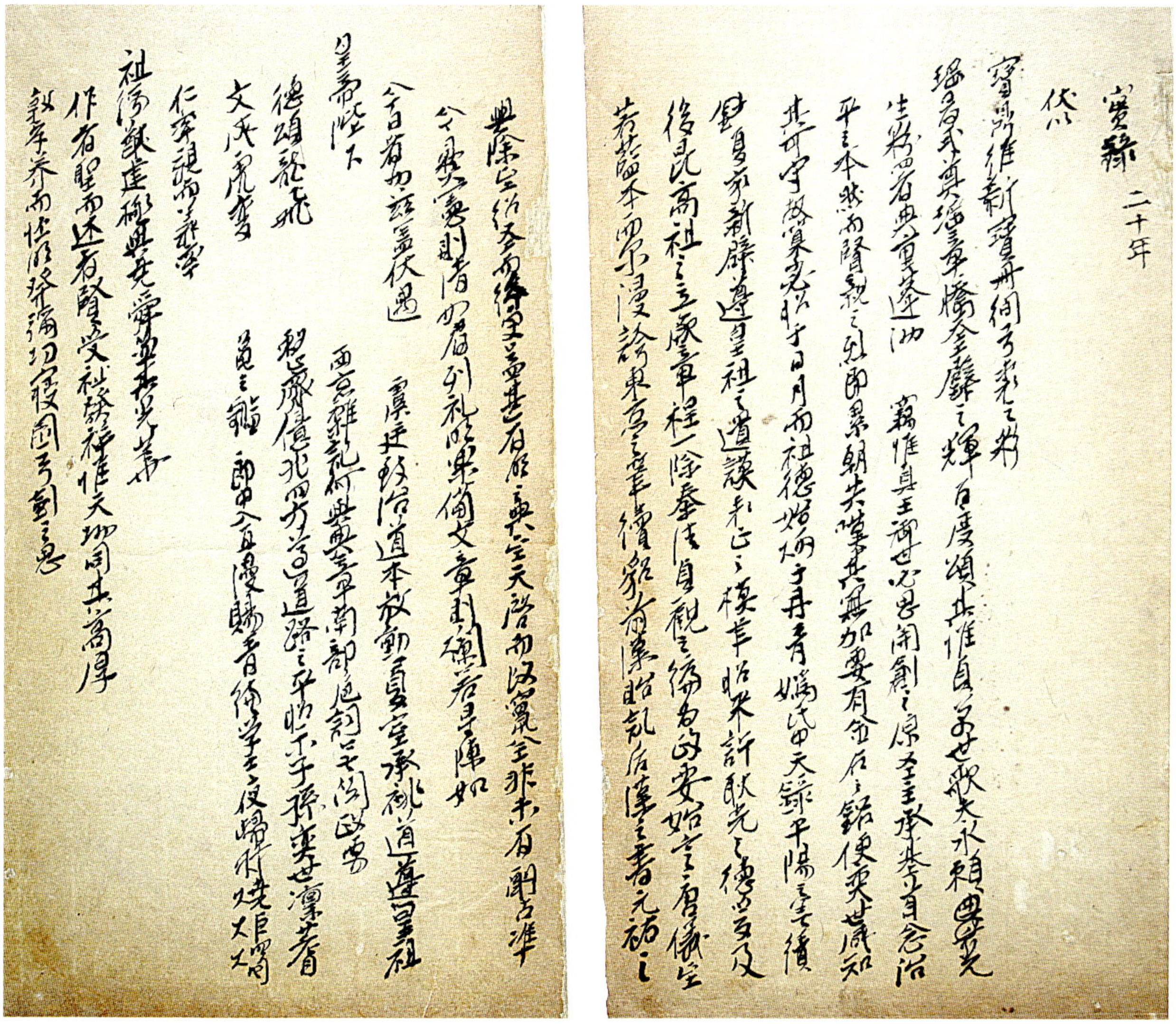

**擬表九篇一卷**　（清）蒲松齡撰　稿本

蒲松齡一生著述頗富，因家貧無力刊行，手稿散失嚴重。是書現存37頁，字作行草，具有重要史料價值。

山東省淄博市蒲松齡紀念館　名錄09298

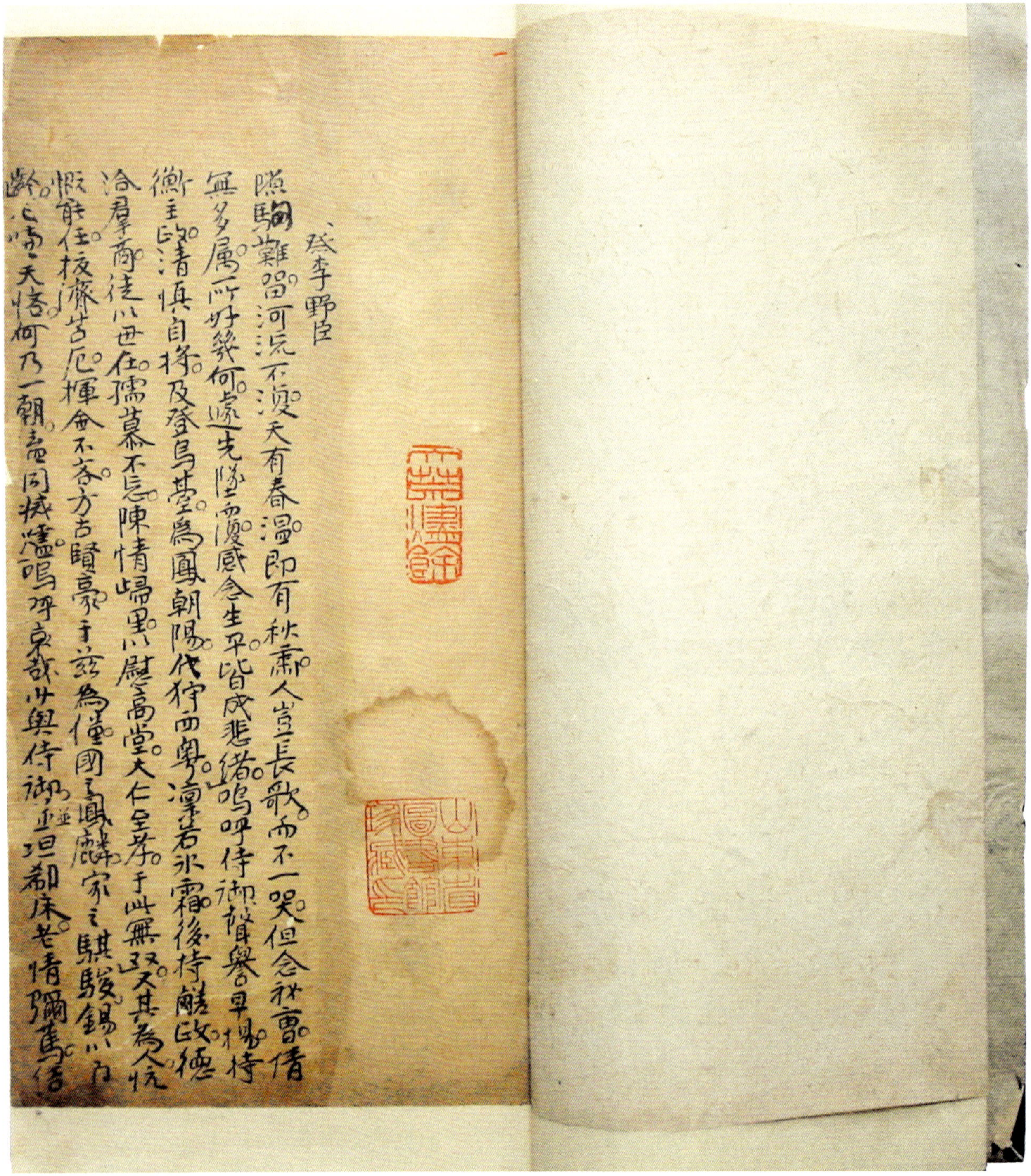

**聊齋文集手稿□□卷**　（清）蒲松齡撰　稿本　張元濟 王獻唐 王統照跋　溥儒繪圖

此爲第七卷祭文部分，近一半的內容未收入《蒲松齡集》。

山東省圖書館　名錄09299

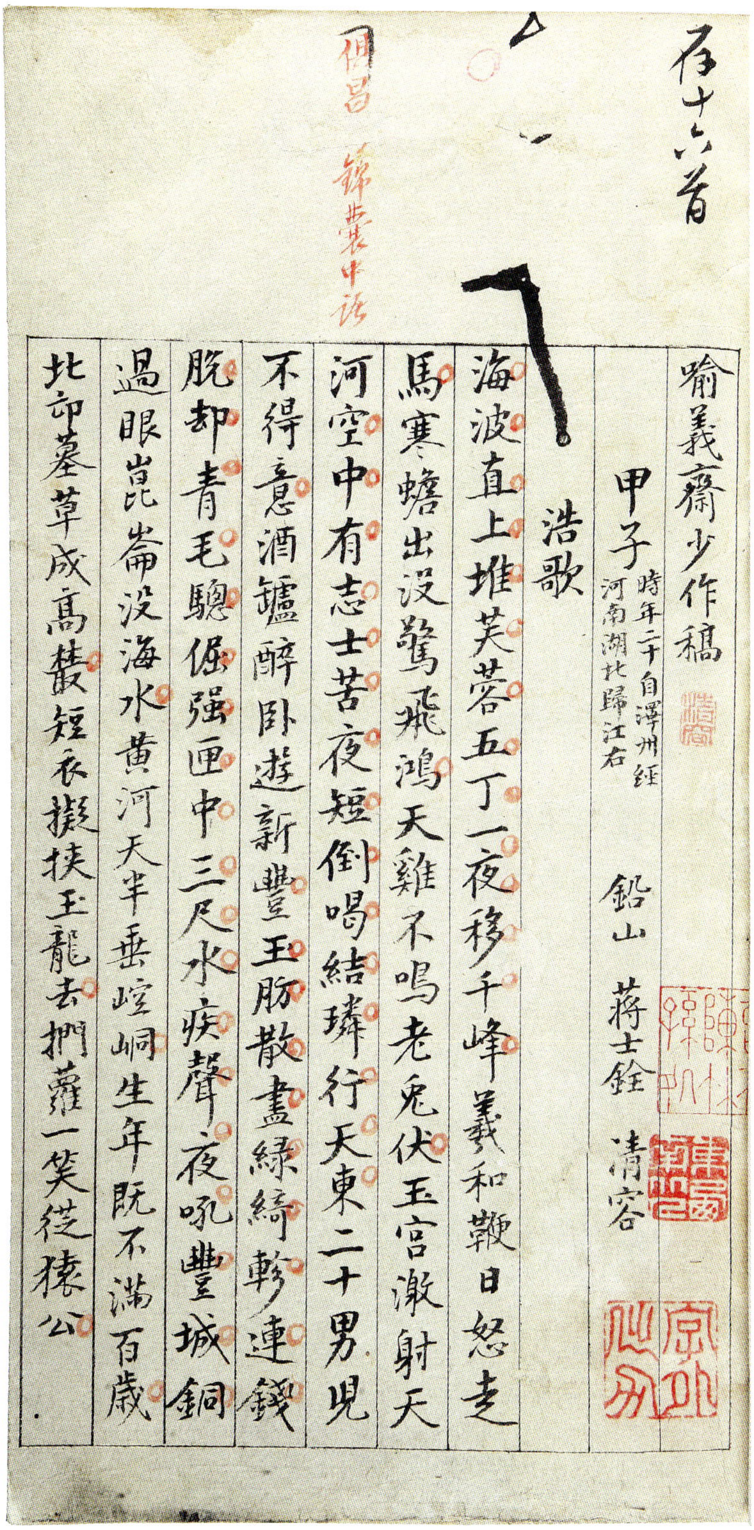

**蔣清容先生遺稿二十八卷**　（清）蔣士銓撰　稿本　袁枚等批　王鳴盛題詩　沈廟勳 高藻 高文藻 王又曾 彭雲鴻 汪彝鼎 張塤 褚寅亮題詞

保存了清代著名詩人蔣士銓著作的原貌，無傳寫、翻刻之訛。其中有部分詩作刻本未收，有重要文獻價值。

國家圖書館　名錄09323

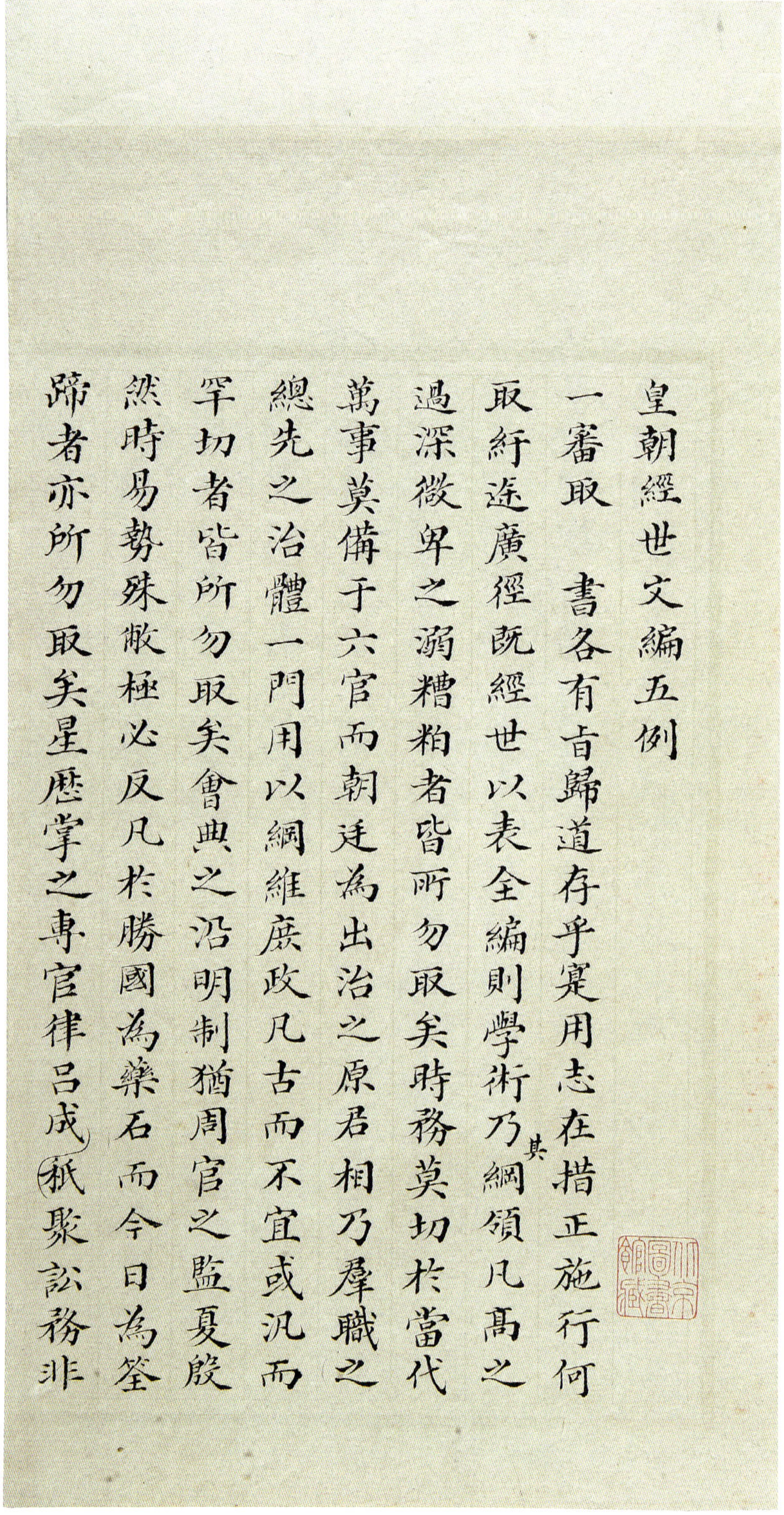
皇朝經世文編五例
一審取　書各有旨歸道存乎實用志在措正施行何
取紆迒廣徑既經世以表全編則學術乃其綱領凡高之
過深微卑之溺糟粕者皆所勿取矣時務莫切於當代
萬事莫備于六官而朝廷為出治之原君相乃羣職之
總先之治體一門用以綱維庶政凡古而不宜或汎而
罕切者皆所勿取矣會典之沿明制猶周官之監夏殷
然時易勢殊敝極必反凡於勝國為藥石而今日為筌
蹄者亦所勿取矣星歷掌之專官律呂成祇聚訟務非

**古微堂文稿不分卷**　（清）魏源撰　稿本

書中多篇文章謄清稿和手稿並存，抄寫工整，字體秀麗。

國家圖書館　名錄09343

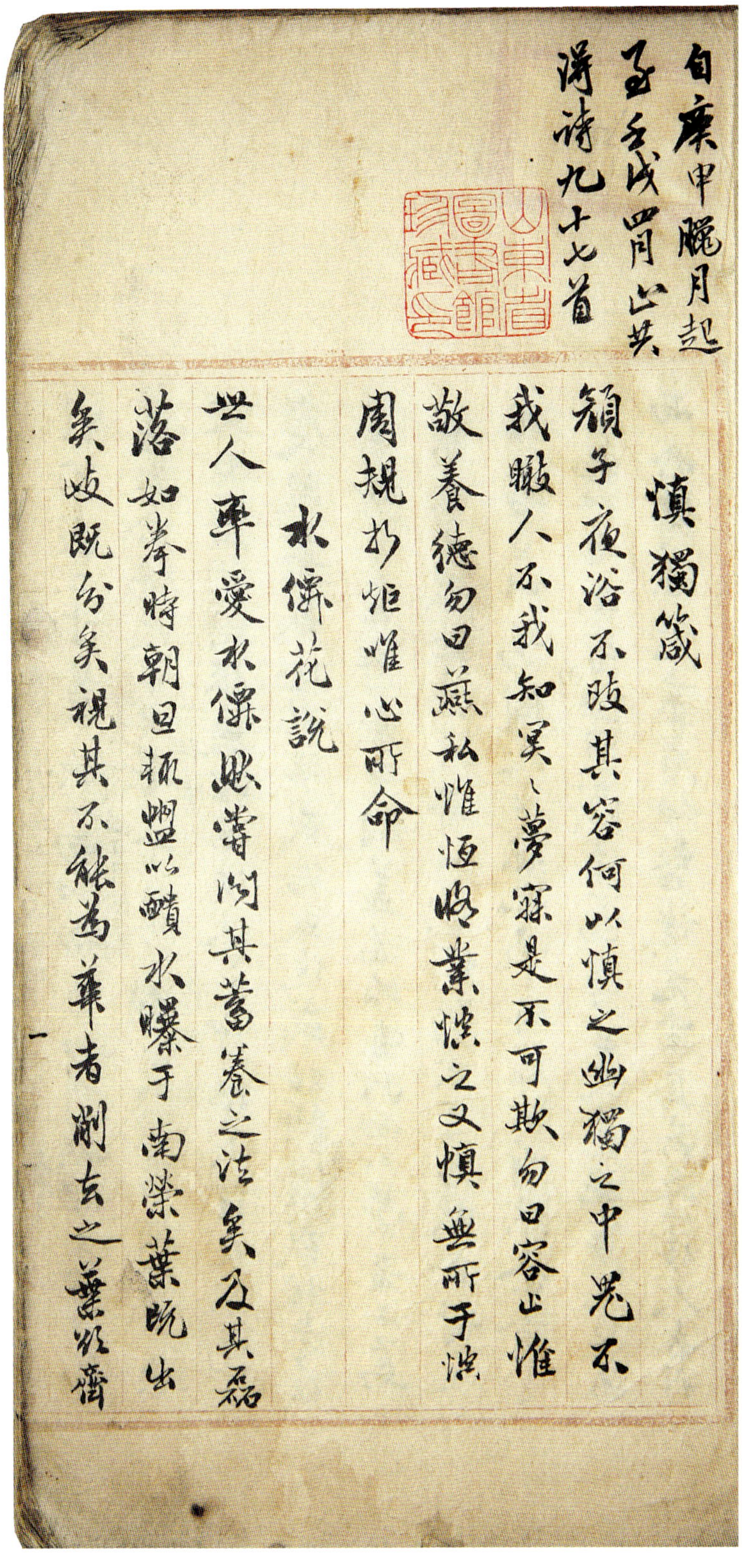
自庚申臘月起至壬戌四月止共得詩九十七首

山東省圖書館珍藏

慎獨箴

頷子夜浴不跂其容何以慎之幽獨之中羌不我瞰人不我知冥冥夢寐是不可欺句曰容止惟敬養德句曰燕私惟恆修業惟之文慎無所于懌周規折矩惟心所命

水僊花說

世人率愛水僊然嘗閱其蓄養之法矣及其磊落如拳時朝旦抓盥以漬水曝于南榮葉既出矣岐既分矣視其不能為華者削去之葉以齊

**張香濤詩稿一卷**　（清）張之洞撰　稿本　陳仁軒 雅龢跋

版心鐫有“天香閣主人自製”，鈐有“浯溪陳仁軒印”。

山東省圖書館　名錄09348

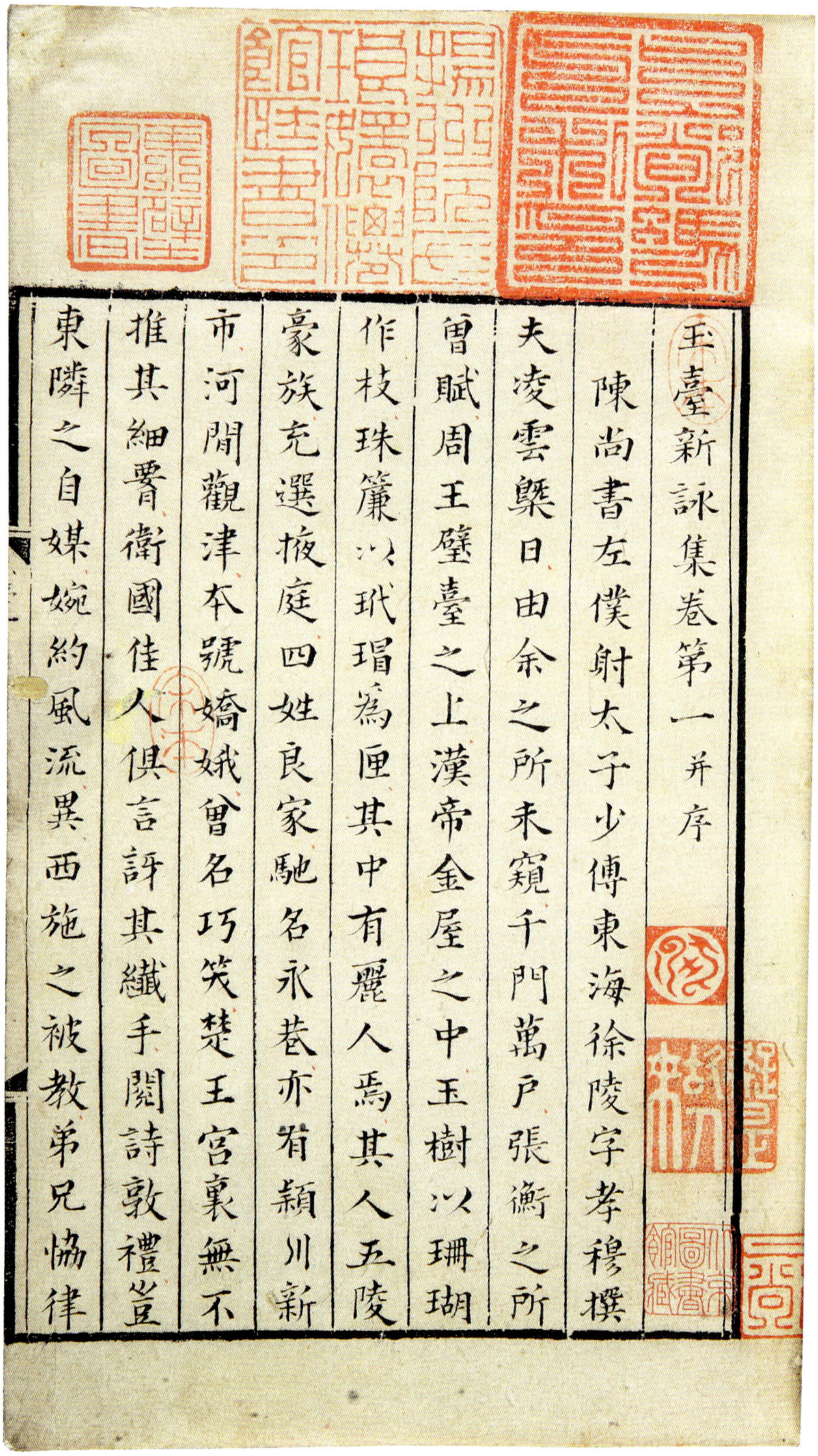

玉臺新詠集卷第一 并序
陳尚書左僕射太子少傅東海徐陵字孝穆撰
夫凌雲槩日由余之所未窺千門萬户張衡之所
曾賦周王璧臺之上漢帝金屋之中玉樹以珊瑚
作枝珠簾以玳瑁爲匣其中有麗人焉其人五陵
豪族充選掖庭四姓良家馳名永巷亦有潁川新
市河間觀津本號嬌娥曾名巧笑楚王宮裏無不
推其細腰衛國佳人俱言訝其纖手閱詩敦禮豈
東鄰之自媒婉約風流異西施之被教弟兄協律

**玉臺新詠十卷**　（陳）徐陵輯　明崇禎二年（1629）馮班抄本

梁代宮體詩總集。何士龍用宋本校勘。清葉樹廉、阮元、翁心存、翁同書、翁同龢等遞藏。

國家圖書館　名錄09379

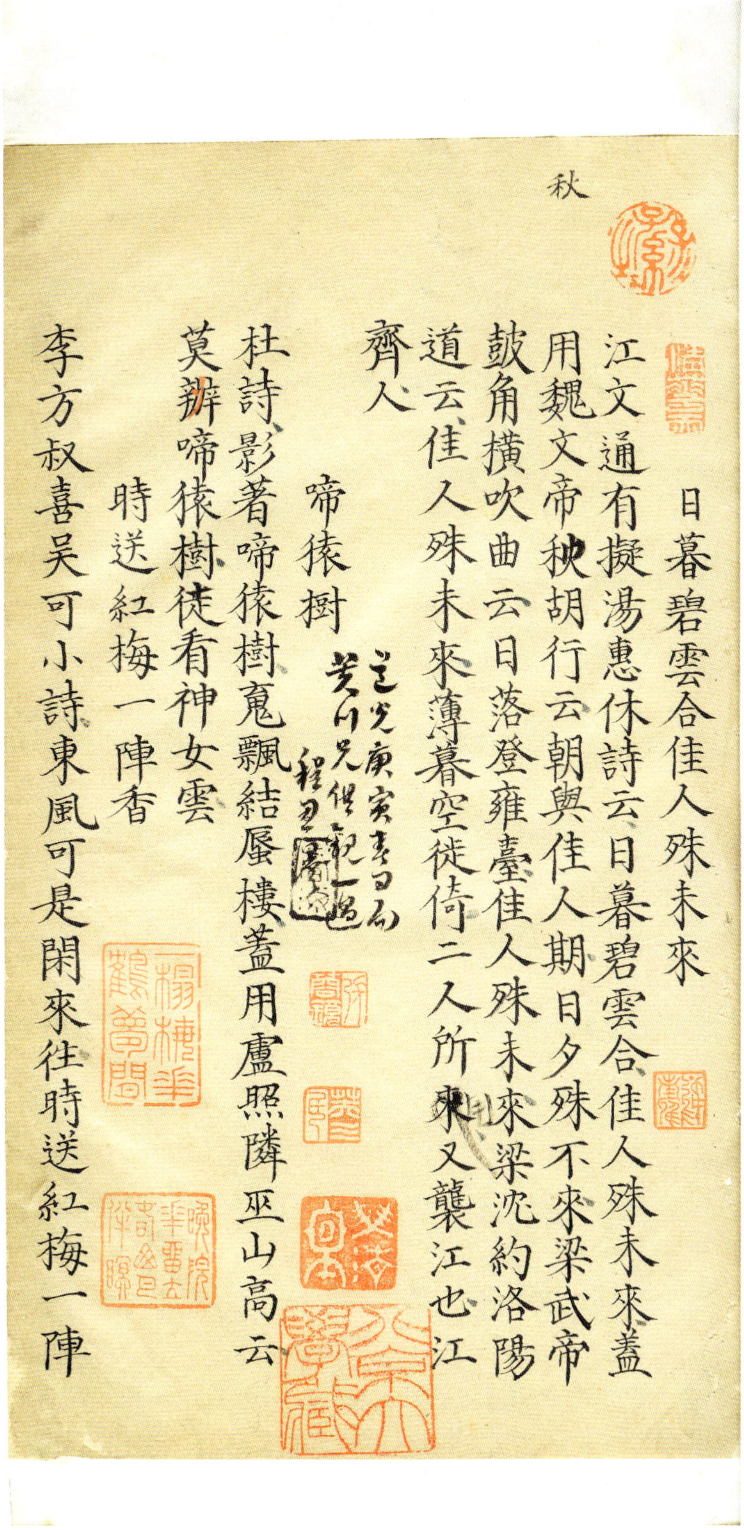
秋

日暮碧雲合佳人殊未來

江文通有擬湯惠休詩云日暮碧雲合佳人殊未來蓋用魏文帝秋胡行云朝與佳人期日夕殊不來梁武帝鼓角横吹曲云日落登雍臺佳人殊未來梁沈約洛陽道云佳人殊未來薄暮空徙倚二人所本又襲江也江齊人

啼猿樹

杜詩影著啼猿樹魂飄結蜃樓蓋用盧照隣巫山高云莫辨啼猿樹徒看神女雲

時送紅梅一陣香

李方叔喜吴可小詩東風可是閑來往時送紅梅一陣

道光庚寅春日石芝兄假觀一過 程恩澤

**優古堂詩話一卷** （宋）吳幵撰　明抄本　徐駿 黃丕烈 顧蓴 程恩澤 錢天澍 張爾旦 陶廷傑 蔣因培 李盛鐸等題跋

傳錄洪熙元年（1425）林子中抄本，上冊配補。全書襯紙精裝，名家藏印衆多，名家跋文極多，具有很高價值。

北京大學圖書館　名録09537

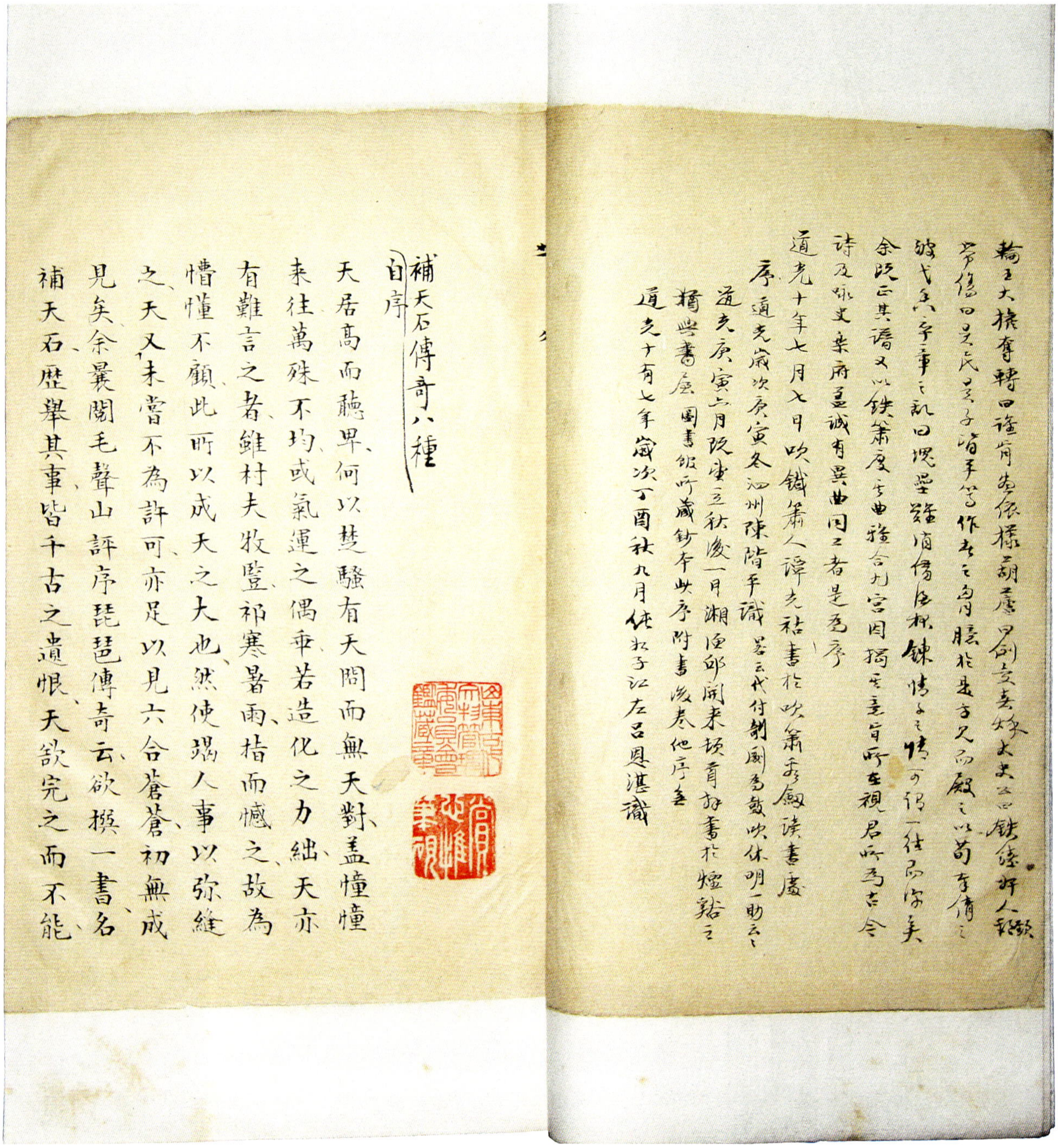

道光十年七月七日吹鐵簫人譚光祜書於吹簫彩劍讀書處

序　道光歲次庚寅冬泗州陳階平識

道光庚寅六月既望立秋後一日湘陰郎開來頓首拜書於煙谿

道光十有七年歲次丁酉秋九月伴松子江左呂恩湛識

補天石傳奇八種

自序

天居高而聽卑、何以楚騷有天問而無天對、蓋憧憧來往萬殊不均、或氣運之偶乖、若造化之力絀、天亦有難言之者、雖村夫牧豎祁寒暑雨、指而憾之、故為懵懂不顧、此所以成天之大也、然使竭人事以彌縫之、天又未嘗不為許可、亦足以見六合蒼蒼初無成見矣、余曩閱毛聲山評序琵琶傳奇云、欲撰一書、名補天石、歷舉其事、皆千古之遺恨、天欲完之而不能

**補天石傳奇八種八卷**　（清）周樂清撰　稿本　呂恩湛 張紵跋

山東省圖書館　名錄09565

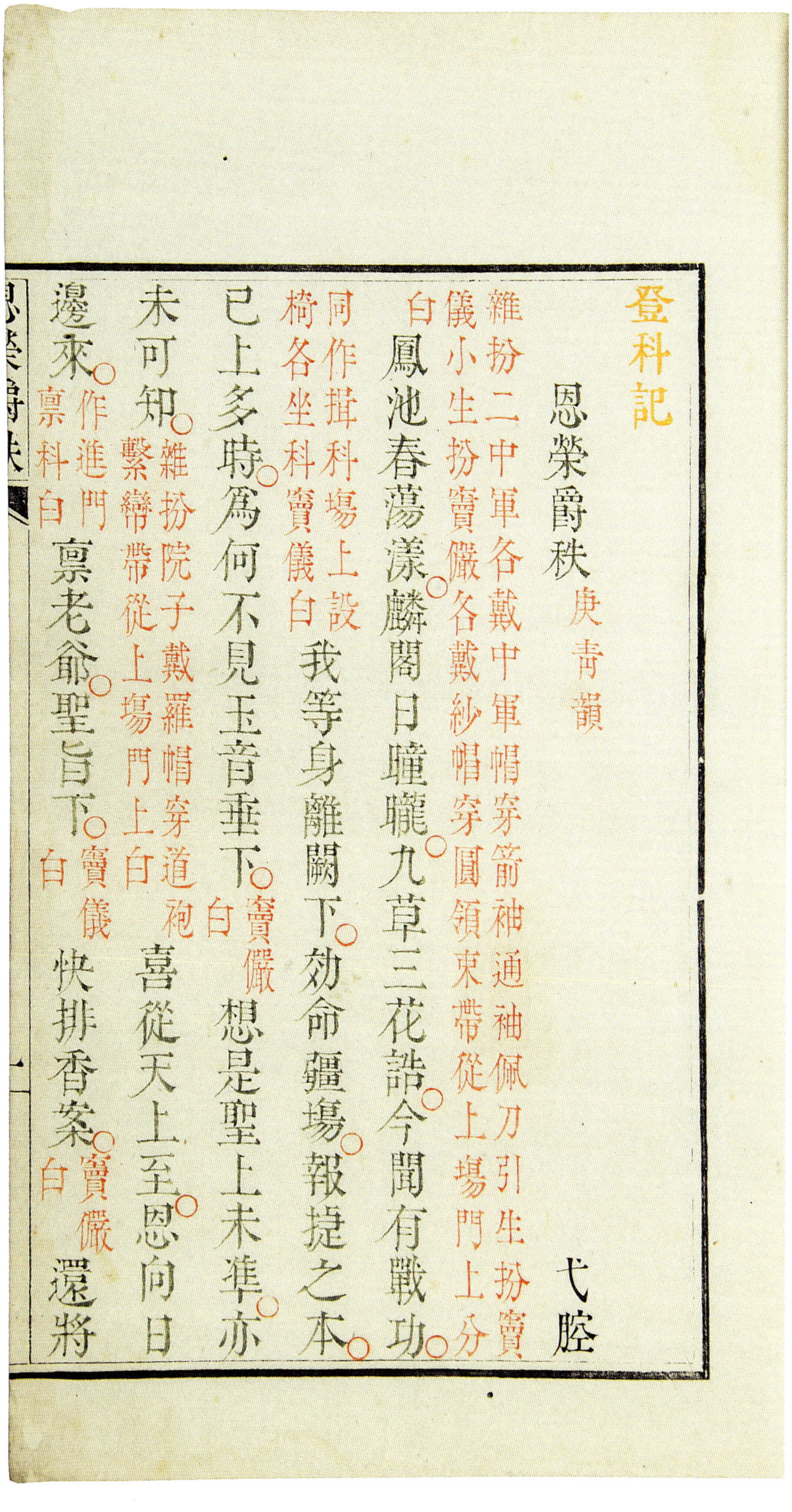
登科記

恩榮爵秩　庚青韻　弋腔

雜扮二中軍各戴中軍帽穿箭袖通袖佩刀引生扮竇儀小生扮竇儼各戴紗帽穿圓領束帶從上場門上分白　鳳池春蕩漾○麟閣日曈曨○九草三花誥○今聞有戰功○同作揖科場上設椅各坐科竇儀白　我等身離闕下○効命疆場○報捷之本○已上多時○為何不見玉音垂下○竇儼白　想是聖上未準○亦未可知○雜扮院子戴羅帽穿道袍繫鑾帶從上場門上白　喜從天上至○恩向日邊來○作進門稟科白　稟老爺○聖旨下○竇儀白　快排香案○竇儼白　還將

**金印記一卷登科記一卷**　清內府五色抄本

明代傳奇劇本,是昆曲的保留曲目。此本出自內府，抄寫精緻，五色斑斕。

南京市博物館　名錄09567

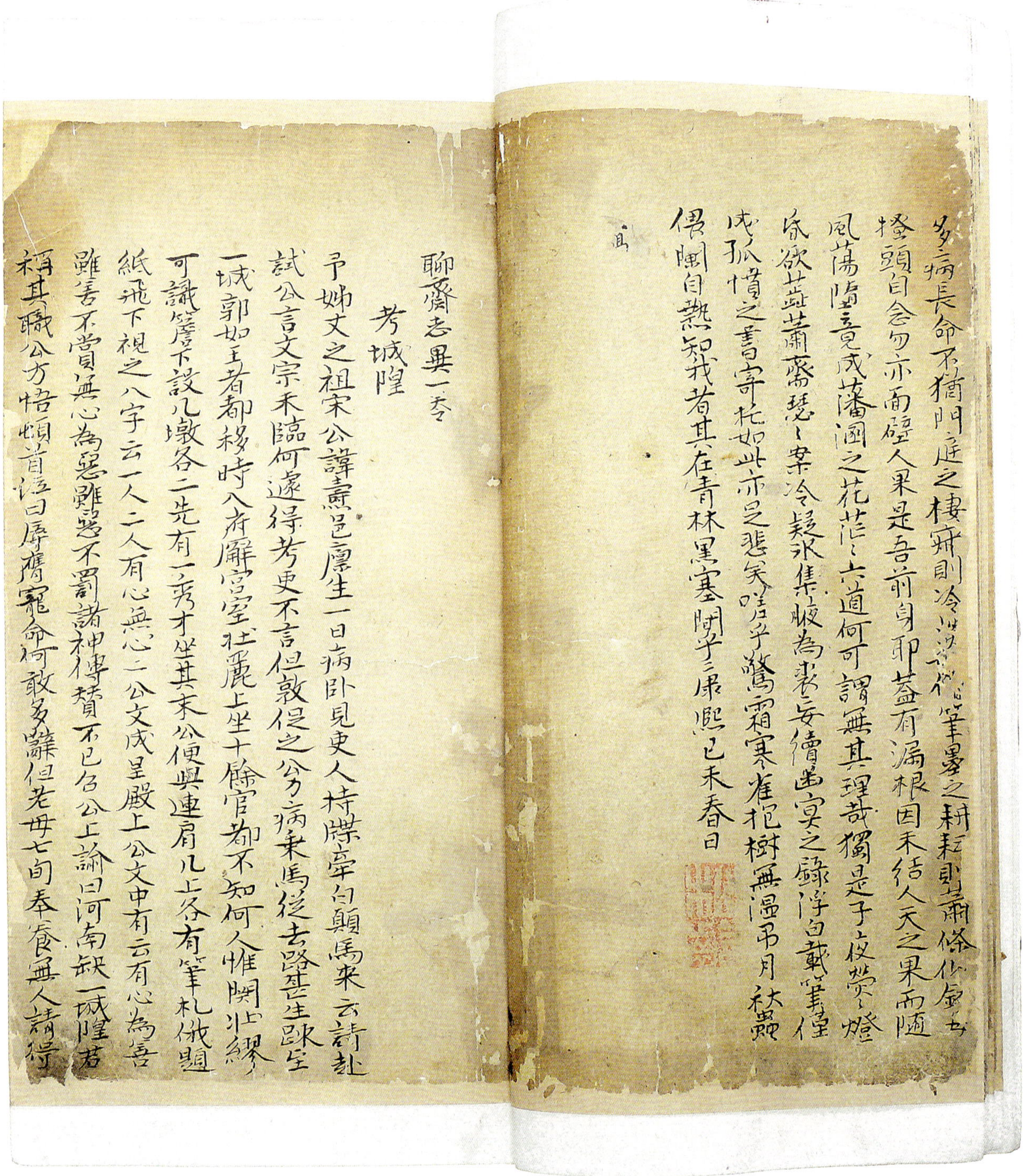

多病長命不猶門庭之悽寂則冷淡如僧筆墨之耕耘則蕭條似鉢每
搔頭自念勿亦面壁人果是吾前身耶蓋有漏根因未結人天之果而隨
風蕩墮竟成藩溷之花茫茫六道何可謂無其理哉獨是子夜熒熒燈
昏欲蕊蕭齋瑟瑟案冷疑冰集腋為裘妄續幽冥之錄浮白載筆僅
成孤憤之書寄託如此亦足悲矣嗟乎驚霜寒雀抱樹無溫弔月秋蟲
偎闌自熱知我者其在青林黑塞間乎康熙己未春日

聊齋志異一卷

考城隍

予姊丈之祖宋公諱燾邑廩生一日病臥見吏人持牒牽白顛馬來云請赴
試公言文宗未臨何遽得考吏不言但敦促之公力病乘馬從去路甚生疏至
一城郭如王者都移時入府廨宮室壯麗上坐十餘官都不知何人惟關壯繆
可識簷下設几墩各二先有一秀才坐其末公便與連肩几上各有筆札俄題
紙飛下視之八字云一人二人有心無心二公文成呈殿上公文中有云有心為善
雖善不賞無心為惡雖惡不罰諸神傳贊不已召公上諭曰河南缺一城隍君
稱其職公方悟頓首泣曰辱膺寵命何敢多辭但老母七旬奉養無人請得

**聊齋志異不分卷**　（清）蒲松齡撰　稿本

原存淄川蒲氏家祠。咸豐年間（1851–1861），蒲氏後裔攜至東北。光緒年間（1875–1908），手稿遺失半部。書中有蒲氏手錄王士禎評語。末鈐“松齡”白文長方印。稿本中《犬奸》、《牛同人》、《吳門畫工》等25篇，爲青柯亭本所缺，可補正、校訂後世傳本。

遼寧省圖書館　名錄09593

# 佛教典籍

“佛教典籍”具有特殊的文物價值和文獻價值，在前兩次國家珍貴古籍評審和特展中，備受專業人士和觀衆的重視。第三批“國家珍貴古籍名錄”佛教典籍的評審，又評選出48种珍貴佛教典籍入選名錄。其中河北唐山市豐潤區文管所收藏的9部遼刻佛經，極大地豐富了學術界對遼代時期我國北方地區刻書刻經的認識；蘇州博物館收藏的6部北宋太祖端拱年間至真宗天禧年間寫本和刻本佛經，為研究北宋初期江南地區寫經、刻經提供了重要實物證據；北京緣督室私人收藏的五代北宋初刻本《妙法蓮華經》卷二，與第一批入選國家珍貴古籍名錄的山西高平市文博館藏《妙法蓮華經》卷六為同版，是唐五代寫本向北宋刻本過渡的重要標本；他如天津圖書館收藏的北宋寫本“金粟山大藏經”、“崑山縣景德寺大藏經”、國家圖書館藏著名的賈官人經書鋪刻本《法華經》、首都圖書館藏宋轉運司刻本《華嚴疏》、四川寶光寺收藏之元代西夏遺民李惠月施捨泥金寫本《華嚴經》、雲南省圖書館藏洪武十二年在雲南刻印的《重廣水陸法施無遮大齋儀》，均具有重要價值。

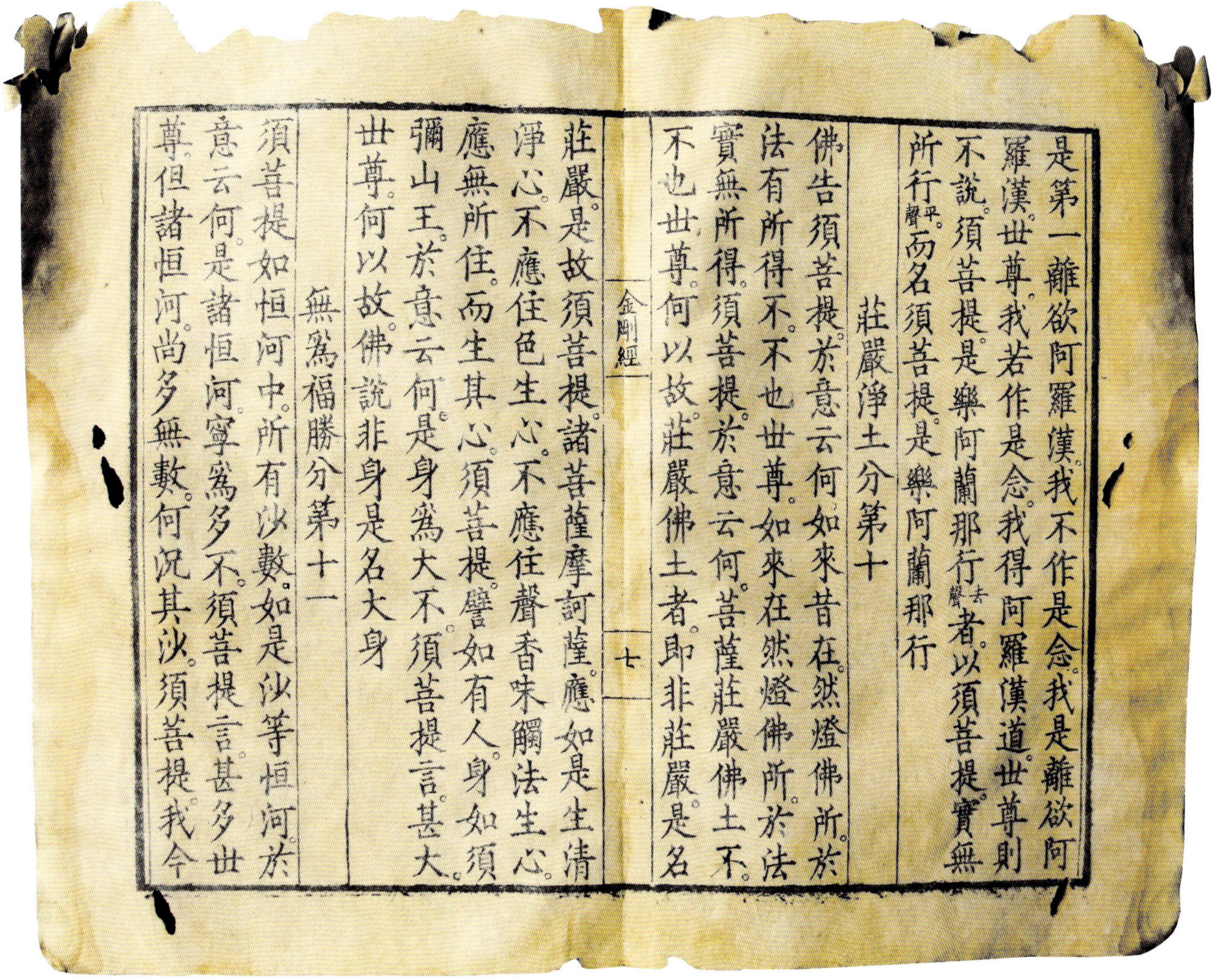
是第一離欲阿羅漢我不作是念我是離欲阿
羅漢世尊我若作是念我得阿羅漢道世尊則
不說須菩提是樂阿蘭那行去聲者以須菩提實無
所行平聲而名須菩提是樂阿蘭那行

莊嚴淨土分第十

佛告須菩提於意云何如來昔在然燈佛所於
法有所得不不也世尊如來在然燈佛所於法
實無所得須菩提於意云何菩薩莊嚴佛土不
不也世尊何以故莊嚴佛土者即非莊嚴是名

金剛經　七

莊嚴是故須菩提諸菩薩摩訶薩應如是生清
淨心不應住色生心不應住聲香味觸法生心
應無所住而生其心須菩提譬如有人身如須
彌山王於意云何是身為大不須菩提言甚大
世尊何以故佛說非身是名大身

無為福勝分第十一

須菩提如恒河中所有沙數如是沙等恒河於
意云何是諸恒河寧為多不須菩提言甚多世
尊但諸恒河尚多無數何況其沙須菩提我今

**金剛般若波羅蜜經**　（後秦）釋鳩摩羅什譯　遼刻本

三十二分本。卷首有“金剛經啓請”等，卷後有“乙卯歲施”字樣。凡“真”字皆缺末筆，蓋據宋刻本翻刻。

唐山市豐潤區文物管理所　名錄07166

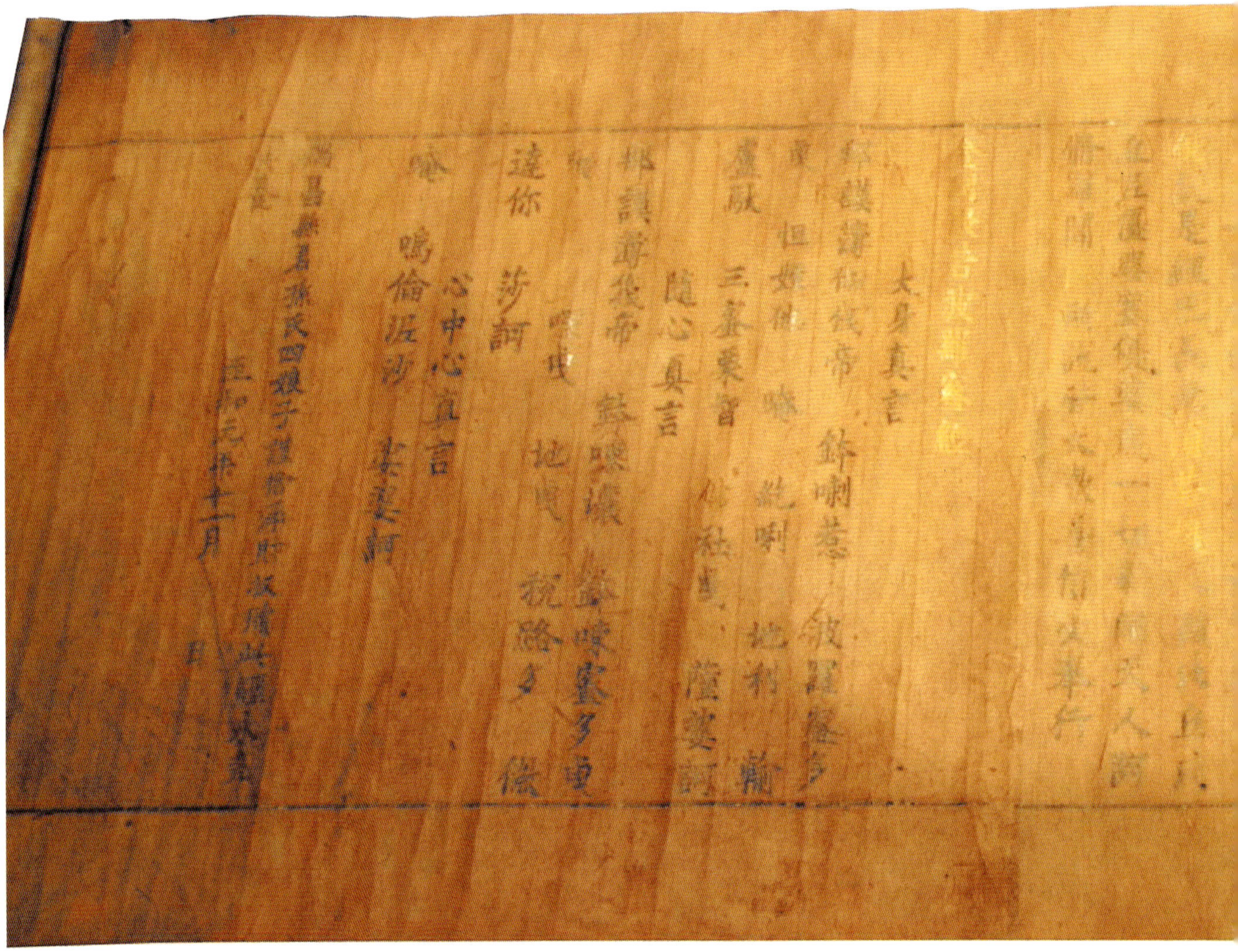

**金剛般若波羅蜜經一卷**　（後秦）釋鳩摩羅什譯　北宋至和元年（1054）金銀寫本

卷軸裝。三十二分本。北宋初泥金銀寫本罕見，佛菩薩尊名為泥金，經文泥銀。卷尾有墨書題記："瑞昌縣君孫氏四娘子謹捨淨財收贖此經永充供養。至和元年十一月日。"

蘇州博物館　名錄07167

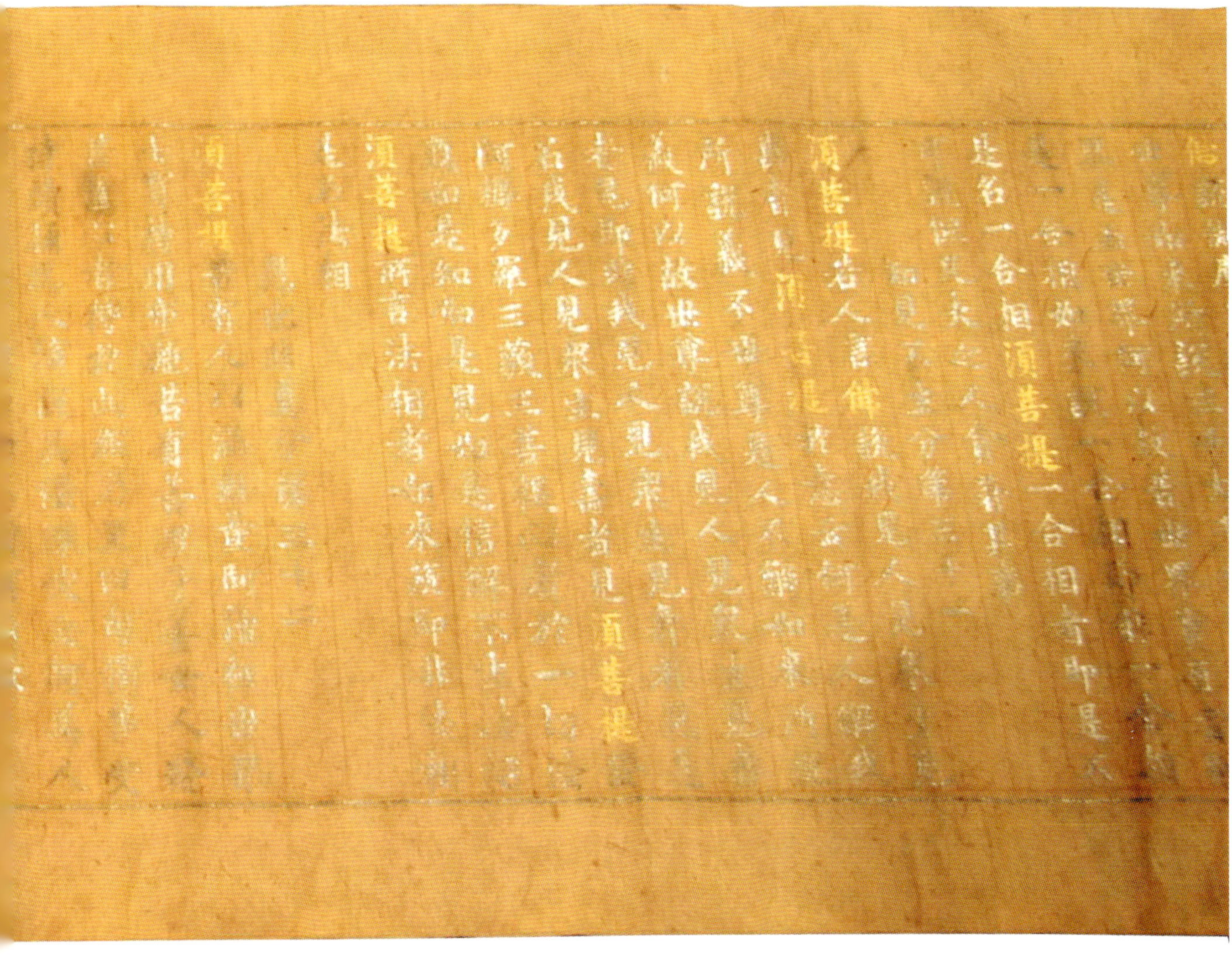

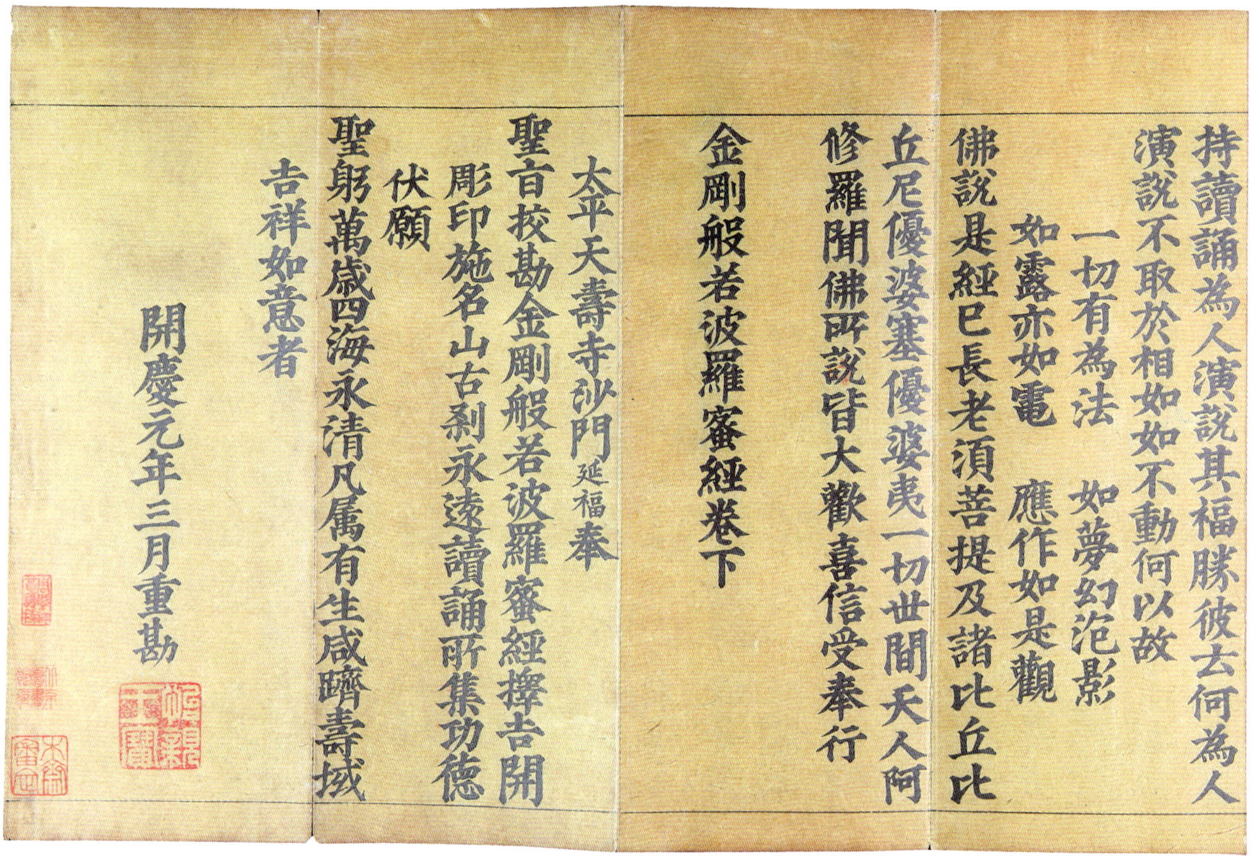

**金剛般若波羅蜜經二卷**　（後秦）釋鳩摩羅什譯　宋開慶元年（1259）

太平天壽寺釋延福刻本

手書上板，紙張厚韌上蠟，墨色濃重似漆，風格獨特。

國家圖書館　名錄07168

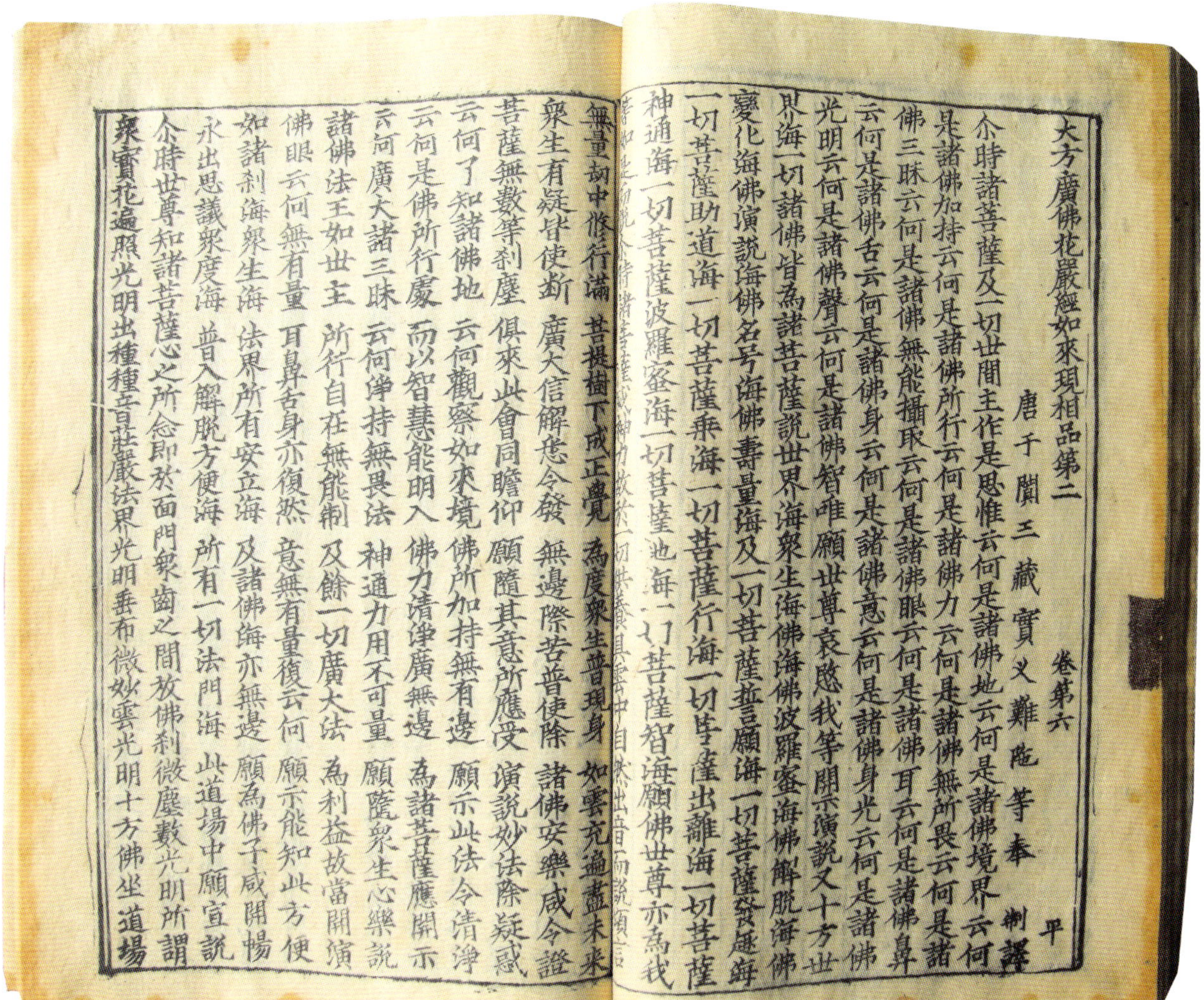

**大方廣佛花嚴經八十卷**　（唐）釋實叉難陀譯　遼刻本

遼刻本罕見。本件卷十後有"契丹國燕國長公主"發願文及"重熙十一年燕京左街僧人瓊煦雕造"題記。冊内有"平"至"伏"千字文號。

唐山市豐潤區文物管理所　名錄07169

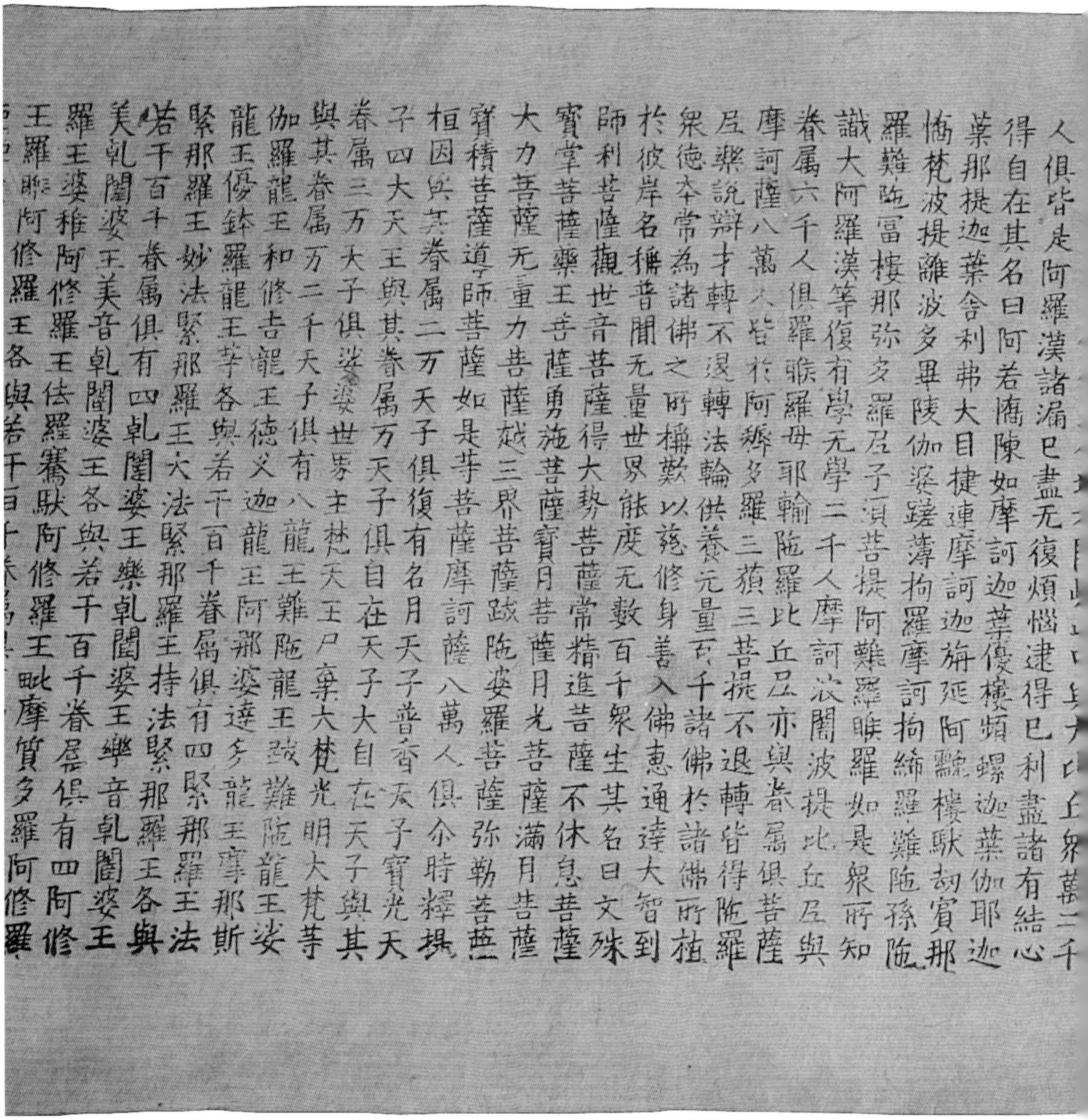

**妙法蓮華經七卷**　（後秦）釋鳩摩羅什譯　北宋初年刻本　存六卷

卷軸裝。北宋小字刊本。1978年維修蘇州瑞光寺塔時發現，根據瑞光寺塔維修記錄及同批所出佛典年款，定爲北宋初至天禧元年（1017）以前印經。極爲罕見。

蘇州博物館　名錄07174

天祿元年九月[illegible]

謹捨 妙法蓮華經一部[illegible]

新造多寶佛塔相輪樘[illegible]

上報四恩下資三有 右有能礼拜

會此一報身同生

極樂國

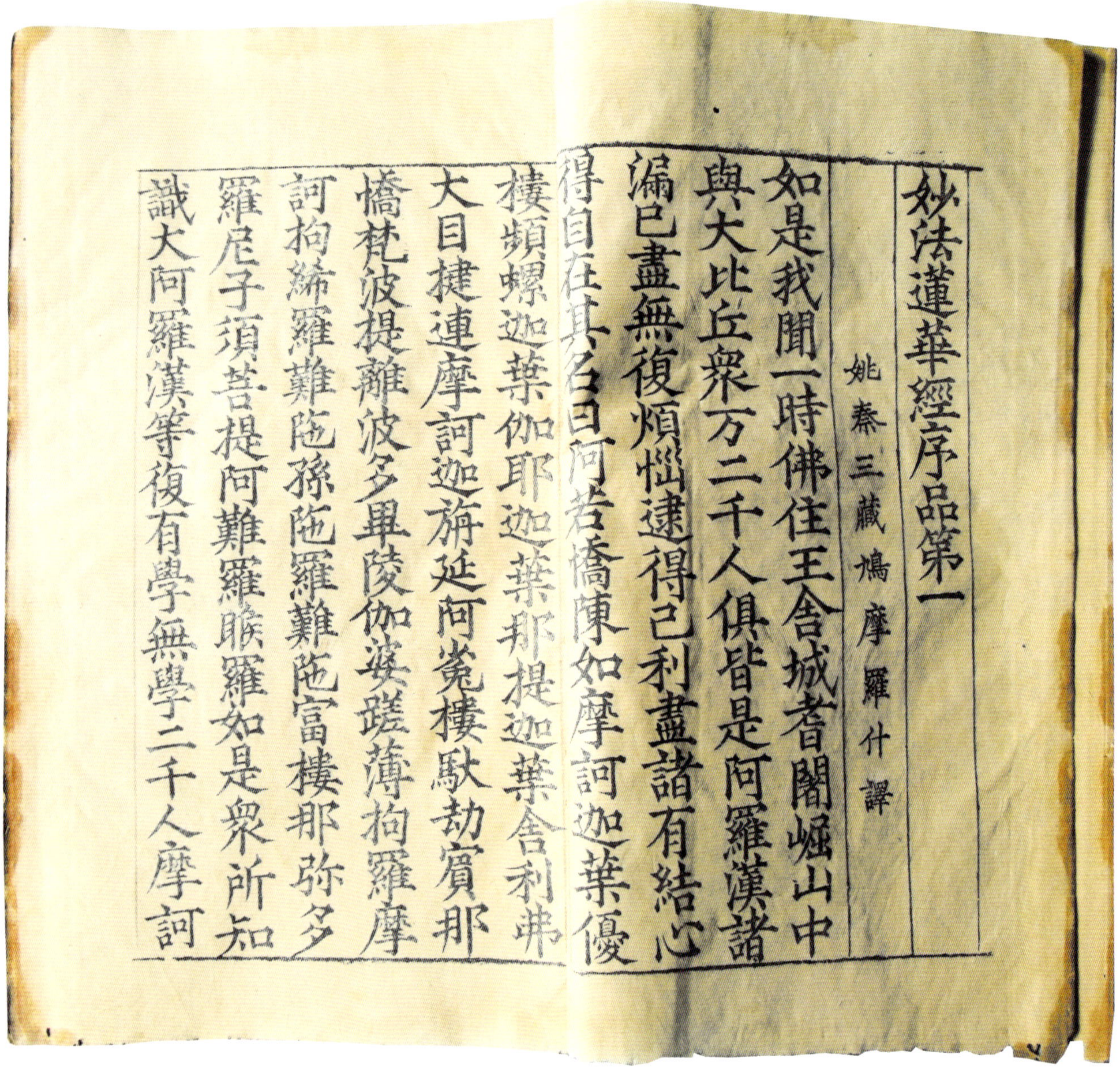
妙法蓮華經序品第一
姚秦三藏鳩摩羅什譯
如是我聞一時佛住王舍城耆闍崛山中
與大比丘衆万二千人倶皆是阿羅漢諸
漏已盡無復煩惱逮得已利盡諸有結心
得自在其名曰阿若憍陳如摩訶迦葉優
樓頻螺迦葉伽耶迦葉那提迦葉舍利弗
大目揵連摩訶迦旃延阿㝹樓䭾劫賓那
憍梵波提離波多畢陵伽婆蹉薄拘羅摩
訶拘絺羅難陀孫陀羅難陀富樓那弥多
羅尼子須菩提阿難羅睺羅如是衆所知
識大阿羅漢等復有學無學二千人摩訶

**妙法蓮華經八卷**　（後秦）釋鳩摩羅什譯　遼刻本

典型遼代刻經，卷後有咸雍五年（1069）燕京弘法寺提點雕造僧方矩、天王寺校勘僧志延發願題記。

唐山市豐潤區文物管理所　名錄07175

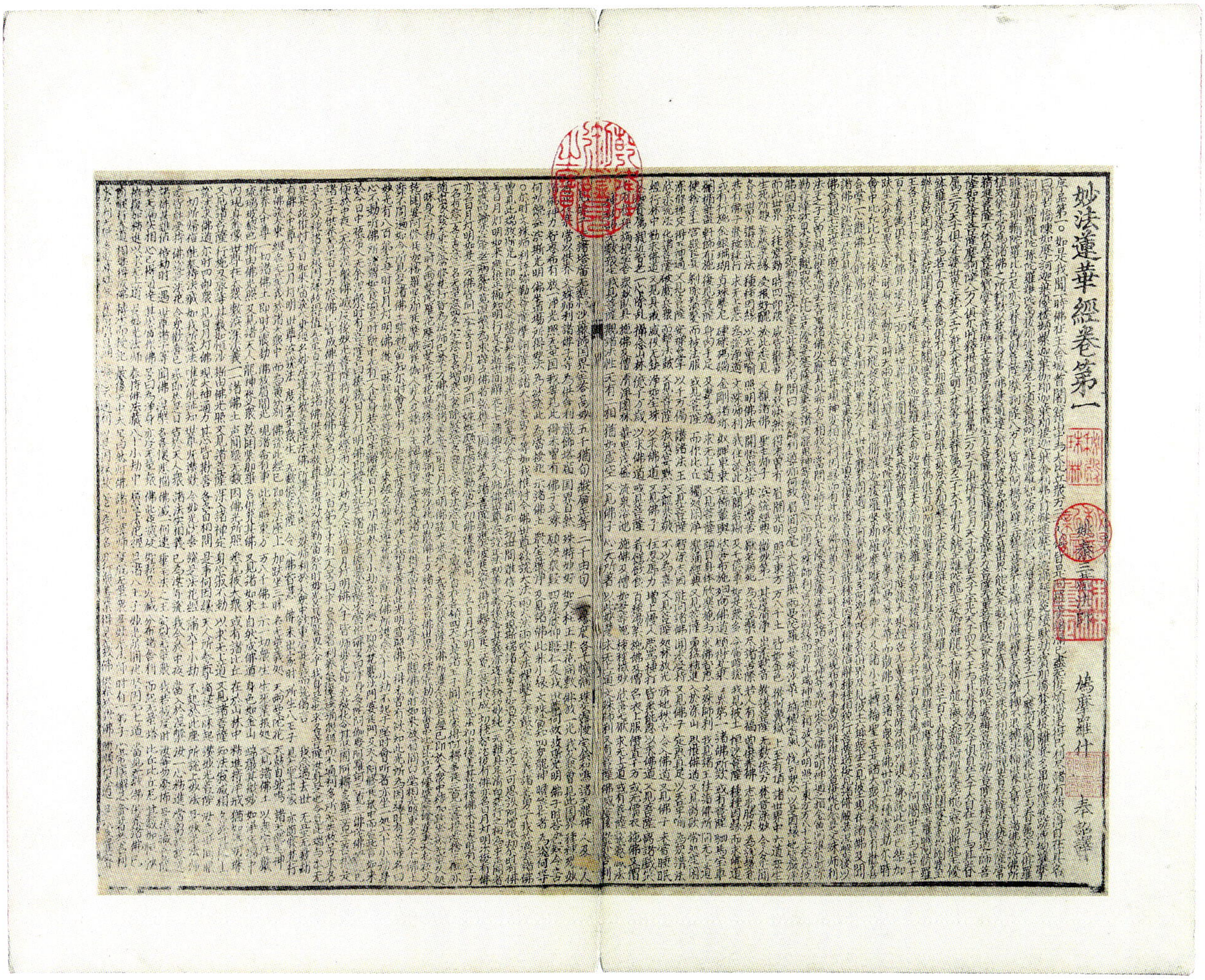
妙法蓮華經卷第一
鳩摩羅什 奉詔譯

**妙法蓮華經七卷** （後秦）釋鳩摩羅什譯　宋刻本

小字密行，版刻精致，極爲罕見。又有元明之間名僧三十餘人讚頌題跋。

國家圖書館　名錄07177

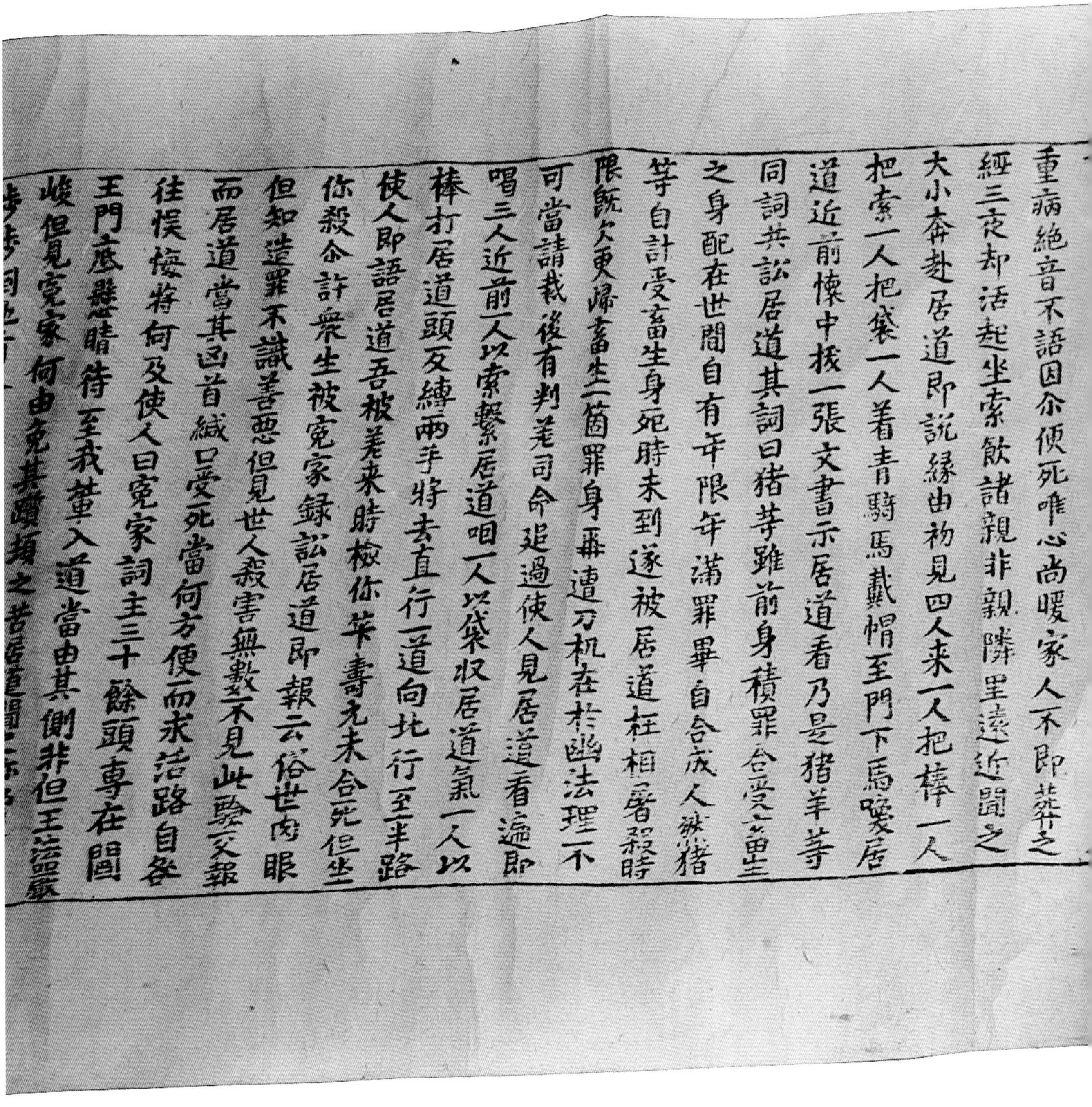

**金光明經四卷**　（北涼）釋曇無讖譯　北宋端拱元年（988）刻本

卷軸裝。卷首有《金光明經懺悔滅罪傳》。每卷尾有刊經年款“大宋端拱元年戊子歲二月日雕印”。至可寶貴。

蘇州博物館　名錄07181

尒時釋迦牟尼佛現大神力十方無量世界悉皆六種震動是時諸佛皆大歡喜嘆累是經故讚美持法者現無量神力於是無量無邊阿僧祇菩薩摩訶薩大衆及信相菩薩金光金藏常悲法上等及四天大王十千天子與道場菩提樹神堅牢地神及一切世間天人阿脩羅等聞佛所説皆發無上菩提之道踊躍歡喜作礼而去

金光明經卷第四

傍佯 下音羊 惋 烏貫切驚嘆也 瞤 如勻切目動也 㥄 巨魚切心急速也 積 子昔切聚積也

㾓 音長 瘵 同音祭切顏去疲病 適 必益切 飼 囚志切 噴 疋問切 擬 凡步切疲

也 瑹 部豆切

金光明經懺悔滅罪傳

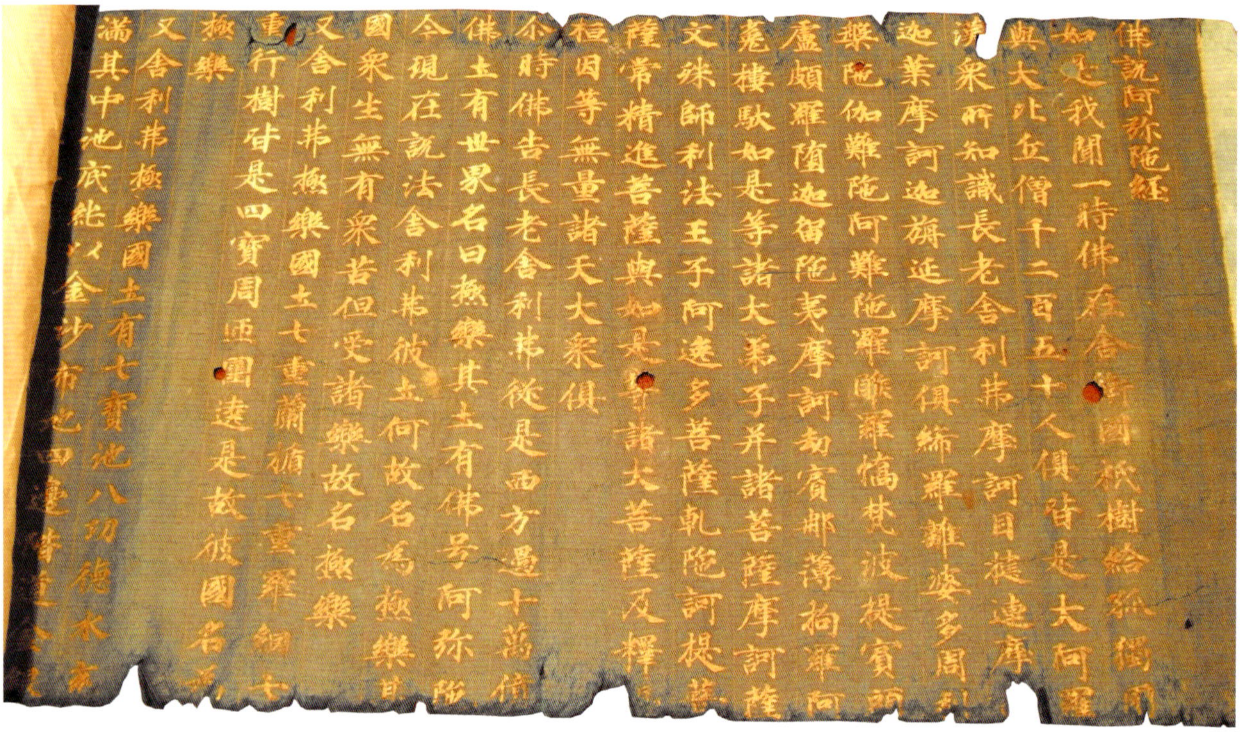

**佛説阿彌陁經一卷**　（後秦）釋鳩摩羅什譯　北宋初年磁青紙泥金寫本

卷軸裝。1978年維修蘇州瑞光寺塔時發現，根據瑞光寺塔維修記録及同批所出佛典年款，定爲北宋初至天禧元年（1017）以前抄經，存世極罕。

蘇州博物館　名録07182

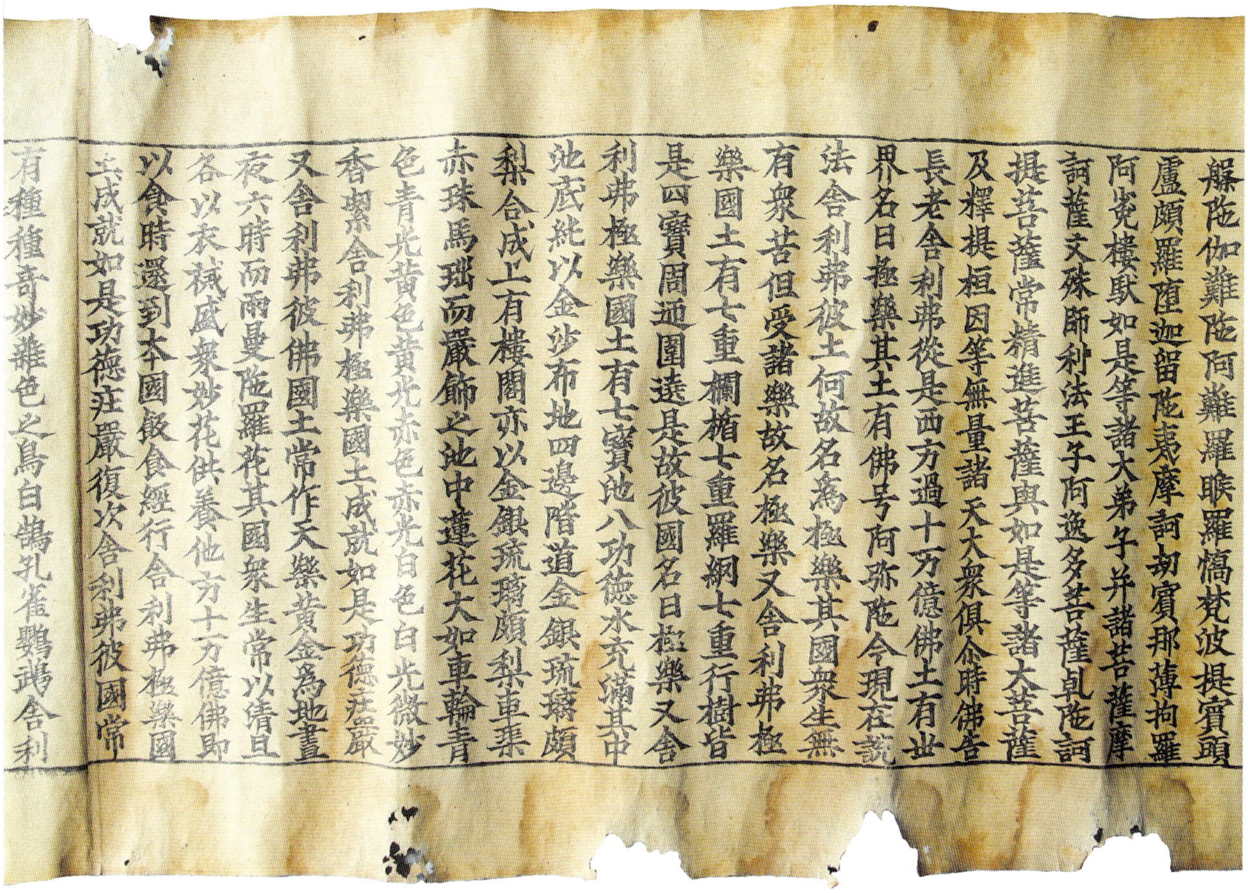

**佛説阿彌陀經一卷**　（後秦）釋鳩摩羅什譯　遼刻本

用紙精細，刻版精美。卷後有題記欄，刊"年七月二十日記雕板人吴濬景印造"字樣。

唐山市豐潤區文物管理所　名録07183

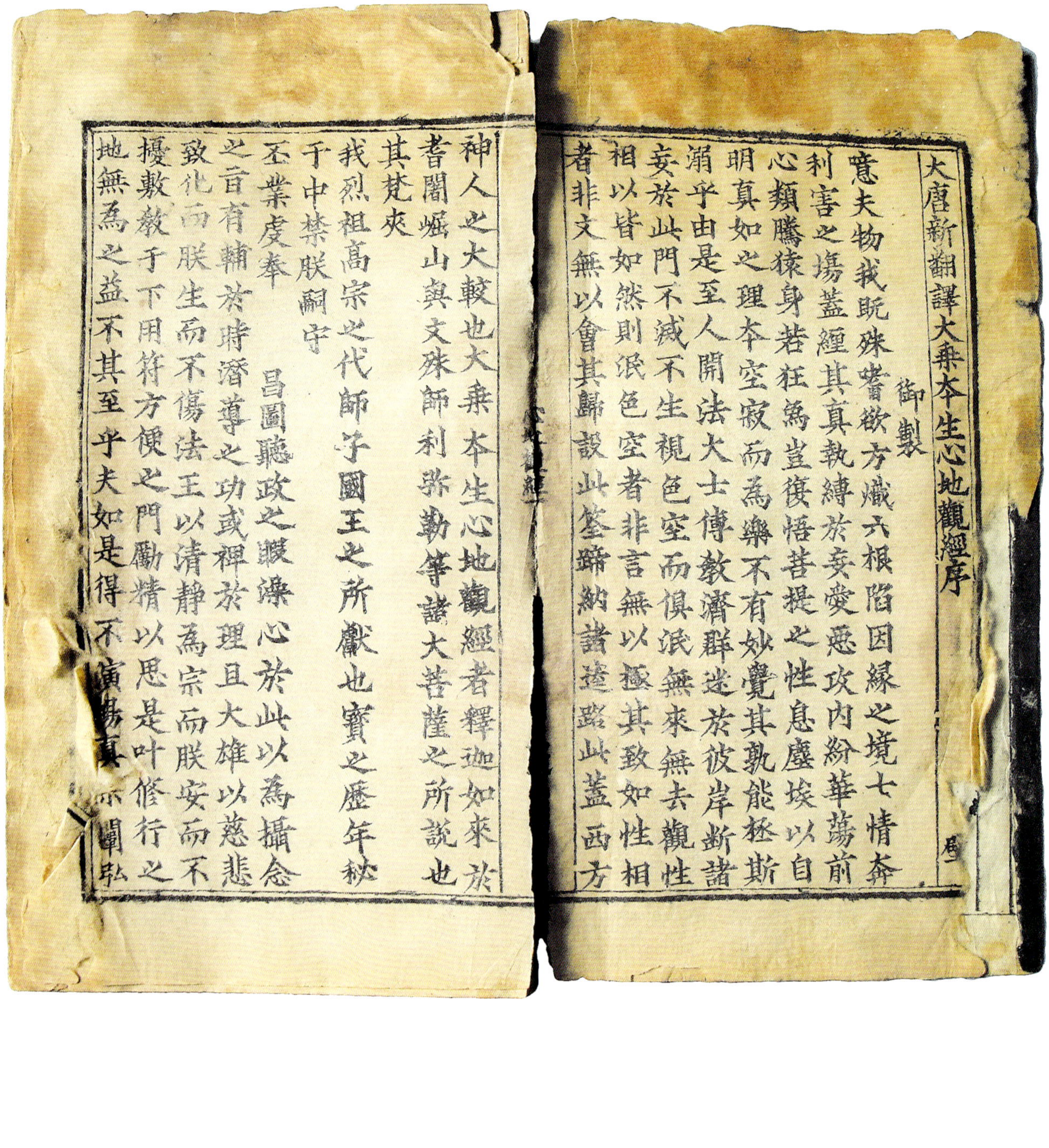

**大乘本生心地觀經八卷**　（唐）釋般若譯　遼刻本

遼刻本罕見。卷後有“咸雍十一年奉宣雕印”字樣及僧人官員刊經功德銜名。册内有千字文號“壁”字，編號與房山石經遼金刻經同。

唐山市豐潤區文物管理所　名録07184

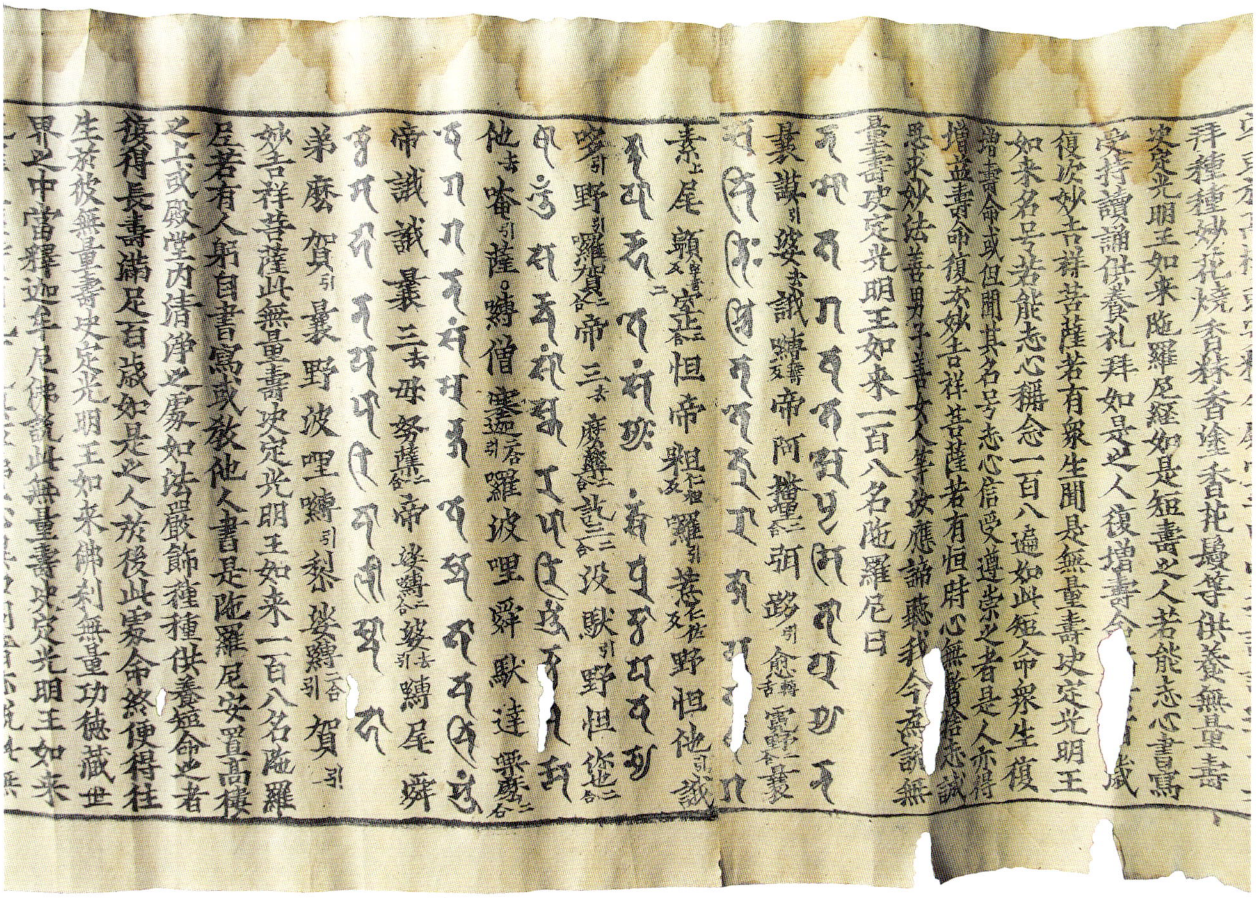

**佛說大乘聖無量壽決定光明王如來陀羅尼經**　（宋）釋法天譯　遼刻本

卷軸裝。版刻字體古拙，典型遼代刻經風格。冊内有千字文號“刻”字，編號與房山石經遼金刻經同。

唐山市豐潤區文物管理所　名錄07186

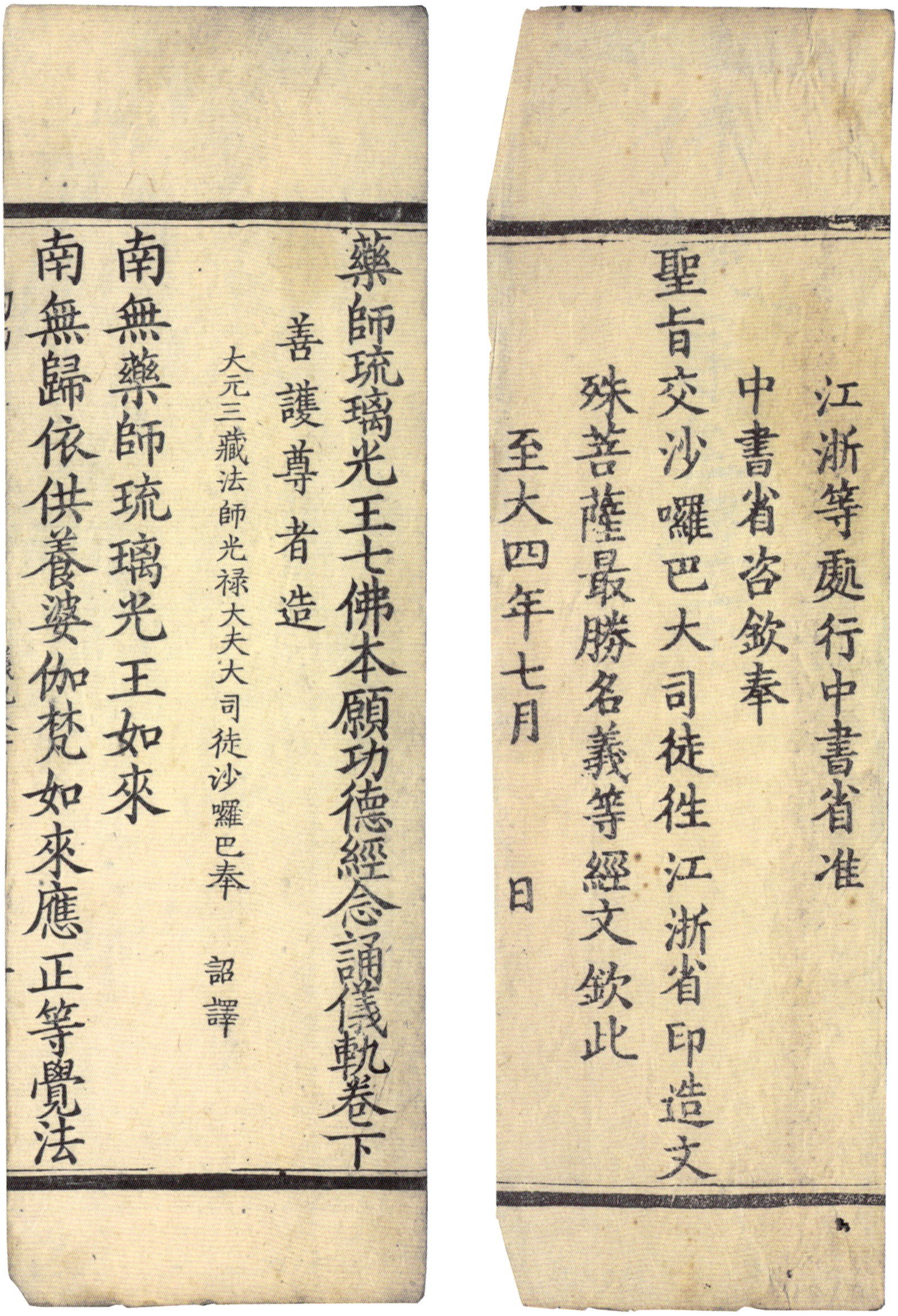


**藥師琉璃光王七佛本願功德經念誦儀軌二卷**　（元）釋沙囉巴譯　元至大四年（1311）刻本

卷内有至大四年中書省轉發准沙囉巴往江浙省印造有關經文之聖諭，較爲罕見。

首都圖書館　名錄07187

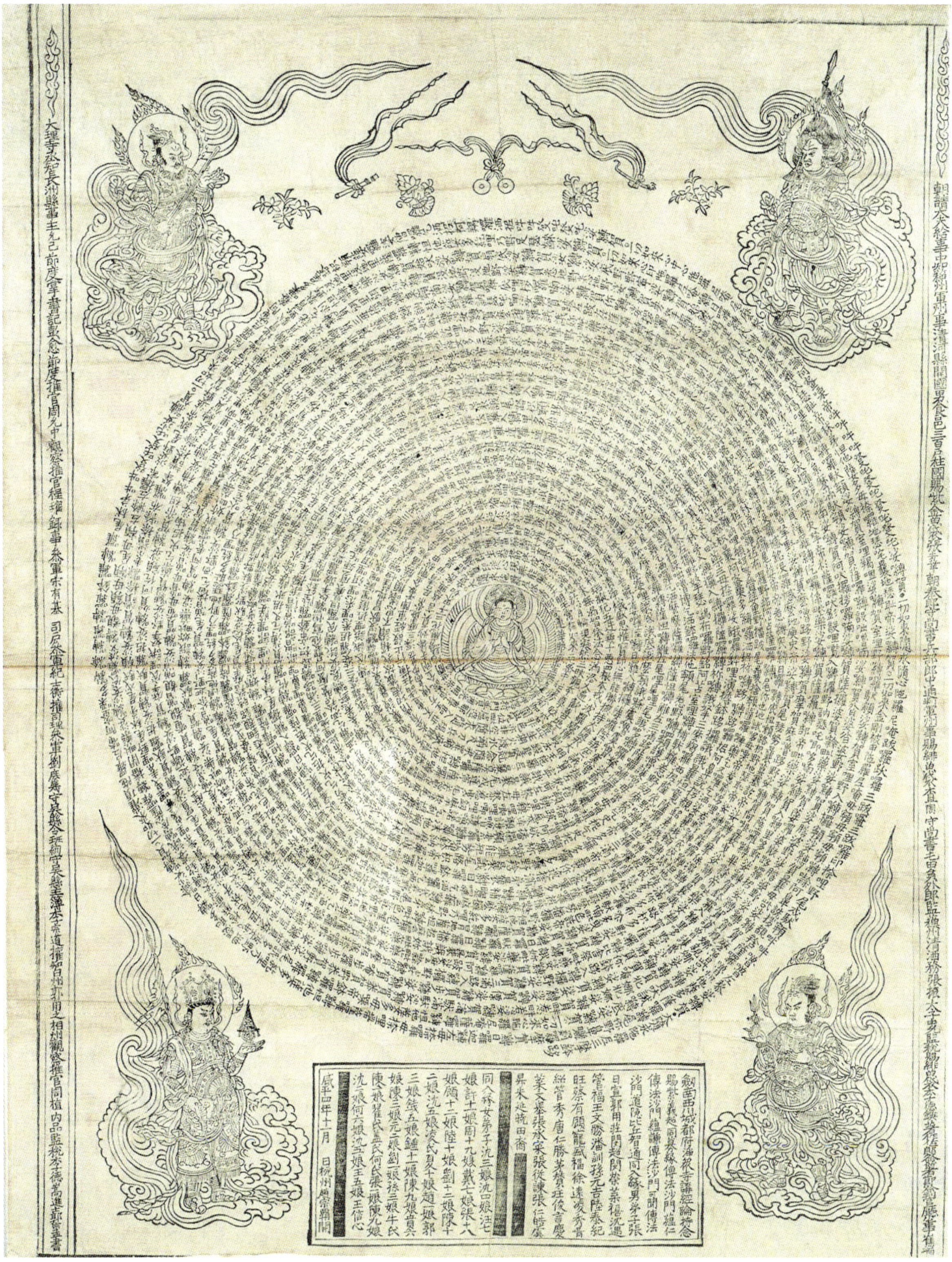

**大隋求陁羅尼神咒等經咒**　北宋咸平四年（1001）十一月杭州趙宗霸刻本

單葉。本經咒為多種經咒的雜纂，保留雕版年代及官員、百姓發願題記等，是重要的印刷史資料。

蘇州博物館　名錄07189

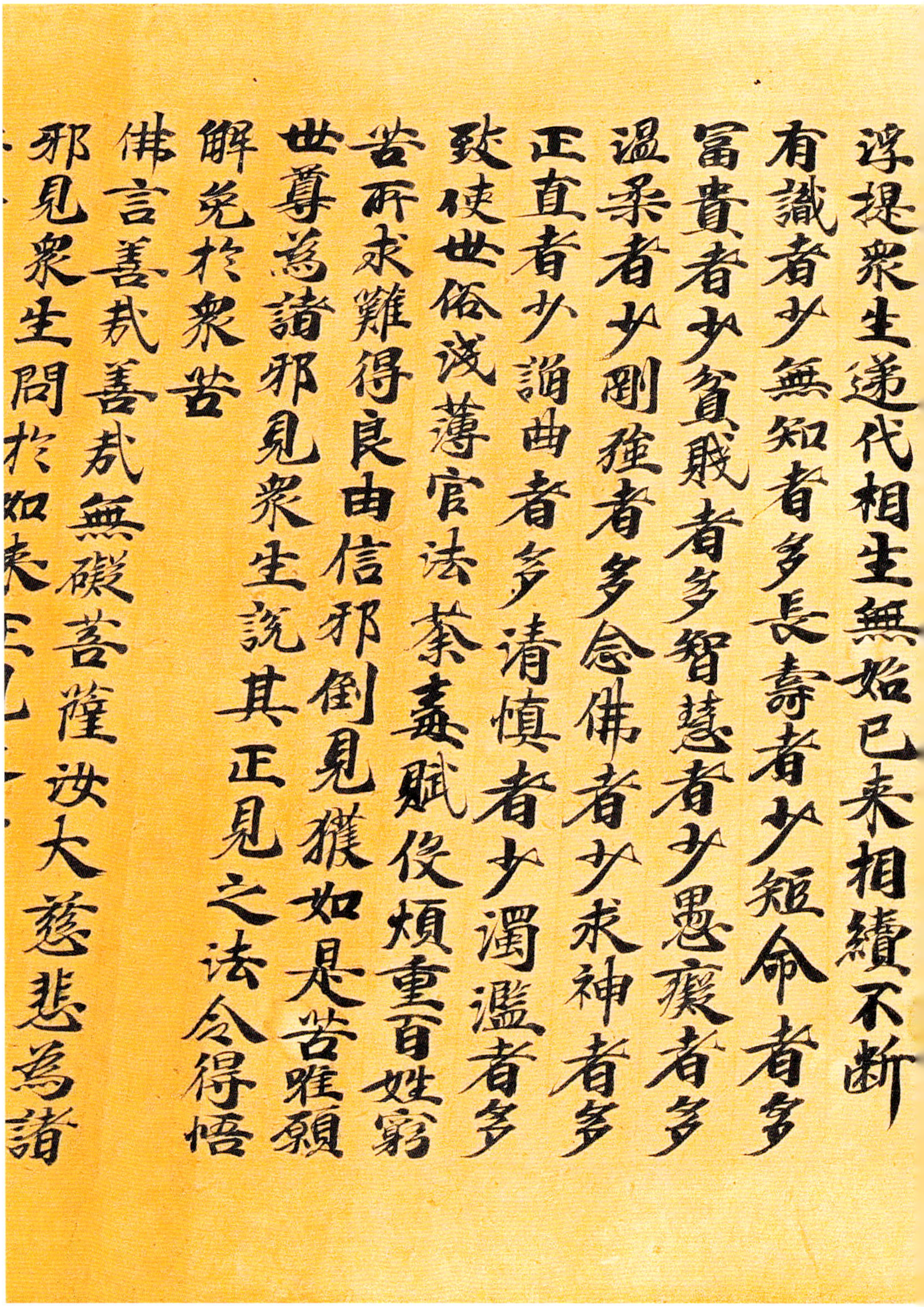

**佛說天地八陽經一卷**　北宋初年寫本

卷軸裝。1978年維修蘇州瑞光寺塔時發現，根據瑞光寺塔維修記錄及同批所出佛典年款，定爲北宋初至天禧元年（1017）以前抄經，極爲罕見。

蘇州博物館　名錄07190

弟子樓閣為自身并家眷保安造此經永充供養

佛說天地八陽經

聞如是一時佛在毗耶達摩城寂廓宅中

十方相隨四衆圍遶尒時無礙菩薩在大衆

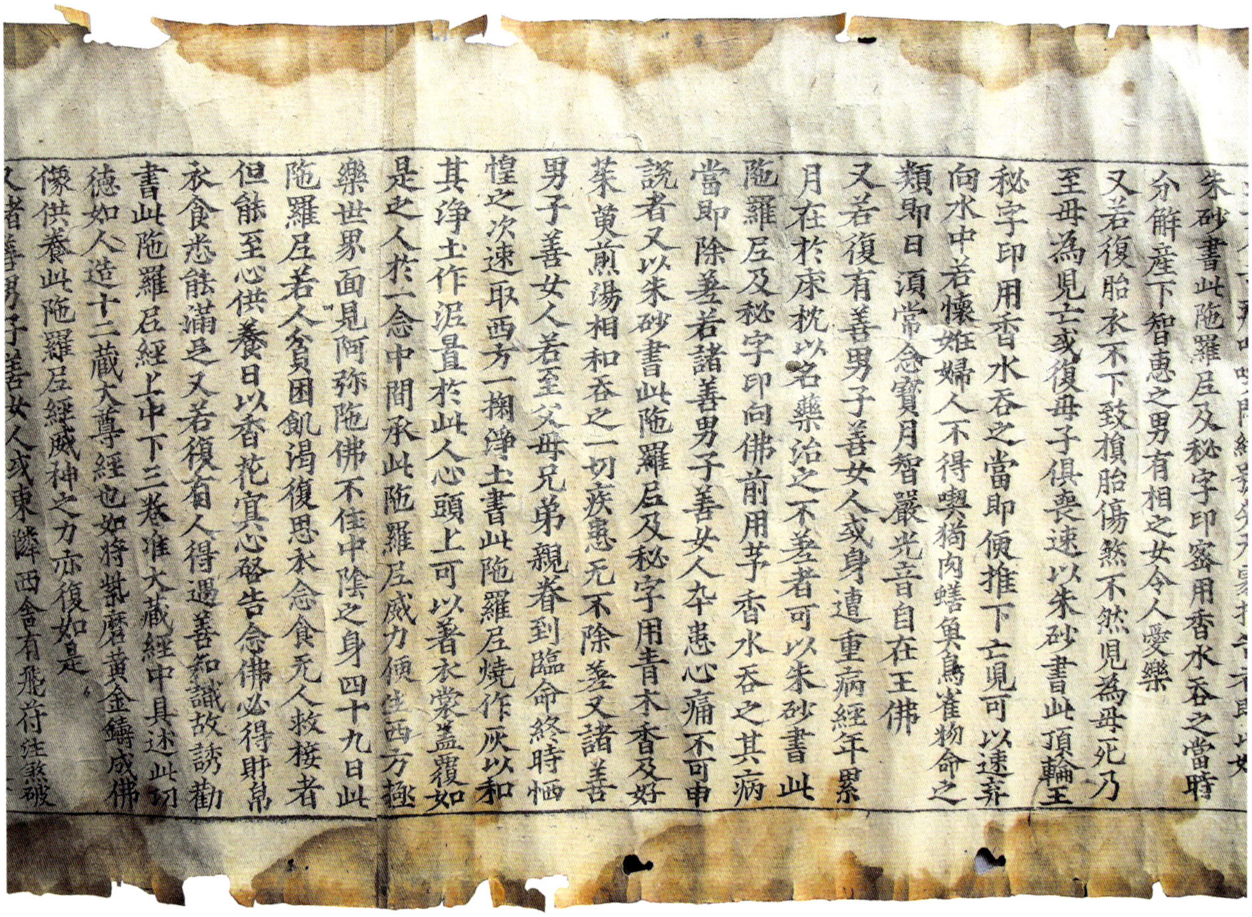

**佛頂心觀世音經三卷** 遼刻本

卷軸裝。典型北方刻經風格。

唐山市豐潤區文物管理所 名錄07191

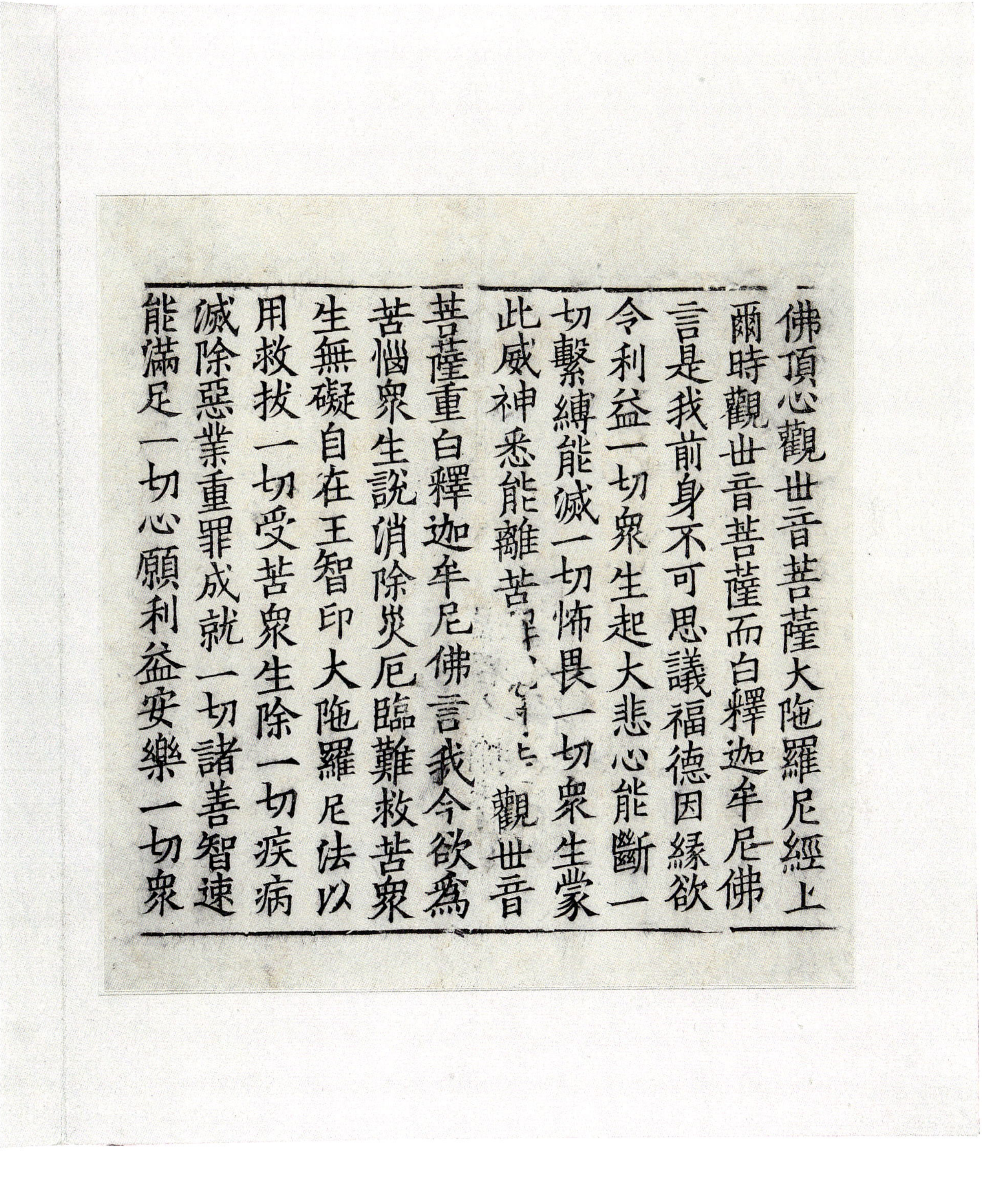

佛頂心觀世音菩薩大陁羅尼經上
爾時觀世音菩薩而白釋迦牟尼佛
言是我前身不可思議福德因緣欲
令利益一切衆生起大悲心能斷一
切繫縛能滅一切怖畏一切衆生蒙
此威神悉能離苦[illegible]觀世音
菩薩重白釋迦牟尼佛言我今欲為
苦惱衆生説消除災厄臨難救苦衆
生無礙自在王智印大陁羅尼法以
用救拔一切受苦衆生除一切疾病
滅除惡業重罪成就一切諸善智速
能滿足一切心願利益安樂一切衆

**佛頂心觀世音菩薩大陁羅尼經三卷**　北宋崇寧元年（1102）石處道刻本

本經有崇寧年款，傳世極罕，刻印俱精。

國家圖書館　名録07192

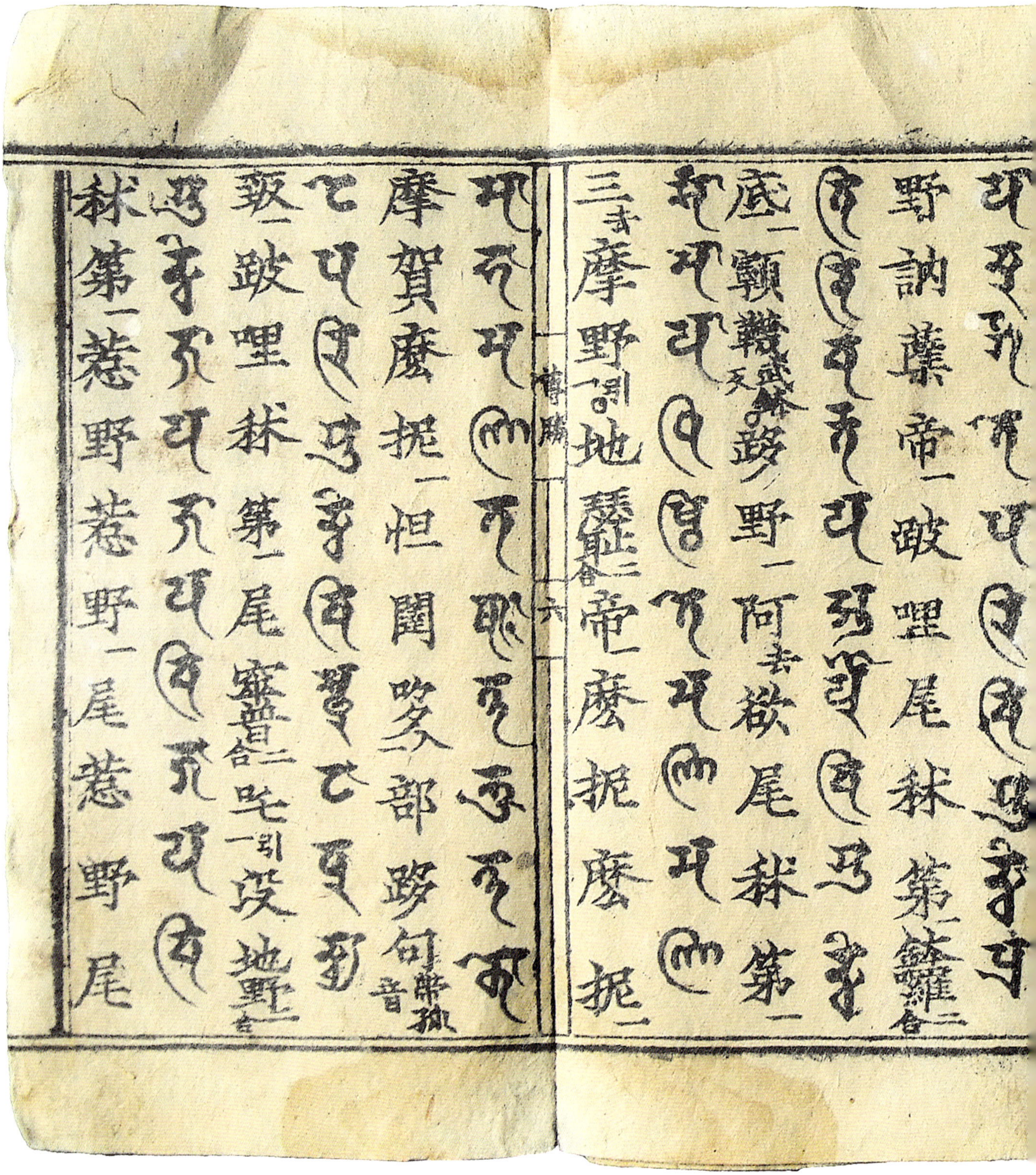

**梵本諸經咒** 遼刻本

蝴蝶裝，典型遼代刻書風格，有較高文物價值。

唐山市豐潤區文物管理所 名錄07194

不持齋者是持齋　不持戒者名持戒
八万四千金剛衆　行住坐卧每隨身
十方世界諸如來　護念敀命受持者
念滿一万八千遍　遍遍入於無想定
号稱堅固金剛幢　自在得名人中佛
縱使罵詈不為過　諸天常聞梵語聲



神通變化不思議　陀羅尼門最第一
大聖放光佛頂力　摧惡揚善證菩提
唯聞念者薝蔔香　不嗅一切餘香氣
僧破二百五十戒　比丘尼犯八波羅
聞念佛頂陀羅尼　便得具足聲聞戒
我今依經述偈讃　無量功德普莊嚴

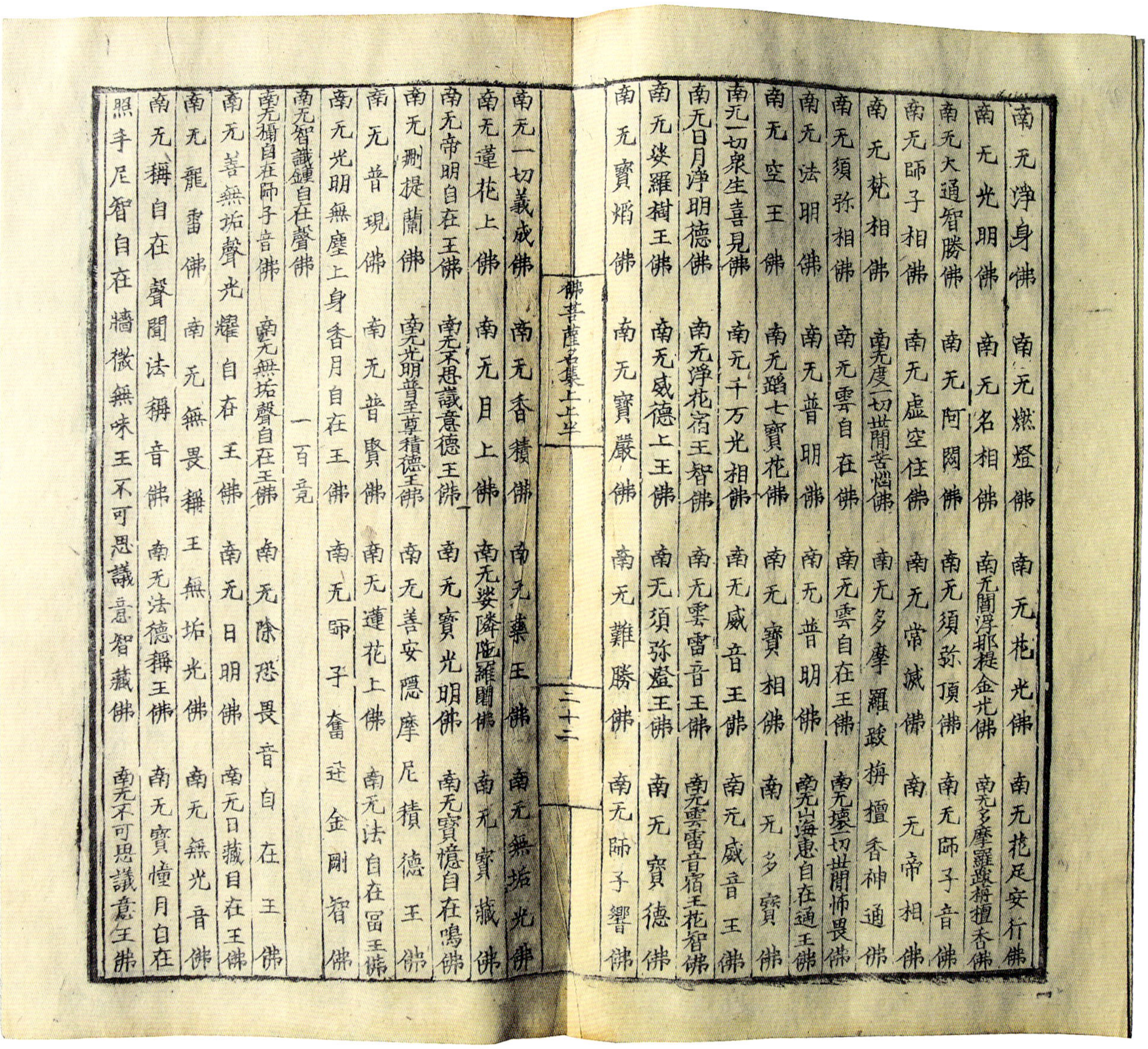
南无淨身佛　南无燃燈佛　南无花光佛　南无花足安行佛
南无光明佛　南无名相佛　南无閻浮那提金光佛　南无多摩羅跋栴檀香佛
南无大通智勝佛　南无阿閦佛　南无須弥頂佛　南无師子音佛
南无師子相佛　南无虛空住佛　南无常滅佛　南无帝相佛
南无梵相佛　南无度一切世間苦惱佛　南无多摩羅跋栴檀香神通佛
南无須弥相佛　南无雲自在佛　南无雲自在王佛　南无壞一切世間怖畏佛
南无法明佛　南无普明佛　南无普明佛　南无山海慧自在通王佛
南无空王佛　南无蹈七寶花佛　南无寶相佛　南无多寶佛
南无一切眾生喜見佛　南无千万光相佛　南无威音王佛　南无威音王佛
南无日月淨明德佛　南无淨花宿王智佛　南无雲雷音王佛　南无雲雷音宿王花智佛
南无娑羅樹王佛　南无威德上王佛　南无須弥燈王佛　南无寶德佛
南无寶焰佛　南无寶嚴佛　南无難勝佛　南无師子響佛
佛菩薩名集上
二十二
南无一切義成佛　南无香積佛　南无藥王佛　南无無垢光佛
南无蓮花上佛　南无月上佛　南无娑隣陀羅闍佛　南无寶藏佛
南无帝明自在王佛　南无不思議意德王佛　南无寶光明佛　南无寶憶自在鳴佛
南无删提蘭佛　南无光明普至尊積德王佛　南无善安隱摩尼積德王佛
南无普現佛　南无普賢佛　南无蓮花上佛　南无法自在富王佛
南无光明無塵上身香月自在王佛　南无師子奮迅金剛智佛
南无智識鍾自在聲佛　一百竟
南无稱自在師子音佛　南无無垢聲自在王佛　南无除恐畏音自在王佛
南无善無垢聲光耀自在王佛　南无日明佛　南无日藏自在王佛
南无龍雷佛　南无無畏稱王無垢光佛　南无無光音佛
南无稱自在聲聞法稱音佛　南无法德稱王佛　南无寶幢月自在
照手尼智自在　檣檝無味王不可思議意智藏佛　南无不可思議意王佛

**諸佛菩薩名集**　（遼）釋思孝撰　遼刻本

遼刻本朝僧人著作稀見。卷首有“大藏教諸佛菩薩名號集序”，詳述本經纂集經過。

唐山市豐潤區文物管理所　名錄07195

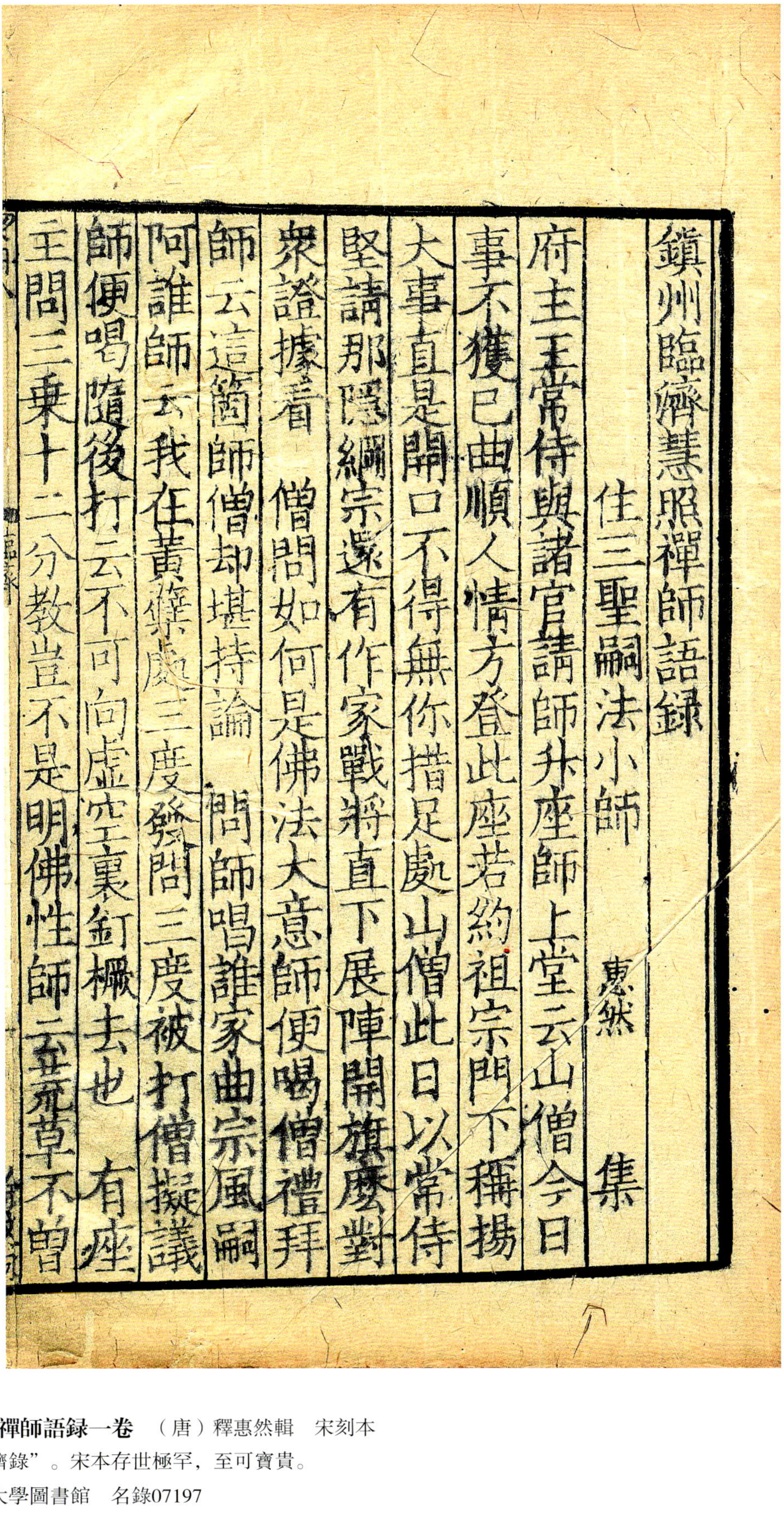
鎮州臨濟慧照禪師語録
住三聖嗣法小師　慧然　集
府主王常侍與諸官請師升座師上堂云山僧今日事不獲已曲順人情方登此座若約祖宗門下稱揚大事直是開口不得無你措足處山僧此日以常侍堅請那隱綱宗還有作家戰將直下展陣開旗麼對衆證據看　僧問如何是佛法大意師便喝僧禮拜師云這箇師僧却堪持論　問師唱誰家曲宗風嗣阿誰師云我在黄蘗處三度發問三度被打僧擬議師便喝隨後打云不可向虚空裏釘橛去也　有座主問三乘十二分教豈不是明佛性師云荒草不曾

**鎮州臨濟慧照禪師語録一卷**　（唐）釋惠然輯　宋刻本

簡稱“臨濟録”。宋本存世極罕，至可寶貴。

華東師範大學圖書館　名録07197

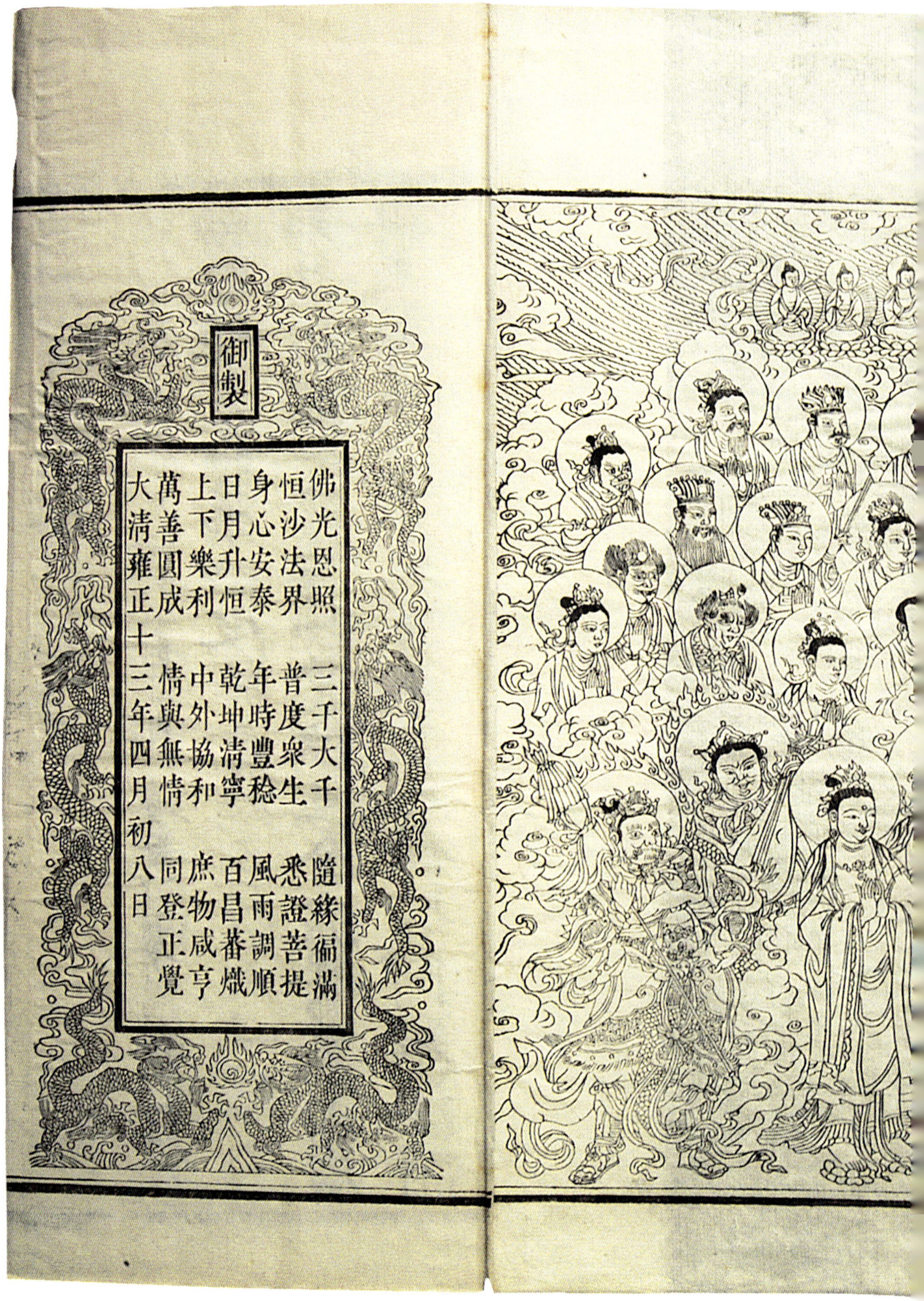


**乾隆版大藏經七千一百六十七卷** 清雍正十三年（1735）內府刻本

存六千七百七十九册　清代原版，具有重要文物價值。

陝西省考古研究院　名録08628

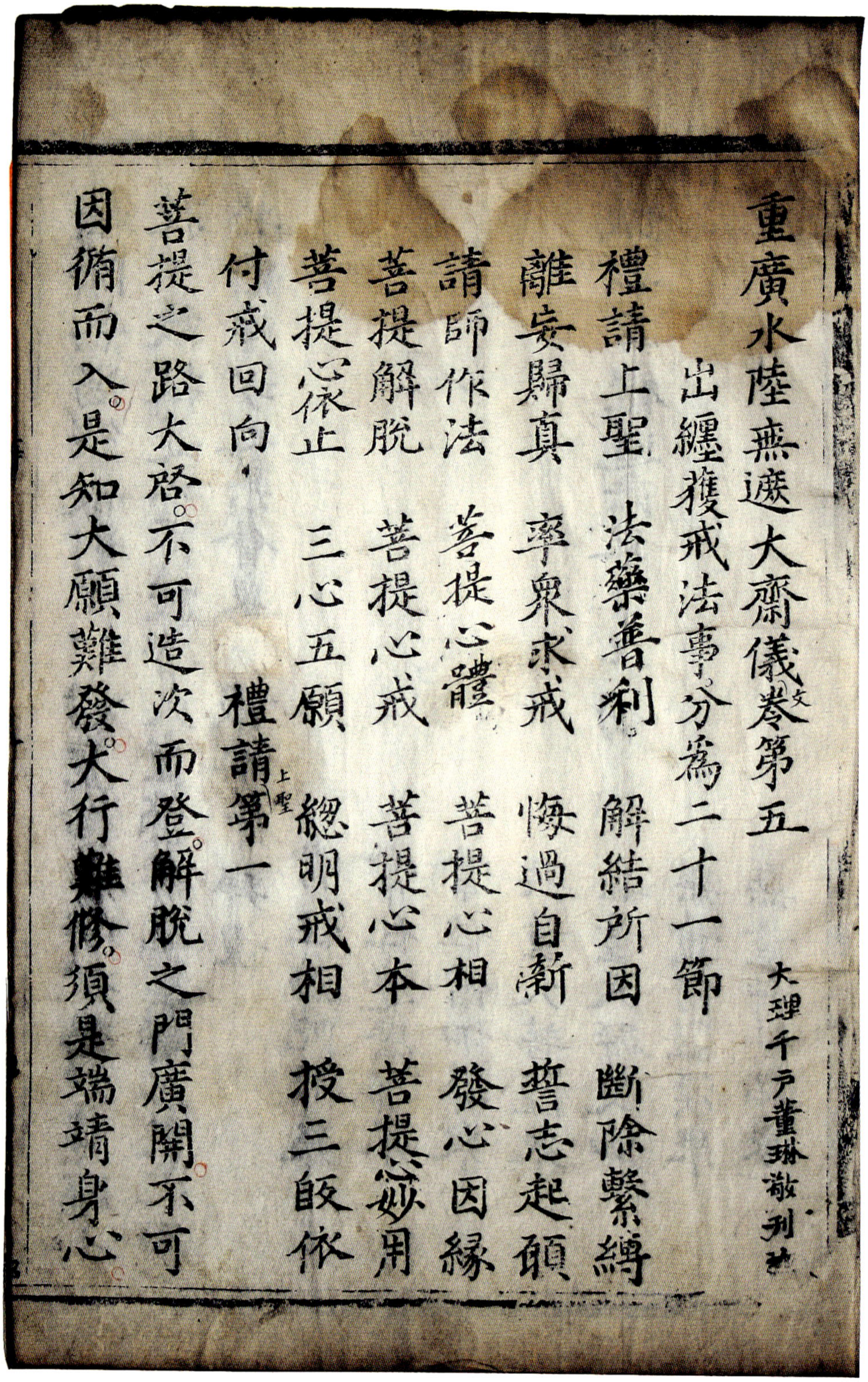

**重廣水陸法施無遮大齋儀一卷**　題（梁）蕭衍製　（宋）楊諤修撰　（宋）釋祖覺重廣　（元）師習編　明洪武十二年（1379）大理董琳刻本

1956年發現於雲南鳳儀北湯天董氏宗祠。洪武年間雲南刻印，是雲南地區現存較早的刻本。

雲南省圖書館　名錄08629

# 輿圖

輿地圖是古人對地圖的稱謂，簡稱“輿圖”或“地圖”，至今沿用。中國地圖發展源遠流長，傳至今日者為數不多。宋元輿圖固屬珍稀，明、清以來手繪或木刻的政區圖、邊界圖、山川圖、水利圖和道里圖等也極具價值。公元16世紀，地圖集的出現標誌着地圖編纂學進入一個新的發展階段。明嘉靖刻本《廣輿圖》，是中國現存最早的一部綜合性地圖集，堪稱中國地圖學史上的佳作。明末，利瑪竇（1552–1610）在中國繪製了多種世界地圖，強烈衝擊了中國人傳統的天下觀。《坤輿萬國全圖》是其中重要的一種。清乾隆年間（1736–1795）彩繪的《避暑山莊全圖》、《五臺山聖境圖》和《西湖行宮圖》等勝跡圖，無不畫工精細，技藝高超，色彩絢麗，圖像逼真，縮全貌於眼前，存舊制至今朝，其蘊涵的藝術與史料等價值歷久彌高。

北
地
亜
大曠野
三國
牛蹄突厥

**廣輿圖**　（明）羅洪先編　明嘉靖（1522–1566）初刻本

刊刻於嘉靖三十四年（1555）前後，是中國現存最早的一部綜合性地圖集，堪稱我國地圖學史上承前啓後之佳作，流傳甚廣，影響極大。

國家圖書館　名錄07955

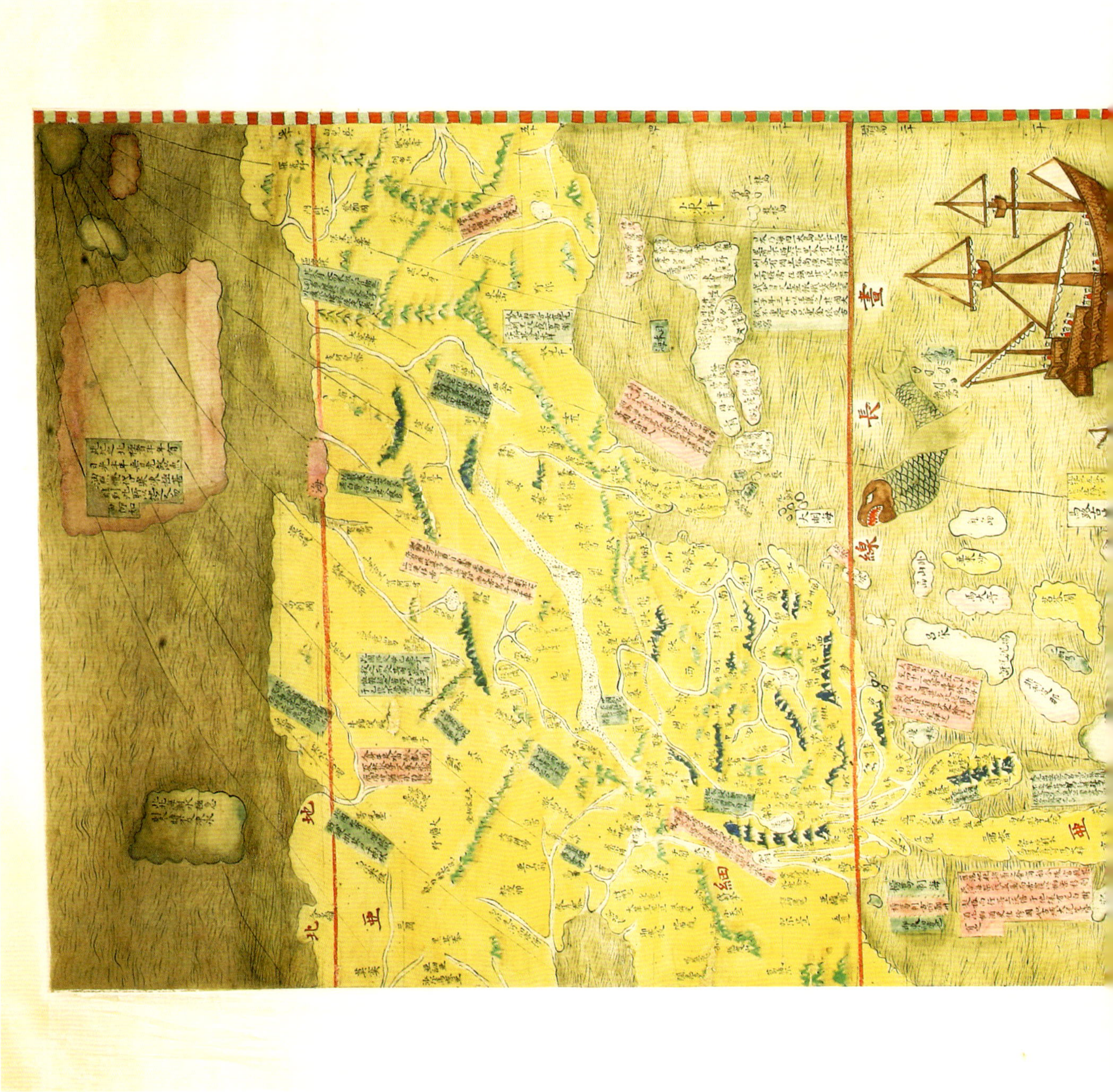

**坤輿萬國全圖**　（意大利）利瑪竇繪　（明）佚名摹　明末摹繪本

原圖分為6幅，現僅存第4幅亞洲部分，係明內廷據利瑪竇手繪本摹繪，屬萬曆三十六年（1608）摹繪本系統。

國家圖書館　名錄07956

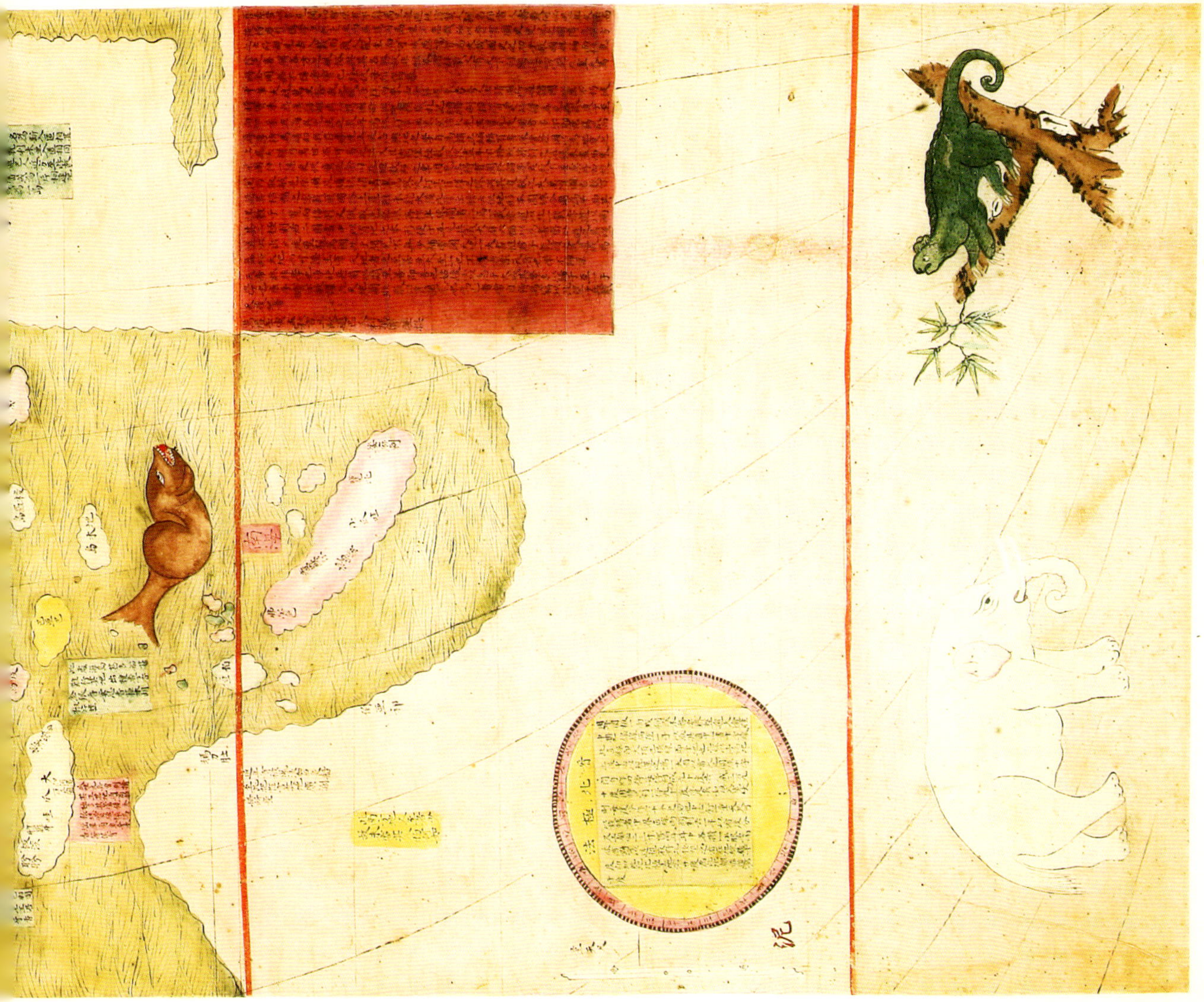

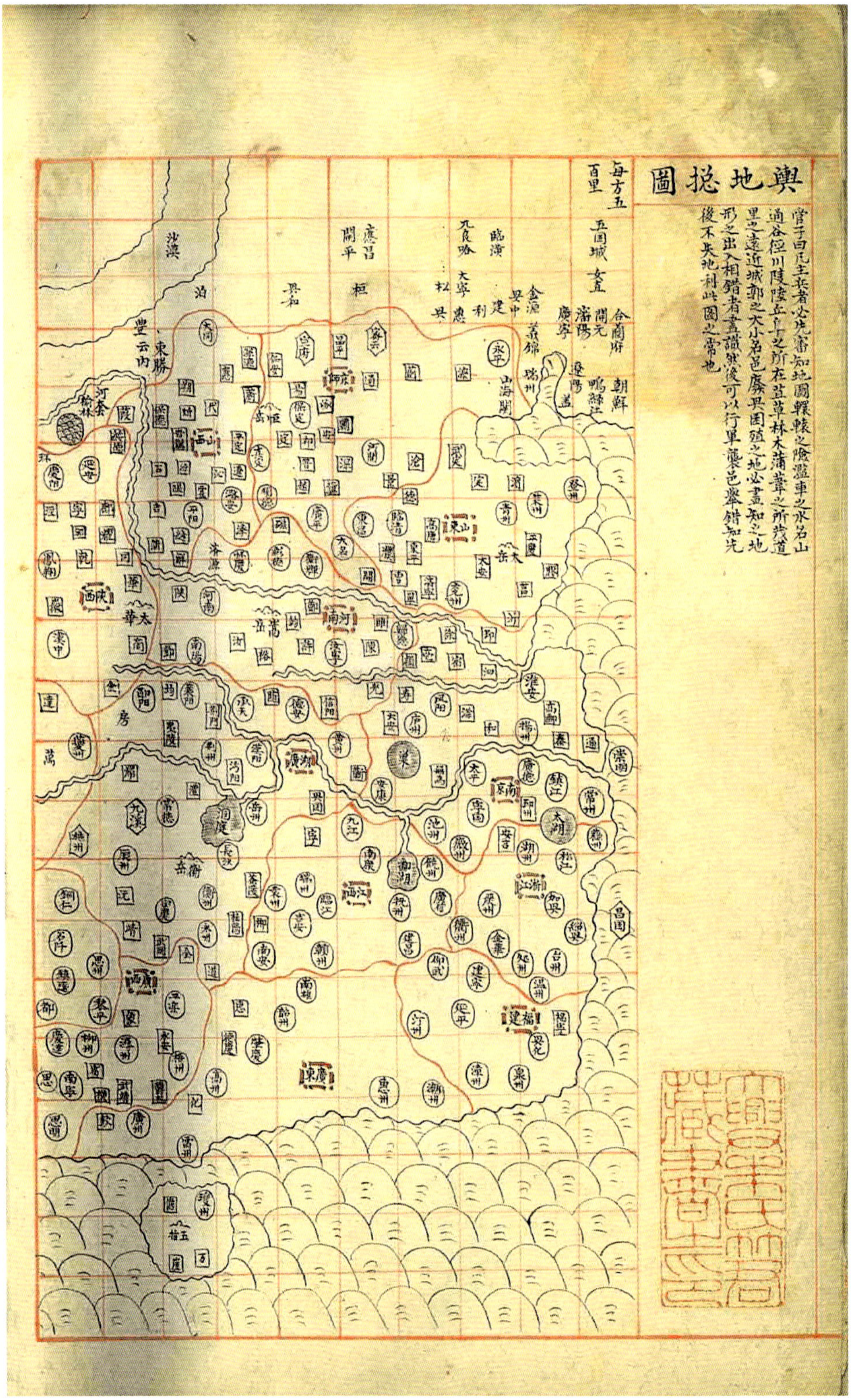


**明輿圖不分卷**　明抄本

紅格精抄本，圖為朱墨二色。鈐“大興朱氏竹君藏書之印”、“一室之內有以自娛”、“朱錫庚印”等七位著名藏書家的藏書印。

山東大學圖書館　名錄07957

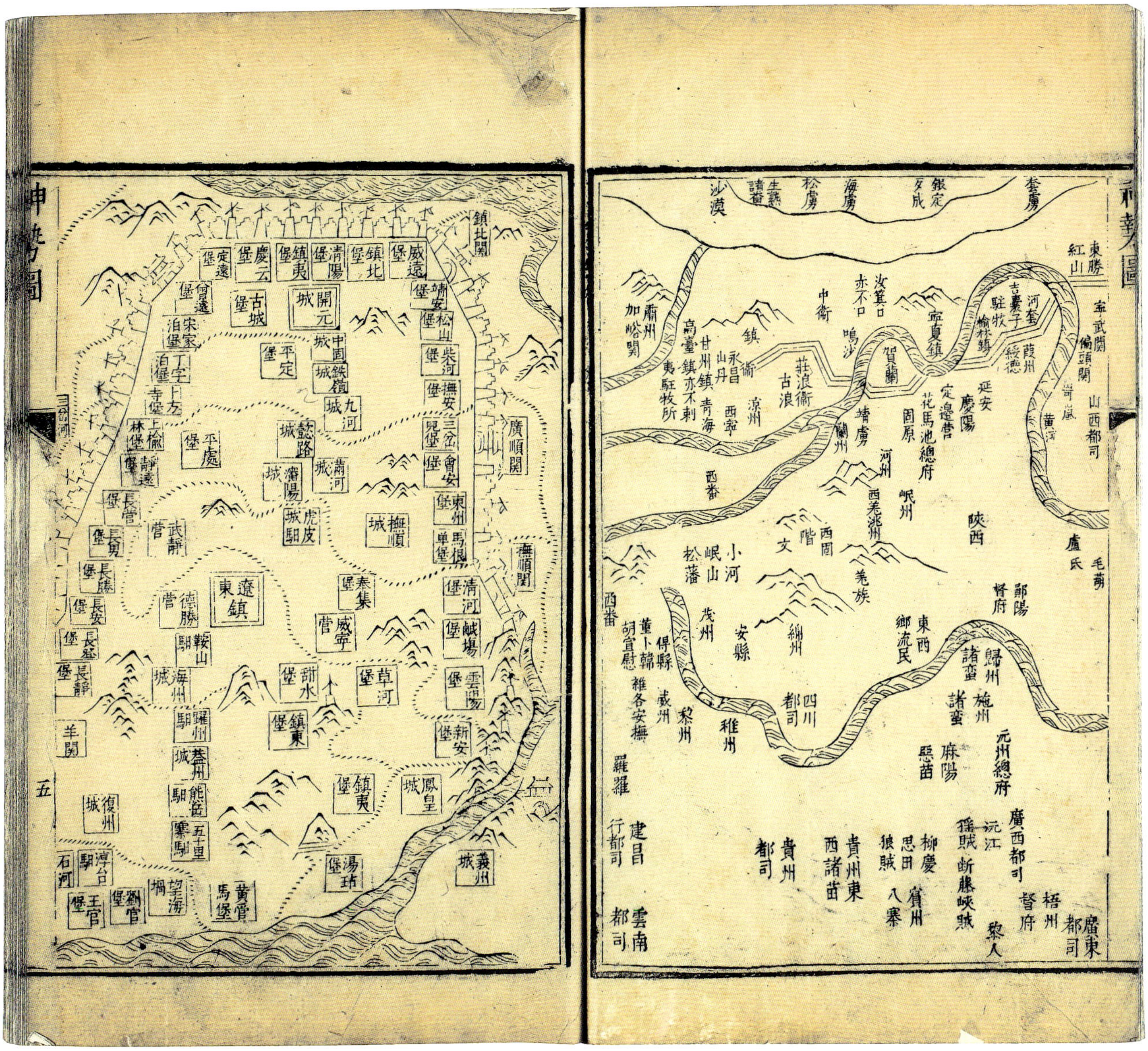

**大明神勢圖**　（明）方孔炤輯　明崇禎元年（1628）刻本

《大明神勢圖》係方孔炤《全邊紀略》之附圖。首為全國總圖，次為自東向西九邊圖，再次為自南至北海防圖，末為分省防務圖，其中缺山西、陝西省圖各一幅。

國家圖書館　名錄07958

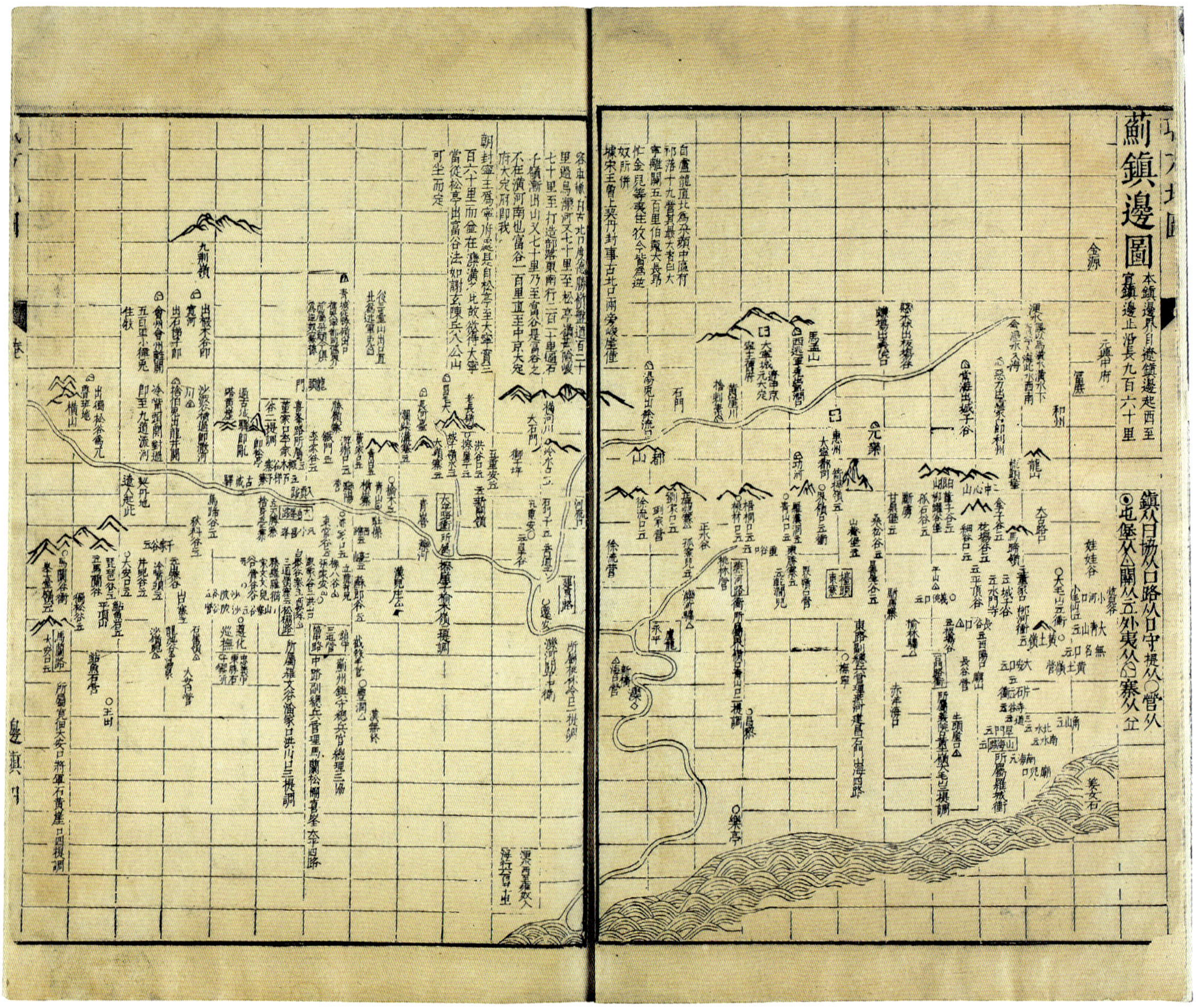


**皇明職方兩京十三省地圖表三卷**　（明）陳組綬撰　明崇禎九年（1636）刻本

以邊防爲主題的大型綜合地圖集。分上、中、下三卷，上卷為政區圖，中卷為邊鎮地圖，下卷為川海圖及域外地圖，内容較《廣輿圖》更加豐富，刻印精良，為明末中國傳統地圖集的集大成之作。

國家圖書館　名錄07960

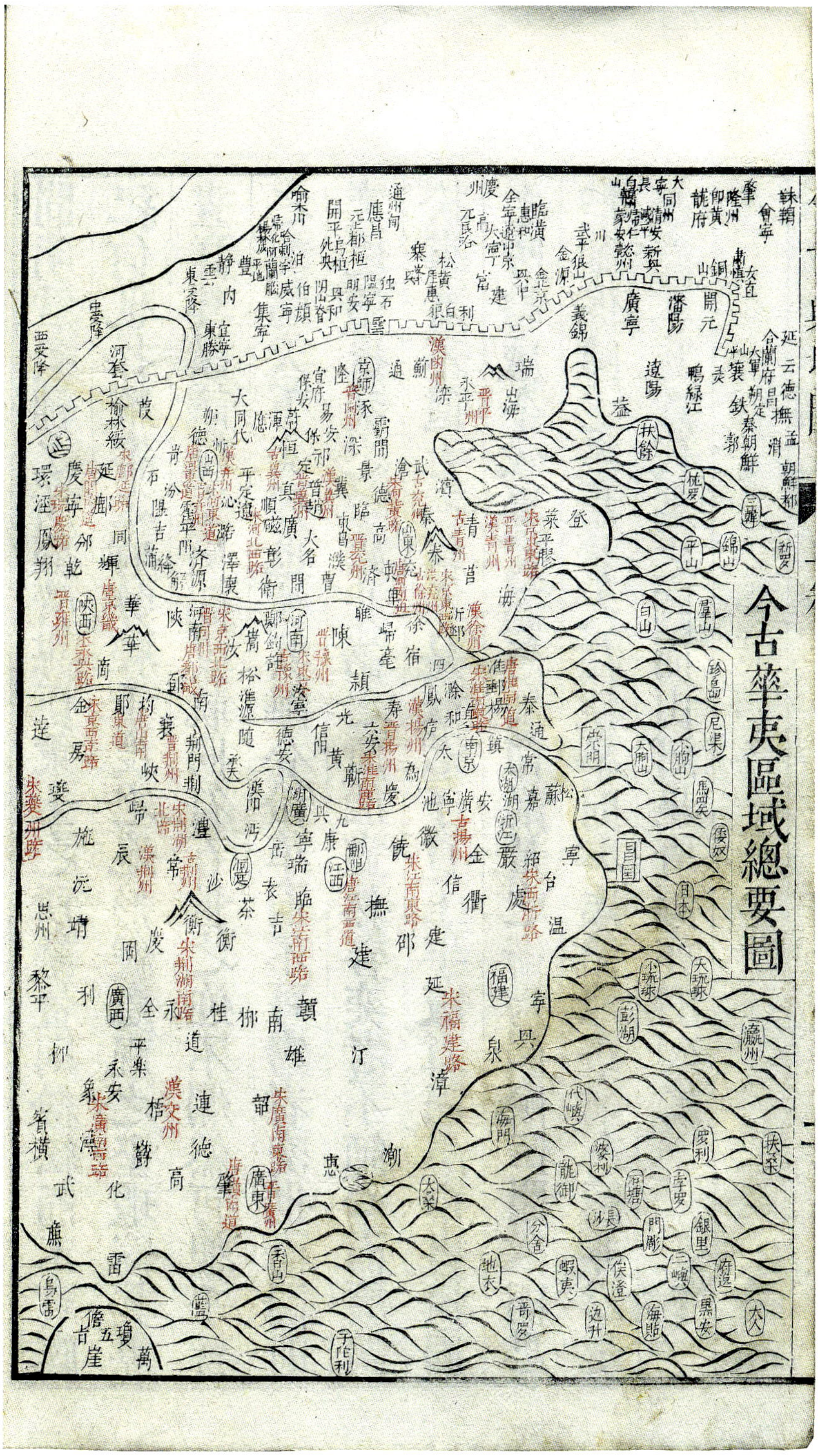


**今古輿地圖三卷**　（明）吴國輔　沈定之撰　明崇禎十六年（1643）刻朱墨套印本

現存最早的朱墨兩色套印古今對照歷史地圖集，為明代歷史地圖集的代表作。

華東師範大學圖書館　名錄07962

**避暑山莊全圖**　（清）錢維城繪　清乾隆（1736–1795）彩繪本

採用傳統形象畫法，生動地繪出了承德離宮與外八廟及附近山水勝景全貌。鈐"錢維城印"、"不試故藝"、"馮氏珍藏書畫印"和"馮聯堂珍藏書畫印"等印。

國家圖書館　名錄07977

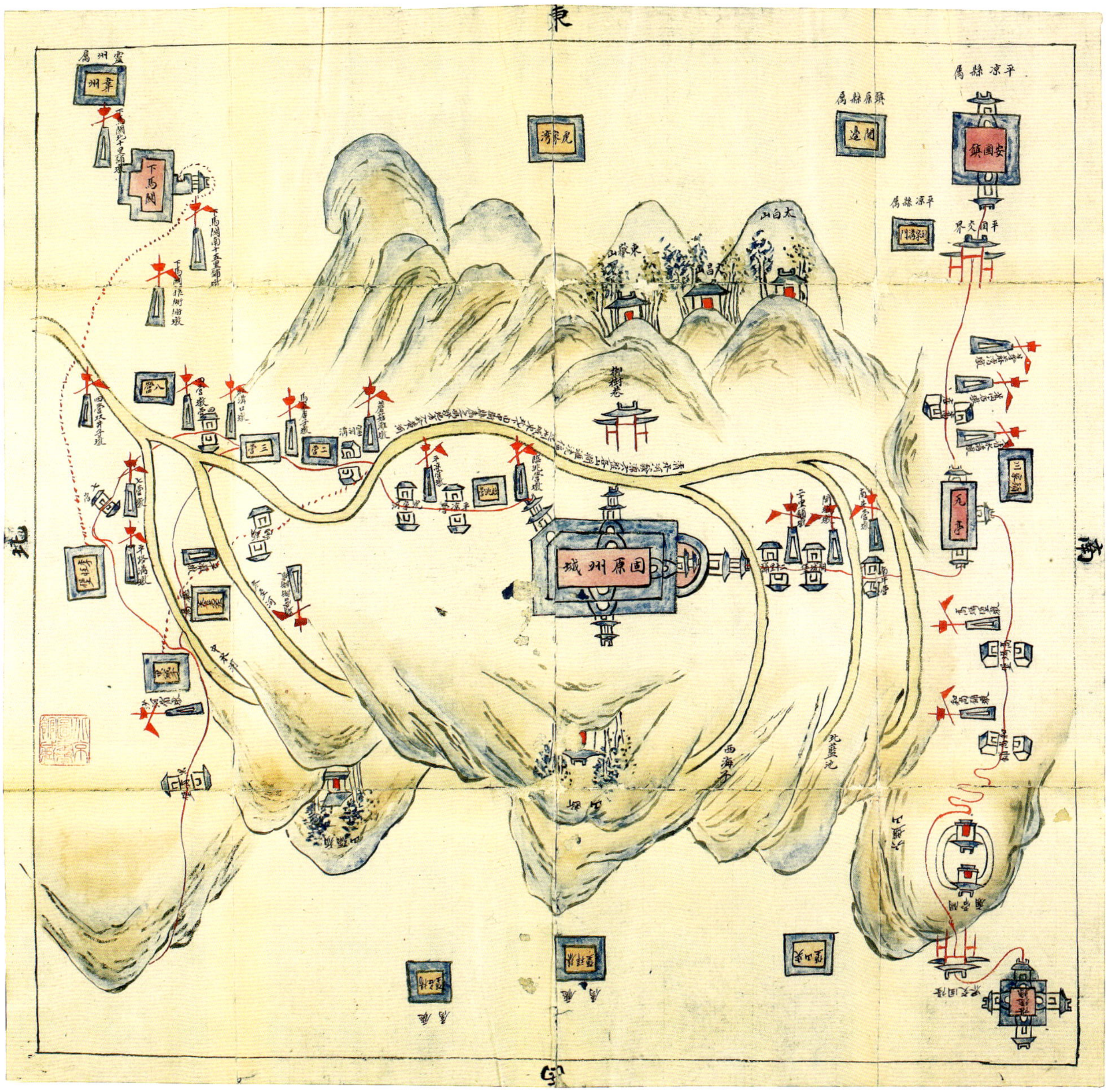


**固原州輿圖**　明末彩繪本

“固原州”即現在的寧夏回族自治區固原市原州區。此圖為現存較早的固原市原州區彩繪地圖。

國家圖書館　名錄08002

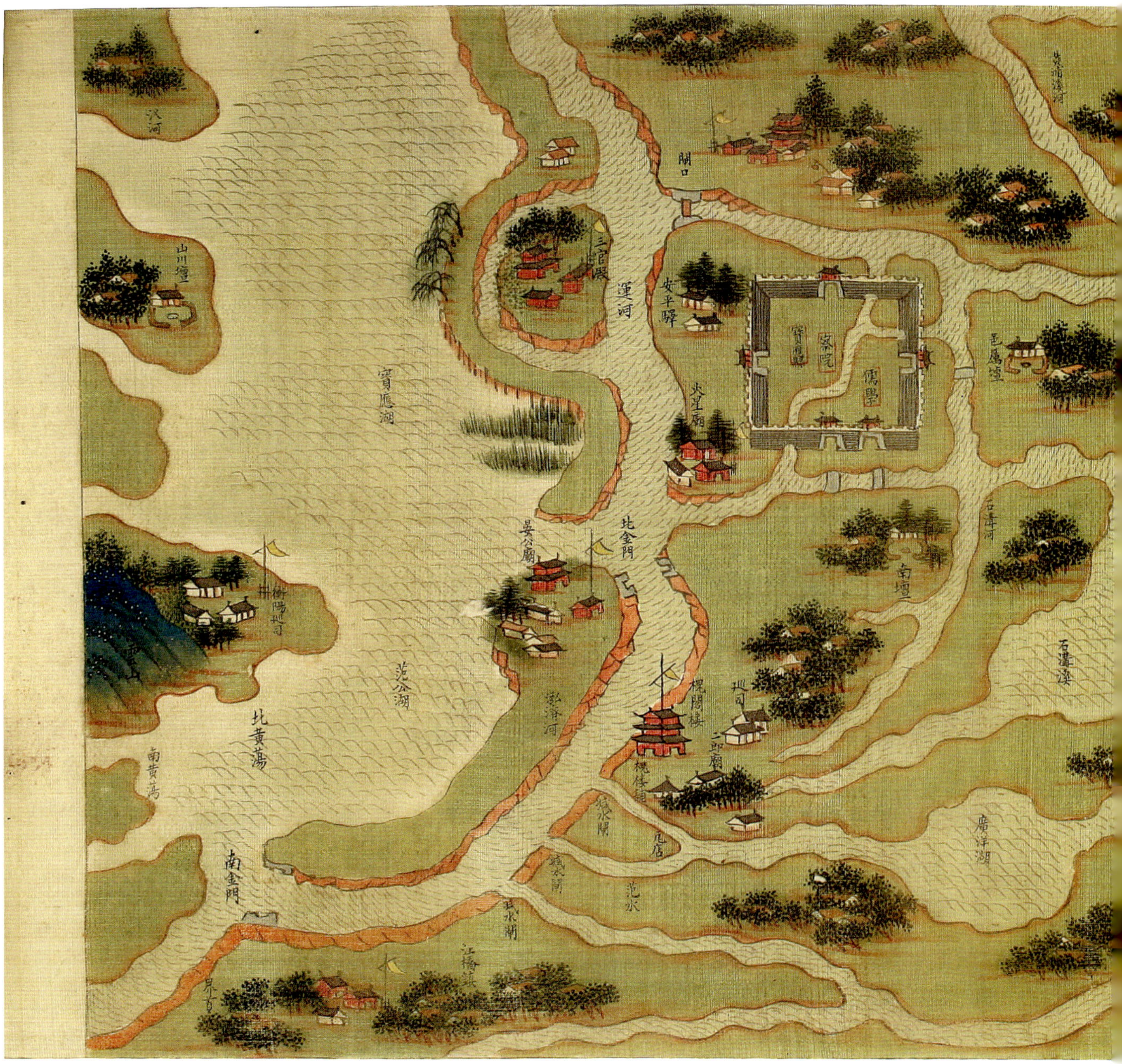


**揚州府圖說**　清康熙（1662–1722）彩繪本

內含揚州府、江都縣、瓜洲、儀真縣、泰興縣、高郵縣、興化縣、寶應縣、泰州、如皋縣、通州、海門縣圖說。

國家圖書館　名録07979

# 寶應縣圖說

寶應縣在漢為安平縣東漢改安宜梁為陽平縣唐為倉州領安宜縣尋廢州以縣屬楚州上元三年獲定國寶遂更名寶應宋陞為州為軍不一

國朝仍為寶應屬高郵州曾漁曰淮東控扼有六四曰寶應焉但介乎南北大都閭民之出力供上者豈不藉哉又地勢窪下為諸水所積加以歲澇豈惟禾稼失秋而茭菰葭菼亦不可薪邑之凋敝視邑為甚是故緝隄繕閘以時蓄洩斯水利之善者也然其害在五塘未復大較與高郵興化畧同茲不敢贅

**江西全省圖說**　明萬曆（1573–1620）彩繪本

現存最早的江西省地圖集，為明代傳統製圖的代表作之一，是研究中國古代地圖及明代江西歷史地理的珍貴資料。

國家圖書館　名錄08017

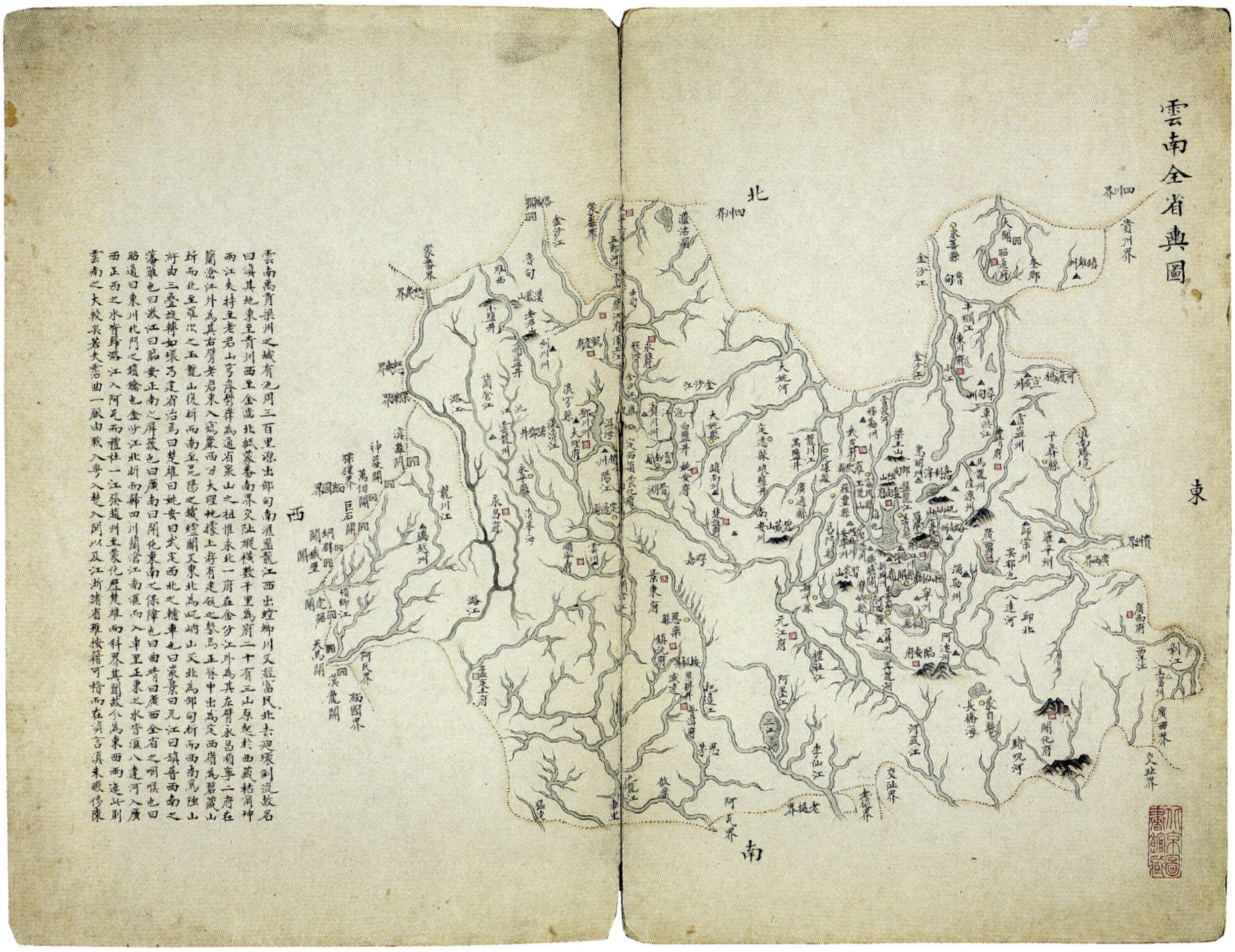


**全滇輿圖**　清乾隆（1736–1795）彩繪本

採用形象畫法，精細工整地繪出了雲南全省山脈、河流走向大勢，標注了府、州、縣、關隘、重要村莊及山、河名稱。

國家圖書館　名錄08030

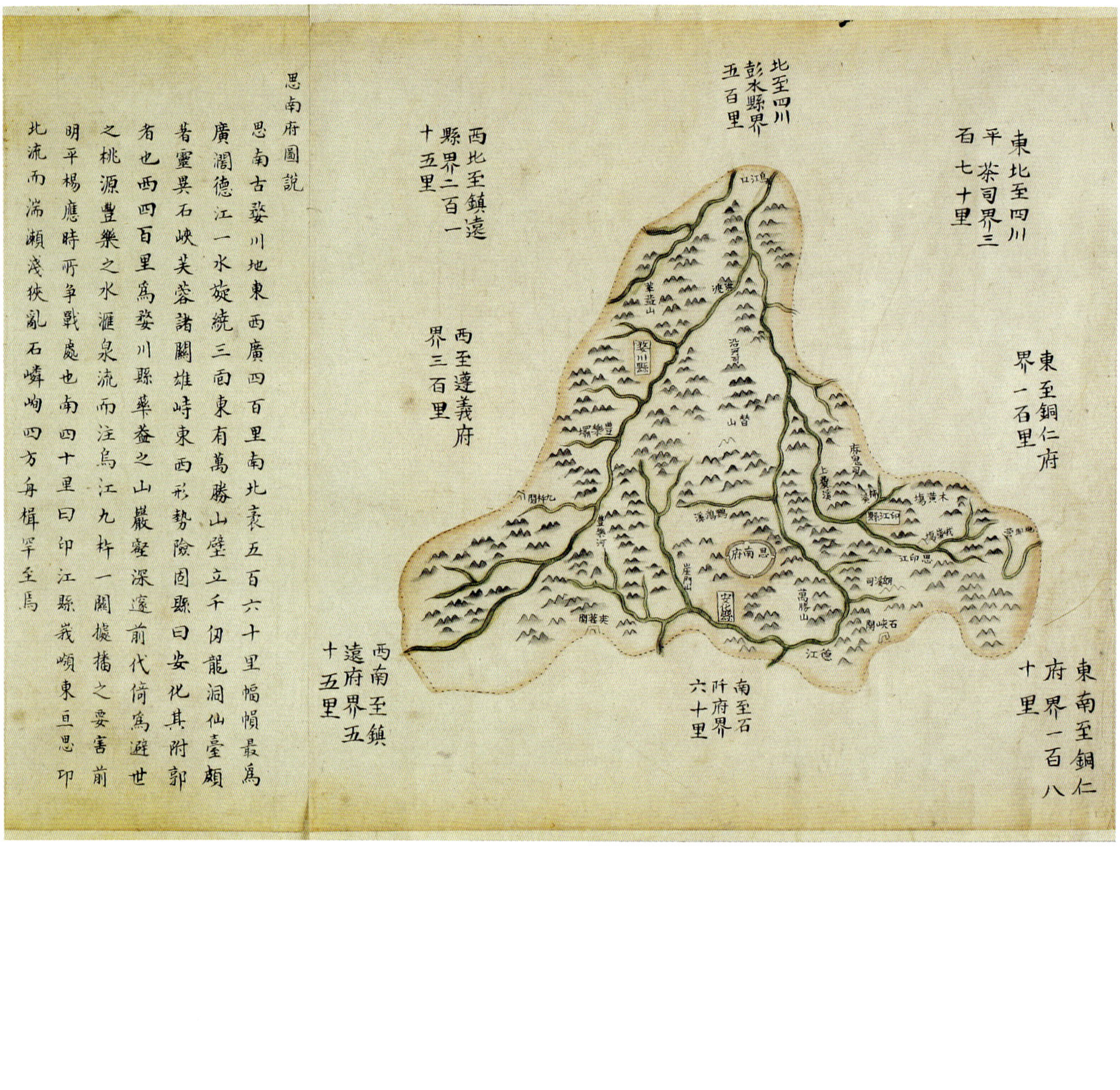
思南府圖說

思南古婺川地東西廣四百里南北袤五百六十里幅幀最爲廣濶德江一水旋繞三面東有萬勝山壁立千仞龍洞仙臺頗著靈異石峽芙蓉諸關雄峙東西形勢險固縣曰安化其附郭者也西四百里爲婺川縣華蓋之山巖壑深邃前代倚爲避世之桃源豐樂之水滙泉流而注烏江九杵一關據播之要害前明平楊應時所争戰處也南四十里曰印江縣峩嶺東亘思印北流而湍瀨淺狹亂石嶙峋四方舟楫罕至焉



**貴州全省輿圖說**　清乾隆（1736–1795）彩繪本

含全省府縣地圖7幅，首冠總說，各圖均附文字說明。

國家圖書館　名錄08031

**五臺山聖境圖**　（清）袁瑛繪　清乾隆（1736–1795）彩繪本

採用形象畫法。有“臣袁瑛恭繪”字樣，鈐“乾隆御覽之寶”印。

國家圖書館　名錄08041

**牙魯藏布江圖** 清康熙（1662–1722）彩繪本

“牙魯藏布江”即“雅魯藏布江”。圖中繪有經緯網，以通過北京的經綫為中經綫。水系、山脈繪畫精細，字跡工整清晰。

國家圖書館　名錄08055

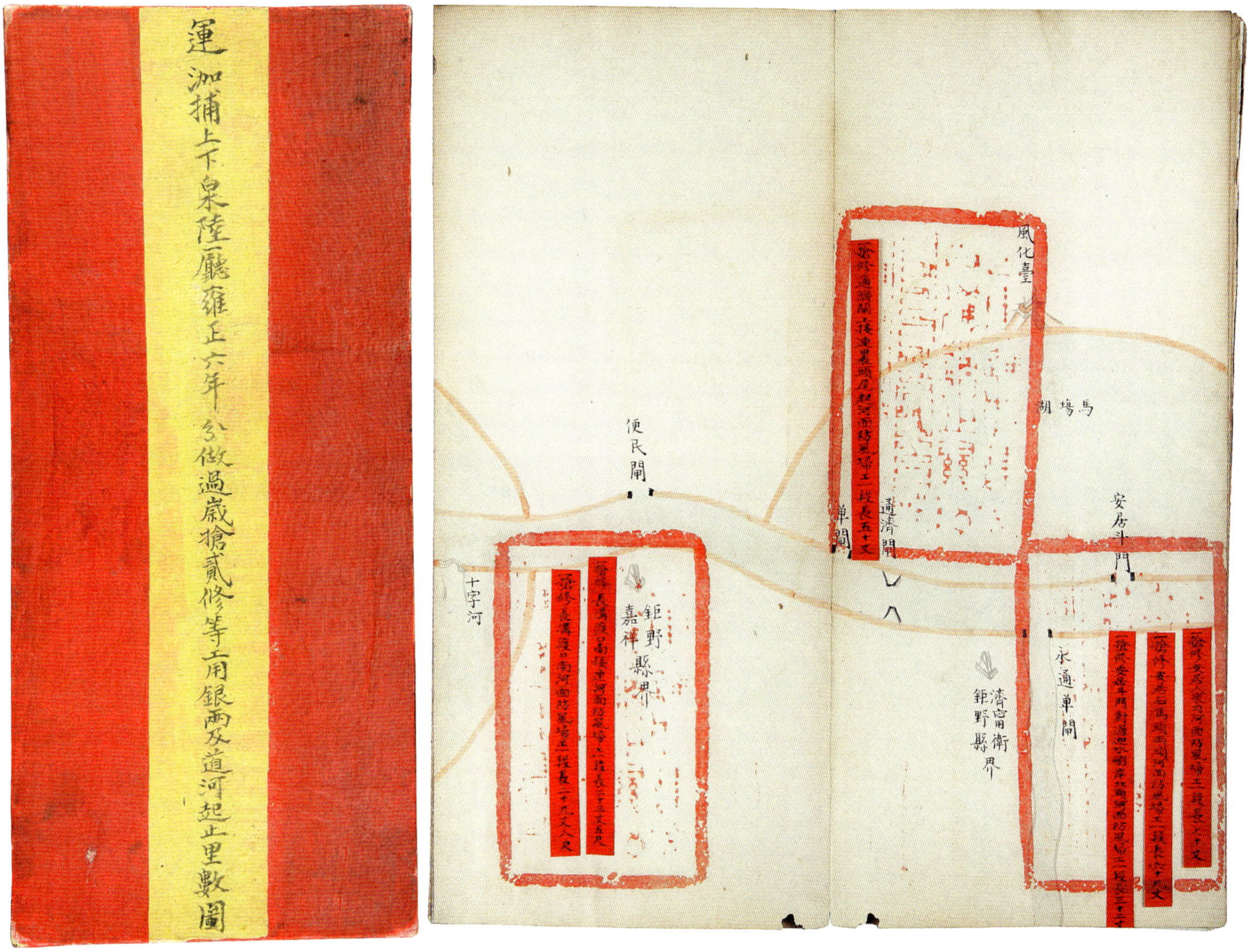


**山東運河河工圖**　清雍正六年（1728）彩繪本

封面題“運泇捕上下泉陸廳雍正六年分做過歲搶貳修等工用銀兩及道河起止里數圖”，圖的方位為右南左北，圖中標注了沿河各閘及水口名稱、位置。

國家圖書館　名錄08062

**西湖行宫圖**　清乾隆（1736–1795）彩繪本

用鳥瞰圖的形式描繪乾隆帝南巡時，遊覽西湖各處行宫、十八景的綫路及各景點間的具體里程。

國家圖書館　名録08065

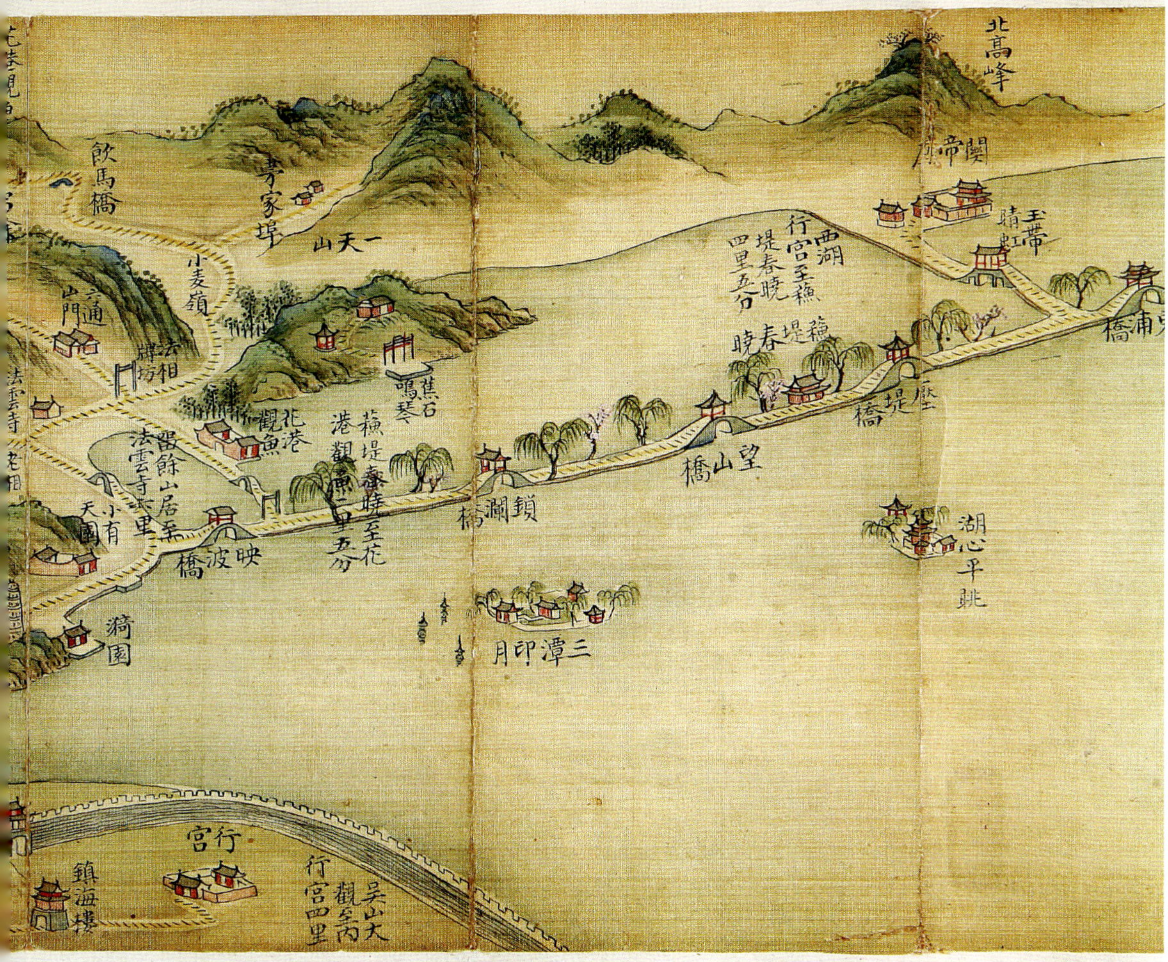
北高峰
關帝廟
玉帶晴虹
西湖行宫至蘇堤春曉四里五分
蘇堤春曉
壓堤橋
望山橋
鎖瀾橋
映波橋
三潭印月
湖心平眺
飲馬橋
一天山
小麦嶺
行宫
鎮海樓

**廣東沿海圖**　清初彩繪本

採用形象畫法，詳細繪出了廣東沿海島嶼、口岸、城鎮、古跡，並標注守衛駐兵和船隻數量，是研究清代海防和海岸綫變化的重要資料。

國家圖書館　名錄08067

**江南水利河道地形水勢修防圖說**　（清）汪德編繪　清乾隆四年（1739）絹地彩繪本

內有江南水利河道圖1幅，圖說22頁。圖中淮安府以南、運河東西兩岸河湖水系繪畫較詳細。

國家圖書館　名錄08071

# 拓本與鈐印本

我國石刻歷史悠久，品種繁多，數量巨大，内容宏富，爲政治、經濟、軍事、歷史、宗教、農業、醫學、藝術、建築、天文地理以及水文水利等學科的研究保存了豐富可靠的資料，構成了簡帛與紙本文獻之外的第三大門類——石刻文獻。而保存石刻文獻的傳統方法就是傳拓。

傳拓，亦稱捶拓，就是用紙和墨從鑄刻的器物上捶印出其文字或圖案。它產生於南北朝，成長於唐代，極盛於宋元明清，是中國古代的重要發明之一，沿用至今。

傳拓的方法有撲拓和擦拓。拓本按墨色分，有又黑又亮的烏金拓、又匀又淡的蟬翼拓、濃淡墨相間的鑲拓以及朱拓、藍拓、彩拓等。還有始於清乾嘉年間（1736–1820）主要用以對青銅器進行傳拓的全形拓。

第三次國家珍貴古籍名録共入選碑帖拓本九種，均是歷經成百上千年的磨難而流傳於世的頂級珍品。包括宋拓本《絳帖》、《靈巖寺宋賢題詩題名集拓》、《晉唐小楷四種》、《十七帖》四種，明拓本《史晨前後碑》、《禮器碑》、肅府本《淳化閣帖》、水前本《瘞鶴銘》四種，清道光年間（1821–1850）初拓本《董美人墓誌》一種。

鈐印即蓋印，後人將一人或多人所刻所用所藏的各種印章鈐蓋彙集成冊，是謂印譜，亦稱印存、印集、印舉，不但具有較高的藝術價值，還具有重要的學術價值，它為歷史地理、職官制度、古文字及藝術史研究提供了寶貴資料。第三次國家珍貴古籍名録收入鈐印本古籍十二種，《宣和集古印史》和《學山堂印譜》爲其中精品。

大丞相文定公
巖詩
靈巖山勢異
景難形容影

**絳帖二十卷**　（宋）潘師旦摹　北宋皇祐至嘉祐年間（1049–1063）刻石　宋拓本　畢沅題簽　莫是龍 朱鼎榮題跋

《絳帖》爲《淳化閣帖》譜系之一，凡二十卷，彙刻歷代名家法書，在宋刻法帖中尤爲著名。原石拓本傳世極少，此本雖僅存二卷，但墨色濃鬱，字跡鋒豪畢露，舊錦裝裱，鈐印累累。

天津博物館　名錄07141

**十七帖**　（晉）王羲之書　南宋拓本　許松如題簽並題跋

《十七帖》是王羲之草书代表作，風格冲和典雅，中正平和，因卷首有“十七”二字而得名。此本爲“敕”字本，刻拓精良，紙墨古雅，經名家遞藏，鈐印累累。

中國文化遺產研究院　名録07143

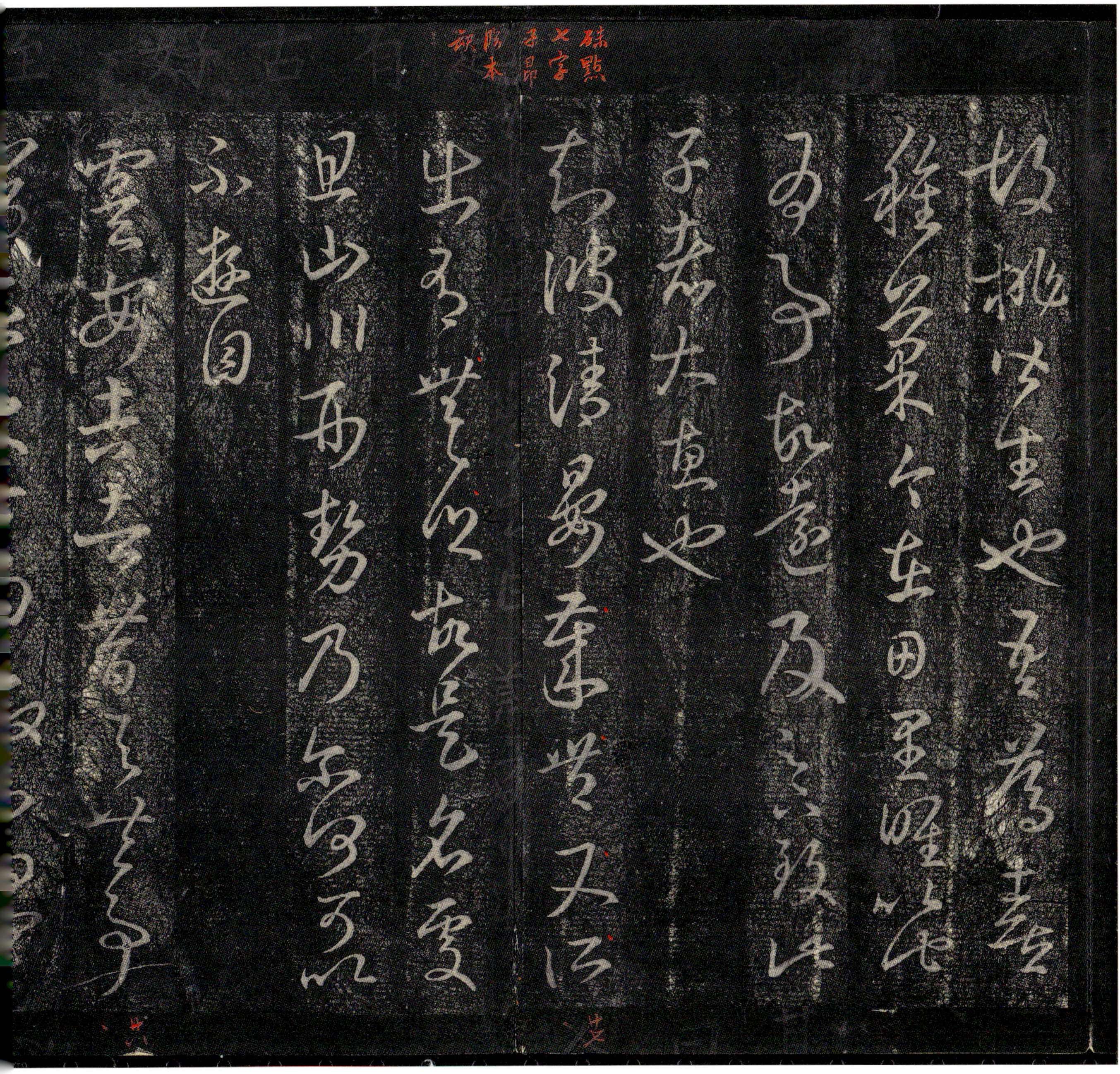
硃點七字子昂臨本誤

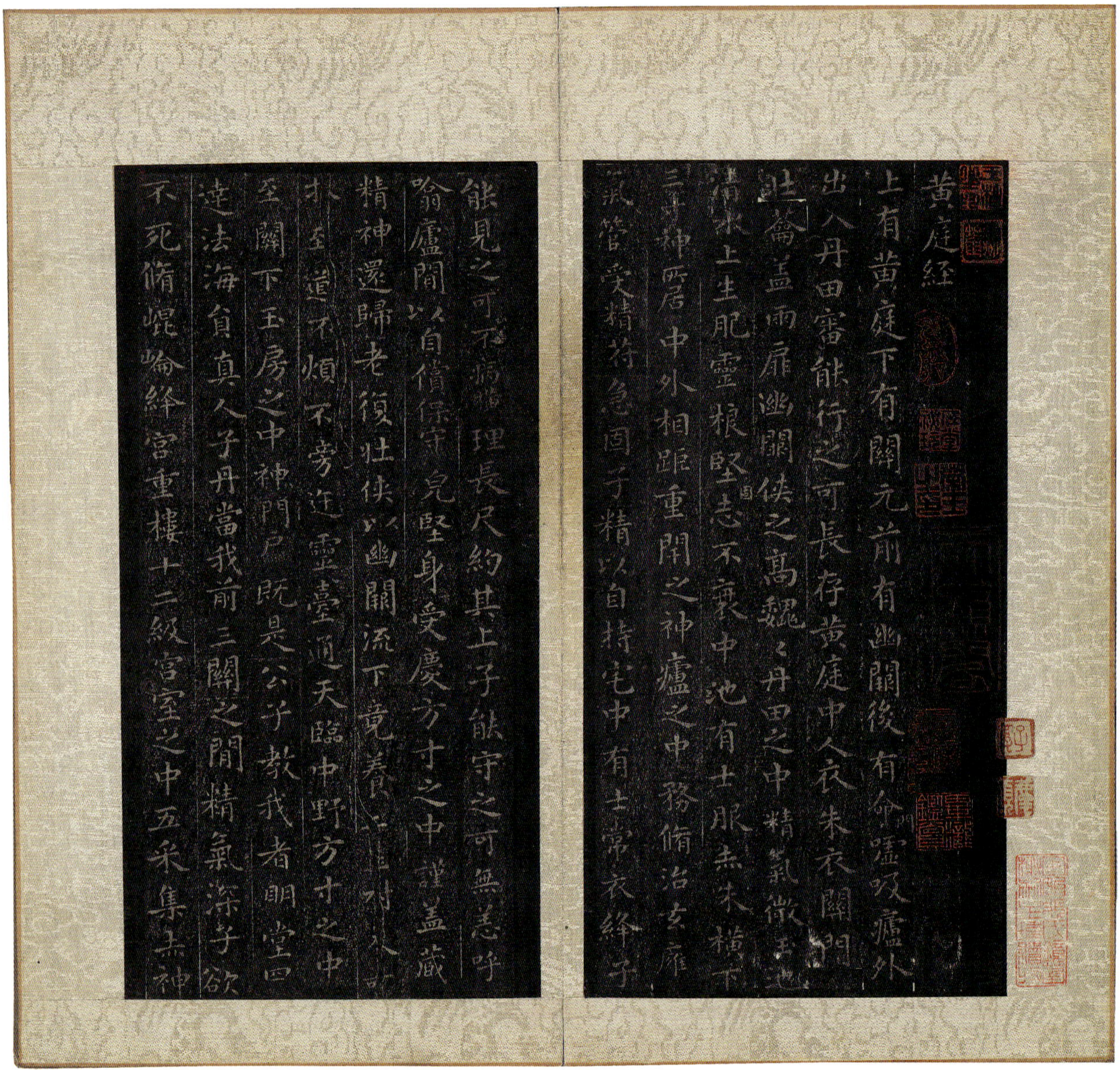

**晉唐小楷四種**　（晉）王羲之　（唐）顏真卿等書　南宋拓本　趙世駿題簽　張瑋題跋　朱益藩　陳寶琛觀款

收晉唐小楷《黄庭經》、《心經》及兩種《護命經》，經明項元汴天籟閣，清皇五子永琪、張瑋、陳伯達等遞藏。拓本紙墨古舊，流傳有緒。

中國文化遺產研究院　名錄07142

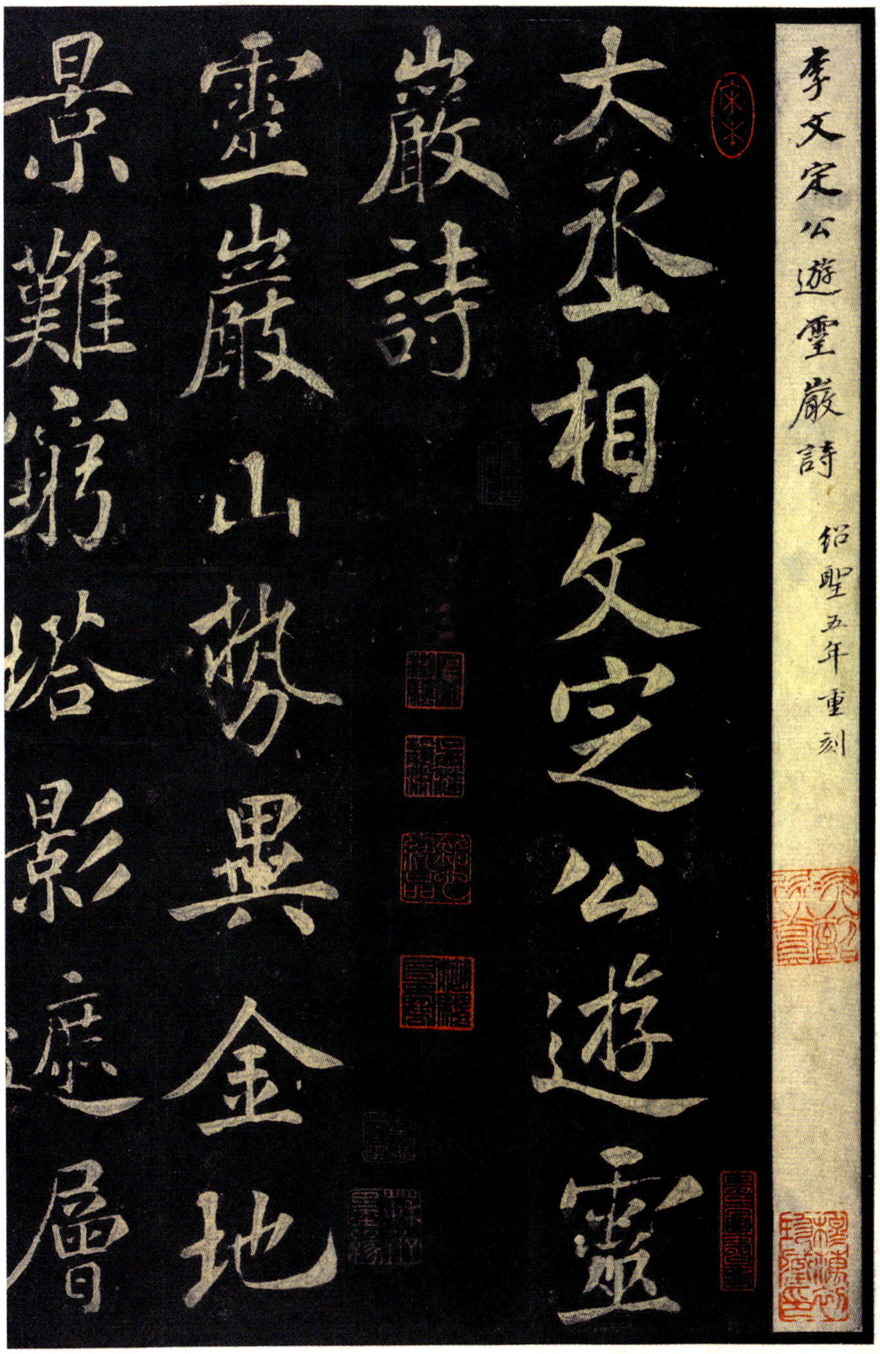


**靈巖寺宋賢題詩題名集拓**　（宋）李迪等撰文　北宋天聖六年（1028）至政和五年（1115）之間刻　宋拓本　葉恭綽題端　陳承修　方還　穆湘玥　吴湖帆題跋

收李迪、滕涉、王廉淵、范知章、鮮于侁、王臨、劉槩、梁彦深、趙子明等靈巖寺題詩題名凡九條。吴湖帆、陳承修等遞藏。

南京圖書館　名録07226

**史晨前後碑**　東漢建寧二年（169）刻石　明拓本　趙烈文題簽　顧曾壽吳雲　趙烈文題跋

漢碑名品，端莊凝重，有裝飾意趣。此本"秋"字完好，"家"字未損、"穀"字尚可見，为明拓精本。經顧曾壽、吳雲、蒯光典、趙烈文等遞藏，藏印累累。

中國文化遺産研究院　名錄07784

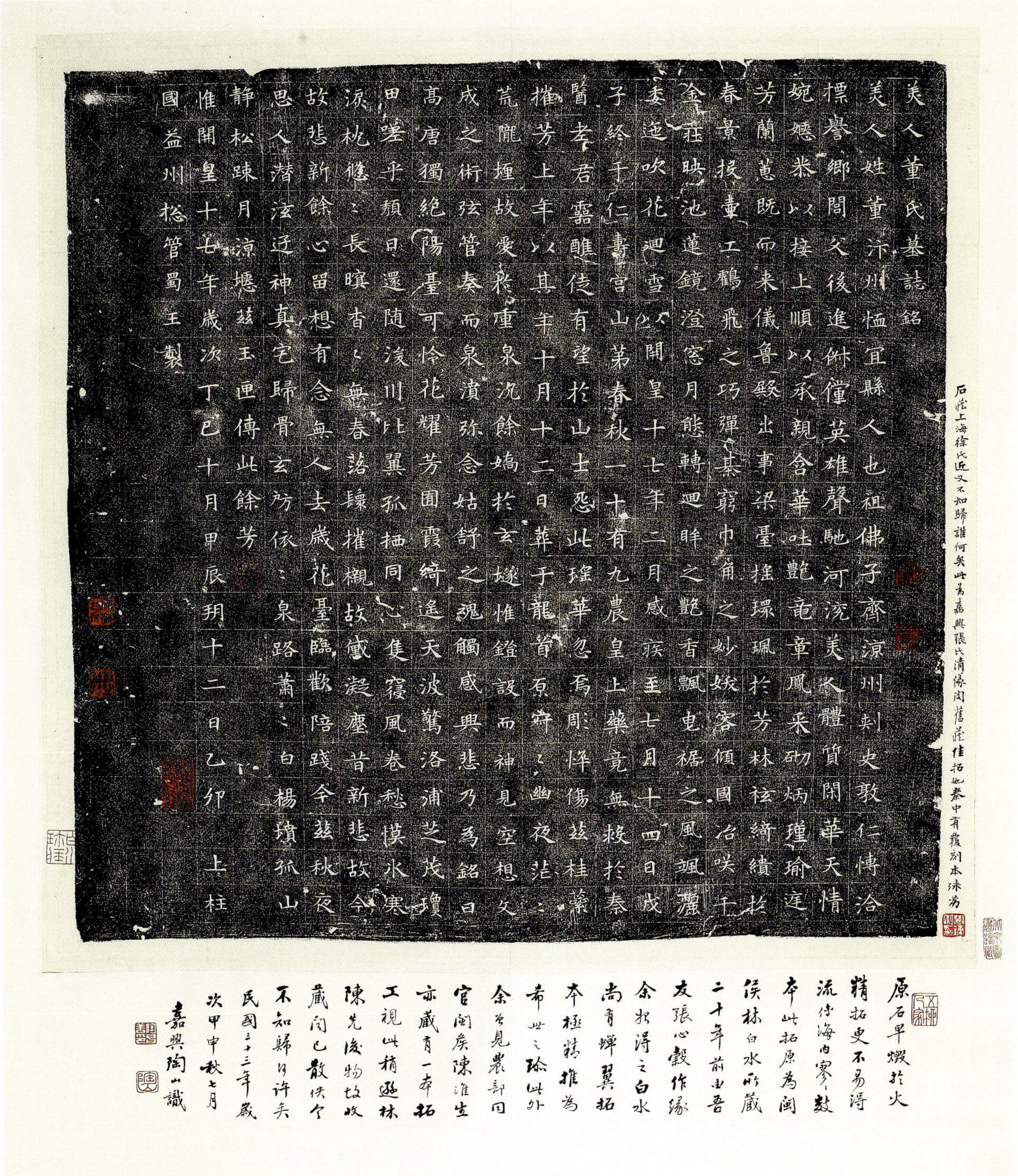

**董美人墓誌**　（隋）楊秀撰文　隋開皇十七年（597）十月十二日製　清道光（1821–1850）初拓本　伊立勳題簽　張廷濟　沈樹鏞　陶山題跋

誌石清道光年間出土於陝西西安，咸豐三年（1853）毀於兵燹。二十一行，行二十三字。此本爲出土初拓本，經張廷濟、林白水、陶山等遞藏。

國家圖書館　名錄07884

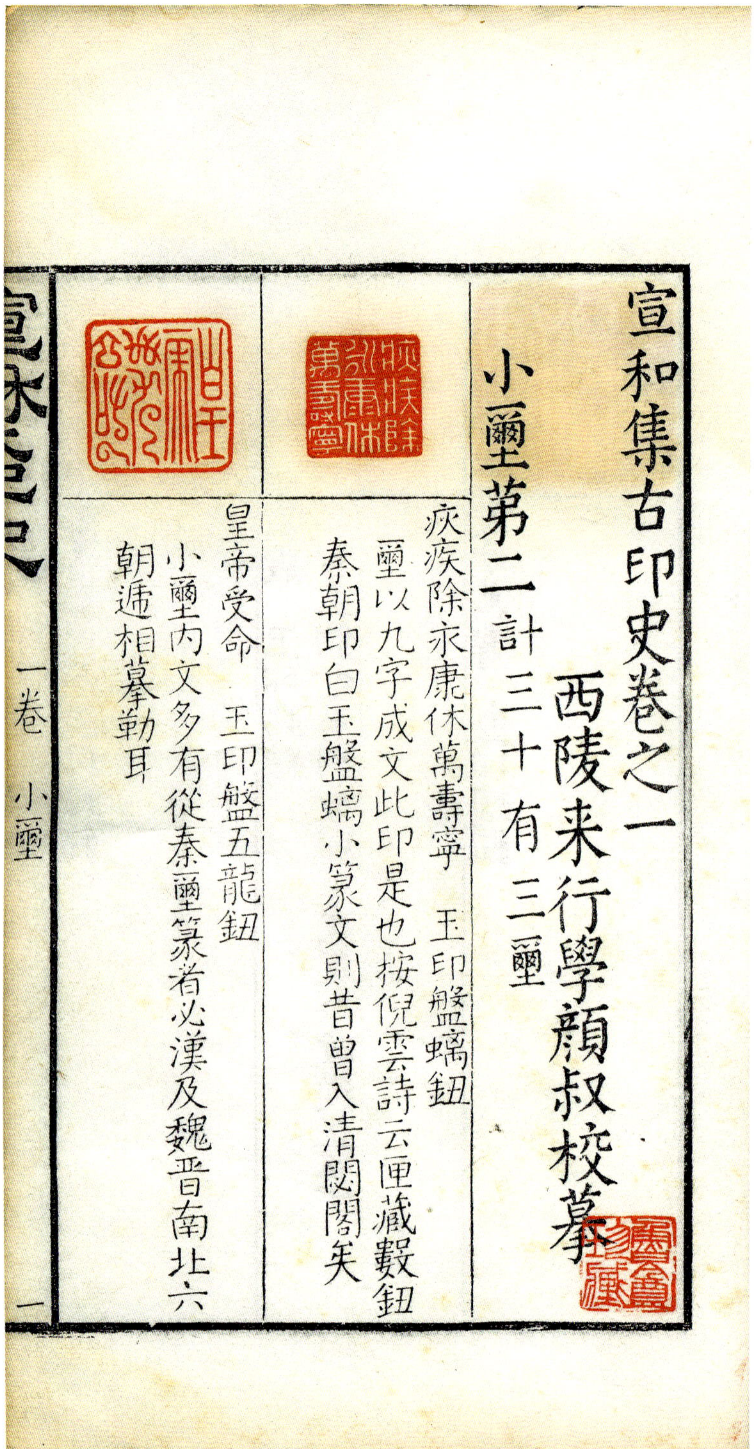

宣和集古印史卷之一

西陵来行學顏叔校摹

小璽第二　計三十有三璽

疢疾除永康休萬壽寧　玉印盤螭鈕

璽以九字成文此印是也按倪雲詩云匣藏數鈕

秦朝印白玉盤螭小篆文則昔曾入清閟閣矣

皇帝受命　玉印盤五龍鈕

小璽內文多有從秦璽篆者必漢及魏晉南北六

朝遞相摹勒耳

宣和集古印史　一卷　小璽　一

**宣和集古印史八卷**　（明）來行學輯　明萬曆二十四年（1596）來氏寶印齋刻鈐印本

又名《宣和印史》，來行學摹刻，共八冊，按時代排列歷代官私印信凡一千五百七十三品，每品皆有釋文。鈐“魯盦珍藏”、“望雲草堂所藏”、“慈溪張魯庵珍藏書畫金石文字” 等印。

西泠印社　名錄08172

**禮器碑**　東漢永壽二年（156）刻石　明拓本　周大烈題簽並題跋

又名《魯相韓勑造孔廟禮器碑》，漢碑名品，瘦勁剛健，古雅飄逸。此本“于”字與“二”字石花未連，梁啓超舊藏。

中國文化遺產研究院　名錄08465

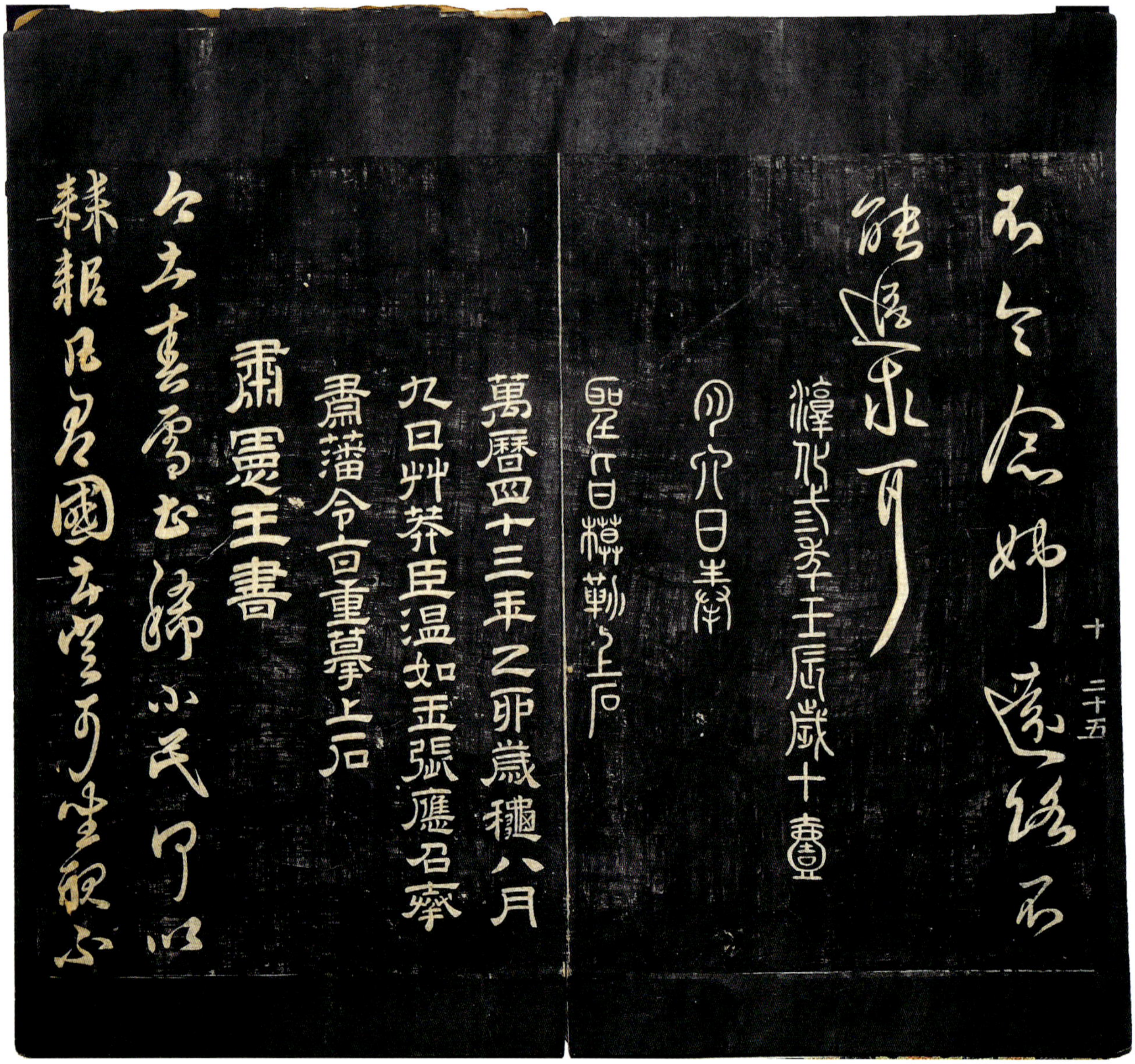


**淳化閣帖十卷**　（明）溫如玉 張應召摹　明萬曆四十三至天啓二年（1615–1622）刻石　初拓本

肅府本《淳化閣帖》是現存時代早、底本善、摹刻精的一種。原石今存甘肅省博物館。此本傳拓精緻，字體傳神，逼近祖帖，且保存完整，爲世罕見。

甘肅省博物館　名録08468

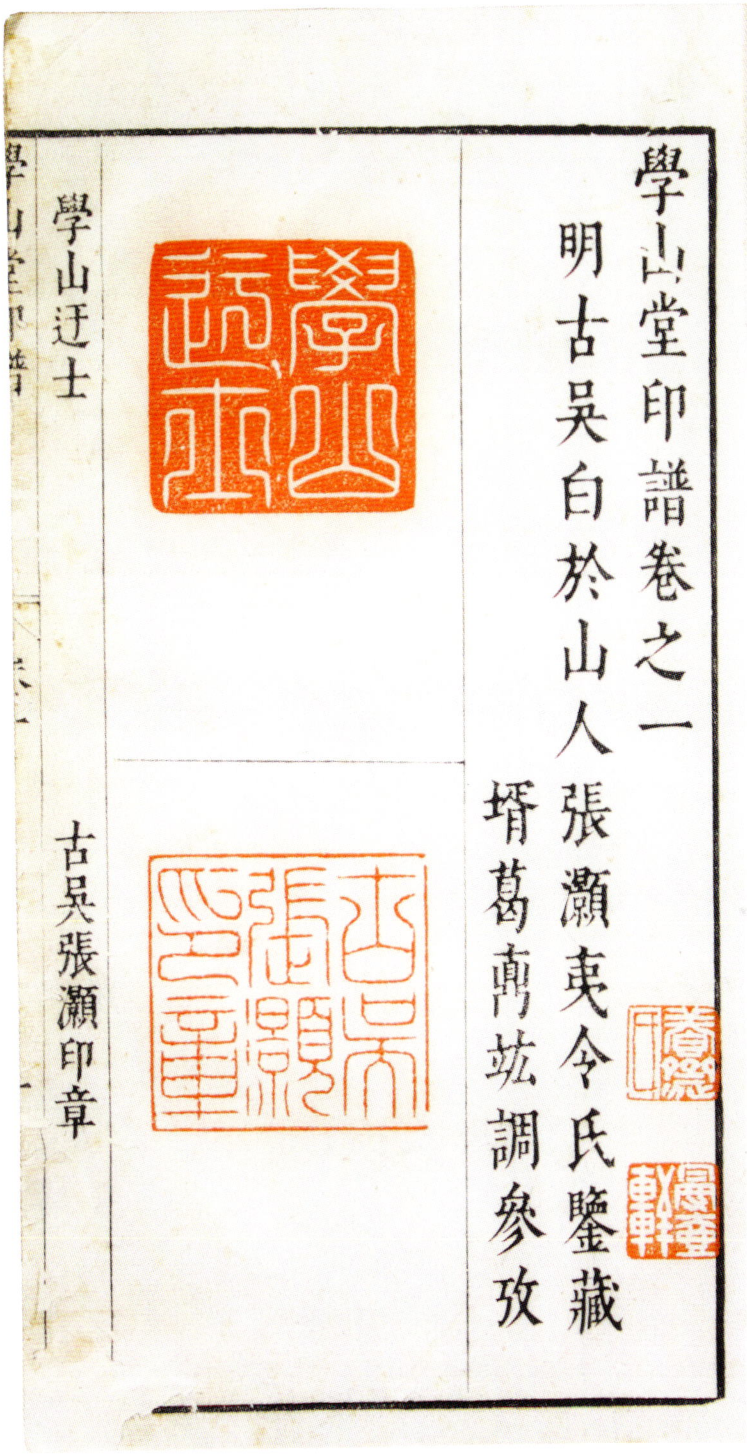


**學山堂印譜八卷附學山記一卷學山紀遊一卷學山題詠一卷**　（明）張灝輯　明崇禎六年（1633）鈐印本

爲“三堂（賴古堂、飛鴻堂、學山堂）”印譜之一，張灝“遍取古今人微言雋句”，遍邀當世名手刻製而成。此本爲重輯本，原印精拓，殷朱濃墨，神采煥然。鈐“元浩家藏”、“守高室”等印。

廣東省佛山市圖書館　名錄08475

**瘞鶴銘**　（南朝梁）華陽真逸撰文　（南朝梁）上皇山樵正書　南朝梁天監十三年（514）刻石　明末水前拓本　何紹基題簽　宋小坡題簽

石原在江蘇省鎮江市焦山西麓，後墜入江中，碎爲五塊，夏季水漲石沒，必候枯水期至，水落石出方能傳拓，故世以水前拓本爲重。此本存二十九字，“遂”、“吾”二字完好。

國家圖書館　名錄08681

# 少數民族文字文獻

中國是多民族國家，各民族共同創造了燦爛輝煌的多元文化，極大豐富了祖國文化遺産寶庫。各民族在不同的歷史時期創製了本民族文字，這些少數民族文字在各歷史時期，對該民族的文化發展産生了深刻影響。據不完全統計，中國境内民族古文字近三十種，其中不少文字使用時期較早，如焉耆—龜茲文、于闐文、粟特文、回鶻文、蒙古文、傣文、彝文、東巴文、古壯字等，均有悠久的歷史，形成了大量民族文獻。這些少數民族文獻作爲記録和傳承民族傳統文化的重要載體，是中華文化遺産寶庫中的瑰寶，具有重要的文物、文獻、文字價值。國務院公佈的第三批《國家珍貴古籍名録》中，入選的少數民族文字古籍共涉及13個文種，246部。涉及地區廣泛，參與單位衆多，例如新疆、廣西、寧夏、西藏四個自治區以及雲南、貴州、青海、甘肅等省的少數民族地區相關單位都參與了申報工作。本次名録新增了粟特文文種。在入選的東巴文古籍中有一部東巴文與哥巴文混用的經書，其哥巴文的字體極具藝術特色。另外還有多種少數民族文字合璧的古籍。透過這些文獻，我們可以看到歷史上各民族文化的繁榮與輝煌，以及各民族間的學習與融合。海納百川，有容爲大。少數民族文化與漢文化交匯，成爲有機整體，中華文化因之生生不息，綿延不絕。

# 于闐文

于闐，古代和田，位於塔里木盆地南沿，唐代安西四鎮之一，居民爲塞種人，所操語言屬印歐語系伊朗語族東伊朗語支東南語組的于闐塞語。于闐文源於印度婆羅謎字母笈多王朝字體的音節文字，流行於5–10世紀。早期出土于闐文文獻多爲外國探險家所得，近年出土的于闐文文獻除《金光明經》殘片等紙質文獻外，還有若干木牘、木簡。

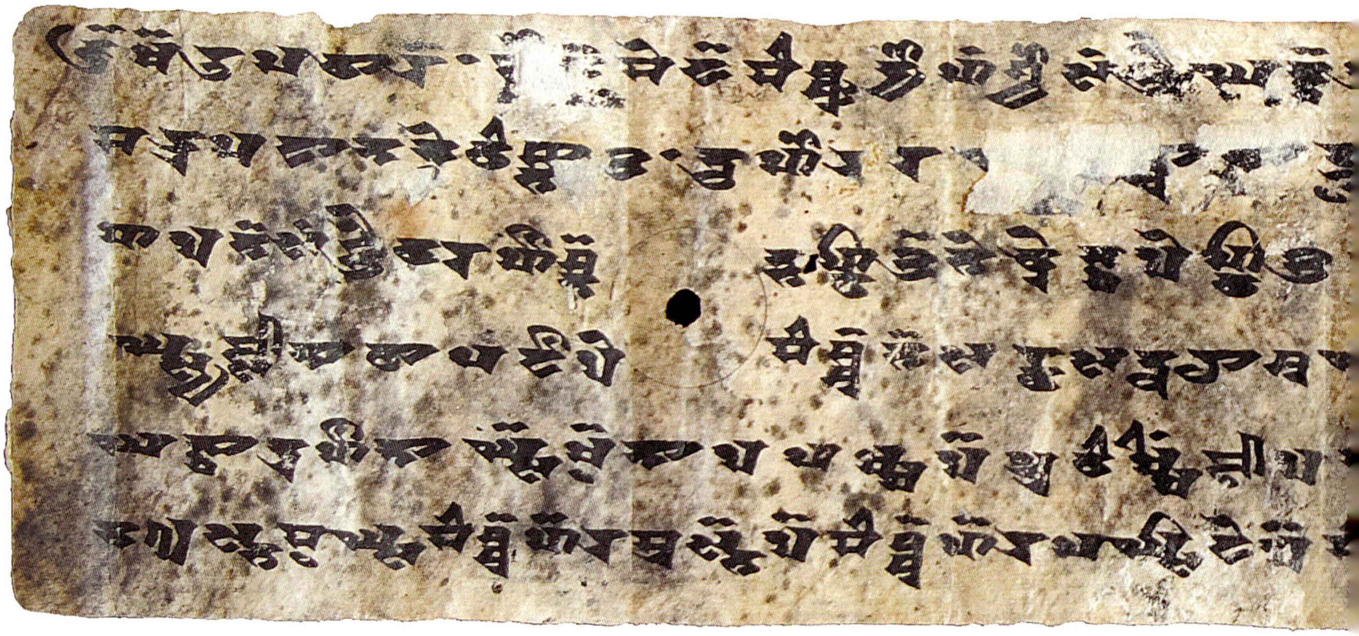

**金光明經散脂品**　8–9世紀寫本

和田出土。《金光明經》有多種文字譯本，除漢文本外，還有于闐文、藏文、回鶻文、西夏文、蒙古文和滿文本。本件爲國內所存于闐文典籍中較爲完整者。

國家圖書館　名録09612

# 粟特文

粟特人是隋唐時期活躍於古代阿姆河—錫爾河流域的東伊朗族人，所操語言爲印歐語系伊朗語族。粟特文，又稱窣利文，曾流行於中亞及中國西北部，其字母來源於敘利亞的阿拉米字母，有摩尼體、佛經體、古敘利亞體等三種。13世紀，蒙古族進入中亞後被廢棄。粟特文對回鶻文、蒙古文和滿文的產生有極大影響。傳世文獻有摩尼教、基督教、佛教經典和商業書信等，多藏於國外。

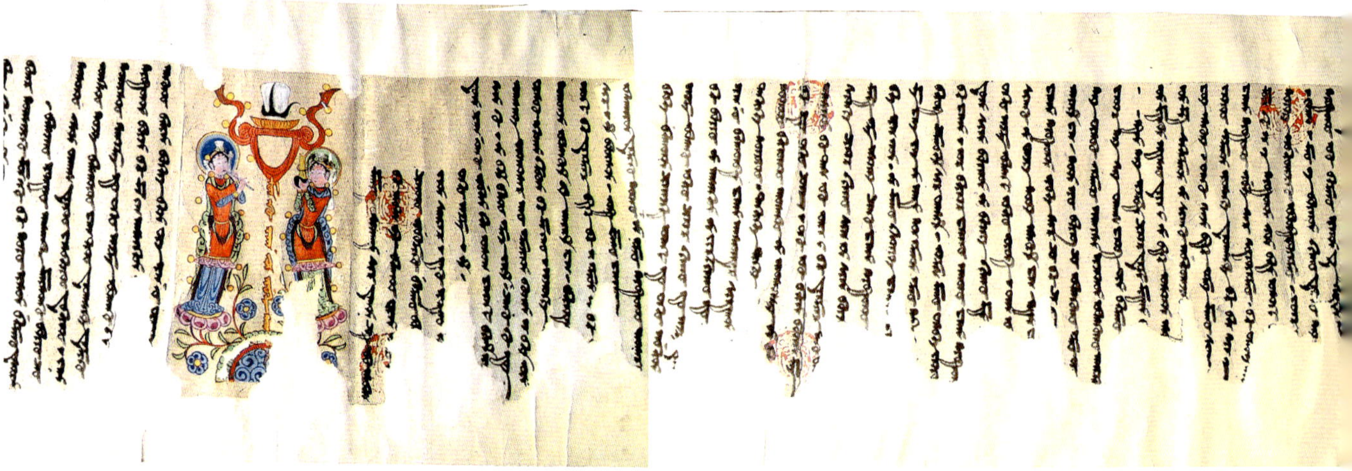

**粟特文書信** 9世紀中葉寫本

卷軸裝。1981年吐魯番柏孜克里克千佛洞出土。由9張紙粘貼連接而成，存粟特文135行，接縫處鈐有朱色印簽，中間有彩繪插圖一幅，金字標題一行。

吐魯番博物館　名錄09613

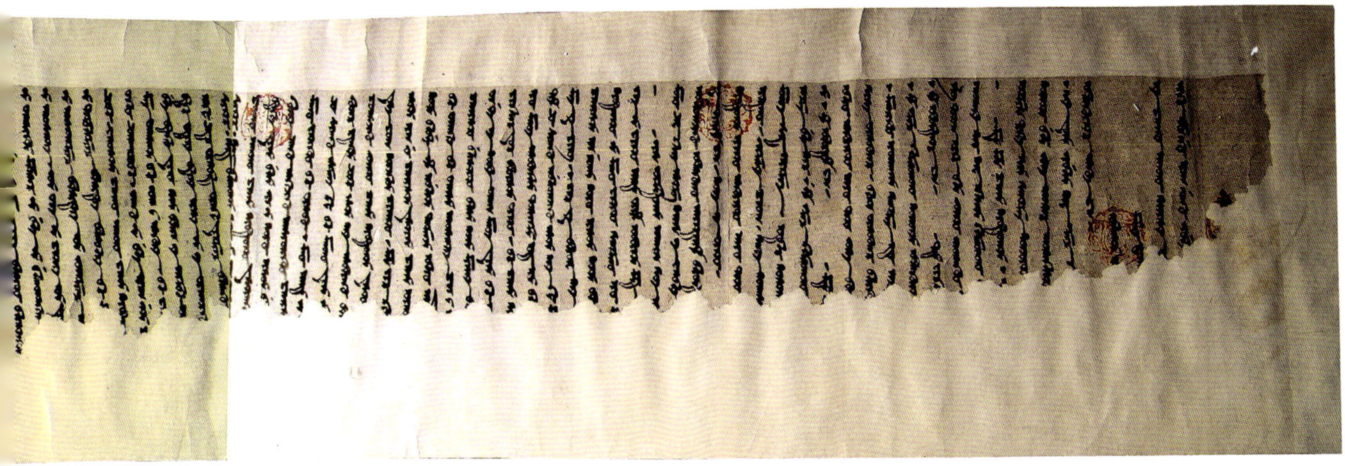

# 藏文

公元7世紀，吐蕃贊普松贊干布派遣大臣圖密桑布扎等十餘人到印度學習，參照梵文並結合藏語實際情況創製了藏文。歷史上藏文有過三次釐定，現行藏文基本於9世紀初的第二次釐定中形成。藏文文獻在現今民族文字古籍中數量最多，按時代可分爲吐蕃時期的古藏文文獻和13–19世紀的藏文文獻。吐蕃時期的文獻主要有四類：一是寫本，如敦煌寫卷；二是金石銘刻；三是簡牘；四是西夏時期刻本。歷代藏族學者撰寫和翻譯了大量藏文典籍，明清兩代在內地和藏區刻印和抄寫了種類宏富的藏文文獻。

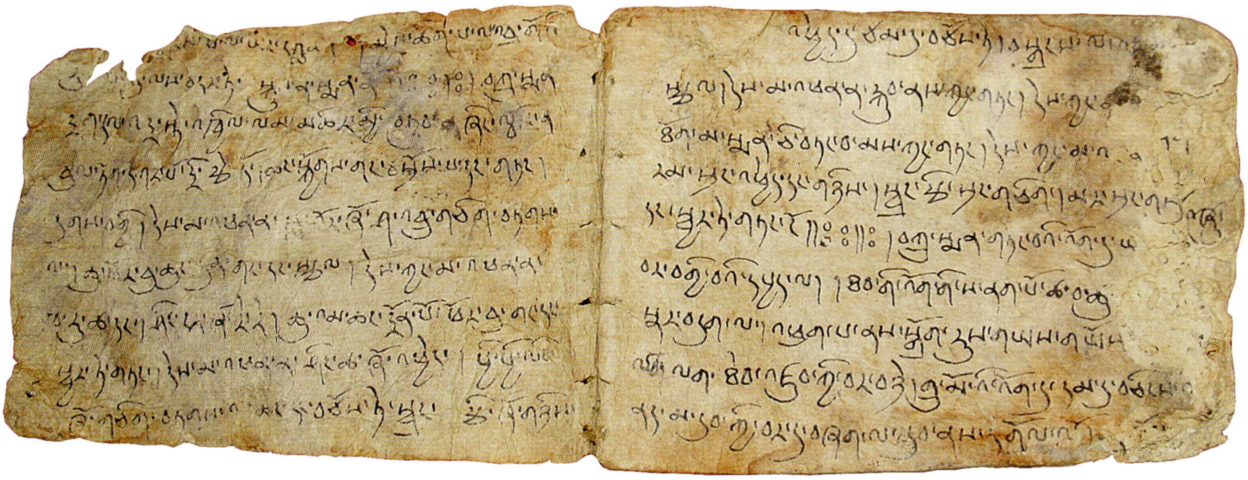

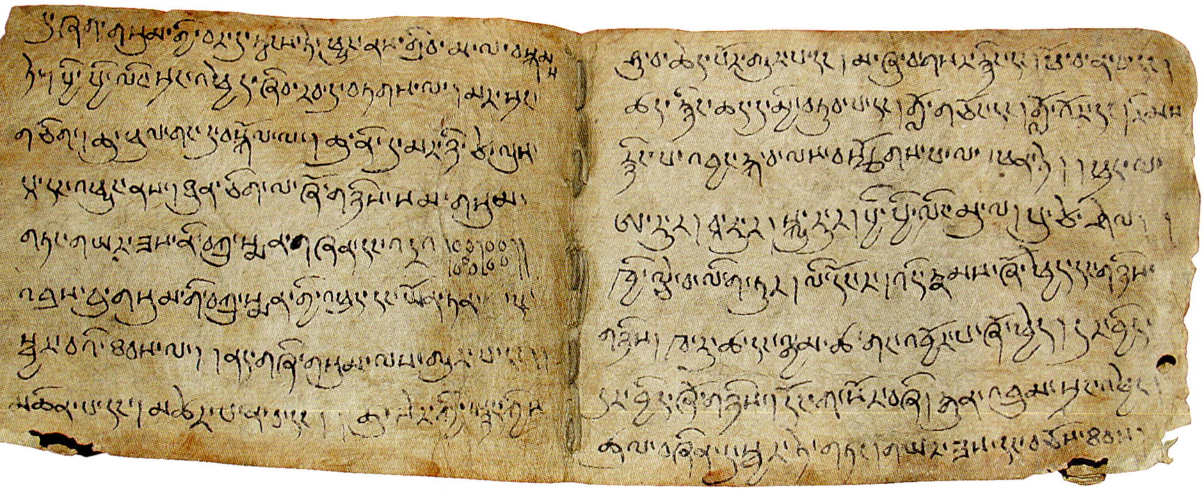

**苯教藏醫集**　9–10世紀寫本

吐蕃時期文獻，2006年發現於西藏山南蚌巴齊古塔寶瓶內，極具文獻、文物價值。存13葉。

西藏博物館　名錄09615

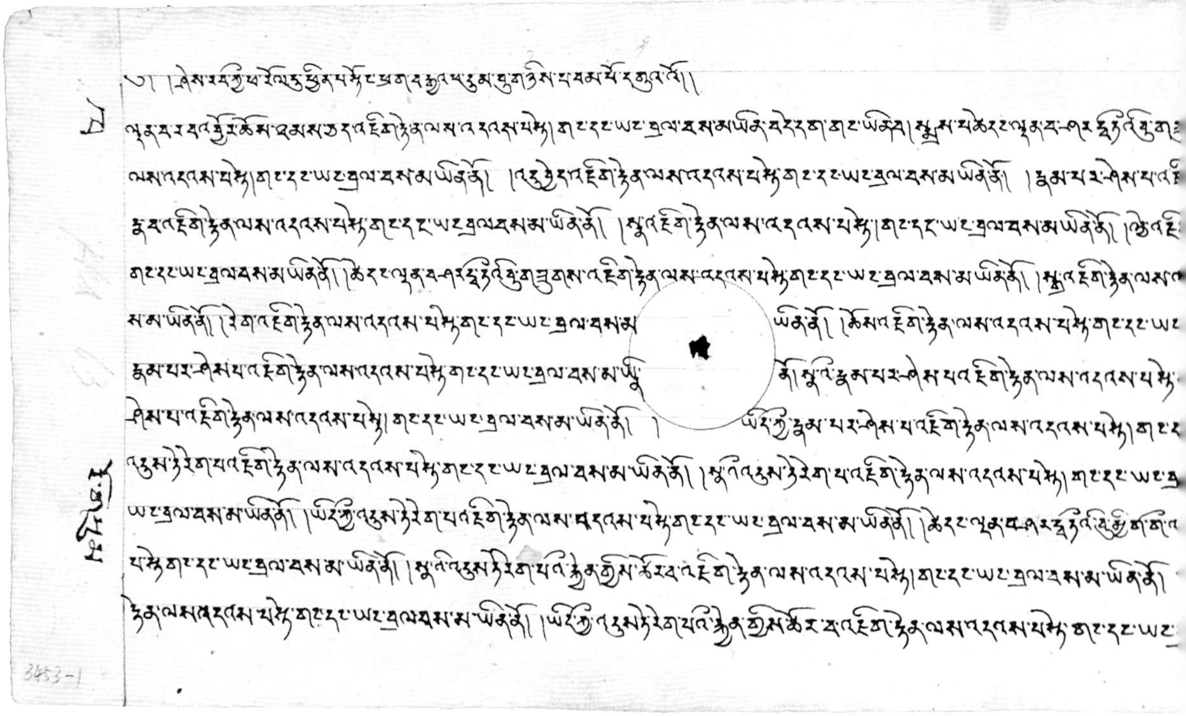

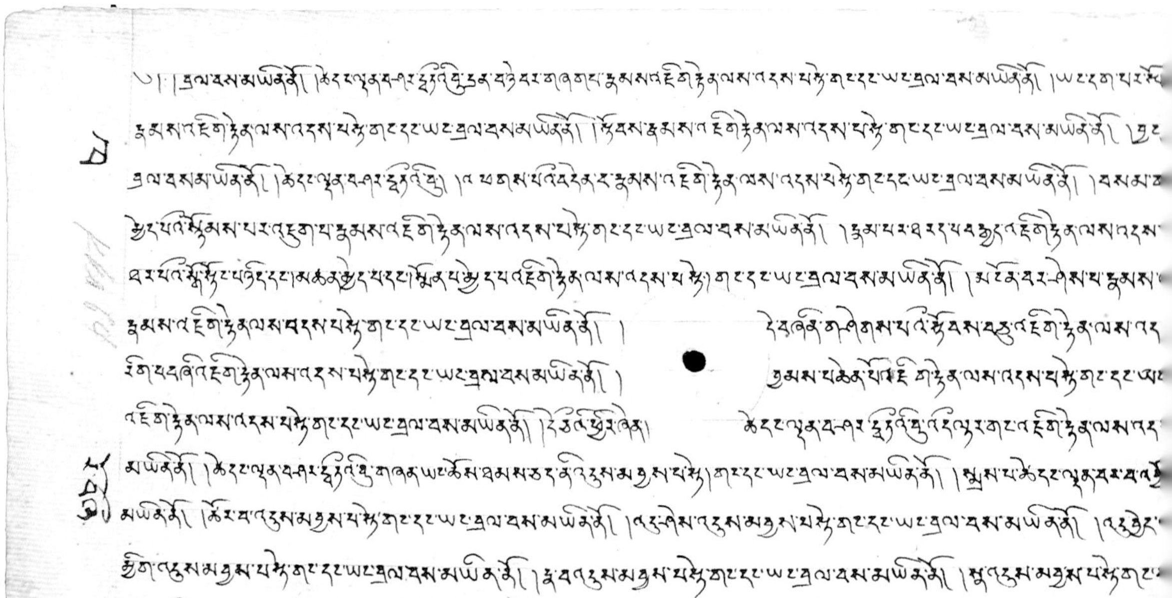

**般若波羅蜜多十萬頌第二卷第九、十品** 9–10世紀寫本

敦煌藏經洞出土的藏文寫經，有抄經、校經人題名。初校昂楚，即吐蕃贊普可黎可足王妃貝吉昂楚，與其師吐蕃教相貝吉雲丹長期駐錫敦煌，組織佛經的翻譯、抄寫。

敦煌市博物館　名錄09634

**阿底峽傳**　加尊追森格述　13世紀抄本

阿底峽（Atisa 982–1054），古印度僧人、佛學家，西藏佛教後弘期初入藏弘法，對西藏佛教在10世紀後重新復興發揮了巨大的作用。本傳成書於10–11世紀，內容翔實，文筆流暢。

西藏博物館　名錄09639

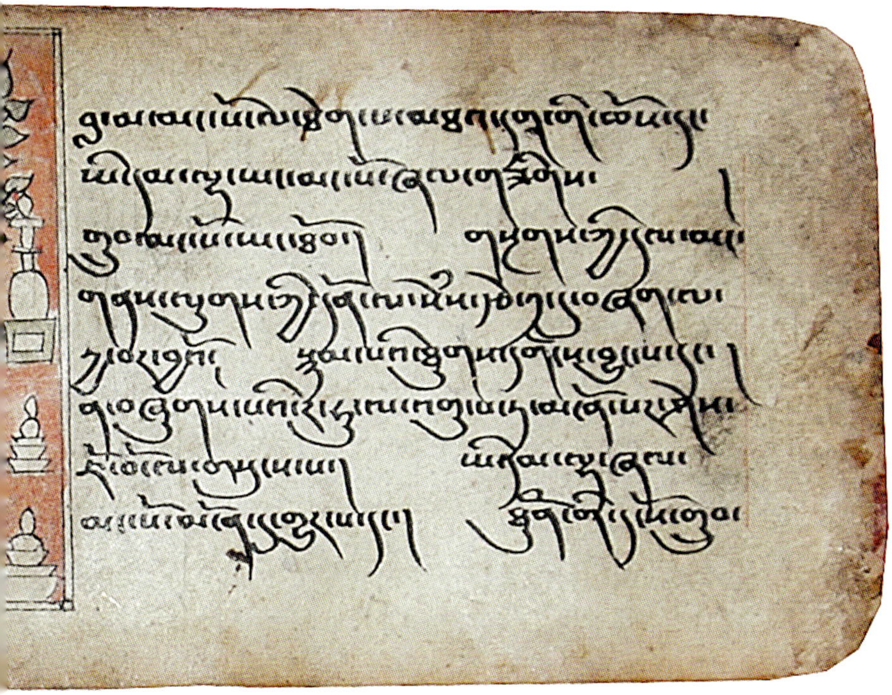

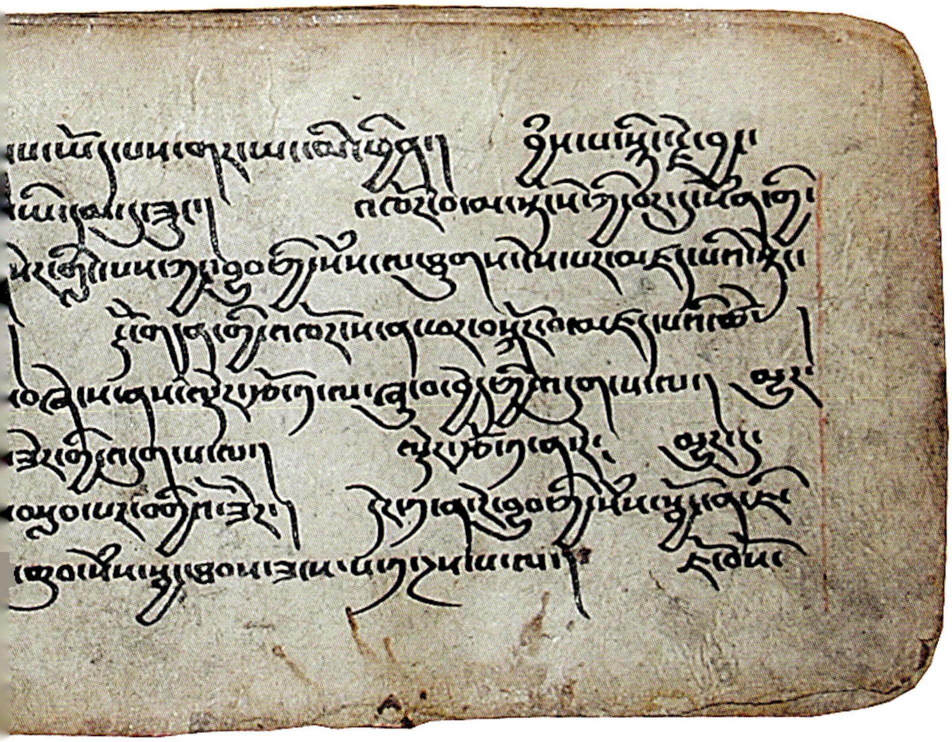

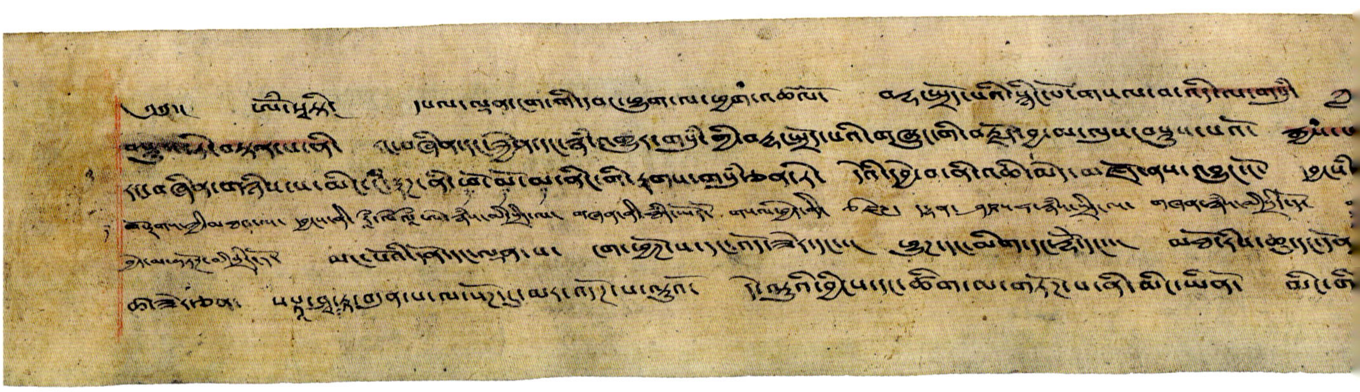

**語法心要釋**　（元）航譯師羅智丹巴撰　元後至元五年（1339）抄本

古梵文語法典籍之注釋，成書於藏曆第六繞迴土兔年（1339），完善了藏語文教課書中的梵文拼讀法。17世紀中葉甘丹寺舊藏。

中國民族圖書館　名錄09640

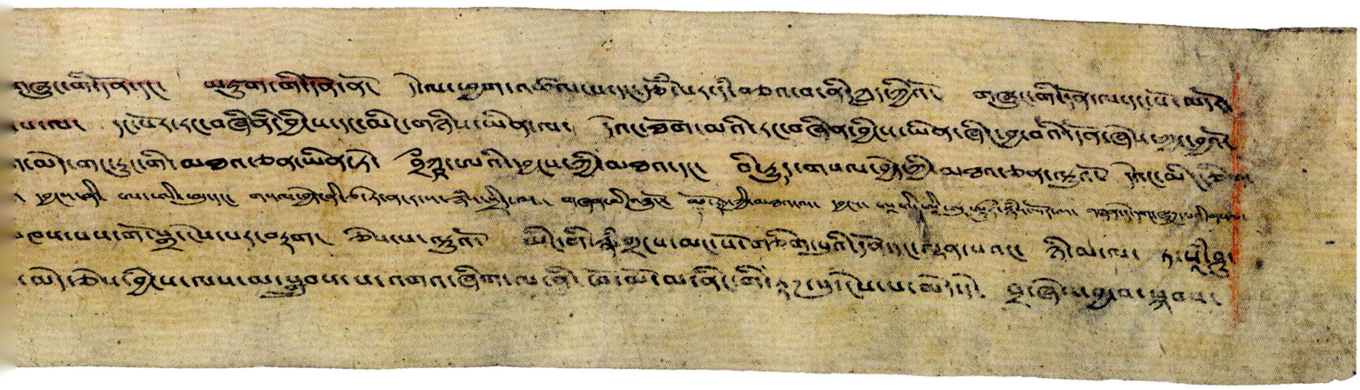

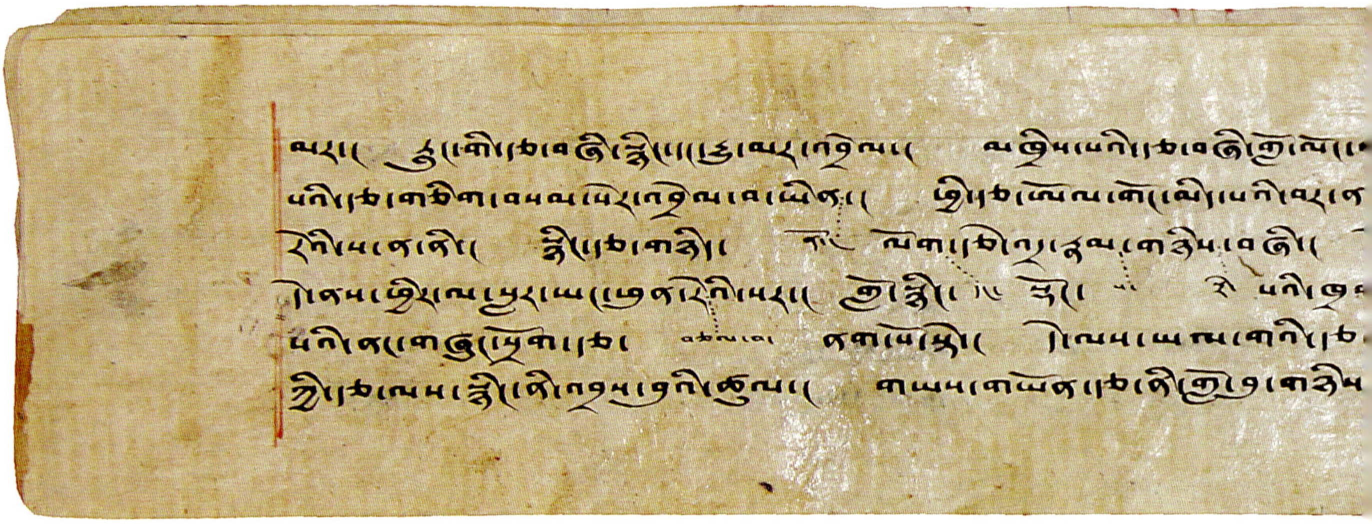

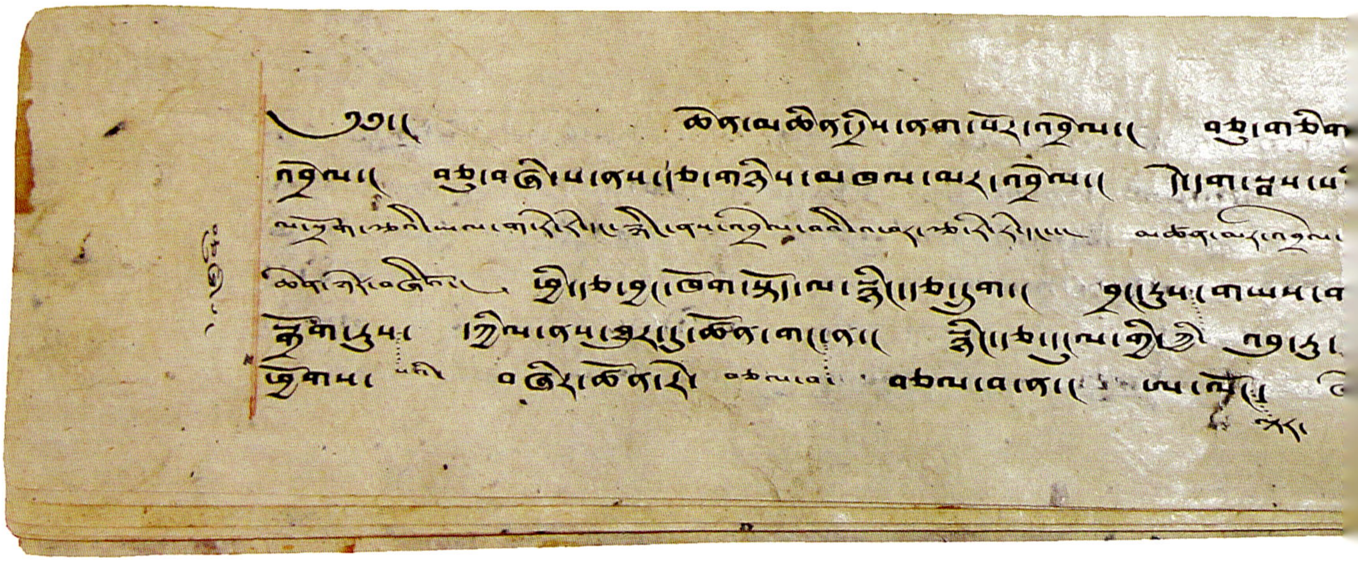

**藏醫人體軀位測定·藍琉璃之流** （明）昌狄·班丹措傑撰　明抄本

明代著名藏醫學家昌狄·班丹措傑的代表作。依人體軀位測圖法的基本理論，結合人體基本結構與解剖學，著重敘述了人體各部位的劃分。

西藏藏醫學院圖書館　名録09645

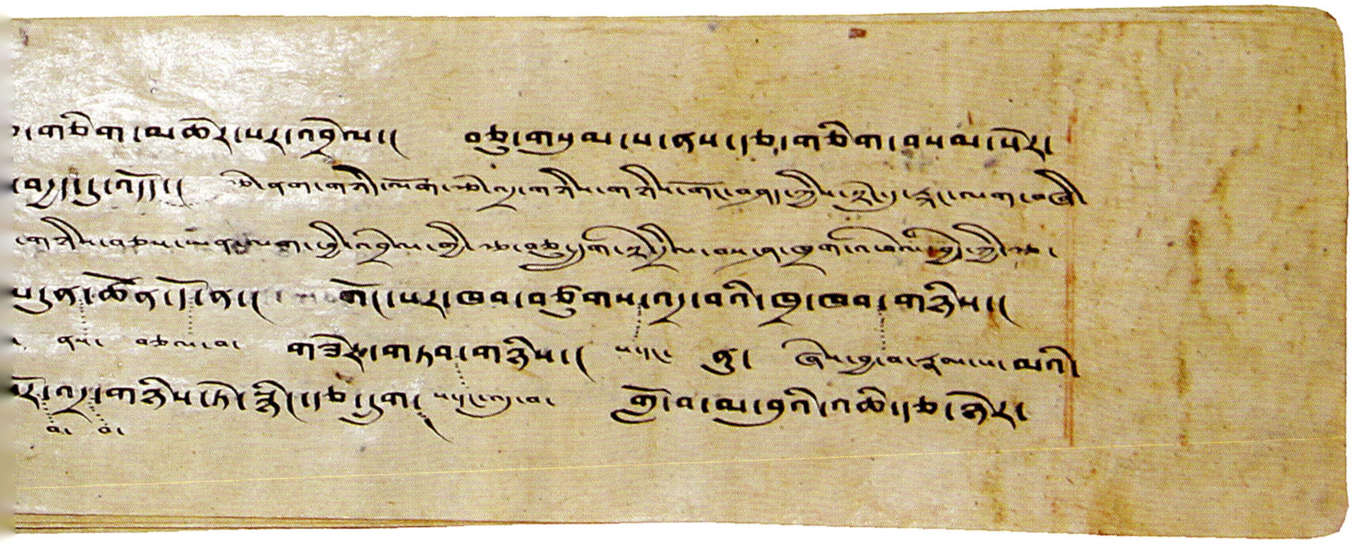

**五部遺教五卷**　明抄本

吐蕃王朝時期的斷代史，相傳成書於公元8世紀，爲鄔堅領巴於1285年在桑耶和協札兩地發掘蓮花生大師所藏五部"伏藏"，即《鬼神篇》、《國王篇》、《后妃篇》、《譯師篇》、《大臣篇》。全書記述從赤松德贊起歷代贊普的執政史。

青海省地方志編纂委員會辦公室謝佐　名錄09646

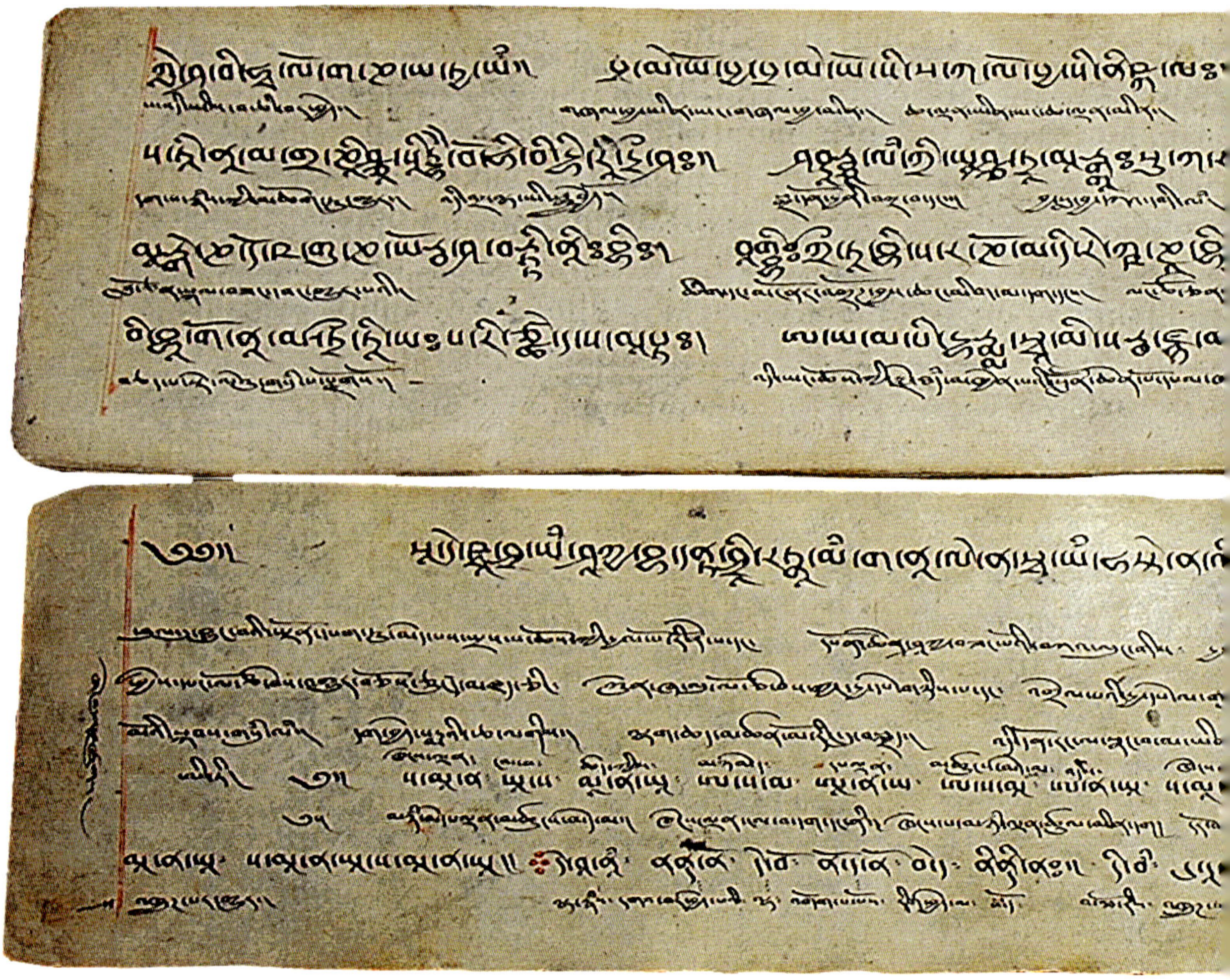

**詩鏡**　明末抄本

印度詩詞學理論典籍，成書於7世紀，元時由薩迦著名大譯師雄頓多吉堅參譯成藏文，成爲西藏詩詞學理論基礎。

西藏博物館　名錄09648

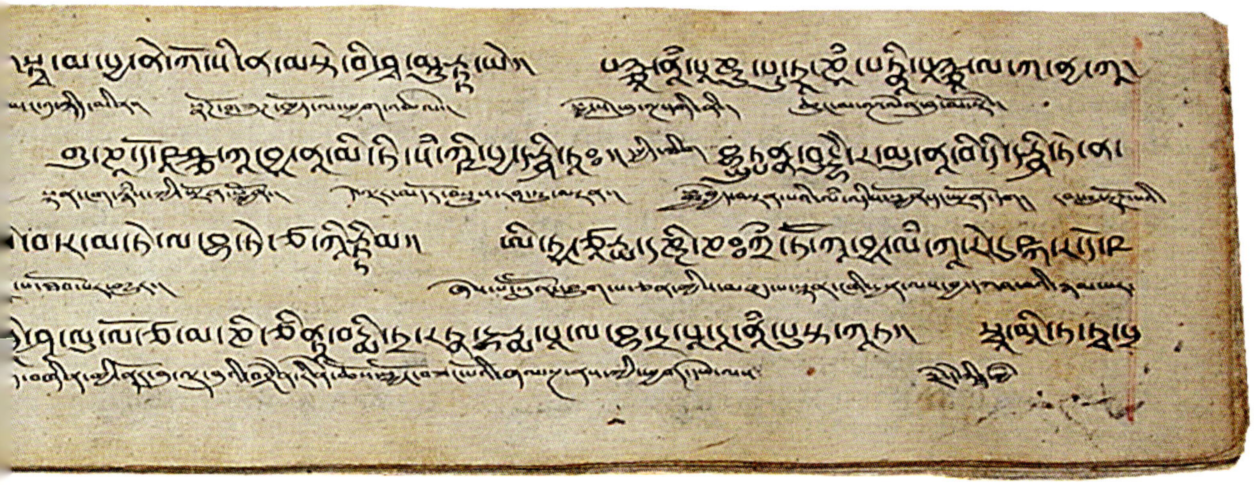

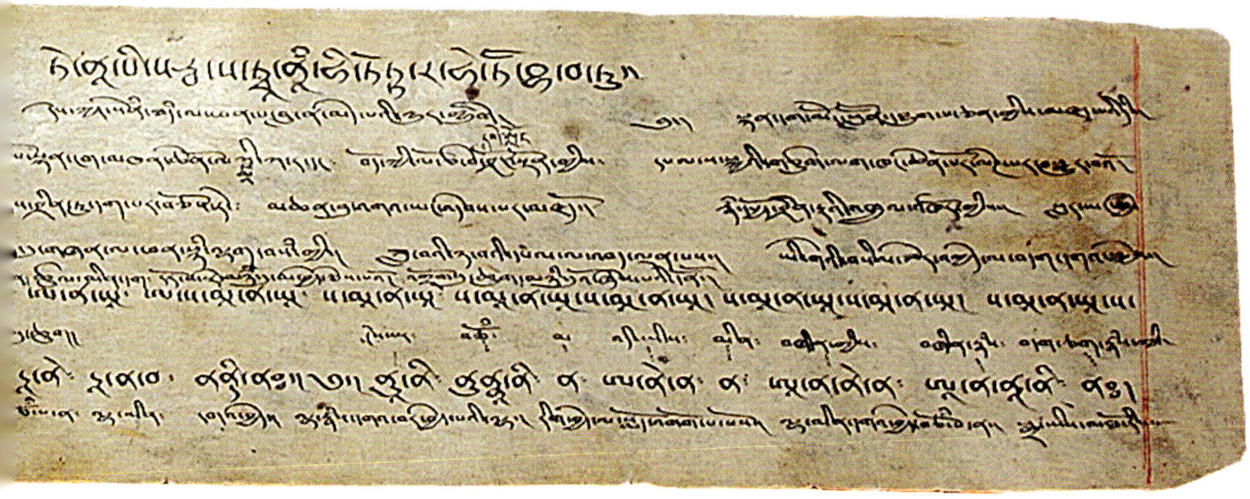

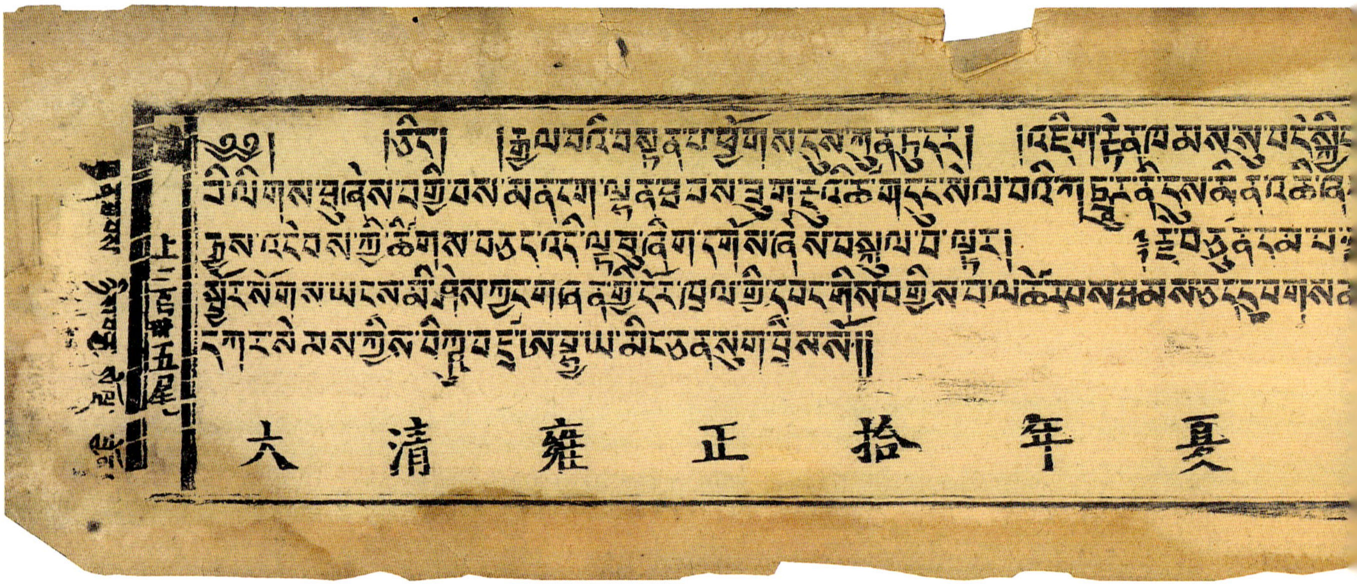


**秘訣醫典補遺**　（清）第司·桑傑嘉措撰　清雍正十年（1732）刻本

《四部醫典》成書於1610年，本書對《訣竅部》作了補遺，論述了100餘種疾病的病因和治療方法，共分一百三十三章。另有布達拉、甘丹寺等版本。

中國民族圖書館　名錄09653

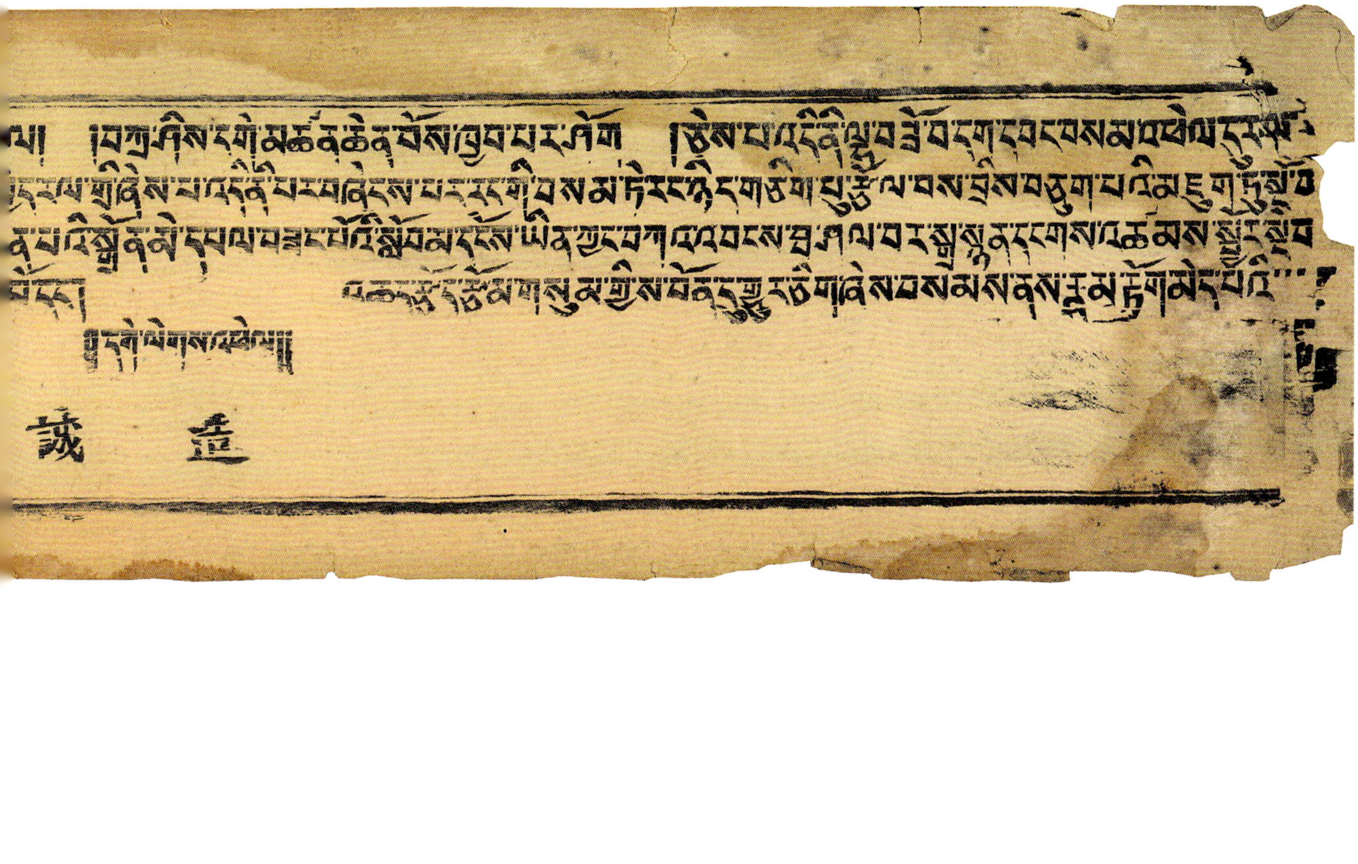
།ལ། །བཀྲ་ཤིས་དགེ་མཚན་ནི་ཆེན་པོས་ཁྱབ་པར་ཤོག །ཕྱིས་པ་འདི་ནི་ལྷ་བཟོ་བ་དཀའ་བའི་བསམ་པ་ཡེལ་དང་སྐུ
ཀ་ནས་སྒྲུབ་ཞིས་པ་འདི་ནི་པར་བཞེངས་པར་དང་གི་ཁྱིམ་ཏེ་ཟང་ངེ་དགའ་ཅག་ཕྱུ་རྫོ་ལ་བས་ཕྲིམ་བཙུག་པ་འཇིམ་ཛུ་གདུ་སྐོ
ན་པའི་སྒྲོན་མེ་དཔལ་བཟང་པོའི་སློབ་མ་དགོས་ཡིན་གྲུང་བཀག་འཕྲབ་ངས་ཕྲ་ཤ་ལ་བར་སྒྲུ་སྒྲ་ན་དང་ཁོགས་འཚམས་སྦྱར་སྒྲུབ
པོ་དང་། །བཅོས་རྡོ་རྗེ་ཅོམ་གསུམ་གྱིས་པོན་ཏྲཱ་རུ་ཅེ་གཞི་སབས་མས་ནས་རྣམ་རྟོག་མེད་པའི་
ཐུ་དགེ་ལེགས་འཕེལ།།
誠 益

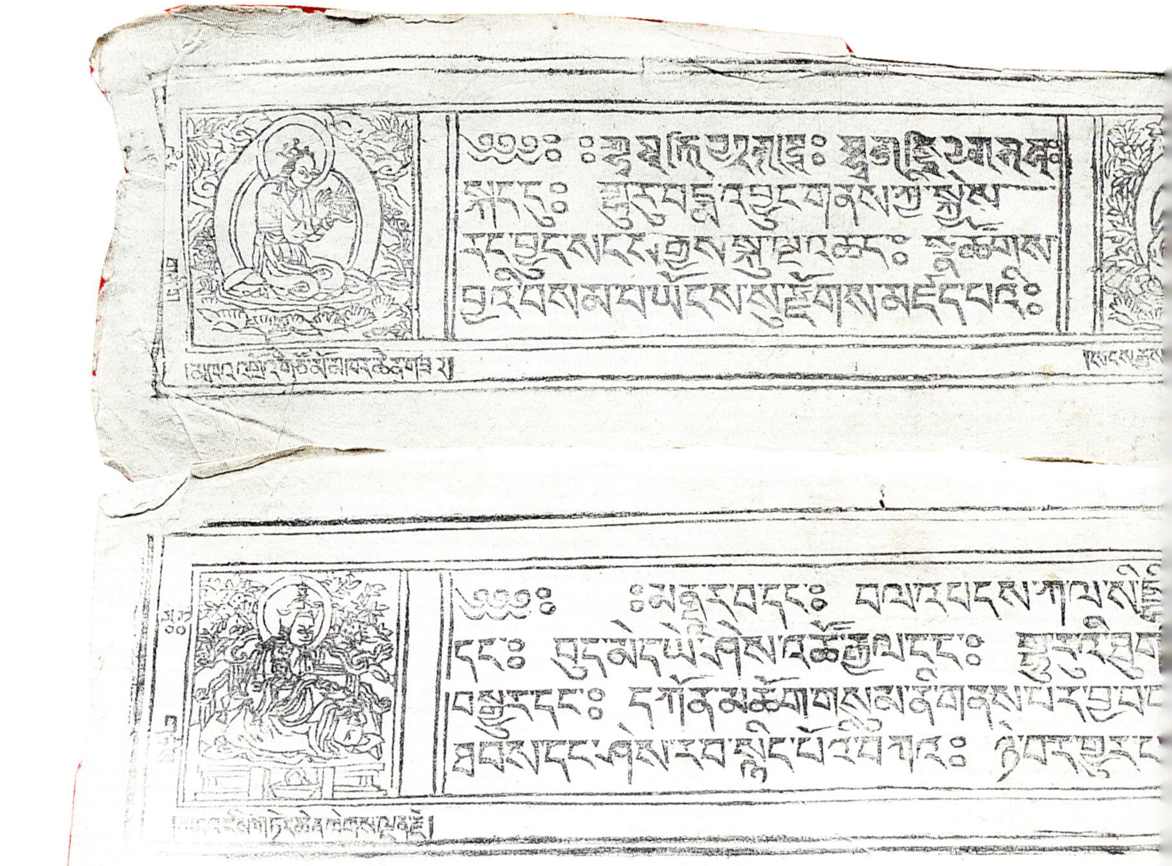

**蓮花生傳**　清道光六年（1826）卓尼刻本

蓮花生，印度僧人，藏傳佛教前弘期的重要人物，西藏密宗紅教開山祖師。《蓮花生傳》成書於1610年。

青海省地方志編纂委員會辦公室謝佐　名錄09659

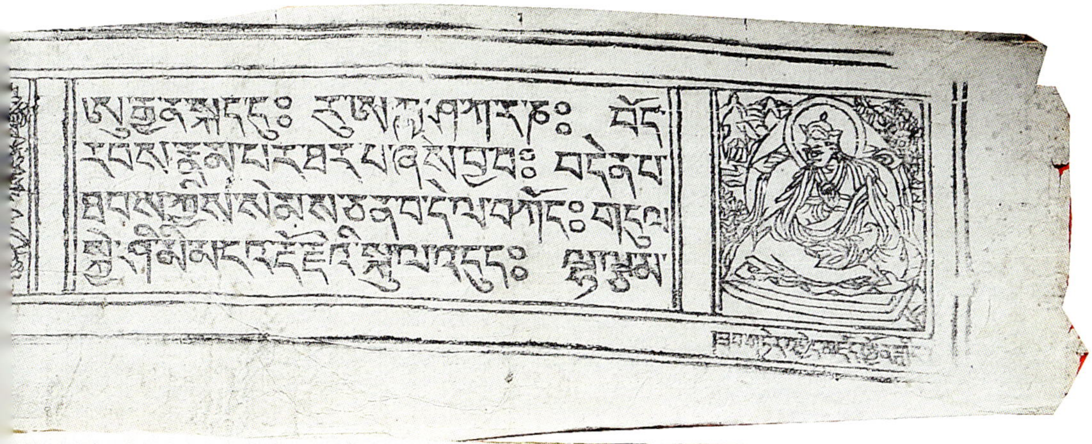

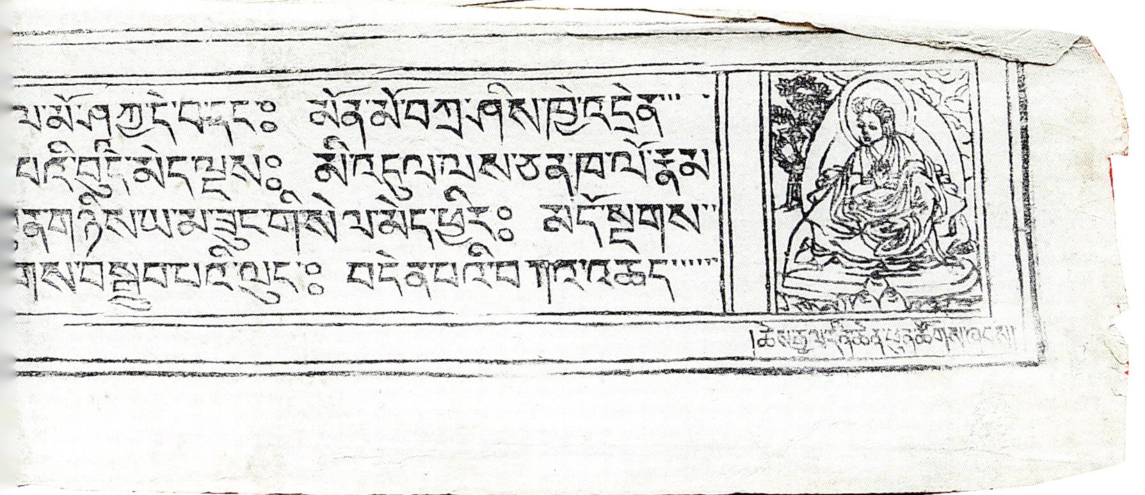

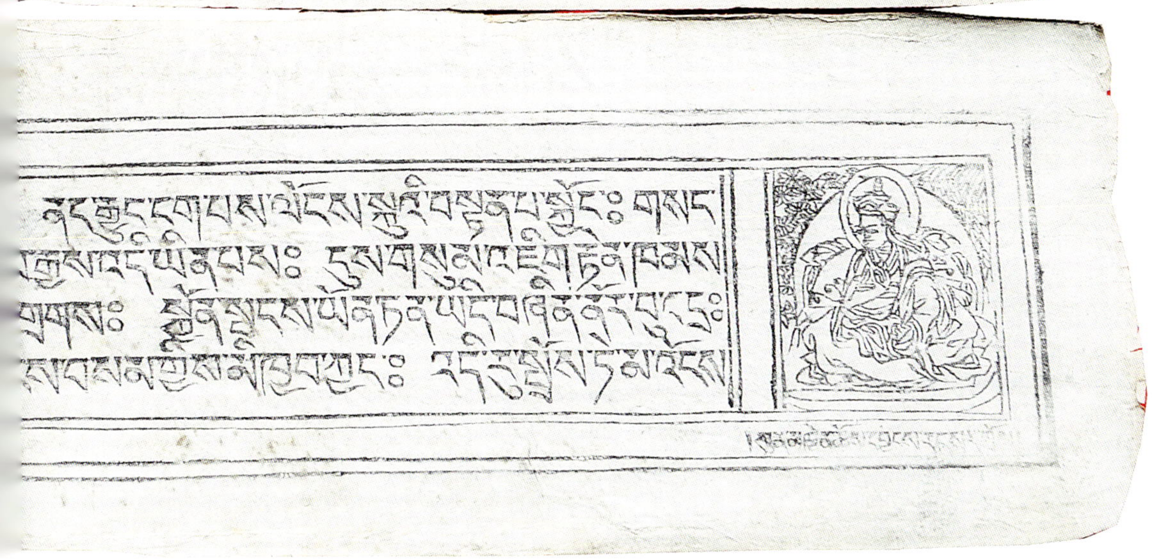

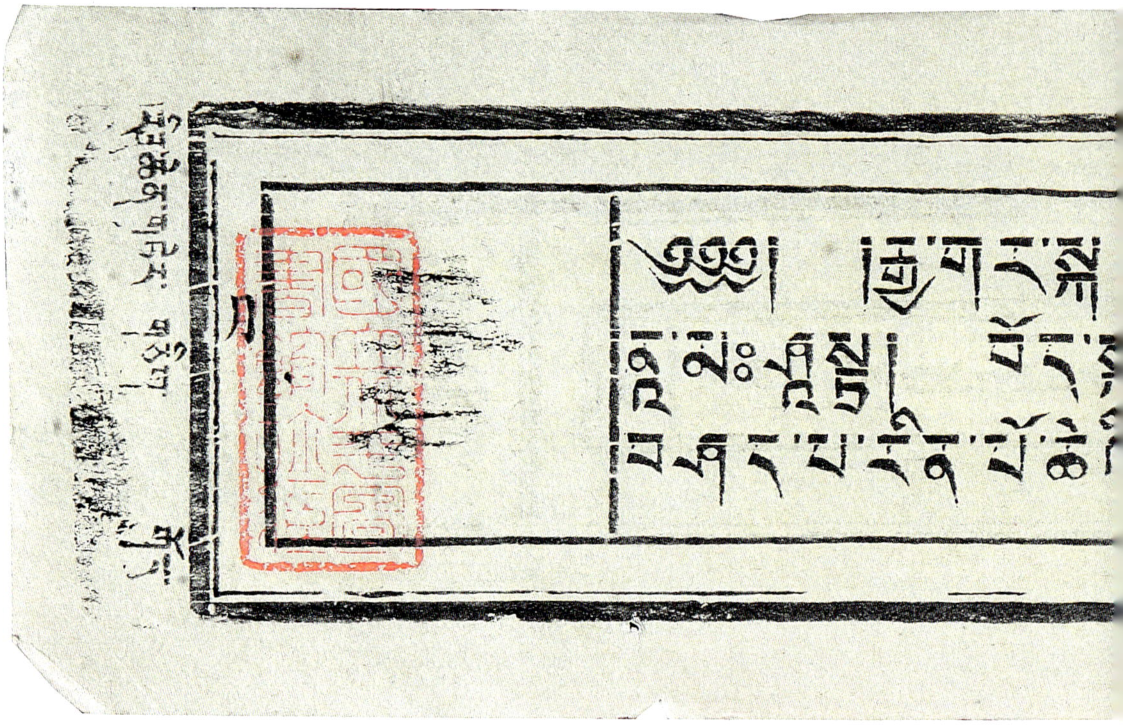

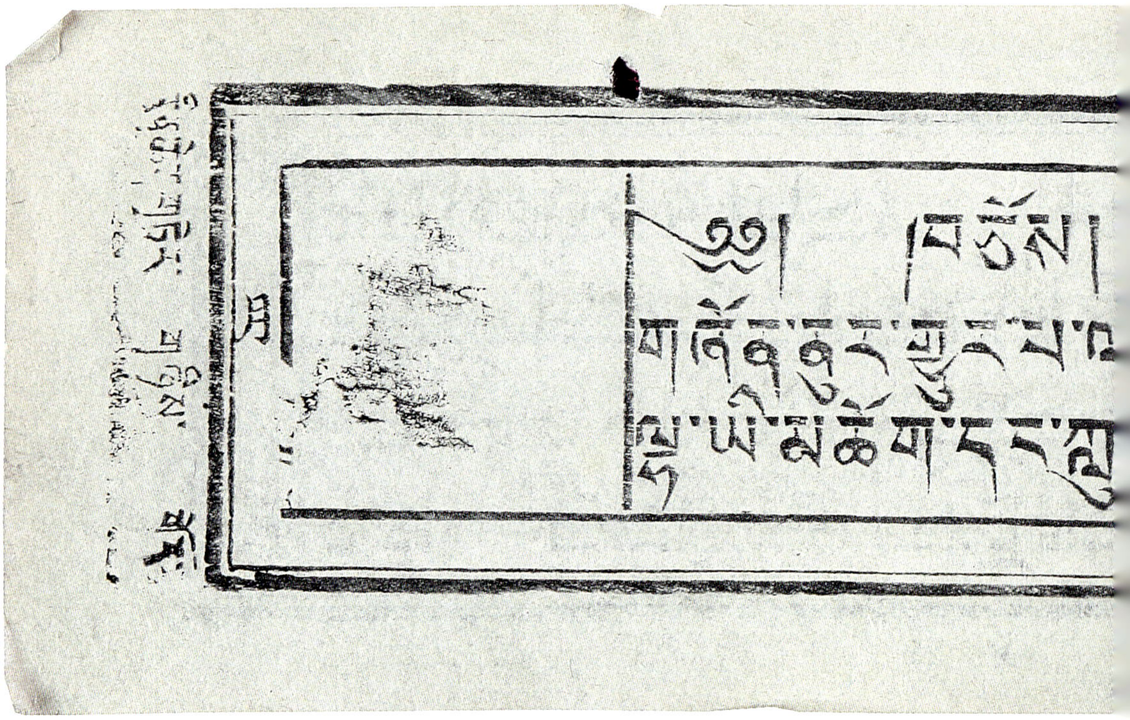

**薩迦格言**　薩班·貢噶堅贊撰　清北京刻本

藏族第一部哲理格言詩集，成書於13世紀上半葉，對後世藏族及蒙古族格言詩的創作影響極大，有八思巴文、蒙古文和漢文譯本。薩班·貢噶堅贊（1182—1251）爲薩迦派第四祖。

國家圖書館　名録09664

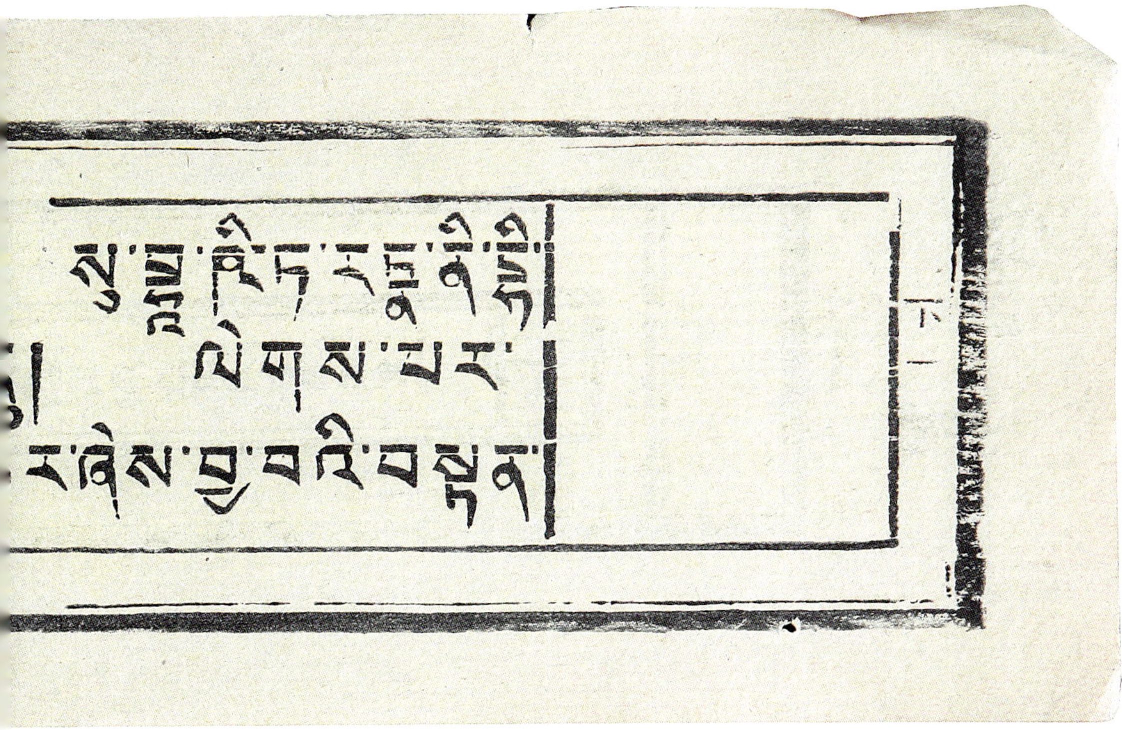
ལུ་སྦྲུ་ཨོ་ད་ར་ཏྣ་ཤྲི་ཀྲི
ཀྱ། ལེགས་པར་
ར་ཞེས་བྱ་བའི་བསྟན
下

བཀས་པ་འཛམ་དཔལ
པས་སྒྲུབ་འཆི་ལ་ཡོ།
ད་གྲུབ་པའི་རིག་འཛིན
上

**般若波羅蜜多八千頌**　釋迦賽納 達磨達希拉等譯　清道光十二年（1832）金銀汁抄本

此爲略本般若經，全書二十四卷三十二品，共有八千偈句，故稱“小般若八千頌”或“般若八千頌”，流傳甚廣。

西北民族大學圖書館　名録09660

# 西夏文

西夏（1038-1227）是以党項族爲主體建立的封建王朝，其地域包括今寧夏、甘肅大部，陝西北部，內蒙古西部和青海東北部。1032年，夏主李德明之子元昊繼位，取締唐宋賜其祖的李、趙姓，改用党項姓“嵬（wéi）名”。1036年，元昊命大臣野利仁榮借用漢字創製蕃文，以記錄党項族語言，並尊爲國字，“教國人紀事用蕃書”，在境內推行。共有6000餘字，元代稱河西字，後世稱西夏文。西夏文不僅在整個西夏時期使用，西夏滅後仍延續了幾百年之久。西夏文文獻數量豐富，種類繁多，內容涵蓋佛經、漢文典籍翻譯、法律、歷史、文學、辭書等各方面，還有碑銘、官印、錢幣等。

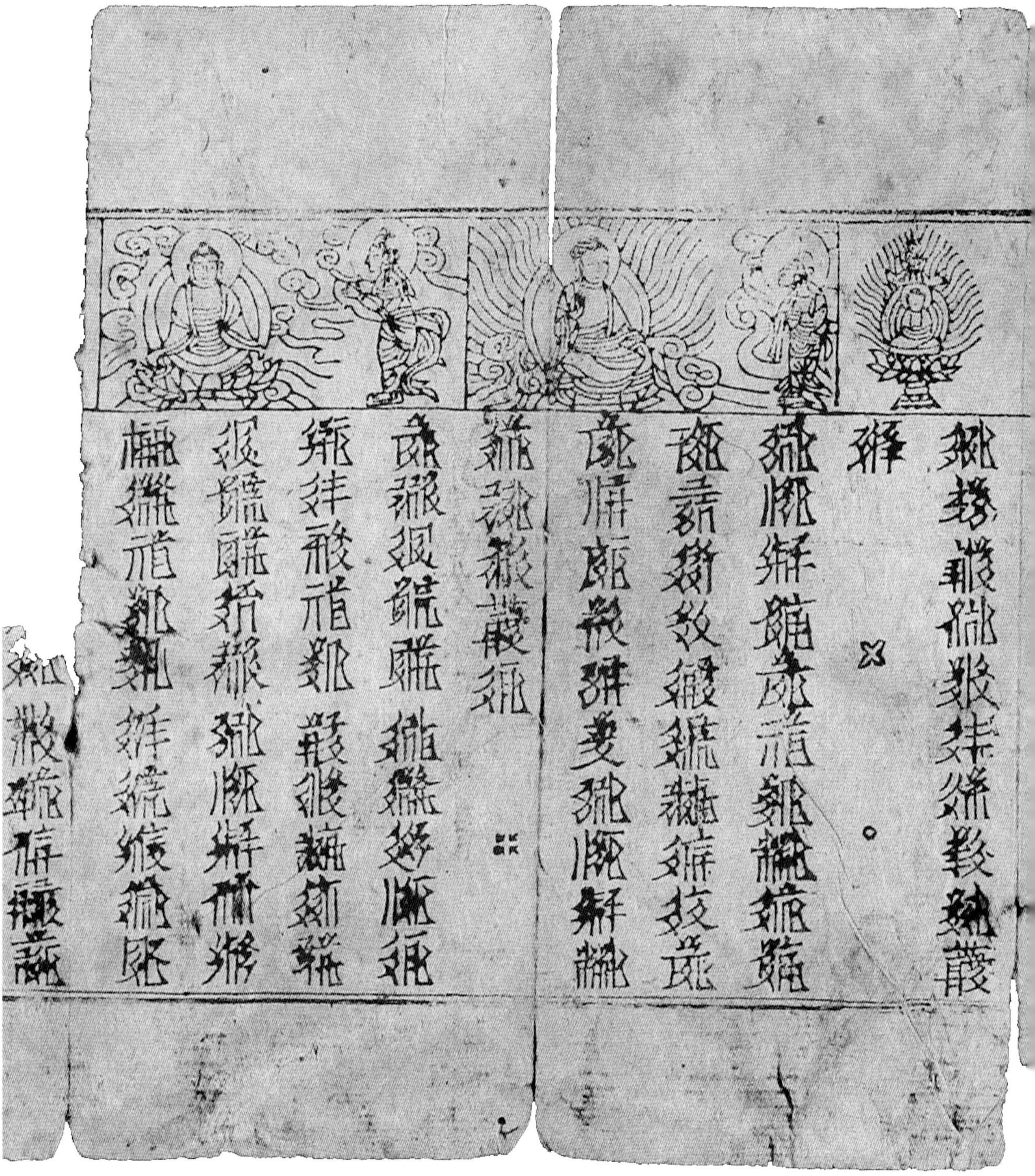

**妙法蓮華經觀世音菩薩普門品**　西夏刻本

經折裝。此圖解本西夏文《觀音經》爲現存的海内孤本，對研究西夏文佛經在敦煌一帶流傳和當時繪畫的特點有重要參考價值。存24面。

敦煌研究院　名錄09671

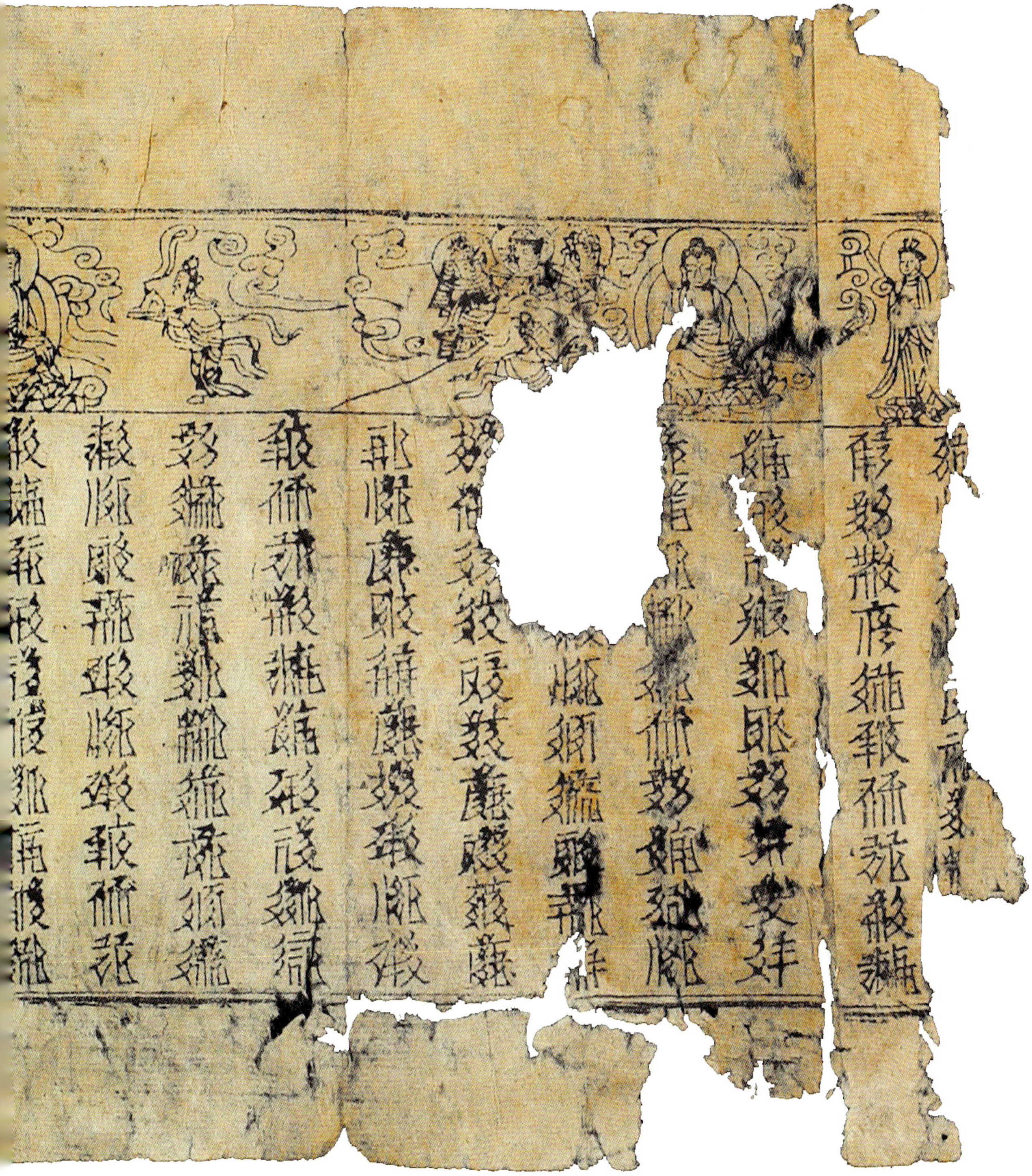

**地藏菩薩本願經**　西夏活字本

世界上較早的活字印刷實物，十分珍貴。存9面。

敦煌研究院　名錄09676

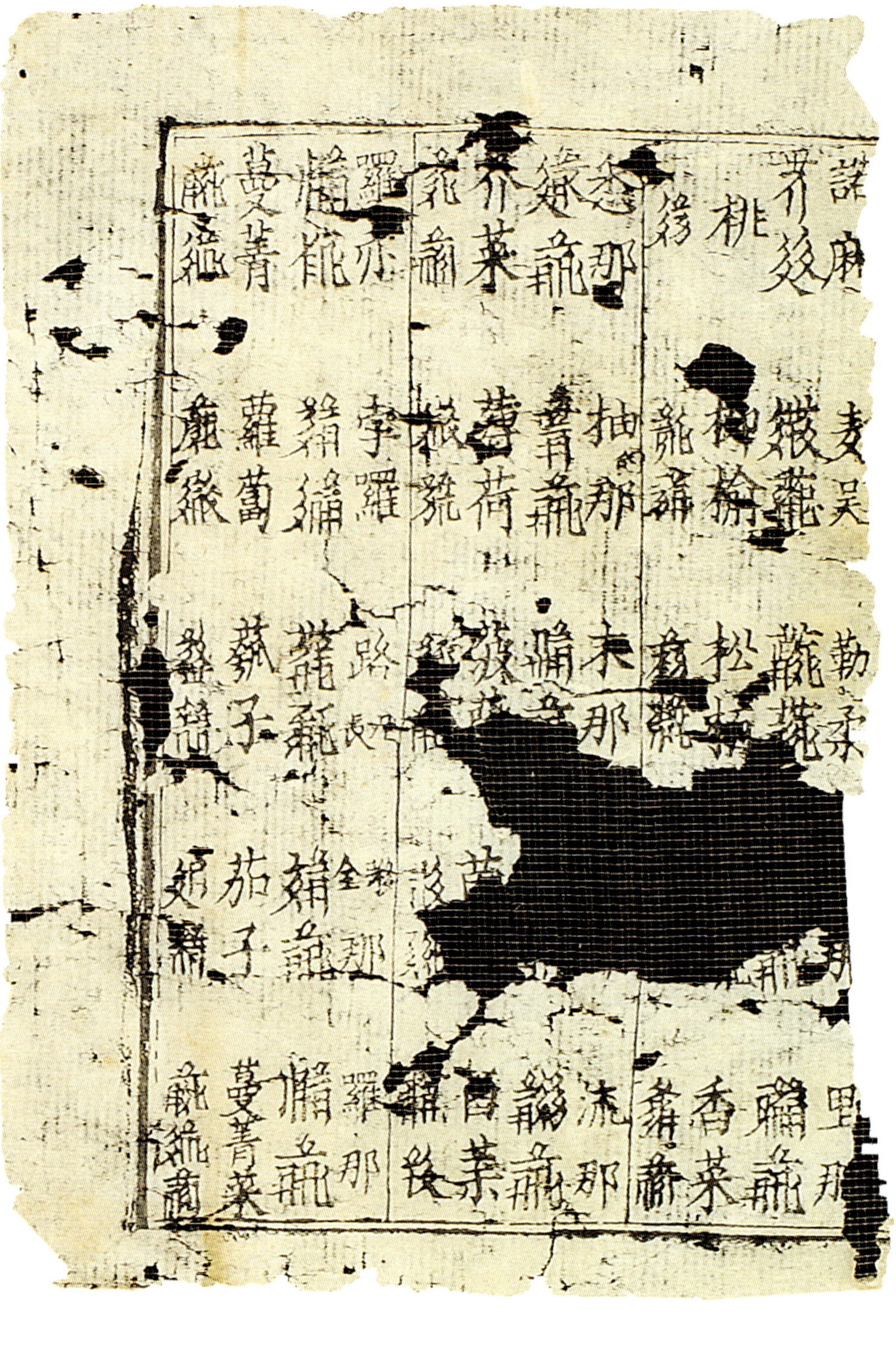

**番漢合時掌中珠**　（西夏）骨勒茂才撰　西夏刻本

西夏文—漢文雙解詞語集，成書於西夏乾祐二十一年（1190）。將常用詞語以天、地、人分部，每部又分上、中、下三篇，每一詞語皆有西夏文及相應的漢文、西夏文爲漢文注音、漢文爲西夏文注音四項。目前國内僅存一面。

敦煌研究院　名錄09668

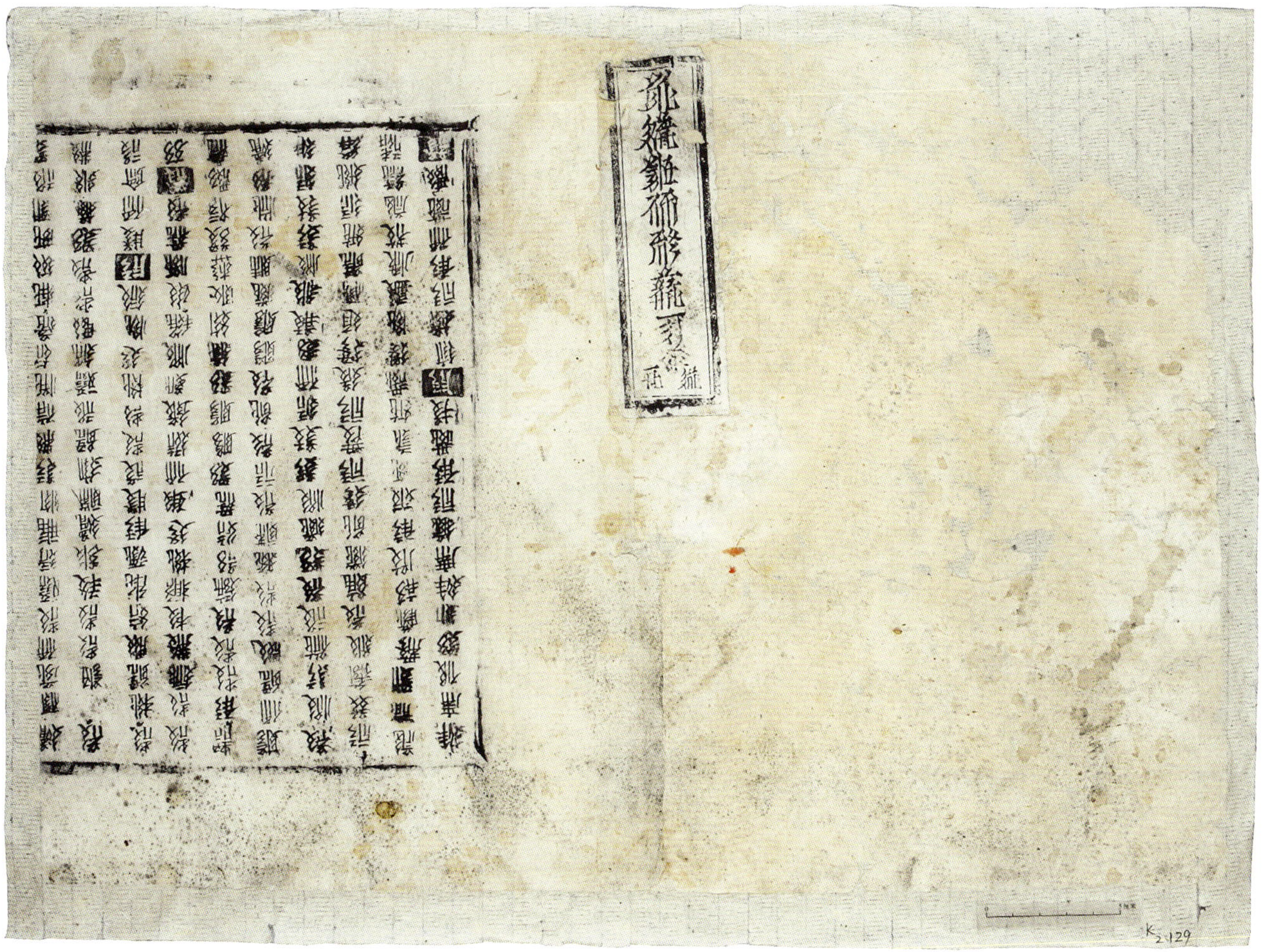

**圓覺注之略疏第一上半** 西夏泥活字本

新發現的西夏文佛教典籍。存14紙。

寧夏文物考古研究所 名錄09680

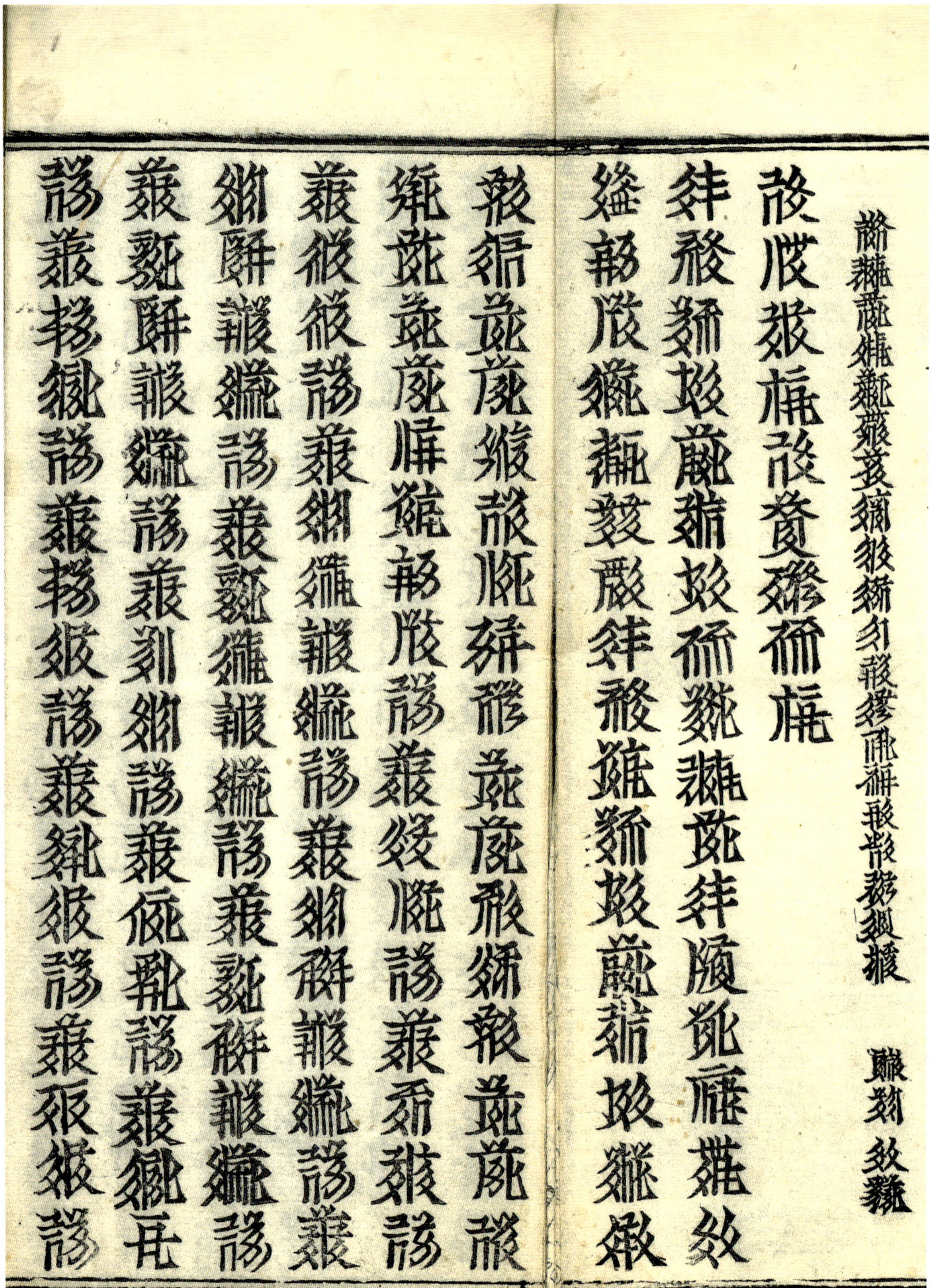

**大方廣佛華嚴經卷第四十一** 元大德間（1297–1307）活字本

北京大學圖書館 名録09685

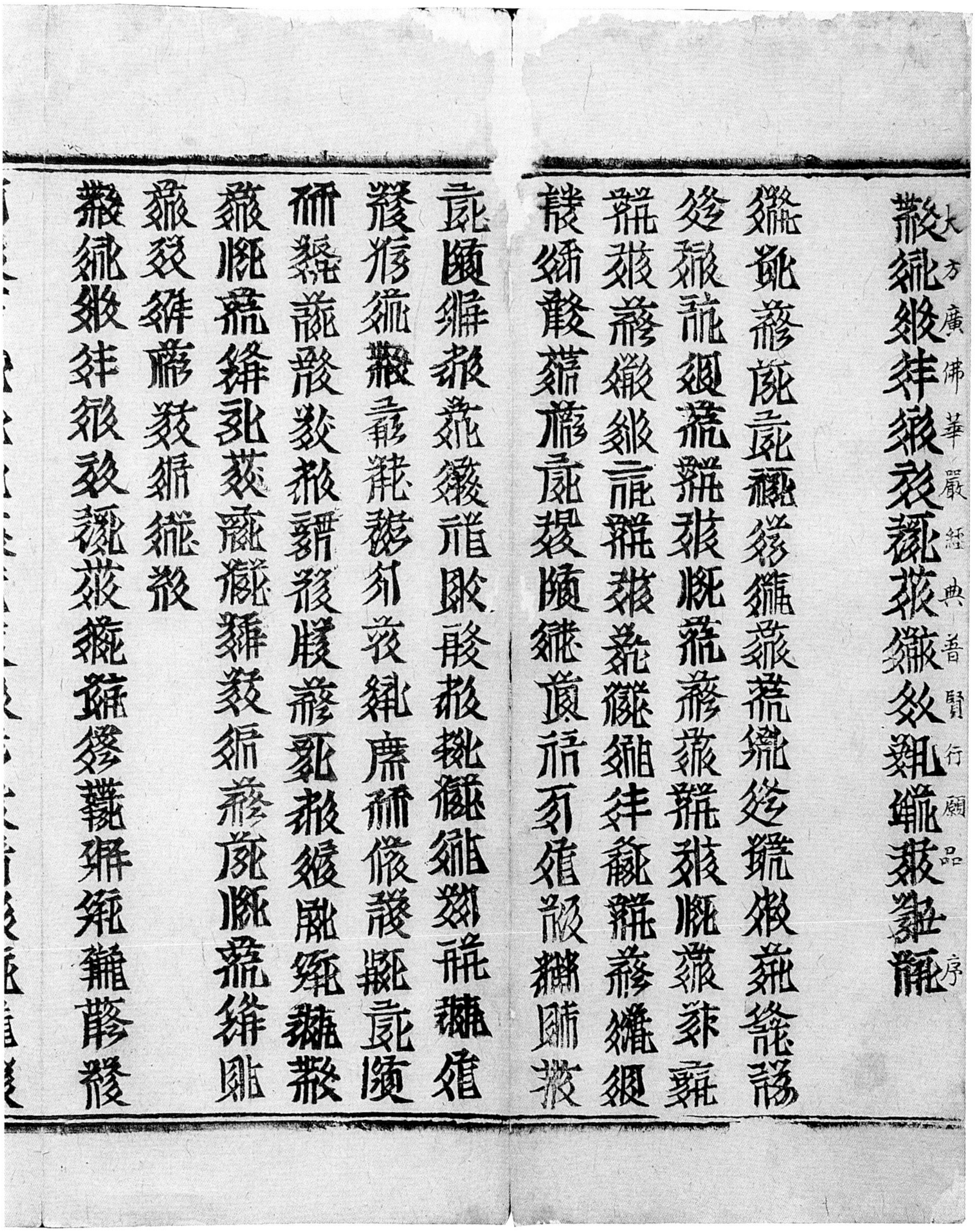

大方廣佛華嚴經普賢行願品序

**大方廣佛華嚴經普賢行願品**　元活字本

存64面。

甘肅省博物館　名錄09686

# 蒙古文

1204年，成吉思汗打敗乃蠻部落，下令維吾爾人塔塔統阿，借用回鶻文字母創製回鶻式蒙古文，沿用至17世紀初。1260年忽必烈即位，封八思巴爲國師，命其創製新字，於至元六年（1269）頒行，此即以藏文字母爲基礎所造的八思巴文。八思巴文作爲元朝官方文字，譯寫過多種語言，行用100餘年，但未能普遍推廣。元亡後，漸被廢棄。17世紀後，蒙古文經多次改革，發生了明顯變化。1648年，咱雅班第達在回鶻式蒙古文的基礎上創造了適合卫拉特方言的托忒蒙古文。通行於其他地區的回鶻式蒙古文也逐漸演變爲現行的老蒙古文。回鶻式蒙古文及八思巴文文獻原件保存至今者甚少，多爲碑銘、印章和符牌，還有少量圖書和信函。托忒蒙古文及現行的老蒙古文文獻數量較多，內容十分豐富。

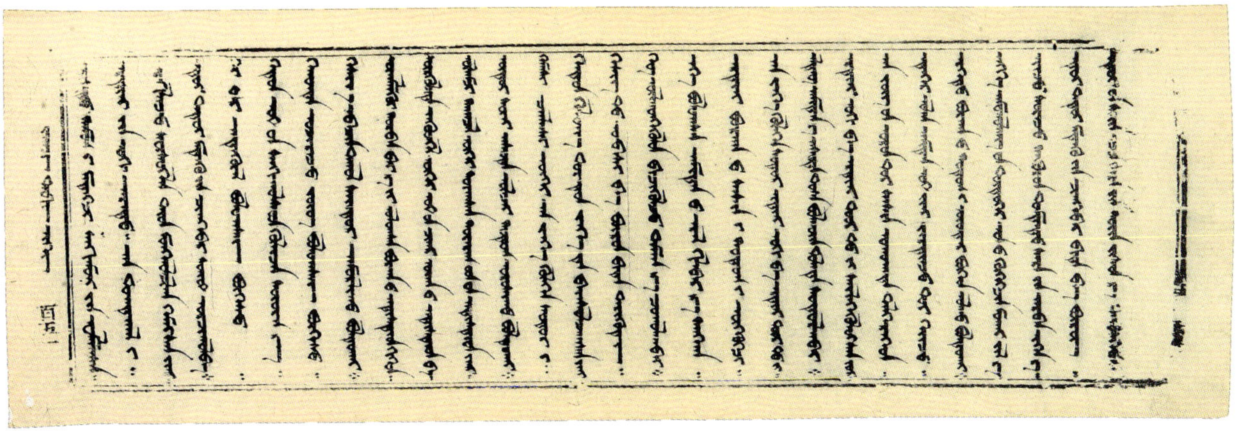

**寶星陀羅尼經**　（清）蘇茹木譯　清康熙四年（1665）刻本

國家圖書館所藏最早的有確切年款的清代刻蒙古文典籍。孤本。

國家圖書館　名録09688

**格斯爾傳**　清康熙五十五年（1716）北京刻本

蒙古族著名英雄史詩，此爲目前發現的最早版本。

中國民族圖書館　名錄09693

**魔尸的故事**　（清）索多納木·巴拉朱爾譯　清抄本

托忒蒙古文文學譯著，26篇，1701年譯自印度民間故事。

新疆維吾爾自治區少數民族古籍整理出版規劃領導小組辦公室

名錄09698

**蒙古文法詮釋蒼天如意珠**　（清）丹津扎巴撰　清雍正（1723–1735）

北京刻本

蒙古語早期語法著作。由文字史、正字法、語言三部分組成。

中國民族圖書館　名錄09694

**察哈爾格西洛桑楚臣傳略**　（清）羅布桑薩瑪如尼瑪撰　清中期刻本

記述18世紀蒙古族著名學者察哈爾格西洛桑楚臣生平事蹟及著述的傳記體文獻。

中國民族圖書館　名錄09695

**聖懺悔滅罪大解脱普聞成等正覺莊嚴大乘經**　清金銀汁抄本

以金銀汁書寫於黑桑皮紙上的托忒蒙古文佛經，目前僅見。

新疆維吾爾自治區少數民族古籍整理出版規劃領導小組辦公室

名錄09701

# 察合台文

察合台是成吉思汗次子，其封地在天山南北路及阿姆河、錫爾河之間，13世紀初建察合台汗國。察合台文是13世紀至20世紀30年代操突厥語民族使用的文字，因通行於察合台汗國而得名，爲現代維吾爾文的前身。察合台文文獻十分豐富，包括文學、歷史、哲學、政法、醫藥、天文、地理等多方面，著名的有《拉失德史》、《突厥語大辭典》、《福樂智慧》、《真理的入門》、《納瓦依詩集》、《情之所鍾》等，這些文獻對研究突厥語諸民族歷史文化具有重要價值。

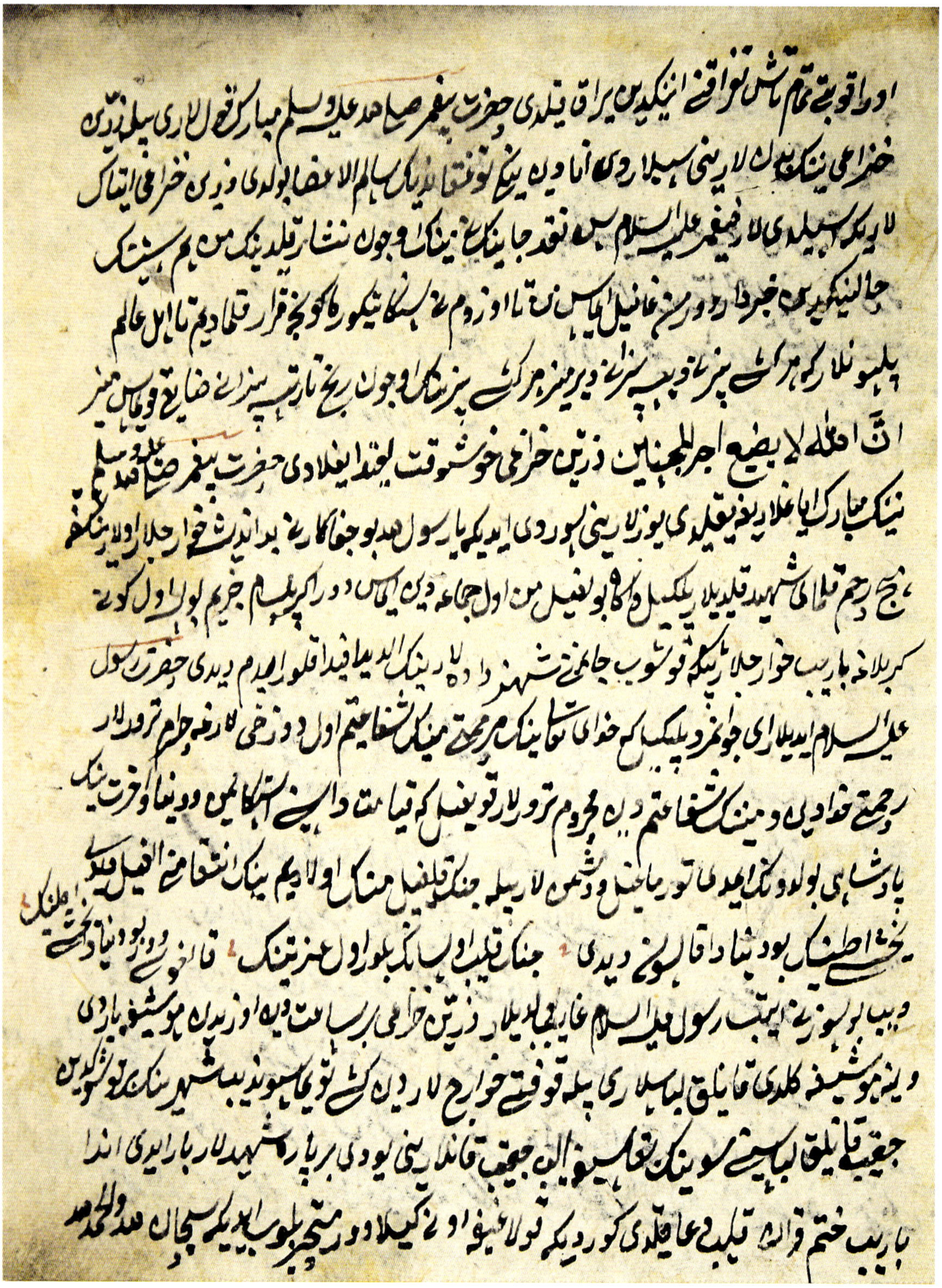

**卡爾巴拉依戰役**　哈孜伊麻目・穆罕默德・哈納菲撰　清嘉庆十一年（1806）抄本

察合台文歷史著作。

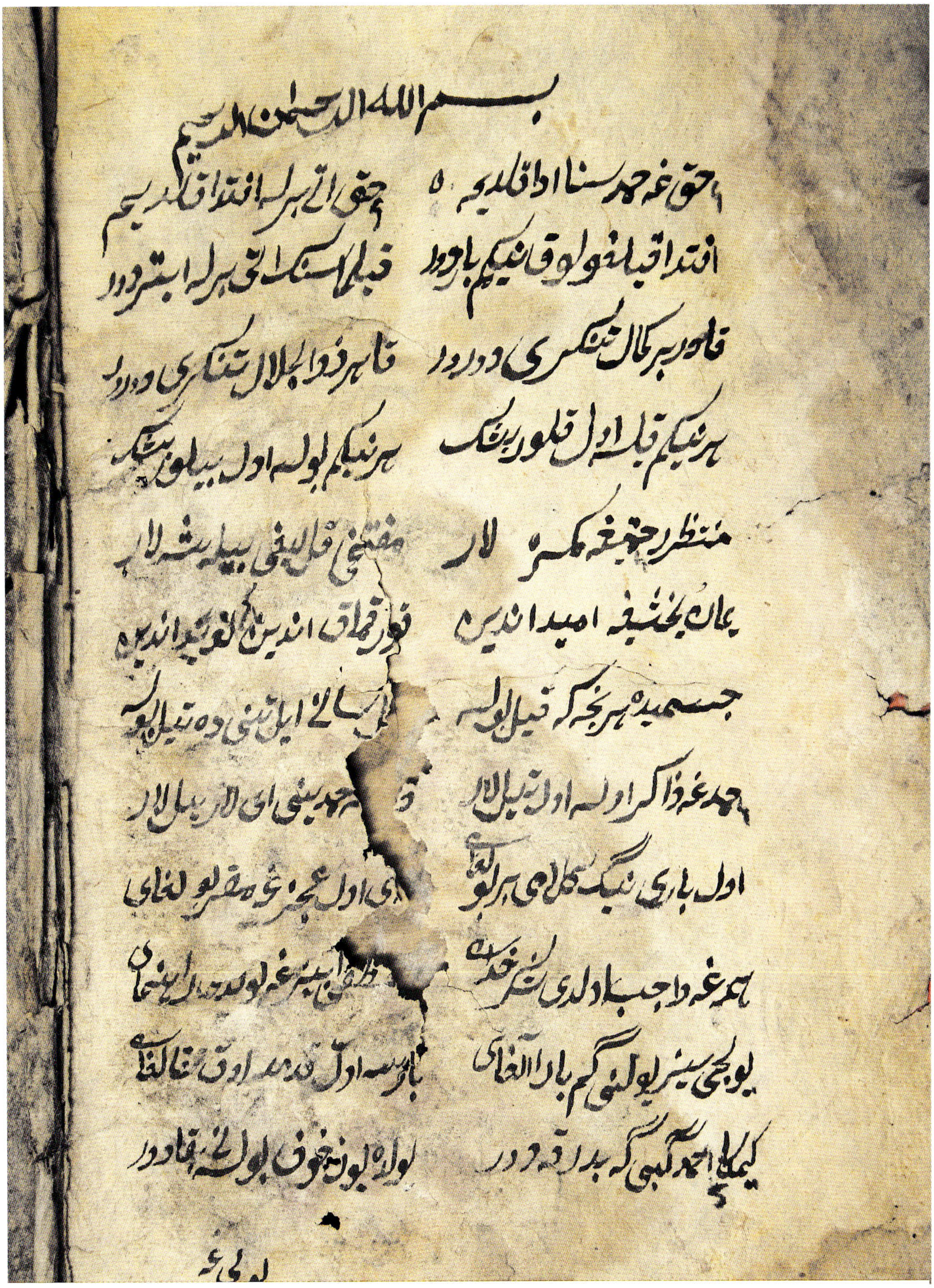
بسم الله الرحمن الرحيم

**巴布爾概論**　阿哈麥德撰　19世紀初抄本

察合台文著作，講述了伊斯蘭教教義教法。以和田紙抄寫。

新疆維吾爾自治區圖書館　名錄09706

**醫藥處方書**　清抄本

察合台文醫藥處方著作。

中央民族大學少數民族古籍研究所　名錄09714

## 彝文

彝族是我國人口較多的少數民族，約有800萬人，分佈于四川、雲南、貴州、廣西等地，分東部、東南部、南部、西部、北部、中部六大方言區，各方言區語言、文字均有較大差異。彝文史書上稱爨（cuàn）文、爨字或倮（luǒ）文、韙（wěi）書。彝文的起源時間説法不一，根據漢代夜郎王手印、堂郎轄區印等銅質彝文古印和濟火紀功碑（彝文石刻）等文物資料，彝文的創製使用約在漢代。留存至今的彝文古籍大多是明清兩代刻本、寫本、抄本及碑銘、青銅器等，內容包括哲學、歷史、文學、天文地理、宗教等，是研究彝族歷史文化及其與周邊民族關係的寶貴資料。

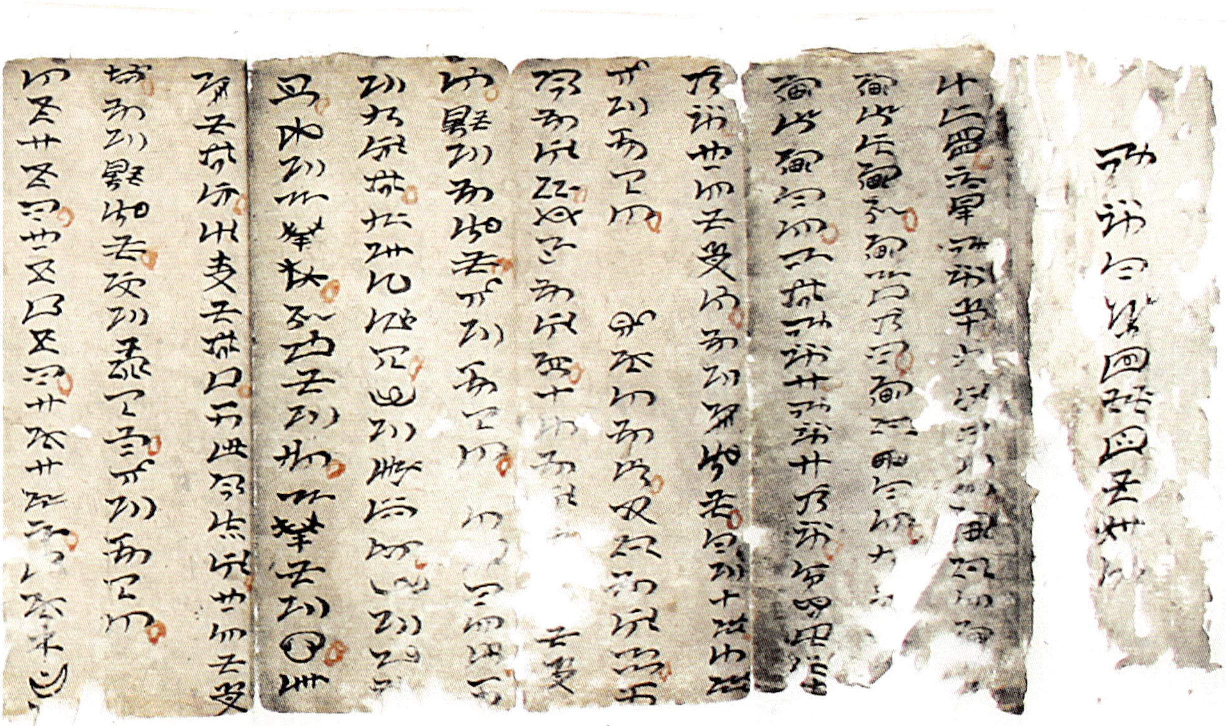

**賄賂經**　清乾隆（1736–1795）抄本

雲南楚雄武定縣彝文典籍。

楚雄彝族文化研究院　名錄09720

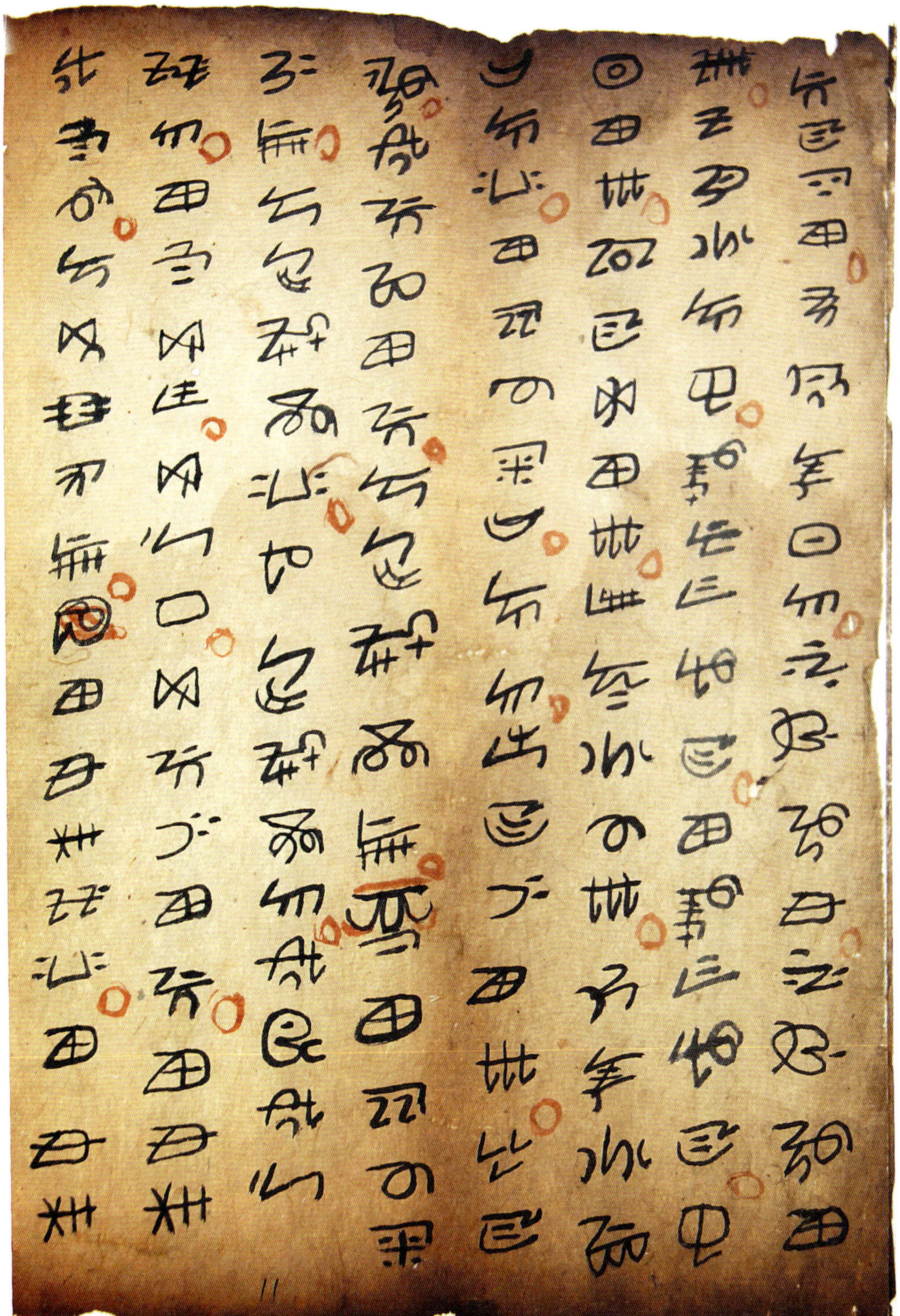

**指路經**　清道光十年（1830）抄本

雲南楚雄武定縣高橋彝文典籍。

楚雄彝族文化研究院　名録09722

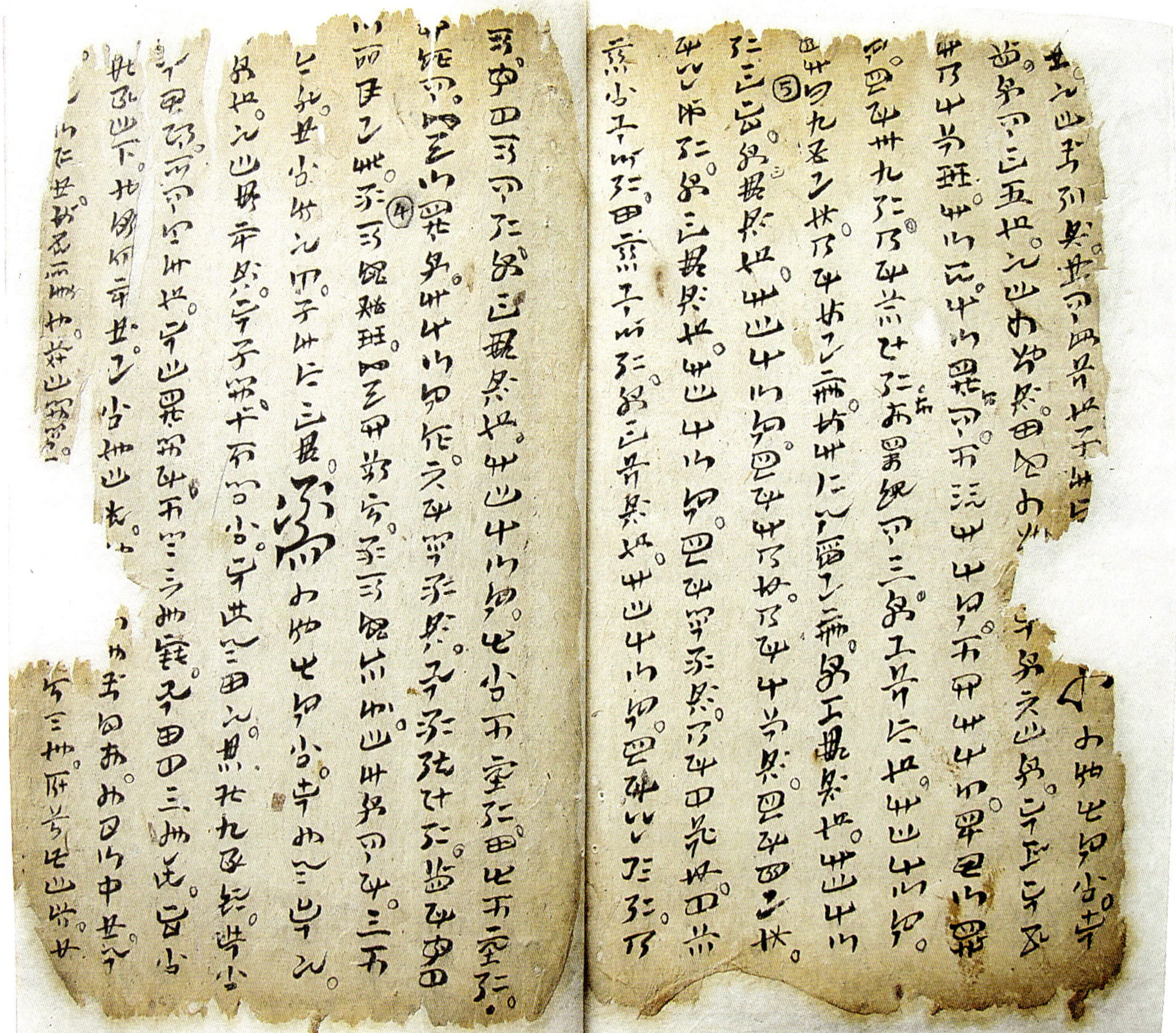

**宇宙人文論**　清道光（1821–1850）抄本

貴州省畢節地區彝文典籍。

畢節地區彝文文獻翻譯研究中心　名錄09726

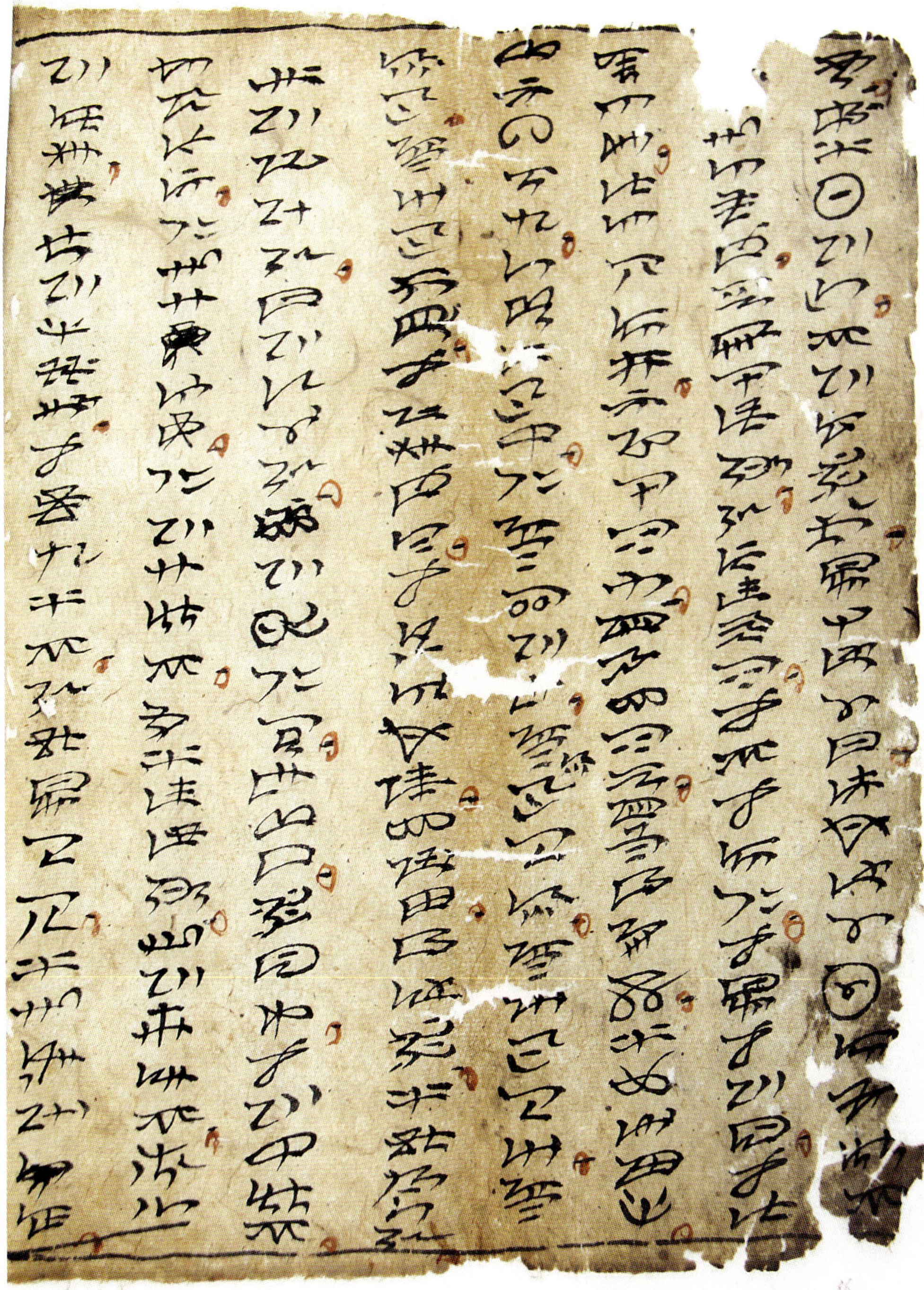

**彝族六祖源流** 清同治二年（1863）抄本

雲南楚雄武定縣彝文典籍。

楚雄彝族文化研究院 名錄09727

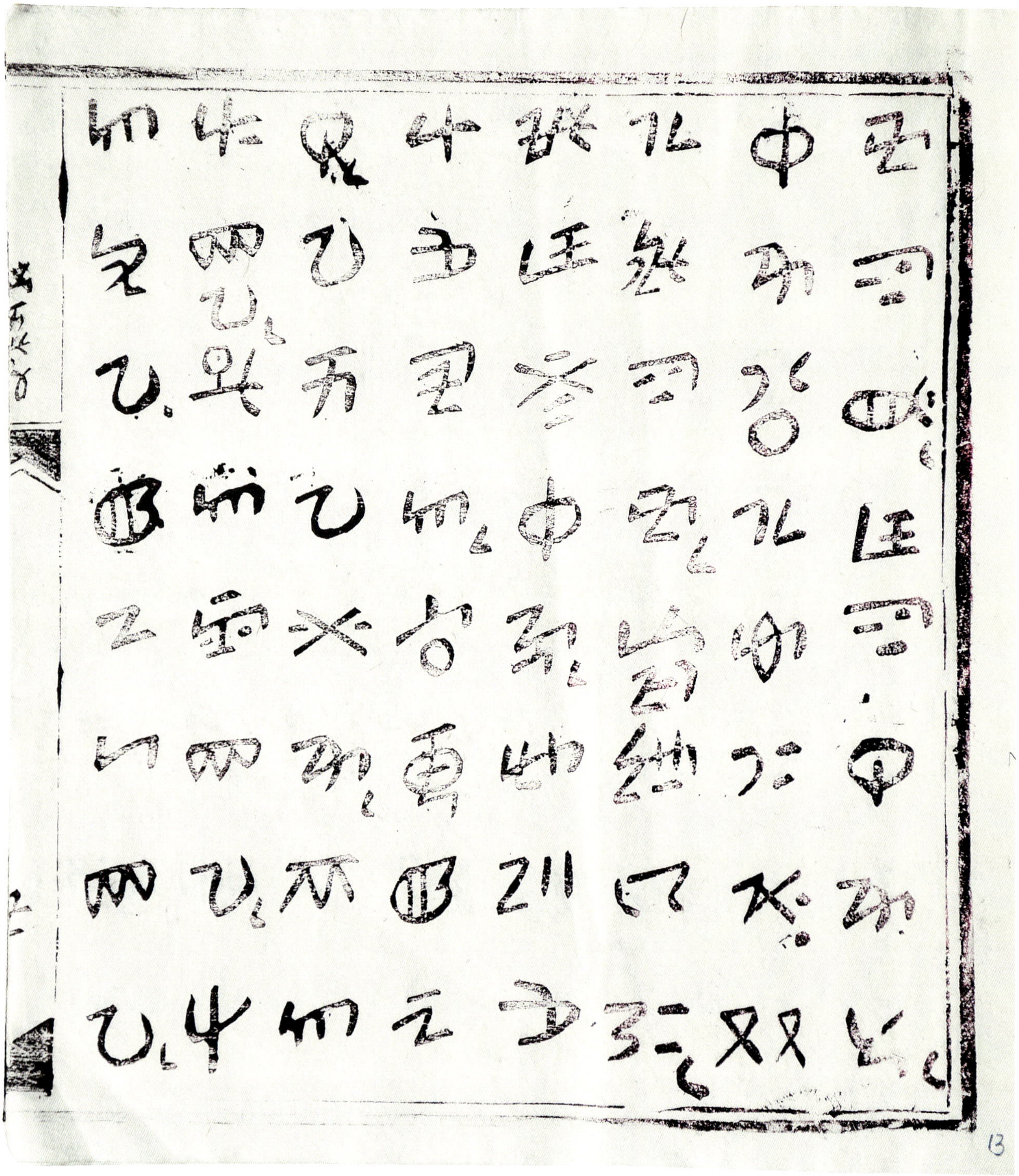

**訓世詩**　清四川刻本

彝語稱《瑪牧特依》，四川涼山彝文典籍。

中國民族圖書館　名錄09732

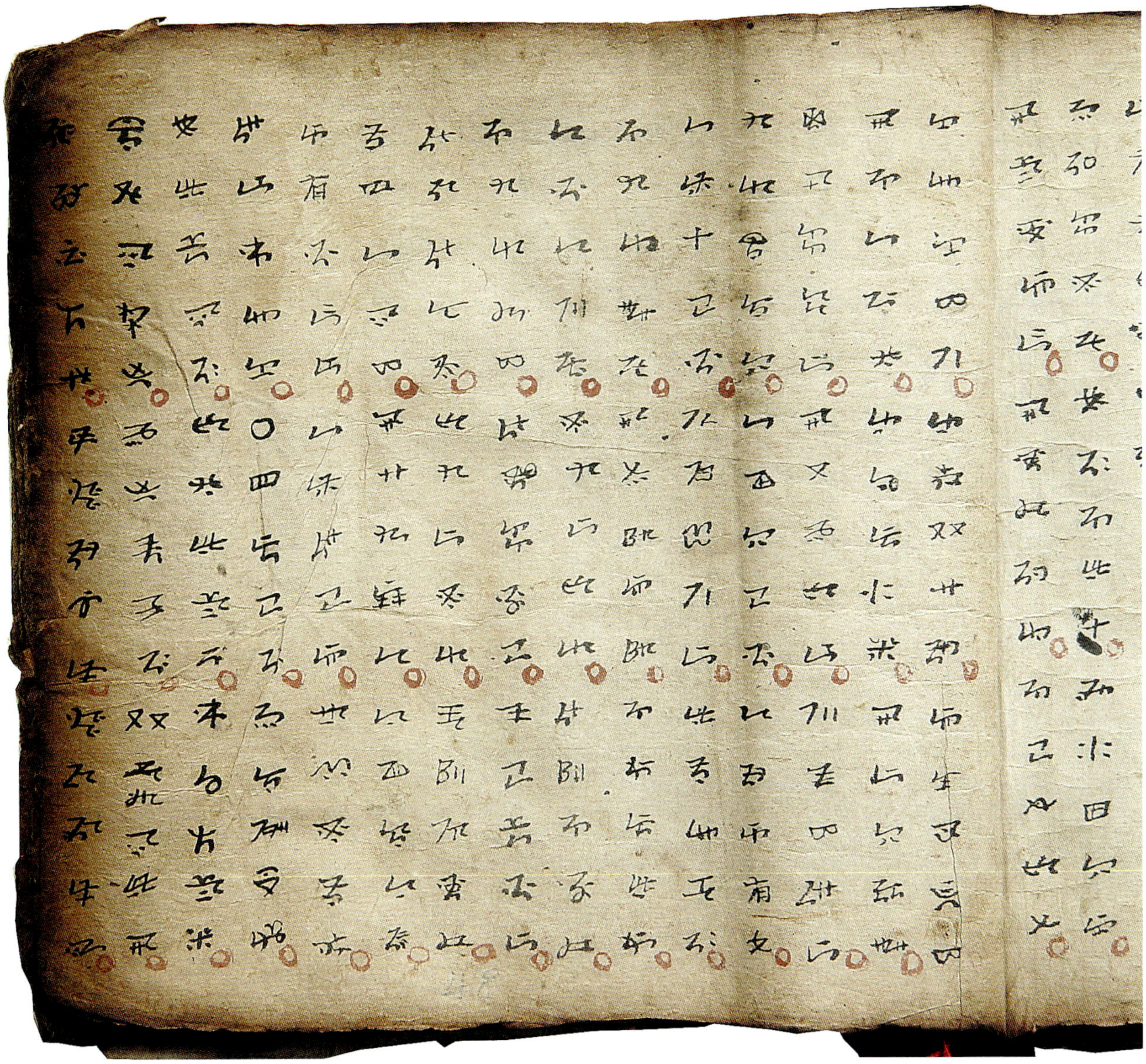

**董永與七仙女**　清抄本

雲南省少數民族古籍整理出版規劃辦公室　名錄09736

# 滿文

滿族先民爲女真人，曾建立金朝（1115—1234）。滿文分老滿文、新滿文兩種。1599年清太祖努爾哈赤命額爾德尼、噶蓋二人參照蒙古文字母創製滿文，俗稱“無圈點滿文”或老滿文。1632年清太宗皇太極令達海對文字加以改進。改進後的滿文字母旁加圈點，有了較爲完善的字母體系和拼寫法，具有區別於蒙古文字母的明顯特徵，俗稱“有圈點滿文”。另有三十二體滿文篆字，是參照漢文篆書於清乾隆十三年（1748）創製。老滿文僅用30餘年，留下的文獻不多，最著名的是《滿文老檔》等後金時期的檔案，還有一些碑銘、木牌。清代滿文被尊爲“國書”，用新滿文寫作、翻譯了大量典籍。

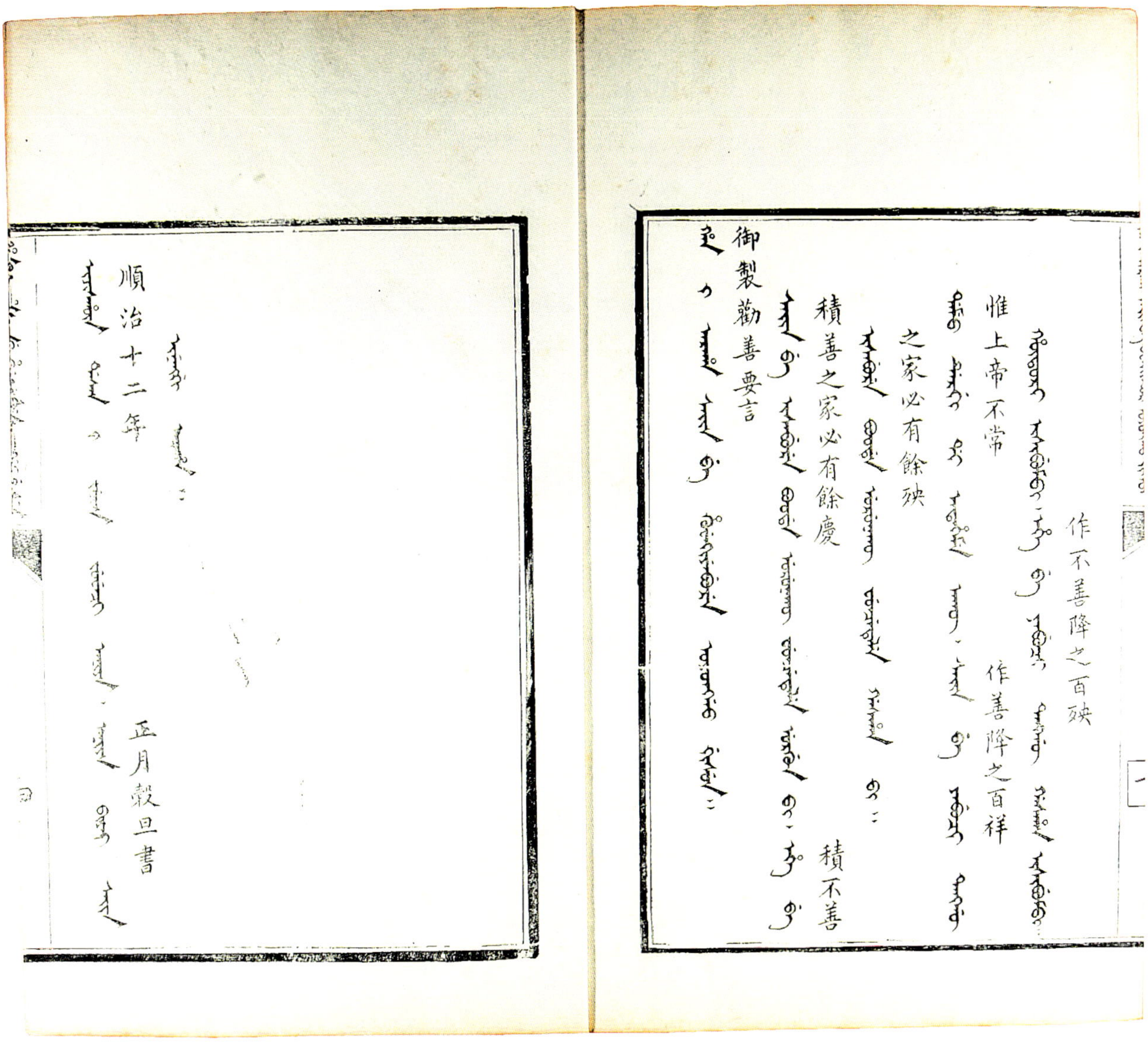
御製勸善要言

惟上帝不常
作善降之百祥
作不善降之百殃
積善之家必有餘慶
積不善之家必有餘殃

順治十二年正月穀旦書

**御製勸善要言**　（清）世祖福臨撰　清順治十二年（1655）內府刻本

清順治帝輯儒家經典中勸善之言，訓誡臣民向善、行善。

中國民族圖書館　名錄09753

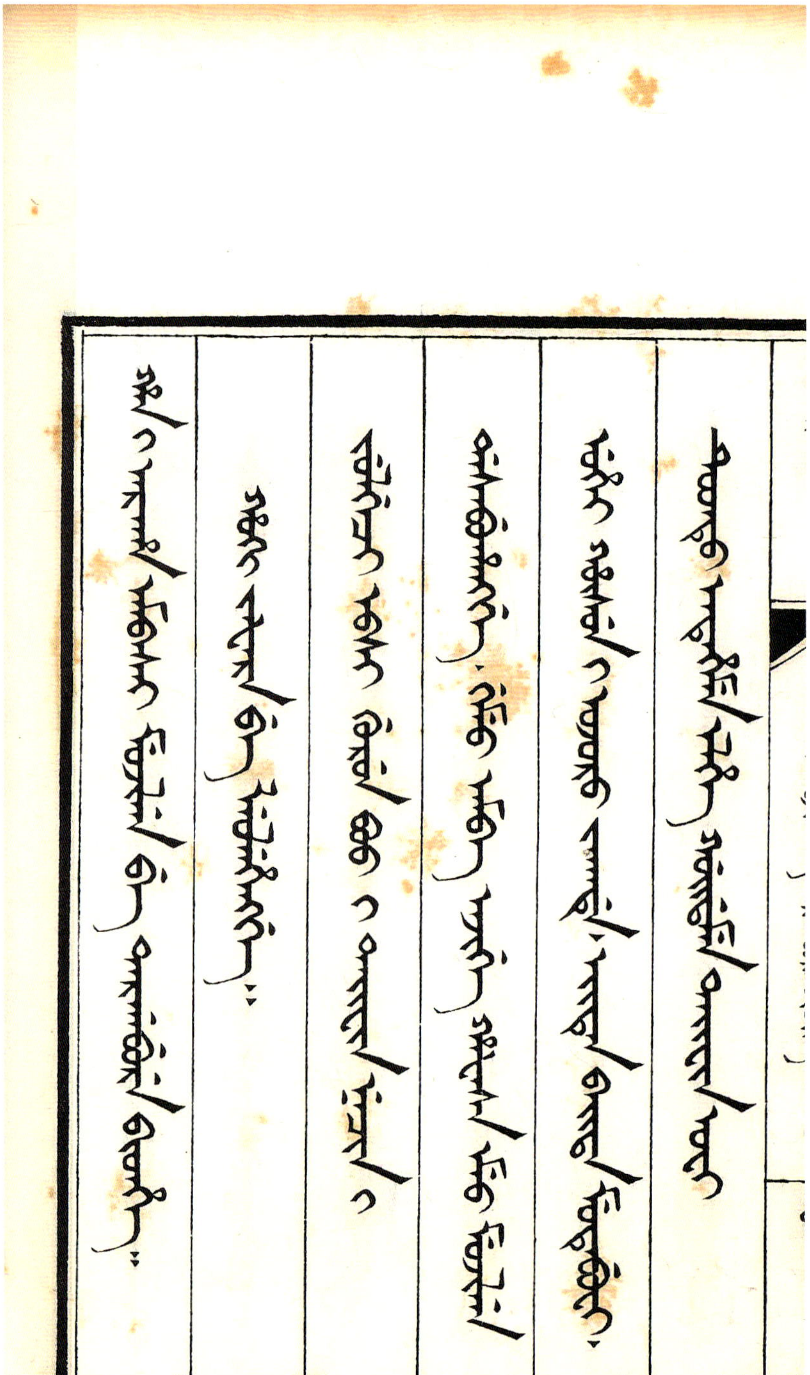

**御製人臣儆心錄**　（清）世祖福臨撰 清順治十二年（1655）内府刻本

清順治帝所作，用以訓誡臣子以古爲鑒，忠君、報國。充分體現了其治政思想。

故宫博物院　名錄09755

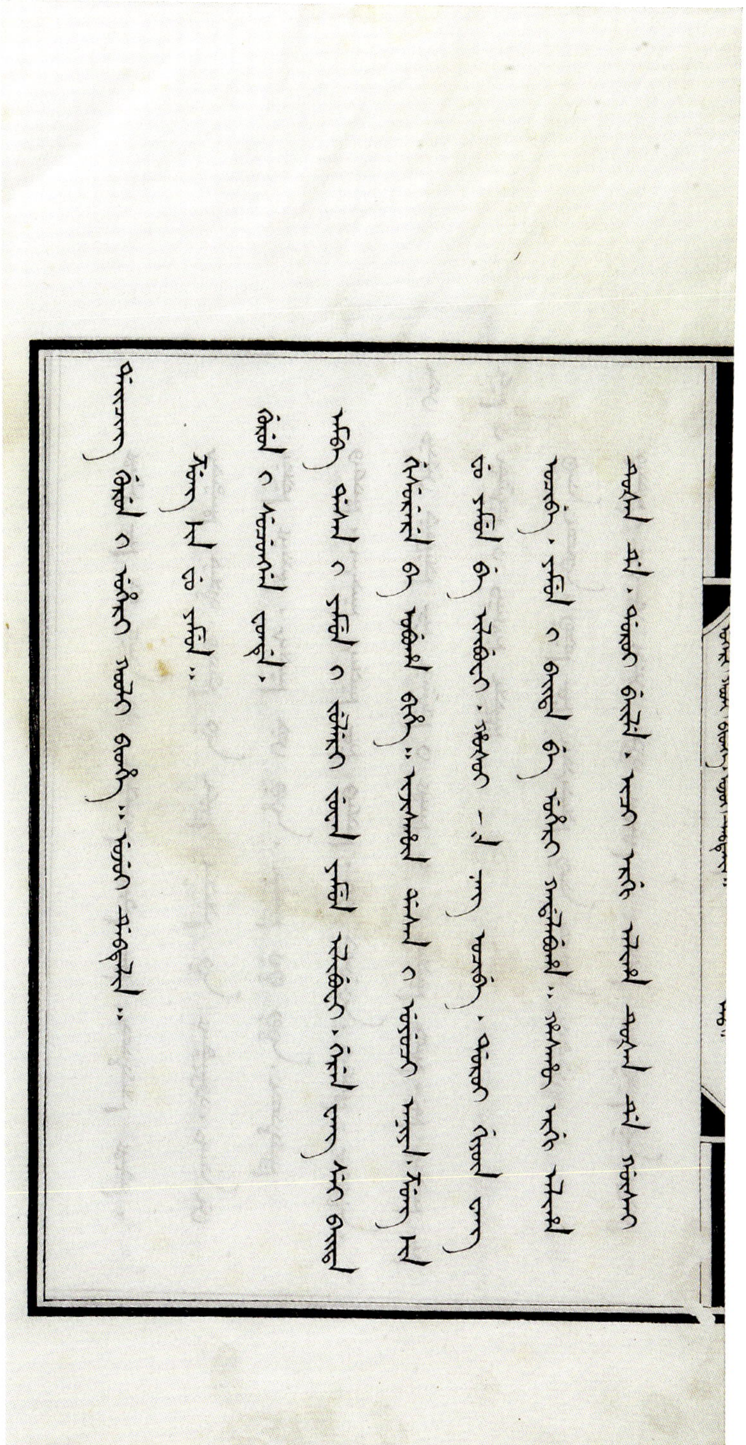

**大清會典一百六十二卷**　（清）伊桑阿等撰　清康熙二十九年（1690）

内府刻本

記載清代典章制度的官修典籍，爲清會典中年代最早者。裝幀精美，開本較大，彰顯皇家風範。

國家圖書館　名錄09771

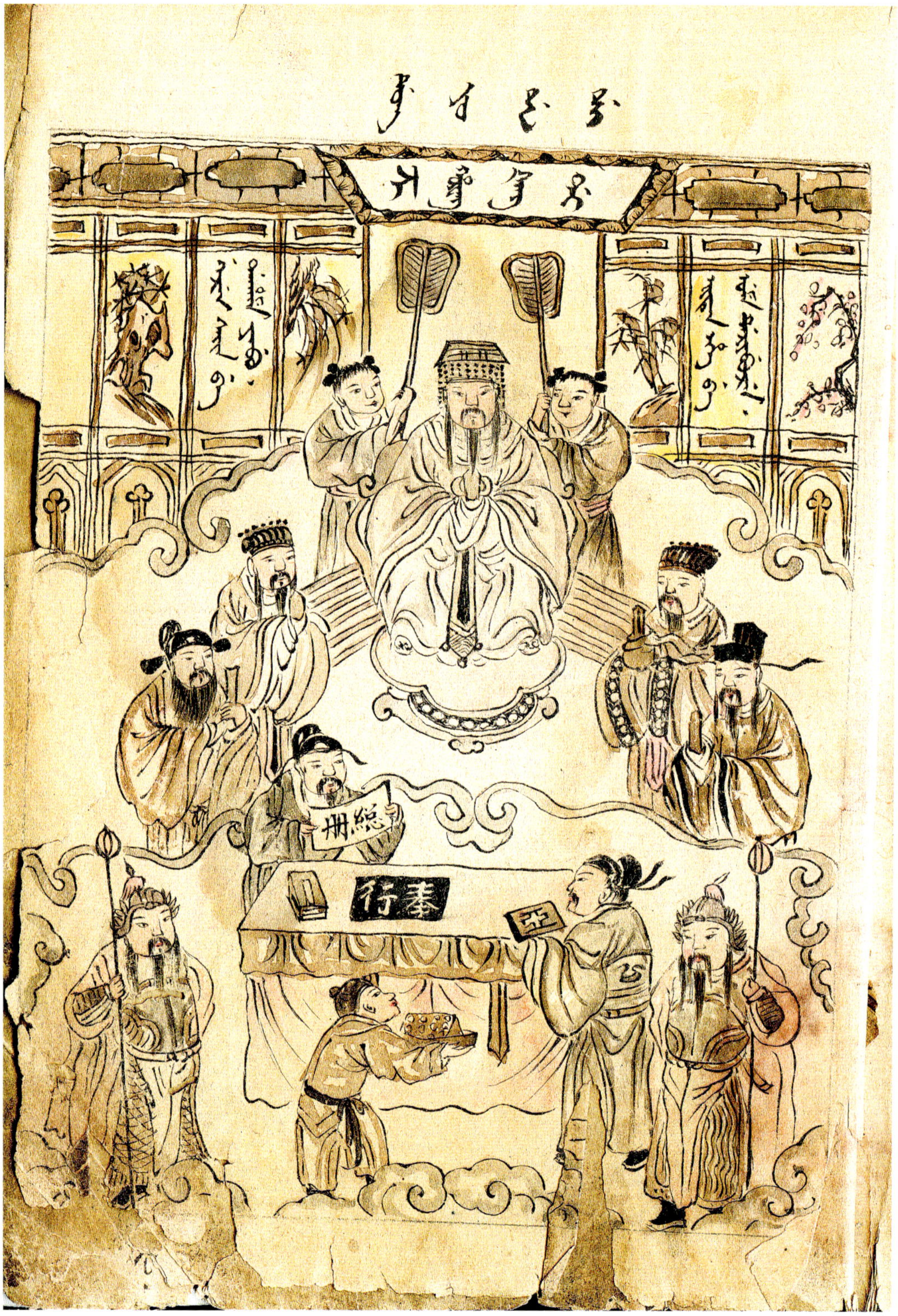


**勸善經**　清抄本

從錫伯族民間徵集而得，對研究清代漢文化在錫伯族民間的傳播具有重要意義。

伊犁哈薩克州文物局　名錄09789

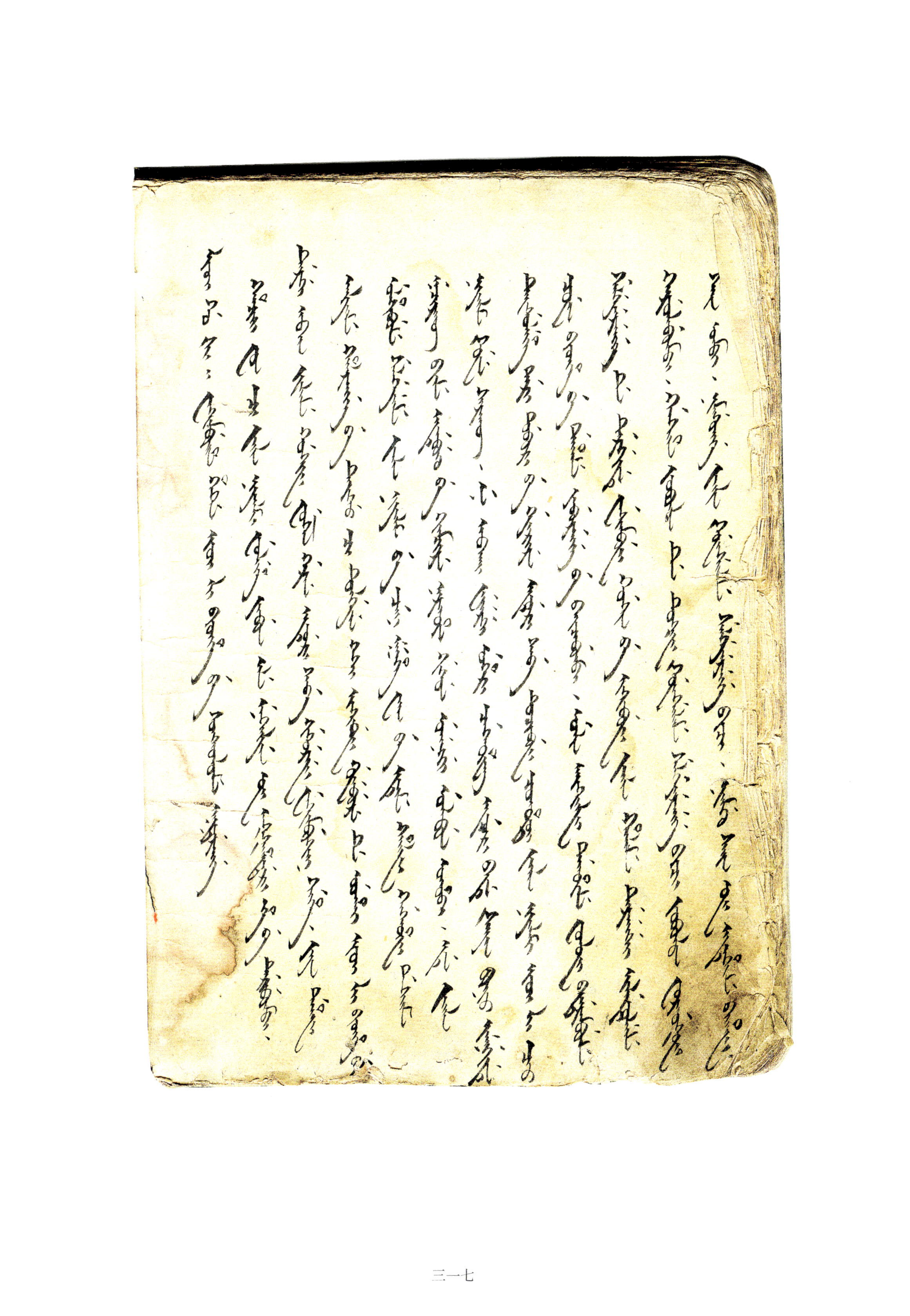

# 東巴文

在雲南金沙江上游，以麗江爲中心的納西族地區，流行一種古老的象形文字——東巴文，以書寫東巴經典而得名，“東巴”意為“智者”。東巴文創製時間其説不一，一般認為約於7世紀左右。東巴文的書寫和表意方法較為原始，對研究原始象形文字記錄語言極具參考價值。東巴經所用紙以當地樹皮製成，質地粗厚，經文亦用當地自製竹筆和墨汁書寫，偶用鋼筆。東巴經典卷帙浩繁，內容豐富，現存東巴經約兩萬餘冊。

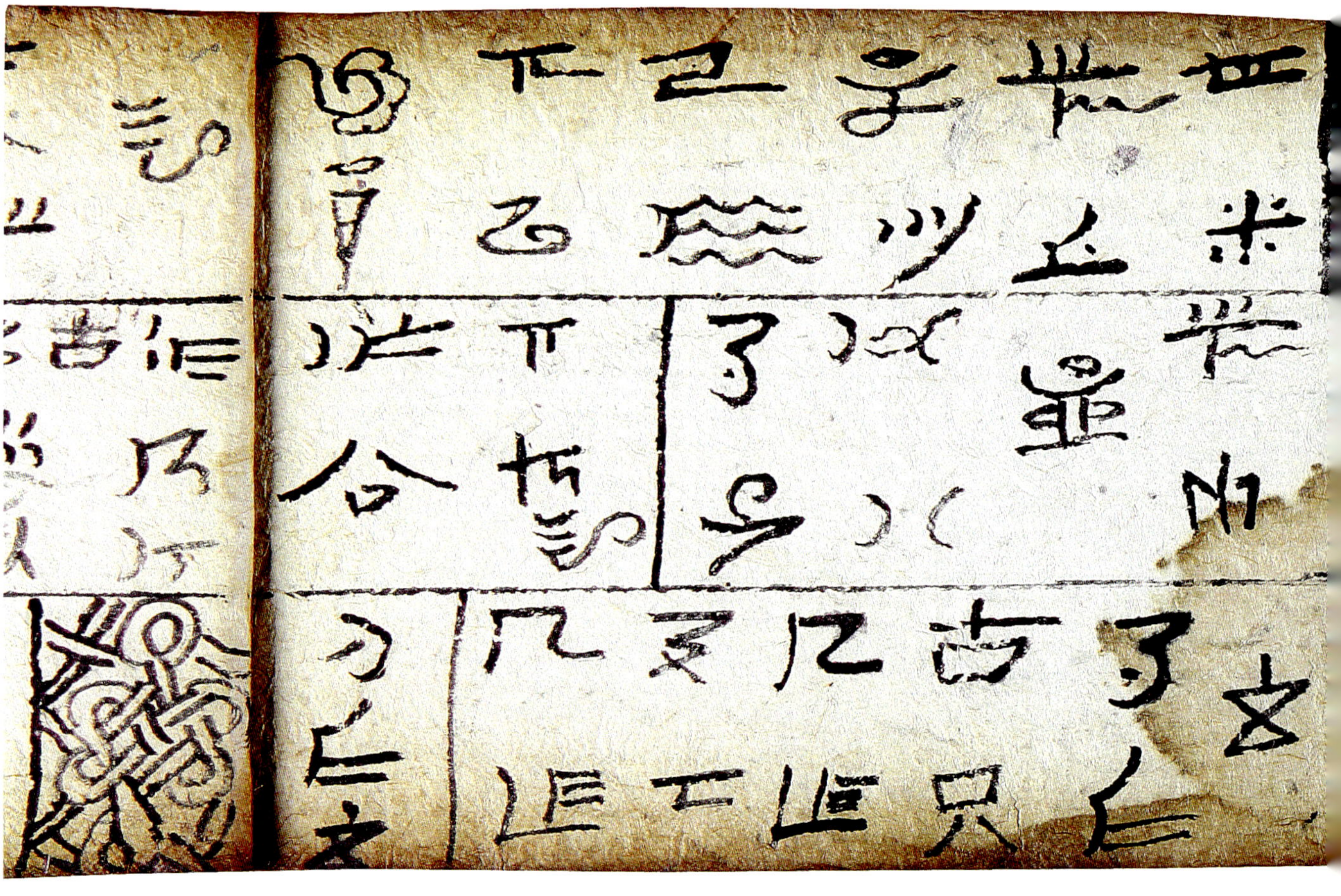

**祭神送理多面偶經**　清抄本

前半部分東巴文、哥巴文混合使用，後半部所用哥巴文極具藝術特色，頗爲珍貴。抗戰時期徵集。

國家圖書館　名錄09798

**延壽道場·請天神降臨經**　清和世俊抄本

存一卷（下）

雲南省玉龍納西族自治縣圖書館　名錄09793

# 傣文

傣族歷史上使用四種形體不同的文字，即傣仂文（西雙版納傣文）、傣納文（德宏傣文）、傣繃文和傣端文（金平傣文），皆從梵文演變而來。其中以傣仂文歷史最爲悠久，據史書記載，始用於1277年。留存文獻中，以此種文字書寫者最為豐富，多用鐵筆刻於貝葉上。德宏傣文約始用於14世紀，其古籍皆爲紙質寫本。傣族信仰小乘佛教，古籍以佛教經、律、論爲主，但世俗文獻也相當豐富，政治、法律、文學、歷史、天文曆法、醫療、科技等都有涉及。

**青年國王八册**　清同治三年（1864）刻寫

貝葉經。南傳佛教經典本生傳中的一部。存一册（六）。

中國民族圖書館　名録09802

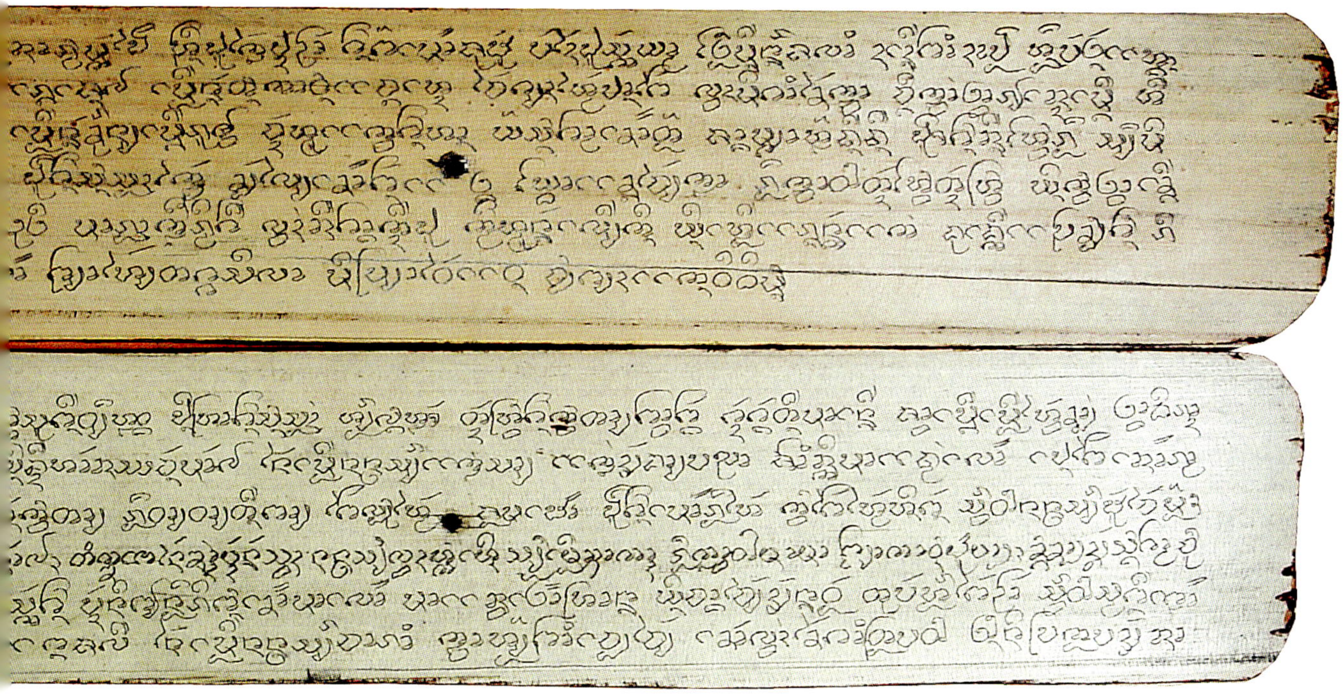

## 水文

水族主要分佈在貴州省三都、荔波、都勻、獨山等縣，廣西北部也有少量分佈。水文是記錄水族語言的文字，共300多字，有的是圖畫字，有的類似甲骨文，有的是方塊字，其中一部分直接借用漢字以諧音。在讀音上或一字多音，或一字雙音節，或文白音同義不同。水文文獻多爲水族先民卜筮的宗教文化典籍，源於《周易》，宋時受《象吉通書》影響，趨於定型，明清時發展到極盛。現在，水文瀕於失傳。水族古代天文、曆法較發達，文獻較多。另有記載農事、征戰等方面的圖書。

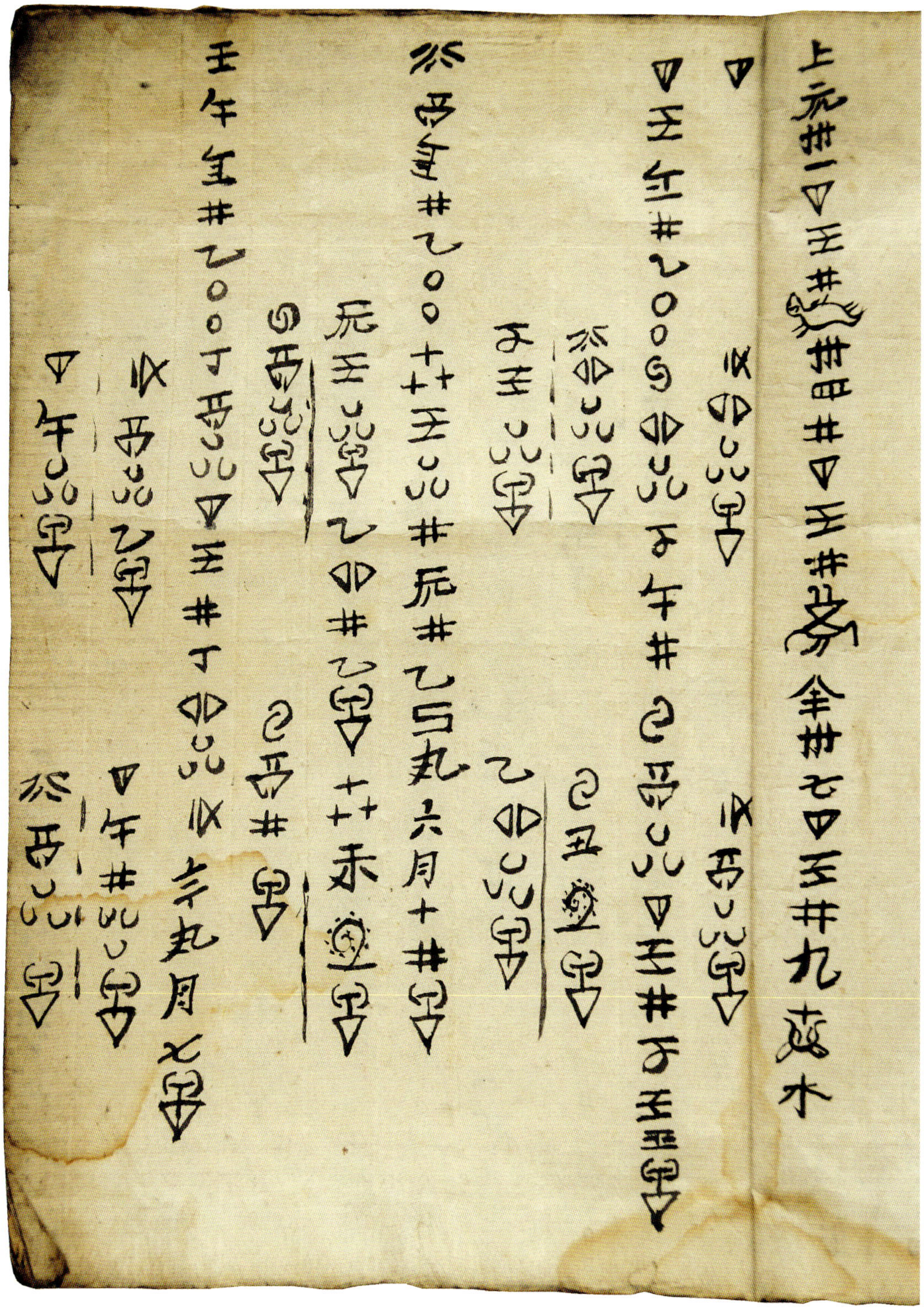

**安葬吉日通用井**　清光緒二十四年（1898）抄本

即"安葬選擇吉利的九星貪巨"。

黔南布依族苗族自治州圖書館　名錄09807

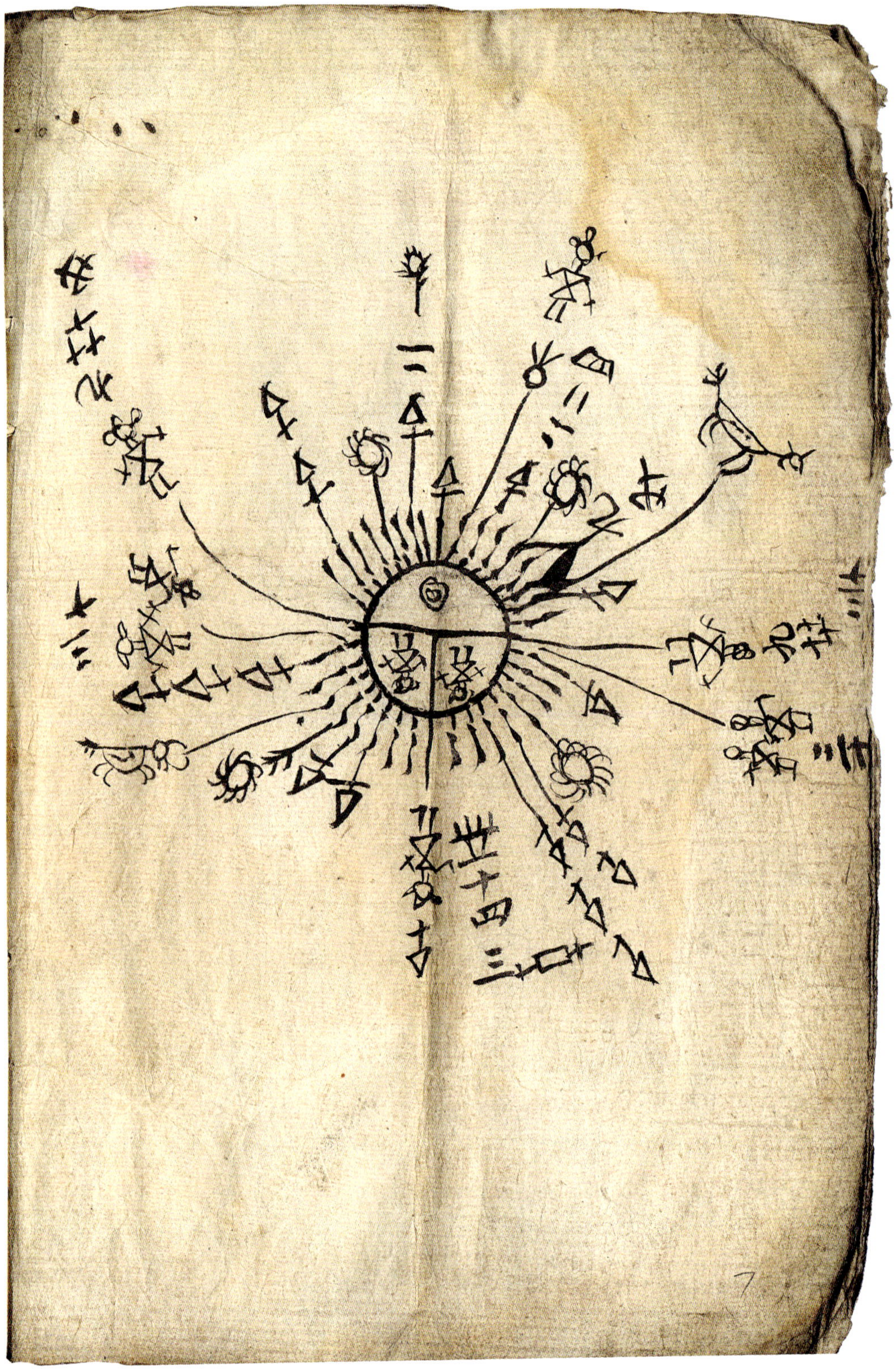

**萬事明指**　清道光十三年（1833）抄本

記載了水族社會雞蛋占卜的程式和宜忌等習俗。

貴州省荔波縣檔案館　名錄09803

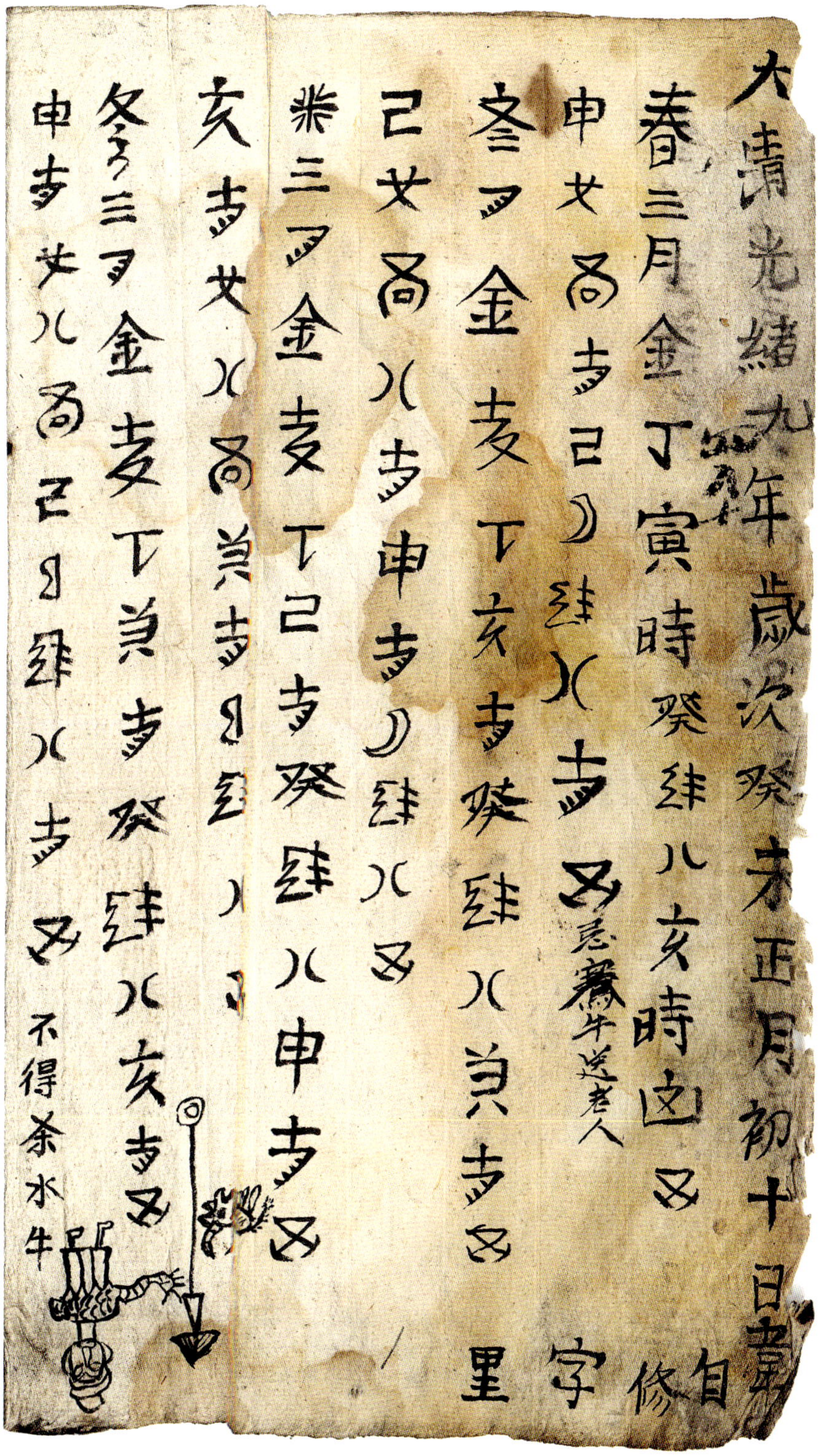

**擋朵**　清光緒九年（1883）韋自修抄本

記載了水族社會在寨門、宅門施法阻擋、躲避邪術攻擊的程式和宜忌等習俗。

貴州省荔波縣檔案館　名錄09806

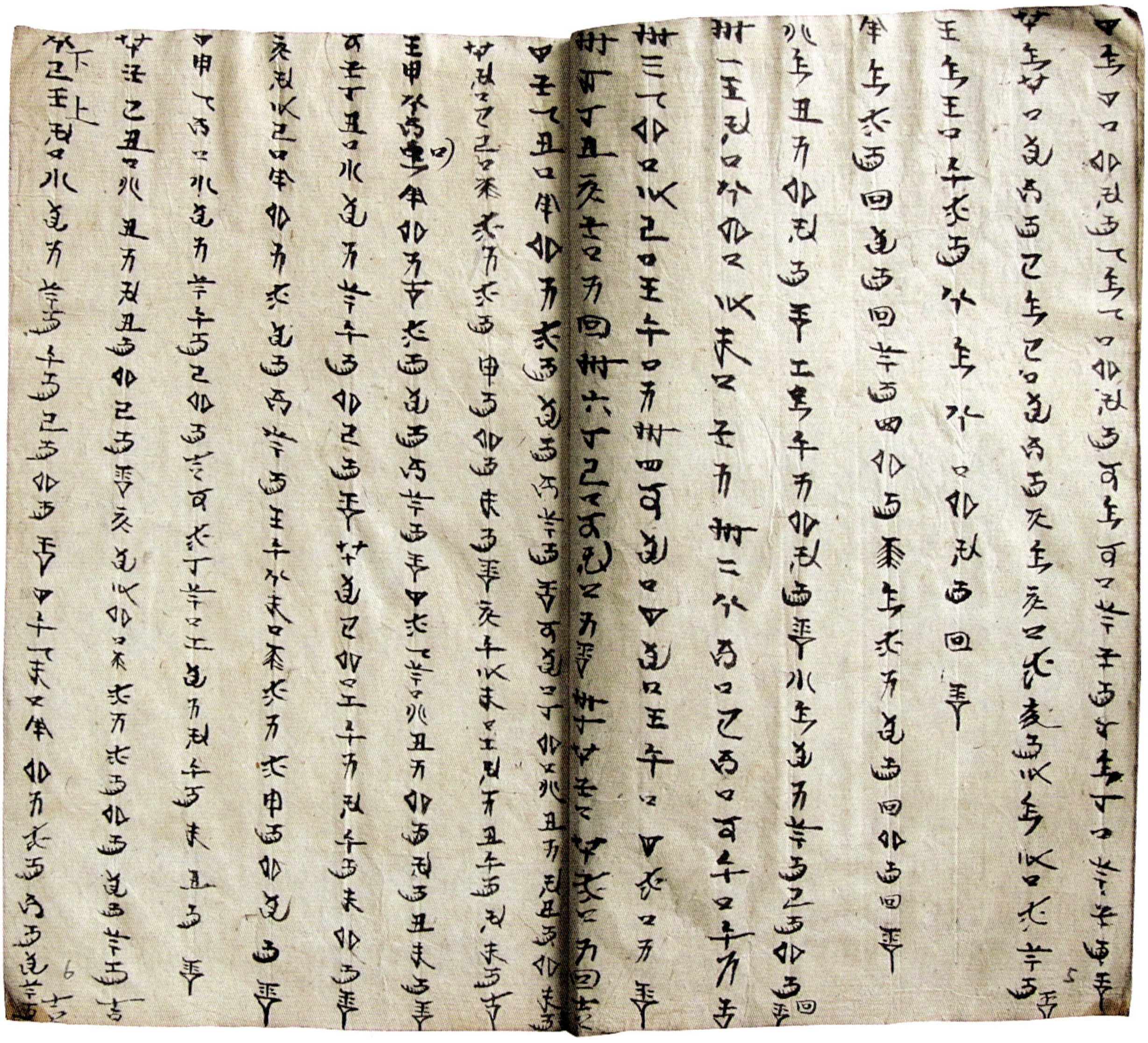

**逮昔**　清光緒二十八年（1902）抄本

水族進行農事查看節氣用書。包含了水族先民對天文星象和時間曆法的深入觀察總結和經驗認識，是水族人民的實踐經驗和智慧的結晶。

貴州省三都水族自治縣檔案館　名錄09810

# 古壯字

壯族主要居住在廣西壯族自治區境內，少數分佈於雲南、廣東、貴州和湖南省。大約在唐代，壯族先民模仿漢字“六書”造字法，創製與壯族語音一致的“方形狀字”，又稱“方塊字”或者“土俗字”。壯族民間用它來記錄或書寫神話傳說、歌謠、諺語、劇本、楹聯、碑刻、藥方、家譜、契約、訟訴、經文等。壯族衆多文學作品均用古壯字記錄下來並流行至今。

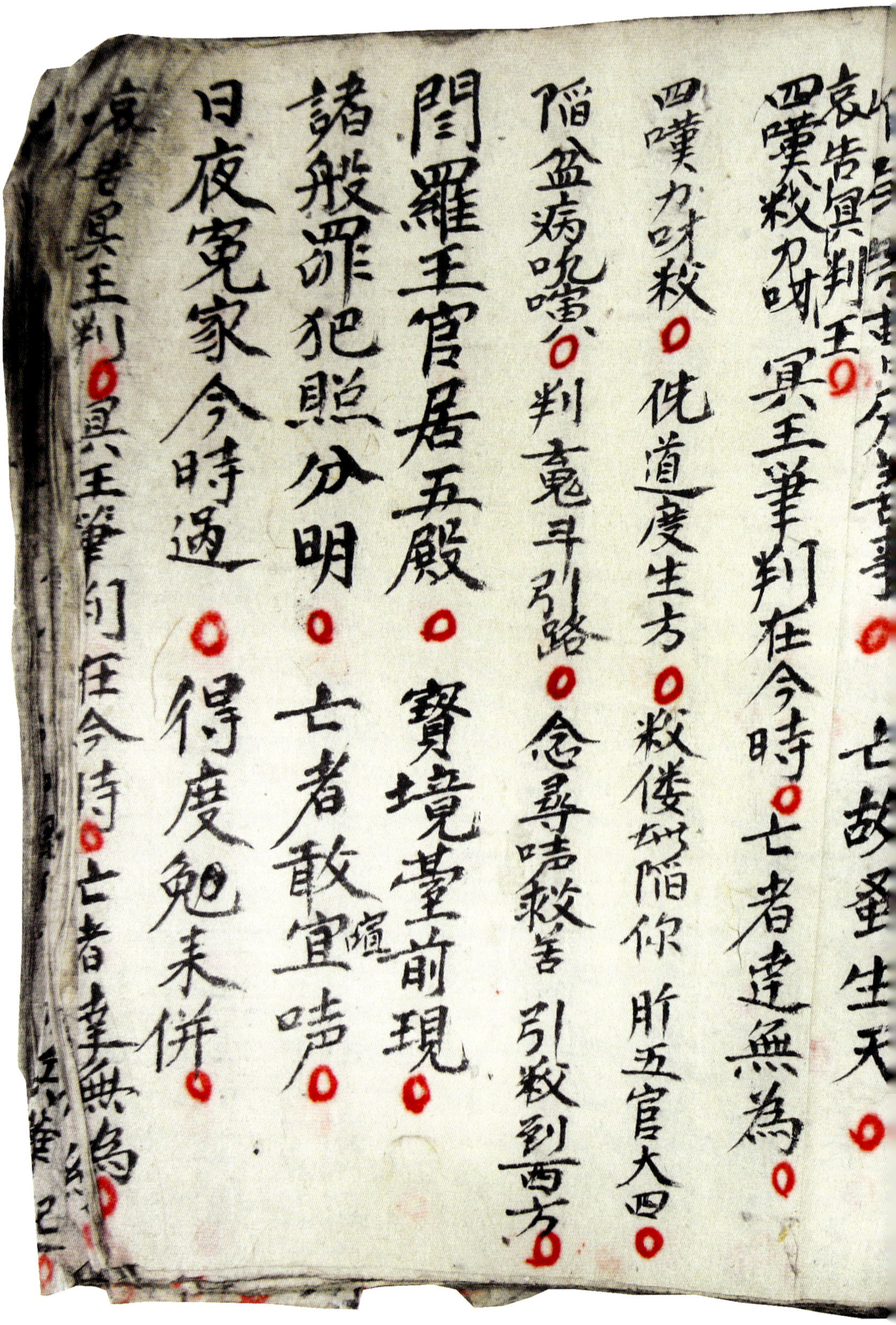

**壯化道教道場經書**　清咸豐（1851–1861）抄本

壯族"摩公"使用的重要文獻。

中央民族大學少數民族古籍研究所　名録09837

宋帝冥王居三殿○來到案中路
宋樂枷鎖淚漣漣○合掌到王前○
惟願王官開赦宥○亡者脫罪愆○
表白冥王判○冥王判筆在今時○亡者達無為○
三嘆救盆病○炉今朵江乱○救僕州陷保○肝大三宋帝○
句身墓病科○和字乜他听○哏建校罗里○時你先吟躬○
五官法王居四殿○○來到獄門見○
死去罪業於萬千○哀告罪消獨○

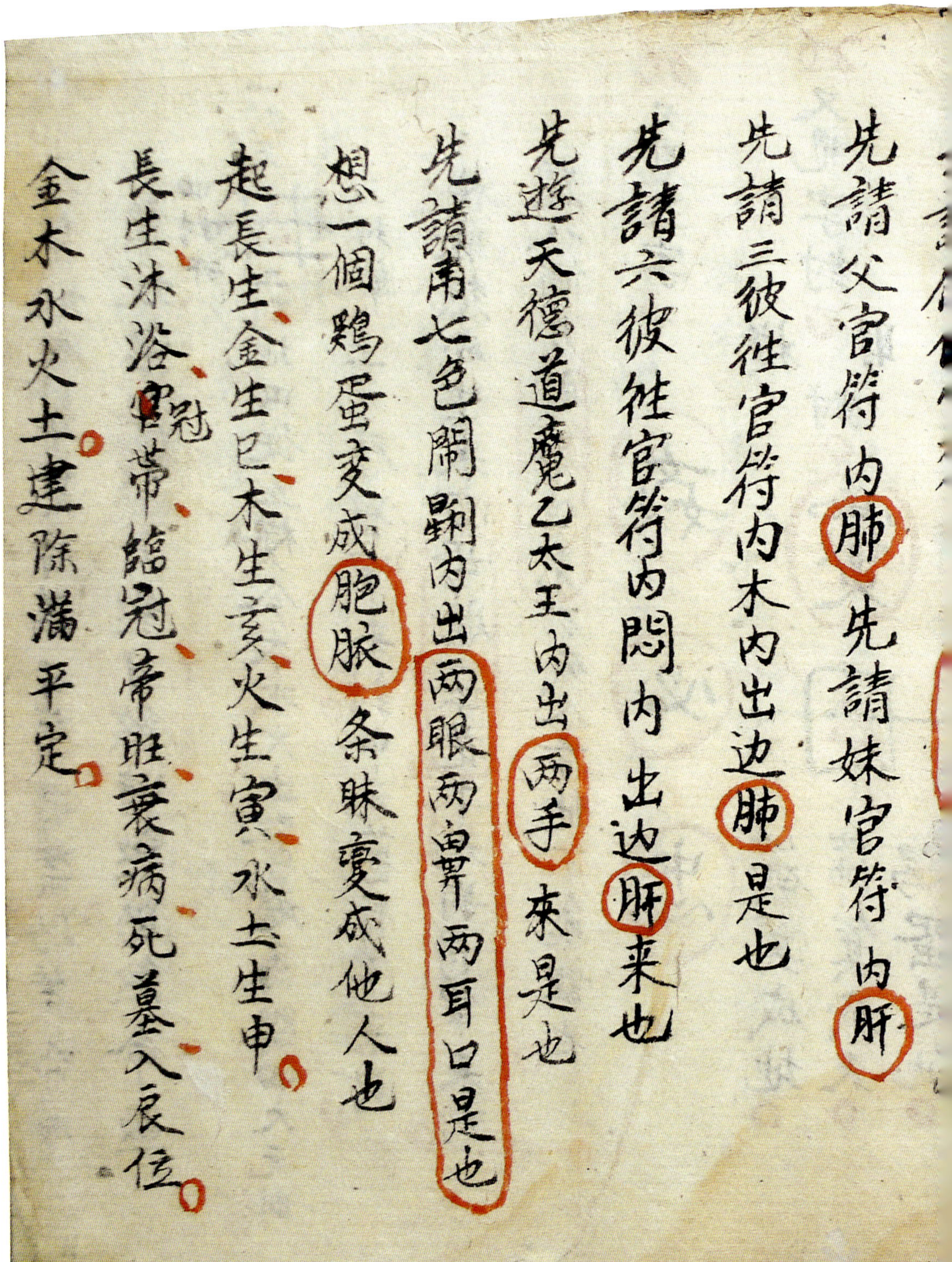
先請父官符内肺 先請妹官符内肝
先請三彼徃官符内木内出边肺是也
先請六彼徃官符内悶内 出边肝来也
先遊天德道魔乙太王内出兩手来是也
先請甪七色鬧蹋内出兩眼兩鼻兩耳口是也
想一個鷄蛋变成胞脉条昧变成他人也
起長生金生巳木生亥火生寅水土生申
長生沐浴官冠帶臨冠帝旺衰病死墓入衰位
金木水火土建除滿平定

**秘法總怪字　禁官符全本火家燒狼**　清咸豐元年（1851）岑奇豐抄本

壯族民間宗教經書。

廣西壯族自治區少數民族古籍整理出版規劃領導小組辦公室　名錄09836

道光三十年庚戌歲抄此法

論禁官符秘法[illegible]想用

都天火雷公霹靂火雷公總兵三十萬行

勅道念命宮在那位起命宮順一命宮去行

到入位又起逆到建除滿平定到入位座卯位

畢甫管流年　三元管土地　四辰管閻羅

四開管男女　男角天女角地　四字角全

月忌門角命入日官在道公　想青龍是

日宮入辰位　鬼想白虎是月府入寅位

安排床

正二三春發　四五六夏趙帥

七八九秋馬　十十一十二人關

元帥想月府生來光亮

# 布依文

布依族歷史悠久，自古居住在南北盤江、紅水河流域，所操布依語屬漢藏語系壯侗語族壯傣語支，與同語支的壯語北部方言比較接近。新中國成立以前的布依族文字大致有三種：一種是方塊布依字，一種是拼音文字，一種是在宗教典籍中使用的文字符號。新中國成立後，以拉丁字母爲基礎創製了新文字。現存布依族古籍多爲借用漢字的方塊布依文來記錄，内容豐富多彩。

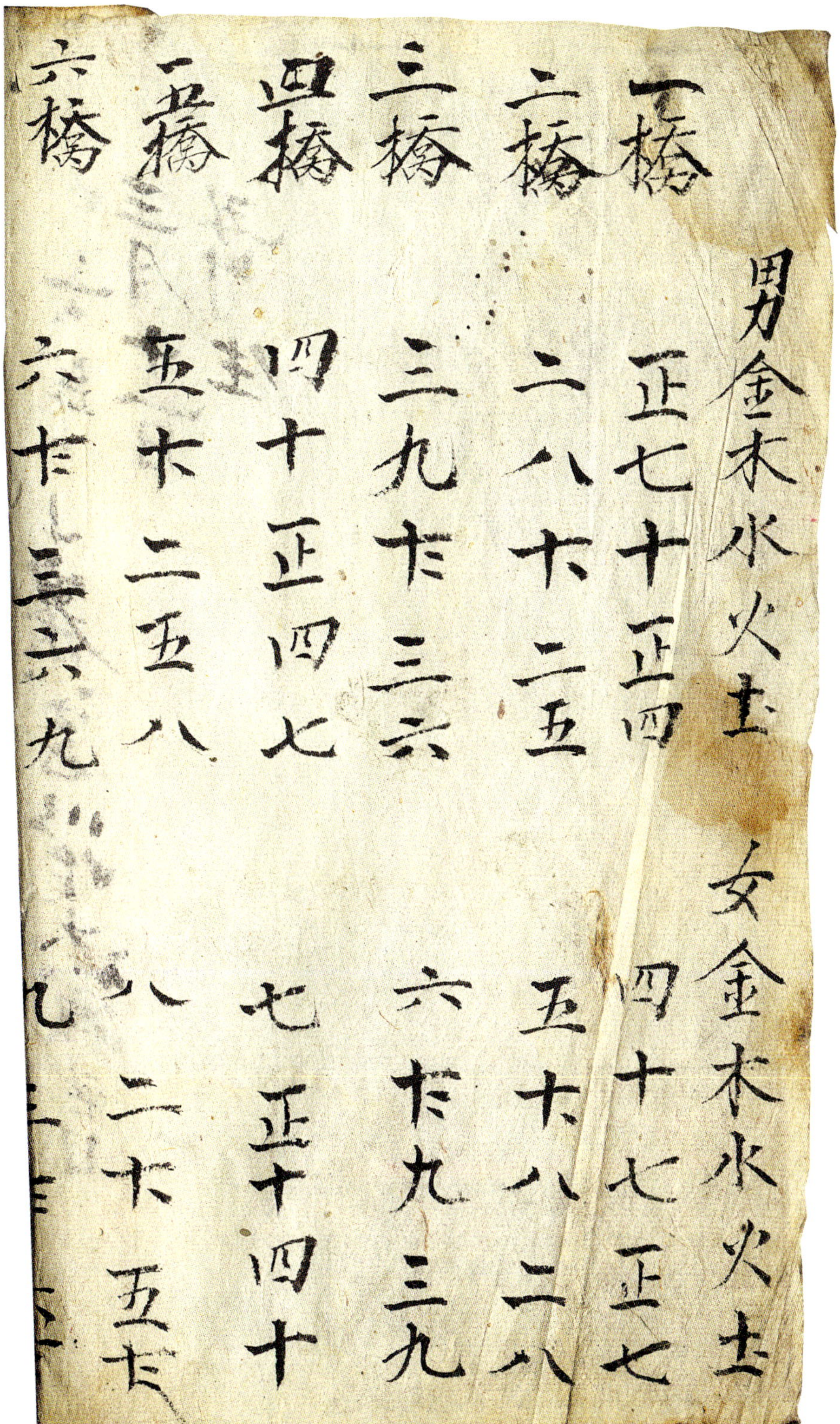

**掌訣** 清咸豐五年（1855）抄本

記載了布依族掌訣占卜的習俗，對研究布依族習俗、文化具有重要價值。

貴州省荔波縣檔案館 名錄09848

# 多文種古籍

多文種古籍是指少數民族文字與漢文合璧，或是多種少數民族文字合璧的古籍。這種現象反映了多民族的中國，各民族文化並存、密切聯繫、相互交融的歷史文化現象。

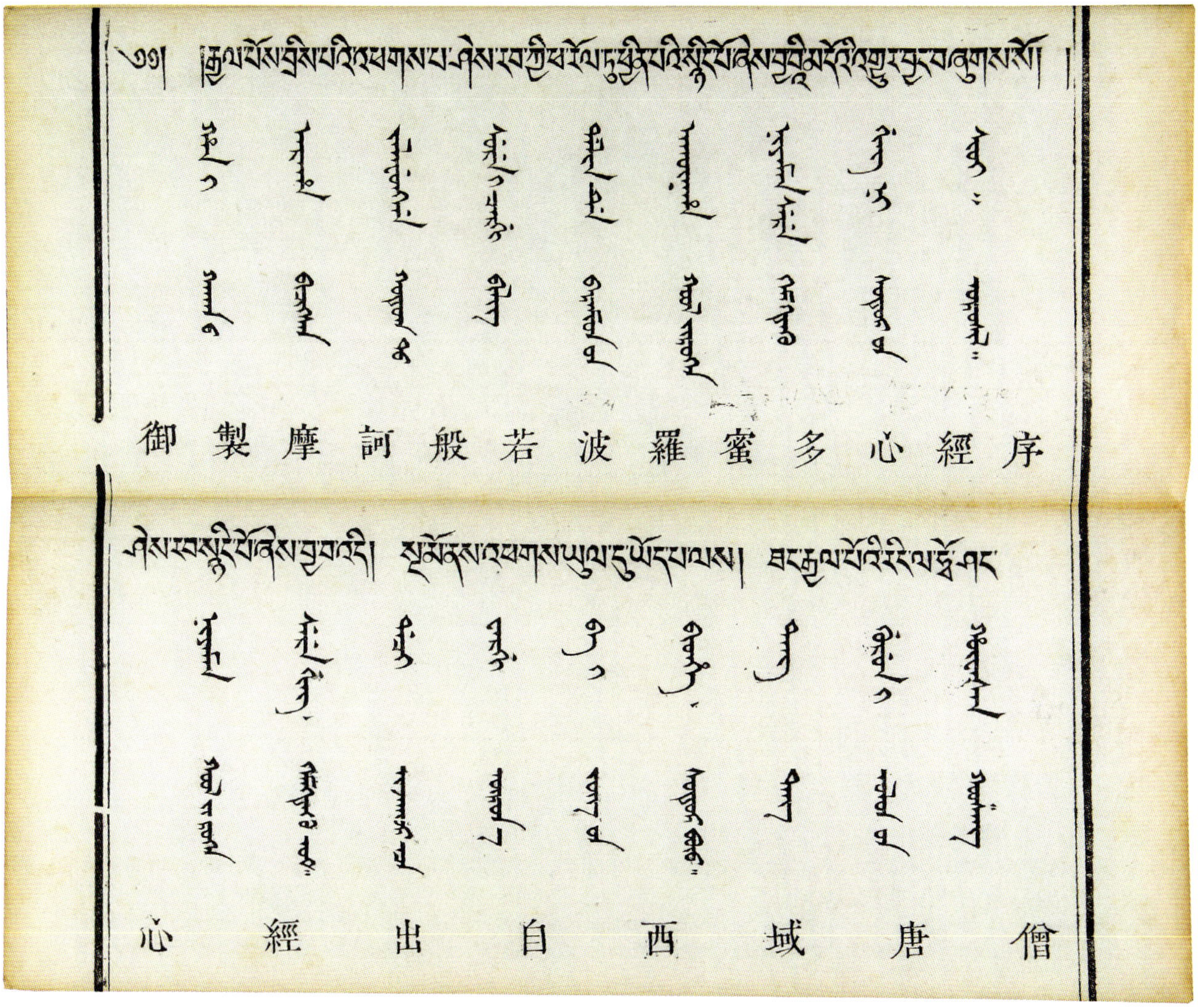
御製摩訶般若波羅蜜多心經序
心經出自西域唐僧

**御製摩訶般若波羅蜜多心經（藏滿蒙漢合璧）** 清雍正元年（1723）刻本

般若經類的精要之作，因經文短小，便於持誦，流行廣泛。此爲藏滿蒙漢合璧本，首有藏滿蒙漢合璧雍正元年“御製摩訶般若波羅蜜多心經序”。

國家圖書館　名錄09855

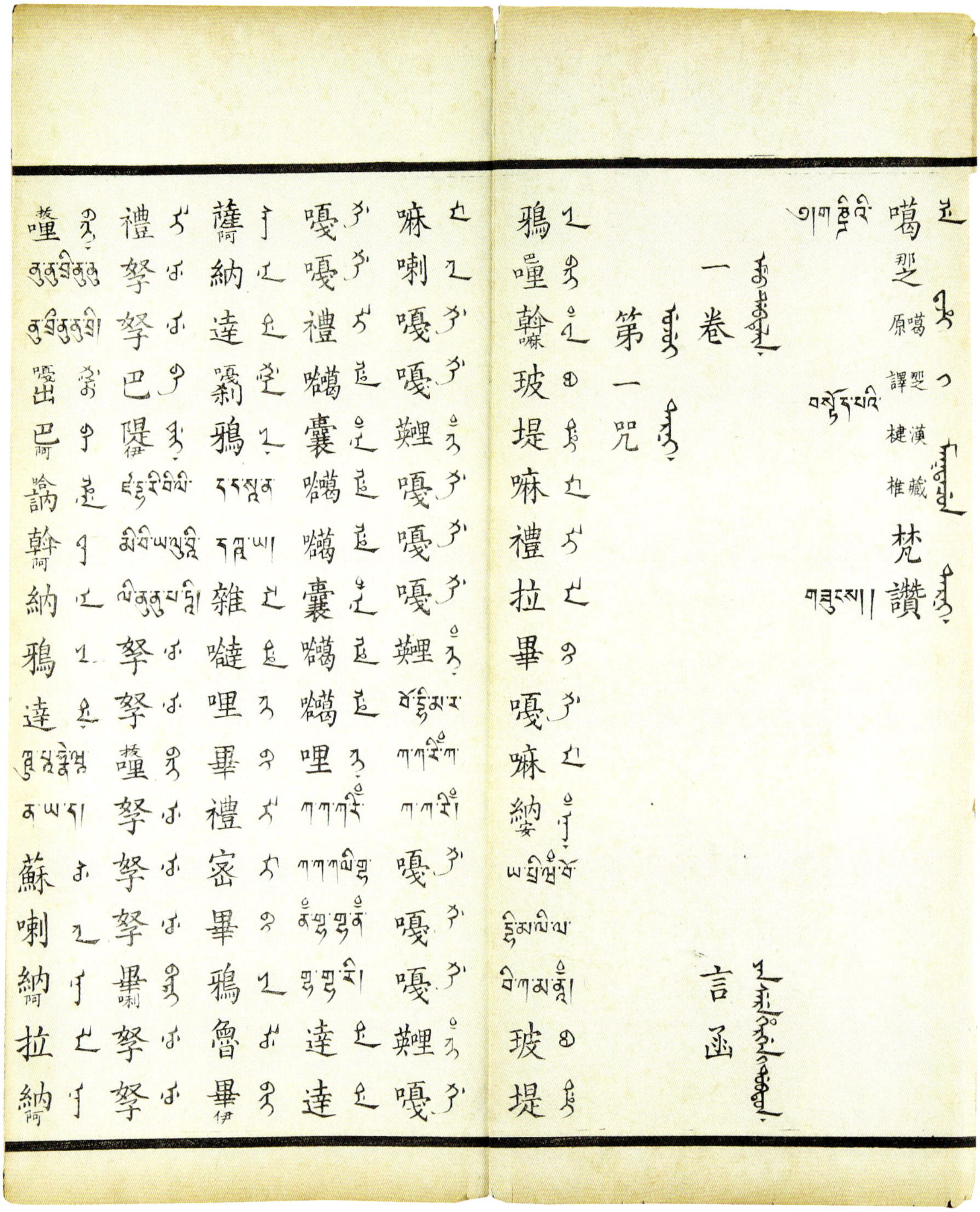

**御製滿漢西番合璧大藏全咒（滿漢藏合璧）**　（清）章嘉・若必多吉譯校　清乾隆三十八年（1773）刻本

清高宗弘曆爲了規範《大藏經》中的咒語音韻，命莊親王允祿主持，將雍正十三年（1735）敕板《大藏經》所有咒語，編纂成大藏全咒，乾隆三十八年（1773）刊印成冊。史上流行多爲四體合璧本，三體合璧本稀見。

國家圖書館　名錄09857

# 西文善本

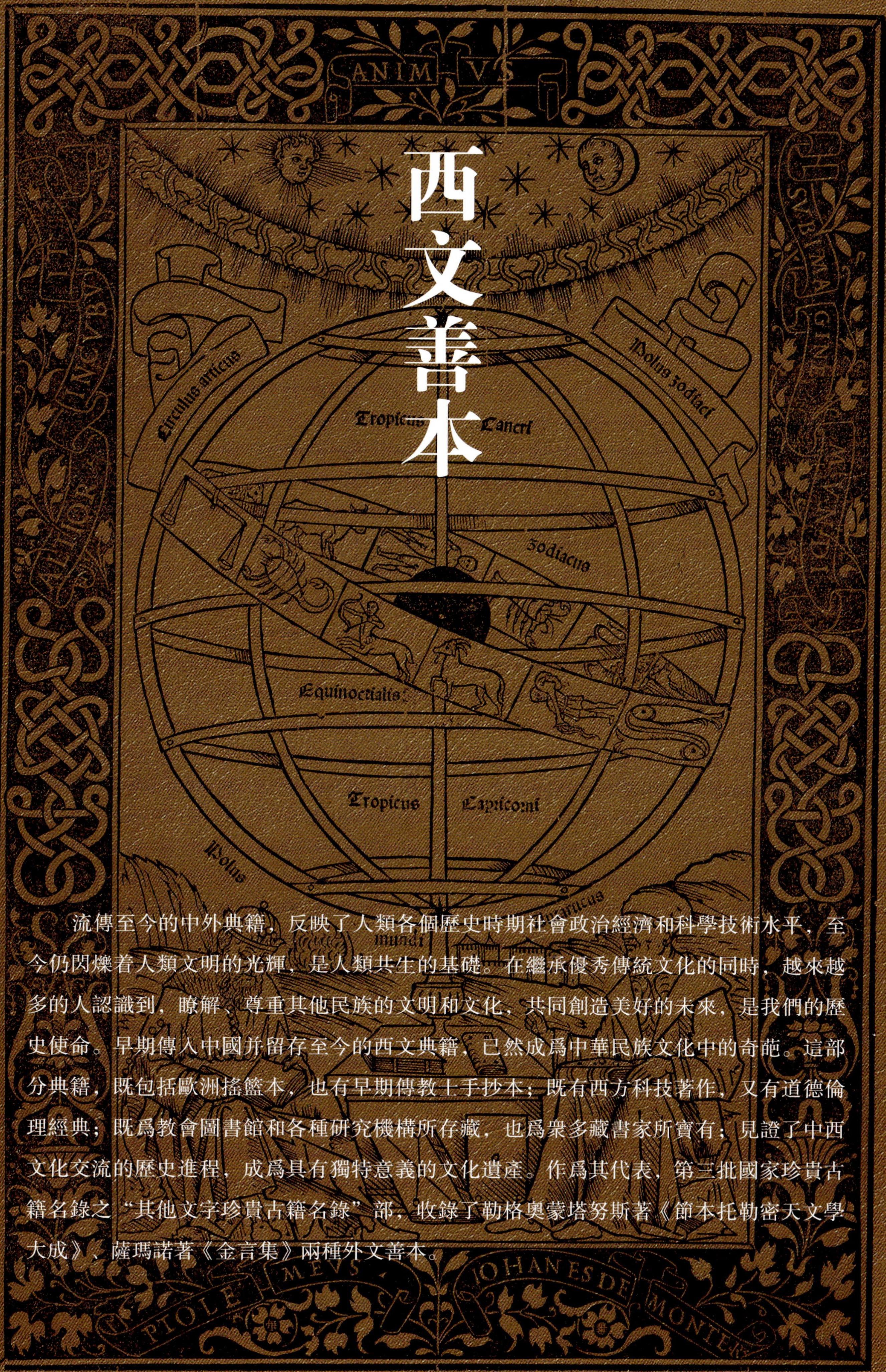


流傳至今的中外典籍，反映了人類各個歷史時期社會政治經濟和科學技術水平，至今仍閃爍着人類文明的光輝，是人類共生的基礎。在繼承優秀傳統文化的同時，越來越多的人認識到，瞭解、尊重其他民族的文明和文化，共同創造美好的未來，是我們的歷史使命。早期傳入中國并留存至今的西文典籍，已然成爲中華民族文化中的奇葩。這部分典籍，既包括歐洲搖籃本，也有早期傳教士手抄本；既有西方科技著作，又有道德倫理經典；既爲教會圖書館和各種研究機構所存藏，也爲衆多藏書家所寶有；見證了中西文化交流的歷史進程，成爲具有獨特意義的文化遺產。作爲其代表，第三批國家珍貴古籍名錄之“其他文字珍貴古籍名錄”部，收錄了勒格奧蒙塔努斯著《節本托勒密天文學大成》、薩瑪諾著《金言集》兩種外文善本。

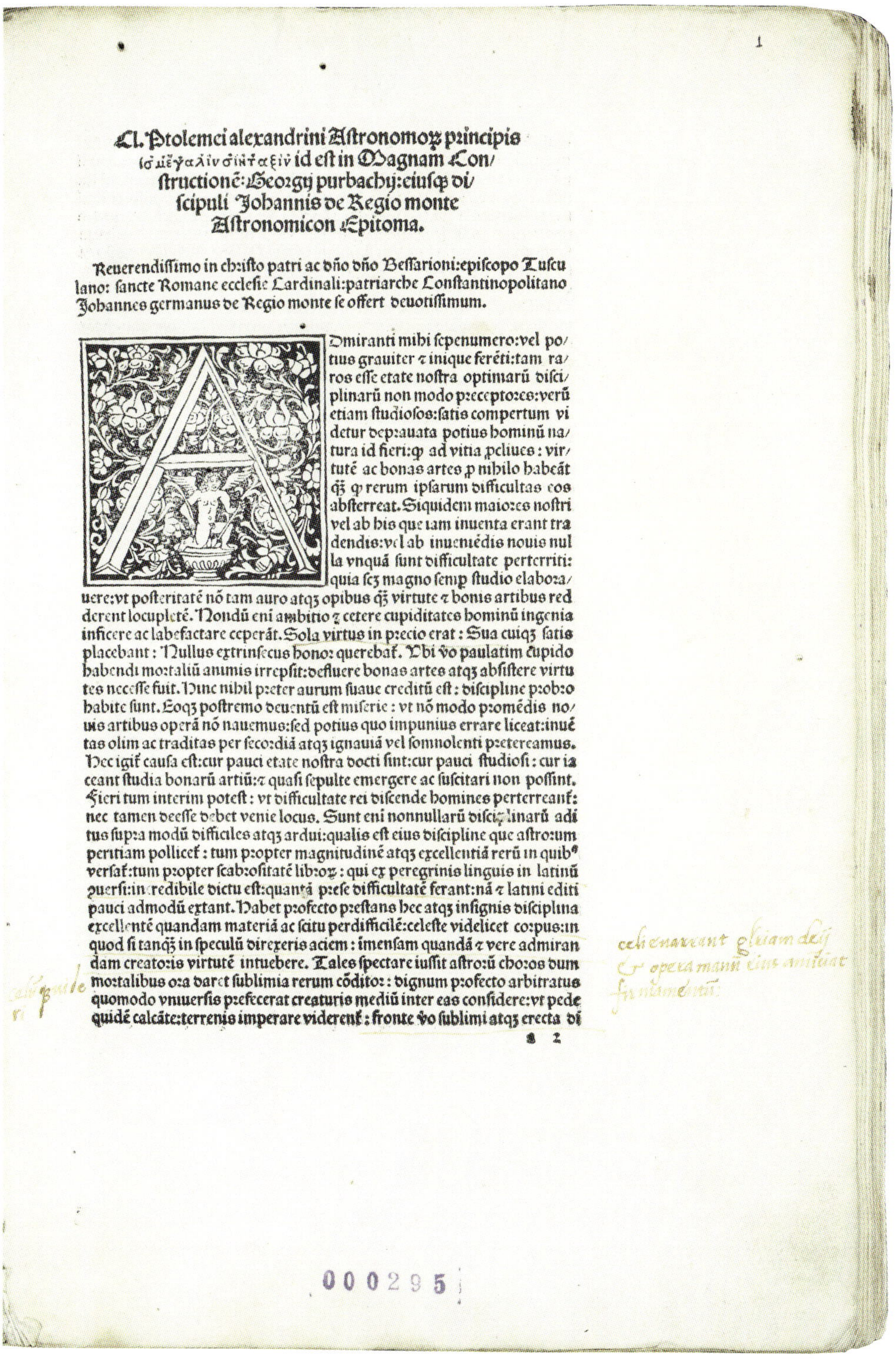

1

Cl. Ptolemei alexandrini Astronomoꝝ principis μεγάλην σύνταξιν id est in Magnam Con/structionē: Georgij purbachij: eiusq̧ di/scipuli Johannis de Regio monte Astronomicon Epitoma.

Reuerendissimo in christo patri ac dn̄o dn̄o Bessarioni: episcopo Tusculano: sancte Romane ecclesie Cardinali: patriarche Constantinopolitano Johannes germanus de Regio monte se offert deuotissimum.

Admiranti mihi sepenumero: vel potius grauiter ⁊ inique ferēti: tam raros esse etate nostra optimarū disciplinarū non modo preceptores: verū etiam studiosos: satis compertum videtur depꝛauata potius hominū natura id fieri: ꝙ ad vitia ꝓcliues: virtutē ac bonas artes ꝓ nihilo habeāt ꝗ̄ ꝙ rerum ipsarum difficultas eos absterreat. Siquidem maiores nostri vel ab his que iam inuenta erant tradendis: vel ab inueniēdis nouis nullā vnquā sunt difficultate perterriti: quia scꝫ magno semp studio elaborauere: vt posteritatē nō tam auro atq̧ opibus ꝗ̄ virtute ⁊ bonis artibus redderent locupletē. Nondū eni ambitio ⁊ cetere cupiditates hominū ingenia inficere ac labefactare ceperāt. Sola virtus in precio erat: Sua cuiq̧ satis placebant: Nullus extrinsecus honor querebat. Ubi vo paulatim cupido habendi mortaliū animis irrepsit: defluere bonas artes atq̧ absistere virtutes necesse fuit. Hinc nihil preter aurum suaue creditū est: discipline probro habite sunt. Eoq̧ postremo deuentū est miserie: vt nō modo promēdis nouis artibus operā nō nauemus: sed potius quo impunius errare liceat: inuētas olim ac traditas per secordiā atq̧ ignauiā vel somnolenti preteream⁹. Hec igit causa est: cur pauci etate nostra docti sint: cur pauci studiosi: cur iaceant studia bonarū artiū: ⁊ quasi sepulte emergere ac suscitari non possint. Fieri tum interim potest: vt difficultate rei discende homines perterreant: nec tamen deesse debet venie locus. Sunt eni nonnullarū disciplinarū aditus supra modū difficiles atq̧ ardui: qualis est eius discipline que astrorum peritiam pollicet: tum propter magnitudinē atq̧ excellentiā rerū in quib⁹ versat: tum propter scabrositatē libroꝝ: qui ex peregrinis linguis in latinū ꝯuersi: incredibile dictu est: quantā prese difficultatē ferant: nā ⁊ latini editi pauci admodū extant. Habet profecto prestans hec atq̧ insignis disciplina excellentē quandam materiā ac scitu perdifficilē: celeste videlicet corpus: in quod si tanꝗ̄ in speculū direxeris aciem: imensam quandā ⁊ vere admirandam creatoris virtutē intuebere. Tales spectare iussit astrorū choros dum mortalibus ora daret sublimia rerum cōditor: dignum profecto arbitratus quomodo vniuersis prefecerat creaturis mediū inter eas considere: vt pede quidē calcāte: terrenis imperare viderent: fronte vo sublimi atq̧ erecta di

a 2



**節本托勒密天文學大成**　（德）勒格奧蒙塔努斯譯著　威尼斯　1496年

*Epitome in Almagestum Ptolomei*, Regiomontanus Johannes (1436–1476), Venice, 1496.

《天文學大成》爲托勒密的代表作。拉丁文搖籃本，至爲珍貴。

國家圖書館　名錄09858

ANIM VS
Circulus articus
Polus zodiaci
Tropicus Cancri
Zodiacus
Equinoctialis
Tropicus Capricorni
Polus
mundi
Antarticus
PTOLE MEVS
IOHANES DE MONTER

**金言集**　（葡）薩瑪諾著　長崎　1603年

*Aporismi Confessariorum*, Manuel de Sá(1530–1596), Nagasaki, 1603.

日本第一批採用西方活字印刷術印製的書籍之一。世界孤本，極其珍貴。

國家圖書館　名錄09859

圖書在版編目（CIP）數據

楮墨芸香：國家珍貴古籍特展圖録·2010／國家圖書館，國家古籍保護中心編.—北京：國家圖書館出版社，2010.6

ISBN 978-7-5013-4377-5

I. 楮… Ⅱ.①國…②國… Ⅲ.古籍—善本—中國—圖録 Ⅳ.G255.1-64

中國版本圖書館CIP數據核字（2010）第094790號

**楮墨芸香——國家珍貴古籍特展圖録（二〇一〇）**

國家圖書館　國家古籍保護中心　編

---

責任編輯　徐蜀　孫彦　王燕來

設計製作　九雅工作室

出　　版　國家圖書館出版社（100034 北京市西城區文津街7號）

（原北京圖書館出版社）

發　　行　010-66139745　66175620　66126153

66174391（傳真）　66126156（門市部）

E-mail　btsfxb@nlc.gov.cn(郵購）

Website　www.nlcpress.com→投稿

經　　銷　新華書店

印　　刷　北京聖彩虹製版印刷技術有限公司

開　　本　889×1194 毫米　1/16

印　　張　22.5

版　　次　2010年6月第1版　2010年6月第1次印刷

書　　號　ISBN 978-7-5013-4377-5

定　　價　398.00圓